最新 消防模擬問題全書

消防実務研究会　編著

東京法令出版

目次

憲　　法	2
行　政　法	38
地方自治法・地方公務員法	76
消防組織法	116
消　防　法	148
防　　災	198
警　　防	262
予　　防	342
危　険　物	406
救　　急	440
機　　械	490
そ　の　他	546

目　　次

注　令和4年6月17日法律第67号・第68号の改正により、「懲役」及び「禁錮」は
「拘禁刑」に改正されましたが、令和7年6月1日から施行のため、改正を加
えてありません。

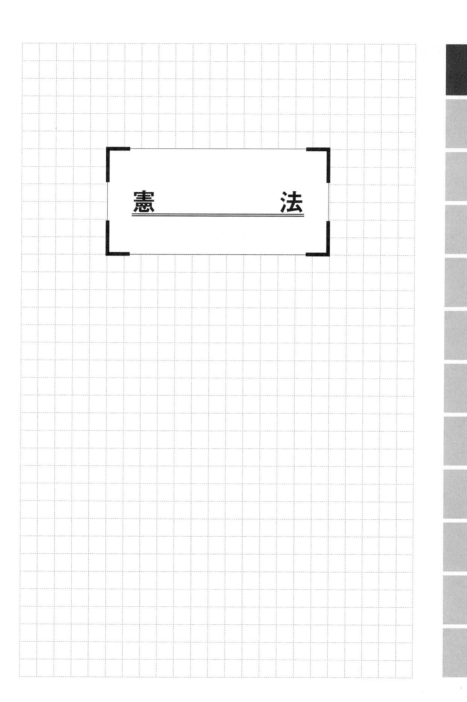

憲　　法

問題1　次は、憲法の前文に関する記述であるが、誤っているものはどれか。

1　国政は国民の厳粛な信託による。

2　政府の行為によって再び戦争の惨禍が起こることのないようにすることを決意した。

3　全世界の国民が、ひとしく恐怖と欠乏から免かれ、平和のうちに生存する権利を有することを確認する。

4　国家は、自国のことのみに専念して他国を無視してはならない。

5　主権が国家に存することを宣言する。

着眼点▶　主権は国民に存することが宣言されている。

> **解説**　前文は、憲法の基本原則である「国民主権」「基本的人権の尊重」「平和主義」を述べている。前文は、憲法の各条文を解釈する際の指針となるものである。

【正解5】

問題2　次は、日本国憲法の主権に関する記述であるが、この中から誤っているものを選べ。

1　日本国憲法は、大日本帝国憲法と異なり、国民主権主義に立脚している。

2　主権は、国民に帰属しているものである。

3　日本国憲法は、「統治権」、「主権」、「国権」という明確に区分された言葉を使用している。

4　国権は、国家に属するものである。

5　国民主権とは「国政のあり方を最終的に決める力又は権威は国民にある」ということである。

着眼点▶　「統治権」という言葉は、日本国憲法では用いられていない。

> **解説**　大日本帝国憲法は、絶対君主主権思想の下に「統治権」という語を用いており、全ての国家権力は、統治権として説明されていたが、日本国憲法は、「主権」と「国権」という二つの言葉を用いており、この二つの言葉は、明らかに原理上異なる概念をもつものとされている。

【正解3】

問題3　次は、憲法の国民主権に関する記述であるが、この中から妥当でないものを選べ。

1　内閣は、国権の最高機関たる国会を背景として成立し、国会に対して責任を負っている。

憲　　法　　3

2　憲法は、国民主権主義を根本原理として採用し、この見地に立って、民主主義の原理を具体的に実現している。

3　行政庁の違法又は不当な処分については、広く不服申立ての途が開かれている。

4　公務員の選定・罷免に関しては、全て行政機関固有の権限で行われている。

5　憲法は、地方自治を保障しており、具体的には議会の設置、議員及び長の直接公選制を定めている。

着眼点 ▶ 憲法第15条で「公務員を選定し、及びこれを罷免することは、国民固有の権利である。」と規定しており、あらゆる公務員の終局的な任命権は、国民にある。

解説　大日本帝国憲法においては、国の行政は国民又は国民の代表機関たる議会とは何らのつながりのない、専ら天皇の信任に基づいて任命された官吏が、天皇の官吏として国民を支配していたが、日本国憲法は、国民主権主義を根本原理として採用し、それを具体化している。

【正解4】

問題4　次は、天皇の国事行為を列挙したものであるが、誤っているものはどれか。

1　内閣の助言と承認により、衆議院を解散すること。

2　内閣の指名に基づいて、最高裁判所の長たる裁判官を任命すること。

3　国会の承認により、憲法改正、法律、政令及び条約を公布すること。

4　内閣の助言と承認により、国会議員の総選挙の施行を公示すること。

5　国会の指名に基づいて、内閣総理大臣を任命すること。

着眼点 ▶ 憲法改正、法律、政令及び条約の公布は、「国会の承認」ではなく「内閣の助言と承認」により行われる。

解説　憲法では、「天皇の国事に関するすべての行為には、内閣の助言と承認を必要とし、内閣が、その責任を負ふ。」（第3条）と規定されている。

【正解3】

問題5　次は、天皇に関する記述であるが、この中から誤っているものを選べ。

1　天皇の国事に関する全ての行為には、内閣の助言と承認を必要とする。

2　日本国憲法では、天皇の地位に、大日本帝国憲法に認められたような統治権の総らん者としての地位は認められていない。

3　天皇の国事行為は、日本国憲法で限定された事項であるから、法律をもってしても天皇の権限を追加することはできない。

4　　　　　　　　　　　　　憲　　　法

4　天皇は、立法、行政及び司法に関する実質的支配権を行うことはできない。

5　摂政が天皇の行う国事行為を代表して行うのは、天皇の委任に基づくものである。

着眼点 ▶ 摂政は、憲法及び皇室典範の定めるところにより、一定の法律事実の発生にしたがって法律上当然にその代表機関となるものであるから、一種の法定代理である。

> **解説**　日本国憲法における天皇の地位を分析すれば、①国家的象徴としての地位と、②国事に関する一定の行為をなす国家機関たる地位とに区別することができる。
> 　また、摂政は、法定代理機関であるが、代理できるのは天皇の象徴たる地位ではなく、天皇が国家機関として行う国事行為に限るものである。

【正解5】

問題6　次は、戦争の放棄に関する記述であるが、誤っているものはどれか。

1　国際紛争を解決する手段として、国権の発動による戦争を永久に放棄している。

2　国の自衛権が明記されている。

3　国際紛争を解決する手段として、武力による威嚇を永久に放棄している。

4　日本国民は、正義と秩序を基調とする国際平和を誠実に希求する。

5　国際紛争を解決する手段として、武力の行使を永久に放棄している。

着眼点 ▶ 自衛権については明文化されておらず、また、自衛権を否定する規定もなく、国の交戦権はないと規定されている。

> **解説**　戦争の放棄の規定は、全2項からなる憲法第9条だけである。第2項では、第1項の目的を達成するために、陸海空軍その他の戦力を保持しないと規定している。

【正解2】

問題7　次は、憲法に規定する基本的人権について述べたものであるが、妥当でないものはどれか。

1　平等権とは、全ての国民が権利において平等であるとする基本的人権の前提ともなる権利で、法の下の平等、両性の本質的平等などがこれに該当する。

2　自由権とは、国家権力といえども侵すことのできない個人の権利で、精神の自由、身体の自由、経済の自由の三つに大別できる。

3　社会権とは、人間らしい生活の保障を国家に要求する権利で、生存権、教育を受ける権利、勤労の権利、労働三権などがこれに該当する。

4　参政権とは、国民が政治に参加する権利で、選挙権、被選挙権、憲法改正国民投票権などである。

5　受益権とは、個人の利益確保のために国家の積極的な行為を請求する権利で、

憲　　法　　5

請願権、国家賠償請求権、裁判請求権、最高裁裁判官の国民審査権などがこれに
該当する。

着眼点 ▶　最高裁判所裁判官の国民審査権は参政権である。衆議院議員総選挙の際に実施され、衆議院議員の選挙権を有する者が審査権を有する。

解説　基本的人権は、大きく①包括的基本権（幸福追求権、平等権）、②自由権、③社会権、④参政権、⑤受益権（請求権）の五つに分ける考え方が有力である。

【正解5】

問題8　次は、国民の権利に関する記述であるが、この中から妥当でないものを
　　　　選べ。

1　国民は、すべての基本的人権の享有を妨げられない。

2　憲法が国民に保障する基本的人権は、侵すことのできない永久の権利である。

3　憲法が保障する自由及び権利は、国民の不断の努力によって、これを保持すべ
　きである。

4　すべて国民は、個人として尊重される。

5　生命、自由及び幸福追求に対する国民の権利は、立法によってもいかなる制約
　も許されない絶対的な権利である。

着眼点 ▶　いかなる場合にも、立法によっても制約できない絶対的な権利ではない。

解説　憲法第13条は、「生命、自由及び幸福追求に対する国民の権利については、公共の
　福祉に反しない限り、立法その他の国政の上で、最大の尊重を必要とする。」と定め
　ている。
　　この規定は、国家機関の権利尊重の義務として定められているが、自由及び権利の
　限界も定めた規定である。すなわち、自由及び権利は、公共の福祉に反してはならな
　いことを明らかにしたものである。
　　ほかの選択肢は、全て憲法の条項にその主旨が定められている。

【正解5】

問題9　次は、基本的人権の保障とその制約について述べたものであるが、誤っ
　　　　ているものはどれか。

1　最高裁は、組織犯罪など重要犯罪について電話その他の通信の傍受を認める法
　律が通信の秘密を侵しているとの判決を下している。

2　公共の福祉とは、人権相互の矛盾や衝突を調整する原理とされ、基本的人権を
　制約する根拠として用いられている。

3　表現の自由は、社会的な性格を持つから他人の人権に関連して制約を受けるこ

とはやむを得ないが、この制約は経済的権利を制約する場合より慎重でなければ
ならない。
4　国家公務員の労働基本権の制限は、その代償として人事院勧告制度が設けられ
ていることなどを理由に合憲とされている。
5　憲法は、居住、移転及び職業選択の自由と財産権について、公共の福祉による
制限があり得ることを規定している。

着眼点 ▶ 　犯罪捜査のための通信傍受に関する法律は一部に「違憲である」との主張はある
が、最高裁が違憲判決を出したという事実はない。

解説　憲法が保障する人権も無制約のものではなく、他人の権利や利益との調整などを理
由に制約を受けることがある。

【正解1】

問題10　次は、憲法に規定する法の下の平等の具体的対象を列挙したものである
が、これに該当しないものはどれか。
1　人種
2　社会的身分
3　教育
4　門地
5　信条

解説　憲法は、第14条第1項で、「すべて国民は、法の下に平等であつて、人種、信条、
性別、社会的身分又は門地により、政治的、経済的又は社会的関係において、差別さ
れない。」と定めており、法の下における平等の原理の通則的規定となっている。し
たがって、「教育」はこの5点の中に列挙されていないが、「教育」で差別してよいと
いう趣旨ではない。

【正解3】

問題11　次は、憲法に規定する表現の自由の具体例を列挙したものであるが、こ
れに該当しないものはどれか。
1　集会
2　結社
3　言論
4　出版
5　報道

着眼点 ▶ 　憲法第21条第1項に規定されている自由は例示であって、これら以外は保障され

憲　　法　　　　　　7

ないというわけではない。報道は例示されていないが、表現の自由に必然的に伴う
ものと解されている。

> **解説**　検閲の禁止や、通信の秘密を侵してはならないことも規定されている。

【正解5】

問題12　次は、憲法に定める自由権に関する記述であるが、この中から明らかに
　　　　誤っているものを選べ。

1　思想及び良心の自由は、人の内心的自由として自由の最も根本的なものであ
　り、民主主義の基底をなす。

2　憲法は、いかなる宗教団体も、国から特権を受けてはならないことと規定して
　いるが、国が宗教上の組織若しくは団体に対し、財政的援助を与えることまで禁
　止したものではない。

3　集会、結社、言論、出版その他の表現方法は、思想表現の自由に欠くことので
　きない具体的方法であるが、この場合にも公共の福祉の制限を受けることがあ
　る。

4　居住、移転の自由は、自己の住所又は居所を自由に決定し、また、それを移動
　する自由であり、旅行の自由も含んでいる。

5　職業選択の自由は、生存権を経済的に裏付けるものであるが、国が働こうとす
　る者に積極的に職業を与える義務を負うものではない。

> **着眼点▶**　憲法第89条に「公金その他の公の財産は、宗教上の組織若しくは団体の使用、便
> 益若しくは維持のため、……これを支出し、又はその利用に供してはならない。」
> と明文化されている。

> **解説**　選択肢1は民主主義の根本的な内容である。選択肢3は、「国民の権利について
> は、公共の福祉に反しない限り」最大の尊重を必要とする（同第13条）ものである。
> 選択肢4は同第22条第1項に規定されているが、同条第2項では海外移住、国籍離脱
> の自由も保障している。選択肢5の職業選択の自由は、職業選択に対しなんらの干渉
> をされない自由である。

【正解2】

問題13　憲法で保障する自由権は、その内容に着目して「精神の自由」「身体の自
　　　　由」「経済の自由」とに分けることができるが、次のうち、「精神の自由」
　　　　に該当しないものはどれか。

1　学問の自由

2　居住、移転及び職業選択の自由

8 憲　　　法

3　信教の自由

4　思想及び良心の自由

5　集会、結社及び表現の自由

着眼点 ▶　選択肢2は、通常経済の自由とされるが、近年は身体の自由の側面もあるとされる。

解説　自由権は、国民各人の自由な活動が、国家の権力によって拘束されない権利であり、憲法の基本的な権利の保障の中でも、主要な部分を占めている。

　　主なものを列挙すると次のようになる。

　1　精神の自由

　⑴　思想及び良心の自由（第19条）

　⑵　信教の自由（第20条）

　⑶　集会、結社及び表現の自由（第21条）

　⑷　学問の自由（第23条）

　2　身体の自由

　⑴　奴隷的拘束及び苦役からの自由（第18条）

　⑵　刑事裁判に関する各種の原則（第31条、第38条）

　⑶　被疑者及び被告人の権利（第33条〜第38条）

　3　経済の自由

　⑴　居住、移転及び職業選択の自由（第22条）

　⑵　外国移住・国籍離脱の自由（第22条）

　⑶　財産権の不可侵（第29条）

【正解2】

問題14　次は、憲法に規定する信教の自由に関する記述であるが、誤っているものはどれか。

1　何人も、宗教上の儀式に参加することを強制されない。

2　いかなる宗教団体も、国から特権を受けてはならない。

3　公金は、宗教上の組織の維持のためにこれを支出してはならない。

4　国は、宗教教育の推進に務めなければならない。

5　いかなる宗教団体も、政治上の権力を行使してはならない。

着眼点 ▶　「国及びその機関は、宗教教育その他いかなる宗教的活動もしてはならない」（憲法第20条第3項）。宗教施設に重要文化財などが存する場合に、これに対して補助金などを支給することは憲法に抵触しない。また、宗教を基に設立された私立学校に対して公金が補助されることも同様である。

解説　宗教の自由には、信仰しない自由、儀式を行わない自由などが含まれる。

【正解4】

憲　　法　　　　　　　　9

問題15　次は、憲法に規定する自由権のうち「経済の自由」についての記述であるが、誤っているものはどれか。

1　職業選択の自由を保障している。
2　私有財産制が保障されている。
3　私有財産は、正当な補償の下に公共のために用いることができる。
4　公共のために一般的な財産権の制約を受ければ、補償の対象となる。
5　憲法で保障される財産権には、所有権だけではなく債権も含まれる。

着眼点▶　財産権の侵害に対する補償は、土地収用のような特別の犠牲で認められる。消防法に基づく消防用設備等の設置のような一般的な制約は、補償の対象ではない。

解説　憲法における経済の自由には、居住、移転及び職業選択の自由（第22条）と財産権（第29条）とがある。憲法は私有財産制を規定しているので、法律によってこれを否定することはできない。

【正解4】

問題16　次の憲法が保障する基本的人権のうち、社会権に属さないものはどれか。

1　生存権
2　裁判請求権
3　勤労者の団結権、団体交渉権、団体行動権
4　教育を受ける権利
5　勤労の権利

着眼点▶　裁判請求権は、受益権（請求権）に分類される。

解説　憲法が保障する基本的人権のうち、人間らしい生活の保障を国家に要求する権利のことを社会権という。社会権には、生存権（第25条）、教育を受ける権利（第26条）、勤労の権利（第27条）、勤労者の団結権、団体交渉権、団体行動権（第28条）などがある。
　　自由権が「国家からの自由（国家の介入排除）」であるのに対して、社会権は国民の実質的平等を実現するため、国家に対して一定の行為（作為）を要求する権利である。

【正解2】

問題17　次は、憲法に定める勤労者の団結権に関する記述であるが、この中から妥当でないものを選べ。

1　勤労者が一時的に団体を結成して使用者との折衝に当たる、いわゆる争議団も、団結権の行使である。
2　勤労者の団体で、政治的活動、文化的活動を主たる目的とする場合でも、団結

10 憲 法

権の行使として理解されている。

3 勤労者が労働条件を維持しその履行を容易にするため、恒久的に結成する労働組合の結成も、団結権の行使といえる。

4 憲法第28条は団結権、団体交渉権、団体行動権を保障したものと解され、労働組合法は、これに基づき制定された法律である。

5 勤労者の団体の種類は、職業別の団体であろうと、産業別の団体であろうと、地域別の団体であろうと制限はない。

着眼点▶ 憲法第28条の規定する団結権の行使として考えられる団体は、専ら使用者との関係において、労働者の地位を保護強化することを直接の目的とする場合である。

解説 勤労者団結権とは、勤労者が使用者と対等の立場に立って、労働条件につき契約の自由を確保するために、労働者が団結する権利である。

【正解2】

問題18 次は、憲法で規定する労働基本権の公務員への適用についての記述であるが、誤っているものはどれか。

1 公務員は、一定の制約はあるものの労働基本権が保障される勤労者に含まれる。

2 刑事施設職員に団結権はない。

3 団結権のない公務員にも団体交渉権は認められている。

4 一部の公務員を除き、原則として公務員は労働協約を締結することはできない。

5 争議行為は禁止されている。

着眼点▶ 自衛隊員、海上保安庁職員、刑事施設職員、警察職員及び消防職員には団結権が認められていない。これらの職員には団体交渉権や争議権も認められていない。

解説 公務員は、全体の奉仕者であることや職務の公共性から、争議行為の禁止など労働基本権について様々な制約が課されており、こうした制約は判例上違憲ではないと示されている。

【正解3】

問題19 次は、憲法第25条に定める「健康で文化的な最低限度の生活を営む権利」に関する記述であるが、この中から誤っているものを選べ。

1 この規定は、直接個々の国民に具体的権利を保障したものではない。

2 この規定は、国はその具体的実現に向けて努力すべき責務を負うという宣言的な性質を有するものである。

憲　　法　　　　　　　　11

3　この規定の内容は、時代や社会の変化に応じて変わりうるものと考えられている。

4　生活保護に関連して、この規定に基づき請求権を認めた最高裁判例があり、その後の社会保障制度を改善する一つの大きな契機となった。

5　この規定は生存権と呼ばれ、社会権的基本権の中核をなす権利である。

着眼点 ▶　該当裁判例は、いわゆる朝日訴訟で、最高裁は「25条は直接個々の国民に具体的な権利を賦与したものでなく、その権利は憲法の趣旨を実現するために制定された生活保護法によって初めて与えられる。」（最大判昭42.5.24）と判示した。

解説　憲法第25条に関する最高裁判所の判決は次のとおりである。
「国家はこれらの目的のために積極的に社会的施設の拡充増強に努力すべきことを国家の任務の一つとして宣言したに止まり、国民各個人に対し、具体的現実的にかかる権利を有することを認めた趣旨ではない」

【正解4】

問題20　次は、憲法が規定する罪刑法定主義に関する記述であるが、適当なものはどれか。

1　罪刑法定主義の下では、罪になることを知らずに犯罪になる行為をした者は、罰することができない。

2　罪刑法定主義の下では、新たな法律で刑罰を定めれば、法律制定以前に行われた行為でも法に照らして処罰できる。

3　罪刑法定主義の下では、裁判官は被告人の事情や動機を考慮してその裁量で刑の軽減をすることはできない。

4　罪刑法定主義の下では、何が処罰の対象となるのかが、条文上明確でなければならない。

5　罪刑法定主義の下では、いかなる場合も政令で罰則を設けることはできない。

着眼点 ▶　何人も、法律の定める手続によらなければ、その生命若しくは自由を奪はれ、又はその他の刑罰を科せられない（憲法第31条）。

解説　選択肢1；法律を知らなかったとしても（法の不知）、犯罪の意思（故意）がなかったとは認められない（刑法第38条）。選択肢2；遡及処罰の禁止（憲法第39条）。選択肢3；刑事裁判では情状酌量が認められている（刑法第66条）。選択肢5；法の委任がある場合は、政令で罰則を設けることができる（憲法第73条第6号ただし書）。

【正解4】

問題21　次は、憲法に定める刑事手続についての記述であるが、妥当でないものはどれか。

12   憲　　法

1　法律の定める手続によらなければ刑罰を科せられない。

2　実行時よりも後に成立した法律によっても処罰される場合がある。

3　既に無罪とされた行為については、刑事上の責任を問われない。

4　残虐な刑罰は禁止されている。

5　自己に不利益な供述を強要されない。

着眼点▶　憲法第39条前段は、「何人も、実行の時に適法であつた行為又は既に無罪とされた行為については、刑事上の責任を問はれない。」と規定している。これは、刑罰の不遡及を定めたものである。刑事上の責任を問われないとは、処罰されないとか、有罪とされないとかということではなく、刑事裁判の被告人として起訴されないということである。

解説　一般に立憲主義憲法は、刑罰権の行使の濫用を防止するために、罪刑法定主義（罪の認定とそれへの科刑とは、あらかじめ国民代表議会が法定した構成要件に該当する場合に、かつ、法定の範囲でのみ行うことができる）、事後刑罰立法の禁止（実行のときに適法であった行為を遡及的に処罰するような立法を禁止する）、裁判手続による刑罰の確定（刑罰の確定は、国の裁判所においてかつ裁判の手続によって行う）の原則を定めている。

　　日本国憲法は、こうした刑事手続きに関して第31条以下に、適正手続の保障、刑罰の不遡及、一事不再理、残虐刑の禁止、令状主義、弁護人依頼権・勾留理由開示、自己に不利益な供述の強要・拷問の禁止、迅速な公開裁判、証人審問権、国選弁護人制度、自白に関する証拠法則などを規定している。

【正解２】

問題22　次は、憲法に定める刑事被告人の権利に関する記述であるが、この中から誤っているものを選べ。

1　刑事被告人は、全ての証人に対して審問する機会を十分に与えられる権利を有する。

2　何人も、自己に不利益な供述を強要されないが、自己に不利益な唯一の証拠が本人の自白である場合であっても有罪とされる場合がある。

3　全て刑事事件においては、被告人は、公平な裁判所の迅速な公開裁判を受ける権利を有する。

4　刑事被告人は、いかなる場合にも、資格を有する弁護人を依頼することができる。

5　何人も、実行の時に適法であった行為又は既に無罪とされた行為については、有罪とされ、又は刑事罰を科せられない。

着眼点▶　憲法は、自白の自由を保護しており、したがって、自白に基づく証拠力に重大な制限を加えて、自白偏重による拷問などの自由侵害を防止することを目的としてい

憲　　法　　　13

る。

> **解説**　憲法第38条の規定に自白の自由について明確に定められており、また、その他の刑事被告人の権利に関する事項も、同第37条に規定されている。

【正解2】

問題23　次は、憲法に定める国民の義務についての記述であるが、正しいものはどれか。

1　教育の義務により、国民は普通教育を受ける義務を負う。

2　勤労の義務により、国民は勤労を強制される。

3　法律の定めるところにより、国民は納税の義務を負う。

4　勤労の義務により、国民が勤労せずに生活することは禁止される。

5　勤労は権利ではなく、義務として規定されている。

着眼点▶　国民の納税義務が定められている（憲法第30条）とともに、租税法律主義の規定にもなっている。

> **解説**　教育の義務においては、保護する子女に普通教育を受けさせる義務を規定しており、教育を受けることは権利である（第26条）。勤労は権利であると同時に義務であり（第27条第1項）、勤労を強制し、あるいは勤労せずに生活することを禁止するものではない。

【正解3】

問題24　次は、憲法に定める国家賠償請求権についての記述であるが、正しいものはどれか。

1　個別の法律がなくても、憲法を根拠に直接国家賠償請求を行える。

2　国家賠償法では、公務員個人が賠償責任を負う。

3　国家賠償請求では、公務員の故意や過失は要件とされていない。

4　国又は公共団体は、公務員個人に求償権を行使する場合がある。

5　公の営造物については、過失責任主義がとられている。

着眼点▶　公務員に故意又は重過失があった場合には、国又は公共団体はその公務員に求償権を行使できる（国家賠償法第1条第2項）。

> **解説**　憲法第17条の規定は国家賠償に関する法律の制定を求めるもので、その法律が国家賠償法である。公務員に故意又は過失がある場合に、国又は公共団体に賠償責任が生じる（国家賠償法第1条第1項）。公の営造物の設置又は管理の瑕疵は、通常備えるべき安全性を欠く場合であり無過失責任主義とされている（同法第2条第1項）。

【正解4】

14　　　　　　　　　　　　憲　　　法

問題25　次は、国会議員に与えられている特権に関する記述であるが、この中から妥当でないものを選べ。
1　他の特定の国家機関の構成員となる権利
2　発言表決の院外無答責の権利
3　不逮捕の権利
4　給与その他の受益を受ける権利
5　国政調査の権利

着眼点 ▶　国政調査権は、国会議員に与えられた特権ではなく、国会の両議院に憲法によって与えられた権利である（憲法第62条）。
　　　　　ほかは全て、憲法又は特別法により、国会議員に与えられた特権である。

【正解5】

問題26　次は、参議院の緊急集会に関する記述であるが、この中から妥当でないものを選べ。
1　緊急集会は、国会の解散に伴う、参議院の閉会中において、特別国会の召集を待つ余裕のない緊急を要する場合に開催される。
2　緊急集会は、国に緊急の必要があるときに内閣の求めにより開催されるものである。
3　緊急集会の議決事項は、本来国会の活動を待たなければならないものであるから、応急臨時の措置を必要とするものでなければならない。
4　緊急集会では、集会を必要として示された案件以外に、一般的案件についても審議し、議決することが認められている。
5　緊急集会の議決事項は、次の国会開会の後10日以内に衆議院の同意がなければその効力を失うものとされている。

着眼点 ▶　緊急集会は、常会、臨時会及び特別会と異なり、特に緊急必要案件について、応急措置を講ずる必要から認められた制度であるから、一般的案件について議員が発議したり、審議したり、決議したりすることは認められないと解されている。

解説　参議院の緊急集会は、国会の召集と同様、内閣の決定するところによる（憲法第54条第2項）。
　　　したがって、いかなる場合に集会を求めるべきかは、専ら内閣の認定によるのであるが、少なくとも時期的には選択肢1の場合であり、また、内容的には選択肢3でなければならない。

【正解4】

問題27　次は、国会の衆議院と参議院に関する記述であるが、この中で、組織上

憲　　法　　　　　　　　　　　15

又は法律上、両議院の差が認められないものを選べ。

1　議員の任期
2　被選挙権
3　議員の定数
4　選挙区
5　国政調査権

着眼点 ▶　国政調査権は、衆議院、参議院がそれぞれ独立して行使でき、両院対等である。手段としては、証人喚問（議院における証人の宣誓及び証言等に関する法律）、報告・記録の提出の求め（国会法第104条）、議員派遣（同法第103条）などがある。

解説　両議院の主な差（衆議院の優越性に関するものを除く）は、次のとおりである。

	衆　議　院	参　議　院
議員の任期	4 年	6 年
被 選 挙 権	満25歳以上	満30歳以上
議員の定数	465人	248人
選　挙　区	小選挙区、比例代表	選挙区、比例代表

【正解5】

問題28　次は、内閣の総辞職に関する記述であるが、この中から誤っているものを選べ。

1　内閣は、常置機関であるから、総辞職しても新たに内閣総理大臣が指名されるまでは、総辞職した内閣がその職務を行わなければならない。

2　内閣は、衆議院で不信任の決議案を可決し、又は信任の決議案を否決したときは、10日以内に衆議院が解散されない限り、総辞職をしなければならない。

3　内閣は、内閣総理大臣が首長となり、首長の責任政治の原理にたって組織されるものであるから、内閣総理大臣が欠ければ内閣は総辞職しなければならない。

4　内閣は、衆議院議員総選挙の後に初めて国会の召集があったときは、総辞職をしなければならない。

5　内閣総理大臣は、国会の指名に基づき天皇によって任命される。また、自己の意思によって辞職することはできず、憲法で定められた一定の場合にのみ辞職しなければならない。

着眼点 ▶　内閣総理大臣は、自己の意思によって辞職することができる。

解説　内閣の総辞職とは、内閣総理大臣及びその他の国務大臣の全部が、その職を辞すること、すなわち、内閣の全構成員の辞職をいう。

16 憲　　法

内閣総理大臣は、自己の意思によって辞職することができることはもちろんであるが、憲法第70条は、内閣総理大臣が欠けたときは、内閣は総辞職しなければならないと定めているから、内閣総理大臣だけが単独で辞職を行うことはない。すなわち、内閣総理大臣が辞職するときは、常に他の全ての国務大臣もともに辞職しなければならないのである。

【正解5】

問題29　次は、国会の権限に関する記述であるが、この中から誤っているものを選べ。

1　法律の公布

2　予算の議決

3　条約の承認

4　内閣総理大臣の指名

5　憲法改正の発議

着眼点▶　国会は、法律を制定する唯一の立法機関である（憲法第41条）が、成立した法律の公布は、天皇が内閣の助言と承認により公布することとされている（同第7条第1号）。

【正解1】

問題30　次は、国会の地位と権能についての記述であるが、誤っているものはどれか。

1　国権の最高機関として、司法と行政に優越する。

2　内閣による政令の制定などの例外はあるものの、国会は唯一の立法機関である。

3　憲法改正の発議権がある。

4　弾劾裁判所を設置する。

5　内閣総理大臣を指名する。

着眼点▶　国会は国権の最高機関と規定されている（憲法第41条）が、国会は直接国民を代表する国家機関という意味であって、他の国家機関の意思に優越するものではない。国会の権限には、両院がともに有するものと、どちらか一院だけに認められているものとがある。

解説　内閣の制定する政令は、執行命令と委任命令に限られている。

【正解1】

問題31　次は、我が国の二院制に関する記述であるが、この中から妥当でないも

憲　　法

17

のを選べ。

1　二院制では、国民の数を代表する第一院に対して、第二院の構成を工夫することで、国民の「理」・「良識」を代表させ得るといわれる。

2　立法権を一院のみにて行使する場合は、議院の権力が強大すぎる場合があるが、二院制では、相互に牽制することができる。

3　二院制であっても、衆議院も参議院も国民の直接選挙によって構成されている。

4　我が国の二院制は、衆議院の優越が認められていることなど立法過程が簡略化されているため、一院制に比べ、立法上の行き詰まりが生じにくいとされる。

5　二院制は、一院制に比べ、社会の各層を比較的正確に代表せしめることができる点で、代表民主政治を貫徹する制度であるといえる。

着眼点 ▶　二院制では、両院間の意思統一を図る必要もあり立法過程は複雑で、一院制に比べると政策決定は滞る。

> 解説　我が国の二院制の特質は、各選択肢のとおりであるが、基本的な特質として、次の2点を挙げることができる。
> 1　衆議院も参議院も、国民の選挙によって構成されるものである（憲法第43条第1項）から、その構成の原理は、全く同一である。
> 2　権限において、衆議院に内閣総理大臣の指名（同第67条第2項）、予算の議決（同第60条第2項）などにおいて優越性を認めている。

【正解4】

問題32　衆議院で可決し参議院でこれと異なる議決をしたときに、衆議院で出席議員の3分の2以上の多数で再可決すれば成立するものとして、正しいものは次のうちどれか。

1　法律案の議決

2　条約の承認

3　予算の議決

4　内閣総理大臣の指名

5　憲法改正の発議

着眼点 ▶　選択肢2、3、4については、衆議院の議決が国会の議決となる（憲法第61条、第60条第2項、第67条第2項）。法律案の成立については、より厳格な要件で衆議院の優越を認めている（同第59条第2項）。憲法改正の発議については、衆議院の優越はない（同第96条）。

18 憲　法

> **解説**　国会の意思が成立するためには両院の議決の一致が必要であるが、国政上重要な事項が不成立になる事態を回避するために、衆議院の優越が定められている。

【正解1】

問題33　次は、憲法に定める国政調査権に関する記述であるが、この中から正しいものを選べ。

1　国政調査権は、証人の出頭及び証言、記録の提出を要求することまでは認めていない。

2　大日本帝国憲法でも、現在のような内容の国政調査権が認められていた。

3　国会の国政調査権は、各議院に属する権限である。

4　国会では、国政調査のための特別委員会を設けることは認められていない。

5　国政調査権は、国政の全てについて、全く無制限に与えられたものである。

着眼点▶　国政調査権は、国会の各議院に属する権限である。

> **解説**　憲法第62条は、「両議院は、各々国政に関する調査を行ひ、これに関して、証人の出頭及び証言並びに記録の提出を要求することができる。」と定めている。
> 　大日本帝国憲法では、このような国政調査権は議院に与えていなかった。
> 　日本国憲法では、各議院が独自の立場で調査を行うことができ、かつ、議院において必要と認めた場合は、国政調査のための特別委員会を設置することもできる。
> 　また、国政調査権は、国会の持つ憲法上の諸権限を有効適切に行使するために認められたものであり、国政の全てについて無制限に認められたものではない。

【正解3】

問題34　次は、衆議院の解散に関する記述であるが、この中から誤っているものを選べ。

1　解散とは、全議員が同時に、その任期満了前において、議員たる身分を喪失せしめる行為である。

2　解散は、衆議院にのみ認められ、参議院には認められていない。

3　会期中に衆議院の解散が行われたときは、国会の会期は終止し、参議院は同時に閉会となる。

4　衆議院の解散は内閣不信任案の可決（又は信任案の否決）に対する内閣の対抗措置といえるが、これまでの解散の多くは、憲法第7条を根拠に内閣の発議のもとに行われている。

5　衆議院自体の決議によって解散するという自主解散権が、国会の独立性の観点から認められている。

憲　　法　　　　　　19

着眼点 ▶　憲法では、衆議院の自主解散権を認めていない。

解説　憲法が国会に自主解散権を認めていないのは、憲法の原理として、議院内閣制を採
用したためである。
　　すなわち、内閣の成立とその存続は、国会でもとりわけ衆議院の意思にかかっているが、内閣もまた国会の召集権を有し、かつ、衆議院の解散権を有するところに、分立された権力の均衡と抑制が図られているといえる。

【正解5】

問題35　憲法は、議院内閣制を採用しているが、その要請に基づいて制度化されているものとして、誤っているものは次のうちどれか。

1　内閣総理大臣を国会が指名すること。

2　内閣総理大臣及び他の国務大臣の過半数は、国会議員であること。

3　内閣は、行政権の行使について、国会に対して連帯して責任を負うこと。

4　内閣総理大臣その他の国務大臣は、文民であること。

5　内閣は、衆議院の信任を必要とすること。

着眼点 ▶　内閣総理大臣となるべき者の資格として、憲法で文民であることが規定されている（第66条第2項）が、これは議院内閣制と直接関係しないため、誤り。

解説　議院内閣制は、権力分立の要請に基づいて、行政権と立法権とを一応分離した後に、更に民主主義の要請に基づいて行政権を民主的にコントロールするために設けられる制度である。
　　権力分立の要請に基づいて、行政権と立法権をあまり厳格に分離、独立させると、国民代表である立法部よりも執行部の方が国民の意思に反して独立の行動をするおそれが多いので、民主政治の実現のため、執行部に対する立法部の抑制力を強めることが望ましい。これが議院内閣制の背後にある原理といえる。

【正解4】

問題36　次は、憲法に定める議院内閣制に関する記述であるが、誤っているものはどれか。

1　国会の議決した法案に対して、内閣は拒否権をもつ。

2　内閣は、国会に対して、連帯して責任を負う。

3　内閣は、衆議院が内閣不信任案を可決したときは、10日以内に衆議院が解散されない限り、総辞職しなければならない。

4　内閣総理大臣は、国会議員の中から国会の議決で指名される。

5　国務大臣の過半数は、国会議員の中から選ばれなければならない。

着眼点 ▶　国会が議決した法案に対して、内閣に拒否権はない。

解説 国会と内閣が議院内閣制であるのに対して、地方公共団体の長と議会との関係は、二元代表制（あるいは大統領制ともいわれる。）になっている。

【正解1】

問題37 次は、衆議院の解散について述べたものであるが、誤っているものはどれか。

1 衆議院は、内閣の関与なしに自律的に解散することはできない。

2 憲法第7条で、天皇は内閣の助言と承認により衆議院を解散するとしているが、これを根拠に内閣が解散を行うことはできない。

3 衆議院の解散総選挙の後、一定期間内に特別会が召集されなければならない。

4 衆議院の解散後、国に緊急の必要があるときは、内閣は参議院の緊急集会を求めることができる。

5 衆議院で信任の決議案が否決された場合は、内閣は10日以内に解散しない限り、総辞職をしなければならない。

着眼点 ▶ 内閣は天皇の国事行為に対する助言と承認を通して衆議院を解散できるという憲法運用が定着している（第7条解散と呼ばれている）。

解説 第7条解散に対して、内閣不信任案可決（又は信任案否決）を受けての解散は、第69条解散と呼ばれる。

【正解2】

問題38 次は、国会の権限に関する記述であるが、この中から衆議院の優越が認められているものを選べ。

1 法律案の提出権

2 国政調査権

3 憲法改正の発議権

4 請願の受理権

5 条約の承認権

着眼点 ▶ 条約の承認権は、衆議院の優越が認められている（憲法第61条）が、他の権限については、両議院の権限に差はない。

憲　　法　　　21

> **解説**　条約の承認について、参議院が衆議院と異なった議決をし、両院協議会を開いても意見が一致しないか、参議院が衆議院の可決した条約を受け取ってから国会休会中の期間を除いて30日以内に議決しないときは、衆議院の議決がそのまま国会の議決とみなされる。これは、法律案の議決の場合よりも優越度が高い。

【正解5】

問題39　次は、法律案の議決に関する記述であるが、この中から正しいものを選べ。

1　憲法は、法律の成立要件として、議会の議決のほかに、天皇の裁可を必要としている。

2　法律は、両議院の可決によってのみ成立するものであり、衆議院単独の議決で法律が成立することはない。

3　参議院が衆議院と異なった議決をした場合、両院協議会を開くか否かは、衆議院の意思によって決定すべきものとされている。

4　参議院が衆議院の可決した法律案を受け取ってから、いかなる場合でも60日以内に議決しないときは、参議院がその法律案を否決したものとみなされる。

5　法律案の議決の前段階として、法律案が議院に提出されるが、この場合、法律案は先に衆議院に提出しなければならない。

> **着眼点▶**　憲法第59条第3項により、衆議院が両院協議会の開催を求めることができるとされている。

> **解説**　選択肢1の「天皇の裁可」は、大日本帝国憲法の定めである。選択肢2は、法律案の議決について衆議院の優越性が認められている（同第59条第2項）。選択肢4は、「国会休会中の期間を除いて60日以内」である（同条第4項）。選択肢5は、衆議院に先に提出しなければならないのは予算案であり（同第60条第1項）、法律案ではない。

【正解3】

問題40　次は、国会議員の不逮捕特権について述べたものであるが、誤っているものはどれか。

1　国会議員の不逮捕特権は、刑事訴追されないという権利ではないから、刑事被告人となり有罪判決を受けることもあり得る。

2　国会議員は不逮捕特権を有するが、事前に院の許諾を受ければ、会期中でも逮捕することができる。

3　国会議員は不逮捕特権を有するが、院外での現行犯の場合は逮捕することがで

22 憲　　法

きる。

4　国会議員は不逮捕特権を有するため、会期前に逮捕された議員は、当然に会期中は釈放されなければならない。

5　国会議員の不逮捕特権は閉会中は認められない。ただし、緊急集会中の参議院議員には認められる。

着眼点 ▶　会期前に逮捕された議員が会期中に釈放されるのは、その議院から要求があった場合のみである。

解説　両議院の議員は、法律の定める場合を除いては、国会の会期中逮捕されず、会期前に逮捕された議員は、その議院の要求があれば、会期中これを釈放しなければならない（憲法第50条）。また、各議院の議員は、院外における現行犯罪の場合を除いては、会期中その院の許諾がなければ逮捕されない（国会法第33条）。なお、緊急集会中の参議院議員については、院外における現行犯罪の場合を除いては、参議院の許諾がなければ逮捕されない（同法第100条）。

【正解4】

問題41　次は、国会についての記述であるが、正しいものはどれか。

1　参議院は国政上の調査のため、証人の出頭や記録の提出を求めることができる。

2　国会は弾劾裁判所を設置して、国務大臣を罷免することができる。

3　国会は、最高裁判所裁判官の任命に際して、内閣から候補者の報告を受けて審査する。

4　国会は、国の決算を審査した上で、会計検査院に報告する。

5　国会は「国権の最高機関」であることから、閣議決定も変更できる権限を持つ。

着眼点 ▶　両議院はそれぞれ独立に国政調査権を持ち、証人の出頭や記録の提出を求めるなどの権限を有する（憲法第62条）。

解説　選択肢2；国務大臣の罷免は、内閣総理大臣が任意に行える（同第68条第2項）。選択肢3；最高裁判所の長官は内閣が指名し、長官以外の裁判官は内閣が任命する（同第6条第2項、第79条第1項）。選択肢4；決算は会計検査院の検査後、内閣が国会に提出して承認を受ける（同第90条第1項）。選択肢5；国権の最高機関である（同第41条）とはいえ、閣議決定や裁判所の判決を直接変更できるわけではない。

【正解1】

問題42　次は、憲法に規定する内閣の職務を列挙したものであるが、誤っているものはどれか。

1　条約を締結すること。

憲　　法　　　　　　23

2　予算を作成し、国会に提出すること。

3　恩赦を決定すること。

4　予備費を支出し、事前に国会の承諾を得ること。

5　国会及び国民に対し、国の財政状況について報告すること。

着眼点 ▶　予備費を支出し、事後に国会の承諾を得る必要がある（憲法第87条）。

解説　内閣は、国の行政権を担当する機関で、首長である内閣総理大臣及びその他の国務大臣で組織される合議体である。憲法の規定する内閣の職務は例示であって、行政権の範囲であればこれら以外を一切行ってはならないという趣旨ではない。

【正解4】

問題43　次は、内閣総理大臣に関する記述であるが、この中から誤っているものを選べ。

1　内閣は、内閣総理大臣及びその他の国務大臣をもって構成する合議体である。

2　内閣総理大臣は、国会の議決で指名し、その指名に基づいて、天皇が任命する。

3　憲法上、内閣総理大臣となるべき者の資格として規定されている条件としては、国会議員であることのみである。

4　内閣総理大臣は、内閣の首長たる地位と、行政官庁の主任の大臣としての地位とを有するから、おのおのその地位において諸種の権限が認められている。

5　内閣総理大臣その他の国務大臣は、議院から議案について答弁又は説明のため要求があれば、議院に出席しなければならない義務がある。

着眼点 ▶　国会議員であると同時に、文民であることも条件である。

解説　憲法第66条第2項は、「内閣総理大臣その他の国務大臣は、文民でなければならない。」と定めている。
文民とは、一般に「単に軍人ではない」という意味に解されている。

【正解3】

問題44　次は、内閣総理大臣に関する記述であるが、この中から誤っているものを選べ。

1　内閣総理大臣は、文民でなければならない。

2　内閣総理大臣は、国会の衆議院の議決でこれを指名する。

3　内閣総理大臣は、天皇によって任命される。

4　内閣総理大臣は、国会議員でなければならない。

5　内閣総理大臣は、国務大臣の任免権を有する。

24 憲 法

着眼点 ▶ 　内閣総理大臣は、「国会の議決で、これを指名する」（憲法第67条第1項）もの
　　　　で、衆議院だけの議決によるものではない。

解説　国会が内閣総理大臣を指名するには、原則として両議院の一致の議決によるべきで
　　ある。しかし、衆議院と参議院とが異なった指名の議決をした場合は、法律の定める
　　ところにより、両議院の協議会を開き、それでも意見が一致しないときは、衆議院の
　　議決を国会の議決とすることとなっている（同条第2項）。すなわち、衆議院の優越
　　性が認められている。

【正解2】

問題45　次は、内閣総理大臣に関する記述であるが、この中から誤っているもの
　　　　を選べ。

1　内閣総理大臣は、国会の議決で指名される。

2　内閣総理大臣の任命は、天皇の国事行為であり、内閣の助言と承認を必要とす
　る。

3　内閣総理大臣の指名は、国会において他の案件に先立って行われる。

4　内閣総理大臣について、憲法では、任命だけでなく、罷免についても規定して
　いる。

5　内閣総理大臣は、内閣の首長たる地位と、行政官庁の主任の大臣としての地位
　とを有する。

着眼点 ▶ 　憲法は、内閣総理大臣については、任命だけを規定し、罷免についてはなんら規
　　　　定していない。

解説　内閣総理大臣は、国会の議決で指名し、その指名に基づいて、天皇が任命する（憲
　　法第6条第1項）。
　　　しかし、憲法は、内閣総理大臣については、いかなる機関も、一方的に罷免するこ
　　とを認めていないため、内閣総理大臣は、自ら任意に辞任するか、又は憲法の規定
　　（同第69条、第70条）によって、退職することが認められているだけである。

【正解4】

問題46　次は、内閣の総辞職について述べたものであるが、正しいものはどれか。

1　衆議院が内閣の提出した予算を否決した場合や条約の締結に関して国会が承認
　を与えなかった場合は、総辞職しなければならない。

2　国務大臣の過半数が辞職してしまった場合は、内閣は総辞職しなければならな
　い。

3　内閣総理大臣が欠けたときは、総辞職しなければならない。

4　衆議院総選挙後、国会が召集されて新しい内閣が誕生したときは、内閣は総辞

憲　　法　　　　　　　25

職しなければならない。

5　衆議院の内閣不信任決議案が可決し、20日以内に衆議院が解散されないとき
は、総辞職しなければならない。

着眼点▶　内閣の総辞職は、衆議院で不信任の決議案を可決し、又は信任の決議案を否決し
た場合において、10日以内に衆議院が解散されないとき（憲法第69条）、内閣総理
大臣が欠けたとき（同第70条）、衆議院議員総選挙後に初めて国会が召集されたと
き（同条）の三つの場合である。

解説　総選挙の後、国会が召集されたとき内閣は総辞職するが、辞職後も、前の内閣はあ
らたに内閣総理大臣が任命されるまで引き続きその職務を行う（同第71条）。これを
「職務執行内閣」と呼んでいる。

【正解3】

問題47　次は、行政立法に関する記述であるが、正しいものはどれか。

1　緊急の場合には、法律の根拠がなくても内閣は政令を制定できる。

2　行政機関は、個人の権利義務に関する命令は一切規定できない。

3　行政立法は、政令だけである。

4　行政機関内部で決裁された時点で効力を生じる。

5　法律の委任があれば、政令に罰則を規定することもできる。

着眼点▶　憲法第73条は、内閣の職務として、「憲法及び法律の規定を実施するために、政
令を制定すること。」（第6号）と定めており、合わせて「政令には、特にその法律
の委任がある場合を除いては、罰則を設けることができない。」としている。

解説　執行命令は、上位法を実施するために必要な手続についての定めであり、実質的な
権利義務に関する規定を含まない。これに対して、実質的な権利義務に関する定めを
設けることについては、一般的委任は認められず、事項を限った個々の法律による委
任を必要とする。これを委任命令という。
　　行政立法の形式としては、政令、府令、省令などがある。
　　一般的な効力としては、外部に公示されることと施行期日が到来することが、効力
発生の要件である。
　　憲法は、緊急命令を認めていない。

【正解5】

問題48　次は、選挙に関する記述であるが、この中から憲法自体に直接規定され
ていない事項を選べ。

1　国会議員の被選挙権は、衆議院議員については年齢満25年以上、参議院議員
については年齢満30年以上とする。

2　公務員の選挙については、成年者による普通選挙を保障する。

26 憲 法

3 衆議院議員の任期は4年、参議院議員の任期は6年とする。

4 選挙における投票の秘密は、これを侵してはならない。

5 選挙区、投票の方法その他両議院の議員の選挙に関する事項は、法律で定める。

着眼点 ▶ 被選挙権年齢は、憲法ではなく公職選挙法に規定されている。

解説 憲法は、国民の権利として、種々の権利を保障しているが、その中の一つに公務員の選挙が挙げられる。

憲法では選挙に関し基本的な定めをしており、他の事項は、公職選挙法などの法律に委ねている。

○選挙に関し憲法に直接規定されている事項
・第15条 公務員の選定及び罷免の権利、普通選挙の保障、秘密投票の保障に関する事項
・第44条 議員及び選挙人の資格に関する事項
・第45条 衆議院議員の任期に関する事項
・第46条 参議院議員の任期に関する事項
・第47条 選挙区、投票の方法等の法律への委任に関する事項

【正解1】

問題49 次は、憲法に定める司法権についての記述であるが、誤っているものはどれか。

1 行政機関が終審となることがある。

2 特別裁判所の設置は禁止される。

3 罷免の訴追を受けた裁判官の裁判は、国会に設けられた弾劾裁判所が行う。

4 各議院は、その議員の資格に関する争訟を裁判する。

5 司法権は、最高裁判所及び下級裁判所に属する。

着眼点 ▶ 行政機関は終審として裁判を行うことはできない（憲法第76条第2項）。したがって、行政争訟において訴訟終結後に審査請求を提起することはできない。

解説 司法権の独立を確保するために、裁判官の職権の独立と裁判官の地位の独立が保障されている。特別裁判所を設置しないことの例外が、弾劾裁判所である。

【正解1】

問題50 次は、最高裁判所の裁判官に関する記述であるが、この中から正しいものを選べ。

1 最高裁判所の長たる裁判官は、内閣総理大臣が任命する。

2 最高裁判所の裁判官には、定年がある。

憲　　　法　　　27

3　最高裁判所の裁判官は、他の裁判官と異なり弾劾裁判制度の適用を受けない。

4　最高裁判所の裁判官の任期は10年であるが、再任されることができる。

5　国民審査は、最高裁判所の裁判官だけでなく、下級裁判所の裁判官にも適用される。

着眼点 ▶　最高裁判所の裁判官は、年齢70歳に達したときは定年退官するものとされている。

解説　最高裁判所の裁判官については、次のとおりである。
　　1　任命　長たる裁判官は、内閣の指名で天皇が任命し（憲法第6条第2項）、その他の裁判官は、内閣が任命し、天皇が認証する（同第79条第1項）。
　　2　弾劾裁判制度　下級裁判所の裁判官と共通な弾劾裁判制度の適用を受ける。
　　3　国民審査制度　最高裁判所の裁判官にのみ適用される制度で、任命後、初めて行われる衆議院議員総選挙の際まず行われ、その後10年を経過した後、初めて行われる衆議院議員総選挙の際更にこれを行い、その後も、10年ごとに繰り返して行うものである（同第79条第2項）。このため、下級裁判所の裁判官のように、任期が10年という定めはない。

【正解2】

問題51　次は、裁判官の職務の独立に関する記述であるが、この中から妥当なものを選べ。

1　司法権独立の基本的要件は、裁判官個人の名誉保障にある。

2　裁判官は、公務員であるから、その意に反して、免官、転官、転所させられる。

3　裁判官の懲戒処分は、内閣などの行政機関によって行うことができる。

4　裁判官の報酬は、全て定期に相当額の報酬を受け、在任中は減額されないこととされている。

5　裁判官は、その職権の行使に当たっては、独立性が否定されている。

着眼点 ▶　裁判官の報酬は、憲法において、全て定期に相当額の報酬を受け、在任中は減額されることはない旨が定められている（憲法第79条第6項、第80条第2項）。

解説　司法権独立の基本的要件としては、次の二つにまとめられる。
　　1　裁判官の職務の独立
　　　全て裁判官は、その良心に従い独立してその職権を行い、この憲法及び法律にのみ拘束されるものとされている（同第76条第3項）。
　　2　裁判官の身分の保障
　　　裁判官は、特に定められた場合を除いては、その意思に反して、免官、転官、転所、職務の停止、報酬の減額をされることはないものとされている（裁判所法第48条）。

28　　　　　　　　　　　　　　　　憲　　　法

> 　例えば、憲法は、裁判官の罷免を、①身体上執務不能であるとの裁判による場合（憲法第78条）、②公の弾劾による場合（同第78条）、③国民審査による場合に限定している（同第79条第３項）。
> 　また、裁判官の懲戒処分は、司法権の独立の見地から、任命権が内閣にあっても、行政機関によっては行うことができないこととされている（憲法第78条）。

【正解４】

問題52　次は、違憲立法審査権についての記述であるが、誤っているものはどれか。

1　違憲の疑いがある法律案が国会に提出されたときは、国民は裁判所に違憲審査を求めることができる。

2　最高裁判所は、違憲審査の終審裁判所であり、最高裁判所以外の下級裁判所でも違憲立法審査を行える。

3　違憲立法審査権は、法律だけでなく、一切の命令、規則又は処分も審査の対象としている。

4　判決によって違憲とされた法律の規定は、当該事件に限って無効とするのが通説である。

5　違憲判決の出た法律そのものを無効にするには、国会による廃止の手続き（法改正）が必要である。

着眼点▶　法律が制定される前に違憲審査を求めることはできない。

解説　日本の裁判所の有する違憲立法審査権は、具体的な訴訟事件において、違憲審査が必要となった場合に行われる。

【正解１】

問題53　次は、弾劾裁判についての記述であるが、誤っているものはどれか。

1　裁判官が罷免されるのは、国会が設ける裁判官弾劾裁判所の裁判だけである。

2　裁判官を辞めさせたいと国民が思っても、直接、弾劾裁判所に訴えることはできない。それができるのは裁判官訴追委員会だけである。

3　裁判官を罷免させるかどうかの弾劾裁判所の判断は一度限りであり、判決に不服があっても上級の裁判所に上訴することはできない。

4　弾劾裁判所の裁判員には衆・参両院から７人ずつが選ばれ、国民の代表として政党から独立して職務に当たる。

5　弾劾裁判所は、国会が憲法に基づいて設置した公の弾劾を行う常設の機関であ

憲　法　　　　　　　　　　　　　29

り、辞めさせた裁判官に、失った資格を回復させるかどうかを判断する裁判所で
もある。

着眼点 ▶　裁判官の罷免は、最高裁判所裁判官の国民審査でも、裁判官分限法に基づく分限
　　　　裁判でも行うことができる。分限裁判とは、裁判官の心身の故障又は本人の希望に
　　　　より免職を決定する場合や、裁判官としてふさわしくない行為をした場合など懲戒
　　　　処分を下す必要のあるときに開かれる内部処分的な裁判である。

解説　裁判官の罷免は、弾劾裁判所は裁判官を罷免するかどうかの判断をするが、罷免の
　　　訴追は裁判官訴追委員会が行う。訴追委員も国会議員から選ばれる（衆参各10人）。
　　　　また、弾劾裁判所は三審制をとっていないため、判決に不服があっても上級の裁判
　　　所に訴えるという手段はない。ただし、一定の場合は、罷免された裁判官が弾劾裁判
　　　所に対し、資格回復の請求を行うことは可能である（裁判官弾劾法第38条）。

【正解１】

問題54　次は、憲法に定める弾劾裁判所に関する記述であるが、この中から誤っ
　　　　ているものを選べ。

1　弾劾裁判所は、身分の保障のある裁判官を弾劾するために設けられる特別の裁
　判所である。
2　国会は、弾劾裁判所を設置するが、弾劾裁判を行うことは、設置された弾劾裁
　判所そのものの権限である。
3　弾劾裁判所は裁判官を罷免するかどうかの判断をする権限を持っているが、罷
　免の訴追は、裁判官訴追委員会が行うことになる。
4　裁判官は、心身の故障のために職務を執ることができない場合も含め、公の弾
　劾によらなければ罷免されない。
5　弾劾裁判所は、国会の機関ではなく、独自の存在を認められた憲法上の機関で
　ある。

着眼点 ▶　裁判官の身分は、憲法で保障されており、「裁判により、心身の故障のために職
　　　　務を執ることができないと決定された場合を除いては、公の弾劾によらなければ罷
　　　　免されない。」と定められている（第78条）。
　　　　　すなわち、医学上の科学的な判断によって明らかに心身の故障で職務を執ること
　　　　ができない場合は、裁判官同士が裁判をしても公平厳正に決定することができるか
　　　　らである。それ以外は、弾劾裁判によらなければ罷免されないこととなる。

解説　憲法は「国会は、罷免の訴追を受けた裁判官を裁判するため、両議院の議員で組織
　　　する弾劾裁判所を設ける。」と定め、国会が裁判官弾劾裁判所を設置する権限のある
　　　ことを明らかにしている（第64条）。
　　　　弾劾裁判所の設置権が国会にあるのは、三権分立の観点から裁判所に対するチェッ
　　　ク機能を国会に持たせることが適切であること、公務員の選定・罷免は国民の固有の

権利であること、などの理由からとされる。そして、弾劾裁判所が設置された場合は、弾劾裁判の権限は国会ではなく、当該弾劾裁判所の権限となる。

【正解4】

問題55 次は、国民審査について述べたものであるが、誤っているものはどれか。
1 衆議院議員の選挙権を有する者が、国民審査の審査権を有している。
2 最高裁判所の裁判官は、任命後最初の衆議院議員総選挙の際、国民審査に付され、その後10年を超えるごとに総選挙時に審査に付される。
3 国民審査の対象は最高裁判所の裁判官であるから、内閣が指名し、天皇が任命する最高裁判所長官は含まれない。
4 国民審査の結果、罷免を可とする投票が罷免を可としない投票の数より多い場合は、罷免される。
5 国民審査では罷免を可とする場合は×を記すが、何も書かない場合には信任とみなされる。

着眼点 ▶ 最高裁判所長官も含まれる。

解説 憲法第79条に、「最高裁判所は、その長たる裁判官及び法律の定める員数のその他の裁判官でこれを構成し、」と規定されており、長官も最高裁の裁判官の一人である。したがって、国民審査の対象となる。
なお、下級裁判所の裁判官は、最高裁判所の指名した者の名簿によって内閣から任命され、任期は10年（再任可）である。

【正解3】

問題56 次は、憲法に定める請願についての記述であるが、この中から誤っているものを選べ。
1 請願は、国又は地方公共団体の機関に対し、その職務に関する事項について希望を述べることをいう。
2 請願は法人にも認められる。
3 請願を受理した国又は地方公共団体の機関は、法律的にその内容に拘束される。
4 明治時代にも請願が認められていた。
5 請願は、損害の救済、公務員の罷免等がある。

着眼点 ▶ 請願は、法律的にいえば、単に希望を述べるだけの行為である。職務執行の参考としなければならないが、拘束されることはない。

憲　　法　　　　31

> **解説**　憲法上の請願は、「何人も、損害の救済、公務員の罷免、法律、命令又は規則の制定、廃止又は改正その他の事項に関し、平穏に請願する権利を有し、何人も、かかる請願をしたためにいかなる差別待遇も受けない。」と定められている（第16条）。日本国民に限らず日本国憲法の適用を受ける全ての人が請願権を有している。
> 　なお、請願は、請願者の氏名（法人はその名称）、住所を記載し、文書でこれをしなければならない。

【正解3】

問題57　次は、請願権についての記述であるが、誤っているものはどれか。

1　請願とは、国民に認められた権利の一つで、国や地方公共団体の機関に対して意見や要望を述べることである。

2　請願は選挙権を有する者が行うことができ、選挙権を有しない外国人は行うことができない。

3　国会の各議院又は普通地方公共団体の議会に請願をしようとする者は、それぞれ国会議員又は地方議会議員の紹介により請願書を提出しなければならない。

4　損害の救済、公務員の罷免、法律・命令・規則の制定などに関しても請願を行うことができる。

5　請願は権利として保障されており、平穏に請願を行ったことを理由に公的にも私的にも不利益を被ることはない。

着眼点 ▶　請願は、選挙権とは無関係で、選挙権を有しない法人、外国人も行うことができる。

> **解説**　請願は国民に認められた憲法上の権利で、第16条に「何人も、損害の救済、公務員の罷免、法律、命令又は規則の制定、廃止又は改正その他の事項に関し、平穏に請願する権利を有し、何人も、かかる請願をしたためにいかなる差別待遇も受けない。」と規定されている。ただし、国会（各議院）又は地方議会への請願は、それら所属議員の紹介により提出しなければならない（国会法第79条、地方自治法第124条）。なお、行政機関への請願ではそうした制約はない。

【正解2】

問題58　次は、国会における予算の議決に関する記述であるが、この中から誤っているものを選べ。

1　予算は先に衆議院に提出し、衆議院が議決した後、参議院に送付される。

2　衆議院の予算審議の優越性の程度は、法律案に対する審議の優越性より大きい。

3　参議院で衆議院と異なった議決をした場合には、両院協議会を開き、協議会の

32 憲　　　法

意見が一致しないときは、衆議院の議決をもって国会の議決とされる。

4　国会は、法律案と同様に予算の作成発案権も有している。

5　参議院が衆議院の可決した予算を受け取った後、国会休会中を除いて30日以内に議決しないときは、衆議院の議決をもって国会の議決とされる。

着眼点▶　国会には、予算の作成発案権はない。これは、内閣の権限に属する。

解説　国会の予算議決権は、内閣の提出した予算案に対し、これを審議し議決する権限である（憲法第86条）。
　　また、衆議院の予算審議の優越性が、法律案に対する審議の優越性よりもはるかに強大な理由は、予算案が一定の期間内に成立しないと国政の運営に大きな支障となることにある。

【正解4】

問題59　次は、憲法に定める租税に関する記述であるが、誤っているものはどれか。

1　課税要件は法定されなければならない。

2　新たな課税の細目を法律が政令に委任することは許されない。

3　交付の日よりも過去に遡って、納税者に不利益な課税をすることは許されない。

4　課税要件は一義的で明確であることが要請される。

5　国の財政を処理する権限は、国会の議決で行使される。

着眼点▶　法律の根拠なしに政省令で課税要件を規定することはできないが（憲法第84条）、一切政省令に委任できないわけではない（憲法第73条第6号）。

解説　租税の賦課、徴収は、必ず法律の根拠に基づかなければならない。これは一般に、租税法律主義といわれている。

【正解2】

問題60　憲法に規定する公金の支出が禁止されているものとして、誤っているものは次のうちどれか。

1　宗教上の組織の便益

2　公の支配に属しない慈善事業

3　公の支配に属しない教育事業

4　宗教上の団体の維持

5　宗教上の施設の文化財保護

着眼点▶　文化財保護の目的で宗教施設などの維持保存に補助金等の公金を支出すること

は、特定の宗教に特権を与えるものではないので、憲法違反ではない（文化財保護法第35条～第41条）。

> **解説** 規定の目的は、公金の支出や公の財産の供用により、国家権力が信教の自由や、慈善・教育・博愛事業の独自性を侵害する危険を防止するためである。そのため、支出できる対象は、公の支配に属することが要件となっている（憲法第89条）。

【正解5】

問題61 次は、憲法に定める会計検査についての記述であるが、誤っているものはどれか。

1 内閣に監査委員を設置して、会計検査を行うことができる。
2 会計検査院は合議制の機関である。
3 会計検査は毎年行われる。
4 内閣は検査結果を国会に提出する。
5 会計検査院は、国の収入支出の決算の検査を行う権限を有する。

着眼点▶ 憲法上、国には会計検査院の設置が義務付けられている（第90条）。監査委員は、地方自治法により地方公共団体の事務の公正と能率を確保するために設けられる機関である。

> **解説** 憲法上、国の収入支出の決算は、全て毎年会計検査院が検査することとされている。

【正解1】

問題62 次は、地方自治に関する記述であるが、誤っているものはどれか。

1 憲法には「地方公共団体の組織及び運営に関する事項は、地方自治の本旨に基いて、法律でこれを定める」とあるが、この法律とは、地方自治法などのことである。
2 大日本帝国憲法には、地方自治の規定はなく、知事は、天皇から任命され、内務大臣の指揮・監督下にあった。
3 憲法第92条の「地方自治の本旨」とは、住民自治と団体自治のことを指している。
4 一の地方公共団体のみに適用される特別法は、当該地方公共団体の住民投票で過半数の同意を得なければ、国会はこれを制定することができない。
5 住民自治とは、国との関係で地方公共団体が置かれ、自治が行われることである。

着眼点▶ 住民自治とは、地域の住民が自らの意思で政治を行うことである。

34　　　　　　　　　　　　　　　　憲　　　法

> **解説**　「国との関係で地方公共団体が置かれ自治が行われる」のは団体自治である。

【正解5】

問題63　次は、憲法に規定する地方公共団体の組織に関する記述であるが、正しいものはどれか。

1　市町村の設置が規定されている。

2　特別地方公共団体の設置が規定されている。

3　普通地方公共団体は、基礎的自治体と広域的な自治体の二階層になることが規定されている。

4　法律で定めると規定されている。

5　都の特別区制度が認められている。

> **着眼点▶**　地方公共団体の組織に関して、憲法第92条において地方自治の本旨に基づいて法律でこれを定めると規定されている。

> **解説**　憲法の規定に基づき制定された地方自治法において、普通地方公共団体として市町村と都道府県が設置され、都の特別区や一部事務組合などの特別地方公共団体の設置も認められている（地方自治法第1条の3）。

【正解4】

問題64　次は、憲法に定める直接民主制としての国民表決に関する記述であるが、この中から正しいものを選べ。

1　憲法改正の発議請求のための国民投票

2　内閣総理大臣の罷免のための国民投票

3　高等裁判所裁判官の国民審査

4　一つの地方公共団体のみに適用される特別法制定同意のための表決

5　特別の条約の承認のための国民投票

> **着眼点▶**　憲法に定める国民表決は、選択肢4のみである。

> **解説**　憲法に定める国民表決は、最高裁判所裁判官の国民審査（第79条第2項）、地方特別法制定同意の表決（第95条）、憲法改正案の可否の表決（第96条第1項）である。

【正解4】

問題65　次は、憲法の改正に関する記述であるが、この中から誤っているものを選べ。

1　憲法の改正は、国会がその発議権を有するが、これは、憲法の改正を国民の表決に付するための発議である。

憲　　　法　　　35

2　憲法の改正に関する衆議院及び参議院の議決は、それぞれ総議員の3分の2以上の賛成を必要とする。

3　憲法の改正に関する国民の承認の方法は、国民投票であり、かつ、その過半数の賛成を必要とする。

4　憲法の改正についての衆議院と参議院との関係は、法律や予算の審議とは異なり、全く対等の地位にたっている。

5　憲法の改正について、国民の承認が得られたときは、これをもって確定的に成立するのではなく、更に国会での審議を必要とする。

着眼点▶　国民の承認が得られたときは、憲法の改正は確定的に成立する。

解説　憲法は、第96条をもって憲法の改正は、各議院の総議員の3分の2以上の賛成で、国会がこれを発議し、国民に提案して、国民投票によってその過半数の賛成を得なければならないとしている。

【正解5】

問題66　次は、憲法に規定する最高法規に関する記述であるが、誤っているものはどれか。

1　憲法の条規に反する法律は、効力を有しない。

2　天皇は、憲法を尊重し擁護する義務を負う。

3　憲法の条規に反する国務に関する行為は、効力を有しない。

4　裁判官は、憲法を尊重し擁護する義務を負う。

5　国会議員は、憲法を尊重し擁護する義務が免除されている。

着眼点▶　「天皇又は摂政及び国務大臣、国会議員、裁判官その他の公務員は、この憲法を尊重し擁護する義務を負ふ。」（憲法第99条）と規定されている。また、基本的人権が侵すことのできない永久の権利であること（同第97条）や、条約や国際法規の誠実な遵守（同第98条第2項）も規定されている。

解説　公務員の憲法尊重擁護義務によって、憲法の最高法規性が担保されている。

【正解5】

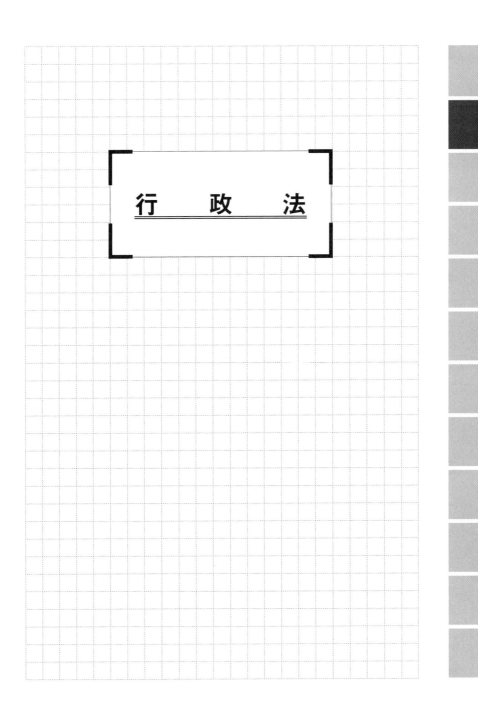

行政法

38   行 政 法

問題1　次は、行政法規の特質に関する記述であるが、この中から明らかに誤っているものを選べ。

1　行政法は、原則として成文法であるが、慣習法の成立する余地もある。

2　行政法は、公共の福祉を実現することを目的とし、この目的に仕える技術的・手段的性質をもつ。

3　行政法は、原則として、行政権及相手方たる当事者を拘束する強行法の性質を有する。

4　行政法は、行為規範としての性質をもつにとどまり、裁判規範としての性質はもたない。

5　行政法は、普通、多数の人民を相手方とし、画一平等にこれを規律しようとするものである。

着眼点▶　行政法は、一般に、行政活動のよるべき基準たる定めとしての行為規範としての性質と、法律による行政の原理の当然の反映として、それ自体が裁判規範としての性質をもつものといえる。

> **解説**　選択肢1の「慣習法の成立する余地もある」とは、公物・公水の使用関係が慣習法によっていることなどによる。選択肢2の「技術的・手段的性質」を有する典型的な例としては、道路交通法や建築基準法などが挙げられる。選択肢3と選択肢5の「強行法」「画一平等」を有するのは、そもそも行政法規は一般に多数の集団を規律対象とするため、画一的かつ平等に適用することが要求されていることによる。典型的な例が税である。税法の基準により画一平等、強制的に課せられる。

【正解4】

問題2　次は、行政法の基本原理のうち司法と行政の関係に関する記述であるが、誤っているものを選べ。

1　裁判所は、行政処分が違憲であることの判断をする権限を有する。

2　特別裁判所は、これを設置することができない。

3　国や自治体の違法な活動で損害を受けた国民は、損害賠償を求めて裁判所に訴えることができる。

4　行政機関は、終審として裁判を行うことができない。

5　処分の取消訴訟では、重大な損害を避けるため緊急の必要があるときは、裁判所は、申立てにより、処分等の執行を停止することができる。内閣総理大臣といえども異議を述べることはできない。

着眼点▶　執行停止の申立てがあった場合には、内閣総理大臣は、異議を述べることができる（行政事件訴訟法第27条第1項）。異議は行政側の拒否権といえる。なお、異議

行　政　法　　　39

があったときは、裁判所は執行停止をすることができず、また、既に執行停止の決
定をしているときは取り消さなければならない（同条第４項）。

解説　選択肢１は「最高裁判所は、一切の法律、命令、規則又は処分が憲法に適合するか
しないかを決定する権限を有する終審裁判所である。」（憲法第81条）による。
　　　選択肢２、選択肢４は、同第76条第２項に規定されている文言である。
　　　選択肢３は、同第17条「何人も、公務員の不法行為により、損害を受けたときは、
法律の定めるところにより、国又は公共団体に、その賠償を求めることができる。」
の規定に基づく。

【正解５】

問題３　　次は、行政庁の権限に関しての記述であるが、妥当でないものはどれか。
1　行政庁の権限には事項的限界がある。
2　行政庁の権限を委任することはできない。
3　上級庁といえども下級庁の権限を侵すことはできない。
4　行政庁の権限には地域的限界がある。
5　行政庁の権限を代理行使させることができる。

着眼点▶　　行政庁は、法律に定められた権限を自ら行使するのを原則とするが、その一部
を、他の行政庁又は補助機関に代理行使させることは許される。また、法律に行政
庁の権限を下級行政庁に委任することを認める旨の規定が置かれている場合があ
る。これを権限の委任といい、代理と異なり、権限そのものを受任行政庁に移すこ
とを意味し、委任者はその権限を自ら行使することはできなくなる。

解説　行政庁は全て法律に定める権限を有する。それには、事項的限界と地域的限界があ
る。また、上級庁といえども下級庁の権限を侵すことはできないとされている。
　　　上級行政庁は下級行政庁に対し、指揮監督権を有している。これは、行政の統一性
を保持する上で必要不可欠のものである。この指揮監督権の中に取消し、停止権を含
むかどうかについては、明文の規定がある場合を除いては、指揮監督権のみを理由と
しては否定すべきとされる。指揮監督権の実効性は、人事権に裏付けられた公務員の
服従義務によって担保される。

【正解２】

問題４　　次は、法と行政活動に関する記述であるが、この中から誤っているもの
を選べ。
1　行政機関の活動は、組織規範としての法律によって定められた権限の範囲内で
行われなければならない。
2　行政機関は、法律にあらわされた国民の代表である議会の意思を全ての行政判
断に優先させなければならない。

40 行 政 法

3 行政機関は、国民に対して法の趣旨に抵触する命令をすることはできないが、行政指導は必ずしもこの限りでない。

4 行政機関が組織法上の職務権限の範囲外の行為をした場合、それは、もはや職務行為とはいえない。

5 行政機関は、行政組織の内部においても、法の趣旨に反する通達や職務命令を発することは許されない。

着眼点 ▶ 行政指導といえども、法の趣旨に抵触することは許されない。

解説 法治行政の原理の下では、いかなる行政活動も、法律の定めに違反して行われてはならない。
行政指導とは、行政庁が行政目的を達成するために、助言、指導といった非権力的な手段で国民に働きかけてその協力を求め、国民を誘導して、行政庁の欲する行為をさせようとする作用であり、行政機関の重要な行政活動といえる。

【正解 3】

問題5 立法とその制定権者の組み合わせの例として、誤っているものはどれか。
1 法律 国会
2 条例 地方公共団体の議会
3 政令 内閣
4 省令 所管の大臣
5 条例施行規則 地方公共団体で条例を所管する部局の長

着眼点 ▶ 条例施行規則の制定権者は、地方公共団体の長である。

解説 市町村の火災予防条例は市町村の議会で制定され、火災予防条例施行規則は消防長ではなく市町村長によって制定される。省令は、規則の名称で制定されることが多い。

【正解 5】

問題6 一般に行政法学において警察権行使の原則とされているものとして、誤っているものはどれか。
1 警察消極目的の原則
2 警察責任の原則
3 警察民事介入の原則
4 警察公共の原則
5 警察比例の原則

着眼点 ▶ 警察は、社会公共の秩序維持とは直接関係のない私生活や民事に関与すべきでは

行　政　法　　　　41

ないとする警察公共の原則から、民事不介入の原則が導かれる。

> **解説**　ここで警察とは、公共の安全と秩序を維持するために国民に命令、強制し、その自由を制限する作用であり、警察法の定める警察機関に限らず、多くは消防機関を含めた一般の行政機関によって行われている。犯罪の捜査、被疑者の逮捕などの刑事司法作用とは区別される。

【正解3】

問題7　行政法の基本原理に関する説明として、誤っているものはどれか。
1　法律留保の原則　行政が活動するには法律の根拠が必要である。
2　信義誠実の原則　国は国民の信頼を損なわないように行動すべきである。
3　法律優位の原則　法律に違反する行政の活動は認められない。
4　比例原則　行政の目的を実現する手段はその達成のために最小限でなければならない。
5　平等原則　行政は国民を一切差別してはならない。

> **着眼点▶**　行政は、合理的な理由なく国民を差別してはならない。例えば、生活困窮者にだけ一定の給付を行うことは合理的差別として許容される。

> **解説**　行政法の基本原理は、個々の行政法規を理解する上で重要となる。

【正解5】

問題8　次は、行政行為の成立要件及び効力に関する記述であるが、この中から誤っているものを選べ。
1　行政行為は、一定の権限を有する者により、その権限内の事項について行われることが必要である。
2　行政行為は、法の定める手続、すなわち、文書の形式による等、一定の形式をもって行われなければならない。
3　行政行為は、法律上、不能でないことはもちろん、法に違反するものでないことが必要である。
4　要件を欠く行政行為は、瑕疵ある行政行為として、無効とされ又は取り消され得べきものである。
5　行政行為の成立要件は、行政庁の意思が対外的に表示されることであるから、行政行為は、全て行政庁から相手方に発信したときに効力が発生する。

> **着眼点▶**　行政行為は、相手方の了知し得べき状態、すなわち、相手方に到達することによってはじめて、相手方を拘束する力を生ずるものとされている。

42　　　　　　　　　　　行　政　法

> **解説**　行政行為は、選択肢1～4の要件を具備することによって、一応、有効に成立する
> が、相手方の受領を要する行政行為にあっては、行政庁の内部における意思決定が
> あっただけではもちろん、内部的に行政行為を表現する書面が作成・用意されただけ
> では、いまだ行政行為として相手方を拘束する力を生ぜず、相手方に到達することが
> 必要である。

【正解5】

問題9　行政行為のうち、学問上、特許の性質を有するものを次の中から選べ。

1　公有水面埋立の免許

2　火薬類製造の許可

3　会社の合併命令

4　農地の権利移動の許可

5　公共組合設立の認可

> **着眼点▶**　特許とは、直接の相手方のために、権利能力・行為能力・特定の権利又は包括的
> な法律関係を設定する行為で、鉱業許可、公企業の特許、公務員の任命等がこれに
> 当たる。
> 　　なお、選択肢2は許可、選択肢3は下命、選択肢4は許可、選択肢5は認可であ
> る。

> **解説**　学問上の用語と実定法上の用語は、必ずしも一致していない。

【正解1】

問題10　次は、行政行為の附款に関する記述であるが、この中から誤っているも
　　　　のを選べ。

1　附款とは、行政処分の法律上の効果を制限するために行政庁が付す付加的な規
律のことである。

2　行政庁は、法令に根拠がなくても、行政行為に裁量が認められる場合には、附
款を付することができる。

3　行政庁の意思表示としてなされる附款ではなく、法律自体が条件や負担を課し
ている場合も行政行為の附款である。

4　条件、期限、負担、取消権の留保などは、附款の種類である。

5　附款を付し得るのは、その行為の目的に照らし、必要な限度にとどまらなくて
はならない。

> **着眼点▶**　選択肢3は法定附款と呼び、行政行為の附款とは区別している。従来は附款の一
> 種とされてきたが、正確には附款というより行政処分の法律効果そのものである。

　　　　　　　　　　行　政　法　　　　　　　　　　　43

> **解説**　附款は、法律上は「条件」という用語が使用され「条件を付することができる」と
> 規定されることが多いが、明文規定がなくとも行政庁の裁量が認められる場合には附
> 款を付し得るとされる。ただし、法律の目的を逸脱せず、法律に抵触してはならない
> し、その行政行為の目的に照らして必要な限度にとどまらねばならない。

【正解3】

問題11　次は、行政契約についての記述であるが、正しいものはどれか。
1　行政庁の一方的行為である。
2　民法上の契約原理が全て適用される。
3　全て法律の根拠を必要とする。
4　法的紛争は抗告訴訟で解決される。
5　行政主体相互間の契約もある。

> **着眼点▶**　行政契約とは、行政主体が行政目的達成のための手段として締結する契約を意味
> している。
> 　　　行政契約の例としては、地方公共団体相互間における境界地の道路や河川の管理
> 費用の負担に関する協議のように、行政主体相互間の契約もあるし、また、行政主
> 体の補助金を交付する契約のように、行政主体と私人との間の契約もある。

> **解説**　行政契約は、対等当事者間の意思表示である点で、行政庁の一方的行為である行政
> 行為と異なる。
> 　　行政契約が行政目的達成の手段として用いられていることから、単に当事者間の利
> 害関係調整の見地から定められた民法上の契約原理の適用は制約を受けることがあ
> る。例えば、水道など公営企業は市民からの契約申込みに対して、契約の締結が強制
> されている。
> 　　行政契約は、画一的な行政行為によるよりは、個別具体的事情に即して弾力的に行
> 政目的を達成できることにその意義を有しており、全て法律の根拠を必要とするとは
> いえない。しかし、行政契約は、法令に違反することはできない。
> 　　法的紛争が生じた場合は、行政契約は民事訴訟により、行政行為は抗告訴訟によ
> る。

【正解5】

問題12　次は、準法律行為的行政行為の種類とその事例であるが、この中から
　　　　　誤っているものを選べ。
1　当選人の決定・恩給権の裁定──確認
2　納税の督促・特許出願の公告──通知
3　選挙人名簿・土地台帳への登録──公証
4　各種証明書・免状等の交付──通知

44 　　　　　　　　　行　政　法

5　不服申立書・訴状の受理──受理

着眼点▶　各種証明書・免状等の交付は、公証に該当するため誤り。

解説　準法律行為的行政行為の種類と学問上の意味は、次のとおりである。
　　1　確認とは、特定の事実又は法律関係に関し疑い又は争いがある場合に、公の権威
　　をもってその存否又は真否を確認する行為である。
　　2　公証とは、特定の事実又は法律関係の存否を公に証明する行為である。
　　3　通知とは、特定又は不特定多数の人に対し、特定の事項を知らしめる行為であ
　　る。
　　4　受理とは、他人の行為を有効な行為として受領する行為である。

【正解4】

問題13　次は、行政行為の瑕疵に関する記述であるが、この中から誤っているも
　　のを選べ。
1　行政行為が書面によることを要件としている場合に、書面によらないで口頭で
　した行為は、原則として、無効である。
2　行政行為を行った公務員が、当該行為につき無権限であった場合は、当然無効
　であり、有効とされる余地はない。
3　行政行為が理由を付すべきことを要件としている場合に、理由を付さないとき
　は、その行政行為は無効である。ただし、その理由が不備であるにとどまるとき
　は、直ちに無効とはいえない。
4　行政行為に日付の記載を要件としている場合が多い。日付の記載を欠く行為
　は、それだけでは、当然に無効と解すべき理由はない。
5　書面によることを要件としている行政行為の場合、その記載事項に欠缺がある
　にとどまるときは、当然に無効とはいえない。

着眼点▶　無権限者の行政行為ではあるが、行政法秩序の安定と継続性を守るため、行政法
　　　　理論ではこれを有効とし（事実上の公務員の理論）、判例もこれを認めている。

解説　行政行為に内在する瑕疵が、無効の原因であるか取消しの原因であるかは、それぞ
　れ、具体的事情に即して決定されるべき問題で、一概には断定できない。
　　行政行為は、それが正当な権限のある行政庁によって行われたことを示すととも
　に、その内容を明確にし、利害関係人をしてその内容の認識を容易ならしめ、これに
　関する証拠を保全して将来に争いの発生することを防ぎ、もって法律生活の安定を図
　るために、一定の形式を備えることを要件とすることが多い。形式の欠缺がこれらの
　要請を満たし得ない程度に及ぶときは、その行政行為は無効である。

【正解2】

行　政　法　　　　　　　　45

問題14　次は、行政行為の撤回に関する記述であるが、この中から誤っているものを選べ。

1　運転免許の取消しや建設業の許可取消しが、後発的事情による違法性を理由とする場合は、行政行為の撤回である。

2　国民に義務その他不利益を課する行政行為の撤回は、原則として自由である。

3　行政行為の撤回は、将来にわたり、その効力を失わせるためにする行政行為である。

4　国民に権利又は利益を付与する行政行為の撤回は、原則としてこれを許さない。

5　行政行為の撤回は、処分行政庁だけではなく、監督行政庁もこれをする権限を有する。

着眼点▶　行政行為の撤回は、処分行政庁のみがこれをする権限を有する。

> **解説**　監督行政庁は、法律に別段の定めがある場合を除くほか、原則として、撤回権を有しない。
> 　また、監督行政庁が「監督権」をもっているということは、被監督行政庁に対し、一定の行政行為をし又はしないことについて指揮命令し得べき権限を有することを意味するにとどまり、監督行政庁が、被監督行政庁の権限に属する事項について、一般的に、代執行の権限を有するものではない。

【正解5】

問題15　次は、行政指導に関する記述であるが、正しいものはどれか。

1　行政不服審査の対象となる。

2　いわゆる指導要綱は法令の一種であり、行政指導の基準ではない。

3　国家賠償の対象となる。

4　行政指導のうち、助成的行政指導は法律の根拠を必要としないが、規制的行政指導は大きな強制力を有しているため法律の根拠が必要である。

5　取消訴訟の対象となる。

着眼点▶　行政指導が、国家賠償法第1条の「公権力の行使」に該当するかどうかについては、この「公権力の行使」がいっさいの公行政活動を含むと解されていることから、行政指導も、行政庁が行政目的達成のために行う行政活動の一つであり、「公権力の行使」に当たるとされている。したがって、違法な行政指導により損害を被った者は、その賠償を請求することができる。

46 　　　　　　　　　行　政　法

> **解説**　選択肢１・５　行政指導とは、行政機関がその任務又は所掌事務の範囲内において一定の行政目的を実現するため特定の者に一定の作為又は不作為を求める指導、勧告、助言その他の行為であって処分に該当しないものをいい（行政手続法第２条第６号）、行政不服審査法や行政事件訴訟法の行政処分には当たらないとされる。したがって、行政不服審査や取消訴訟の対象とはならない。
> 　　選択肢２　指導要綱とは、行政運営に関して「基本的な又は重要な事柄、又はそれをまとめたもの」であり、条例や規則のように正規の法規ではない。特に、建築行政の分野では有力な手段として用いられている。
> 　　選択肢４　行政指導には規制的行政指導、助成的行政指導、調整的行政指導の３種類があるが、いずれの場合にも法律の根拠は求められていない。

【正解３】

問題16　次は、行政行為に関する記述であるが、この中から誤っているものを選べ。

1　許可は、事実としての行為が適法にされるための要件である。

2　認可は、法律的行為の効力要件であり、認可を受けないでした行為は原則として無効である。

3　特許は、相手方のために、権利、権利能力など、第三者に対抗し得べき法律上の力を与えるものである。

4　禁止は、事実としてあることをしないように命ずることであり、禁止に違反する法律行為は、当然に無効である。

5　免除は、特定の場合に、作為、給付、受忍の義務を解除する行為である。

着眼点▶　禁止に違反する行為は、当然に無効とはいえないため誤り。

> **解説**　禁止は、それが法律行為を対象とする場合でも、事実としてあることをしないように命ずるにとどまり、直接、法律行為の効力を制限し又は否定することを必ずしもその目的とするものではない。
> 　　消防法に基づき使用の停止を命令されたガソリンスタンドで、ガソリンの販売が行われた場合、その販売行為が無効になるわけではない。

【正解４】

問題17　次は、行政行為の裁量に関する記述であるが、この中から妥当でないものを選べ。

1　行政行為には、全て裁量の範囲があり、法が完全に行政を覊束する行為はない。

2　裁量行為を誤る行政行為は、行政上の不服申立ての対象となり、最終的には訴訟も提起できる。

行　政　法　　　　　　　　　　　　47

3　行政庁の自由裁量は、行政庁の恣意を認めることを意味するのではなく、常に法の定める限界が存在する。

4　行政庁の裁量権の濫用は、単に不当という問題だけでなく、違法という問題を生じる場合がある。

5　行政庁の裁量には、常に、行政の目的による条理上の制約が存在するといえる。

着眼点▶　行政行為には、一般的に羈束行為と裁量行為とがある。

解説　行政行為は、法に基づき、法に従って行われなければならないが、その法による羈束の程度や態様は、場合によってまちまちである。
　　　法がその要件、内容について完全に行政を羈束し、行政行為は、ただ法の具体化又は執行にとどまる場合もあり、また、法が公益目的の実現を目指して、行政庁に自由裁量の余地を認めている場合もある。前者を羈束行為、後者を裁量行為と呼ぶ。

【正解1】

問題18　次は、法規命令の効力に関する記述であるが、この中から誤っているものを選べ。

1　法規命令は、正当な権限を有する行政官庁が定立しなければならない。

2　法規命令は、上級の法令に抵触せず、また、内容が可能で明白でなければならない。

3　法規命令は、公聴会の開催や諮問機関への諮問等、法の定める手続を経なければならない。

4　法規命令は、命令の種類を明記し、権限のある行政官庁の署名した文書によるなど、形式において法の定める要件に適合していなければならない。

5　法規命令は、公布する必要はないが、成立要件に重大かつ明白な瑕疵があるときは、命令としての効力を生じさせてはならない。

着眼点▶　法規命令は、全て外部に公布（表示）する必要があり、この手続を欠くものは、効力を生じない。

解説　法規命令は、行政権によって定立される法規たる定め、すなわち、実質的意味における立法である。
　　　したがって、法規命令が有効に成立するためには、その主体、内容、手続、形式の全てにわたって、法の定める要件に適合することを要し、さらに外部に表示（公布）することを要する。

【正解5】

48 行　政　法

問題19　次は、行政行為の取消しと撤回についての記述であるが、妥当なものは
どれか。

1　撤回が法律の条文では、取消しと規定されていることがある。

2　撤回は、処分庁と監督庁がなし得る。

3　初めから処分に瑕疵がある場合に撤回がなされる。

4　取消しの効果は遡及せず、将来に向かって生じる。

5　取消しには、損失補償が必要となる。

着眼点 ▶　学問的には撤回でも、法律の条文では取消しと規定されていることがある。

解説　行政行為が成立当初から瑕疵を有するために、その行政行為の効力を消滅させるこ
とが公益上要求される場合、そのことを理由として処分庁及び監督庁がその効力を遡
及して消滅させることを取消しという。
　瑕疵なく成立した行政行為について、その後の事情の変化により、その効力を維持
することが妥当でないとして、処分庁がその効力を将来に向かって消滅させることを
撤回という。
　行政財産の使用許可のように授益的行政行為を専ら公益上の理由で撤回する場合に
は、相手方はそれによって多大な損失を被ることがある。このような場合に、その損
失を相手方に負担させるのは酷で公平に反する結果となるので、公用収用に準じて相
当の補償を与えるべきとされている。

【正解 1】

問題20　行政行為の無効及び取消しの原因として、行政行為の瑕疵があるが、こ
れを①行政主体に関する瑕疵、②内容に関する瑕疵、③手続に関する瑕疵、
④形式に関する瑕疵に分けた場合に、「手続に関する瑕疵」に該当しないも
のを次の中から選べ。

1　公告又は通知を欠く行為

2　利害関係人の立会い又は協議を欠く行為

3　公開の聴聞又は弁明の機会の供与の手続を欠く行為

4　諮問を欠く行為

5　理由又は日付等の記載を欠く行為

着眼点 ▶　選択肢5は、「形式に関する瑕疵」に該当するものである。

解説　行政行為の瑕疵の問題となる代表的な例
　1　行政主体に関する瑕疵
　（1）　正当に行政機関としての権限を行使し得ない者が行政機関としてした行為
　（2）　正当に組織されない合議機関の行為
　（3）　他の行政機関の協力又は相手方の同意を欠く行為

(4)　行政機関の権限外の行為
　　(5)　行政機関の意思に欠缺のある行為
　2　内容に関する瑕疵
　　(1)　内容の不能な行為
　　(2)　内容の不明確な行為
　3　手続に関する瑕疵
　　　選択肢1～4のとおり。
　4　形式に関する瑕疵
　　(1)　書面によらない行為
　　(2)　行政庁の署名押印を欠く行為
　　(3)　理由又は日付等の記載を欠く行為

【正解5】

問題21　次は、許可、特許、認可、確認等、行政行為の学問上の説明であるが、誤っているものはどれか。

1　許可とは、既に法令又は行政行為によって課されている一般的禁止を特定の場合に解除する行為をいう。
2　特許とは、人が本来持っていない新たな権利ないし法律上の地位を行政庁により特定の人に付与する行為をいう。
3　認可とは、私人間で結ばれた契約、合同行為などの法律行為を補充して、その法律上の効果を完成させる行為をいう。
4　確認とは、特定の事実又は法律関係の存否について、公の権威をもって判断し、これを確定する行為をいう。
5　学問上、許可は命令的行為とし、特許、認可及び確認は形成的行為として分類され、性質の異なるものとされている。

着眼点▶　確認は準法律行為的行政行為とされ、法律行為的行政行為である許可、特許、認可とも区別されている。

解説　行政行為の学問上の名称は、次のとおりである。

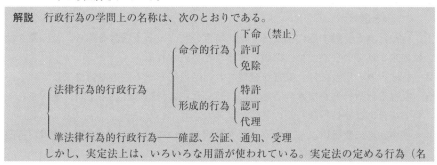

しかし、実定法上は、いろいろな用語が使われている。実定法の定める行為（名

称）が、ここに挙げた行為のどれに該当するかは、個々の実定法の合理的解釈によっ
て、具体的に決めることとなる。

【正解5】

問題22 次は、行政機関の権限の委任に関する記述であるが、この中から正しい
ものを選べ。

1 行政庁は、法令の根拠なくして自己の決定により、他の機関に権限を委任でき
る。

2 行政庁は、権限の委任であっても、権限の全部を委任することは許されない。

3 行政庁は、他の機関に権限を委任した場合であっても、その権限を失うもので
はない。

4 行政庁の権限の委任も、権限の代理も、呼び名が違うだけで、法的効果は同じ
である。

5 行政庁から委任を受けた他の機関は、自己の名でその権限を行使することはで
きない。

着眼点 ▶ 権限の委任とは、自己に与えられた権限の一部を他の機関に委任して行わせるこ
とであり、権限の全部又はその主要な部分を他の機関に委任することは、権限分配
の原則に照らし、許されないとするのが一般的考え方である。

解説 権限の委任は、法令に定められた権限の一部を他に移動させるものであり、次の特
色を有する。
1 委任するには、法令の根拠が必要である。
2 したがって、権限が委任された場合には、委任した行政庁は、その権限を失うこ
ととなる。
3 また、委任を受けた機関は、自己の名でその権限を行うこととなる。

【正解2】

問題23 次は、行政行為の効力に関する記述であるが、この中から誤っているも
のを選べ。

1 行政行為を発動するに当たっては、特定の定めがある場合を除き、特に要式性
は要求されていないため、口頭ですることも許される。

2 行政行為の場合には、文書が発信された時点をもって効力が発生する。

3 文書で行政行為がなされる場合に、処分理由の付記は、法令上特に要求されて
いる場合のほかは行政行為の要件とはみなされていない。

4 法令が特に文書によって行うことを要求している場合には、文書の交付が行政
行為の発効要件とされる。

行　政　法　　　51

5　特定の名宛人に対する個別的行政行為を除く、一般の処分は、公報等に掲げこれを公示することにより効力を発生する。

着眼点▶　文書による行政行為の場合には、文書が送達され、相手方がこれを了知したときが、発効の時点である。

解説　ただし、相手方が正当な理由もないのに受領を拒んだときは、文書が送達され、相手方がこれを現実に了知し、又は了知し得べき状態におかれたときに、効力を発すると解されている。

【正解２】

問題24　次は、法律自身で規定するよりも、行政立法へ委任する方が適当と考えられる事項に関する記述であるが、この中から、行政立法への委任をするべきではない事項として、最も妥当なものを選べ。

1　専門技術的な判断を要すべき事項
2　政治的中立の立場で決定するのが適当とされる事項
3　事情の変遷に応じ頻繁に改廃を要すべき事項
4　犯罪の構成要件に関わる事項
5　地域の特殊性に応じた定めをすべき事項

着眼点▶　人身の自由や精神の自由を侵害する内容や犯罪の構成要件に関する内容を法規命令として定立することは、安易にするべきではなく、授権法自身が明文でその限界を厳格に画定しておくことが必要である。

解説　法治行政の趣旨を徹底するならば、議会が行政の内容をあらかじめ法律の形式でできるだけ詳細に規定しておくのが理想であるが、実際には困難である。
　そこで、法律自体では、実施すべき行政施策の目的や要件・内容等について大綱的で指針的な定めをしておくにとどめ、細部的な事項や技術事項は、それぞれの担当行政部局がその専門的な知見に基づいて定めるよう、命令の定立を行政権に委任している場合が多い。

【正解４】

問題25　次は、許可に関する記述であるが、この中から誤っているものを選べ。

1　許可とは、既に法令によって課されている一般的禁止を特定の場合に解除する行為である。
2　許可の大半は、公共の秩序の維持を目的としたいわゆる警察許可の性質をもっている。
3　許可は、本来、各人の有している自由を回復させるための行為であるといえる。

52   行　政　法

4　許可は、学問上、既に法令によって課されている作為義務を解除する行政行為
　とは区別される。
5　行政庁が、自由裁量によって許可を拒むことは、一般的に許されている。

着眼点 ▶　　行政庁が自由裁量によって許可を拒むことは許されないと解されている。

解説　許可の申請が法定の欠格事由その他許可を拒否すべき事由に該当しない限り、行政
　　庁は原則として許可を与えるべく羈束され、自由裁量で許可を拒むことはできないと
　　されているのが通例である。

【正解5】

問題26　次は、いわゆる「公定力」に関する記述であるが、この中から誤ってい
　　　　るものを選べ。
1　行政行為は公定力を有するが、違法な行政行為によって損害を受けた場合は、
　あらかじめ当該行政行為が取り消されていなくても国家賠償法により損害賠償請
　求ができる。
2　公定力とは、たとえその行政行為が違法でも、正当な権限を持つ機関によって
　取り消されない限り一応適法の推定を受け、相手方及び第三者までも拘束する力
　をいう。
3　行政行為には、現行法上、公定力という強力な効力が認められているが、現行
　法の規定には、公定力を承認する旨を明示した明文はない。
4　出訴期間又は審査請求期間経過後は、国民も行政庁も例外なく、行政行為の違
　法を主張してその拘束を免れることができなくなる。
5　国民が一般的に有する公定力の否認手続としては、行政不服審査の手続と取消
　訴訟の手続とがある。

着眼点 ▶　　出訴期間又は審査請求期間経過後は、行政行為の違法を主張してその拘束を免れ
　　　　ることができなくなるのが原則であり、この効力を「不可争力」というが、処分庁
　　　　が職権で自発的に行政行為を取り消した場合は、当然のことながら、その拘束から
　　　　免れることになる。

解説　取消訴訟などの手続が法定されていることなどが、公定力の存在を前提にしている
　　と解されている。

【正解4】

問題27　次の中から「行政庁が欠けたとき又は事故があったときに、法律の定め
　　　　るところに従い他の行政機関が、本来の行政庁の権限の全てを当然に代行
　　　　する」の説明として正しいものを選べ。

行　政　法　　　　53

1　授権代理

2　権限の全部委任

3　代決

4　権限の一部委任

5　法定代理

着眼点 ▶　行政法学上の「法定代理」の定義として正しい。

解説　行政庁が他の行政機関にその権限を行わせる場合は、次のとおりである。

　　「権限の委任」自己に与えられた権限の一部を他の機関に委任して行わせることをいう。これは法令に定められた権限を他に移動させるものであるから、委任するには法令の根拠が必要である。なお、権限の全部又はその主要な部分を他の機関に委任することは、権限分配の原則に反し許されないものとされている。

　　「授権代理」と「法定代理」授権代理とは、本来の行政庁が他の機関に対し、自己に代理してその権限の一部を行う権能を与えることをいう。この場合は、本来の行政庁の権限は代理機関に移動しないから、法の根拠は必要ではない。法定代理とは、設問のとおりであり、あらかじめ本来の行政庁が指定しておいた機関が代理権を持つ場合と、法律の定める一定の機関が当然に代理権を行使する場合とがある。

　　「代決」行政庁がその補助機関に事務処理についての決定を委ねるが、外部に対する関係では本来の行政庁の名で表示せしめることをいう。内部的委任とも呼ばれる。

【正解5】

問題28　次は、行政指導に関する記述であるが、この中から妥当でないものを選べ。

1　行政庁は、自己の所掌事務の範囲に属する行政需要の変動に対し、行政指導により機敏に対処することができる。

2　行政指導の内容は、多種多様であるが、戒告、警告といった、なかば強制的内容を伴うものがそのほとんどであるといえる。

3　行政指導は、国民と行政との間の緩衝材ないし潤滑油として、現実の行政において重要な機能を果たしている。

4　行政指導は、法律に根拠をもつことなく、行政庁の適宜の判断に従い随時実施されている場合が多い。

5　行政庁は、行政指導により、法の不備を補いながら臨機応変に対応措置を展開していくことができる。

着眼点 ▶　行政指導の内容は、強制的内容を伴うものがそのほとんどとはいえない。調整的指導や助成的指導も多く行われている。

解説　行政指導を大きく分けると次のとおりである。

54 　　　　　行　政　法

　　「助成的行政指導」例えば、農業上の作付指導、児童の健康相談、中小企業への経営指導、税務相談など国民へのサービスとして行われるもの。
　　「調整的行政指導」住民や業界での利害の対立を調整し紛争の解決を図るために、行政庁が仲介、あっせん等のかたちで市民生活に介入するもの。
　　「規制的行政指導」本来ならば行政行為によって規制すべきところを勧告といったかたちで国民に協力を求めたりするものであり、なかには、戒告、警告といった、なかば強制的内容を伴うものも少なくない。

【正解2】

問題29　次は、行政立法に関する記述であるが、この中から明らかに妥当でないものを選べ。

1　行政立法とは、行政庁が法律の空白部分を補充し、その内容を具体化して、国民の権利義務に関する一般的な法規範を定立する作用であるといえる。

2　行政立法は、行政の複雑化、専門技術化に伴い、この傾向はますます強まるものと予想される。

3　行政立法の内容には、いかなる場合でも行政法規の実質的内容を決定づける重要な要素は規定されていないといえる。

4　行政立法の増大は、現代国家における行政権の肥大化を示す顕著な現象であるといえる。

5　行政立法には、法律を実施するための立法と、法律の委任に基づいて行われる立法とがある。

着眼点▶　行政立法の内容には、行政法規の実質的内容を決定づける重要な要素も多い。

解説　法治行政の原理は、行政権の発動を国会（議会）の制定した法律（条例）に従わせることによって、行政活動を民意にそわせることを目的としている。
　　しかし、細かい長文の規定をもった法律や条例が無数に作られるならば、その内容の理解が複雑かつ困難になるおそれがある。
　　そこで、法律自体では、実施すべき行政施策の目的や要件・内容等につき、大綱的で指針的な定めをおくにとどめ、細部的な事項や技術的な事項は、行政部局がその専門的知見に基づいて定めるよう、命令の定立を行政権に委任している

【正解3】

問題30　次は、行政計画についての記述であるが、正しいものはどれか。

1　行政運営の内部的指針については、法律の根拠を要する。

2　個人の権利に直接影響を及ぼすものには、法律の根拠を要しない。

行　政　法　　　　　55

3　用途地域の指定は、行政事件訴訟の対象となる処分性があるとされている。

4　行政計画が変更された場合の損害賠償は、いかなる場合でも認められない。

5　計画の作成手続は、一般的に国民に開かれていることが望まれる。

着眼点 ▶　　行政計画は、行政の目指す目標と、目標達成のための手順や手段について述べ
た、継続的な行政活動の青写真というべきものである。
　　　　行政計画の作成手続は、できるだけ国民に開かれている必要があり、そのために
審議会の開催や、公聴会での利害関係人の意見聴取などが行われている。

解説　行政運営の内部的指針にすぎない行政計画については、法律の根拠を要しないが、
個人の権利に直接影響を及ぼすのであれば、法律の根拠を要する。
　　　都市計画法による用途地域の指定は、これにより地域内の建築が制限されるが、不
特定多数に対する一般的、抽象的制限にすぎないので、処分性はないとされている。
　　　いったん成立した行政計画が行政主体により変更、廃止されることについては、政
策の変更は自由とされるが、それにより当事者間に形成された信頼関係が不当に破壊
されることにより違法性を帯び、不法行為責任を生じることがあるとされている。

【正解5】

問題31　行政行為に該当しないものはどれか。

1　消防法施行令の改正

2　危険物施設の設置許可

3　地方公務員法に基づく懲戒免職処分

4　消防用設備等の設置命令

5　危険物施設の予防規程の認可

着眼点 ▶　　行政行為は、行政庁が法律に基づき特定の個人に対して一方的に権利を剥奪し、
あるいは義務を課すものである。一般に法令上の用語としては、行政行為ではな
く、命令や処分などと表現されることが多い。

解説　立法行為や行政指導は行政行為ではない。

【正解1】

問題32　行政行為の附款ではないものはどれか。

1　条件

2　期限

3　負担

4　受理

5　撤回権の留保

着眼点 ▶　　受理は附款ではなく、準法律行為的行政行為の一つである。

56 　　　　　　　行　政　法

> **解説**　附款は、行政庁の主たる意思表示に付加される従たる意思表示である

【正解4】

問題33　行政規則である訓令、通達について、誤っているものはどれか。

1　訓令や通達は、形式上は法源ではなく行政の内部規律である。

2　発令に法律の根拠を要しない。

3　公示する必要がある。

4　訓令や通達違反の行政行為は、直ちに違法とはならない。

5　訓令や通達は、国民に対して法的効果を及ぼさない。

> **着眼点▶**　訓令や通達は行政組織の内部行為的性質を持つので、公示は要件ではない。

> **解説**　行政の取扱い基準を定め統一ある行政を実現するために、訓令や通達は重要な役割を担っている。しかし、法規ではないので、裁判所がこれに拘束されるものではない。

【正解3】

問題34　以下の行政行為とその種類について、誤った組み合わせはどれか。

1　課税の賦課処分　下命

2　自動車運転の免許　許可

3　違反建築物の除去命令　禁止

4　公共料金の改定　認可

5　選挙人名簿への登録　公証

> **着眼点▶**　違反建築物の除去命令は、使用停止などの不作為を命じるのではなく、除去という作為を命じているので、禁止ではなく下命である。

> **解説**　運転免許のように、法令上の用語と学問上の用語が異なることがある。

【正解3】

問題35　行政調査について、誤っているものはどれか。

1　個々の法律に基づき、任意調査も強制調査もある。

2　具体的に規定している法律により、質問・検査、立入り、報告要求などと表現されている。

3　行政調査に際しては、事前の告知を要件とすると解されている。

4　行政調査の実施は、基本的に行政機関の裁量に委ねられている。

5　従来の学説では、即時強制として論じられることがあった。

行　政　法　　　　　57

|着眼点▶|　過去の判例では、令状主義の適用はなく、また、事前の告知を要件とするものではないとされている。

|解説|　消防法第4条や第16条の5の立入検査は、行政調査の規定である。同法第29条の消火活動中の緊急措置は、即時強制の例である。

【正解3】

|問題36|　行政庁の権限について、誤っているものはどれか。

1　委任では委任庁は権限を失う。

2　代理では権限は委譲されない。

3　委任では受任庁が委任庁の名前で権限を行使する。

4　代理では代理庁は被代理庁の代理者であることを明らかにして権限を行使する。

5　専決では補助機関が内部委任を受けて意思決定を行う。

|着眼点▶|　委任では委任庁は権限を失い、受任庁は自己の名前で受任した権限を行使する。代理では、被代理人の代理人であることを記す必要がある。

|解説|　危険物施設許認可権限は、東京消防庁などでは消防長に委任されている。この場合、受任庁である消防長の名前で許認可が行われる。

【正解3】

|問題37|　事前行政手続の具体例として、次のうち当てはまらないものはどれか。

1　告知

2　理由付記

3　聴聞

4　審査請求

5　諮問

|着眼点▶|　行政手続とは、広くは行政活動を法的に規制する手続をいい、事前手続のみでなく、苦情処理手続や審査請求手続といった事後手続も含む。

|解説|　行政処分、行政指導及び届け出に関する手続に関し、共通する事項を定めることによって、行政運営における公正の確保と透明性の向上を図ることを目的とする行政手続法が施行されている。

　　行政庁が、法律による行政の原理に適合する適正な処分をするためには、その判断を形成するプロセスが公正であることが要請される。行政庁が、処分をする場合には、恣意・偏見のない立場で公正な手続が踏まれなくてはならない。また、処分により国民が不利益を受ける場合、事後救済では十分ではないことがあり、ここに事前行政手続の重要性がある。

58 　　　　　　　　行　政　法

　　告知とは、聴聞を開始する前提として、当事者の氏名、聴聞に係る事案の要旨等を通知することをいう。
　　聴聞とは、処分を行おうとする相手方や利害関係人に、処分についての是非の意見を述べ、有利な証拠を提出させて主張・立証を促し、他方不利な事実に対しては、弁明と反駁の機会を十分に与えることを内容とする手続をいう。
　　法が聴聞の規定を置いている場合には、聴聞は処分の有効要件と解され、聴聞手続を経ずにした処分は、手続上の瑕疵により、無効原因があることになる。
　　また、聴聞が適法に行われたといえるためには、形式的に聴聞手続がとられたというだけでは足りず、被聴聞者に対して、主張と証拠提出の機会を与えるなど、実質的に聴聞をしたと評価できるものでなくてはならない。

【正解４】

問題38　行政手続法上の「行政指導」について記載したものである。次のうち誤っているものはどれか。

1　行政指導とは、行政機関が所掌事務の範囲内で一定の行政目的を実現するために特定の者に一定の作為又は不作為を求める指導、助言、勧告等であり、相手方は、法律に基づき、一定の場合にその中止等を求めることができるほか、審査請求を行うこともできる。

2　行政指導に携わる者は、その相手方が行政指導に従わなかったことを理由として、不利益な取扱いをしてはならない。

3　申請の取下げ又は内容の変更を求める行政指導にあっては、行政指導に携わる者は、申請者が当該行政指導に従う意思がない旨を表明したにもかかわらず当該行政指導を継続すること等により当該申請者の権利の行使を妨げるようなことをしてはならない。

4　行政指導が口頭でされた場合、相手方から書面により交付を求められたときは、行政上特別の支障がない限り、書面として交付しなければならない。

5　複数の者に対し行政指導をしようとするときは、行政指導に共通してその内容となるべき事項を定め、行政上特別の支障がない限り、これを公表しなければならない。

着眼点▶　法令に違反する行為の是正を求める行政指導の相手方は、一定の場合には、当該行政指導の中止等を求めることができるとされている（行政手続法第36条の２第１項）が、行政指導は「行政機関がその任務又は所掌事務の範囲内において一定の行政目的を実現するため特定の者に一定の作為又は不作為を求める指導、勧告、助言その他の行為であって処分に該当しないものをいう。」（同法第２条第６号）と定義され、処分ではないため、行政不服審査法の対象とはならない。

行　政　法　　　　　　　　　59

> **解説**　選択肢2は行政手続法第32条第2項、選択肢3は同法第33条、選択肢4は同法第35条第3項、選択肢5は同法第36条にそれぞれ規定されている内容である

【正解1】

問題39　次のうち、行政手続法において申請に対する処分について規定されている内容として、誤っているものはどれか。

1　行政庁は、審査基準を定めるに当たっては、当該許認可等の性質に照らしてできる限り具体的なものとしなければならない。

2　行政庁は、行政上特別な支障があるときを除き、提出先とされている機関の事務所に備付けその他の適当な方法により審査基準を公にしておかなければならない。

3　行政庁は、申請がその事務所に到達してから当該申請に対する処分をするまでに通常要すべき標準的な期間を定めるよう努めなければならない。

4　行政庁は、申請により求められた許認可等を拒否する処分をする場合は、申請者に対し、同時に、当該処分の理由を必ず書面により示さなければならない。

5　行政庁は、申請者の求めに応じ、当該申請に係る審査の進行状況及び当該申請に対する処分の時期の見通しを示すよう努めなければならない。

> **着眼点▶**　選択肢4の行政庁が拒否する処分をする場合、原則として理由を提示することを義務付けるものであるが、当該処分を書面で行う場合には、理由も書面で示されなければならない（行政手続法第8条）。

> **解説**　選択肢1の審査基準は申請の公正な処理を確保するため、許認可等をするかどうかを法令の定めに従って判断するために必要な基準の内容を示したもので、同法第5条第2項に規定されている。
> 　選択肢2は申請をしようとする者が許認可等を受けることが可能か予見できることと、行政庁の判断過程の透明性を向上させるため、同法第5条第3項に規定されている。
> 　選択肢3は行政運営の適正化の観点から、申請の迅速な処理の確保を図るため、標準処理期間を定めるべき旨を規定した同法第6条の内容である。
> 　選択肢5は申請者の求めに応じ、申請の審査の進行状況や処分の時期の見通しを示すよう努めるべきとした同法第9条第1項の条文である。

【正解4】

問題40　行政機関の保有する情報の公開に関する法律に関して誤っているものはどれか。

1　開示請求された情報の中に不開示情報が存する場合は、一律に全てが不開示に

なる。

2 原則として個人に関する情報は不開示情報である。

3 請求された文書の存否を明らかにするだけで不開示情報を開示することになる場合は、存否が明らかにされないことがある。

4 開示決定に対する審査請求は、専門の審査会に諮問される。

5 開示の請求権者には、外国人も含まれる。

着眼点▶ 不開示情報を除いて、部分開示される。不開示部分は、黒塗りなどがなされる。

解説 地方公共団体では、情報公開条例が制定されている。

【正解1】

問題41 行政手続法が規定している手続として、誤っているものはどれか。

1 処分

2 行政指導

3 刑事事件手続

4 届出

5 意見公募手続

着眼点▶ 刑事事件手続や国会、裁判所の手続に行政手続法は適用されない（同法第3条）。

解説 地方公共団体の条例や規則に基づく地方公共団体の機関の処分には、行政手続法は適用されず、当該地方公共団体の行政手続条例が適用される。

【正解3】

問題42 行政手続法が定める申請に対する処分の規定に関して、誤っているものはどれか。

1 行政庁は必ず審査基準を定めなければならない。

2 原則として定めた審査基準を公にしなければならない。

3 行政庁は原則として標準処理期間を定めなければならない。

4 定めた標準処理期間は必ず公にしなければならない。

5 申請を拒否する処分をする場合には、その理由を示すのが努力義務となっている。

着眼点▶ 必ず拒否となった理由を示さなければならない（行政手続法第8条）。審査基準の制定は、義務である（同法第5条）。

解説 消防法に基づく危険物施設の設置許可は、申請に対する処分の例である。

【正解5】

行　政　法　　　　　　　　　　　61

問題43　行政手続法が定める不利益処分の規定に関して、誤っているものはどれか。

1　処分基準を定めるのは努力義務である。

2　定めた処分基準を公にするのは努力義務である。

3　不利益処分をする際には、原則として不利益処分と同時に理由を示さなければならない。

4　不利益処分に際して、事前に聴聞手続が行われることがある。

5　許認可を取り消す不利益処分では、弁明の機会の付与が行われる。

着眼点▶　許認可の取消しや資格の剥奪のような重い不利益処分では、弁明の機会の付与ではなく聴聞手続が行われる（行政手続法第13条）。

解説　消防法に基づく防火対象物の使用禁止命令は、不利益処分の例である。

【正解5】

問題44　次は、代執行に関する記述であるが、この中から正しいものを選べ。

1　代執行は、義務者の義務不履行という理由があれば、それだけで直ちに代執行の手段をとることができる。

2　代執行をすることができる者は、その義務の履行を強制し得べき権限を有すると否とにかかわらず、国の行政官庁及び地方公共団体の長等（教育委員会、公安委員会等も含む）である。

3　代執行をするには、戒告及び代執行令書による通知の手続が必要であるが、この手続をとる暇がないときは、その手続を経ないで代執行することができる。

4　代執行は、当該行政庁が自ら義務者のすべき行為を執行すべきものであり、請負その他の契約に基づき第三者にその行為をさせることはできない。

5　代執行に要した一切の費用は、全て義務者から、専ら国税徴収法の例により、これを徴収することとなっている。

着眼点▶　非常の場合又は危険切迫の場合において、当該行為の急速な実施について緊急の必要がある場合は、戒告及び通知の手続を経ないで代執行をすることができる（行政代執行法第3条第3項）ため正しい。

解説　代執行をすることができる場合は、法律により直接命ぜられ、又は法律に基づき行政庁により命ぜられた他人が代わってすることのできる行為について、義務者がこれを履行しない場合であって、他の手段によってその履行を確保することが困難であり、かつ、その不履行を放置することが著しく公益に反すると認められるときに限る。

62　　　　　　　　　　　　行　政　法

　　　したがって、選択肢1は誤り。選択肢2は、義務の履行を強制し得べき権限を有す
　　る行政庁だけが代執行をすることができるため誤り。選択肢4は、行政庁が第三者を
　　して代執行の行為をさせることができるため誤り。また、選択肢5は、はじめから国
　　税徴収法の例によるのではなく、義務者に対し、文書をもってその納付を命じるのが
　　原則となっているため誤りである。

【正解3】

問題45　次は、行政強制に関する記述であるが、この中から誤っているものを選
　　　　べ。

1　行政強制とは、行政権自身による実力の行使により、相手方の意思に反し、そ
　の抵抗を排して、将来にわたり行政上必要な状態を実現しようとする作用であ
　る。

2　行政代執行法は、行政上の強制執行の手段として、代執行、執行罰及び直接強
　制の三手段を定めているが、このうち、一般的には代執行によることとされてい
　る。

3　私法上の義務の強制は、司法権の作用に属するのに反し、行政上の義務の強制
　は、行政権自体の権限に属せしめ、迅速確実に行政上の目的を達せしめる必要が
　あるため認められている。

4　国税徴収法は、本来は国税の強制徴収の手段を定めたものであり、当然に、国
　税以外の公法上の金銭給付義務の強制手段として用い得べきものでなく、実際
　上、他の法律で同法の規定を適用することとしているにすぎない。

5　行政強制は、常に法律の根拠に基づくことを要するものとするほか、特に行政
　権の恣意を抑制しその公正を保障する見地から、司法官憲の令状等司法権の介入
　を要するものとする例がある。

着眼点▶　行政代執行法は、行政上の強制執行の一般法として代執行のみを認めている。

　解説　明治憲法下における行政執行法は、行政上の強制執行の一般的手段として代執行、
　　執行罰及び直接強制の三つが認められていた。
　　　しかし、執行罰は、間接強制であり、行政上の強制手段としては比較的効用が少な
　　く、これを認める実益に乏しいこと、また、直接強制は、直接、義務者の身体又は財
　　産に実力を加えるもので、基本的人権の尊重を第一義とする憲法の精神からいって妥
　　当ではないこと、などの見地から、現行の行政代執行法では、強制執行の一般的手段
　　として、代執行のみを認めている。

【正解2】

問題46　次は、行政上の秩序罰としての過料に関する記述であるが、この中から

行 政 法　　　　63

　誤っているものを選べ。
1　秩序罰としての過料は、刑罰ではないから、刑法総則の適用はない。
2　地方公共団体の条例や規則に違反した場合の過料は、地方公共団体の長により
　処分の形式で科せられる。
3　国の法令に基づく過料は、非訟事件手続法に基づいて裁判所により科せられ
　る。
4　行政上の秩序罰は、行政上の義務違反に対して科される制裁であるから、違反
　した行為者だけでなく、その使用者に対しても科せられる。
5　秩序罰としての過料は、行政上の秩序を保つ目的で科される制裁であるから、
　故意、過失等の主観的要件の具備は不要である。

着眼点 ▶　両罰規定が適用されるのは行政刑罰の場合で、行政上の秩序罰には適用されな
い。

解説　行政法規の違反が、直接的に行政上の目的を侵害し、社会法益に侵害を加える場合
と、ただ間接的に行政上の秩序に障害を及ぼす危険があるにすぎない場合とがある。
前者に対しては、一種の刑罰としての行政刑罰を科すが、後者に対しては、原則と
して、秩序維持の見地から、秩序罰としての過料を科するものとされている。

【正解4】

問題47　次の説明のうち、行政罰の説明として正しいものを選べ。
1　在監者などの特別な関係において、その関係に服する者の一定の義務違反に対
　して科せられる制裁
2　将来にわたり、行政法上の義務の履行を強制することを目的とする手段
3　行政上の義務違反に対して科せられる制裁で、行政刑罰と秩序罰がある。
4　法益を侵害する犯人の悪性に対する罰
5　目前急迫の障害を除く必要上、義務を命ずる暇のない場合に、直接、国民の身
　体又は財産に実力を加える作用

着眼点 ▶　選択肢1は懲戒罰、選択肢2は執行罰、選択肢4は刑事罰、選択肢5は即時強制
を説明したものである。

【正解3】

問題48　次は、各種の罰を列挙したものであるが、この中から「将来にわたり、
　　　行政法上の義務の履行を強制すること」を目的とした罰を選べ。
1　懲戒罰
2　統制罰

64 　　　　　　　　　行　政　法

3　刑事罰

4　執行罰

5　警察罰

着眼点 ▶　列挙してある罰のうち、執行罰以外のものは、過去の義務違反、法令違反等に対し科せられる罰である。

解説　罰の定義を区別して理解しておくことが大切である。
　　「警察罰」も「統制罰」も行政罰の一種であり、行政上の義務違反に対し、一般統治権に基づき、制裁として科せられる罰を総称する。「刑事罰」は、実質的に法益を侵害する犯人の悪性に対する罰であり、その行為自体が反道義性、反社会性を有するものである。「懲戒罰」は、在監者など特別な関係において、その秩序を維持するために科せられる制裁である。

【正解4】

問題49　次は、行政上の即時強制に関する記述であるが、この中から誤っているものを選べ。

1　即時強制は、義務の履行を強制するためではなく、目前急迫の障害を除く必要上、義務を命ずる暇のない場合に行う。

2　即時強制は、直接に国民の身体又は財産に実力を加え、もって行政上必要な状態を実現する作用をいう。

3　即時強制は、公共の秩序の保持、社会公共の福祉の実現等、行政上の目的を達成するために必要な措置である。

4　即時強制は、基本的人権の尊重確保の見地から、その目的に必要な最小限度にとどめなければならない。

5　即時強制は、行政上の必要に基づき行うものであるから、必ずしも法律上の根拠は要しない。

着眼点 ▶　行政上の即時強制は、必ず法律上の根拠を要する。

解説　行政上の即時強制は、行政上の必要に基づき、直接、国民の身体又は財産に対して実力を加える作用であるから、これをするには、法律上の根拠を要することは、もちろんである。

【正解5】

問題50　次は、行政上の強制措置に関する記述であるが、この中から誤っているものを選べ。

1　「行政上の強制執行」は、国民があらかじめ命じられている義務を履行しない

　　　　　　　　　行　政　法　　　　　　　　　65

場合に、行政側が義務の履行を強制するために実施する。

2　法治国家における行政強制の制度は、行政上の即時強制を基本とし、行政上の
　強制執行を例外的な制度としている。

3　「行政罰」に代表される行政上の制裁措置は、過去の義務違反に対する制裁で
　あるため、行政上の強制執行とはその本質を異にする。

4　代替的作為義務違反に対する代執行については、一般法として行政代執行法が
　定められている。

5　「行政上の即時強制」は、緊急の必要を満たすため、あらかじめ国民に義務を
　課すことなく、いきなり強制力を行使するものである。

着眼点▶　行政強制の制度では、行政上の強制執行を基本とし、行政上の即時強制を例外と
　　　　している。

解説　現行法は、行政上の強制措置として、「行政上の強制執行」と「行政上の即時強
　　制」の二種類の行政強制を認めている。この中でも、通常は、まず行政庁が行政行為
　　によって義務を具体的に宣言し、しかるのちになお義務が履行されない場合に、それ
　　を強制するというプロセスをとることが要請されている。すなわち、強制執行が基本
　　となっている。

【正解2】

問題51　令和7年6月1日から施行される行政刑罰の種類として、誤っているも
　　　　のはどれか。

1　拘留

2　拘禁刑

3　罰金

4　科料

5　過料

着眼点▶　過料は秩序罰であり、国の行政では、刑事訴訟法ではなく非訟事件手続法によっ
　　　　て科される。一方、地方公共団体では、地方自治法に基づき長の処分として科され
　　　　る。

解説　防火対象物点検の特例認定を受けている防火対象物に関して、管理権原者の変更の
　　届出を怠った場合などには、消防法の規定に基づき過料が科されることがある。

【正解5】

問題52　次は、公権力の行使と地方公共団体の賠償責任の規定に関する国家賠償
　　　　法第1条の記述であるが、誤っているものはどれか。

66 　　　　　　　　行　政　法

1　公権力の行使に当たる公務員の行為である。

2　公務員が職務を行う。

3　故意か重過失がある。

4　他人に損害を与える。

5　地方公共団体が賠償責任を負う。

着眼点▶　国家賠償法第1条は、「国又は公共団体の公権力の行使に当る公務員が、その職務を行うについて、故意又は過失によつて違法に他人に損害を加えたときは、国又は公共団体が、これを賠償する責に任ずる。」と規定している。

解説　同条は、国又は公共団体の代位責任を定めたものと一般にいわれている。また、被害者が、直接加害者である公務員に損害賠償を請求できるかについては、判例は、公務員個人の責任はないとしている。

【正解3】

問題53　次は、公法上の損失補償に関する記述であるが、この中から正しいものを選べ。

1　公法上の損失補償は、一般的な公的負担に対する公平的見地からの調節的な補償である。

2　公法上の損失補償は、私法上の損害に対する賠償と全く同じである。

3　公法上の損失補償は、故意又は過失によって損害を加えたこと、すなわち、過失責任主義をとる。

4　公法上の損失補償は、私法契約上の反対給付と同じ性格を有する。

5　公法上の損失補償は、適法な公権力の行使に基づく補償である。

着眼点▶　公法上の損失補償は、適法行為に基づく損失の補償である。

解説　公法上の損失補償の特色は、次のとおりである。
　1　適法行為に基づく損失の補償であり、不法行為に基づく損害の賠償と区別される。
　2　公権力の行使に基づく損失の補償であり、私法上の損害に対する賠償又は私法契約上の反対給付と区別される。
　3　特別の犠牲に対する全体的な公平負担の見地からの調節的な補償である。

【正解5】

問題54　次は、公の営造物の設置又は管理に瑕疵があった場合の公共団体等の賠償責任についての記述であるが、正しいものはどれか。

1　河川は対象にならない。

2　賠償されるのは財産的損害だけである。

行　政　法　　　　　　　　　　　　　67

3　営造物の管理を行っている団体と設置・管理の費用を負担する団体が異なる場
　合は、現に管理を行っている団体のみが損害賠償責任を負う。

4　消防庁舎の壁が剝離した場合は対象にならない。

5　設置者・管理者の過失を問わない。

着眼点 ▶　　国家賠償法における「公の営造物の設置又は管理の瑕疵」とは、営造物が通常有
　　　　　すべき安全性を欠いていることをいい、これに基づく国及び公共団体の賠償責任に
　　　　　ついては、その過失の存在を必要としないとされる。

解説　公の営造物とは、公の利用に供するため国や公共団体が設置・管理する物や施設と
　　　解され、人工公物（道路、建物など人によって設置されたもの）に限らず、自然公物
　　　（河川、海浜など設置行為を必要とせず自然に存在するもの）も含まれる。したがっ
　　　て、河川も消防庁舎（の壁）も対象となる。
　　　　損害については、財産的損害であると精神的損害であるとを問わず賠償の対象とな
　　　る。
　　　　営造物の管理を行っている団体と設置・管理の費用を負担している団体が異なる場
　　　合は、管理を行う団体のみならず、費用を負担している団体も賠償責任を負うことに
　　　なる。

【正解5】

問題55　行政救済制度について、誤っているものはどれか。

1　適法な行政活動で特別の犠牲が生じたことへの補塡として、損失補償制度があ
　る。

2　行政不服審査は行政庁と裁判所の両方で審理される。

3　行政事件訴訟は裁判所で法律問題として審査される。

4　違法な行政活動による損害への賠償として、国家賠償制度がある。

5　審査請求は行政不服審査の一つである。

着眼点 ▶　　行政不服審査制度は、行政機関内部における審査である。

解説　行政不服審査制度と行政事件訴訟制度を合わせて、行政争訟という。国家賠償制度
　　　と損失補償制度は、金銭的な補償を求めるものである。

【正解2】

問題56　公務員の行為による国家賠償責任について、正しいものはどれか。

1　非権力的行為が国家賠償の対象となる。

2　公務員の職務と関わりのない行為が対象となる。

3　公務員の過失の有無を問わずに賠償責任が生じる。

4　被害者への賠償責任は公務員が負う。

68 行 政 法

5 公務員に対する求償権が認められている。

着眼点 ▶ 国又は公共団体が、被害者に対する賠償責任を負う。公務員に故意又は重過失がある場合には、国又は公共団体は公務員に対する求償権を行使できる。

解説 公権力の行使に当たる公務員が、その職務を行うについて故意又は過失によって違法に他人に損害を加えたときは、国又は公共団体が賠償責任を負う。公務員が、個人として賠償責任を負うものではない。

【正解5】

問題57 損失補償について、誤っているものはどれか。

1 公用収用は損失補償の対象となる。

2 適法な行政活動が対象となる。

3 財産権の損失を対象とする。

4 国民が一般的に負担すべき制約が対象となる。

5 社会的価値を持たない状態にある財産は対象とならない。

着眼点 ▶ 特定人に対する偶発的で特別な犠牲が、損失補償の対象である。

解説 消防用設備等の設置義務のような一般的な財産権の制約は、損失補償の対象ではない。また、延焼のおそれのある消防対象物は既に社会的価値を失っているので、その処分などは損失補償の対象外である。

【正解4】

問題58 次は、審査請求に関する記述であるが、この中から正しいものを選べ。

1 審査請求は、処分庁等に上級行政庁がある場合でも、原則として処分庁等に対してすることができる。

2 審査請求の代理人は、本人のために審査請求に関する一切の行為をすることができる。しかし、審査請求の取下げは、審査請求人でなければならない。

3 審査請求については、審査請求期間が特に定められていないため、不可争力は生じない。

4 審査請求は、他の法律に口頭ですることができる旨の定めがある場合を除き、審査請求書を提出してしなければならない。

5 審査請求をすべき行政庁が処分庁等と異なる場合における審査請求は、直接、当該行政庁に対してしなければならず、他の機関を経由することは許されない。

着眼点 ▶ 審査請求は、書面によることを原則としているが、例外として、口頭ですることができる場合がある（行政不服審査法第19条第1項）。

解説 選択肢1の審査請求は、原則として、処分庁等に上級行政庁があるときは、当該上

行　政　法　　　　69

級行政庁（上級行政庁が複数あるときは、最上級行政庁）に対してすることができる（同法第4条第1号・第4号）。

選択肢2の代理人による審査請求の取下げは、特別の委任を受けた場合に限り、することができる（同法第12条第2項）。

選択肢3の審査請求は、審査請求期間内にしなければならない。すなわち、審査請求は、処分があったことを知った日の翌日から起算して3月を経過したときは、することができない。審査請求期間を徒過すれば、当該処分は、不可争力を生ずる。

選択肢5の審査請求は、原則として、直接、審査請求をすべき行政庁に対してすべきものであるが、審査請求人の便宜を考慮して、処分庁等を経由して審査請求をすることもできる。

【正解4】

問題59　次は、行政争訟に関する記述であるが、この中から行政不服審査法による不服申立ての説明として妥当なものを選べ。

1　対等の当事者間に紛争のある場合に、一方の当事者からの申請に基づき、行政庁が行う裁決又は裁定。

2　地方公共団体の議会の議決又は選挙が違法である場合に長から提起する争訟。

3　行政委員会又はこれに準ずる行政機関が準司法的手続に従って行う審判。

4　行政庁の違法又は不当な処分その他公権力の行使に当たる行為に対して行う不服申立て。

5　選挙に関する当選の効力について行う異議の申出や審査の申出。

着眼点▶　行政不服審査法第1条に、「この法律は、行政庁の違法又は不当な処分その他公権力の行使に当たる行為に関し、国民が簡易迅速かつ公正な手続の下で広く行政庁に対する不服申立てをすることができるための制度を定めることにより……」とある。

解説　広く行政争訟というなかには、種々性質を異にするものがあり、適用法規についても差異がある。

選択肢1は当事者争訟に関するもの、選択肢2は機関争訟に関するもの、選択肢3は行政審判に関するもの、選択肢5は公職選挙法に規定するものであり、これらは、いずれも行政不服審査法の適用を受けず、各法律の定めるところによるものである。

【正解4】

問題60　次の記述のうち、「処分をした行政庁若しくは不作為に係る行政庁又はそれらの上級行政庁」に対してする不服申立てとして正しいものを選べ。

1　審査請求

2　抗告訴訟

3　異議申立て

70 行　政　法

4　当事者訴訟

5　民衆訴訟

> **解説**　行政庁の違法な侵害に対しては、行政不服申立てと行政事件訴訟の二つの救済制度がある（根拠法はそれぞれ行政不服審査法と行政事件訴訟法）。行政不服申立ての種類としては下記の２種類がある。また、選択肢２の抗告訴訟、選択肢４の当事者訴訟、選択肢５の民衆訴訟はいずれも行政事件訴訟である。選択肢３の異議申立ては、一般的な制度としては廃止された。
> 　「審査請求」行政庁の処分又は不作為について、原則として処分をした行政庁又は不作為に係る行政庁の種類及び当該行政庁に係る上級行政庁の有無や種類に応じ、当該行政庁又はその（最）上級行政庁に対してする不服申立てをいう。
> 　「再審査請求」法律に特別の定めがある場合に、処分についての「審査請求」の裁決を経た後さらに行う不服申立てをいう。

【正解１】

問題61　次のうち、取消訴訟を適法に提起できる要件として誤っているものはどれか。

1　原告の所在地の裁判所が管轄する。

2　行政庁の違法な処分がある。

3　訴えの利益がある。

4　出訴期間を遵守している。

5　適格な者を被告としている。

> **着眼点▶**　行政庁を被告とする取消訴訟は、その行政庁の所在地の裁判所の管轄に属することとされている。すなわち、被告である行政庁の所在地の地方裁判所が第一審の管轄裁判所となる。

> **解説**　取消訴訟を適法に提起できる要件、すなわち、訴訟要件としては、行政庁の違法な処分があること、訴えの利益があること、法定された出訴期間を遵守していること、適格な者を被告としていること、管轄裁判所に提起すること、審査請求をあらかじめすべきとされている処分については審査請求を経由していること、訴えの形式を具備していること等が挙げられる。
> 　訴えの利益については、当該処分の取消しを求めることについて法律上の利益を有すること、すなわち、原告適格を有すること、狭義の訴えの利益として、取消判決がなされた場合に原告の救済が現実にできるような状況にあることが必要とされている。

【正解１】

問題62　次は、行政不服審査法に関する記述であるが、この中から誤っているも

行　政　法　　　　　　　　71

のを選べ。

1　行政不服審査法は、行政庁の違法又は不当な処分その他公権力の行使に当たる行為を対象としている。

2　行政不服審査法は、行政庁の不作為についても、不服申立ての対象としている。

3　行政不服審査法は、概括主義を採用している。

4　行政不服審査法によれば、行政庁に上級行政庁が複数ある場合には、その中のどの上級行政庁に対しても任意に審査請求を行える。

5　行政不服審査法は、公権力の行使に当たる事実上の行為についても、不服申立ての対象としている。

着眼点 ▶ 　行政不服審査法による審査請求をすべき行政庁は、審査主体の中立性を高めるため、処分庁等に上級行政庁が存在する場合には、処分庁等ではなく、原則として当該上級行政庁とされている。上級行政庁が複数存在する場合もあるが、このような場合には、最上級行政庁に対して審査請求を行うべきこととされている（同法第4条第4号）。その理由としては、主任の大臣等や地方公共団体の長の審査を受ける機会を確保すること、不服審査の統一性を確保すること、審査の客観性・公正さをできる限り確保することなどが挙げられている。

　なお、全部改正前の行政不服審査法では、直近上級行政庁が原則的な審査庁とされていた（旧第5条第2項）。

解説　同法は、「行政庁の違法又は不当な処分その他公権力の行使に当たる行為」に関し、「国民が簡易迅速かつ公正な手続の下で広く行政庁に対する不服申立てをすることができるための制度」を定めている。

　また、一般概括主義を採用するとともに、公権力の行使に当たる事実上の行為、行政庁の不作為についても、その対象としている。

【正解4】

問題63　次は、行政不服審査法の教示制度に関する記述であるが、この中から誤っているものを選べ。

1　教示制度は、行政不服審査法に基づく場合のみならず、他の法令に基づく全ての不服申立てにも原則として適用される。

2　行政庁は、不服申立てをすることができる処分をする場合は教示をすることとされている。

3　行政庁が教示をすべきであった場合に、教示をしなかった場合は、当該処分は無効として扱われる。

4　行政庁は、利害関係人から教示を求められた場合は教示をしなければならな

い。

5　教示の方法については、一般的に制限がなく、口頭でも書面でもよい。

着眼点▶　行政庁が教示をしなかった場合は、当該処分は無効とはならず、当該処分について不服のある者が当該処分庁に不服申立書を提出することによって、法令に基づく不服申立てがなされたものとみなされる。

解説　行政不服審査法は、行政庁の様々な内容の行政処分に対して、国民が、不服申立てができるのか、いつまでに、どこに不服申立てをすべきかなどを明確にするため、処分行政庁にこれらの事項について教示すべき義務を課する一般的な教示制度を採用しており、あわせて行政庁が教示をしなかった場合及び誤った教示をした場合の救済制度を設けている。

【正解3】

問題64　次は、行政不服審査法に基づく審査請求が適法に提起されるための要件を列挙したものであるが、この中から妥当ではないものを選べ。

1　処分又は不作為が存在すること。

2　処分庁等の種類及び当該処分庁等に係る上級行政庁の有無や種類に応じて、受理権限を有する行政庁に申し立てること。

3　必ず処分の相手方からの申立てであること。

4　定められた不服申立て期間内に不服を申し立てること。

5　法令に定める形式と手続を遵守すること。

着眼点▶　不服申立適格を有するのは処分の相手方に限定されず、不服申立てをする法律上の利益がある者であれば、処分の相手方以外の第三者であってもよい。

解説　行政不服審査法では、不服申立適格に関する規定は設けてないが、判例（最判昭53. 3. 14）はその対象を「不服申立をする法律上の利益がある者、すなわち、当該処分により自己の権利若しくは法律上保護された利益を侵害され又は必然的に侵害されるおそれのある者」としている。

【正解3】

問題65　行政不服審査法の規定について、正しいものはどれか。

1　異議申立てが設けられている。

2　再審査請求が例外的に認められている。

3　第三者機関への諮問は原則として行われない。

4　審査請求期間は60日に制限されている。

5　審理員の関与は例外的になされる。

着眼点▶　平成26年の改正により、異議申立ては廃止され、審査請求に一元化された。ま

行　政　法　　　73

た、審理員の関与と第三者機関への諮問が定められた。さらに、審査請求期間は、60日から3月になった。

> **解説**　公平性の向上や国民の救済手段の充実などの観点から、法改正が行われた。審査請求の審査庁は、直近上級行政庁から最上級行政庁に改正された。

【正解2】

問題66　行政事件訴訟の類型として、客観訴訟に属するものはどれか。

1　不作為違法確認訴訟

2　差止め訴訟

3　処分取消訴訟

4　住民訴訟

5　裁決取消訴訟

着眼点▶　住民訴訟は民衆訴訟の一つであり、行政の法適合性の維持を目的とする客観訴訟の一類型である。

> **解説**　個人の権利、利益の保障を目的とする主観訴訟とは別に、行政事件訴訟法は客観訴訟を規定している。客観訴訟は、法定されている場合にだけ認められる。

【正解4】

問題67　行政事件訴訟の教示制度について誤っているものはどれか。

1　処分に係る取消訴訟の被告が誰であるかは、教示の内容である。

2　教示は書面で行わなければならない。

3　出訴期間は教示の内容である。

4　書面による処分に限らず、口頭による処分でも教示が必要である。

5　審査請求前置であれば、その旨は教示の内容となる。

着眼点▶　処分を口頭で行う場合には、教示は義務付けられていない。

> **解説**　原告が故意又は重過失によらないで被告を誤った場合には、裁判所によって被告の変更が許される。行政不服審査と同様に、行政事件訴訟でも教示が義務付けられている。

【正解4】

問題68　審査請求の手続などに関して誤っているものはどれか。

1　原則として審理員により審査が行われる。

2　審理は原則として書面で行われる。

3　審査請求では執行停止を行うことはできない。

74 行 政 法

4 審査庁は原則として行政不服審査会に諮問しなければならない。

5 処分に際して審査請求に関する教示が行われなければならない。

着眼点 ▶ 審理員は必要な場合に執行停止をすべき旨の意見書を審査庁に提出でき、審査庁は速やかに執行停止すべきかどうか決定しなければならない。執行不停止が原則であり、申立人の権利の保護などの要件を満たした場合に限り、執行停止が認められる。

解説 審理員は審査庁に属する職員であるが、審査請求の対象となる処分に関与した者などは除外される。

【正解3】

問題69 行政事件訴訟法の規定について、不適切なものはどれか。

1 義務付けの訴えが設けられている。

2 差止めの訴えが設けられている。

3 被告適格は処分庁とされている。

4 出訴期間は6月とされている。

5 取消訴訟に対する教示が設けられている。

着眼点 ▶ 平成16年の改正で、誰が被告になるか、すなわち、被告適格は、処分庁から処分庁の属する国又は地方公共団体に改められた。

解説 この時の改正で、選択肢1、2、4、5とともに、仮の義務付けと仮の差止めの制度も新設されている。

【正解3】

問題70 取消訴訟の訴訟要件の一つである処分性のあるものはどれか。

1 私法上の契約

2 行政指導

3 通達

4 行政機関の内部行為

5 公権力の行使に当たる事実上の行為で継続的性質を有するもの

着眼点 ▶ 行政庁による処分などの学問上の行政行為以外にも、人の収容や物の留置のような選択肢5も取消訴訟の対象となる。

解説 行政指導に従うかどうかは法的に任意であり、直接国民の権利義務を形成するものではない。このため、行政指導には処分性がなく、取消訴訟の対象外である。

【正解5】

地方自治法
地方公務員法

76　　地方自治法・地方公務員法

問題1　地方自治法上、住民による直接請求の対象とならないものはどれか。

1　議会の解散の請求

2　普通地方公共団体の事務の監査請求

3　議会の議員の解職請求

4　地方税の賦課徴収に関する条例の制定・改廃の請求

5　普通地方公共団体の長の解職請求

着眼点▶　普通地方公共団体の議会の議員及び長の選挙権を有する者は、その総数の50分の
1以上の連署をもって、その代表者から普通地方公共団体の長に対し、条例の制定
又は改廃の請求をすることができる。ただし、地方税の賦課徴収並びに分担金、使
用料及び手数料の徴収に関する条例の制定、改廃は除外されている（地方自治法第
74条第1項）。

解説　直接請求制度は、間接民主主義の欠陥を補い、住民自治の理想を実現させるための
一つの方式であり、地方自治法が定めるものとしては次表のとおり4種類ある。

種　類	請求の範囲（根拠）	請求の要件	請求先	効　　果
条例の制定改廃の請求	条例*¹の制定又は改廃（同法第74条第1項）	選挙権者の総数の$\frac{1}{50}$以上の連署	普通地方公共団体の長	受理した日から20日以内に議会を招集して付議し、結果を公表する（同条第3項）。
事務監査請求	事務の執行に関する監査（同法第75条第1項）		普通地方公共団体の監査委員	監査を行い、監査結果を公表し、議会及び長並びに関係のある委員会又は委員に提出する（同条第3項）。
解散請求	普通地方公共団体の議会の解散（同法第76条第1項）	選挙権者の総数の$\frac{1}{3}$*²以上の連署	普通地方公共団体の選挙管理委員会	住民投票を行い、過半数の同意があったときは、解散する（同法第78条）。
解職請求	①普通地方公共団体の議会の議員の解職（同法第80条第1項）	選挙区の選挙権者の総数の$\frac{1}{3}$*²以上の連署（選挙区がないときは選挙権者の総数の$\frac{1}{3}$*²以上の連署）		住民投票を行い、過半数の同意があったときは、失職する（同法第83条）。
	②普通地方公共団体の長の解職（同法第81条第1項）	選挙権者の総数の$\frac{1}{3}$*²		

	③副知事、副市町村長、選挙管理委員、監査委員、公安委員会委員の解職（同法第86条第1項）	以上の連署	普通地方公共団体の長	議会に付議し、議員の $\frac{2}{3}$ 以上が出席し、その $\frac{3}{4}$ 以上の同意があったときは、失職する（同法第87条第1項）。

＊1　地方税の賦課徴収並びに分担金、使用料及び手数料の徴収に関するものを除く。

＊2　総数が40万を超え80万以下の場合は、その40万を超える数に6分の1を乗じて得た数と40万に3分の1を乗じて得た数とを合算して得た数。総数が80万を超える場合は、その80万を超える数に8分の1を乗じて得た数と40万に6分の1を乗じて得た数と40万に3分の1を乗じて得た数とを合算して得た数。

【正解4】

問題2　次は、特別地方公共団体をそれぞれ列挙したものであるが、正しいものはどれか。

1　特別区、市町村

2　財産区、特別区

3　地方公共団体の組合、行政区

4　行政区、地方公共団体の組合

5　市町村、財産区

着眼点 ▶　特別地方公共団体には、地方自治法第1条の3第3項に定める特別区、地方公共団体の組合及び財産区の3種類と、市町村の合併の特例に関する法律第3章に定める合併特例区の計4種類がある。

解説　特別地方公共団体とは、存在が不遍的な普通地方公共団体とは異なって、特殊な目的と組織・権能をもつ例外的な団体であって、現在は前述の4種類がある。

それぞれについて簡単に説明すると、特別区とは、特別の地域にだけ設置される特別地方公共団体で、東京都の23区がそれである。

地方公共団体の組合とは、都道府県、市町村などの普通地方公共団体及び特別区が事務の一部を共同で処理するために設ける組合である。消防事務組合はその典型である。

財産区とは、市町村又は特別区の一部で、その所有する財産又は公の施設の管理及び処分を行う権能をもつ団体である。

合併特例区とは、市町村の合併後の一定期間、旧区域の住民の意思を反映しつつ、その地域を単位として一定の事務を処理するために設けられる団体である。

【正解2】

78 　　　　　　　　地方自治法・地方公務員法

問題3　次は、地方公共団体の条例と規則について記述したものであるが、正しいものはどれか。

1　条例は、地方公共団体が議会の議決を経て、規則は地方公共団体の長が制定する。

2　条例では、過料を科すことができるが、規則ではそれはできない。

3　条例は市町村長が、規則は市町村長の委任を受けた職員が制定する。

4　条例は自治事務、規則は法定受託事務について規定する。

5　条例は所管大臣、規則は都道府県知事の承認を受けなければならない。

着眼点 ▶　条例は法令に違反しない限りにおいて、地方公共団体の議決を経て制定し、規則は長がその権限に属する事務について制定するものである。

解説　条例では2年以下の懲役若しくは禁錮、100万円以下の罰金、拘留、科料若しくは没収の刑又は5万円以下の過料を、規則では、5万円以下の過料を科する旨の規定を設けることができる。また、条例は、地方自治体が処理する事務（自治事務、法定受託事務）に関して議会の議決を経て制定され、規則は、長がその権限に属する事務に関して制定する。

【正解1】

問題4　次の財源は地方財政にとって重要な収入源であるが、その説明で適当でないものはどれか。

1　地方税──地方公共団体の財政自主権の基軸をなす歳入である。

2　国庫支出金──地方公共団体が支出する特定の経費について、その全部又は一部を国が負担するもので、その使途が定められているものをいう。

3　地方交付税──地域間の税源の不均衡を是正し、行政の統一的水準を確保するものである。

4　地方債──地方公共団体が株式、社債及び投資信託等の利潤で得た収入で、一会計年度を越えて運用されるものをいう。

5　地方譲与税──地方公共団体が直接賦課徴収するものではないところにその特徴がある。

着眼点 ▶　地方債とは、地方公共団体が証券を発行することによる債務又は資金の借入による債務で、その償還が一会計年度を越えて行われるものをいい、同一会計年度の資金繰りのために借り入れる一時借入金とは区別される。

解説　地方税には都道府県税と市町村税とがあり、各々、普通税と目的税からなる。都道府県の場合は約99％を普通税が占め、残り1％が目的税である。また、市町村でも普通税の占める割合が高く、市町村民税、固定資産税及び市町村たばこ税で90％以上を占めている。

地方自治法・地方公務員法　　　79

　　　国庫支出金には、地方公共団体の実施する事務経費の一部を国が義務的に負担する
　　国庫負担金、国が地方公共団体に委託する事務の経費を負担する国庫委託金、特定施
　　策の実施の奨励や財政援助のための狭義の意味での国庫補助金などがある。
　　　地方交付税は、各地方公共団体の自主的な行財政運営を損なわずに、財源の保障と
　　均衡を図ること、及び地方行財政の計画的運営を保障することにより、地方公共団体
　　の独立性を強化し、憲法に保障された地方自治の本旨を実現しようとするものであ
　　る。
　　　地方譲与税は、地方公共団体が直接賦課徴収するものではないところにその特徴が
　　あり、地方揮発油譲与税、石油ガス譲与税、特別とん譲与税、自動車重量譲与税、航
　　空機燃料譲与税、森林環境譲与税及び特別法人事業譲与税がある。

【正解4】

問題5　地方公共団体の事務について、妥当な組合せはどれか。

		《自治事務》	《法定受託事務》
1	条例の制定	可能	不可能
2	地方議会の権限	原則及ぶ	原則及ばない
3	監査委員の権限	原則及ぶ	原則及ばない
4	国から地方公共団体への代執行	不可能	可能
5	審査請求	原則できない	原則できない

　解説　選択肢1は、誤り。条例の制定については、自治事務、法定受託事務とも可能であ
　　る。なお、法定受託事務については、特に法令の明示は不要である。選択肢2の地方
　　議会の権限については、自治事務、法定受託事務とも原則及ぶので誤り。選択肢3
　　は、監査委員の権限は、法定受託事務についても原則及ぶので誤りである。選択肢4
　　は正しい。選択肢5の審査請求については、自治事務であると法定受託事務であると
　　を問わず、原則として行政不服審査法に基づく審査請求を行うことができる。した
　　がって誤り。

【正解4】

問題6　都道府県と市町村との関係の記述で、次のうち誤っているものはどれか。

1　都道府県と市町村は、いずれも普通地方公共団体である。

2　市町村は、都道府県に包括されるが、支配関係はない。

3　都道府県と市町村は、いずれも完全な自治体としての性格を有している。

4　政令指定都市と東京都の特別区はいずれも普通地方公共団体である。

5　市町村は基礎的地方公共団体として、都道府県は広域的地方公共団体としての
　性格を有している。

着眼点▶　特別区は、地方公共団体の組合及び財産区とともに特別地方公共団体である（地

方自治法第1条の3第3項)。特別区の処理する事務は、同法に規定(同法第281条第2項)されているが、市で処理する事務と同じものが多いことから、特別地方公共団体の中ではその性格が最も普通地方公共団体に近いものである。

解説 都道府県と市町村の間には、おのずと性格及び機能上の差異が存在する。すなわち、市町村は地方自治の基礎をなす団体であり、都道府県が処理するものとされているものを除き、一般的に地域における事務等を処理する。一方、都道府県は、国と市町村の中間に位置し、広域にわたる事務、市町村に関する連絡調整に関する事務及び規模又は性質において市町村が処理するに適さない事務等を処理する団体である。

【正解4】

問題7 次は、住民監査請求についての記述であるが、誤っているものはどれか。

1 住民監査請求は、地方公共団体の財産上の損害となる違法又は不当な職員の行為について監査を求めるものである。

2 住民は監査委員の監査結果に不満があれば、違法なものについては裁判所へ訴えを起こすことができる。

3 住民監査請求は、職員の財務上の違法又は不当な行為をチェックし、住民全体の利益の擁護を図るものである。

4 住民監査請求は、有権者の50分の1以上の連署をもって請求することが必要である。

5 住民監査請求は、区域内に住所を持つ者であれば、日本国籍を要せず、個人でも法人でもよい。

着眼点▶ 住民監査請求は、1人でも行うことができる(地方自治法第242条)。有権者の50分の1の連署をもって行うのは、事務監査請求など直接請求の場合である(同法第75条)。

解説 住民監査請求とは、地方自治体の長等執行機関や職員によって、
① 違法・不当な公金の支出
② 違法・不当な財産の取得・管理・処分
③ 違法・不当な契約の締結・履行
④ 違法・不当な債務その他の義務の負担
⑤ 違法・不当に公金の賦課徴収又は財産の管理を怠ること
などがあると認められる場合に、住民が監査委員に対して監査を求める制度である。

【正解4】

問題8 地方自治法で定めている地方公共団体相互の間の協力の制度として、次のうち誤っているものはどれか。

1 協議会

地方自治法・地方公務員法　　　　　　81

2　事務の委託

3　地方公共団体の組合

4　財産区

5　機関等の共同設置

着眼点▶　財産区は、特別地方公共団体の一つで、市制、町村制の施行当時からあるもの
と、昭和30年当時の「市町村合併」に際し、関係市町村の協議により設置されたも
のとがある。したがって、市町村相互の間の協力関係により設けられるものではな
い。なお、財産区として設けられているものに、山林、土地、温泉などがある。

解説　交通、通信手段の発達に伴って、住民の生活圏が広域化し、市町村の広域行政の要
請は時代の趨勢となってきている。次に、これらの協力方式を簡単に解説する。
　1　協議会——普通地方公共団体が共同して事務の管理執行、連絡調整又は広域総合
　計画の作成を行うため協議により規約を定めて設置するものである（地方自治法第
　252条の2の2）。
　2　事務の委託——事務の一部を他の普通地方公共団体に委託して、その地方公共団
　体の長又は委員会の委員をしてこれを管理執行させることである。例えば、消防で
　は、東京・三多摩地区の東京消防庁への消防の事務委託がある（同法第252条の
　14）。
　3　地方公共団体の組合——ある事務を他の地方公共団体と共同で処理する方が行政
　上、能率的で経済的である等の理由から行われる方式で、特別地方公共団体であ
　る。消防の事務組合はこの例である。共同処理する事務の範囲によって、一部事務
　組合及び広域連合がある（同法第284条）。
　　その他のものとしては、区域外の公の施設の設置又は公の施設の共同使用（同法
　第244条の3）、機関及び職員の共同設置（同法第252条の7）、職員の派遣（同法第
　252条の17）、相互救済事業（同法第263条の2）がある。

【正解4】

問題9　普通地方公共団体の予算の原則に関する記述として、妥当なものはどれ
か。

1　地方自治法上、予算の提案権は、地方公共団体の長にある。

2　総計予算主義の原則とは、地方公共団体の会計について、全ての歳入・歳出な
どを単一の会計で経理することをいい、「特別会計」や「補正予算」はこの原則
の例外である。

3　予算統一の原則とは、一会計年度における一切の収入及び支出は、全て歳入歳
出予算に編入しなければならないとする原則である。

4　会計年度独立の原則とは、各会計年度における経費はその年度の歳入をもって
充てるという原則である。他年度に影響するため例外は一切認められていない。

82　　　　　　　　　地方自治法・地方公務員法

5　予算事前議決の原則とは、予算は年度開始前に議会の議決を経なければならないという原則で、例外は一切認められていない。

着眼点 ▶　予算を調製し、これを執行するのは、長の権限である（地方自治法第149条第2号）。議会の議員は、議案を提出できるが予算についてはこの限りではない（同法第112条第1項）。

解説　選択肢2は誤り。前半は、単一予算主義の説明である。なお、特別会計と補正予算は、単一予算主義の例外である。選択肢3は誤り。総計予算主義の原則の説明である。選択肢4は誤り。前段は正しいが、後段は誤り。歳出予算の繰越しと過年度支出は、例外として認められている。選択肢5は誤り。前半は正しいが、後半は誤り。「首長の予算に関する専決処分」（同法第180条）など若干、例外が認められている。
　　なお、予算統一の原則とは、歳入はその性質に従って款に大別し、歳出はその目的に従って款項に区分する。各内容は一貫した秩序をもって系統的に総合調整されなければならない（予算科目及び予算様式の統一）という原則である。
　　予算公開の原則とは、文字どおり、予算に関する情報は住民に公開されなければならないという原則である。

【正解1】

問題10　地方自治法に定める公の施設に関する記述について、妥当なものはどれか。

1　公の施設とは、住民の福祉増進を目的とした住民の利用に供する施設であるから、河川、海岸等の自然公物も含まれる。

2　公の施設とは、普通地方公共団体が設ける施設であるから、庁舎、試験研究施設なども含まれる。

3　普通地方公共団体は、公の施設の管理を指定管理者に委任することができるが、当該施設の利用料金を収入として収受させることはできない。

4　普通地方公共団体は、正当な理由があるときは、住民が公の施設を利用することを拒むことができる。

5　公の施設の設置及びその管理に関する事項については、法令で定めがあるものを除くほか、規則によりこれを定めている。

着眼点 ▶　「普通地方公共団体（指定管理者を含む。）は、正当な理由がない限り、住民が公の施設を利用することを拒んではならない」（地方自治法第244条第2項）とされるから、正当な理由がある場合はこの限りでないと解される。

解説　選択肢1は誤り。公の施設は、普通地方公共団体が設置して、住民の利用に供するものであるから、設置する必要のない河川、海岸等の自然公物は該当しない。選択肢

地方自治法・地方公務員法　　　83

2は誤り。住民の利用に供する施設とはいえない庁舎、試験研究施設は該当しない。選択肢3は誤り。普通地方公共団体は、適当と認めるときは、指定管理者にその管理する公の施設の利用に係る料金（「利用料金」という。）を当該指定管理者の収入として収受させることができる（同法第244条の2第8項）。選択肢5は誤り。公の施設の設置及び管理に関する事項は、法律又はこれに基づく政令に特別な定めがあるものを除くほか、条例により定めなければならない。特別の定めがあるものとは、公民館（社会教育法）、都市公園（都市公園法）、公共下水道（下水道法）等である

【正解4】

問題11　次のうち都道府県知事の権限でないものはどれか。

1　議会の議決を経るべき事件につきその議案を提出すること

2　予算を調製し、執行すること

3　地方税を賦課徴収すること

4　条例を設け、又は改廃すること

5　会計を監督すること

着眼点▶　条例を設け又は改廃することは、議会の権限である（地方自治法第96条第1項第1号）。

解説　都道府県知事（地方公共団体の長）の権限（担当事務）は、選択肢のほか、次のとおりである（同法第149条）。
①　分担金、使用料、加入金又は手数料を徴収し、及び過料を科すこと。
②　決算を普通地方公共団体の議会の認定に付すること。
③　財産を取得し、管理し、及び処分すること。
④　公の施設を設置し、管理し及び廃止すること。
⑤　証書及び公文書類を保管すること。
⑥　前各号に定めるものを除く外、当該普通地方公共団体の事務を執行すること。

【正解4】

問題12　地方公共団体の条例に関する記述のうち、誤っているものはどれか。

1　条例は、地方公共団体の議会の議決によって成立する。

2　都道府県と市町村は、上下・主従関係にあり、都道府県は、市町村の行政事務に関し、条例で必要な規定を設けることができる。

3　条例は、その地方公共団体の事務に関して、法令に違反しない範囲で制定することができる。

4　条例中に、条例に違反した者に対して刑罰を科する旨の規定を設けることができる。

5　条例は、特別の定めがある場合を除き、公布の日から起算して10日を経過し

84 地方自治法・地方公務員法

た日から施行される。

着眼点 ▶ 　選択肢２のような統制条例に係る規定は、平成11年の改正（法律第87号）により
削除され、両者は、「基礎的自治体としての市町村、広域的自治体としての都道府
県」という対等・協力の関係となっている。

【正解２】

問題13 　執行機関として法律に定めるところにより普通公共団体は、行政委員会
を設置しなければならないが、市町村のみに設置しなければならない行政
委員会は次のうちどれか。

1 　教育委員会

2 　選挙管理委員会

3 　人事委員会又は公平委員会

4 　公安委員会

5 　農業委員会

着眼点 ▶ 　地方自治法第180条の５第３項により、市町村のみに設置しなければならない行
政委員会は、農業委員会である。

解説 　行政委員会を設置する趣旨としては、「行政の中立性を確保する。専門性を有す
る。準司法的手続の必要性がある。利害の調整機能を持たせる。」などが挙げられ
る。また、行政委員会は、地方公共団体の長との権限調整の見地から、予算編成権、
議案の提出権等一定の権限を有しないとされている。なお、都道府県が設置しなけれ
ばならない委員会及び委員は、選択肢１～４のほか、労働委員会、収用委員会、海区
漁業調整委員会、内水面漁場管理委員会及び監査委員がある。
　市町村については、選択肢１～３及び５のほか、固定資産評価審査委員会及び監査
委員である。

【正解５】

問題14 　次は、地方自治法上の住民に関して述べたものであるが、妥当なものは
どれか。

1 　住民とは、市町村の区域内に住所を有し、住民登録を行うことで、当該市町村
及びこれを包含する都道府県の住民となることができる。

2 　住民とは、日本国民を対象とする概念であるから、外国籍の人は、住民監査請
求を行うことはできない。

3 　住民は、その属する普通地方公共団体の役務の提供を等しく受ける権利を有す
るが、他の普通地方公共団体の役務の提供を受けることはできない。

4 　住民とは、あくまで自然人を対象とした概念であるから、法人が住民として扱

地方自治法・地方公務員法　　　　　85

われることはない。

5　事務の監査請求は、当該普通地方公共団体の議会・長の選挙権を有する日本国
民でなければならない。

着眼点▶　事務の監査請求は、直接請求権の一種であり、選挙権を有するものでなければな
らない。選挙権者の総数の50分の1以上の者の連署をもって、その代表者が監査委
員に対し、監査の請求をすることができる（地方自治法第75条第1項）。

解説　選択肢1は誤り。市町村の区域内に住所を有するものは、住民登録を行っていない
場合でも住民として扱われる。選択肢2・4は誤り。同法第10条第1項は、「市町村
の区域内に住所を有する者は、当該市町村及びこれを包括する都道府県の住民とす
る。」と規定し、区域内に住所を有する者は、外国籍でも、法人でも、「住民」として
扱われる。したがって、外国籍の人にも、法人にも、住民監査請求権がある。選択肢
3は誤り。普通地方公共団体の役務の提供は、学校、交通事業等のように住民以外の
者も利用できる。

【正解5】

問題15　自治事務に関する記述として、妥当なものはどれか。

1　自治事務は、地方公共団体の固有の事務であるから、当該自治体が執行する自
治事務全般にわたり、議会の権限が及ぶ。

2　自治事務は、地方公共団体が自己の責任において処理すべき事務であり、国が
自治事務に関し、地方公共団体に対して何らかの指示をすることは、緊急の場合
といえども認められない。

3　自治事務は、地方公共団体に固有の事務であり、その処分に関し不服のある者
から国の行政機関に対して不服申立てをすることは、一切認められない。

4　自治事務は、直接的に住民の福祉を増進するための事務であり、かつ、地方公
共団体の存立そのものに必要な事務である。

5　自治事務は、地方公共団体が処理する事務のうち、法定受託事務以外の事務を
いい、地方公共団体は、法令に違反しない限り、全ての自治事務について条例を
制定することができる。

解説　選択肢1については、自治事務であっても、労働委員会及び収用委員会の権限に関
するものに限り、議会の権限は及ばないので、誤り。
選択肢2は誤り。国民の生命、身体又は財産の保護のため緊急に自治事務の的確な
処理を確保する必要がある場合等特に必要と認められる場合は、指示することができ
ることとすることができる（地方自治法第245条第1号へ、第245条の3第6項）。
選択肢3は誤り。自治事務についての行政不服審査法に基づく審査請求は、その地
方公共団体の処分庁等又は最上級行政庁に対して行うことが基本であるが、例外とし

86 　　　　　　　　　地方自治法・地方公務員法

て、個別法に特別の定めがある場合は、国の行政機関に対する審査請求又は再審査請求が認められることがあり得る。なお、法定受託事務については、所管大臣等に対する審査請求が認められている（同法第255条の2第1項）。
　選択肢4は誤り。自治事務とは、「地方公共団体が処理する事務のうち、法定受託事務以外のものをいう。」（同法第2条第8項）とされ、様々な性格を有する事務の総称に過ぎず、「直接的に住民の福祉を増進するための事務」というような性格付けがなされているわけではない。

【正解5】

問題16　地方自治法に定める普通地方公共団体の財産に関する記述として、妥当なものはどれか。

1　地方自治法における財産とは、普通財産、物品及び債権並びに基金である。
2　普通財産とは、普通地方公共団体において公用又は公共用に供し、又は供することと決定した財産のことである。
3　物品とは、現金、公有財産及び基金に属するもの以外の動産及び普通地方公共団体が使用のために保管する不動産である。
4　債権とは、金銭の給付を目的とする普通地方公共団体の権利で、地方税などの徴収金に係る債権も含まれる。
5　公有財産は、行政財産、普通財産、公の施設の三つに分類される。

着眼点▶　選択肢4は地方自治法第240条を参照。

解説　選択肢1は誤り。同法における財産とは、「公有財産、物品及び債権並びに基金」である（同法第237条第1項）。普通財産とは、「行政財産以外の一切の公有財産」をいう（同法第238条第4項後段）。選択肢2は誤り。これは行政財産の説明である。選択肢3は誤り。物品とは、「現金、公有財産及び基金に属するもの以外の動産及び普通地方公共団体が使用のために保管する動産」である（同法第239条第1項）。不動産は含まれない。選択肢5は誤り。公有財産は、行政財産及び普通財産の二つに分類される（同法第238条第3項）。

【正解4】

問題17　地方自治法上、住民の権利、義務に関するもので誤っているものは、次のうちどれか。

1　役務の提供を等しく受ける権利
2　負担分任の義務
3　選挙に参与する権利
4　直接請求の権利

地方自治法・地方公務員法　　　　　87

5　選挙管理委員会委員の選挙権

着眼点▶　選挙管理委員会の委員の解職請求は、「主要公務員の解職請求」として直接請求の一部として認められているが、選挙権はない。

解説　住民の権利義務は、大きく分けると次のようになる。
1　役務の提供を等しく受ける権利——道路、河川、広場、公園、図書館等の公の施設の利用、その他の給付を受ける権利
2　負担分任の義務——地方公共団体が活動するに要する経費の負担の分任
3　選挙に参与する権利——普通公共団体の長（都道府県知事、市町村長）及び議会議員等の選挙権
4　直接請求の権利——条例の制定・改廃の請求、副知事・副市町村長・選挙管理委員・監査委員・公安委員の解職請求、事務監査の請求、議会の解散請求、議員及び長の解職請求、教育委員・農業委員・漁業調整委員の解職請求
5　直接請求以外の直接参政権——特別法に関する住民投票等

【正解5】

問題18　次は、地方自治法で定義される用語に関する記述であるが、誤っているものはどれか。

1　地方公共団体は、「普通地方公共団体」と「特別地方公共団体」に分類される。

2　普通地方公共団体は、一般的・普遍的な公共団体で、都道府県・市町村及び特別区がこれに該当する。

3　特別地方公共団体に含まれるものの一つとして、財産区が挙げられる。

4　地方公共団体の組合は、分類上「特別地方公共団体」に含まれる。そして、その細分類として「一部事務組合」と「広域連合」がある。

5　「都道府県と市町村」の対比を表す表現としては、前者が「広域的な地方公共団体」、後者が「基礎的な地方公共団体」という表現が妥当である。

着眼点▶　普通地方公共団体には、特別区は含まれない。

解説　選択肢1は正しい（地方自治法第1条の3第1項）。選択肢3は正しい（同法第1条の3第3項）。選択肢4は正しい（同法第284条第1項）。選択肢5は正しい（同法第2条第3項及び第5項）。

【正解2】

問題19　普通地方公共団体の条例に関する記述で誤っているものは、次のうちどれか。

1　都道府県及び市町村は、条例中に、条例に違反した者に対し、罰金、拘留、科料若しくは没収の刑又は過料を科す旨の規定に限り設けることができる。

2 都道府県及び市町村は、法令に違反しない限り、その事務（自治事務、法定受託事務）に関して地方議会の議決を経て条例を制定することができる。

3 都道府県及び市町村は、義務を課し、又は権利を制限するには、法令に特別の定めがあるものを除くほか、条例でこれを定めなければならない。

4 条例は、地方公共団体がその事務に関して、その議会の議決によって制定する法である。

5 行政事務に関する市町村の条例が都道府県の条例に違反するときは、その市町村の条例は無効になる。

> 着眼点 ▶ 都道府県及び市町村は、法令に特別の定めがあるものを除くほか、その条例中に、条例に違反した者に対し、2年以下の懲役若しくは禁錮、100万円以下の罰金、拘留、科料若しくは没収の刑又は5万円以下の過料を科する旨の規定を設けることができる（地方自治法第14条第3項）。

解説 条例は、普通公共団体がその事務に関しては、議会の議決によって制定する法である。条例は、その内容からみて、例えば、公安条例、公害防止条例、火災予防条例などのように住民の権利、義務に関係のある法規の性質をもつものと、議員定数条例、市町村の組織、定員、給与等を規定した行政規則的な性質のものとがある。

また、憲法第94条では、地方公共団体に自主立法権を認め、さらに、地方自治法第14条第1項では、条例の制定は「法令に違反しない限りにおいて」条例を制定することができるものとしている。

【正解1】

問題20 次は、地方自治法に定める分担金、使用料、手数料についての記述であるが、誤っているものはどれか。

1 分担金とは、数人又は普通地方公共団体の一部に対する利益のある事件に関して、その必要な費用に充てるため、特に利益を受ける者から徴収するものである。例として、下水道受益者負担金がある。

2 使用料とは、公有財産の使用又は公の施設を利用する対価として徴収するものである。例として、公立高等学校の授業料がある。

3 手数料とは、普通地方公共団体の事務で、特定の者のために提供される役務の対価として徴収するものである。役務の例としては、戸籍の謄本・抄本の交付手数料がある。

4 分担金又は法律で定める使用料について、督促を受けたにもかかわらず指定された期限までに納付しないときは、地方税の滞納処分の例により処分することができる。

地方自治法・地方公務員法 89

5　手数料については、政令で定める一定の事務について徴収する場合には、政令で定める金額の手数料を徴収することを標準として条例を定めなければならない。

着眼点 ▶　公有財産は、行政財産と普通財産に分けられる。使用料は「行政財産の使用又は公の施設の利用」につき徴収されるもので、公有財産の全ての利用に関するものではない。公立高等学校は公の施設であり、授業料は「使用料」である。

解説　選択肢1は正しい。公共下水道のように「数人又は普通地方公共団体の一部に対する利益のある事件」に関しては、利用できない地域もあるため、その整備に公費（税金）のみを投入するのは公平を欠くこととなる。したがって、受益者に下水道の建設費の一部を負担してもらうのが下水道事業受益者負担金制度である。この負担金は「分担金」である。
　　選択肢3は正しい（地方自治法第227条）。選択肢4は正しい（同法第231条の3第3項）。選択肢5は正しい（同法第228条第1項）。

【正解2】

問題21　次は、地方公共団体の住民の権利及び義務に関する記述であるが、我が国に在留する外国人（在留類型を問わない）にも保障される権利はどれか。

1　住民監査請求権
2　帰属する地方公共団体の選挙に参与する権利
3　条例の制定改廃請求権
4　議会の解散請求権
5　事務監査請求権

着眼点 ▶　住民監査請求は、住民であれば日本国籍は必要ない。また、地方公共団体の各種のサービス（公の施設利用、金銭的扶助等）の給付も住民であれば何人でも受けることができる（地方自治法第10条第2項）。

解説　地方公共団体における基本的な要素としての住民の重要性を考慮して、同法は、住民の権利義務について様々な規定をしている。重要な点としては、同法は広く住民が地方政治に参加する道を開くことで「住民自治の原則」を徹底しているが、保障される権利によっては憲法の保障する「国民主権の原理」及び「統治機構における地方公共団体における重要性」との関係で「日本国民」にのみ保障される権利があるということである。そこで、どの権利が住民であれば一律に保障されるのか及びどの権利が日本国民である住民に保障されるのかについて留意する必要がある。
　　選択肢2〜5は、日本国民たる普通地方公共団体の住民に保障される権利である。
　　選択肢2は同法第11条参照。選択肢3は同法第12条第1項参照。選択肢4は同法第13条第1項参照。選択肢5は同法第12条第2項参照。

【正解1】

地方自治法・地方公務員法

問題22 次は、「規則」に関する記述であるが、正しいものはどれか。

1 普通地方公共団体の長は、その権限に属する事務に関して、他の法令にかかわらず、自由に規則を定めることができる。

2 普通地方公共団体の長は、住民の権利義務に関する事務について条例の委任がなくても、規則を制定することができる。

3 普通地方公共団体の長は、法令に特別の定めがある場合を除いて、規則に違反した者に対して科料を科する旨の規定を設けることができる。

4 普通地方公共団体の長以外でも、規則を定めることができる場合がある。

5 規則の効力は、条例と同等である。

着眼点 ▶ 普通地方公共団体の委員会も規則を定めることができる（地方自治法第138条の4）。

解説 同法は法令及び条例で規定された内容を執行機関がより現場の実情に応じて的確に遂行することを目的に、地方公共団体の長等に規則を制定できる権能を与えている。そこで、ポイントとしては規則について「誰が」「どのような内容」について定めることができ、その実効性を確保するために「規則を守らなかった者にはどのようなことを行うことができるか」を理解する必要がある。
　　選択肢1は誤り。規則は「法令に違反しない限り」において定めることができる（同法第15条第1項）。選択肢2は誤り。住民の権利義務に関する事務については、法令に特別の定めがある場合を除くほか、条例で定めなければならない（同法第14条第2項）。選択肢3は誤り。「科料」ではなく「過料」を科する旨の規定を設けることができる（同法第15条第2項）。選択肢5は誤り。条例の効力が規則に優先する。

【正解4】

問題23 次は、「公の施設」に関する記述であるが、誤っているものはどれか。

1 普通地方公共団体は、住民が公の施設を利用することを拒否できる場合がある。

2 普通地方公共団体は、法律又は政令に規定される場合を除き、公の施設の設置及び管理に関する事項は、規則で定めなければならない。

3 普通地方公共団体は、議会の同意を得て公の施設の長期かつ独占的な使用を認めることができる場合がある。

4 普通地方公共団体は、公の施設の使用料を徴収することができる場合がある。

5 公の施設には、建築物以外も含まれる場合がある。

着眼点 ▶ 公の施設の設置及び管理については、条例で定めなければならない（地方自治法第244条の2第1項）。

地方自治法・地方公務員法　　　　　　　　　91

> **解説**　選択肢1は正しい。正当な理由があれば拒否できる（同法第244条第2項）。選択肢3は正しい。条例で定める重要な公の施設のうち条例で定める特に重要なものについては、議会において出席議員の3分の2以上の同意があれば長期かつ独占的な利用をさせることができる（同法第244条の2第2項）。選択肢4は正しい。公の施設の利用については、使用料を徴収することができる（同法第225条）。選択肢5は正しい。道路や上下水道も含まれる（同法第244条、行政実例昭和47年1月20日）。

【正解2】

問題24　地方自治法が定める執行機関について、誤っているものはどれか。

1　執行機関として普通地方公共団体の長がある。

2　委員会は執行機関の一つである。

3　執行機関として委員が置かれることもある。

4　執行機関の附属機関として審査会などが置かれることがある。

5　長以外の執行機関は、長の所轄を受けずに独立して行政機能を発揮する。

> **着眼点▶**　各執行機関は、長の所轄の下に相互の連絡を図り一体として行政機能を発揮しなければならない（地方自治法第138条の3第2項）。

> **解説**　選択肢1～4は正しい（同法第138条の4）。長以外の執行機関には、人事委員会や監査委員がある（同法第180条の5第1項）。各執行機関は、条例や予算に基づき普通地方公共団体の事務を誠実に管理し執行しなければならない（同法第138条の2の2）。

【正解5】

問題25　地方公共団体の長の職務代理などについて、誤っているものはどれか。

1　長に事故があるときは、副知事や副市町村長などが職務代理となる。

2　事務の一部を補助機関に臨時に代理させることができる。

3　長は権限の一部を補助機関に委任することができる。

4　長に事故があるときの代理は、長の全ての職務が対象となる。

5　職務代理では、代理者が職務代理者であることを明示して自己の名で職務権限を代理行使する。

> **着眼点▶**　長の身分や資格をそのまま代理するものではないので、議会の解散や副知事、副市町村長の選任は代理の対象とはならない（地方自治法第152条）。

> **解説**　市町村長の有する危険物の許認可の権限が、消防長に権限委任されている消防本部がある（同法第153条第1項参照）。

【正解4】

92　　　　　　　　　　地方自治法・地方公務員法

問題26　地方自治法が定める地方公共団体の事務について、誤っているものはどれか。

1　現在では機関委任事務は廃止されている。

2　自治事務は、法定受託事務以外の事務と定められている。

3　法定受託事務に関して条例を定めることができる。

4　自治事務に対して国は是正の勧告などを行えない。

5　議会は原則として法定受託事務に対する検査を行える。

着眼点 ▶　自治事務に対しても、国は是正の勧告や技術的な助言を行える（地方自治法第
245条の6）。

> **解説**　機関委任事務は地方公共団体を国の機関として位置付けるものであったため、地方
> 分権改革により廃止された。危険物規制事務は、かつては機関委任事務であったが、
> 現在は法定受託事務に位置付けられている（同法第2条、第98条参照）。

【正解4】

問題27　地方自治法が定める議会の議決権に分類されるものとして、誤っている
ものはどれか。

1　条例の制定

2　決算の認定

3　長の専決処分の承認

4　重要な契約の締結

5　損害賠償額の決定

着眼点 ▶　長の専決処分の承認は、議会の監視権等の一つの承認権である。議会が成立しな
いときなどの長の専決処分は、議会の承認が得られなくてもその効果に影響はない
（地方自治法第179条第1項）。

> **解説**　消防車両の交通事故により損害賠償金を支払うためには、議会がその決定を長に委
> 任している金額を超える場合であれば、議会の議決が必要になる（同法第96条第1
> 項）。

【正解3】

問題28　地方自治法の予算について、誤っているものはどれか。

1　継続費　履行に数年度を要するものについて経費の総額と年割額を定め数年度
にわたって支出

2　繰越明許費　年度内に支出が終わらない見込みの経費について予算として議決
を得て翌年度以降に繰り越して使用

地方自治法・地方公務員法　　93

3　事故繰越し　避けがたい事故のために年度内支出が終わらないものについて長
が翌年度に繰り越して執行
4　長期継続契約　電気ガス水道などの契約について債務負担行為の設定を行うこ
となく契約を締結
5　継続費の逓次繰越し　継続費について何らかの事情でその年度内に支出を終了
できない場合に当該継続費の継続年度の終わりまで繰り越して使用

着眼点 ▶　繰越明許費は、翌年度一年間に限り繰り越して使用できる（地方自治法第213
条）。

解説　健全な財政運営のために会計年度独立の原則が定められているが、それが厳格すぎ
ると計画的な運用が困難になることもあるため、これらの例外が認められている。
　　選択肢1は同法第212条、選択肢3は同法第220条第3項、選択肢4は同法第234条
の3、選択肢5は同令第145条第1項を参照。

【正解2】

問題29　地方自治法が定める入札方法について、誤っているものはどれか。
1　競争入札の方法によらず、任意の特定の相手方を選択し契約を締結するのは随
意契約である。
2　動産の売払いにおいて口頭で価格競争をするのは、せり売りである。
3　一般競争入札と指名競争入札では、例外なく有利な価格を示した者を落札者と
する。
4　一般競争入札では、不特定多数の者に参加させる。
5　指名競争入札では、実績などの要件を定めて特定の者を指名した上で競争入札
させる

着眼点 ▶　あらかじめ最低制限価格を設けて、同価格以上の価格で申込した者のうち、最低
の価格で申込した者を落札者とする最低価格制限制度などが定められている（地方
自治法施行令第167条の10第2項）。

解説　地方自治法の原則は、競争入札である。指名競争入札を行える要件は、契約の性質
が一般競争入札に適しないなど政令で規定されている（同令第167条）。随意契約は、
予定価格が一定額以下の場合や緊急の必要により競争入札に付することができない場
合などに行える（同令第167条の2）。

【正解3】

問題30　消防庁舎は、地方自治法上の財産上の区分として、次のどれに該当する
か。
1　普通財産の公共用財産

94 　　　　　　　地方自治法・地方公務員法

2　行政財産の公用財産

3　物品

4　行政財産の公共用財産

5　普通財産の公用財産

着眼点▶　公有財産は、公用又は公共用に供する行政財産と、それ以外の普通財産とに分類される。公用とは、行政機関の庁舎のように自ら使用する財産であり、公共用とは、公園のように住民の使用に供される財産である（地方自治法第238条）。

解説　物品は、現金、公有財産、基金を除く所有に属する動産などである（同法第239条）。

【正解2】

問題31　地方自治法に定める会計年度について、誤っているものはどれか。

1　会計年度は4月1日に始まり翌年3月31日に終わる。

2　出納閉鎖日は翌年9月30日である。

3　出納整理期間には、年度末までに確定した債権・債務について現金による整理が行われる。

4　出納整理期間には、会計年度に属する出納を行える。

5　会計管理者は、出納閉鎖後3か月以内に長に決算を提出する

着眼点▶　出納閉鎖日は、翌年度の5月31日である（地方自治法第235条の5）。

解説　長は決算を議会の認定に付さなければならないが、認定されなくても既に行われた収入、支出の効力には影響しない（同法第233条第3項）。
　　　選択肢1は同法第208条第1項、選択肢3は同法第235条の5、選択肢4は会計法第1条、選択肢5は地方自治法第233条第1項を参照。

【正解2】

問題32　地方自治法が定める支出の方法の特例として、誤っているものはどれか。

1　資金前渡　職員に現金支払をさせるため、その資金を前渡する。

2　概算払　債務金額の確定前に概算をもって支払をする。

3　前金払　金額不確定の債務について、支払うべき事実の確定・時期の到来以前において支払う。

4　繰替払　当該地方公共団体の歳入の収納にかかる現金を経費の支払に一時繰り替えて支払をする。

5　隔地払　隔地の債権者に対して支出するため指定金融機関・指定代理金融機関に資金を交付して送金の手続をさせて支払う。

地方自治法・地方公務員法　　　95

着眼点▶　前金払は、金額の確定した債務について支払われる（地方自治法施行令第163条）。

解説　支出は債務金額が確定し、支払期限が到来したときに正当な債権者に支払われるのが原則であるが、いくつかの特例が認められている。
　　　地方自治法第232条の5第2項及び同令第162条から第165条までを参照。

【正解3】

問題33　地方公務員法で地方公務員への罰則が定められているものとして、誤っているものはどれか。

1　平等取扱いの原則に違反する差別をした者
2　守秘義務に違反して秘密を漏らした者
3　人事委員会の喚問に従わなかった者
4　職務専念義務に違反する行為を行った者
5　勤務条件に関する措置の要求の申出を故意に妨げた者

着眼点▶　職務専念義務違反は懲戒処分の対象となるが、罰則規定はない（地方公務員法第29条第1項第2号）。他の選択肢には罰則規定がある。

解説　選択肢1は同法第60条第1号（第13条）、選択肢2は同条第2号（第34条第1号・第2号）、選択肢3は同条第3号（第50条第3項）、選択肢5は同法第61条第2号（第15条）参照。なお、地方公務員を退職後に、在職する職員に対して契約事務等に関し職務上不正な行為をするように要求した場合などにも罰則規定がある（同法第60条第4号～第7号）。

【正解4】

問題34　次は、地方公務員法に関する記述であるが、誤っているものはどれか。

1　任命権者は職員の任命のほか、休職、免職、懲戒等を行う権限を有している。
2　職員はその職務を行うに当たって、上司の職務上の命令に忠実に従わなければならない。
3　任命権者は、職員の職に欠員を生じた場合には、採用、昇任、降任又は転任のいずれかの方法で職員を任命することができる。
4　任用期間の定めのある職員は、その任用期間の満了によって当然に離職する。
5　職員は、営利を目的とする私企業等の役員等の地位を兼ねたり、事務や事業に従事して報酬を得ることは例外なく禁止されている。

着眼点▶　地方公務員法38条は、非常勤職員（一部の職員を除く。）以外の職員について営利企業等の従事制限を規定している。本来、職員は与えられた職務に専念する義務があり、営利企業等の事務に従事するのは本来の姿ではないが、職務の遂行に影

96 　　　　地方自治法・地方公務員法

　　響を与えるものでないと認められる場合等の場合は、任命権者の判断でこれを解除
　　し得ることもある。

> **解説**　任命権者は、本来的には職員の採用、昇任、降任等の任用を行う権限を有するもの
> であるが、このほか休職、免職等を行う権限を有する。
> 　一方、職員は、その職務を遂行するに当たって職務命令に従う義務を有する。ま
> た、任用期間の定めのある職員は、任用権者が特段の意思を示さない限り期間満了に
> よって当然離職するものである。

【正解 5】

問題35　次の事例の中で、職員が不服申立できないものはどれか。

1　A署の消防士長Tは、勤続15年の中堅職員であるが、帰宅途上で交通事故に
　あい、それが原因で就勤できない状態になったので休職処分となった。

2　B署の勤続 5 年の消防副士長Sは、日ごろの勤務の状態は極めてよく、火災現
　場でも適切な行動をとる等、勤務成績は秀である。たまたま非番日に同僚と飲酒
　し、帰宅途上デパートに買物に行ったところ、万引きをしてしまい逮捕され、不
　起訴処分をうけたが、内部的には懲戒免職処分となった。

3　C署A出張所の消防士Oは、勤続 5 年の機関員であるが、非番日を利用して同
　僚とドライブに出かけ、解放感からドライブインで酒を飲み運転を続行した。そ
　の結果、いねむり運転をし人身事故を発生させた。このことから組織の威信を傷
　つけたとして懲戒免職処分となった。

4　D署の消防士Xは、消防学校卒業後 6 か月を経過した血気盛んで研究心のある
　職員であるが、過去十数回の火災現場の行動をみると、性格が変わったようにふ
　るえあがり、現場行動ができない状態である。このため、職員としての適性がな
　いものとして免職処分となった。

5　E署の消防士Yは、採用から半年にも満たない新任消防士であるが、無断欠勤
　や遅刻をしたり、仕事をやらせても消防職員としての適性がなかったので、解職
　（免職）処分となった。

> **着眼点▶**　消防士Yは、6 か月間の条件付採用期間中の職員であるので、地方公務員法第29
> 　条第 1 項第 1 号により臨時的に任用された職員と同様行政不服審査法等の適用がな
> 　されないことから、不服申立（審査請求）をすることはできない。

> **解説**　条件付採用期間中の職員については、同法第27条第 2 項に掲げる「この法律で定め
> 　る事由による場合でなければ、その意に反して、降任され、若しくは免職されず」
> 　「条例で定める事由による場合でなければ、その意に反して降給されることはない」
> 　などの保護規定が適用されない。その他、分限規定等の適用除外もある（同法第29条
> 　の 2 第 1 項）。

【正解 5】

地方自治法・地方公務員法　　　　　　　97

問題36　公務員は、職務専念義務を負っているが、それが免除される場合を定める法令の種類として適当なものを次の中から選べ。

1　法律又は政令

2　政令又は条例

3　法律又は条例

4　政令又は人事委員会規則

5　条例又は人事委員会規則

着眼点▶　職務専念義務の免除を定める法令は、法律又は条例である。

解説　地方公務員法第35条に、「職員は、法律又は条例に特別の定がある場合を除く外、その勤務時間及び職務上の注意力のすべてをその職責遂行のために用い、当該地方公共団体がなすべき責を有する職務にのみ従事しなければならない。」と規定している。「法律又は条例に特別の定がある場合」として、職務専念義務が免除される例としては次のような場合がある。
　　・研修を受ける場合
　　・職員が選挙権その他の公民としての権利を行使する場合
　　・他の自治体や学校から委嘱を受け、講演や講義を行う場合
　　・国や他の自治体が主催する職務上の教養を目的とする講習会、講演会に参加する場合
　　・職員が任命権者から不利益処分を受けた場合において、人事委員会等に対し地方公務員法第49条の2に基づき審査請求をする場合

【正解3】

問題37　地方公務員の任用の根本基準に関する記述であるが、この中からもっとも妥当なものを選べ。

1　職員の任用は、政治的功績に基づいて行われなければならない。

2　職員の任用は、人格、特性に基づいて行われなければならない。

3　職員の任用は、住民の信任に基づいて行われなければならない。

4　職員の任用は、学歴、人格に基づいて行われなければならない。

5　職員の任用は、能力の実証に基づいて行われなければならない。

着眼点▶　職員の任用は、能力の実証に基づいて行われなければならない。

解説　地方公務員法第15条に、「職員の任用は、この法律の定めるところにより、受験成績、人事評価その他の能力の実証に基づいて行わなければならない。」と規定している。また、同法第23条の2第1項に「職員の執務については、その任命権者は、定期的に人事評価を行わなければならない」と規定するとともに、同法第23条の3に「任命権者は、前条第1項の人事評価の結果に応じた措置を講じなければならない」と規

定し、具体的には、例えば同法第21条の３では、職員の昇任は、任命権者が、職員の人事評価その他の能力の実証に基づき、行うものとしている。これらは、人事行政が能力の実証に基づいて行われなければならないという根本原則に基づいている。

【正解５】

問題38 次は、職員の秘密を守る義務に関する記述であるが、誤っているものはどれか。

1 職務上知り得た秘密は、退職後といえども漏らしてはならない。

2 法令による証人、鑑定人等となり、職務上の秘密に属する事項を発表する場合は、任命権者の許可を受けなければならない。

3 職員が職務上知り得た秘密を漏らした場合は、懲戒処分の対象となるほか、刑事処分の対象ともなる。

4 秘密とは、一般に知られていない事実であって、それを了知せしめることが一定の利益の侵害になると客観的に考えられるものをいう。

5 職員が職務上知り得た秘密を漏らすことは、刑法の秘密漏示罪でも処罰される。

着眼点▶ 刑法第134条の秘密漏示罪が適用されるのは、「医師、薬剤師、医薬品販売業者、助産師、弁護士、弁護人、公証人又はこれらの職にあった者」及び「宗教、祈祷若しくは祭祀の職にある者又はこれらの職にあった者」である。地方公務員が職務上知り得た秘密を漏らした場合は、地方公務員法第34条の秘密保持義務違反となる。

解説 前述のとおり、消防職員等は同法第34条に職務上知り得た秘密保持義務が規定されている。在職中はもちろん、その職を退いた後も秘密を守る義務がある。また、裁判所等で証人として証言したり、鑑定人等として意見を陳述する場合は、秘密に関する事項は原則として任命権者の許可を受けなければならない。また、秘密を漏らした場合は、服務規律違反として懲戒処分を受けることとなるほか、刑事罰（同法第60条第２号により１年以下の懲役又は50万円以下の罰金）に処せられる。なお、退職後に秘密を漏らした場合は、懲戒処分は行い得ないので刑事罰のみが可能である。

【正解５】

問題39 全ての国民は、地方公務員法の適用は平等に取り扱われることを保障されているが、次の中から合理的な差別扱いとみられるものを選べ。

1 政治的意見による差別扱い

2 信教による差別扱い

3 人種による差別扱い

4 国籍による差別扱い

地方自治法・地方公務員法　　　　99

5　教育による差別扱い

着眼点 ▶　日本政府は、「地方公務員のうち公権力の行使または地方公共団体の意思の形成
　　　　　へ携わるものについては、日本国籍を有しない者の任用はできないものと解する」
　　　　　との見解を示しており、また、最高裁も、「国籍条項による管理職試験の受験拒
　　　　　否」を憲法第14条第1項に違反しないとして、合憲としている。

解説　外国の国籍を有する者の公務員採用については、地方公務員法その他の国内法に制
　　　限はなく、近年、多くの自治体では外国人に門戸を開いている。

【正解4】

問題40　次は、地方公務員法が定める職員の欠格条項に関する記述であるが、
　　　　誤っているものはどれか。

1　刑事裁判で禁錮の刑以上に処せられた場合、その刑が猶予されていても欠格条
　項に該当する。
2　欠格条項に該当する者であることを知らずに職員に任用した場合、その者が在
　職中受けた給料は、かならず返還しなければならない。
3　現に職員である者が欠格条項に該当するに至ったときは、任命権者の免職行為
　がなくても当然に失職する。
4　破産宣告を受けた者は、欠格条項に該当しない。
5　欠格条項は地方公務員法に定めるほか、条例で特例を定めることができる。

着眼点 ▶　欠格条項に該当する者を任用した場合でも地方公共団体に対して一定の勤労を提
　　　　　供しているのであるから、原則として返還の問題は起こらない。

解説　欠格条項とは、次の事由に該当する者をあらかじめ行政部門から排除することに
　　　よって、行政の効率的かつ適正な執行を推進しようとするものである（地方公務員法
　　　第16条）。
　　　1　禁錮以上の刑に処せられ、その執行を終了するまで又は執行を受けることがなく
　　　　なるまでの者
　　　2　地方公共団体において懲戒免職処分を受け、当該処分の日から2年を経過しない
　　　　者
　　　3　人事委員会又は公平委員会の委員の職にあって、同法第60条から第63条までに規
　　　　定する罪を犯し、刑に処せられた者
　　　4　日本国憲法又はその下に成立した政府を暴力で破壊することを主張する政党その
　　　　他の団体を結成し、又はこれに加入した者

【正解2】

問題41　次の記述の中から、地方公務員法に違反しないと考えられるものを選べ。
1　職員Aは、許可なく有給の農業協同組合の役員となった。

100　　　　　　　　　地方自治法・地方公務員法

2　職員Bは、内職として、自ら雑貨店を始めた。

3　職員Cは、許可なく職務外にB会社の顧問となった。

4　職員Dは、勤務時間外ではあるが自家用の飯米や野菜の生産を行っている。

5　職員Fは、友人の会社に投資し、上司の許可なく社員となり、一定の報酬を得て会社の事務を手伝った。

着眼点 ▶　自家消費程度の米や野菜の生産程度は、任命権者の許可を得る必要はないとされている。

解説　地方公務員は、地方公務員法第38条第1項により、次の3項目が原則禁止になっている。
・商業、工業又は金融業その他営利を目的とする私企業（営利企業）等の役員等になること
・自ら営利企業を営むこと
・報酬を得て事業又は事務に従事すること
　ただし、例外的に任命権者の許可を受けることにより「営利企業等の従事制限」が解かれる場合がある。その場合、本来の職務を行うことに悪影響を及ぼさないと考えられる事案については、営利企業等の従事に関する規則等の許可基準に照らして許可するかどうかが判断される。また、次のような場合は、通常、任命権者の許可を得る必要はないとされている。
・法律上、営利目的でないことが明示されている団体の役員に無報酬で就任すること
・自家消費程度の農業（自家用の野菜や米の生産）
・消防団活動に入団し、出勤手当（実費弁済で、報酬ではない）を受け取ること

【正解4】

問題42　次は、懲戒処分に関する記述であるが、誤っているものはどれか。

1　懲戒処分とは、職員の一定の義務違反に対して任命権者が地方公務員法に基づき科する制裁である。

2　懲戒処分は、社会公共の法益を侵害した者に対して国の一般統治権に基づいて科する刑罰とは、その本質を異にする。

3　懲戒処分の種類には、戒告、減給、停職、免職の4種類がある。

4　懲戒免職処分を受けると、退職手当が原則として支給されないほか、共済の退職年金も減額される。

5　懲戒処分とは、勤務成績のよくない者を本人の意に反して、不利益な身分上の変動をもたらす処分をいう。

着眼点 ▶　選択肢5は、懲戒処分ではなく、分限処分である。

解説　懲戒処分とは、職員の一定の義務違反に対して科せられる制裁である。戒告、減給、停職、免職の4種類がある。服務規律と秩序の維持を目的としている。

地方自治法・地方公務員法　　　　　　　　　　101

①法令等に違反した場合、②職務上の義務に違反し、又は職務を怠った場合、③全体の奉仕者たるにふさわしくない非行のあった場合などに科せられる。

処分内容は、おおむね次のとおりである（かっこ内は給与上の影響）。

免職：職員としての身分を失わせる処分（退職金が支払われない）

停職：職員を一定期間、職務に従事させない処分（期間中の給料は支払われず、処分後の直近の昇給が停止されることがある）

減給：職員の給与の一定割合を一定期間減額して支給する処分（給与が減額され、処分後の直近の昇給にも影響があることがある）

戒告：職員の規律違反の責任を確認するとともに将来を戒める処分（処分後の直近の昇給に影響があることがある）

なお、地方公務員法上の懲戒に当たらないと判断された場合でも、行為の態様によっては、「訓告」「厳重注意」等の指導的措置がとられることがある。

【正解5】

問題43 次の職員団体に関する記述のうち、誤っているものはどれか。

1　職員団体とは、職員がその勤務条件の維持改善を図ることを目的として組織する団体又はその連合体をいう。

2　職員は、職員団体を結成し、若しくは結成せず、又はこれに加入し、若しくは加入しないことができる。

3　管理職員等とそれ以外の職員とは、同一の職員団体を組織することはできない。

4　消防職員及び警察職員は、職員の勤務条件の維持改善を図ることを目的とし、かつ、地方公共団体の当局と交渉する団体を結成してはならない。

5　職員団体は、地方公共団体の事務の管理及び運営に関する事項についても交渉の対象とすることができる。

着眼点▶ 職員団体の交渉の対象となるものは、職員の給与、勤務時間その他の勤務条件に関し、及びこれに付帯して社交的又は厚生的活動を含む適法な活動に関するもので、地方公共団体の事務の管理及び運営に関する事項は、明文をもって交渉の対象とすることができないものとしている（地方公務員法第55条第3項）。

解説 国民には、憲法で保障された労働基本権のうち、労働者の労働条件等の改善のため団結権が保障されている。例えば、地方公務員には地方公務員法で、国家公務員には国家公務員法で職員団体を、私企業の従業員には、労働組合法で労働組合をそれぞれ組織することができる。しかし、消防職員及び警察職員については、その勤務の特殊性から団体を結成してはならない（地方公務員法第52条第5項）こととなっている。

【正解5】

102　　　　　　　　地方自治法・地方公務員法

問題44　次の地方公務員の労働基本権に関する記述の中で、誤っているものはどれか。

1　一般職員は、職員団体を結成することができるが、職員団体への加入はオープン・ショップ制である。

2　公営企業職員は、労働組合を結成することができる。

3　消防職員及び警察職員は、団結権、交渉権及び争議権のいわゆる労働三権が認められていない。

4　技能労務職員には、労働組合法が適用されることから、当該職員の団結権侵害に対しては、不当労働行為制度によって保護される。

5　地方公務員法では、職員団体に職員の給与、勤務条件等について交渉する権利と団体協約を締結する権利を認めている。

着眼点▶　地方公務員法第55条第2項により「職員団体と地方公共団体の当局との交渉は、団体協約を締結する権利を含まないものとする。」とされている。
　　　　職員団体に団体協約締結権を付与しないのは、公務員は全体の奉仕者であること、給与は税金により賄われていることなど、民間と勤務条件が大きく異なるからである。

解説　憲法では、勤労者の団結する権利及び団体交渉その他団体行動する権利はこれを保障するとして、労働基本権を認めている。しかし、公務員が全体の奉仕者として勤務するため、一般民間の勤労者と比較すると労働基本権が著しく制限されている。これを表にすると次のとおりである。

地方公務員の労働基本権

区　　分	団結権	団体交渉権	争議権	
一般行政職員教育職員	○	△	×	・職員団体制度（交渉は可能。団体協約締結権は有しない） ・管理職員とそれ以外の職員が同一団体に参加することは禁止 ・人事委員会の給与勧告により給与改定
公営企業職員技能労務職員	○	○	×	・労働組合制度（技能労務職員は職員団体を結成することも可能） ・地方公営企業等労働関係法適用 ・地方公営企業法第38条・第39条適用（技能労務職員は準用） ・地方公務員法一部適用除外

特定地方独立行政法人の職員	○	○	×	・労働組合制度（公営企業職員と基本的に同じ） ・給与は地方独立行政法人法第51条適用
警察職員 消防職員	×	×	×	・団結権、団体交渉権、争議権は認められていない（地方公務員法第52条第5項）

△：一部制限

【正解5】

問題45 人事委員会の権限に関する次の記述のうち、誤っているものはどれか。

1 規則の制定

2 勤務条件に関する措置要求の審査

3 不利益処分の不服申立の裁決又は決定

4 職員の競争試験及び選考の実施

5 職員の任命

着眼点▶ 職員の職に欠員を生じた場合は、「任命権者は、採用、昇任、降任又は転任のいずれかの方法により職員を任命することができる」（地方公務員法第17条第1項）とされているので、職員の任命は、任命権者の権限である。

解説 人事委員会の主な職能は、成績制の実現確保と職員の権利保護、救済にあるが、その目的を果たすために次のような主な権限を有する。

 1 準立法的権限
  ・人事委員会規則の制定
 2 準司法的権限
  ・勤務条件に関する措置要求の審査、判定及び必要な措置
  ・不利益処分の不服申立の裁決、決定
 3 行政的権限
  ・人事行政の運営に関する任命権者に対する勧告
  ・人事行政に関する調査、研究
  ・職員の競争試験及び選考
  ・給料表に関しての議会及び長に対する報告又は勧告

 人事委員会は、都道府県又は指定都市においては必置機関であるが、人口15万人以上の都市及び特別区においては任意設置とされている。なお、人事委員会を置かない区市町村には、公平委員会（強制的権限は有しない）を置くものとされている。

【正解5】

問題46 地方公務員法に定める分限処分の記述として、妥当なものはどれか。

104 　　　　　　　地方自治法・地方公務員法

1　任命権者は、職員が心身の故障のため長期の休養を要する場合、本人の同意を得なければ、休職させることはできない。

2　任命権者は、職員の勤務実績が良くない場合は、その意に反して降任又は減給することができる。

3　任命権者は、職制の廃止、定数減、予算の減少により過員が生じたとしても、職員を降任することはできない。

4　任命権者は、職員が刑事事件に関して起訴された場合、休職させることができるが、休職処分期間中は懲戒免職にすることはできない。

5　任命権者は、職員が心身の故障のため職務の遂行に堪えない場合には、その意に反して免職できる。

| 着眼点 ▶ | 任命権者は、職員が「心身の故障のため、職務の遂行に支障があり、又はこれに堪えない場合」（地方公務員法第28条第1項第2号）は、その意に反して、降任又は免職することができる。 |

解説　選択肢1は誤り。本人の同意がなくても、意に反して休職させることができる。選択肢2は誤り。降任はできるが、減給はできない（減給は懲戒処分）。選択肢3は誤り。職員の意に反して降任することができる。選択肢4は誤り。起訴された職員を懲戒処分にするかどうかは任命権者の裁量行為であり、休職処分中でも懲戒免職にすることができる。

　分限処分とは、職員が一定の事由により、その職責を十分に果たせない場合に、職員の意に反して行われる身分上の不利益処分である。公務能率の維持、公務の適切な運営確保が目的である。降任、免職、休職、降給の4種類があり、事由等は次表のとおりである。

分限処分（地方公務員法第28条第1項及び第2項）

分限処分の種類	事　　　　由
降　任 又は 免　職	・勤務実績が良くない場合 ・心身の故障のため、職務の遂行に支障があり、又はこれに堪えない場合 ・その職に必要な適格性を欠く場合 ・職制若しくは定数の改廃又は予算の減少により廃職又は過員を生じた場合
休　職	・心身の故障のため、長期の休養を要する場合 ・刑事事件に関し起訴された場合
降　給	・条例で定める場合

【正解5】

問題47　人事委員会及び公平委員会に関する記述で誤っているものはどれか。

地方自治法・地方公務員法　　105

1　人事委員会又は公平委員会は、法律又は条例に基づきその権限に属する事項について規則を制定することができる。

2　人事委員会又は公平委員会は、必要があるときは証人を喚問することができる。

3　人事委員会は、人事行政の運営に関し、任命権者に勧告することができる。

4　人事委員会及び公平委員会の委員は、いずれも常勤でなければならない。

5　人事委員会又は公平委員会は、3人の委員をもって組織する。

着眼点 ▶　人事委員会の委員は常勤又は非常勤とし、公平委員会の委員は非常勤とする（地方公務員法第9条の2第11項）こととなっている。

解説　人事委員会も公平委員会も、中立的かつ専門的な人事機関として任命権者の任命権行使をチェックする機能を有している。人事委員会が都道府県、指定都市など大規模な地方公共団体に設置されるのに対して、公平委員会は原則として小さい地方公共団体に設置されるため、権限が限定されている。公平委員会の主な権限は、次のとおりである（人事委員会の権限は問題45の解説を参照）。
1　職員の給与、勤務時間その他の勤務条件に関する措置の要求に対して審査及び判定を行い、必要な措置をとること。
2　職員に対する不利益な処分についての不服申立てに対する裁定又は決定をすること。
3　職員からの苦情の処理に関すること。
4　条例に定めがある場合は、職員の競争試験及び選考を実施すること。
5　その他、法律に基づき公平委員会の権限とされている事務（職員団体の登録等）を行うこと。

【正解4】

問題48　次は、地方公務員の共済制度についての記述であるが、誤っているものはどれか。

1　共済制度の短期給付は民間の健康保険に、また、長期給付は民間の厚生年金保険に相当するものである。

2　短期給付には、療養の給付などの保健給付、休業手当金などの休業給付、弔慰金などの災害給付がある。

3　長期給付には、退職共済年金、障害共済年金、障害一時金及び遺族共済年金がある。

4　給付に係る費用は、原則として組合員の掛金とその運用益で賄われている。

5　共済組合は、福祉事業として、組合員の保健・保養や財産管理・運用などに資する事業も行っている。

地方自治法・地方公務員法

着眼点▶ 給付に係る費用は、原則として組合員（常勤職員）の掛金と地方公共団体の負担金とで折半することとされている。

解説 共済制度は、職員の病気、負傷、出産、休業、災害、退職、障害若しくは死亡又はその被扶養者の病気、負傷、出産、死亡若しくは災害に関して適切な給付を行うための相互救済を目的とするものである（地方公務員法第43条）。

【正解4】

問題49 次は、地方公務員法に規定する懲戒処分に関する記述であるが、正しいものはどれか。

1 ある職員が「ちかん行為」により起訴されたため、任命権者は「全体の奉仕者たるにふさわしくない非行があった」と判断して懲戒処分を行ったが、その後の裁判で無罪が確定した。この場合、本人に下された懲戒処分は、即座に分限処分に変更されなければならない。

2 ある職員が「窃盗行為」により逮捕・勾留されたが、最終的には「起訴猶予」処分となった場合でも、任命権者は本人に対して懲戒処分を行うことができる。

3 ある職員が暴力事件を起こして逮捕・勾留された。弁護士を通じ本人とも相談の上、懲戒処分として諭旨免職とした。

4 ある職員が「収賄行為」により起訴された。任命権者は、懲戒処分を行おうとしたが、「未だ裁判が係属中である場合には処分ができない」と判断し、判決が確定するまで処分を留保した。

5 ある職員に非違行為があることが発覚した。しかし、当該行為が行われたのが6年前であったため、任命権者は「条文の規定上、行為から5年を超える場合には処分を行うことはできない」と解釈し、処分を行わないこととした。

着眼点▶ 懲戒処分は職員の道義的責任を問う性質のものである以上、刑事処分の内容とその結果が必ずしも一致する必要はない。

解説 選択肢1は誤り。懲戒処分権の行使は任命権者の裁量の範囲内であって、仮に懲戒処分の基礎となる事実が後に真実と異なることが判明した場合でも、直ちに分限処分に内容を変更させる性質のものではない。選択肢3は誤り。諭旨免職とは、一般に重大な非違行為を行った職員を諭し、当該職員に辞職の申出を求め、これを承認するというものであるから、懲戒処分ではない。選択肢4は誤り。懲戒処分は、刑事事件の裁判が係属中の場合であっても行うことができる（行実昭28. 8. 21）。選択肢5は誤り。懲戒処分に期限の定めはないので、このような場合でも処分を行うことはできる。

【正解2】

地方自治法・地方公務員法　　　　　107

問題50　条件付採用に関する記述で誤っているものはどれか。

1　一般職の職員の採用は、条件付のものとされている。

2　競争試験によって採用された職員には条件付採用としないことができる。

3　条件付採用期間は、一部の職員についての例外を除いて、原則として6か月である。

4　条件付採用期間中、その職務を良好な成績で遂行したときに初めて正式採用とする。

5　条件付採用期間を1年に至るまで延長することができる。

着眼点▶　条件付採用制度は、勤務の実証に基づいて採用された職員を実際に勤務させ、その勤務実績を考慮して正式採用とするものであり、選考又は競争試験によるかという採用方法の違いによって取り扱いが異なるものではない。

解説　職員の採用は、全て条件付のものとし、その職員がその職において6か月（会計年度任用職員については1か月）を勤務し、その間その職務を良好な成績で遂行したときに正式採用になるものとしている。なお、この場合人事委員会等は、人事委員会規則等で、条件付採用の期間を1年に至るまで延長することができる（地方公務員法第22条、第22条の2第7項）。

【正解2】

問題51　任用の方法に関する記述で、次のうち誤っているものはどれか。

1　職員の職に欠員を生じた場合においては、任命権者は、採用、昇任、降任又は転任のいずれかの方法によることができる。

2　人事委員会を置く地方公共団体においては、職員の採用は、競争試験によるが、人事委員会規則で定める場合には、選考によることができる。

3　人事委員会を置かない地方公共団体においては、職員の採用は、原則として選考によるものとする。

4　人事委員会を置かない地方公共団体においては、選考は原則として任命権者が行う。

5　人事委員会は、他の地方公共団体の機関との協定によりこれと共同して、又は国若しくは他の地方公共団体の機関との協定によりこれらの機関に委託して、採用のための競争試験又は選考を行うことができる。

着眼点▶　人事委員会を置かない地方公共団体においては、職員の採用は、競争試験又は選考によるものとして、地方公務員法第17条の2第2項に規定されている。

108 地方自治法・地方公務員法

> **解説** 職員の任用方法については、同法第17条以下に規定されている。
> 　競争試験又は選考を行うのは、人事委員会を置く地方公共団体においては、原則として人事委員会、人事委員会を置かない地方公共団体においては、任命権者である。

【正解3】

問題52 地方公務員の概念に関する記述であるが、次の中から妥当なものを選べ。

1　地方公務員とは、普通地方公共団体に勤務する全ての職員をいう。

2　地方公務員とは、地方公共団体に対して労働を提供し、その反対給付として地方公共団体から給与を受ける関係にある者の全てをいう。

3　地方公務員とは、普通地方公共団体に勤務する職員のうち、非常勤の職員以外の職員をいう。

4　地方公務員とは、地方公共団体に勤務する職員のうち、長、議員等の公選で選出された者を除く全ての職員をいう。

5　地方公務員とは、地方公共団体に勤務する職員のうち、肉体労働をする単純労務職員を除いた全ての職員をいう。

> **着眼点▶** 地方公務員とは、地方公共団体に対して労働の提供を行い、その反対給付として、当該団体から給与を受ける関係にある者の全てをいう。

> **解説** 地方公務員法第2条は、地方公共団体の全ての公務員を地方公務員としている。ここにいう地方公共団体とは、地方自治法第1条の3に規定する地方公共団体のことをいい、普通地方公共団体及び特別地方公共団体の全てを含むものである。また、全ての公務員とは、前記の意味の地方公共団体に勤務する全ての者をいう。したがって、勤務の態様（常勤か非常勤）とか、その地位が公選に基づくものか、任命に基づくものであるかを区別するものではない。

【正解2】

問題53 次は、近代的公務員制度の原則を記したものであるが、この中から妥当でないものを選べ。

1　公務の公開、平等の原則

2　成績主義

3　公務の政治的中立

4　職階制による開放型任用制

5　人事行政機関独立

> **着眼点▶** 公務員制度の類型としては、閉鎖型任用制と開放型任用制に分けることができる。前者は新卒採用、年功序列、終身雇用を基本とするのに対し、後者は空きポストが生じた場合には公募によるなど年功序列や終身雇用を前提としない。国家公務

地方自治法・地方公務員法　　109

員制度では、英独仏や日本の場合は前者、アメリカの場合は後者とされている。
　職階制については、昭和25年に「国家公務員の職階制に関する法律」（職階法）
が制定されたが、既に廃止されている。給与法が職階制の職種・職級に代わるもの
として人事管理上ある程度の機能を果たしているのが実情である。理由は、職階制
が日本の人事慣行になじまなかったためである。

> **解説**　近代的公務員制度は、民主的公務員制度と科学的公務員制度を本質として、次の原
> 　則を挙げている。
> 　　1　公務の公開、平等の原則
> 　　2　成績主義の原則
> 　　3　公務員の政治的中立の原則
> 　　4　身分保障の原則
> 　　5　人事行政機関独立の原則
> 　　6　科学的、能率的人事管理の原則

【正解4】

問題54　次は、公務員の分限処分と懲戒処分の例であるが、例と処分名の組合せ
　　で誤っているものはどれか。

1　某市役所の職員は、外来者を大声で誹謗するなどし、上司からたびたび注意を
　受けていたが勤務態度を改めず、その職に必要な適格性を欠くとして免職となっ
　た。──分限処分

2　某消防局の主査は、届出と異なる経路による通勤を行い、通勤手当を不適正に
　受給したため10日間の停職となった。──懲戒処分

3　某町役場の職員は、自家用車で有料道路を走行中、制限速度を40km／hオー
　バーして検挙されたため戒告となった。──懲戒処分

4　某市役所の係長は、1か月の間に無断欠勤、遅刻・早退等を何回も繰り返した
　ため降任とされた。──分限処分

5　某県の経理係長は、収賄事件に絡んで逮捕され、起訴されたため休職とされ
　た。──懲戒処分

着眼点▶　刑事事件に関連して起訴された場合、裁判所による勾留、召喚が行われるなど職
　　務の遂行に支障が生じ、また、起訴の段階では犯罪人ではないが、事件の被疑者で
　　ある者を引き続き職務に従事させることは住民の信頼を損ねかねないため休職にす
　　ることができる。この場合の処分は分限処分である。

> **解説**　一般に刑事休職といわれている。

【正解5】

問題55 地方公務員たる職員の地位や給与に関し、その意に反して著しく不利益な処分が行われた場合は、次のいずれの機関に審査請求すべきか。

1 知事又は市町村長
2 監査委員
3 人事委員会又は公平委員会
4 人事院
5 職員組合

着眼点▶ 職員は、懲戒その他、意に反すると認める不利益な処分が行われたと思う場合は、人事委員会又は公平委員会に対して行政不服審査法による審査請求をすることができる（地方公務員法第49条の２）。

解説 分限処分及び懲戒処分等により、職員は不利益処分を受けることがあるが、地方公務員法には、職員自身の身分を保障し、実効性のあるものとするため、救済手段として不利益処分に対する審査請求の制度が設けられている。これは、職員が安んじて職務に精励することを期待したもので、公務能率の増進を意図したものである。
　ちなみに、不利益処分に対する審査請求の流れを図示すると、次のようになる。

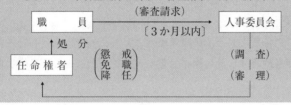

【正解３】

問題56 次は、公務災害補償に関する記述であるが、正しいものはどれか。

1 消防吏員Ａは、ある消防現場で悲惨な光景を目撃し、精神的なショックを受けた。こうした場合の心理的なストレスだけでも、補償の対象となる。
2 消防吏員Ｂは、ある消防活動現場で自己所有の腕時計を資機材搬送中に壁にぶつけて壊してしまった。この場合、Ｂの受けた物的損害は補償される。
3 消防吏員Ｃは、ある火災現場で残火処理のため、出火場所直上の屋根に登ったところ、踏み抜き、床に転落してしまった。この場合、踏み抜きについてＣに過失が認められる場合には、補償の対象とはならない。
4 消防吏員Ｄは、ある救急活動現場で傷病者を救急車内に収容した際、「おれの仲間を勝手に連れて行くな！」といって興奮した傷病者の友人に顔面を殴打され受傷した。この場合、第三者による加害行為であっても補償の対象となる。
5 出火した建物Ａ社に勤務しているＦさんは、消防隊に協力して消火活動をして

地方自治法・地方公務員法　　　　111

いたが、負傷してしまった。Ｆさんの損害は、補償の対象となる。

着眼点▶　第三者による加害行為であっても、業務遂行中に発生したものであれば補償の対象となる。

> **解説**　選択肢１は誤り。心理的なストレスを受けただけでは補償の対象とはならないが、その結果ＰＴＳＤ（心的外傷後ストレス）などを発症し、公務との因果関係が認められる場合は、補償の対象となり得る。選択肢２は誤り。公務災害補償では、物的損害は補償されない。選択肢３は誤り。被災者に重大な過失がない限り、補償の対象となる。選択肢５は誤り。出火した建物に住んでいる者や働いている者などの応急消火義務者は、補償の対象とならない（消防法第25条第１項、同規則第46条）。

【正解４】

問題57　地方公務員法の定める勤務条件に関して、誤っているものはどれか。

1　給与、勤務時間は勤務条件である。

2　労働に関する安全衛生や災害補償は勤務条件には該当しない。

3　勤務条件は条例で定められる。

4　人事委員会は勤務条件について議会と長に勧告できる。

5　勤務条件は、社会一般の情勢に適応しなければならない。

着眼点▶　給与や勤務時間以外にも、休日、休暇、昇任、懲戒の基準や選択肢２などが勤務条件に該当する（地方公務員法第24条）。

> **解説**　職員の勤務条件が条例で定められるため硬直的になりかねないことと、地方公務員は労働基本権が制約されているために団体協約を締結できないことなどから、情勢適応の原則が定められている。
> 　選択肢４は同法第８条第１項第５号、選択肢５は同法第14条第１項を参照。

【正解２】

問題58　地方公務員法が定める給与について、誤っているものはどれか。

1　給与は、その職務と責任に応ずるものでなければならない。

2　給与は、生計費や国の職員の給与などの事情を考慮して定められなければならない。

3　給与は、条例で定める。

4　原則として給与は、通貨で、直接職員に、その全額を支払わなければならない。

5　職員が他の職を兼ねる場合には、兼務する職についての給与が支給されなければならない。

着眼点▶　同一の勤務時間について二重に給与を支給されることになるので、兼務する職に

112 　　　　地方自治法・地方公務員法

ついて給与を受けてはならない（地方公務員法第24条第3項）。

> **解説** 選択肢1から3までは同法第24条、選択肢4は同法第25条第2項を参照。
> 　なお、地方公務員には、労働基準法の賃金の規定が適用される（労働基準法第33条第3項・第37条）。これにより、時間外勤務や深夜勤務には所定の手当が支給されなければならない。

【正解5】

問題59 地方公務員法上の分限と懲戒について、誤っているものはどれか。

1 　分限の目的は、公務における規律の維持である。

2 　懲戒の効果は、職務上の義務違反に対する制裁である。

3 　懲戒の目的の一つは、公務における秩序の維持である。

4 　分限も懲戒も、職員の意に反する不利益処分である。

5 　分限の効果は、職務不振者等の排除手段である。

> **着眼点 ▶** 分限の目的は、公務能率の維持及び適正な運営の確保である（地方公務員法第27条）。

> **解説** 分限と懲戒は不利益処分であるが、規定されている事由以外で意に反する処分がなされることはないという職員の身分保障規定であり、身分保障の限界規定でもある。

【正解1】

問題60 地方公務員の定年退職について、誤っているものはどれか。

1 　定年退職日は条例で定められる。

2 　定年に達した日以後における最初の12月31日までの間に退職する。

3 　定年退職の特例を条例で定めることができる。

4 　職務の特殊性などを要件に勤務延長が可能である。

5 　非常勤職員には定年退職の適用はない。

> **着眼点 ▶** 定年退職では、定年に達した日以後における最初の3月31日までの間で条例の定める日に退職する（地方公務員法第28条の6第1項）。

> **解説** 定年に達した日は、国の職員に定められている定年を基準として条例で定めると規定されている。なお、地方公務員の定年の年齢は、かつては原則として60歳であったが、国家公務員の定年を基準として、令和5年度から隔年で1歳ずつ定年が延長され、令和14年度には定年が65歳となる。

【正解2】

問題61 地方公務員法により政治的行為の制限として禁止される行為のうち、その公務員の属する地方公共団体の区域以外であれば許されるものはどれか。

1 政党の結成への関与

2 公の選挙で投票するよう、あるいはしないよう求める勧誘運動

3 政党の役員就任

4 地方公共団体の庁舎に文書を掲示させる行為

5 政党の構成員になるよう求める勧誘運動

着眼点▶ 署名運動への積極的な関与や寄付金募集への関与も、その公務員の属する地方公共団体の区域以外であれば許される（地方公務員法第36条第2項）。

解説 公職選挙法により、職員は公職の候補者となることが禁止されており、候補者として届出をしたときには、職を辞したものとみなされる（公職選挙法第89条・第90条）。また、一般職か特別職かを問わず、地位を利用して選挙運動をすることはできない（同法第136条の2）。

【正解2】

問題62 人事委員会と公平委員会の設置の組み合わせとして、誤っているものはどれか。

1 都道府県　人事委員会

2 町村　公平委員会

3 指定都市　人事委員会か公平委員会

4 特別区　人事委員会か公平委員会

5 地方公共団体の組合　公平委員会

着眼点▶ いわゆる政令指定都市は、人事委員会を設置しなければならない（地方公務員法第7条第1項）。

解説 人口15万人未満の市、町、村及び地方公共団体の組合は、公平委員会を設置しなければならない。ただし、議会の議決により、他の地方公共団体と共同して公平委員会を設置し、又は他の地方公共団体の人事委員会に公平委員会の事務を委託できる。

【正解3】

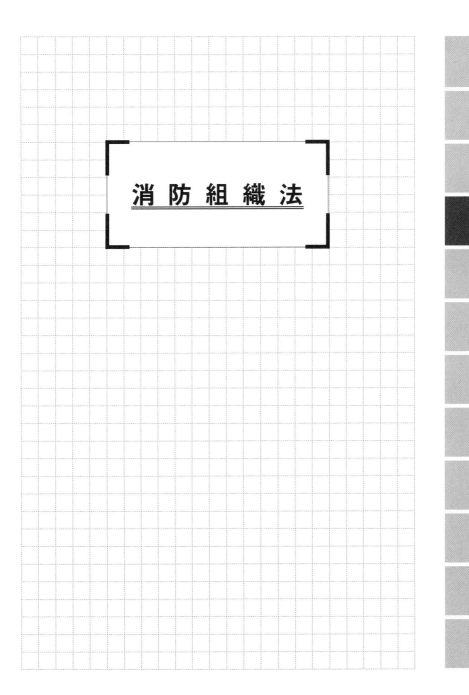

消防組織法

消防組織法

問題1 消防組織法上、消防責任を有しているのは、次のうちの誰か。

1 消防庁長官
2 道府県知事
3 市町村長
4 消防長
5 消防署長

着眼点▶ 消防組織法は、地方自治の本旨に基づき、市町村消防の原則を採用している。同法第6条に「市町村は、当該市町村の区域における消防を十分に果たすべき責任を有する。」と規定し、消防責任が市町村（市町村長）にあることを明確にしている。

なお、特別区の存する区域においては、特別区が連合してその区域内の消防責任を負い（同法第26条）、「特別区の消防は、都知事がこれを管理する。」（同法第27条第1項）としており、都知事が消防責任を負っている。

【正解3】

問題2 次の記述は、消防組織法に規定されているものであるが、明らかに誤っているものはどれか。

1 消防庁長官は、市町村の消防に対して運営管理又は行政管理に関する指示、命令を行うことができる。
2 市町村は、消防に関し相互に応援するよう努めなければならない。
3 都道府県は、原則として、消防職員及び消防団員のための教育訓練施設を設けなければならない。
4 都道府県知事は、非常事態の場合において、緊急の必要があるときは、市町村長等に対し、災害の防御の措置に関し、必要な指示をすることができる。
5 消防庁及び地方公共団体は、消防事務のために警察通信施設を使用することができる。

着眼点▶ 市町村の消防は、消防庁長官又は都道府県知事の運営管理又は行政管理に服することはない（消防組織法第36条）。

解説 住民の日常生活に関係の深い事務はできるだけ市町村が自主的に処理をするという地方自治の本旨に基づき、市町村の区域内の消防責任は当該市町村（同法第6条）に属し、管理責任者は市町村長（同法第7条）となった。ただし、東京都の特別区の区域は旧東京市が存していた地域であり、市街地として一体をなしていることに鑑み都知事が消防を管理することとなった（同法第26条～第28条）。

また、市町村の自主性を保障するため、消防庁長官又は都道府県知事は市町村の消防について、必要に応じて助言、勧告又は指導をするにとどまるのが原則である（同法第37条、第38条）。

【正解1】

消防組織法　　　　　117

問題3　次は、消防組織法第1条に用いられている用語についての説明であるが、誤っているものはどれか。

1　「消防は、その施設及び人員を活用して」とあるが、この施設・人員は公的消防機関に係るものを指し、会社その他の自衛消防組織に係るものは含まない。

2　「消防」とは、消防の組織及び作用の総称である。

3　「国民の生命、身体及び財産」の国民とは、日本国籍を有するものであるが、外国人や法人を排除するものではない。

4　「水火災又は地震等の災害を防除し、」とは、災害により国民の生命、身体及び財産に被害が発生した場合に、被害の拡大を防止し最小限にとどめることである。

5　「災害等による傷病者の搬送を適切に行う」とは、傷病者を傷病の種類や重症度・緊急度に応じて適切な医療機関に迅速に搬送することである。

着眼点▶　消防組織法第1条の「災害を防除し」とは、災害が現実に生じた際の対応ではなく、災害が発生する前に災害の原因を除去することである。

解説　同条は「防除し、」に続けて「及びこれらの災害による被害を軽減する」とし、災害が実際起きた場合の対応を別途規定している。

【正解4】

問題4　次は、市町村の消防責任に関する記述であるが、誤っているものはどれか。

1　空港で生じた航空機事故での消火、救助に関しては、空港の管理事務所が自衛消防としての立場から当たるが、空港を区域内に有する市町村も消防責任を免れず、互いに協力し合わねばならない。

2　領海にある船舶火災に関しては、全て海上保安庁に消防責任があり、市町村は海上保安庁の要請を受けた場合に消防応援を行っている。

3　鉱山内での火災については、鉱山保安法等の規定により経済産業省が対応するが、災害救助法が適用されるような大災害では、消防機関も消防活動を行うこととなる。

4　国際法上の特権を有する外交使節等の事務所、住宅については、ほかへの延焼防止など緊急の必要があるとき以外は、同意がない限り、消防職員は立入りできない。

5　合衆国軍隊の施設、区域は日本国の法令の適用が停止されているが、実際には、市町村の消防機関と当該施設管理者との間で消防に関する相互応援協定を結

118　　　　　　　　　　　　　消防組織法

び対応している。

着眼点▶　領海にある船舶火災については、市町村と海上保安庁（海上保安庁法第1条及び
　　　　第2条）の双方に消防責任があると解されている。

解説　市町村側の消防責任については、まず、消防組織法第6条により「当該市町村の区
　　域における消防を十分に果たすべき責任を有する。」とされるから、「市町村の区域」
　　とは、地方自治法第5条の規定の解釈により、地域内の河川、湖沼はもとよりその地
　　域に接続する領海、領空、地下にも及ぶとされている。

【正解2】

問題5　次は、消防力の整備指針の規定についての記述であるが、誤っているも
　　　　のはどれか。

1　消防団に、指揮活動を行うため、副団長、分団長、副分団長、部長及び班長を
　　配置することができるとされる。

2　消防本部及び消防団に、相互の連絡のため、必要な通信装置を設置するものと
　　されている。

3　市街地の署所に配置された消防ポンプ自動車に搭乗する消防隊の隊員の数は、
　　原則として、消防ポンプ自動車1台につき5人とされている。

4　人口30万を超える大市街地に設置する署所の数は、当該大市街地を人口30万
　　単位の地域に分割し、それぞれの地域の人口に基づいて定められた署所の数を合
　　算して得た数を基準として定められる。

5　消防本部又は署所に配置する救急自動車の数は、原則として当該市町村の面積
　　を基準として算定されるが、当該市町村の昼間人口、高齢化の状況、救急業務に
　　係る出動の状況等を勘案した数とされる。

着眼点▶　消防本部又は署所に配置される救急自動車の数は、面積でなく、人口を基準とし
　　　　て算定されている。「消防本部又は署所に配置する救急自動車の数は、人口10万以
　　　　下の市町村にあってはおおむね人口2万ごとに1台を基準とし、人口10万を超える
　　　　市町村にあっては5台に人口10万を超える人口についておおむね人口5万ごとに1
　　　　台を加算した台数を基準として、当該市町村の昼間人口、高齢化の状況、救急業務
　　　　に係る出動の状況等を勘案した数とする。」（消防力の整備指針第13条第1項）

解説　「昼間人口、高齢化の状況、救急業務に係る出動の状況等を勘案」するのは、昼間
　　人口と夜間人口の差が大きい都市部の救急需要や、救急出動のニーズが高い高齢者の
　　数などの救急需要などを的確に反映させることができるようにするためである。

【正解5】

問題6　消防組織法についての記述のうち、明らかに誤っているものを選べ。

消防組織法　　119

1　消防庁長官は、著しい地震災害その他の大規模な災害で、特別の必要があると認められるときは、緊急消防援助隊の出動のために必要な措置をとることを指示することができる。

2　都道府県は、市町村長の要請に応じ、航空機を用いて市町村の消防を支援することができる。

3　政令で定める市町村は、消防本部及び消防署を置かなければならない。

4　緊急消防援助隊の活動に要する費用のうち一定のものについては、国の財政措置を明確にしている。

5　都道府県知事及び市町村長は、航空機を用いた市町村消防の支援に関して協定することができる。

着眼点▶　政令で定める市町村に対する、消防本部常備消防の設置義務制度（政令指定）は廃止された。

解説　選択肢1は消防組織法第44条第5項、選択肢2は同法第30条第1項、選択肢4は同法第49条第1項、選択肢5は同法第30条第2項で規定されている。

【正解3】

問題7　消防庁がつかさどる事務等に関する記述で、次のうち誤っているものはどれか。

1　救急業務の基準に関する事項

2　人命の救助に係る活動の基準に関する事項

3　水災等に係る活動の基準に関する事項

4　危険物取扱者及び消防設備士に関する事項

5　消防に必要な人員及び施設の基準に関する事項

着眼点▶　水災等の活動基準は、定められていない（消防組織法第4条第2項）。

解説　同条には、消防庁の任務及び所掌事務について明記されている。

【正解3】

問題8　次の消防審議会についての記述のうち、誤っているものはどれか。

1　消防審議会は、総務大臣の諮問機関である。

2　消防審議会の事務は、諮問に応じて、消防に関する重要事項を調査審議し、意見を述べることである。

3　消防審議会は、所掌事務を遂行するため必要と認めるときは、関係行政機関の長に対し、資料の提出等の協力を求めることができる。

120 　消防組織法

4　消防審議会の議事は、委員で会議に出席したものの過半数で決し、可否同数の
　ときは会長の決するところによる。

5　消防審議会の委員は、学識経験のある者のうちから任命され、非常勤である。

着眼点▶　消防審議会は、その所掌事務として消防庁長官の諮問に応じ、消防に関する重要
事項について調査審議するほか、諮問に関連する事項について消防庁長官に対し、
意見を述べることができる。なお、審議会の所掌事務、組織等に関し必要な事項
は、消防審議会令（政令）に定められている。

解説　消防審議会は、消防大学校等と同様、消防庁の附属機関の一つであるが（総務省組
織令第151条）、合議制による諮問機関である。

【正解1】

問題9　消防組織法にある消防庁長官の権限で、明らかにこれに該当しないもの
はどれか。

1　都道府県に対する助言

2　都道府県に対する指導

3　市町村に対する助言

4　市町村に対する勧告

5　消防長に対する指導

着眼点▶　消防長に対する指導はもちろん、助言及び勧告を行う権限も規定されていない。

解説　消防庁長官は、消防行政の水準の向上と地方公共団体間の統一制の確保等を通じ
て、消防の充実、強化を図るため都道府県又は市町村の消防事務について助言、勧告
及び指導を行う権限を有している（消防組織法第37条）。

【正解5】

問題10　次のうち、消防組織法上、消防庁の所掌事務とされていないものはどれ
か。

1　国際緊急援助隊の派遣に関する法律に基づく国際緊急援助活動に関する事項

2　災害対策基本法に基づく地方公共団体の事務に関する国と地方公共団体及び地
　方公共団体相互間の連絡に関する事項

3　大規模地震対策特別措置法に基づく地震防災対策に関する事項

4　武力攻撃事態等における国民の保護のための措置に関する法律に基づく住民の
　避難、安否情報、武力攻撃災害が発生した場合等の消防に関する指示等に関する
　事項

5　石油コンビナート等災害防止法に規定する石油コンビナート等特別防災区域に
　係る災害の発生及び拡大の防止並びに災害の復旧に関する事項

消防組織法　　　121

着眼点▶　選択肢3は、内閣府の所掌事務（内閣府設置法第4条第3項第14号）である。

解説　消防庁は、消防に関する制度の企画及び立案、消防に関し広域的に対応する必要のある事務その他の消防に関する事務を行うことにより、国民の生命、身体及び財産の保護を図ることを任務とする（消防組織法第4条第1項）。この任務を達成するための事務として、同条第2項に28の項目を規定している。

【正解3】

問題11　消防組織法で定める消防庁に関する記述のうち、誤りはどれか。

1　総務省の外局である。

2　消防庁の長は、消防庁長官である。

3　消防に関する表彰事務を所掌する。

4　火災予防の制度の企画と立案に関する事務を所掌する。

5　教育訓練機関を設置する権限は規定されていない。

着眼点▶　消防庁は、教育訓練機関を設置することができる（消防組織法第5条）。これが消防大学校である。

解説　消防庁の所掌事務は、同法第4条に規定されている。

【正解5】

問題12　消防庁の所掌事務に関して、次のうち誤りはどれか。

1　消防に関する市街地の等級化

2　火災の調査

3　消防情報

4　震災時の避難所運営基準

5　消防思想の普及宣伝

着眼点▶　消防庁の所掌事務には、避難所運営に関する事項は規定されていない（消防組織法第4条第2項）。

解説　武力攻撃事態等における国民の保護のための措置に関する法律に関する事項も、消防庁の所掌事務になっている。

【正解4】

問題13　次は、消防組織法に規定する消防職員に関する記述であるが、正しいものはどれか。

1　常勤、非常勤を問わず消防職員の定員は条例で定める。

2　消防職員に関する任用、給与、分限及び懲戒、服務等に関することは、消防組

122　　　　　　　　　　　　　消防組織法

織法の定めるところによる。

3　消防長以外の消防職員は、市町村長の承認を得て消防長が任命する。

4　消防長は消防庁長官が任命する。

5　消防長及び消防署長は、政令で定める資格を有する者でなければならない。

着眼点 ▶　消防長は市町村長が任命し、消防長以外の消防職員は、市町村長の承認を得て消防長が任命する（消防組織法第15条）ことになっている。
　　　　なお、特別区が連合して責任を有する区域の消防長（東京消防庁の消防総監）の任命権者は、同法第27条第2項により都知事とされている。

解説　消防職員の定員は、条例で定める（同法第11条第2項）。ただし、臨時又は非常勤の職については条例で定める必要はない。
　　　消防職員は一般職の地方公務員であるので、消防職員に関する任用、給与等の身分上の取扱いについては、消防組織法に定めるものを除き地方公務員法が包括的に適用される（同法第16条第1項）。
　　　消防長及び消防署長は、これらの職に必要な消防に関する知識及び経験を有する者の資格として市町村の条例で定める資格を有する者でなければならないとされている（同法第15条第2項）。

【正解3】

問題14　次のうち、消防組織法の規定に反しているものはどれか。

1　市町村の消防に要する費用の一部を国からの補助金で運営する。

2　消防団はあるが、消防本部、消防署を設置していない。

3　消防団が消防署長の命令で区域外へ応援出場した。

4　消防団長を消防長の推薦に基づき市町村長が任命した。

5　消防本部の組織を市町村の規則で定めた。

着眼点 ▶　消防団長は、消防団の推薦に基づき市町村長が任命することになっている（消防組織法第22条）。

解説　消防団長以外の消防団員は、市町村長の承認を得て消防団長が任命することになっている。

【正解4】

問題15　次の消防組織法に関する説明で、正しいものはどれか。

1　市町村の消防に要する費用は、国又は当該市町村が負担する。

2　消防本部の組織は市町村の規則で定める。

3　市町村の消防は、消防庁長官又は都道府県知事の運営管理又は行政管理に服さなければならない。

| | 消防組織法 | 123 |

4 消防団長及び消防団員は市町村長が任命する。

5 消防団の設置、名称及び区域は規則で定める。

着眼点▶ 消防本部の組織は市町村の規則で定め、消防署の組織は市町村長の承認を得て消防長が定める（消防組織法第10条第2項）こととされている。

解説 選択肢1は、市町村の消防に要する費用は、当該市町村がこれを負担しなければならない（同法第8条）と費用負担の原則がある。

選択肢3は、市町村の消防は、消防庁長官又は都道府県知事の運営管理又は行政管理に服することはない（同法第36条）として、市町村消防独立の原則を貫いている。

選択肢4は、消防団長は消防団の推薦に基づき市町村長が任命し、消防団長以外の団員は、市町村長の承認を得て消防団長が任命する（同法第22条）。

選択肢5は、消防団の設置、名称及び区域は条例で定める（同法第18条第1項）。

【正解2】

問題16 非常勤消防団員の退職報償金の支出根拠として正しいものは、次のうちどれか。

1 国家公務員法

2 地方公務員法

3 消防法

4 市町村条例

5 市町村規則

着眼点▶ 非常勤の消防団員が退職した場合は、市町村は、条例で定めるところによりその者に退職報償金を支給することになる。なお、死亡による退職の場合は、遺族に支給することになる（消防組織法第25条）。

解説 この制度は、非常勤の消防団員が消防業務に従事して退職した場合は、その労苦に報いるための退職報償金制度を定めたものであって、地方自治法第204条の2（法律又はこれに基づく条例によらない給与その他の給付の支給の禁止）との関連において、市町村の支給根拠及び支給責任を規定したものである。

【正解4】

問題17 次は、消防組織法に定める消防団に関する記述であるが、誤っているものを選べ。

1 消防団の設置、名称及び区域は、条例で定める。

2 消防団の組織は、市町村の規則で定める。

3 消防団員の定員は、市町村の規則で定める。

4 消防団長は、消防団の推薦に基づき、市町村長が任命する。

124 消防組織法

5 消防団員の階級は、消防庁の定める基準に従い、市町村の規則で定める。

着眼点 ▶ 消防組織法第19条第2項に、「消防団員の定員は、条例で定める。」と規定されている。

解説 消防団に関する規定で、市町村で定めるもの等は、次のとおり。
　1 条例で定めるもの　消防団の設置、名称、区域、定員
　2 市町村の規則で定めるもの　消防団の組織・消防団員の階級、訓練、礼式、服制（消防庁の定める基準に従う）
　3 消防団長の任命　消防団の推薦に基づき市町村長が任命

【正解3】

問題18 非常勤消防団員が公務災害により負傷等した場合、市町村が損害を補償する根拠法令として正しいものはどれか。

1 労働基準法

2 消防法

3 都道府県条例

4 市町村条例

5 市町村の規則

着眼点 ▶ 「消防団員で非常勤のものが公務により死亡し、負傷し、若しくは疾病にかかり、又は公務による負傷若しくは疾病により死亡し、若しくは障害の状態となつた場合においては、市町村は、政令で定める基準に従い条例で定めるところにより、その消防団員又はその者の遺族がこれらの原因によつて受ける損害を補償しなければならない。」（消防組織法第24条）と規定している。

解説 消防の職務は危険性が高く、職務上の災害が少なくない。このようなことから、消防団員が火災現場等の危険性の高いところでも十分活動できるよう本人又は遺族に対して相当な補償が受けられる制度を確立したものである。現在は、療養補償、休業補償、傷病補償年金、障害補償（年金、一時金）、介護補償、遺族補償（年金、一時金）、葬祭補償の7種類がある。

【正解4】

問題19 火災等の災害において、消防機関の職員が他の市町村に応援出動した場合は誰の指揮下で行動するかについて、次の中で正しいものはどれか。

1 応援側、被応援側を問わず階級の上位の者

2 応援を受けた市町村を管轄する都道府県知事

3 応援を受けた市町村の長

4 応援を受けた消防長

消防組織法　　125

5　応援を行った消防長又はその代行者

着眼点▶　消防機関の職員がその属する市町村以外の市町村の消防の応援のため出動した場合においては、当該職員は、応援を受けた市町村の長の指揮者の下で行動するものである（消防組織法第47条第1項）。

解説　応援を行う消防機関の職員は、応援を受ける消防機関の職員と同一指揮者の下で一体的に行動しなければ現場行動の実を挙げることはできないので、統括指揮者を応援を受けた市町村の長としているものである。もともと、応援を受ける側の市町村は、自己市町村の管内で発生した火災等の消防責任が存在していることからしても当然である。

【正解3】

問題20　消防本部及び消防署の設置、位置及び名称並びに消防署の管轄区域を規定している根拠法令は、次のうちどれか。

1　法律
2　政令
3　省令
4　条例
5　市町村の規則

着眼点▶　市町村は、当該市町村の区域における消防を十分に果たすべき責任を有する（消防組織法第6条）と規定されているが、消防本部や消防署の設置、位置及び名称等は、市町村の住民と極めて利害があるところから市町村の規則ではなく、住民の代表者による議会の議決によるものとしているのである。したがって、市町村の条例で規定するものである。

解説　市町村の規則の制定権者は市町村長である。

【正解4】

問題21　次のうち、消防組織法とは別の法律に定められている都道府県知事の権限はどれか。

1　一定の場合には、市町村長に対して応援出動等の措置を求めることができる。
2　非常事態における災害の防御の措置に関して市町村長等へ必要な指示ができる。
3　災害応急対策又は災害復旧のため必要があるときは、消防庁長官に対し、消防庁の職員の派遣を要請することができる。
4　消防に関する事項について市町村に対して勧告し、指導、助言ができる。
5　あらかじめ消防庁、市町村長等と非常事態の場合における災害の防御の措置に

126　　　　　　　　　　　　消防組織法

関して協定することができる。

着眼点 ▶　選択肢3の災害時における職員の派遣要請は、災害対策基本法第29条第1項に基づくものである。

解説　選択肢1は消防組織法第44条第3項に、選択肢2は同法第43条に、選択肢4は同法第38条に、選択肢5は同法第42条第2項に、それぞれ規定されている内容である。

【正解3】

問題22　次の消防職員委員会に関する記述のうち、誤っているものはどれか。

1　消防職員委員会は、委員長及び委員をもって組織する。

2　委員の任期は、1年である。

3　消防職員委員会の組織運営に関して必要な事項は、消防庁の定める基準に従い、市町村の規則で定める。

4　意見取りまとめ者の任期は、2年とし、2期まで再任可能である。

5　委員は再任できるが、いかなる場合においても、引き続き2期を超えては在任することはできない。

着眼点 ▶　小規模な消防本部等においては、委員である消防職員が担当している職務との関連において、委員会の適切な運営のために当該消防職員が委員として引き続き2期を超えて在任することが特に必要であると消防長が認める場合には、2期を超えて在任することができる（消防職員委員会の組織及び運営の基準第5条第3項）。

解説　消防職員委員会は、消防組織法第17条に根拠がある。

【正解5】

問題23　東京都の特別区の消防の管理者として正しいものはどれか。

1　総務大臣

2　消防庁長官

3　都知事

4　消防総監

5　それぞれの行政区の区長

着眼点 ▶　特別区の消防は、都知事が管理することとしている（消防組織法第27条第1項）。

解説　一般の市町村の消防は、市町村長が管理することとなっているが、特別区の区域における消防は特別区が連合して、その区域内の責任を有する（同法第26条）ものとし、さらに、特別区の区域をもって一の市とみなし、市町村の消防に関する規定を準用する（同法第28条）ものとしている。

消防組織法　　　127

> このように都知事は、消防組織法上では特別区の存する区域の長としての資格を有するとともに、他面（地方自治法上）では東京都全域の長としての資格を併せて有するといえる。

【正解3】

問題24　消防組織法で定める市町村の消防事務に関する記述で、次のうち誤っているものはどれか。

1　市町村の消防に要する費用は、当該市町村が負担しなければならない。市町村の消防に要する費用には、消防団の維持運営等に係る費用も含まれる。

2　市町村は、消防本部、消防署及び消防団の全部又は一部を設けなければならない。

3　消防本部の長は、消防長である。

4　消防組織法施行前は、国又は都道府県が消防事務の責任を有していたが、施行後は市町村の責任とされた。

5　消防団は、消防長及び消防署長の指揮下で行動するから、消防団と消防長又は消防署長との間には上下関係がある。

着眼点▶　消防団は、消防本部及び消防署から独立した機関であるので、消防長又は消防署長との間には上下関係は存在しない。実務上は、消防組織法第18条第3項により、消防本部を置く市町村においては、消防団は、消防長又は消防署長の所轄の下に行動することになる。あるいは、消防法第4条の2により消防長又は消防署長は、消防団員に立入検査させることができるとされていることから、あたかも、消防団が下位の機関であると誤解されやすいので注意を要する。

解説　選択肢1の前段は、消防組織法第8条による。また、市町村は、その消防事務を処理するため消防本部、消防署、消防団のうち全部又は一部を設けなければならない（同法第9条）とされ、消防団を設けた場合は当然その維持運営費用は市町村の負担となる。
　選択肢2は、同法第9条で規定している。
　選択肢3は、同法第12条で規定している。
　選択肢4は、消防組織法施行前は、消防は内務大臣の指揮監督の下に警察権の範囲に属し、消防団も警察部長又は警察署長の所轄の下に行動していた。しかし、昭和23年消防組織法の施行により、消防は警察から分離独立して、市町村消防が確立された。

【正解5】

問題25　次は、消防学校等の設置及び教育訓練の機会について述べたものであるが、誤っているものはどれか。

消防組織法

1 都道府県は、特別の事情のある場合を除くほか、単独で消防学校を設置しなければならない。

2 地方自治法で定める指定都市は、単独又は都道府県と協力して、消防学校を設置することができる。

3 地方自治法に定める指定都市以外の市町村は、消防職員及び消防団員の訓練を行うために訓練機関を設置することができる。

4 消防団員にも、その職務に応じ、消防庁に置かれる教育訓練機関又は消防学校の行う教育訓練を受ける機会が与えられなければならない。

5 消防学校の教育訓練については、消防庁が定める基準を確保するように努めなければならない。

| 着眼点 ▶ | 都道府県に設ける消防学校は、財政上の事情その他特別の事情のある場合を除くほか、単独に又は共同して消防職員及び消防団員の教育訓練を行うために消防学校を設置しなければならない（消防組織法第51条第1項）。

| 解説 | 同法では、消防職員及び消防団員の資質を高めるため消防学校を都道府県に対して設置を義務付けるとともに、市町村に対しては消防学校（訓練機関）を設置することができると規定している。

【正解1】

問題26 消防団員に係る任用、給与、分限及び懲戒、服務その他身分の取扱いに関しては、消防組織法のほか、非常勤の消防団員については、次のいずれに定められているか。

1 地方公務員法

2 消防法

3 人事院規則

4 市町村の条例

5 市町村の規則

| 着眼点 ▶ | 非常勤の消防団員は、消防の事務に従事するときのみ地方公務員の資格を有するもので、地方公務員法上、特別職とされ、同法の適用は受けない（同法第3条第3項第5号、第4条第2項）。消防組織法に規定する身分等の取扱いに関する事項を除いては、市町村の条例で定めるものとされている（消防組織法第23条第1項）。

| 解説 | 非常勤の消防団員は、一般職の公務員とは違い特別職の公務員として分類されている。
なお、消防組織法では、消防団長の指揮監督権、消防団員の職務、消防団長及び消防団員の任命等について規定されているので、これ以外のものは市町村の条例で規定しなければならない。

【正解4】

消防組織法　　　　　　　　　　　　129

問題27 消防団が行う業務として明らかに誤っているものは、次のうちどれか。

1　火災の警戒業務

2　火災の鎮圧業務

3　消防対象物の立入検査業務

4　危険物施設の立入検査業務

5　屋外の火災予防措置業務

着眼点▶ 危険物施設の立入検査業務（全ての危険物規制業務）は、消防本部及び消防署を併置する市町村の区域にあっては市町村長が、その他の市町村の区域にあっては都道府県知事が処理することとされており、消防団の業務とはされていない。

解説 消防団は主として火災の警戒及び鎮圧、その他の災害の防除及び被害の軽減の活動に従事する機関であるが、火災予防の権限が一部消防団員にも与えられている。

【正解4】

問題28 消防組織法上、消防長が市町村長の承認を得て定めなければならないのは、次のうちどれか。

1　消防署の組織

2　消防本部の組織

3　消防吏員の階級

4　消防本部の位置

5　消防署の管轄区域

着眼点▶ 消防署の組織は、市町村長の承認を得て消防長が定めることとなっている（消防組織法第10条第2項）。

解説 消防組織法上、条例、規則並びに市町村長等が定めなければならないものを整理してみると、次のようになる。

定めるべき根拠等＼内容	条　　例	規　　則	市町村長	消　防　長（市町村長の承認事項）	消防団長（市町村長の承認事項）
消 防 本 部	（10―1）設置　位置名称	（10―2）組織			
消 防 署	（10―1）設置　位置名称管轄区域			（10―2）組織	
消 防 団	（18―1）設置　名称区域	（18―2）組織			

消防職員	(11—2)定員			(15—1)消防職員の任命（消防長を除く。）	
消防吏員		(16—2)階級　訓練　礼式　服制			
消防団員	(19—2)定員 (24—1)公務災害補償(非常勤) (25)退職報償金の支給（非常勤） (23—1)任用　給与　分限　懲戒　服務（非常勤）	(23—2)階級　訓練　礼式　服制			
その他			(15—1)消防長の任命 (22)消防団長の任命（団の推薦）		(22)消防団員の任命

(注)　（　）内は消防組織法の根拠条文

【正解1】

問題29　消防団に関する記述で妥当でないものは、次のうちどれか。

1　消防団が他の市町村に出動した場合の費用負担は、原則として応援側の市町村が負担する。

2　消防団の設置、名称及び区域は、条例で定める。

3　消防団の組織は、市町村の規則で定める。

4　消防本部を置く市町村においては、消防団は、消防長又は消防署長の所轄の下に行動する。

5　消防本部を置く市町村においては、消防団は、消防長又は消防署長の命令があるときは、その区域外においても行動することができる。

着眼点▶　相互応援に要する経費負担については、法律上の規定はない。費用負担など必要事項は、消防組織法第39条第2項に基づいて相互応援協定に盛り込むべきである。

消防組織法　　　131

> **解説**　協定に定めのない事項又は疑義を生じた場合や、協定がない場合は、当事者間で協議して決める必要がある。

【正解1】

問題30　次のうち、消防組織法上の消防の任務として、必ずしも妥当しないものはどれか。

1　大地震が発生し、倒壊家屋に要救助者がいる場合
2　高速道路上で車両の衝突事故が発生し、内部に運転者が挟まれ脱出不能となっている場合
3　一級河川で船舶の衝突事故が発生し、船内に著しい浸水が及び救助する必要のある場合
4　長時間にわたる高層ビル火災で、逃げ遅れた者が屋内で救助を求めている場合
5　海で釣りをしていた者が台風の余波で行方不明になり、数日間にわたって発見できず死亡が確定的な場合

> **着眼点▶**　災害による死体（既に死亡していると推定される者を含む。）の捜索は、人道上の立場から消防機関が実施する場合があるが、既に死亡したものは被害の軽減余地がないものと解される。

> **解説**　公共的に行う必要があると認められる場合には、市町村が行うべき公共事務を市町村長の補助機関として行っているものと解すべきで、消防組織法上の消防の任務ではないと考えるのが妥当である。

【正解5】

問題31　非常勤消防団員に係る公務災害補償の種類で、誤っているものはどれか。
1　療養補償
2　休業補償
3　障害補償
4　死亡補償
5　葬祭補償

> **着眼点▶**　公務災害補償の種類は、次のとおりである。
> 　　1　療養補償——非常勤消防団員に対して、必要な療養を行い又は必要な療養の費用を支給する。
> 　　2　休業補償——非常勤消防団員が療養のため勤務等に従事することができない場合に、収入の得られない期間一定額を補償する。
> 　　3　傷病補償年金——非常勤消防団員が公務により負傷し、又は疾病にかかり、療養開始後1年6ヶ月を経過しても治らず、その傷病の程度が一定以上の場合は、

その状態が継続している間、その傷病の等級に応じた額が支給される。ただし、傷病年金補償の受給者には休業補償はなされない。

4 障害補償——非常勤消防団員の身体に障害が残った場合に、障害の程度によって年金又は一時金を支給する。

5 介護補償——非常勤消防団員が常時又は随時介護を受けている期間一定額を補償する。

6 遺族補償——非常勤消防団員が公務により死亡した場合に、その遺族に対して年金又は一時金を支給する。

7 葬祭補償——前記6の場合に葬祭を行う者に対して一定額を支給する。

> **解説** 非常勤消防団員が公務上の災害により死亡し、負傷し、若しくは疾病にかかり、又は公務による負傷若しくは疾病により死亡し、若しくは障害の状態となった場合においては、市町村は政令で定める基準に従い条例で定めるところにより、その消防団員又はその者の遺族がこれらの原因によって受ける損害を補償しなければならないと市町村の補償義務を規定している（消防組織法第24条）。
> この補償制度によって、消防団員が危険な場面に直面しても十分な消防活動ができるようにしたものであるといえる。

【正解4】

問題32 次は、消防組織法上、条例で定めるべきものを列挙したものであるが、この組合せで誤っているものはどれか。

1 消防団員の定員——消防団の設置

2 消防職員の定員——消防署の管轄区域

3 消防本部の設置——消防署の位置

4 消防署の設置——消防署の管轄区域

5 消防団の区域——消防団の組織

> **着眼点** ▶ 消防団の組織（消防組織法第18条第2項）は、消防本部の組織（同法第10条第2項）とともに市町村の規則で定めるものとされている。
> なお、消防署の組織は、市町村長の承認を得て消防長が定める（東京消防庁の場合は、東京都知事の承認事項である。）。

> **解説** 消防本部及び消防署の設置、位置、名称並びに消防署の管轄区域、さらには消防職員及び消防団員の定員等については、住民の利害に密接な関係があることから市町村の議会で議決される条例で定めることが要求されている。
> 一方、消防団の組織や消防本部の組織のような内部組織に関すること又は消防庁の定める基準（準則）にあるもの等は、市町村長限りの規則をもって定めることとされている。

【正解5】

消防組織法　　　133

問題33　次は、消防組織法上の「消防長」「消防署長」及び「消防職員」に関して述べたものであるが、誤っているものはどれか。

1　消防長は、消防本部の事務を統括し、消防職員及び消防団員を指揮監督する。

2　消防署長は、消防長の指揮監督を受け、消防署の事務を統括し、所属の消防職員を指揮監督する。

3　消防職員は、上司の指揮監督を受け、消防事務に従事する。

4　消防長は、市町村長が任命する。

5　消防長以外の消防職員は、市町村長の承認を得て消防長が任命する。

着眼点 ▶　消防本部と消防団との間に法律上の上下関係はないため、消防長が消防団長及び所属の団員を指揮監督することはない。消防本部を置く市町村においては、消防団は消防長又は消防署長の所轄の下に行動する（消防組織法第18条第3項）とされるが、この所轄とは管理又は監督とは異なるとされる。したがって、消防長又は消防署長が消防団員に立入検査等を実施させる場合は、当該消防団員に直接、指揮命令するのではなく、消防団長に立入検査等の大綱を指示し、消防団長を通じて行わせることとなる。

解説　「消防長」「消防署長」「消防職員」に関するポイントとして、それぞれ①どのような事務を担当するか、②誰の任命を受けるか、③誰を指揮監督するかについて整理しておく必要がある。
選択肢2は正しい。同法第13条第2項参照。
選択肢3は正しい。同法第14条参照。
選択肢4は正しい。同法第15条第1項参照。
選択肢5は正しい。同法第15条第1項参照。

【正解1】

問題34　次は、消防組織法における消防団に関する記述であるが、誤っているものはどれか。

1　消防団の名称及び区域は、市町村の規則で定める。

2　消防団の設置は、条例で定める。

3　消防団の組織は、市町村の規則で定める。

4　消防団員の定員は、条例で定める。

5　消防本部を置く市町村においては、消防団は、消防長又は消防署長の命令があるときは、その区域外においても行動することができる。

着眼点 ▶　消防団の名称及び区域は、条例で定める（消防組織法第18条第1項）。

134 消防組織法

> **解説** 同法第9条の規定を受けて、消防団に関する様々な規定が同法には置かれている。同項目に関するポイントとしては、「主に住民の利害と密接な関係がある項目（消防団の設置、名称、区域、定員）」については条例で定め、「内部的な項目（組織）」については市町村の規則で定めると規定されている点が挙げられる（これは、常設消防機関である消防本部及び消防署に関する規定（同法第10条等）と同趣旨である）。
> 　　選択肢2は正しい。同法第18条第1項参照。
> 　　選択肢3は正しい。同法第18条第2項参照。
> 　　選択肢4は正しい。同法第19条第2項参照。
> 　　選択肢5は正しい。設問の内容は、同法第18条第3項後半に規定されているが、これは「消防団の区域外行動を可能にする」ことを目的としている。

【正解1】

問題35　A市消防本部は、A市の組織改変に併せて以下の内容の組織整備を行う予定である。この状況において、誤っているものはどれか。

1　A市消防本部の総職員数の変更を行う場合には、A市の条例改正で対応する必要がある。

2　A市消防本部の名称を変更するには、A市の条例改正で対応する必要がある。

3　A市消防本部の組織改正を行うには、A市の規則改正で対応する必要がある。

4　A市消防本部内に属する消防署の管轄を変更するには、A市の規則改正で対応する必要がある。

5　A市消防本部管轄区域内に新たに消防署を新設する場合には、A市の条例改正で対応する必要がある。

着眼点▶　消防署の管轄区域は条例制定事項であるため、管轄変更は条例の改正が必要である（消防組織法第10条第1項）。

> **解説** 同法に規定する消防本部及び消防署に関する事項は、大別して「条例で定める事項」と「規則で定める事項」に分けられる。そこで、ポイントとしては、どの項目は、何で規定するかという観点から正確に把握することである。
> 　　選択肢1は正しい。消防職員の定数は、条例制定事項である（同法第11条第2項）。
> 　　選択肢2は正しい。消防本部の名称は、条例制定事項である（同法第10条第1項）。
> 　　選択肢3は正しい。消防本部の組織は、規則制定事項である（同法第10条第2項）。
> 　　選択肢5は正しい。消防署の設置は、条例制定事項である（同法第10条第1項）。

【正解4】

問題36　消防組織法上における記述について、次のうち誤っているものはどれか。

1　都道府県知事は、緊急消防援助隊の出動その他消防の応援等に関する情報通信システムの整備及び運営のため必要な事項を定める。

消防組織法　　　135

2　消防機関の職員がその属する市町村以外の市町村の消防の応援のために出動した場合は、応援を受けた市町村の長の指揮の下に行動する。

3　市町村の消防に要する費用に対する補助金に関しては、法律でこれを定める。

4　都道府県は、財政上の事情その他特別の事情のある場合を除くほか、単独に又は共同して、消防職員及び消防団員の教育訓練を行うために消防学校を設置しなければならない。

5　都道府県の航空消防隊が市町村の消防機関の支援のため出動した場合においては、当該航空隊は、支援を受けた市町村の消防機関との相互に密接な連携の下に行動するものとする。

着眼点▶　消防庁長官は、緊急消防援助隊の出動その他消防の応援等に関する情報通信システムの整備及び運用のため必要な事項を定める（消防組織法第46条）。

解説　選択肢2は正しい。消防機関の職員が応援のために出動した場合の指揮（同法第47条第1項）
選択肢3は正しい。国の負担及び補助（同法第49条第3項）
選択肢4は正しい。消防学校の設置（同法第51条第1項）
選択肢5は正しい。航空消防隊が支援のため出動した場合の連携（同法第48条）

【正解1】

問題37　消防組織法で定める消防本部等に関して、正しいものはどれか。

1　市町村は、消防本部、消防署、消防団の全てを設置しなければならない。

2　消防署の名称は、市町村規則で定める。

3　市町村長は議会の同意を得て消防長を任命する。

4　消防長以外の消防職員は、市町村長の承認を得て消防長が任命する。

5　消防吏員の服制は、消防庁の定める基準に従い市町村条例で定める。

着眼点▶　市町村長が消防長を任命し、それ以外の消防職員は市町村長の承認を得て消防長が任命する（消防組織法第15条第1項）。市町村長による消防長の任命に、議会の同意は不要である。

解説　市町村は、消防本部、消防署、消防団の全てを必ず設置しなければならないわけではない。ただし、消防本部を設置せずに消防署だけを設置することは、組織論上できない（同法第9条）。消防署の名称は条例で定める（同法第10条第1項）。消防吏員の服制は、市町村規則で定める（同法第16条第2項）。

【正解4】

問題38　都道府県の消防に関する所掌事務について、誤りはどれか。

1　消防団員の教育訓練に関する事項

136　消防組織法

2　市町村相互間の消防職員の人事交流のあっせんに関する事項

3　市町村の消防が行う人命の救助に係る活動の指導に関する事項

4　国際緊急援助活動に関する事項

5　市町村の行う救急業務の指導に関する事項

着眼点▶　国際緊急援助隊に関する事項は、消防庁の所掌事務である（消防組織法第4条第
　　　　2項）。

解説　都道府県の消防に関する所掌事務は、同法第29条に列挙されている。

【正解4】

問題39　地震、台風、水火災等非常事態の場合において、消防庁長官が災害発生
　　　　市町村の「消防応援等のため必要な措置」又は「消防機関の職員の応援出
　　　　動等の措置」を求めることができる行政庁は、次のうちどれか。

1　総務大臣

2　災害発生市町村の属する都道府県の知事

3　災害発生市町村の属する都道府県の警察本部長

4　災害発生市町村以外の市町村の長

5　災害発生市町村以外の市町村の消防長

着眼点▶　　消防庁長官は、まず消防組織法第44条第1項及び第2項に基づいて、当該災害発
　　　　生市町村の属する都道府県以外の都道府県の知事に対して、消防の応援等のため必
　　　　要な措置をとることを求めることができる。また、同条第4項に基づいて、人命の
　　　　救助等のために特に緊急を要し、かつ、広域的に消防機関の職員の応援出動等の措
　　　　置を的確かつ迅速にとる必要があると認められるときは、当該災害発生市町村以外
　　　　の市町村の長に対し、当該応援出動等の措置をとることを自ら求めることができ
　　　　る。

解説　この制度とは別に、緊急消防援助隊に対する都道府県知事の指示の規定などが整備
　　　　されている（同法第44条の3、第45条等）。

【正解4】

問題40　次は、消防組織法第39条に関する記述であるが、正しいものはどれか。

1　本条による相互の応援の努力義務は、都道府県に課される。

2　相互の応援の内容は、広く消防に関することであって、特定の項目に限定され
　ていない。

3　相互の応援により他の市町村へ出動する場合であっても、指揮系統は応援を行
　う消防本部の指揮に服する。

消防組織法　　137

4　相互の応援に要する費用は、応援を行う市町村が負担するとの法律上の規定が
　ある。
5　本条により応援協定を締結する主体は、協定に該当する市町村を管轄する都道
　府県知事である。

着眼点 ▶ 　相互応援の内容は、「消防に関する」という要件を満たせば十分で、特定の項目
　　　　　に限定されるわけではない。

解説　消防責任は市町村が負うが（消防組織法第6条）、大規模な災害や市町村の境界付
　近での災害は、一つの消防本部で対応することが非効率あるいは不可能である場合が
　ある。そこで、この点を補うために、同法第39条で「市町村間の相互の応援」につい
　て定めている。
　　選択肢1は誤り。本条の努力義務は市町村に課される。
　　選択肢3は誤り。他の市町村へ相互の応援により出動した場合には、応援を受ける
　市町村の長の指揮に服する。
　　選択肢4は誤り。相互の応援に関する経費については、法律上の規定はない。
　　選択肢5は誤り。応援協定を締結する主体は、市町村長である。

【正解2】

問題41　次は、消防組織法に定める緊急消防援助隊の記述であるが、この中から
　　　　誤っているものを選べ。

1　消防庁長官は、政令で定めるところにより、都道府県知事又は市町村長の申請
　に基づき、必要と認める人員及び施設を緊急消防援助隊として登録するものとす
　る。
2　都道府県知事は、消防庁長官の指示に基づき、その区域内の市町村の長に対
　し、緊急消防援助隊の出動の措置をとることを指示することができる。
3　総務大臣は、緊急消防援助隊の出動に関する措置を的確かつ迅速に行うため、
　緊急消防援助隊の編成及び施設の整備等に係る基本的な事項に関する計画を策定
　し、公表するものとする。これを変更したときも、同様とする。
4　消防庁長官は、緊急消防援助隊の編成及び施設の整備等に係る基本的な事項に
　関する計画に照らして必要があると認めるときは、都道府県知事又は市町村長に
　対し、必要と認める人員及び施設を緊急消防援助隊として登録することについて
　協力を求めることができる。
5　消防庁長官の求めを受けて出動した緊急消防援助隊の活動により増加し、又は
　新たに必要となる消防に要する費用のうち当該緊急消防援助隊の隊員の特殊勤務
　手当及び時間外勤務手当その他の政令で定める経費は、政令で定めるところによ

138 消防組織法

り、国が負担する。

着眼点▶ 選択肢5は、消防組織法第49条第1項に定められており、消防庁長官の「求め」ではなく、消防庁長官の「指示」である。

解説 選択肢1～4については、正しい。同法第45条第4項、第44条第6項、第45条第2項、第45条第5項に定められている。
阪神・淡路大震災を教訓に緊急消防援助隊は発足した（消防庁ＨＰ）。

【正解5】

問題42 消防組織法第44条の2に基づく消防応援活動調整本部が都道府県に設置された場合、当該調整本部の本部員となることができない者を次の中から選べ。

1 当該都道府県の区域内の災害発生市町村の長の指名する職員
2 当該都道府県の区域内の市町村の置く消防本部のうち都道府県知事が指定するものの長又はその指名する職員
3 当該都道府県の区域内の災害発生市町村に出動した緊急消防援助隊の隊員のうちから当該緊急消防援助隊の属する市町村の長の指名する職員
4 当該都道府県の知事がその部内の職員のうちから任命する者
5 当該都道府県の区域内の災害発生市町村に出動した緊急消防援助隊の隊員のうちから都道府県知事が任命する者

着眼点▶ 選択肢1は、消防組織法第44条の2第5項第3号、選択肢2は同項第2号、選択肢4は同項第1号、選択肢5は同項第4号に規定されている。

解説 消防応援活動調整本部の長は、都道府県知事である。

【正解3】

問題43 消防組織法第42条を根拠に、消防と警察の協力関係を具体的に消防法に規定しているが、次のうち誤っているものはどれか。

1 放火又は失火の疑いのある場合の犯罪捜査の協力
2 放火及び失火絶滅の共同目的のための消防吏員と警察官の協力
3 救急業務実施の際の救急隊員の警察官との連絡
4 消防長等の要求による警察署長の火災警戒区域の設定等
5 火災等の災害現場における人命救助協力

着眼点▶ 消防組織法第42条では、消防及び警察は国民の生命、身体及び財産の保護のために相互に協力しなければならないとし、更に、地震、台風、水火災等の非常事態の場合における災害の防御の措置に関しても、警察をはじめ関係機関とあらかじめ協

消防組織法　　　　139

定することができることとされている。その結果、消防と警察は消防法において、
選択肢のような協力関係を規定している。しかし、火災等の災害現場における人命
救助の協力は、明文をもって規定していない。

> **解説**　具体的な協力関係としては、消防吏員等の不在、又はこれらの者の要求があったと
> きの警察官の消防警戒区域の設定（消防法第28条第2項）、上席消防員の消防警戒区
> 域の設定時の警察官の協力義務（同条第3項）、また、水防法には消防機関に属する
> 者等の不在、又はこれらの者の要求があったときの警察官の水防警戒区域の設定等
> （水防法第21条第2項）がある。

【正解5】

問題44　次は、消防応援活動調整本部に関する記述であるが、妥当でないものは
どれか。

1　一の都道府県内で災害発生市町村が2以上ある場合に、緊急消防援助隊が消防
の応援等のため出動したときは、当該都道府県知事が必要と認めた場合、消防応
援活動調整本部を設置することができる。

2　消防応援活動調整本部は、災害発生市町村の消防の応援等のため当該都道府県
及び区域内の市町村が実施する措置の総合調整に関することをつかさどる。

3　消防応援活動調整本部は、当該都道府県及び区域内の市町村が実施する措置の
総合調整等の事務を円滑にするため、関係機関との連絡をつかさどる。関係機関
としては、自衛隊、警察、医療機関等が該当する。

4　消防応援活動調整本部の長は、都道府県知事をもって充てることとされる。

5　調整本部長は、必要があると認めるときは、国の職員その他の者を調整本部の
会議に出席させることができる。

> **着眼点▶**　一の都道府県の区域内において災害発生市町村が2以上ある場合において、緊急
> 消防援助隊が消防の応援等のため出動したときは、都道府県知事は、消防応援活動
> 調整本部を必然的に設置しなければならない。

> **解説**　消防応援活動調整本部は、消防組織法第44条の2に根拠がある。

【正解1】

問題45　都道府県は、消防組織法第33条に基づいて、消防の広域化の推進等に関
する計画を定めるよう努めなければならないが、その計画におおむね定め
るべきものとされている事項として、誤っているのは次のうちどれか。

1　市町村の消防の現況及び将来の見通し

2　広域化後の消防本部の位置及び名称

140 消防組織法

3　広域化対象市町村の組合せ

4　広域化後の消防の円滑な運営の確保に関する基本的な事項

5　市町村の防災に係る関係機関相互間の連携の確保に関する事項

着眼点 ▶　「消防本部の位置及び名称」は、広域化対象市町村が協議の上、「広域化後の消
　　　　防の円滑な運営を確保するための計画」（広域消防運営計画）において定める事項
　　　　である。

解説　消防組織法第33条第2項には、推進計画に定めるべきおおむねの事項が規定されて
　　　いる。

【正解2】

問題46　次は、消防と警察の関係について述べたものであるが、誤っているのは
　　　　どれか。

1　消防組織法は、消防と警察は国民の生命、身体及び財産の保護という点では目
　的を同じくしているため、互いに協力する義務があるとしている。

2　災害に際して消防が警察を応援する場合は、消防職員は警察権を行使できず、
　警察が消防を応援する場合は、災害区域の消防に関係のある警察の指揮は警察が
　行う。

3　警察庁と消防庁は、地震、台風、水火災等の非常事態の場合における災害の防
　御の措置に関してあらかじめ協定することができる。

4　警察と消防の応援協定に基づく応援活動は公務であり、活動中の消防職員の災
　害に対しては当該消防職員の属する市町村において公務災害補償の措置を行わね
　ばならない。

5　消防庁は、非常時、平常時を問わず、消防事務のため警察通信施設を使用する
　ことができる。

着眼点 ▶　消防組織法第42条第2項に、地震、台風、水火災等の災害に際して、「消防が警
　　　　察を応援する場合は、運営管理は警察がこれを留保し、消防職員は、警察権を行使
　　　　してはならない。」、「警察が消防を応援する場合は、災害区域内の消防に関係のあ
　　　　る警察の指揮は、消防が行う。」と規定されている。

解説　応援活動中の消防職員の公務災害補償については、その費用は原則として応援を受
　　　けた側の負担とされる（協定がある場合はそれによる。）。消防による警察通信施設の
　　　使用は、同法第41条に規定されている。ただし、消防側の使用は警察事務に優先する
　　　ものではない。

【正解2】

消防組織法 141

問題47 消防組織法上、明文をもって規定されているものは、次のうちどれか。

1 消防庁及び地方公共団体は、消防事務のために、公衆通信施設を使用すること
ができる。

2 消防庁及び地方公共団体は、消防事務のために、国の保有する建築資材を使用
することができる。

3 消防庁及び地方公共団体は、消防事務のために、民間航空施設を使用すること
ができる。

4 消防庁及び地方公共団体は、消防事務のために、警察通信施設を使用すること
ができる。

5 消防庁及び地方公共団体は、消防事務のために、放送局に放送依頼をすること
ができる。

着眼点 ▶ 警察から消防に分離したときは、消防通信施設が十分整備されていなかったた
め、消防組織法第41条に本規定が設けられた。

解説 同法とは別に、都道府県知事又は市町村長は、災害対策基本法で、災害の警報の伝
達のためなどで公衆電気通信設備を優先的に利用したり、また、放送法により放送局
に放送を行うことを求めることができる。

【正解 4】

問題48 次は、都道府県による市町村への航空機を用いた消防支援について述べ
たものであるが、妥当でないものはどれか。

1 市町村消防の原則にかかわらず、都道府県は、その区域内の市町村の長の要請
に応じ、航空機を用いて市町村の消防を支援することができる。

2 航空機とは、直接には回転翼航空機（ヘリコプター）を念頭に置いているが、
固定翼航空機が規定の対象となることを除外するものではない。

3 都道府県知事は、市町村の長の要請を受け、消防の支援のため、都道府県の規
則で定めるところにより、航空消防隊を設ける。

4 都道府県が行う航空機を用いた消防の支援に関して、都道府県知事と市町村長
は、協定を結ぶことができる。

5 航空機を用いた消防支援は消火・救急・救助等に係るため、迅速な対応が必要
な場合がある。この場合、都道府県は自らの判断で航空消防隊を出動させること
ができる。

着眼点 ▶ 市町村消防の原則から、航空消防隊の出動は「その区域内の市町村の長の要請」
（消防組織法第30条第1項）が要件とされる。

解説 災害発生時においては、常に個別・具体的な市町村長からの要請を受けた後の出場

142 消防組織法

でなければならないとなると、災害への円滑かつ迅速な対応に支障が生ずることが懸念される。このため、都道府県知事と市町村長が結ぶ協定の中に、都道府県の判断で出動できる条件（災害の種類、規模など）等を規定しておくなどの取扱いが必要となっている。

【正解5】

問題49 相互応援協定等により、消防職員がその属する市町村以外の市町村の消防の応援のため出動した場合の指揮権で、正しいものは、次のうちどれか。

1 応援側の指揮者が統括指揮をとる。

2 被応援側の指揮者が統括指揮をとる。

3 応援側は、被応援側の指揮下には一切入らずに単独に指揮をとる。

4 被応援側が経費負担しない場合は、被応援側の指揮下に入らず単独に指揮をとる。

5 応援側、被応援側がその都度協議して決定する。

着眼点▶ 消防組織法第47条第1項は、「……応援のため出動した場合においては、……応援を受けた市町村の長の指揮の下に行動するものとする。」と規定している。

解説 消防活動は単一の統括指揮者の下に一体として現場活動しなければ、十分な効果は期待できない。そのため、応援を受ける場合は、その市町村の地形、水利等を十分に熟知した指揮者の下で活動することが安全であり、また、活動の効果も上がるものである。したがって、本条では、指揮者を被応援側の市町村長としているのである。

なお、上記の規定は、緊急消防援助隊の隊員の属する市町村長が、地震、台風、水火災等の非常事態における消防庁長官等の措置要求等に応じて、当該隊員の属する緊急消防援助隊に対し、当該隊員の属する緊急消防援助隊が行動している市町村以外の市町村の消防応援のため出動を命ずることを妨げるものではない（同条第2項）。

【正解2】

問題50 次は、緊急消防援助隊の編成、災害派遣等に関する記述であるが、誤っているものはどれか。

1 総務大臣は、緊急消防援助隊の編成及び施設の整備等に係る基本的な事項に関する計画を策定し、公表しなければならない。

2 消防庁長官は、政令で定めるところにより、都道府県知事又は市町村長の申請に基づき、必要と認める人員及び施設を緊急消防援助隊として登録する。

3 国の指示を受けて出動した緊急消防援助隊の活動により増加し、又は新たに必要となる消防に要する費用のうち一定のものについては、国が負担する。

4 災害発生市町村に出動した緊急消防援助隊が、当該市町村の長の指揮下にある

消防組織法　　　143

場合、当該緊急消防援助隊の隊員の属する市町村の長は、消防庁長官の求めが
あっても当該緊急消防援助隊をほかの災害発生市町村に移動させることはできな
い。

5　総務大臣は、緊急消防援助隊の活動に必要があるときは、その所掌事務に支障
を生じない限度において、所管する消防用の国有財産を、当該緊急消防援助隊員
が属する都道府県又は市町村に対し、無償で使用させることができる。

着眼点 ▶　緊急消防援助隊は、応援を受けた市町村の長の指揮の下に行動する（消防組織法
第47条第1項）ことになっているが、この規定は、消防庁長官の求め（同法第44条
第1項、第2項若しくは第4項）、又は指示（同条第5項）に基づき、当該隊員の
属する緊急消防援助隊に対し当該隊員の属する緊急消防援助隊が行動している市町
村以外の市町村の消防の応援のため出動を命ずることを妨げるものではない（同法
第47条第2項）とされる。

解説　緊急消防援助隊の活動に要する費用のうち一定のものについては、国が負担する
（同法第49条）。

【正解4】

問題51　次のうち、消防組織法第32条に規定する、消防庁長官が定める市町村の
消防の広域化に係る基本的な指針に定めるものとする事項に該当しないも
のはどれか。

1　自主的な市町村の消防の広域化の推進に関する基本的な事項

2　自主的な市町村の消防の広域化を推進する期間

3　推進する必要があると認める自主的な市町村の消防の広域化の対象となる市町
村の組合せ

4　広域化後の消防の円滑な運営の確保に関する基本的な事項

5　市町村の防災に係る関係機関相互間の連携の確保に関する事項

着眼点 ▶　広域化対象市町村の組合せは、都道府県が定める推進計画において定めるものと
されている（消防組織法第33条第2項第3号）。基本指針においては、当該組合せ
の基準を定めるとされている（同法第32条第2項第3号）。

解説　選択肢1、2、4、5は該当する（同項各号）。

【正解3】

問題52　次は、市町村の消防の広域化についての消防組織法第33条に関する記述
であるが、誤っているものはどれか。

1　都道府県は、推進計画を定め、又は変更しようとするときは、あらかじめ、関
係市町村の意見を聴かなければならない。

2 都道府県知事は、市町村の求めに応じて必要な調整を行うが、このときの「市町村の求め」については、議会の議決は不要である。

3 都道府県が行う「必要な調整」とは、広域対象市町村間の仲介・連絡調整等で、当該市町村間で話し合いが行き詰った場合の調整等が想定されている。

4 都道府県が自主的な市町村の消防の広域化を目的として行う「推進計画の策定」は、消防組織法に基づく法定受託事務である。

5 都道府県知事は、市町村に対し、自主的な市町村の消防の広域化を推進するため、「情報の提供その他の必要な援助」を行う。

> 着眼点 ▶ 推進計画の策定については、自主的な市町村の消防の広域化を推進し、市町村の消防広域化に関する協議を推進することを主な目的としているため、自治事務とされている。

> 解説 選択肢1は正しい。関係市町村からの意見聴取は義務である。
> 選択肢2は正しい。議会の議決等は必要ないとされる。
> 選択肢3は正しい。広域化を円滑に進めていくには、都道府県の積極的な仲介・調整が重要なポイントとなる。
> 選択肢5は正しい（消防組織法第33条第5項）。

【正解4】

問題53 次のうち、消防組織法に規定する市町村の消防の広域化に関する記述として誤っているものはどれか。

1 市町村の消防の広域化には、市町村の合併による場合を含まない。

2 消防庁長官が策定する基本指針に定める事項として、自主的な市町村の消防の広域化を推進する期間がある。

3 都道府県が推進計画を定めるときは、あらかじめ、関係市町村の意見を聴かなければならない。

4 広域化対象市町村が広域消防運営計画を作成するために、地方自治法第252条の2の2に規定される協議会を設ける場合には、関係市町村の議会の議員又は学識経験を有する者を会長又は委員として加えることができる。

5 国が、市町村に対し行う自主的な市町村の消防の広域化を推進するための援助は、情報提供に限られており、職員の派遣までは行わない。

> 着眼点 ▶ 国は、情報提供以外にその他の必要な援助を行う。具体的には、調査研究、普及啓発、職員の派遣等である（消防組織法第35条第1項）。

消防組織法 　　　145

> **解説** 選択肢1は正しい。同法における市町村の消防の広域化は、2以上の市町村が消防事務（消防団の事務を除く。以下同じ。）を共同して処理すること又は市町村が他の市町村に消防事務を委託することである。
> 　　選択肢2は正しい。同法第32条第2項第2号参照。
> 　　選択肢3は正しい。同法第33条第3項参照。
> 　　選択肢4は正しい。同法第34条第3項参照。

【正解5】

問題54 消防組織法上における市町村の消防の広域化に関する記述で、次のうち誤っているものはどれか。

1 市町村の消防の広域化は、消防の体制の整備及び確立を図ることを旨として行わなければならない。

2 都道府県知事は、広域化対象市町村の全部又は一部から求めがあったときは、市町村相互間における必要な調整を行うものとする。

3 都道府県は、推進計画を定め又は変更しようとするときは、あらかじめ関係市町村の意見を聴かなければならない。

4 都道府県知事は、自主的な市町村の消防の広域化を推進するとともに広域化後の消防の円滑な運営を確保するための基本指針を定めなければならない。

5 都道府県知事は、市町村に対し、自主的な市町村の消防の広域化を推進するため、消防組織法に定めるもののほか、情報の提供その他の必要な援助を行うものとする。

> **着眼点▶** 広域化後の消防の円滑な運営を確保するための基本指針は、消防庁長官が定める（消防組織法第32条第1項）。

> **解説** 同法第33条第3、4、5項には、推進計画及び都道府県知事の関与等が定められている。

【正解4】

問題55 消防に関する各機関相互の関係について、誤りはどれか。

1 消防庁長官は、都道府県に勧告することができる。

2 消防庁長官は、市町村に指導を行うことができる。

3 都道府県知事は、消防庁長官の指導に沿って市町村に対して指導することができる。

4 市町村が消防に関して相互に応援するには、協定を締結しなければならない。

5 消防庁長官は、都道府県にも市町村にも消防統計に関する報告を求めることが

146 消防組織法

できる。

着眼点▶ 市町村長は、消防の応援に関して協定することができる（消防組織法第39条）。

> **解説** 都道府県知事は必要に応じて市町村に対して勧告、指導、助言を行えるが、消防庁長官の行う勧告、助言、指導に沿わなければならない（同法第38条）。

【正解4】

問題56 消防力の整備指針に関して、誤りはどれか。

1　予防要員に関しては、特に規定されていない。

2　署所数は、人口などに応じて定められている。

3　いわゆる転院搬送では、救急車1台の救急隊員を2名とすることができる。

4　常時、消防署に通信員を配置することとされている。

5　消防団は、一市町村に一団を置くとされている。

着眼点▶ 消防職員の職務能力として警防、救急、救助とともに予防も定められ、その人員や資格の基準も定められている（消防力の整備指針第26条、第32条）。この資格は、予防技術検定である。

> **解説** 署所数は同指針第4条、救急隊の隊員は同指針第28条、通信員は同指針第31条、消防団は同指針第35条に、それぞれ規定されている。

【正解1】

消 防 法

消　防　法

148

問題1　消防法第2条の用語の定義に記載されていないものはどれか。

1　火災

2　消防対象物

3　関係のある場所

4　消防隊

5　危険物

着眼点▶　火災について法令上の定義はない。消防庁の火災報告取扱要領において、「人の意図に反して発生し若しくは拡大し、又は放火により発生」「消火の必要がある燃焼現象」「消火施設又はこれと同程度の効果のあるものの利用を必要とするもの、又は人の意図に反して発生し若しくは拡大した爆発現象」の三要素を満たすものとされている。

解説　消防法第2条で定義されているのは、選択肢2〜5以外に、防火対象物、関係者、舟車、救急業務である。

【正解1】

問題2　消防法第2条に定める防火対象物に該当するもので誤っているものは、次のうちどれか。

1　建築物

2　山林

3　工作物

4　舟車

5　物件

着眼点▶　「防火対象物とは、山林又は舟車、船きよ若しくはふ頭に繋留された船舶、建築物その他の工作物若しくはこれらに属する物をいう。」と定義されていることから、物件は防火対象物ではない。

解説　物件は、消防対象物には含まれる。

【正解5】

問題3　火災が発生したときの対応などについて記したものであるが、この中から誤っているものを選べ。

1　火災を発見した者は、遅滞なく119番通報しなければならない。

2　火災が発生したときは、関係者等は消防隊が到着するまで消火若しくは延焼の防止又は人命の救助を行わなければならない。

3　火災の現場付近にいる者は、消火等は行わず直ちに避難しなければならない。

消　防　法　　149

4　火災現場において、消防吏員又は消防団員は、消火などに関して関係者に情報
の提供を求めることができる。

5　消防車は、火災の現場に出動するとき又は一般に公告した訓練に限り、サイレ
ンを鳴らすことができる。

着眼点▶　火災発見の通報義務や応急消火義務者、消防車の優先通行等について、消防法第
24条、第25条、第26条に規定されているが、火災現場付近にいる者は、消火、延焼
の防止又は人命救助に協力しなければならない。

解説　応急消火義務者とは、火災を発生させた者、火災の発生に直接関係のある者、火災
が発生した消防対象物の居住者又は勤務者である（同規則第46条）。

【正解3】

問題4　消防法第28条に定める消防警戒区域の設定について記したものである
が、この中から正しいものを選べ。

1　火災現場においては、消防署長又は消防団長が消防警戒区域を設定する。

2　火災現場にいる警察官は、消防警戒区域に関しては一切援助する必要はない。

3　消防警戒区域からの退去命令又は出入の禁止等に従わなかった者は、強制的に
排除される。

4　消防警戒区域の設定は、ロープ等により明示する。

5　消防吏員又は消防団員は、火災現場の消防警戒区域からの退去又は出入を制限
できない。

着眼点▶　消防警戒区域の設定は、ロープ等により明示する方法で行う。

解説　火災現場での消防警戒区域の設定をするのは、消防吏員又は消防団員である。
また、現場の警察官は上席消防員の指揮により消防警戒区域を設定する場合は、こ
れに援助を与える義務がある（消防法第28条）。
なお、消防警戒区域内へは、総務省令で定める者以外の者に対して、区域からの退
去を命じ、又はその区域への出入を禁止し若しくは制限することができる。退去命令
又は出入の禁止等に従わなかった者は、30万円以下の罰金又は拘留の罰則がある。

【正解4】

問題5　気象の状況が火災の予防上危険であると認めるときは、火災警報を発す
ることができるが、発令権者として正しいものはどれか。

1　地方気象台長

2　都道府県知事

3　市町村長

4 消防長

5 警察本部長

|着眼点▶| 市町村長は都道府県知事から通報を受けたとき、又は火災の予防上危険であると認めるときは、火災に関する警報を発することができる（消防法第22条第3項）。

解説　同法第22条の体系を図示すると、次のとおりである。

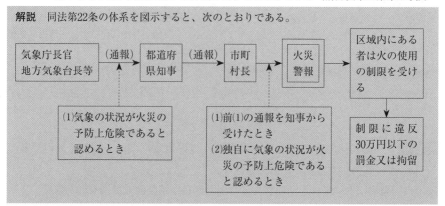

【正解3】

問題6　消防法第23条の2第1項に定める火災警戒区域を設定する場合で、当該区域外へ退去等を命じられる者として正しいものはどれか。

1　火災警戒区域内にある消防対象物又は船舶の関係者
2　事故が発生した消防対象物又は船舶の勤務者
3　電気、ガス、水道等の業務に従事する者で、事故に係る応急作業に関係がある者
4　医師、看護師等で救護に従事しようとする者
5　報道に関する業務に従事する者

|着眼点▶| 報道に関する業務に従事する者は、消防警戒区域内には立ち入ることができるが、火災警戒区域内には立ち入ることができない（消防法施行規則第45条第1項）。

解説　ガス、火薬又は危険物の漏えい現場等は、火災による二次災害が極めて大きく被害を拡大する危険があるため、消防長又は消防署長は火災警戒区域を設定して、その区域内の火気の使用禁止又は命令で定める者（同規則第45条）以外の者に対して、その区域からの退去を命じ、若しくはその区域への出入りを禁止し、若しくは制限することができることになっている。
　命令では、選択肢1～4のほか、①法令の定めるところにより、消火、救護、応急作業等の業務に従事する者、②消防長又は消防署長が特に必要と認める者のみが、区域内に立ち入ることができる。

消　防　法　　　　　151

　　　しかし、現場の状況が極めて危険の切迫しているような場合等は、法令の定めると
　　ころにより消火、救護、応急作業等に従事する者を除き、警戒区域から退去等を命じ
　　ることができる。

【正解5】

問題7　消防水利に関して述べた次の文のうち、誤っているのはどれか。

1　指定消防水利を使用不能の状態に置こうとする者は、あらかじめ所轄消防長又
　は消防署長に届け出てその許可を受けなければならない。

2　消防水利の基準は、消防庁が勧告する。

3　消防長又は消防署長は、指定した消防水利には標識を掲げなければならない。

4　消防水利は、当該市町村が設置し、維持し、管理する。

5　消防長又は消防署長は、当該市町村等が設置した以外の消防の用に供し得る水
　利を、関係者の承諾を得て、消防水利に指定することができる。

着眼点▶　指定消防水利を変更し、撤去し、又は使用不能の状態に置こうとする者は、あら
　　　　かじめ所轄消防長又は消防署長に届け出ることで足りる（消防法第21条第3項）。

解説　水利は、消防用機械器具とともに、消防機関が消火活動を行う上で最も重要なもの
　　　であり、消防用機械器具の充実強化も、水利の充足を伴わなければその機能を発揮す
　　　ることはできないことから、水利の基準を消防庁が定め、これを勧告して、その設
　　　置、維持及び管理を明確にした。

【正解1】

問題8　消防法上消防吏員の権限に属する事項の組合せで、誤っているものはど
　　　　れか。

1　屋外における火災予防措置命令――消防作業従事要求

2　移動タンク貯蔵所の停止要求――消防隊の緊急通行権

3　消防警戒区域の設定等――火災現場における情報提供の要求

4　火災警戒区域の設定等――救急作業の従事要求

5　危険物取扱者免状の提示要求――消防隊の緊急通行権

着眼点▶　火災警戒区域の設定等の権限は、火災の発生を防止し、人命又は財産に対する危
　　　　険を未然に排除するため、火気の使用を禁止し又は一定の者の退去、出入りの禁止
　　　　等を行うものであることから、消防法第23条の2により消防長及び消防署長の権限
　　　　としている。

152 消 防 法

> 解説 火災警戒区域の設定は、消防警戒区域の設定と異なり、まだ火災に至らない段階で
> なされるため、火災発生後になされる消防警戒区域の設定より高度の知識と経験等が
> 求められる。このため、消防長及び消防署長にその権限が付与されているものであ
> る。しかし、これらの権限を相当な階級の者に委任しておくことは可能である。

【正解4】

問題9 消防法に規定される諸権限のうち、一般に行政法学上の即時強制に該当
しないものは、次のうちどれか。

1 緊急時の使用停止命令権

2 走行中の移動タンク貯蔵所に対する停止措置権

3 消防隊の緊急通行権

4 消火活動中の緊急措置権

5 緊急水利使用権

着眼点▶ 行政上の即時強制は、義務を命ずることによってはその目的を達し難い場合に、
直接国民に実力を加えて行政上必要な状態を実現する作用であるので、緊急時の使
用停止命令権は該当しない。

> 解説 行政上の即時強制とは、行政上の義務を強制するためのものではなく、
> 1 目前急迫の障害を除く必要上義務を命ずるいとまのない場合——破壊消防（消防
> 法第29条第2項）
> 2 その性質上義務を命ずることによっては、目的を達し難い場合——立入検査（同
> 法第4条、第16条の5）
> に直接国民の身体、財産に実力を加え、もって行政上必要な状態を実現する作用をい
> うと定義されている。
> 　即時強制は、直接国民の身体、財産に実力を加える作用であるから、法上、具体的
> 根拠を必要とすることは当然である。
> 　消防法上、この性質を持つものとしては、選択肢のほか、屋外物件の除去保管（同
> 法第3条第2項）、立入検査（同法第4条、第16条の5、第34条）、危険物の収去（同
> 法第16条の5）等が考えられる。なお、緊急時の使用停止命令は、行政処分のうち下
> 命（禁止）である。

【正解1】

問題10 次の消防法上の諸権限のうちで、消防団員の権限に属さないものはどれ
か。

1 火災現場における情報提供の要求

2 消防警戒区域の設定

3 火災現場での消防対象物等の処分

消　防　法　　　153

4　消防水利の緊急使用権

5　消防作業従事要求

着眼点▶　消防水利の緊急使用権は、「消防長若しくは消防署長又は消防本部を置かない市
　　　　町村においては消防団の長は、水利を使用し又は用水路の水門、樋門若しくは水道
　　　　の制水弁の開閉を行うことができる。」（消防法第30条第1項）ことから消防団員の
　　　　権限ではない。

解説　選択肢4を除く他の設問は、全て消防団員の権限として規定されているもので、消
　　　防活動上の諸権限では消防吏員とほぼ同内容のものである。

【正解4】

問題11　消防法第27条に定める消防隊の緊急通行権に関する記述で、次のうち妥
　　　　当でないものはどれか。

1　緊急通行権を有する者は、消防器具を装備した消防吏員だけでなく、同様の装
　　備をした消防団員も含まれる。

2　消防隊が通過できる部分としての「公共の用に供しない空地」とは、私有地等
　　でたまたま空地となっている部分をいう。

3　消防隊が通過できる部分としての「一般の交通の用に供しない通路」とは、屋
　　敷内の通路、個人の家へ行くための通路等をいい、道路法等でいう道路は該当し
　　ない。

4　消防隊の緊急通行権により、私有財産権に多少なりとも制限を加えることにな
　　る場合は、これを行使できない。

5　消防隊の緊急通行権は、火災を除く他の災害に関してもこれを適用することが
　　できる。

着眼点▶　消防隊の緊急通行権は、火災現場に到着するために緊急の必要がある場合におい
　　　　て、通路等における通行権を規定したものである。したがって、これにより社会公
　　　　共のため、緊急の必要性から国民の私有財産に多少の制限を加えることがあって
　　　　も、一般的には多大な制限や侵害を加えることは考えられない。

解説　このようなことから、本条には、損失補償の規定が存在していない。ただし、法の
　　　趣旨を逸脱して、多大な財産的侵害や制限を加えることになれば、違法な行権力の行
　　　使として国家賠償法により、損害賠償請求の対象となり得る。

【正解4】

問題12　消防法第28条に定める消防警戒区域に関する記述で、次のうち誤ってい
　　　　るものはどれか。

1　消防警戒区域とは、火災現場において消防活動及び火災調査を適切に行うとと

154 消 防 法

もに生命又は財産に対する危険を防止するため、関係者以外の者の立ち入りを禁
止し制限する区域をいう。

2 消防警戒区域の設定は、不特定多数の者に対して、一定の時間客観的に明示さ
れるべき行為であることの性質上、口頭によることはできない。

3 消防吏員又は消防団員が火災の現場にいないとき、又はこれらから要求のあっ
たときは、警察官は消防警戒区域の設定等ができる。

4 火災現場の上席消防員の指揮により消防警戒区域を設定する場合は、現場にい
る警察官はこれに援助を与える義務がある。

5 現場の状況が著しく危険であると認める場合は、医師、看護師等で救護に従事
しようとする者に対して退去させることができる。

着眼点 ▶ 現場の状況が著しく危険であると認める場合は、消防吏員又は消防団員は、①消
防警戒区域内にある消防対象物又は船舶の関係者、居住者及びその親族で、これら
に対して救援しようとする者、②消防警戒区域内にある消防対象物又は船舶の勤務
者の全部又は一部に対して退去を命ずることができるが、医師、看護師等の救護従
事者などには退去を命ずることができない（消防法施行規則第48条第3項）。

解説 消防法第28条は、火災の現場における消防警戒区域の設定及び当該区域における消
防吏員又は警察官との協力義務について規定したもので、消防組織法第42条第1項の
「消防及び警察は……相互に協力しなければならない」旨を規定しているものの具体
例であるといえる。

【正解5】

問題13 消防吏員の権限として、消防法第29条により消防活動中の緊急措置とし
て行えるものに、該当しないものはどれか。

1 火災が発生した消防対象物の処分

2 火災が発生せんとする消防対象物の存在する土地の処分

3 火災が延焼するおそれのある消防対象物の処分

4 火災が発生した消防対象物の使用の制限

5 火災が発生した消防対象物の使用

着眼点 ▶ 延焼のおそれのある消防対象物の処分権は、消防長、消防署長及び消防本部を置
かない市町村においては消防団長の権限である（消防法第29条第2項）。

解説 同条第1項は、消防吏員及び消防団員の消防活動中の緊急措置権を規定している。
すなわち、「消防吏員又は消防団員は、消火若しくは延焼の防止又は人命の救助のた
めに必要があるときは、火災が発生せんとし、又は発生した消防対象物及びこれらの
ものの在る土地を使用し、処分し又はその使用を制限することができる。」とするも

消　防　法　　　　　　155

ので、国民の応急公用負担を規定している。これによる被害については、損失補償の
対象とされていない。それは、放置しても火災によって当然に焼損するもので、権限
行使による被害というよりは火災による被害と考えるからである。

【正解3】

問題14　消防法の体系の中には、「目前急迫の障害を除く必要上義務を命ずるいと
まのない場合、又はその性質上義務を命ずることによっては、その目的を
達しがたい場合に直接国民の身体、財産に実力を加え、行政上必要な状態
を実現する作用」を伴うものが存在するが、これに該当するものは、次の
うちどれか。

1　直接強制
2　強制徴収
3　執行罰
4　即時強制
5　代執行

着眼点▶　即時強制は、行政強制の一つであるが、即時強制の場合は、義務の不履行を前提
としないため、義務の不履行が存在し、かつ、その義務を実現させるための強制手
段である直接強制、執行罰、強制徴収、代執行とは異なるものである。消防法で即
時強制に該当するものは、屋外物件の除去保管（同法第3条第2項）、消防隊の緊
急通行権（同法第27条）、消火活動中の緊急措置（同法第29条）及び緊急水利使用
権（同法第30条）等がある。
　　　　なお、かつては立入検査（同法第4条、第16条の5）も即時強制として説明され
ていたが、現在では行政法学上は行政調査として説明されている。

解説　他の選択肢を解説すると次のようになる。
　　直接強制……行政上の義務が履行されない場合に、行政上の最後の手段として、直接
　　　義務者の身体又は財産に実力を加え、義務の履行があったのと同様の状態を実現す
　　　るもの。
　　強制徴収……国民が国又は地方公共団体に対して負う公法上の金銭給付義務を履行し
　　　ない場合に、行政庁が強制手段によって義務が履行されたのと同様の結果を実現さ
　　　せるためのもの。
　　執行罰……義務が履行されない場合に、義務者に対しあらかじめ一定の期間内に履行
　　　しないときは、過料に処すべき旨を予告し、これによって圧力を加える金銭罰をい
　　　う。
　　代執行……法令により命じられた行政上の義務のうち、他人が代わって行うことので
　　　きる代替的作為義務について、義務者がこれを履行しない場合、行政庁がこれを行
　　　い又は第三者をして行わせ、費用を義務者から徴収するもの。

【正解4】

156　　　　　　　　　　消　防　法

問題15　消防法第25条に定める応急消火義務者として妥当でない者は、次のうち
　　　　どれか。

1　火災を発生させた者

2　火災を発生させた当該対象物の所有者

3　火災が発生した共同住宅に住む住人

4　火災を発生させた当該対象物の勤務者

5　火災を発生させた当該対象物にたまたま来ていた者

着眼点 ▶　火災を発生させた当該対象物に来ていた者等現場付近にいる者は、応急消火義務
　　　　者の行う消火、延焼の防止又は人命救助に協力しなければならない者で、応急消火
　　　　義務者ではない。

解説　応急消火義務者は、消防法施行規則第46条に傷病、障害その他の事由によって、消
　　火若しくは延焼の防止又は人命の救助を行うことのできない者を除き、次に掲げる者
　　で、火災の現場にいるものとする。
　　1　火災を発生させた者
　　2　火災の発生に直接関係がある者
　　3　火災が発生した消防対象物の居住者又は勤務者

【正解5】

問題16　消防法第22条の火災警報発令中は、その区域内にある者は「火の使用の
　　　　制限」がなされるが、その内容について誤っているものはどれか。

1　山林、原野等において火入れをしないこと。

2　煙火を使用しないこと。

3　屋外において火遊び又はたき火をしないこと。

4　屋内においては、引火性又は爆発性の物品その他の可燃物の付近で喫煙をしな
　いこと。

5　残火、取灰又は火粉を始末すること。

着眼点 ▶　火災警報が発令されると、屋外においては引火性又は爆発性の物品その他の可燃
　　　　物の付近で喫煙をしてはならないことが要求される。

解説　選択肢のほか、屋内において裸火を使用するときは、窓、出入口等を閉じて行うこ
　　とも要求される。

【正解4】

問題17　消防法第35条の5に定める傷病者の搬送及び傷病者の受入れの実施に関
　　　　する基準について記したものであるが、この中から誤っているものを選べ。

1　傷病者の心身等の状況に応じた適切な医療の提供が行われることを確保するた

めに医療機関を分類する基準

2　医療機関を分類する基準に基づき分類された医療機関の区分及び当該区分に該当する医療機関の名称

3　医療機関が傷病者の状況を確認するための基準

4　消防機関が傷病者の搬送を行おうとする医療機関を選定するための基準

5　消防機関が傷病者の搬送を行おうとする医療機関に対し傷病者の状況を伝達するための基準

着眼点 ▶　選択肢3は、「医療機関」ではなく、「消防機関」が傷病者の状況を確認するための基準である。

解説　災害等による傷病者の搬送を適切に行うことを目的として消防法第35条の5第2項に規定されたものである。選択肢1、2、4、5は正しい。

【正解3】

問題18　消防法第35条の5に定める傷病者の搬送及び傷病者の受入れの実施に関する基準（以下「実施基準」という。）について記したものであるが、この中から誤っているものを選べ。

1　都道府県は、実施基準を定めたときは、遅滞なく、その内容を公表しなければならない。

2　医療機関は、傷病者の受入れに当たっては、実施基準を尊重するよう努めなければならない。

3　消防機関は、傷病者の搬送に当たっては、実施基準を遵守しなければならない。

4　都道府県は、市町村に対し、実施基準の策定についての必要な情報提供、助言その他援助を行わなければならない。

5　都道府県は、実施基準を定めるときは、あらかじめ、消防法第35条の8第1項に規定する協議会の意見を聴かなければならない。

着眼点 ▶　選択肢4は消防法第35条の6で、「総務大臣及び厚生労働大臣は、都道府県に対し、実施基準の策定又は変更に関し、必要な情報の提供、助言その他援助を行うものとする。」と規定している。

解説　実施基準の策定等に関する事項で、選択肢1は同法第35条の5第5項、選択肢2、3は同法第35条の7第2項及び第1項、選択肢5は同法第35条の5第4項により正しい。

【正解4】

158 　　　　　　　　消　防　法

問題19　次は、消防法第35条の9に定める救急業務に関する記述であるが、妥当
　　　でないものはどれか。

1　救急業務の対象となる事故は、災害対策基本法に定める災害のみならず、比較
　的小規模の災害も対象とされる。

2　屋外において生じた事故の代表的なものとしては、交通事故、水難事故及び建
　築工事現場における事故等がある。

3　救急業務は、消防法にその根拠を有する消防作用で、かつ、行政処分であるの
　で権力的事実行為である。

4　屋内において生じた事故又は急病人で、放置すればその生命に危険が及ぶおそ
　れのあるものは、救急業務の対象とされる。

5　救急業務の範囲は、傷病者を医療機関に搬送することのほか、緊急やむを得な
　い場合には、必要な応急処置を行うことも含まれる。

着眼点▶　救急業務は、救助業務と並んで直接傷病者の生命、身体の安全の保護等住民の利
　　　　　益のために行う作用で住民の権利、自由を制限するものではないなど、強制力がな
　　　　　いので、非権力的事実行為と呼ばれ給付（保育）行政の性質をもつ典型的なもので
　　　　　ある。

解説　救急業務の内容、水準については、消防法第2条第9項、同令第44条及び第44条の
　　　2に規定されている。救急業務において搬送の対象となる傷病者は、
　　　1　災害により生じた事故
　　　2　屋外又は公衆の出入りする場所において生じた事故
　　　3　屋内において生じた事故又は急病人で、放置すればその生命に危険が及ぶおそれ
　　　のあるもの。若しくは、その症状が著しく悪化するおそれのあるもの（傷病者を医
　　　療機関等に搬送手段がない場合のみ）
　　　によるものである。また、災害については、消防機関が現実に対処してきた歴史的経
　　　緯、住民の期待感等の見地から、災害対策基本法に定める災害の概念に限定する積極
　　　的理由が認められないので、比較的小規模の災害もこれに含まれるものと解されてい
　　　る。

【正解3】

問題20　消防法第35条の8に定める傷病者の搬送及び傷病者の受入れの実施に係
　　　る連絡調整を行うための協議会の構成員について記したものであるが、こ
　　　の中から誤っているものを選べ。

1　都道府県及び市町村の職員

2　消防機関の職員

3　医療機関の管理者又はその指定する医師

消　防　法　　　　　　　　　　　　159

4　診療に関する学識経験者の団体の推薦する者

5　学識経験者その他の都道府県が必要と認める者

着眼点 ▶　消防法第35条の8第2項により、選択肢1の市町村の職員は含まれない。

解説　この協議会や策定される実施基準は、例えば東京都ではメディカルコントロール協議会の意見を踏まえている。

【正解1】

問題21　消防法第7条のいわゆる消防同意に関して、正しいものはどれか。

1　建築行政庁に対する同意であり、民間指定確認機関に対して同意することはない。

2　同意権者は、市町村長である。

3　同意の期間は定められていない。

4　建築主に対して、直接同意を通知するものではない。

5　建築基準法にもいわゆる消防同意の規定がある。

着眼点 ▶　消防同意は、建築確認などを行う建築行政庁や民間指定確認機関に対して行うもので、直接建築主に対して行うものではない。

解説　同意権者は、消防長か消防署長である。同意の期間は建築物の規模などにより3日以内、7日以内が定められている。建築基準法第93条にも、同様の規定がある。

【正解4】

問題22　消防法第17条に定める消防用設備等の設置、維持について記したものであるが、この中から正しいものを選べ。

1　消防用設備等を設置し、維持しなければならない者は、所有者及び管理者で、占有者は含まれない。

2　消防用設備等を設置し、維持しなければならない防火対象物は、全ての建築物である。

3　消防用設備等は、消火設備、警報設備及び避難設備である。

4　消防用設備等について、市町村条例では一切基準を設けることはできない。

5　設置し、維持しなければならない消防用設備等と同等以上の性能を有する特殊消防用設備等を設置することができる。

着眼点 ▶　選択肢3については、消防用設備等には、消防の用に供する設備、消防用水及び消火活動上必要な施設がある。消火設備、警報設備及び避難設備は、消火、通報又は避難の用に供されるもので、消防の用に供する設備である（消防法施行令第7条）。

160　　　　　　　　　　　　消　防　法

解説　選択肢1の消防用設備等を設置し、維持しなければならない関係者は、所有者、管理者及び占有者で、不法占拠者も含まれる。
　　　選択肢2については、個人の住宅を除く建築物である。
　　　選択肢4は、消防法第17条第2項で、市町村は、その地方の気候又は風土の特殊性により、条例で消防用設備等の技術上の基準に関して同令又は同規則の規定と異なる規定を設けることができる。
　　　選択肢5は、平成15年の消防法改正により規定された。

【正解5】

問題23　特殊消防用設備等の性能評価について記したものであるが、この中から誤っているものを選べ。

1　特殊消防用設備等は、消防長又は消防署長が認めなければ設置できない。

2　消防用設備等と同等以上の性能を有し、かつ、総務大臣の認定を受けたものを用いる場合に消防用設備等として設置できる。

3　特殊消防用設備等の認定を受けようとする者は、日本消防検定協会等の性能評定を受けなければならない。

4　総務大臣は、認定を受けた特殊消防用設備等について、偽りその他不正な手段により認定等を受けたことが判明したときは、認定を失効できる。

5　特殊消防用設備等とは、消防法第17条に基づき設置し、維持しなければならない消防用設備等に代えて、特殊の消防用設備等その他の設備等である。

着眼点▶　特殊消防用設備等は、消防法第17条第1項に基づき設置、維持しなければならない消防用設備等に代えて設置できる。同条第3項に定める特殊消防用設備等は、設置すべき消防用設備等と同等以上の性能を有し、かつ、関係者が総務省令で定める特殊消防用設備等の設備等設置維持計画書に従って設置し、及び維持するものとして、総務大臣の認定を受けたものを用いる場合に、設置できるものであり、消防長又は消防署長の承認等は必要がない。

解説　いわゆる仕様書規定に対する性能規定として導入されたものである。

【正解1】

問題24　消防法第17条の3について記したものであるが、この中から誤っているものを選べ。

1　防火対象物の用途を変更した場合、原則として変更前の用途に応じた技術上の基準に適合すれば変更後の用途に応じた基準に適合しなくなったとしても、従前のままでよい。

2　防火対象物の用途を変更した場合、変更前の用途に応じた基準法令の規定に適

消　防　法　　　　　　　　　　　　　　　161

合していないことにより、消防法第17条第1項の規定に違反している消防用設
備等については、用途変更後の用途に応じた技術上の基準に適合させなければな
らない。

3　防火対象物の用途を変更した後に、消防法施行令で定める増築、改築又は大規
模な修繕等を行った場合は、用途変更後の用途に応じた技術上の基準に適合させ
なければならない。

4　防火対象物の用途に応じて定められている現行の基準法令の規定に適合するに
至った場合は、用途変更後の用途に応じた技術上の基準に適合させなければなら
ない。

5　防火対象物の用途を変更して、特定防火対象物となっても変更前の用途に応じ
た技術上の基準に適合すれば基準に適合しなくなったとしても、従前のままでよ
い。

> **着眼点** ▶　消防法第17条の3は、防火対象物の用途の変更をした場合の消防用設備等の設置
> 及び維持について、原則として変更前の用途に応じた消防用設備等が設置されてい
> れば支障ないとしているが、新たに消防用設備等の設置等を要求してしかるべき事
> 情が関係者側にある場合及び火災の発生の際、人命等の危険性が特に高い防火対象
> 物の消防用設備等に係る場合には、新たな規定を適用することとしている。

> **解説**　特定用途については、同法第17条の2の5第2項第4号、同令第34条の4第2項を
> 参照のこと。

【正解5】

問題25　消防法第17条の2の5について記したものであるが、この中から誤って
いるものを選べ。

1　消防用設備等の基準法令等が改正された場合に、原則として改正前の技術上の
基準に適合すれば基準に適合しなくなったとしても、従前のままでよい。

2　消火器、避難器具その他政令で定められているものは、現行の基準法令が適用
される。

3　増築、改築又は修繕等を行った場合は、現行の基準法令が適用される。

4　従前の基準法令の規定に適合していないことにより、消防法第17条第1項の
規定に違反している消防用設備等については、現行の基準法令が適用される。

5　特定防火対象物は、新たな基準法令が適用される。

> **着眼点** ▶　増築、改築又は修繕等については、消防法施行令第34条の2及び第34条の3で規
> 定されており、一定規模以上の場合に現行の基準法令が適用される。
> 　①　工事の着手が基準時以降、1,000㎡以上又は延べ面積の2分の1以上の増築又

162　　　　　　　　　　　　　　　消　防　法

　は改築

②　防火対象物の主要構造部である壁について行う過半の修繕又は模様替え

> **解説**　消防法第17条の2の5は、既存防火対象物の消防用設備等の基準法令適用について
> 規定したものである。消防法令等が改正された場合、消防用設備等の設置及び維持に
> ついて、原則として従前の消防用設備等が設置されていれば支障なく既存不遡及であ
> る。
> 　しかし、原則として従前の規定を適用するものの、新たに消防用設備等の設置等を
> 要求してしかるべき事情が関係者側にある場合及び火災の発生の際、人命等の危険性
> が特に高い防火対象物の消防用設備等に係る場合には、新たな規定を適用することと
> している。

【正解3】

問題26　消防設備士について記したものであるが、この中から正しいものを選べ。

1　設備等設置維持計画に従って設置する特殊消防用設備等は、消防設備士でなく
ても工事できる。

2　消防法第10条第4項に基づき製造所等に設置する消防用設備等は、消防設備
士でなくても工事又は整備はできる。

3　消防設備士免状は、消防長又は消防署長が交付する。

4　消防設備士試験は、種類ごとに、毎年2回以上、都道府県知事が行う。

5　消防設備士は、その業務に従事するときは、消防設備士免状を携帯し、誠実に
行わなければならない。

> **着眼点▶**　選択肢1については、特殊消防用設備の工事又は整備は甲種特類の消防設備士免
> 状が必要である。選択肢2は製造所等又は防火対象物において義務設置となるもの
> は消防設備士でなければ工事又は整備はできない。選択肢3は免状は都道府県知事
> が交付する。選択肢4は消防設備士試験の種類ごとに、毎年1回以上、都道府県知
> 事が行う。

> **解説**　現在この試験は、(一財)日本消防試験研究センターに都道府県知事から委任され
> ている。

【正解5】

問題27　消防法施行令に定める消火活動上必要な施設を列挙したものであるが、
この中から誤っているものを選べ。

1　排煙設備

2　無線通信補助設備

3　動力消防ポンプ設備

消 防 法　　　163

4　連結送水管

5　非常コンセント

着眼点 ▶　動力消防ポンプ設備は、消火設備である。

解説　消防法施行令第7条第6項に定める消火活動上必要な施設は次の5種類である。
排煙設備、連結散水設備、連結送水管、非常コンセント、無線通信補助設備

【正解3】

問題28　次は、消防法上における消防長及び消防署長の消防法上の権限を列挙し
たものであるが、これに該当しないものはどれか。

1　防火対象物に対する使用停止等の措置命令権

2　建築物に対する建築許可等の同意権

3　消防用設備等に対する措置命令権

4　消防設備士に対する免状返納命令権

5　火災原因調査等の質問権

着眼点 ▶　消防設備士に対する免状返納命令は、消防法第17条の7第2項（同法第13条の2
第5項を準用）により都道府県知事の権限である。

解説　都道府県知事は、消防設備士及び危険物取扱者が消防法又はこれに基づく命令の規
定に違反しているときは、それぞれの免状を返納させることができることになってい
る。したがって、火災予防条例による違反の場合は免状返納命令の対象にならないの
で注意を要する。
　また、免状の試験、交付及び講習等の事務は都道府県知事の事務とされているため
消防長、消防署長は原則としてこれに一切関与していない。ただし、東京消防庁管内
においては、代決規程によって都知事の権限を消防長に代決させているため、免状の
返納事務は消防長及び消防署長が処理している。

【正解4】

問題29　消防設備士が消防法及び消防法に基づく命令の規定に違反したときは、
消防設備士免状の返納を命ずることができるが、その権限者として正しい
ものはどれか。

1　消防署長

2　消防長

3　市町村長

4　都道府県知事

5　総務大臣

着眼点 ▶　消防法第17条の7第2項は、消防設備士免状について、危険物取扱者免状の規定

164 消 防 法

（同法第13条の２第４項から第７項）を準用することとしている。同法第13条の２第５項「危険物取扱者がこの法律又はこの法律に基づく命令の規定に違反しているときは、危険物取扱者免状を交付した都道府県知事は、当該危険物取扱者免状の返納を命ずることができる。」の規定により、消防設備士免状の返納を命ずることができるのは、都道府県知事である。

解説　返納命令とは、単に物理的に免状を返納させるだけではなく、資格の取消処分である。

【正解４】

問題30　次のうち、消防法第７条による同意に関する記述で誤っているものはどれか。

1　消防同意は、許可又は確認の有効条件である。

2　消防同意は、行政処分の性格を有する。

3　消防同意は、申請者になされるものではなく、建築主事等に対して行われるものである。

4　消防同意は、羈束行為である。

5　条件付同意は理論上あり得ない。

着眼点 ▶　消防同意は、国民たる建築主等の申請者に対して行われるものではなく、建築主事等及び特定行政庁に対して行われるものであるから、行政庁相互の内部行為にすぎず、行政処分たる性格は有していない。すなわち、消防同意は、国民に対して権利義務を形成し、また、範囲を確定する行為ではないからである。

解説　消防同意は、建築主事等が建築物の確認等を行う場合の単なる手続き要件ではなく、当該建築主事等が行う確認等の行為を適法かつ有効ならしめる手続き上の要件である。したがって、消防同意なしで行った確認等は、重大かつ明白な瑕疵があるものとして無効と解される。さらに、申請内容が防火に関する規定に適合する場合は、同意を与えなければならず（羈束行為）、それが不適合の場合は、不同意としなければならないから、当然条件付同意というのは理論上あり得ないことになる。

【正解２】

問題31　消防法第17条に関する記述で、次のうち誤っているものはどれか。

1　特殊消防用設備等は、消防法第17条第１項及び第２項の規定からは除外されている。

2　条例は、消防法第17条第１項の消防用設備等の設置及び維持の技術上の基準の特例並びに消防法第17条の２の５及び第17条の３の特例を定めることができる。

消　防　法　　　　　165

3　条例は、消防用設備等の技術上の基準に関する政令又はこれに基づく命令の規
　　定のみによっては防火の目的を達し難いと認められる場合に規定できるものであ
　　るから、消防法施行令又は消防法施行規則を緩和する規定は設けることはできな
　　い。
4　条例によって、消防法施行令第7条に定められている設備以外の設備を義務付
　　けることや消防法施行令別表第1に掲げられていない防火対象物に何らかの消防
　　用設備等の設置を義務付けることは原則としてできない。
5　市町村は、その地方の気候又は風土の特殊性により、国の法令のみによっては
　　防火の目的を充分に達し難いと認めるときは、条例で消防用設備等の技術上の基
　　準に関して異なる規定を設けることができる。

着眼点 ▶　消防法第17条に基づく消防用設備等の設置及び維持の技術上の基準の特例（同令
　　　　　第32条）及び同法第17条の2の5（適用除外）、同法第17条の3（用途変更の場合
　　　　　の特例）については、条例で緩和する規定を設けることはできない。

解説　同法第17条第2項の規定は、市町村はその地方の気候又は風土の特殊性により、政
　　　　令で定める消防用設備等の設置及び維持に関する技術上の基準と異なる規定（市町村
　　　　条例）を設けることができることになっている（同法第17条第1項から第3項）。

【正解2】

問題32　消防法第9条の2の住宅用防災機器の記述について、この中から誤って
　　　　　いるものを選べ。
1　住宅の用途に供される防火対象物の関係者は、住宅用防災機器を設置し、及び
　　維持しなければならない。
2　住宅用防災機器の設置及び維持に関する基準、その他住宅における火災の予防
　　のために必要な事項は、政令で定める基準に従い市町村条例で定める。
3　消防法施行令第12条に基づき、閉鎖型のスプリンクラーヘッドが設置されて
　　いる場合でも、住宅用防災警報器又は住宅用防災報知設備は、省略することはで
　　きない。
4　住宅用防災警報器又は住宅用防災報知設備の感知器は、天井又は壁の屋内に面
　　する部分に、火災の発生を未然に又は早期に、かつ、有効に感知することができ
　　るように設置する。
5　住宅用防災警報器又は住宅用防災報知設備の感知器は、全ての寝室及び階段等
　　に設置すること。

着眼点 ▶　選択肢3は、消防法施行令第5条の7第1項第3号並びに第12条及び第21条に基
　　　　　づき、スプリンクラー設備（総務省令に定める閉鎖型スプリンクラーヘッドを備え

166 消 防 法

ているものに限る。）又は自動火災報知設備が設置されている場合には、設置しないことができる。

> **解説** 住宅からの火災による死者が多数発生していることから、平成16年6月法律第65号で規定された。選択肢1、2、4、5は、正しい。

【正解3】

問題33 防火管理制度に関して、誤りはどれか。

1 管理権原者が防火管理者を選任する。

2 消防計画の作成と届出は、管理権原者が行う。

3 防火管理者が選任されていない場合には、消防長又は消防署長は選任を命ずることができる。

4 防火管理業務が適正に執行されていない場合には、消防長又は消防署長は防火管理業務を適正に執行するよう命ずることができる。

5 管理権原が分かれている防火対象物には、統括防火管理者が必要となることがある。

着眼点▶ 消防計画の作成と届出は、防火管理者の業務である（消防法第8条）。

> **解説** 統括防火管理は、特定用途等で一定の収容人員がある管理権原の分かれた防火対象物に適用される（同法第8条の2）。

【正解2】

問題34 消防法第4条及び第4条の2における消防長又は消防署長の権限について記したものであるが、この中から正しいものを選べ。

1 理由を問わずに関係者に対して資料の提出を命ずることができる。

2 建物、従業員等のことは、いかなることでも関係者に報告を求めることができる。

3 火災予防のために必要があるときは、消防職員（消防本部を置かない市町村においては、消防事務に従事する職員又は常勤の消防団員）に立入検査をさせることができる。

4 立入検査時に、防火対象物内にいるあらゆる者に質問をすることができる。

5 消防団員（消防本部を置かない市町村においては、非常勤の消防団員に限る。）には、立入検査を実施させることができない。

着眼点▶ 消防長（消防本部を置かない市町村においては、市町村長）又は消防署長は、理由を問わずではなく、火災予防のために必要なときに限り、関係者に対して資料の提出を命じ、報告を求められる。

消　防　法　　　　　　　　167

　また、火災予防のために必要があるときには、関係のある場所に立ち入り、関係のある者に質問させることができる（消防法第4条第1項）。

> 解説　立入検査は、選択肢3の場合のほか、消防長（消防本部を置かない市町村においては、市町村長）又は消防署長が火災予防のため特に必要があるときに、消防対象物及び期日又は期間を指定して、管轄区域内の消防団員（消防本部を置かない市町村においては、非常勤の消防団員に限る。）に実施させることができる（同法第4条の2）。

【正解3】

問題35　消防法第4条について記したものであるが、この中から正しいものを選べ。

1　資料提出命令は、火災予防上必要な書類や図面を提出するよう必ず文書で命令するものである。
2　質問ができる関係のある者とは、管理権原者及び防火管理者のみである。
3　消防本部を置かない市町村においては、立入検査を行うことができない。
4　あらゆる仕事場、工場又は公衆の出入する場所その他関係のある場所について立入検査できる。
5　承諾がないと立入検査できない個人の住宅には、共同住宅の居室は含まれない。

> 解説　資料提出命令は、口頭又は文書により行い、関係のある者には従業員等も含まれる。消防法第4条の規定による立入検査は、消防本部を置かない市町村においては、消防事務に従事する職員又は常勤の消防団員のみが実施できる（なお、同法第4条の2の規定により、特に必要がある場合は、非常勤の消防団員が立入検査を実施する場合もある。）。個人の住宅には、共同住宅の各住戸も含まれる（同法第4条第1項）。

【正解4】

問題36　自衛消防組織に関する記述であるが、次のうち誤っているものを選べ。
1　防火管理義務防火対象物のうち、多数の者が出入りし、かつ、大規模なものとして政令で定める防火対象物には、自衛消防組織を設置しなければならない。
2　自衛消防組織を置いたときは、当該管理について権原を有する者は、遅滞なく自衛消防組織の要員の現況その他総務省令で定める事項を、所轄消防長又は消防署長に届け出なければならない。
3　消防長又は消防署長は、自衛消防組織が置かれていないと認める場合は、当該管理について権原を有する者に対し、自衛消防組織を置くことを命ずることができる。

168 消 防 法

4 自衛消防組織の要員の現況等を変更した場合でも、遅滞なく所轄消防長又は消防署長に届け出る必要がある。

5 管理について権原を有する者が複数あるときは、統括防火管理者が自衛消防組織を置かなければならない。

着眼点 ▶ 自衛消防組織については、消防法第8条の2の5に規定されており、選択肢5は同令第4条の2の5により、複数の管理権原者が共同して自衛消防組織を置かなければならない。

> **解説** 共同住宅や倉庫は、自衛消防組織の設置対象外である。

【正解5】

問題37 消防法第8条の防火管理について記したものであるが、この中から正しいものを選べ。

1 管理について権原を有する者は、防火管理者を定めて防火管理業務を行わせなければならない。

2 管理について権原を有する者自らは、防火管理者になることはできない。

3 消防計画は、管理について権原を有する者が作成しなければならない。

4 防火管理者を定めたときは、10日以内に消防長又は消防署長に届け出なければならない。

5 共同住宅は、管理人を置けば防火管理者を定める必要はない。

着眼点 ▶ 管理について権原を有する者自ら防火管理者になることはできる。防火管理者は消防計画を作成して防火管理業務を実施しなければならない。

> **解説** 管理について権原を有する者は、防火管理者を定めたときは、遅滞なく所轄消防長又は消防署長に届けなければならない（消防法第8条）。
> 共同住宅は、居住者が50人以上になる場合は、防火管理義務対象物となる。
> なお、防火管理義務防火対象物は、同令第1条の2第3項に定められている。

【正解1】

問題38 消防法第8条の2の2及び第8条の2の3に定める防火対象物の定期点検制度について記したものであるが、この中から正しいものを選べ。

1 管理権原者又は防火管理者は、防火管理上必要な業務などが点検基準に適合しているか点検しなければならない。

2 管理について権原が分かれている場合は、管理権原者ごとに特例認定を受けることはできないので、一括して申請しなければならない。

3 特例認定を受ける場合は、防火対象物の所在地その他総務省令で定める事項を

消 防 法　　　　　　　　169

記載した書類を添えて、消防長又は消防署長に申請して、検査を受けなければならない。

4　特例認定を受けた事業所等の管理権原者ごとに、認定を受けた日その他総務省令で定める事項を記載した表示をすることができる。

5　特例認定を受けた防火対象物の管理権原者に変更があったときは、変更後の管理権原者は、消防長又は消防署長に届け出なければならない。

着眼点 ▶　特例認定は、申請に基づき検査が行われる。

> 解説　防火対象物の定期点検制度は、管理権原者が防火対象物点検資格者に点検をさせ報告しなければならない。管理について権原が分かれている場合は、各管理権原者が特例認定の申請を行い、防火対象物全体が特例認定を受けた場合にのみ、防火対象物に表示をすることができる。
> 　また、管理権原者が変更になった場合には、変更前の管理権原者が届け出なければならない（消防法第8条の2の2及び第8条の2の3）。

【正解3】

問題39　消防法第8条の3に定める防炎対象物品等について記したものであるが、この中から誤っているものを選べ。

1　どん帳、カーテン、展示用合板は、防炎対象物品である。

2　防炎対象物品又はその材料には、防炎性能を有するものである旨の表示を付することができる。

3　防炎性能を有する旨の表示と紛らわしい表示を付してはならない。

4　防炎物品として販売する場合には、表示が付されたものでなければならない。

5　販売のために陳列する場合は、表示が付されていなくてもよい。

着眼点 ▶　高層建築物若しくは地下街又は劇場、キャバレー、旅館、病院その他消防法施行令第4条の3第1項及び第2項の防火対象物において使用するどん帳、カーテン、展示用合板その他同条第3項の防炎物品は、総務省令で定める防炎性能を有するものである旨の表示を付したものであることとしている。

> 解説　消防法第8条の3第4項で、防炎対象物品又はその材料は、表示が付されているものでなければ、防炎物品として販売し、又は販売のために陳列することはできない。

【正解5】

問題40　自衛消防組織の設置を要する防火対象物として、次のうち該当しないものを選べ。

1　地下1階、地上20階のホテルで、延べ面積が20,000㎡のもの

2　地下2階、地上8階の病院で、延べ面積が30,000㎡のもの

170 消　防　法

3　地下１階、地上３階の物品販売店舗で、延べ面積が50,000㎡のもの

4　地下２階、地上10階の事務所で、延べ面積が50,000㎡のもの

5　地下３階、地上４階の映画館で、延べ面積が30,000㎡のもの

着眼点▶　選択肢５は４階以下で消防法施行令別表第１⑴項イであるが、延べ面積が50,000
㎡未満なので該当しない。

解説　自衛消防組織の設置を要する防火対象物は、同令第４条の２の４に規定されてお
り、次のとおりである。
1　同令別表第１⑴項から⑷項まで、⑸項イ、⑹項から⑿項まで、⒀項イ、⒂項及び
⒄項に掲げる防火対象物（以下「自衛消防組織設置防火対象物」という。）で、次
のいずれかに該当するもの
イ　地階を除く階数が11以上の防火対象物で、延べ面積が10,000㎡以上のもの
ロ　地階を除く階数が５以上10以下の防火対象物で、延べ面積が20,000㎡以上のも
の
ハ　地階を除く階数が４以下の防火対象物で、延べ面積が50,000㎡以上のもの
2　同令別表第１⒃項に掲げる防火対象物（自衛消防組織設置防火対象物の用途に供
される部分が存するものに限る。）で、次のいずれかに該当するもの
イ　地階を除く階数が11以上の防火対象物で、次に掲げるもの
⑴　自衛消防組織設置防火対象物の用途に供される部分の全部又は一部が11階以
上の階に存する防火対象物で、当該部分の床面積の合計が10,000㎡以上のもの
⑵　自衛消防組織設置防火対象物の用途に供される部分の全部が10階以下の階に
存し、かつ、当該部分の全部又は一部が５階以上10階以下の階に存する防火対
象物で、当該部分の床面積の合計が20,000㎡以上のもの
⑶　自衛消防組織設置防火対象物の用途に供される部分の全部が４階以下の階に
存する防火対象物で、当該部分の床面積の合計が50,000㎡以上のもの
ロ　地階を除く階数が５以上10以下の防火対象物で、次に掲げるもの
⑴　自衛消防組織設置防火対象物の用途に供される部分の全部又は一部が５階以
上の階に存する防火対象物で、当該部分の床面積の合計が20,000㎡以上のもの
⑵　自衛消防組織設置防火対象物の用途に供される部分の全部が４階以下の階に
存する防火対象物で、当該部分の床面積の合計が50,000㎡以上のもの
ハ　地階を除く階数が４以下の防火対象物で、自衛消防組織設置防火対象物の用途
に供される部分の床面積の合計が50,000㎡以上のもの
3　同令別表第１（16の２）項に掲げる防火対象物で、延べ面積が1,000㎡以上のも
の

【正解５】

問題41　消防法第４条の資料提出命令権について記したものであるが、この中か
ら誤っているものを選べ。

1　資料提出命令の権限を有するのは、消防長又は消防署長であり、消防本部を置
かない市町村においては消防団長である。

消　防　法　　　　　171

2　資料の提出を命じる相手方「関係者」とは、防火対象物の所有者、管理者又は占有者である。

3　具体的な火災危険がなくとも、一般的、抽象的な火災危険性が存在すれば命ずることができる。

4　提出させる資料は、火災予防の観点から必要な一切の文書図画であり、消防対象物の構造、設備、従業員数などが含まれている。

5　資料提出命令は、状況により文書又は口頭のいずれでも差し支えない。

着眼点 ▶　資料提出を命じる権限を有する者は消防長又は消防署長であり、消防本部を置かない市町村においては消防法第３条の読替えにより市町村長である。

解説　消防職員は命令権者となることができない。

【正解１】

問題42　防災管理者に関する記述であるが、次の中から誤っているものを選べ。

1　防災管理上必要な業務を適切に遂行することができる管理的又は監督的な地位にある者

2　甲種防火管理講習を修了した者で、防災管理に関する講習を修了した者

3　大学で防災に関する学科を修めて卒業し、かつ、１年以上の防火管理の実務経験を有する者で、さらに１年以上防災管理の実務経験を有する者

4　市町村の消防職員で、管理的又は監督的な職に２年以上あった者

5　総務省令で定める防災管理者として必要な学識経験を有する者

着眼点 ▶　消防法施行令第47条第１項により、選択肢４の市町村の消防職員で、管理的又は監督的な職に１年以上あった者である。

解説　制度上、防災管理者は防火管理者とは別の資格であり、二つを同時に取得できる講習を受講した場合でも、二つの修了証が交付されている。

【正解４】

問題43　消防法の命令違反などに対する罰則について記したものであるが、この中から誤っているものを選べ。

1　消防法第５条第１項（防火対象物に対する火災予防措置命令）に違反した行為者には、懲役２年以下又は200万円以下の罰金、両罰規定により法人に対しては１億円以下の罰金

2　消防法第５条の２第１項（防火対象物の使用禁止命令等）に違反した行為者には、懲役３年以下又は300万円以下の罰金、両罰規定により法人に対しては１億

172　　　　　　　　　消　防　法

円以下の罰金

3　消防法第5条の3第1項（防火対象物に対する危険排除のための措置命令）に
違反した行為者には、懲役1年以下又は100万円以下の罰金、両罰規定により法
人に対しては100万円以下の罰金

4　消防法第8条第3項（防火管理者選任命令）に違反した行為者には、懲役6月
以下又は50万円以下の罰金、両罰規定により法人に対しては50万円以下の罰金

5　消防法第10条第1項（危険物の無許可貯蔵）に違反した行為者には、懲役1
年以下又は100万円以下の罰金、法人に対しての両罰規定はなし

| 着眼点 ▶ | 消防法第10条第1項の違反に対しては、同法第41条第1項第3号及び両罰規定の第45条第2号により、法人に対しても3,000万円以下の罰金刑を定めている。 |

| 解説 | 選択肢1～4は命令違反に対する罰則であり、選択肢5は行為そのものに対する罰則である。 |

【正解5】

問題44　消防法第8条の2の2に定める防火対象物定期点検報告制度に関する記
述のうち、次の中から誤っているものを選べ。

1　点検義務者は、防火対象物の管理について権原を有する者である。

2　消防法第8条に該当する特定防火対象物のうち、収容人員が300人以上のもの
は点検義務がある。

3　防火対象物の点検実施者は、防火管理者である。

4　消防法第8条に該当する特定防火対象物のうち、地階又は3階以上の階に特定
用途があり、かつ、階段が屋内1系統のみのものは点検義務がある。

5　防火対象物点検資格者により点検対象事項が点検基準に適合していると認めら
れた防火対象物には、その旨を表示することができる。

| 着眼点 ▶ | 防火対象物点検資格者は、火災予防に関する専門的知識を有し、一定期間以上の実務経験を有する者であって、点検資格者として必要な知識及び技能を修得させるための登録講習機関（総務大臣の登録を受けた機関）の行う講習を修了したものとしている。なお、防火管理者は3年以上の実務経験が必要である。 |

| 解説 | 防火対象物点検資格者講習の受講資格者は次のとおりである（消防法施行規則第4条の2の4第4項）。 |

受講資格者	実務経験
消防設備士	3年以上
消防設備点検資格者	3年以上

消　防　法　　　　　　　　173

防火管理者	3年以上
甲種防火管理講習又は乙種防火管理講習修了者	5年以上
建築基準適合判定資格者	2年以上
特定建築物調査員・建築設備検査員・防火設備検査員	5年以上
一級建築士又は二級建築士	5年以上
建築設備士	5年以上
火災予防に関する業務に従事する市町村の消防職員	1年以上
市町村の消防職員	5年以上
市町村の消防団員	8年以上
特定行政庁の職員（防火に関する業務に限る）	5年以上
消防庁長官が認める者（未制定）	

【正解3】

問題45　消防法第8条の2の3に定める防火対象物の点検及び報告の特例認定について記したものであるが、この中から正しいものを選べ。

1　防火対象物の管理について権原を有する者が防火対象物の管理を開始した時から2年が経過していること。

2　過去3年以内に特例認定の取消しを受けたことがなく、又は受けるべき事由が現にないこと。

3　過去1年以内に法令違反により消防法令に基づく命令を受けたことがなく、又は受けるべき事由が現にないこと。

4　5年以内に、虚偽の報告をしたことがないこと。

5　過去2年以内に防火対象物点検資格者による点検の結果、点検事項に適合していないと認められたことがあること。

着眼点▶　選択肢1は2年ではなく3年、選択肢3は1年ではなく3年、選択肢4は5年ではなく3年、選択肢5は2年ではなく3年である。

解説　消防法第8条の2の3第1項で、防火対象物の点検及び報告の特例の要件を規定している。

【正解2】

問題46　防火対象物の点検及び報告の特例認定の失効、取消しについて記したものであるが、この中から誤っているものを選べ。

174　　　消　防　法

1　管理権原者又は防火管理者に変更があったときは失効する。
2　不正な手段で特例認定を受けたことが判明したときは、取り消される。
3　特例認定を受けてから３年が経過したときは失効する。
4　消防法違反で命令を受けたときは、取り消される。
5　消防法第８条の２の２に基づく、点検基準に適合しなくなったときは、取り消される。

着眼点▶　消防法第８条の２の３第４項、第６項で、特例認定の失効及び取消しを規定している。なお、失効要件の中に、防火管理者の変更は含まれていない。

解説　法人の代表者の交代は、管理権原者の変更には該当しない。

【正解１】

問題47　防火対象物の避難上必要な施設の管理について記したものであるが、この中から誤っているものを選べ。

1　百貨店など特定防火対象物の管理について権原を有する者だけが義務者となる。
2　消防法施行令別表第１に掲げる防火対象物（同表⒅項から⒇項を除く。）の管理について権原を有する者が義務者となる。
3　避難上必要な施設とは、廊下、階段、避難口その他の避難上必要な施設である。
4　避難の支障になる物件が放置され、又はみだりに存置されないようにする。
5　防火戸はその閉鎖に支障になる物件が放置され、又はみだりに存置されないようにする。

着眼点▶　消防法施行令別表第１に掲げる防火対象物（同表⒅項から⒇項を除く。）の管理について権原を有する者が義務者となるのであって、特定防火対象物に限定はされない。

解説　消防法第８条の２の４及び同令第４条の２の３で、避難上必要な施設の管理について規定している。

【正解１】

問題48　防炎性能を有する防炎対象物品を使用しなければならない防火対象物として、次の中から誤っているものを選べ。

1　高層建築物（高さ31ｍを超える建築物）
2　地下街（(16の２)項）
3　工事中の建築物

消　防　法　　　　　　　　　　175

4　テレビスタジオ（⑿項ロ）

5　複合用途防火対象物（⒃項イ）

着眼点▶　消防法第8条の3第1項及び同令第4条の3で、防炎対象物品を使用しなければ
　　　　ならない防火対象物について規定している。
　　　　　複合用途防火対象物（⒃項イ）については、特定用途部分が該当する。

解説　高層建築物では、高さ31mを超える部分だけではなく全体で防炎物品の使用が義務
　　付けられる。

【正解5】

問題49　防災管理に関する講習についての記述であるが、次の中から誤っている
　　　　ものを選べ。

1　甲種防火管理新規講習と防災管理新規講習を併せて行う場合は、おおむね14
　時間である。

2　防災管理新規講習は、おおむね4.5時間である。

3　防災管理再講習は、おおむね2時間である。

4　防災管理に関する講習は、新規講習と再講習である。

5　甲種防火管理再講習と防災管理再講習を併せて行う場合は、おおむね3時間で
　ある。

着眼点▶　消防法施行規則第51条の7第3項により、選択肢1の講習時間はおおむね12時間
　　　　である。

解説　平成22年12月14日公布の消防法施行規則の一部を改正する省令により、受講者の負
　　担軽減の観点から講習内容の効率化を図ることとし、講習科目及び講習時間の基準の
　　見直しや講習科目の一部免除拡大等を実施した。

【正解1】

問題50　次は、消防法上代執行の対象となり得るものを列挙したものであるが、
　　　　適当でないものはどれか。

1　消防法第3条第1項の屋外における危険物、その他危険のある物件の除去命令
　義務

2　消防法第5条の防火対象物等の除去命令義務

3　消防法第12条の3の製造所等の緊急使用停止命令義務

4　消防法第16条の6の無許可貯蔵危険物の除去命令義務

5　消防法第17条の4の消防用設備等の設置、維持命令義務

着眼点▶　緊急使用停止命令義務は、義務者に不作為義務を命ずることなので代執行の対象

176 消 防 法

とはなり得ない。

> 解説　代執行とは、法令（法律及び命令若しくは条例を含む。）により直接命じられた
> か、又は法令の規定に基づき行政庁によって命じられた行政庁の事務のうち、他人が
> 代わって行うことができる代替的作為義務について、義務者がこれを履行しない場
> 合、行政庁が義務者の行うべき義務を行い、又は第三者をしてこれを行わせ、それに
> 要した費用を義務者から徴収することをいい、行政上の義務を確保するための実効あ
> る手段として、現在最も強力な手段である。
> 　このように代執行は、行政上の義務の存在とその義務の不履行を前提とする措置で
> あるから、消防法第3条第2項に基づく措置のような義務を前提としないものは代執
> 行とはいえない。
> 　消防法上は、選択肢のほか、同法第12条第2項の製造所等の改修、移転等の命令に
> よる義務が考えられる。
> 　また、代執行が行われる要件には、①法令により直接に命じられ、又は法令に基づ
> く行政行為により命じられた義務が履行されないこと、②他の手段によってその履行
> を確保することが困難で、③かつ、その不履行を放置することが著しく公益に反する
> と認められるとき（行政代執行法第2条）という三要件が必要である。
> 　なお、選択肢5は代替的作為義務とは言い得ても、相手方の防火対象物内に施工業
> 者を入れさせることになるため、現実的には代執行は困難である。

【正解3】

問題51　次は、消防法第3条による屋外の火災予防措置命令についての記述であ
るが、誤っているものはどれか。

1　火遊び、喫煙、たき火、火を使用する設備若しくは器具（物件に限る。）又は
その使用に際し火災の発生のおそれのある設備若しくは器具（物件に限る。）の
使用、その他これらに類する行為の禁止、停止若しくは制限又はこれらの行為を
行う場合の消火準備

2　残火、取灰又は火粉の始末

3　屋外観覧場の入場制限

4　危険物又は放置され、若しくはみだりに存置された燃焼のおそれある物件の除
去その他の処理

5　放置され、又はみだりに存置された物件の整理又は除去

> **着眼点 ▶**　屋外観覧場をはじめ劇場、映画館等の定員規制を行っている防火対象物で定員を
> 著しく超過した入場等、火災予防上人命危険がある場合は、消防法第5条により防
> 火対象物の使用停止あるいは制限等の対象となり、同法第3条の対象とはならな
> い。

消　防　法　　　　　　177

解説　同法第3条は、火災発生の具体的危険又は消防活動上の具体的障害ありと認める場合に行い得るもので、その判定はあくまで命令権者に任せられているわけであるが、比例の原則を考慮して発令しなければならないことは自明である。すなわち、火災予防上一般に制限措置で十分であると考えられるものについて禁止処分をしたり、整理措置で十分であると考えられるものについて除去処分をなすようなことは、違法な命令となるので注意しなければならない。

【正解3】

問題52　「防災管理者として必要な学識経験を有すると認められる者」についての記述であるが、次の中から誤っているものを選べ。

1　一級建築士の資格を有する者で、1年以上の防火管理の実務経験を有するもの
2　労働安全衛生法に規定する安全管理者として選任された者
3　市町村の消防団員で、3年以上管理的又は監督的な職にあった者
4　警察官で、3年以上管理的又は監督的な職にあった者
5　鉱山保安法に規定する保安管理者として選任された者

着眼点▶　選択肢1の一級建築士の資格を有する者は、1年以上の防火管理の実務経験及び1年以上の防災管理の実務経験を有するものである（消防法施行規則第51条の5）。

解説　これにより防災管理者となる者は、防災管理講習を受講する必要がない。

【正解1】

問題53　防災管理者の責務についての記述であるが、次の中から誤っているものを選べ。

1　防災管理者は、防災管理上必要な業務を行うときは、必要に応じて管理権原者の指示を求め、誠実にその職務を遂行しなければならない。
2　防災管理者は、防災管理に係る消防計画を作成し届け出なければならない。
3　防災管理者は、消防計画を作成し、これに基づいて避難の訓練その他防災管理上必要な業務を行わなければならない。
4　避難訓練は年2回以上実施し、実施後に消防機関へ通報しなければならない。
5　防災管理者の選任又は解任した場合には、届け出なければならない。

着眼点▶　選択肢4の避難訓練は年1回以上実施し、実施する際には消防機関に通報しなければならない。

解説　消防法施行令第48条各項及び同規則第51条の8第3項、第51条の9

【正解4】

178　　　　　　　　　　消　防　法

問題54　火災調査に係る記述について、この中から誤っているものを選べ。

1　火災調査で知り得た個人等の秘密をみだりに他に漏らしてはならない。

2　火災調査は、消防法に定める権限に基づき行うものである。

3　火災調査においては、いかなる場合も民事関係に立ち入ることがあってはならない。

4　火災調査を行う場合においては、不当に個人の権利を侵害し、又は自由を制限することがないようにする。

5　火災の調査は、火災が鎮火してから開始されるものである。

着眼点▶　選択肢5の火災調査は、消防機関が火災を覚知した時点から開始されるものである。

解説　通報内容や現場到着した消防隊の見聞した現場の状況なども、調査の資料となる。

【正解5】

問題55　消防法第5条による防火対象物に対する火災予防措置命令で、適当でないものはどれか。

1　防火対象物の関係図書提出命令

2　防火対象物の改修命令

3　防火対象物の除去命令

4　防火対象物の工事の停止命令

5　防火対象物の移転命令

着眼点▶　関係図面等の提出は、資料提出命令（消防法第4条）によって行うことが正しい。

解説　防火対象物に対する火災予防措置命令は、防火対象物の位置、構造、設備又は管理の状況について、火災の予防に危険であると認める場合、消火、避難その他の消防の活動に支障になると認める場合、火災が発生したならば人命に危険であると認める場合その他火災の予防上必要があると認める場合には、権限を有する関係者に対し、当該防火対象物の改修、移転、除去、工事の停止又は中止その他の必要な措置をなすべきことを命ずることができる。

【正解1】

問題56　消防用設備等又は特殊消防用設備等の設置維持命令に関する次の記述のうち、正しいものを選べ。

1　命令を受ける者は、所有者、管理者、占有者の全てである。

2　命令権者は、消防長、消防署長、消防本部を置かない市町村にあっては、都道

消　防　法　　　　　　　　　　　　179

府県知事である。

3　命令に違反して消防用設備等を設置しなかった者は、50万円以下の罰金又は拘留に処せられる。

4　消防長又は消防署長は、消防用設備等が技術基準に従って維持されていないと認める場合は、防火対象物の全ての関係者に対して、必要な措置を講ずるよう命ずることができる。

5　消防長、消防署長は、当該命令をした場合において、標識の設置、公報への掲載、その他の方法により、その旨を公示しなければならない。

着眼点▶　選択肢1は消防法第17条の4に関係者（所有者、管理者、占有者）で権原を有する者（命令の内容を法律上正当に履行できる者）としている。選択肢2は都道府県知事ではなく市町村長である。選択肢3は同法第41条で1年以下の懲役又は100万円以下の罰金である。選択肢4は防火対象物の関係者で権原を有する者に対して、命令することができる。

解説　選択肢5のその他の方法には、消防本部ホームページへの掲載などがある。

【正解5】

問題57　消防法第5条の2による使用停止命令を取り消す旨の判決があった場合、損失を補償するものとして、次のうち正しいものはどれか。

1　市町村
2　都道府県
3　市町村長
4　都道府県知事
5　消防庁長官

着眼点▶　消防法第5条の2の規定による命令を取り消す旨の判決があった場合において、当該命令によって生じた損害に対しては、時価により当該市町村が負担しなければならない。

解説　同法第5条第1項又は第5条の2第1項による命令が判決で取り消された場合及び防火対象物の位置、構造、設備又は管理の状況が法令に違反していない場合に、命令によって生じた損失を市町村に補償させることにより、国民の権利救済の保全を図ることとしている（同法第6条第2項、第3項、第4項）。

【正解1】

問題58　消防法上の命令が有効、適法であるための要件として、次のうち妥当でないものはどれか。

1　命令権者の表示が正しいこと。

180 消　防　法

2　命令書が受命者に到達していること。

3　命令内容が明確であること。

4　履行期限が妥当であること。

5　命令の履行方法を指示すること。

着眼点 ▶　命令で規制できる範囲を逸脱することは、違法な命令となる。

解説　消防法上の命令違反は、定められた履行期限内に命令事項を履行しなかったときに成立し、終了するが、その命令発動には、種々留意しなければならない点が選択肢のほかに次のような点がある。
　1　受命者の特定に間違いのないこと。
　2　命令が警察比例の原則にあっていること。
　3　命令の形式が整っていること。
　4　命令を発動する前の事前手続を履行していること（例：製造所等の使用停止命令（同法第12条の2）については、基準遵守命令を事前に発動しておく必要がある。）。

【正解5】

問題59　次のうち、消防法第8条の2の2に定める防火対象物点検制度に関する記述として、正しいものを選べ。

1　資格、実務の経験等を偽ったと分かっても、防火対象物点検資格者の資格の停止はあるが資格を失うことはない。

2　管理権原者は、防火対象物点検結果を防火管理維持台帳に記録し、保存しなければならない。

3　防火対象物の点検は、防災管理者が行わなければならない。

4　収容人員が500人の工場は、防火対象物点検を実施しなければならない。

5　防火対象物点検資格者は、登録講習機関が発行する免状の交付を受けた日から3年以内ごとに講習を受講しないと、資格を失う。

着眼点 ▶　選択肢1は防火対象物点検資格者の資格を失う。選択肢3は防火対象物の点検は管理権原者が防火対象物点検資格者に点検させなければならない。選択肢4は防火対象物の点検は特定用途の防火対象物で収容人員が300人以上のものである。選択肢5は登録講習機関が発行する免状の交付を受けた日以後における最初の4月1日から5年以内ごとに講習を受講しないと、防火対象物点検資格者の資格を失う。

解説　本制度は、2001年の東京都新宿区歌舞伎町ビル火災を契機に、防火管理制度の充実強化策として設けられた。

【正解2】

消　防　法　　　　　　　　　181

問題60　消防法第17条の４に定める消防用設備等に対する措置命令に関する記述
で、誤っているものはどれか。

1　市町村の付加条例で定める消防用設備等の規制は、本命令の対象になる。

2　本命令は、消防用設備等が設置されていない場合、又は設置されているが技術
上の基準に不適合な場合に発動される。

3　消防用設備等が設置される建築物が、建築基準法上の確認手続きを欠いている
場合でも本命令の対象になる。

4　消防用設備等の設置、維持がなされていないことをもって、直ちに刑罰が科せ
られるものではなく、本命令に違反した場合に刑罰の対象となるものである。

5　本命令違反があった場合でも、消防長及び消防署長は代執行を行うことができ
ない。

着眼点▶　消防用設備等の未設置又は改修命令等は、他人（消防機関等）が代わって行うこ
とができる特定的、具体的義務、すなわち、代替的作為義務であるから法理論的に
は代執行が可能である。

解説　代執行とは、法令により直接命じられ、又は法令の規定により行政庁により命じら
れた行政上の義務のうち、他人が代わって行うことのできる代替的作為義務につい
て、これを義務者が履行しない場合、義務者に代わって行政庁又は第三者をしてこれ
を行わせ、それに要した費用を義務者から徴収することをいう。したがって、消防用
設備等の未設置等は、理論的には可能である。しかし、実務上、営業補償や施工期間
等の困難な問題があり、可能性が乏しい。また、代執行を行った例を聞知したことは
ない。
　参考までに消防法上、代執行が実務上現実に可能とされる主な例を挙げると、次の
ようなものがある。
1　屋外の危険物、物件除去命令による義務（消防法第３条第１項）
2　防火対象物内における避難障害物件等の除去命令による義務（同法第５条の３）
3　無許可危険物の除去命令による義務（同法第16条の６）

【正解5】

問題61　消防法第５条の２による防火対象物の使用停止命令を消防署長の名にお
いて発動した場合の審査請求先と審査請求期間の組合せで、正しいものは
どれか。

1　消防長──30日

2　市町村長──30日

3　都道府県知事──60日

4　消防庁長官──60日

182 消 防 法

5 総務大臣──30日

着眼点 ▶ 　本条に規定する命令についての審査請求ができる期間は、行政不服審査法の例外
として、命令を受けた日の翌日から起算して30日を経過するまでである（消防法第
5条の4）。また、消防署長には上級行政庁として消防長及び市町村長が存在する
が、消防署長名で使用停止命令等を行った場合の審査請求は、これらのうち最上級
行政庁である市町村長に対して行うこととなる（行政不服審査法第4条第4号）。
なお、全部改正前の行政不服審査法では、この場合の審査請求は、消防署長の直近
上級行政庁である消防長に対して行うこととされていた（旧行政不服審査法第5条
第2項）。

解説 　本条の規定による命令についての審査請求に関する審査請求期間は、人命に対する
危険性を速やかに排除しようとするために30日を経過するまでとしているもので、事
件の迅速な処理を図るものである。そのため、行政不服審査法に基づく審査請求期間
が3月を経過するまでと定めている点と異なるものである。

【正解2】

問題62 　防災管理対象物の点検等についての記述であるが、次の中から誤ってい
るものを選べ。

1 　点検は、1年に1回以上行っている。

2 　3年以上の実務経験を有する防災管理者で、総務大臣の登録を受けた法人の実
施する講習の課程を修了した者は、防災管理点検資格者である。

3 　防災管理点検の基準を満たしていれば、防災管理点検の表示を付することがで
きる。

4 　点検結果は消防長又は消防署長に報告しなければならない。

5 　点検を行った場合には、結果を防災管理維持台帳に記録し、防災管理者の防災
管理再講習の修了証の写し、各種届出書の写し等の関係書類とともに保存しなけ
ればならない。

着眼点 ▶ 　防災管理点検の表示を付すことができるのは、1年に1回以上防災管理点検を
行っていること及び防災管理点検基準を満たしていることの2要件を満たしていな
ければならない（消防法施行規則第51条の12、第51条の15）。

解説 　防火管理対象物の点検等の規定が、準用されている。

【正解3】

問題63 　消防法第4条第1項に定める立入検査の対象として妥当でないものは、
次のうちどれか。

1 　公衆の出入りする場所

消　防　法　　　　　　　　183

2　毒劇物貯蔵施設
3　特殊可燃物貯蔵施設
4　危険物許可施設
5　少量危険物施設

着眼点▶　危険物許可施設は、消防法第16条の5に基づく立入検査の対象である。
　　　　　　なお、本条に基づく対象は、許可を受けずに指定数量以上の危険物を貯蔵又は取
　　　　り扱っていると認められる場所も該当するが、指定数量以上であるか否かはっきり
　　　　しない場合は、同法第4条に基づく立入検査の対象となる。

解説　同法第4条第1項は、消防職員の立ち入れる対象として「あらゆる仕事場、工場若
　　　しくは公衆の出入する場所その他の関係ある場所」と規定していることから、全ての
　　　消防対象物は立入検査の対象となる。したがって、個人の住居もその例外ではない
　　　（この場合、緊急時以外相手の承諾を必要とする。）。しかし、危険物許可施設等につ
　　　いては、前述のとおり別個の根拠を有するのでそれによる。

【正解4】

問題64　消防が行う火災原因等の調査権と警察が行う捜査権との記述で、誤って
　　　　いるものは次のうちどれか。
1　調査権は、火災の原因及び損害を決定するための権限である。
2　調査権は、犯罪に関連する放火又は失火の原因に関するもののみならず、これ
　　と関連のない火災についてもその内容とする。
3　調査権の行使に際しては、任意的ではあるが質問権が付与されているので、一
　　種の任意捜査的性格を有する。
4　捜査権は、公訴を提起するための権限である。
5　捜査権には、令状請求権が付与されていない。

着眼点▶　火災捜査にかかわらず司法警察員等には、刑事訴訟法第218条第4項により、強
　　　　制捜査を行うための令状請求権がある。

解説　消防は、火災原因等の調査によって、火災原因及び損害の決定を行うとともに、放
　　　火又は失火の犯罪の疑いがある場合は、捜査機関の捜査の端緒を導き、又は捜査と並
　　　行して火災調査を行うため、捜査との関連が極めて深い。

【正解5】

問題65　防災管理関係の罰則についての記述であるが、次の中から正しいものを
　　　　選べ。
1　防災管理者は選任・解任届出を怠った者は、50万円以下の罰金又は拘留
2　防災管理者選任命令に違反した者は、1年以下の懲役又は50万円以下の罰金

184　　　　　　　　　　　　消　防　法

3　防災管理業務適正執行命令に違反した者は、1年以下の懲役又は100万円以下
の罰金

4　防災対象物点検を報告せず、又は虚偽の報告をした者は、50万円以下の罰金
又は拘留

5　防災管理者選任命令に違反した者に対しては、懲役と罰金を併科することがで
きない。

着眼点 ▶　選択肢3は、消防法第41条第1項第2号による。

解説　選択肢1及び4は、同法第44条第8号及び第11号、選択肢2及び5は、同法第42条
第1項第1号及び同条第2項による。

【正解3】

問題66　火災調査権に基づき権限行使できない対象物として正しいものは、次の
うちどれか。

1　河川航行中の船舶

2　大使館

3　自衛隊の施設

4　原野

5　競馬場

着眼点 ▶　外交特権を認められている者が勤務し、居住等する施設である大使館、公使館及
び米軍の駐留施設等は、我が国の火災調査権は及ばないので、相手の了解の上で火
災調査を実施する場合がある。

解説　火災調査権は、消防法第7章に規定するとおり、一般的には、日本の領土内で発生
した火災は全て調査権が及ぶものであるが、外交特権を認められている者が勤務等す
る施設においては、司法権も含めて権限が及ばないものとされている。なお、自衛隊
の施設は、原則として各種届け出から危険物規制等全てにおいて、同法が適用され
る。

【正解2】

問題67　火災による被害財産の調査を行うことのできる者の組合せとして、妥当
なものは、次のうちどれか。

1　消防長、消防署長、消防団長

2　市町村長、消防長、関係保険会社の認めた代理人

3　都道府県知事、市町村長、消防長

4　消防長、消防署長、関係保険会社の認めた代理人

消　防　法　　　　185

5　市町村長、消防署長、警察署長

着眼点▶　消防法第33条は、「消防長又は消防署長及び関係保険会社の認めた代理者は、火災の原因及び損害の程度を決定するために火災により破損され又は破壊された財産を調査することができる。」と規定している。
　　　　なお、被害財産の調査には、火災による直接損害に限らず、消防隊の消火活動や救助活動及び避難の際に発生した損害を含めると解されている。

解説　被害財産の調査権は消防長及び消防署長だけでなく、関係保険会社の認めた代理人にもその権限を認めているのは、公法関係と私法関係を別体系で立法する我が国の慣習からすると異質な立法形式である。これは、戦後アメリカの法体系を受けて同法ができた経緯からこのような発想が入ったものと考えられる。

【正解4】

問題68　消防法上の立入検査の法的義務性について、次の記述で誤っているものはどれか。

1　立入検査規定は、立入検査権の所在を明示した権限付与規定ではなく、直接、権限の行使を義務付けた規定である。

2　立入検査権の行使の必要性は、消防対象物の用途、規模、構造等の危険性を火災予防上の見地から総合的に消防長等が判断するものとされている。

3　立入検査等の作用は警察作用であるため、行政目的を達成するために必要最小限にとどめなければならないという理論上の制約がある。

4　立入検査は、消防対象物における法令の履行状況や火災危険の有無等について把握し、所要の行政措置をとり得るための権限である。

5　立入検査は、抽象的な火災危険の存在をもって立ち入れるように立法上配慮されている。

着眼点▶　消防法第4条の立法形式は、「火災予防のために必要があるときは、……検査させ……質問させることができる。」という権限付与規定で、同法第31条の「……火災の原因……に着手しなければならない。」という権限の行使を義務付けしたものとは相違する。

解説　立入検査権は、法令の履行状況を確認するための行政監督機能を有するものであるから、消防法上の義務として受動的に行われるものではなく、消防機関の客観的経験則に基づき行政上必要と認めた対象物に適時適切に、その権限が行使されるものである。すなわち、火災予防上の見地から消防長等の行政判断（裁量）に委ねられるもので、その判断は、消防対象物の用途、規模、構造、収容人数等及び消防体制等を総合的に判断して、検査場所、検査回数等が決定されるものである。しかし、可能な限り立入検査を実施し、火災予防目的の実現を図るべき行政上の責務があることはもちろんである。

【正解1】

消　防　法

問題69　次の消防法第４条に定める立入検査に関する記述で、誤っているものはどれか。

1　立入検査時における写真撮影行為は、消防組織法第１条を根拠に事実行為として行うことが可能であるから、関係者から拒否された場合でも強行することができるほか、罰則の適用をもって対処できる。

2　建築基準法違反を主管行政庁に通報することは、みだりに秘密を漏らしたことにはならない。

3　査察員の過失により防火対象物の施設や設備に損傷を与えた場合は、国家賠償の責任を問われることがある。

4　立入検査の拒否等に際し、消防職員に対して暴行を加えた場合、刑法の公務執行妨害罪及び消防法の立入検査妨害罪が考えられるが、消防法違反は補完的規定の性質をもっていることから公務執行妨害罪のみが成立する。

5　消防法第４条に基づく質問は、任意行為であり罰則の担保はない。したがって、拒否された場合は強制できないことはもちろん、罰則の適用を求めることもできない。

着眼点▶　立入検査時における写真撮影行為は、消防法第４条の立入検査の機能には含まれていない。しかし、火災予防上必要と認める場合も考えられるので、消防組織法第１条を根拠に事実行為として行うことは可能である。その場合には、関係者に同意を求める必要はないが、拒否された場合はこれを強行することはできないし、罰則の適用もない。

解説　各選択肢の要点は次のとおり。
選択肢２　建築基準法等の防災関係法令をその主管する行政庁へ通報することは、安全を確保することから正当な行為として秘密をみだりに漏らしたことにはならない。
選択肢３　査察員の過失により防火対象物の施設や設備に損傷を加えたり、人身に傷害を加えた場合は、過失と損害発生の因果関係によって国家賠償責任を問われることもあり得る。
選択肢４　立入検査拒否に際し、消防職員に暴行を加えた場合は、公務執行妨害罪と立入検査妨害罪の両方が成立するように考えられるが、消防法のそれは、公務執行妨害罪の補完的性格を持つところから、これに至らない程度の行為を想定しているので、公務執行妨害罪のみが成立する。
選択肢５　質問権は、相手方に対し法的効果及び強制力を有しないので、相手方は答弁すべき義務を負わず、また、罰則をもって間接的に強制されることもない。

【正解１】

消　防　法　　　　　　　　　187

問題70　火災調査の目的として妥当でないものは、次のうちどれか。

1　出火原因を調査して、以後の火災予防対策資料とする。

2　火災を広く広報して、類似火災の防止と被害の軽減を図る。

3　火災の拡大要因を調査して、警防対策の資料とする。

4　火災の発生要因を調査して、防火管理の指導資料とする。

5　検察庁等の関係機関の資料照会に応える。

着眼点▶　裁判所や検察庁からそれぞれの根拠法令に基づき、資料照会される場合があるが、これらは副次的なもので、消防法上火災調査の目的とは関係のないものである。

解説　火災の原因や損害、また、延焼拡大要因等を調査することは、火災予防行政を執行していく上で、極めて重要なことである。すなわち、調査結果を基に建築同意や立入検査時に適切な指導ができるし、平常時の消防力の体制確立等、貴重な資料を提供してくれる。また、火災調査は、時間の経過とともにその困難性を増幅することから、消防隊の現場到着と同時に着手するなど目的の達成に努力することが必要である。

【正解5】

問題71　次は、消防法第5条、第5条の2、第5条の3の命令の対象となるものを列挙したものであるが、これに該当しないものはどれか。

1　防火対象物の使用禁止

2　避難障害物件の除去

3　屋外に放置された危険物の除去

4　劇場における入場制限

5　火気設備器具の使用禁止

着眼点▶　屋外に放置された危険物の除去の根拠は、消防法第3条によるもので第5条によるものではない。

解説　同法第5条関係は、消防長又は消防署長は、防火対象物の位置、構造、設備又は管理の状況について、火災の予防に危険であると認める場合、消火、避難その他の消防の活動に支障になると認める場合、火災が発生したならば人命に危険であると認める場合その他火災の予防上必要があると認める場合には、権限を有する関係者（特に緊急の必要があると認める場合においては、関係者及び工事の請負人又は現場管理者）に対し、当該防火対象物の改修、移転、除去、工事の停止又は中止その他の必要な措置をなすべきことを命ずることができることになっている。

　この規定は、火災予防上、具体的な火災発生危険がある場合又は火災が発生したならば具体的な人命危険がある場合に、公益優先の見地から一部関係者の権利を制限してでも安全を確保しようとしたものである。

【正解3】

188 消 防 法

問題72 次は、消防法第31条に関する記述であるが、誤っているものはどれか。

1 本条に定める権限行使者は、消防吏員である。

2 本条に定める火災調査には、原因調査と損害調査がある。

3 原因調査の対象には、火災発生原因のほか、延焼拡大原因も含まれる。

4 損害調査の対象には、被災のための休業による損害は含まれない。

5 本条は権限行使者に火災調査を義務付けた規定である。

着眼点 ▶ 本条の権限行使者は、消防長又は消防署長である。

> **解説** 本条は、火災調査を「不幸にして発生してしまった火災から得られる教訓を今後の各種消防施策にフィードバックさせるための重要な手段」としてとらえ、消防長及び消防署長に火災調査を行うことを義務付けたものである。本条のポイントとしては、権限行使者は誰であり、どのような調査内容を行うかを覚えておくことである。
> 　選択肢2は正しい。消防法第31条参照。
> 　選択肢3は正しい。なお、原因調査は、放火及び失火の場合もその対象となる。同法第35条参照。
> 　選択肢4は正しい。ほかに、消火のために要した費用、焼跡の整理費等も含まれない。
> 　選択肢5は正しい。同法第31条参照。

【正解1】

問題73 次の記述のうち、誤っているものはどれか。

1 失火の疑いのある火災原因調査の主たる責任及び権限は、消防長又は消防署長にある。

2 放火犯罪があると認められる火災の原因調査の主たる責任及び権限は、警視総監・道府県警察本部長又は警察署長にある。

3 消防署長が火災原因調査に従事中に失火の犯罪があると認めるときは、直ちに所轄警察署にその旨を通報し、必要な証拠の保全に努めなければならない。

4 警察官が放火の被疑者を逮捕したときには、消防署長は事件が検察官に送致されるまでは、火災原因調査に関し質問をすることができる。

5 警察署に拘留中の被疑者に火災原因に関する質問を行う際には、警察官の捜査に支障を来してはならない。

着眼点 ▶ 放火犯罪があると認められる火災の原因調査の責任及び権限も、消防長又は消防署長にある。

消　防　法　　　　　189

> **解説**　放火及び失火火災調査現場においては、「火災調査」を行う消防機関と「犯罪捜査」を行う警察機関とが競合する場合がある。そこで、消防法第35条及び第35条の２では、その際の役割分担について規定している。ポイントとして、火災原因調査については、消防機関に責任と権限があるという点が挙げられる。
> 　　選択肢１は正しい。同法第35条第１項参照。
> 　　選択肢３は正しい。同法第35条第２項参照。
> 　　選択肢４は正しい。同法第35条の２第１項参照。
> 　　選択肢５は正しい。同法第35条の２第２項参照。

【正解２】

問題74　夜間ある消防署に、「うちのビルに入るテナントの一室（飲食店、17時00分から24時00分まで営業）が、普段から階段に物を置くなど、火災が発生した際には非常に危険なので、消防で一言いってほしい」という苦情が寄せられた。次は、電話を受けた消防司令の階級にある消防吏員Ａがとるべき対応についての記述であるが、誤っているものはどれか。

1　この場合には、一般人からの通報なので「民事不介入の原則」から、消防吏員による立入検査の対象にはならない。

2　このビルについて防火管理者が選任されている場合には、その者に対して改善措置を命ずることができる。

3　このビルについて防火管理者が選任されていない場合でも、テナントに改善措置を命ずることができる。

4　この場合、避難障害となる物の撤去は、それを置いたテナントの関係者に直接命ずることができる。

5　問題のテナント部分についても立入検査を行う場合、事前通告がなくても検査できる。

着眼点▶　一般人からの通報であっても、その内容から「火災予防のために必要がある」と消防長又は消防署長が判断できる場合には、消防法第４条に基づき立入検査の対象となる。

> **解説**　選択肢２は正しい。防火管理業務適正執行命令を下命することができる（同法第8条第４項）。
> 　　選択肢３は正しい。火災発生時に避難障害による具体的な人命危険が予想される場合には、必要な措置を命ずることができる（同法第５条）。
> 　　選択肢４は正しい。必要な措置は、権原を有する関係者に命じることができる（同法第５条）。
> 　　選択肢５は正しい。全ての消防対象物について、事前通告は不要である。

【正解１】

190 消 防 法

問題75 危険部施設の分類として誤りはどれか。

1 石油精製プラント　製造所

2 屋外タンク　貯蔵所

3 タンクローリー　取扱所

4 ガソリンスタンド　取扱所

5 パイプライン　取扱所

着眼点 ▶ タンクローリーは、移動タンク貯蔵所である。

解説 危険物施設には、製造所、貯蔵所、取扱所がある（消防法第10条）。ガソリンスタンドは、営業用給油取扱所である。

【正解3】

問題76 次の記述のうち、誤っているものを選べ。

1 火気を使用する設備、器具等に対する規制は、消防法施行令で定める基準に従い市町村条例で定められる。

2 住宅の用途に供される防火対象物の関係者は、住宅用防災機器を設置し、維持しなければならない。

3 圧縮アセチレンガス、液化石油ガスは、消防法以外の規制があるので貯蔵、取扱いについて消防署に届け出る必要はない。

4 指定数量未満の危険物の貯蔵及び取扱いの技術上の基準は、市町村条例で定められる。

5 指定可燃物の貯蔵及び取扱いの技術上の基準は、市町村条例で定められる。

着眼点 ▶ 圧縮アセチレンガス、液化石油ガスなどの火災予防又は消火活動に重大な支障を生ずるおそれのある物質を貯蔵し、又は取り扱う者は、あらかじめ、所轄消防長又は消防署長に届け出なければならない（消防法第9条の3）。

解説 同法第9条の2で住宅への住宅用防災機器の設置が義務付けられている。

【正解3】

問題77 次は、消防法第12条の2に定める製造所等の許可の取消しを命じる場合について記したものであるが、この中で許可の取消しに該当しないものはどれか。

1 保安監督者を定めていないとき

2 保安に関する検査を受けていないとき

3 定期点検を実施していないとき

消　防　法　　　　　191

4　完成検査を受けないで使用したとき

5　許可を受けないで危険物施設の位置、構造又は設備を変更したとき

着眼点▶　危険物保安監督者を定めないで事業を行った者は、懲役6月以下又は罰金50万円以下（消防法第42条第1項第4号）の処罰対象となるが、危険物施設の許可の取消し案件には該当しない。

解説　これらの事由は、取消命令とともに期間を定めての使用停止命令の対象ともなる。

【正解1】

問題78　危険物取扱者試験事務を行わせる場合の総務大臣の指定要件について記したものであるが、この中から誤っているものを選べ。

1　一般社団法人又は一般財団法人であること。

2　刑法、消防法などの法律に違反して、刑に処せられ、その執行を終わり、又は執行を受けることがなくなった日から起算して2年を経過した者であること。

3　消防法第13条の18第1項又は第2項の規定により、指定を取り消され、その取消しの日から起算して2年を経過した者であること。

4　事務の実施に関する計画が適正かつ確実な実施に必要な経理的及び技術的基礎を有するものであること。

5　試験事務以外の業務を行っている場合には、試験事務が不公正になるおそれがないこと。

着眼点▶　総務大臣の指定要件では、法律違反は消防法に違反して、刑に処せられた者であり、刑法に違反した者は該当しない（消防法第13条の6）。

解説　現在この指定を受けているのが、（一財）日本消防試験研究センターである。

【正解2】

問題79　消防法に定める危険物に関わる規制が適用されないものについて記したものであるが、この中から誤っているものを選べ。

1　航空機による危険物の貯蔵、取扱い

2　船舶による危険物の貯蔵、取扱い

3　鉄道又は軌道による危険物の貯蔵、取扱い

4　航空機等に対する外部からの燃料の給油

5　石油パイプラインの導管、タンク等

着眼点▶　危険物の規制に関する適用除外は、航空機や船舶の内部における危険物の貯蔵、取扱い及び運搬並びに鉄道や軌道上の危険物の貯蔵、取扱い及び運搬である（消防法第16条の9）。

192　　　　　　　　　　　　　　消　防　法

航空機等に対する外部からの給油又は外部の施設等への航空機等からの給油については適用除外ではなく、同法の規定が適用される。

> **解説**　石油パイプライン事業法第40条により、導管、タンク等については同法の規定は適用されない。

【正解4】

問題80　次の消防法違反の事案で、両罰規定により法人に対して処罰を求めることのできないものはどれか。

1　製造所等の無許可設置（消防法第11条第1項）

2　製造所等の使用停止命令違反（消防法第12条の2第1項、第2項）

3　無資格者の危険物の取扱い（消防法第13条第3項）

4　危険物の無資格移送（消防法第16条の2第1項）

5　合格表示のない検定対象機械器具の販売（消防法第21条の2第4項）

着眼点▶　製造所、貯蔵所及び取扱所においては、危険物取扱者以外の者は、甲種危険物取扱者又は乙種危険物取扱者が立ち会わなければ、危険物を取り扱ってはならないことになっている。これに違反すると、消防法第42条により6月以下の懲役又は50万円以下の罰金に処せられる。しかし、この規定には、法人等に対しての両罰規定は存在しない。

> **解説**　両罰規定は、業務主体である法人又は自然人の代表者、代理人あるいは使用人が、業務主体の業務に関して違法行為をしたとき、現実の行為者を罰するほか、業務主体である法人又は自然人の代表者等に対しても罰金刑を科する旨の規定で、業務主体とりわけ法人等に刑事責任を負わせる根拠規定となっている。
> 　なお、両罰規定は、罰金刑のみである。

【正解3】

問題81　消防法上の権限の中で覊束行為に属さないと認められるものは次のうちどれか。

1　製造所等の設置又は変更の許可

2　製造所等の完成検査済証の交付

3　予防規程の認可

4　消防用機械器具等の型式承認

5　製造所等の仮使用承認

着眼点▶　消防法第11条第5項ただし書による製造所等の仮使用承認は、市町村長等において火災発生危険又は延焼拡大危険の有無等公益上の観点から判断して承認（許可）が行われるので、裁量行為のうちの法規裁量行為である。

消　防　法　　　　　　　193

解説　羈束行為とは、行政法規が行政処分の要件や効果を一義的な概念で規定し、一定の要件に該当する事実があれば必ず一定の行為を行うよう義務付けられている場合をいう。

消防法上では、製造所等の設置又は変更の許可、完成検査済証の交付、予防規程の認可、危険物取扱者及び消防設備士の免状交付などや届出書の受理行為等がある。

一方、裁量行為とは、行政法規が行政処分の要件や効果について、多義的あるいは抽象的な概念で定めて行政庁が自己の裁量によってその要件に該当するか否か、一定の行為をなすべきか否か等裁量により行われる行為をいう。

なお、裁量行為は、裁量の程度により羈束裁量（法規裁量）と自由裁量（便宜裁量）とに分けられる。

【正解5】

問題82　次は、消防法第10条第1項の危険物の仮貯蔵・仮取扱いの「承認」について述べたものであるが、誤っているものはどれか。

1　承認の基準を内規で定めることは可能である。

2　承認の基準に違反して承認がなされても違法とはならない。

3　承認は、羈束行為である。

4　承認は、許可の性質を有する。

5　承認の際、相手方に付款（負担）を課すことができる。

着眼点▶　消防法第10条第1項のただし書による危険物の仮貯蔵・仮取扱いの承認は、製造所等の許可のような法上の具体的な承認基準がなく、消防長及び消防署長において危険物の量、性質又は周囲の状況から判断して、火災予防上又は消防活動上の支障の有無を判断するものであるから法規裁量行為である。

解説　問題81の解説参照。

【正解3】

問題83　次の消防法の権限の中で、総務大臣が権限を有しているものはどれか。

1　危険物の無許可施設等に対する措置命令

2　危険物取扱者免状の返納命令

3　救急業務実施の要請

4　火災警報の発令

5　建築許可等の同意

着眼点▶　消防法第16条の6では、「市町村長等は、……第11条第1項前段の規定による許可を受けないで指定数量以上の危険物を貯蔵し、又は取り扱つている者に対して……危険物の除去その他危険物による災害防止のための必要な措置をとるべきことを命ずることができる。」としているが、ここでいう市町村長等とは、同法第11条

194 消 防 法

第２項に市町村長、都道府県知事及び総務大臣を「市町村長等」としていることから総務大臣も当該権限を有しているものといえる。

> **解説** 消防法上総務大臣の権限に属する事項としては、次のようなものがある。
> 1 製造所等の設置変更の許可等（同法第11条第１項第４号）
> 2 危険物の貯蔵又は取扱いに関する命令（同法第11条の５）
> 3 製造所等の基準維持義務、措置命令（同法第12条）
> 4 製造所等の使用停止命令（同法第12条の２）
> 5 製造所等の緊急使用停止命令（同法第12条の３）
> 6 予防規程の認可（同法第14条の２）
> 7 立入検査等（同法第16条の５第１項）
> 8 無許可施設等に対する措置命令（同法第16条の６）

【正解１】

問題84 消防法第16条の５に定める危険物の収去に係る記述の中で、次のうち誤っているものはどれか。

1 危険物製造所等において貯蔵し、又は取り扱っている危険物が申請許可された危険物の品名と同一のものであるかの試験を行うためのものである。

2 許可された危険物が変質等により危険な状態になっていないかどうかを試験するためのものである。

3 収去することができる危険物は、製造所等の設置申請に係る品名の危険物だけである。

4 「収去」とは、行政機関において、危険物、薬品等を検査又は試験に供する必要がある場合、その必要の限度内において強制的に取り去ることを内容とする処分をいう。

5 財産的価値がほとんど問題にならない程度のごく微量であること、また、危険物のような社会公共に対する危険性を持つものの財産権には、それ相応の社会的な義務又は責任が内在することなどから、憲法第29条の財産権の侵害とはならないと考えられる。

着眼点▶ 選択肢３は、危険物がどのようなものであるかの確認であるため、収去し得る危険物は、製造所等の設置又は変更の許可に係る品名の危険物には限られない。

> **解説** 選択肢１、２、４、５は正しい。

【正解３】

問題85 消防法の定める災害補償が適用されるものとして、誤りはどれか。

1 消防職員から協力を求められたわけではないが、救急隊の到着前に傷病者を救

消　防　法　　　195

護した。

2　歩行中に自己とは関わりのない建物の火災に遭遇し、建物使用者の消火作業に協力した。

3　火災現場で、消防団員の要求で消火作業に従事した。

4　救急隊員から、救急業務への協力を求められて従事した。

5　地震に際して、消防吏員の要求で消火作業に従事した。

着眼点 ▶　救急業務に関しては、救急隊員から協力を要請されることが災害補償の要件となっている（消防法第36条の3、第35条の10）。

解説　実務上、119通報時に消防機関の指令室員が通報者などに応急救護を要請することは、救急隊員による救急業務の協力要請に該当するものとして、災害補償の対象となっている。

【正解1】

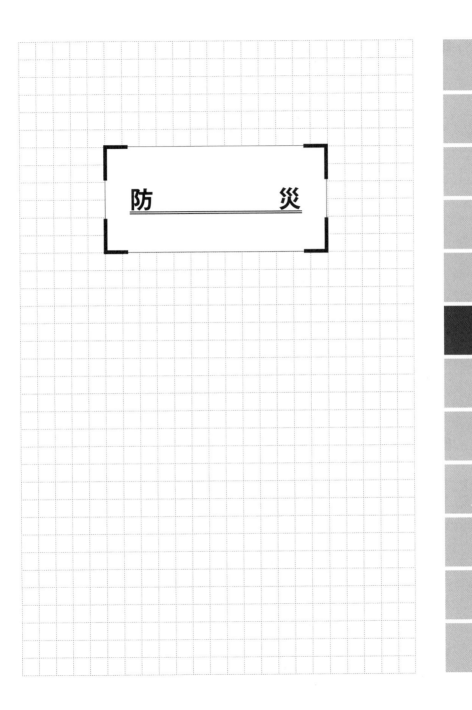

防災

防災

問題1 次は、災害対策基本法の用語を記述したものであるが、この中から誤っているものを選べ。

1 防災とは、災害を未然に防止し、災害が発生した場合における被害の拡大を防ぎ、災害の復旧を図ること。
2 防災計画とは、防災基本計画と防災業務計画の二つの計画をいう。
3 防災基本計画とは、中央防災会議が作成するものをいう。
4 防災業務計画とは、指定行政機関の長等が作成するものをいう。
5 指定行政機関とは、内閣府、宮内庁並びに内閣府設置法、宮内庁法、国家行政組織法に規定する機関で、内閣総理大臣が指定するものをいう。

着眼点 ▶ 防災計画とは、防災基本計画、防災業務計画並びに地域防災計画をいう（災害対策基本法第2条第7号）。

解説 防災計画の体系は、次のとおりである。

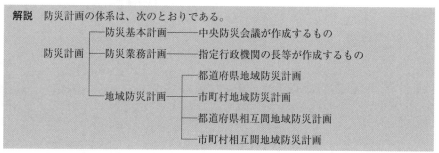

【正解2】

問題2 災害対策基本法の基本理念として規定されている事項について、次のうち誤っているものはどれか。

1 災害の発生を常に想定するとともに、災害が発生した場合における被害の最小化及びその迅速な回復を図ること。
2 住民一人一人が自ら行う防災活動及び自主防災組織その他の地域における多様な主体が自発的に行う防災活動を促進すること。
3 国、地方公共団体及びその他の公共機関の適切な役割分担及び相互の連携協力を確保すること。
4 災害に備えるための措置を適切に組み合わせて一体的に講ずること並びに科学的知見及び過去の災害から得られた教訓を踏まえて絶えず改善を図ること。
5 災害に際して、国が地方公共団体、日本赤十字社その他の団体及び国民の協力の下に、応急的に、必要な救助を行い、被災者の保護と社会秩序の保全を図ること。

防　　　災　　　　　　199

着眼点 ▶　選択肢5は、災害救助法第1条に規定する目的である。

解説　東日本大震災を受け、平成25年、災害対策基本法に新たに「基本理念」が規定された。同法第2条の2第1号から第3号に掲げられている事項は次のとおりである。
　第1号　我が国の自然的特性に鑑み、人口、産業その他の社会経済情勢の変化を踏まえ、災害の発生を常に想定するとともに、災害が発生した場合における被害の最小化及びその迅速な回復を図ること。
　第2号　国、地方公共団体及びその他の公共機関の適切な役割分担及び相互の連携協力を確保するとともに、これと併せて、住民一人一人が自ら行う防災活動及び自主防災組織（住民の隣保協同の精神に基づく自発的な防災組織をいう。以下同じ。）その他の地域における多様な主体が自発的に行う防災活動を促進すること。
　第3号　災害に備えるための措置を適切に組み合わせて一体的に講ずること並びに科学的知見及び過去の災害から得られた教訓を踏まえて絶えず改善を図ること。
　（第4号以下略）

【正解5】

問題3　災害対策基本法の基本理念として規定されている事項について、次のうち誤っているものはどれか。

1　的確に災害の状況を把握し、これに基づき人材、物資その他の必要な資源を適切に配分することにより、人の生命及び身体を最も優先して保護すること。

2　被災者の年齢、性別、障害の有無その他の被災者の事情を踏まえ、その時期に応じて適切に被災者を援護すること。

3　災害が発生したときは、速やかに、施設の復旧及び被災者の援護を図り、災害からの復興を図ること。

4　災害に備えるための措置を適切に組み合わせて一体的に講ずること並びに科学的知見及び過去の災害から得られた教訓を踏まえて絶えず改善を図ること。

5　国民の生命、身体及び財産を火災から保護するとともに、水火災又は地震等の災害を防除し、及びこれらの災害による被害を軽減すること。

着眼点 ▶　選択肢5は、消防組織法第1条に規定する消防の任務の一部である。

解説　災害対策基本法第2条の2第3号から第6号に掲げられている事項は次のとおりである。
　第3号　災害に備えるための措置を適切に組み合わせて一体的に講ずること並びに科学的知見及び過去の災害から得られた教訓を踏まえて絶えず改善を図ること。
　第4号　災害の発生直後その他必要な情報を収集することが困難なときであつても、できる限り的確に災害の状況を把握し、これに基づき人材、物資その他の必要な資源を適切に配分することにより、人の生命及び身体を最も優先して保護すること。
　第5号　被災者による主体的な取組を阻害することのないよう配慮しつつ、被災者の

年齢、性別、障害の有無その他の被災者の事情を踏まえ、その時期に応じて適切に被災者を援護すること。

第6号　災害が発生したときは、速やかに、施設の復旧及び被災者の援護を図り、災害からの復興を図ること。

【正解5】

問題4　次の組合せのうち適当でないものはどれか。

1　中央防災会議の会長──内閣官房長官

2　都道府県防災会議の会長──都道府県知事

3　市町村災害対策本部長──市町村長

4　非常災害対策本部長──内閣総理大臣

5　市町村防災会議の会長──市町村長

着眼点▶　中央防災会議の会長は、内閣総理大臣をもって充てると規定している（災害対策基本法第12条第2項）。

解説　中央防災会議は内閣府に常置され、内閣総理大臣を長として、防災基本計画を作成しその実施を推進するほか、防災に関する事項について内閣総理大臣又は内閣府設置法第9条の2に規定する特命担当大臣からの諮問に応ずるなどの事務を行う（災害対策基本法第11条）。

　また、非常災害対策本部は非常災害が発生し、又は発生するおそれがある都度、臨時に内閣府に設置され、内閣総理大臣（内閣総理大臣に事故があるときは、そのあらかじめ指名する国務大臣）を長として、指定行政機関、指定地方行政機関、地方公共団体、指定公共機関、指定地方公共機関等が実施する災害応急対策の総合調整などを行う（同法第24条～第26条）。

　都道府県及び市町村の防災会議は、都道府県知事又は市町村長を長として、地域防災計画を作成しその実施を推進するほか、当該地域に発生した災害に関する災害応急対策及び災害復旧を行う各機関間の連絡調整等を行う（同法第14条及び第16条）。

　災害対策本部は、都道府県又は市町村の地域に災害が発生した場合、都道府県知事又は市町村長を本部長として、地域防災計画に基づいて災害の予防及び応急対策を実施する（同法第23条及び第23条の2）。

【正解1】

問題5　災害対策基本法についての記述として誤っているのは、次のうちどれか。

1　特定災害対策本部の長は、特定災害対策本部長とし、内閣官房長官（内閣官房長官に事故があるときは、そのあらかじめ指名する国務大臣）をもって充てる。

2　非常災害対策本部の長は、非常災害対策本部長とし、内閣総理大臣（内閣総理大臣に事故があるときは、そのあらかじめ指名する国務大臣）をもって充てる。

防　　災　　　　201

3　緊急災害対策本部の長は、緊急災害対策本部長とし、内閣総理大臣（内閣総理
大臣に事故があるときは、そのあらかじめ指名する国務大臣）をもって充てる。

4　都道府県災害対策本部の長は、都道府県災害対策本部長とし、都道府県知事を
もって充てる。

5　市町村災害対策本部の長は、市町村災害対策本部長とし、市町村長をもって充
てる。

着眼点▶　災害対策基本法第23条の４第１項（特定災害対策本部の組織）に、特定災害対策
本部の長は、特定災害対策本部長とし、防災担当大臣その他の国務大臣をもって充
てるとされている。

解説　選択肢２は同法第25条第１項（非常災害対策本部の組織）、選択肢３は同法第28条
の３第１項（緊急災害対策本部の組織）、選択肢４は同法第23条第２項（都道府県災
害対策本部）、選択肢５は同法第23条の２第２項（市町村災害対策本部）のとおりで
ある。

【正解1】

問題6　災害対策基本法に規定する組織等と、その会長又は長に充てる者の組合
せとして、次のうち誤っているものはどれか。

1　都道府県防災会議――当該都道府県知事

2　緊急災害対策本部――内閣総理大臣

3　市町村災害対策本部――当該市町村の消防長

4　特定災害対策本部――防災担当大臣その他の国務大臣

5　中央防災会議――内閣総理大臣

着眼点▶　市町村災害対策本部の長は、市町村災害対策本部長とし、市町村長をもって充て
る（災害対策基本法第23条の２第２項）としている。

解説　都道府県防災会議の会長は、当該都道府県の知事（同法第15条第２項　都道府県防
災会議の組織）、緊急災害対策本部の長は、内閣総理大臣（内閣総理大臣に事故があ
るときは、そのあらかじめ指名する国務大臣）（同法第28条の３第１項　緊急災害対
策本部の組織）、特定災害対策本部の長は、防災担当大臣その他の国務大臣（同法第
23条の４第１項　特定災害対策本部の組織）、中央防災会議の会長は、内閣総理大臣
（同法第12条第２項　中央防災会議の組織）をもって充てるとされている。

【正解3】

問題7　災害対策基本法に定める災害時の職員の派遣に関して記した次の文のう
ち、誤っているものはどれか。

1　都道府県知事は、災害復旧のため必要があるときは、指定行政機関の長に対

し、当該機関の職員の派遣を要請することができる。

2　市町村長は、災害復旧のため必要があるときは、指定地方行政機関の長に対し、当該機関の職員の派遣を要請することができる。

3　都道府県知事は、災害復旧のため必要があるときは、内閣総理大臣に対し、指定行政機関の職員の派遣を要請することができる。

4　指定地方行政機関の長は、都道府県知事又は市町村長から当該職員の派遣の要請があったときは、その所掌事務の遂行に著しい支障のない限り、職員を派遣しなければならない。

5　市町村長は、災害応急対策のため必要があるときは、都道府県知事に対し、指定地方行政機関の職員の派遣についてあっせんを求めることができる。

着眼点 ▶　災害対策基本法の規定によれば、内閣総理大臣は、都道府県知事の求めに応じ、指定行政機関又は指定地方行政機関の職員の派遣についてのあっせんを行う（同法第30条）。

解説　都道府県知事又は都道府県の委員会、市町村長又は市町村の委員会は、指定行政機関の長又は指定地方行政機関の長に対し、当該職員の派遣を要請し、又は内閣総理大臣又は都道府県知事に対し、派遣のためのあっせんを求めることができる（同法第29条〜第31条）。

【正解3】

問題8　災害対策基本法に規定する次の機関のうち、常時設置するものはどれか。
1　災害対策本部
2　緊急災害対策本部
3　都道府県防災会議の協議会
4　都道府県防災会議
5　非常災害対策本部

着眼点 ▶　都道府県知事又は市町村長は、都道府県又は市町村の地域に災害が発生した場合（又は発生するおそれがある場合）、災害対策本部を設置することができる。災害対策本部の長は、災害対策本部長とし、都道府県知事又は市町村長をもって充てる（災害対策基本法第23条及び第23条の2）。

　緊急災害対策本部は、著しく異常かつ激甚な非常災害が発生し、又は発生するおそれがある場合において、必要があると認めるときは、内閣総理大臣が臨時に内閣府に設置する（同法第28条の2）。

　同法第105条の災害緊急事態の布告に基づく緊急災害対策本部の設置については、同法第107条を参照。都道府県（市町村）防災会議の協議会は、都道府県（市町村）相互間において、当該地域の全部又は一部にわたり相互間地域防災計画を作成することが効果的であると認められるとき、協議により規約を定めて設置するこ

防　　災　　　　　　　　　203

とができる（同法第17条）。

　都道府県防災会議は、都道府県に常時設置される機関である（同法第14条）。

　非常災害が発生し、又は発生するおそれがある場合において、必要があると認めるときは、内閣総理大臣は、臨時に内閣府に非常災害対策本部を設置する（同法第24条）。

【正解4】

問題9　災害対策基本法に定める特定災害対策本部、非常災害対策本部及び緊急災害対策本部についての記述のうち、誤っているものはどれか。

1　災害（その規模が非常災害に該当するに至らないと認められるものに限る。）が発生し、又は発生するおそれがある場合において、当該災害が、人の生命又は身体に急迫した危険を生じさせ、かつ、当該災害に係る地域の状況その他の事情を勘案して当該災害に係る災害応急対策を推進するため特別の必要があると認めるものであるときは、国務大臣は、臨時に内閣府に特定災害対策本部を設置することができる。

2　特定災害対策本部の長は、特定災害対策本部長とし、防災担当大臣その他の国務大臣をもって充てる。

3　非常災害が発生し、又は発生するおそれがある場合において、当該災害の規模その他の状況により当該災害に係る災害応急対策を推進するため特別の必要があると認めるときは、内閣総理大臣は、臨時に内閣府に非常災害対策本部を設置することができる。

4　非常災害対策本部の長は、非常災害対策本部長とし、内閣総理大臣（内閣総理大臣に事故があるときは、そのあらかじめ指名する国務大臣）をもって充てる。

5　著しく異常かつ激甚な非常災害が発生し、又は発生するおそれがある場合において、当該災害に係る災害応急対策を推進するため特別の必要があると認めるときは、内閣総理大臣は、閣議にかけて、臨時に内閣府に緊急災害対策本部を設置することができる。

着眼点▶　令和3年5月の災害対策基本法の一部改正で、非常災害対策本部の本部長を内閣総理大臣に変更、防災担当大臣を本部長とする特定災害対策本部の設置が行われた。選択肢1は同法第23条の3第1項（特定災害対策本部の設置）に、特定災害対策本部を設置できるのは国務大臣ではなく内閣総理大臣と定められている。

解説　選択肢2は同法第23条の4第1項（特定災害対策本部の組織）、選択肢3は同法第24条第1項（非常災害対策本部の設置）、選択肢4は同法第25条第1項（非常災害対策本部の組織）、選択肢5は同法第28条の2第1項（緊急災害対策本部の設置）のとおりである。

【正解1】

204 防　　災

問題10　市町村地域防災計画に関する記述のうち、適当でないものは次のうちどれか。

1　市町村防災会議は、当該市町村の地域に係る市町村地域防災計画を作成しなければならない。

2　市町村防災会議は、おおむね3年ごとに市町村地域防災計画に検討を加え、必要があると認めるときは、これを修正しなければならない。

3　市町村防災会議は、防災基本計画に基づいて市町村地域防災計画を作成し、必要があると認めるときは、これを修正しなければならない。

4　市町村地域防災計画を作成し、又は修正したときは、その要旨を公表しなければならない。

5　市町村地域防災計画は、防災業務計画又は当該市町村を包括する都道府県の都道府県地域防災計画に抵触するものであってはならない。

着眼点▶　市町村防災会議は、毎年市町村地域防災計画に検討を加えなければならない。

解説　市町村防災会議（市町村防災会議を設置しない市町村にあっては、当該市町村の市町村長。以下この条において同じ。）は、防災基本計画に基づき、当該市町村の地域に係る市町村地域防災計画を作成し、及び毎年市町村地域防災計画に検討を加え、必要があると認めるときは、これを修正しなければならない。この場合において、当該市町村地域防災計画は、防災業務計画又は当該市町村を包括する都道府県の都道府県地域防災計画に抵触するものであってはならない（災害対策基本法第42条第1項）。

市町村防災会議は、第1項の規定により市町村地域防災計画を作成し、又は修正したときは、速やかにこれを都道府県知事に報告するとともに、その要旨を公表しなければならない（同条第5項）。

【正解2】

問題11　次は、災害対策基本法に定める地域防災計画の種別を列挙したものであるが、誤っているものはどれか。

1　特定地域防災計画

2　市町村地域防災計画

3　市町村相互間地域防災計画

4　都道府県相互間地域防災計画

5　都道府県地域防災計画

着眼点▶　地域防災計画の中には、特定地域防災計画は掲げられていない。

解説　災害対策基本法第2条に定める地域防災計画は次のとおりである。

1　都道府県地域防災計画——都道府県の地域につき、当該都道府県の都道府県防災会議が作成するもの。

防　　　災　　　205

　　2　市町村地域防災計画——市町村の地域につき、当該市町村の市町村防災会議又は市町村長が作成するもの。
　　3　都道府県相互間地域防災計画——2以上の都道府県の区域の全部又は一部にわたる地域につき、都道府県防災会議の協議会が作成するもの。
　　4　市町村相互間地域防災計画——2以上の市町村の区域の全部又は一部にわたる地域につき、市町村防災会議の協議会が作成するもの。

【正解1】

問題12　地域防災計画に関する次の文のうち、正しいものはどれか。
1　市町村地域防災計画は、市町村議会が作成する。
2　都道府県地域防災計画を作成しようとするときは、当該都道府県内の市町村長に協議しなければならない。
3　市町村地域防災計画を修正しようとするときは、都道府県知事に協議しなければならない。
4　地域防災計画は、おおむね5年ごとに検討を加え、必要があるときは修正しなければならない。
5　市町村地域防災計画を作成し、又は修正したときは、それを都道府県知事に報告しなければならない。

着眼点▶　市町村地域防災計画は、市町村防災会議が作成する。
　　都道府県地域防災計画の作成（又は修正）に際しては、従来は「内閣総理大臣に協議」することとされていたが、平成23年5月の改正で、作成（又は修正）したときは「速やかに内閣総理大臣に報告」し、「要旨を公表しなければならない」とされた。
　　同様に、市町村地域防災計画を修正（又は作成）したときは、市町村防災会議は速やかに都道府県知事に報告するとともに、その要旨を公表しなければならない。
　　地域防災計画は「毎年」検討を加え、必要があると認めるときは修正しなければならない。（災害対策基本法第40条及び第42条）

【正解5】

問題13　次は、市町村地域防災計画で定める事項であるが、誤っているものはどれか。
1　防災施設の新設又は改良、防災のための調査研究、教育及び訓練に関する事項
2　情報の収集及び伝達、災害に関する予報又は警報の発令及び伝達、避難、消火、水防、救難、救助、衛生に関する事項
3　災害復旧に関する事項
4　石油コンビナートなど特別防災区域の災害予防、応急対策に関する事項

206 防　　災

5　災害の予防、応急対策、復旧等に要する設備、資金等の整備、備蓄、配分、輸送、通信等に関する事項

着眼点 ▶　特別防災区域は石油コンビナート等災害防止法第32条第1項の規定により市町村地域防災計画の対象から除外されている。特別防災区域については、石油コンビナート等防災計画が作成される。

解説　市町村地域防災計画は、市町村防災会議の所掌事務で、防災基本計画に基づいて作成される。大きく、災害の予防に関する事項、応急対策に関する事項、復旧に関する事項に分けられる。社会情勢の変化に沿った計画にするため毎年検討を加え、必要があるときは修正しなければならない。

【正解4】

問題14　次は、災害対策基本法に定める災害予防の項目を列挙したものであるが、この中から誤っているものを選べ。

1　防災に関する組織の整備に関する事項
2　防災に関する教育及び訓練に関する事項
3　防災に関する物資及び資材の備蓄、整備及び点検に関する事項
4　防災に関する施設及び設備の整備、点検に関する事項
5　緊急輸送の確保に関する事項

着眼点 ▶　緊急輸送の確保に関する事項は、災害応急対策の項目である（災害対策基本法第50条第1項第8号）。

解説　同法第46条に定める災害予防は、次のとおりである。
　　1　防災に関する組織の整備に関する事項
　　2　防災に関する教育及び訓練に関する事項
　　3　防災に関する物資及び資材の備蓄、整備及び点検に関する事項
　　4　防災に関する施設及び設備の整備及び点検に関する事項
　　5　災害が発生し、又は発生するおそれがある場合における相互応援の円滑な実施及び民間の団体の協力の確保のためにあらかじめ講ずべき措置に関する事項
　　6　要配慮者の生命又は身体を災害から保護するためにあらかじめ講ずべき措置に関する事項
　　7　前各号に掲げるもののほか、災害が発生した場合における災害応急対策の実施の支障となるべき状態等の改善に関する事項

【正解5】

問題15　次のうち、地震防災緊急事業5箇年計画を定めた法律はどれか。

1　災害対策基本法
2　地震防災対策特別措置法

防　　災　　　　　207

3　大規模地震対策特別措置法

4　大都市震災対策推進要綱

5　災害救助法

着眼点▶　地震防災対策特別措置法第2条（地震防災緊急事業5箇年計画の作成等）による。

解説　阪神・淡路大震災を契機として地震観測・予知体制の強化に重点を置いて議員立法として国会に提出され、平成7年7月に施行された。都道府県は、地震防災上緊急に整備すべき施設等について、平成8年度以降を初年度とする5箇年計画を作成することができる。

整備対象施設等は、同法第3条に定められ、避難地、避難路、消防用施設、緊急輸送に必要な道路・交通管制施設・ヘリポートなど、地域防災拠点施設、防災行政無線設備、備蓄倉庫等20項目にわたる。

【正解2】

問題16　災害対策基本法に規定する「指定避難所」について述べた次の記述のうち、誤っているものはどれか。

1　指定避難所の指定は、市町村長が行う。

2　指定避難所の指定を行う場合には、当該指定避難所の管理者の同意を得なければならない。

3　指定避難所の指定は、洪水、津波等の異常な現象の種類ごとに行わなければならない。

4　市町村長は、指定避難所の指定をしたとき、その旨を、都道府県知事に通知するとともに、公示しなければならない。

5　指定避難所と指定緊急避難場所とは、相互に兼ねることができる。

着眼点▶　洪水、津波等の異常な現象の種類ごとに指定を行わなければならないとされているのは、指定避難所ではなく、指定緊急避難場所である（災害対策基本法第49条の4第1項）。

解説　選択肢1は同法第49条の7第1項に、選択肢2及び4は同条第2項において準用する同法第49条の4第2項及び第3項に、選択肢5は同法第49条の8にそれぞれ規定されている。

【正解3】

問題17　災害対策基本法に定める市町村長の権限として次のうち誤っているものはどれか。

1　避難の指示

208 防　災

2　警戒区域の設定
3　区域内の土地、工作物等の一時使用、収用
4　災害に関する警報の伝達のための通信設備の優先利用
5　災害時における交通の規制

着眼点▶　災害時における交通の禁止及び制限の措置ができるのは、都道府県公安委員会である（災害対策基本法第76条）。

解説　避難の指示等は同法第60条、警戒区域設定権は同法第63条に、一時使用、収用は同法第64条に、また、警報の伝達のための通信設備の優先利用に関しては同法第57条に、それぞれ規定がある。

【正解5】

問題18　災害対策基本法に定める被害状況等の報告内容として、次の中から誤っているものを選べ。

1　災害の原因
2　災害発生日時
3　災害発生場所
4　被害程度
5　復旧日数

着眼点▶　被害状況等の報告内容には、復旧日数は含まれていない。

解説　災害対策基本法施行令第21条に定める内容は次のとおりである。
　　1　災害の原因
　　2　災害が発生した日時
　　3　災害が発生した場所又は地域
　　4　被害の程度
　　5　災害に対しとられた措置
　　6　その他必要な事項

【正解5】

問題19　次は、災害対策基本法に定める災害応急対策の項目を列挙したものであるが、誤っているものはどれか。

1　災害を受けた児童及び生徒の応急の教育に関する事項
2　防災に関する施設及び設備の整備及び点検に関する事項
3　警報の発令及び伝達並びに避難の勧告又は指示に関する事項
4　施設及び設備の応急の復旧に関する事項
5　緊急輸送の確保に関する事項

防　災　　　　　　　209

着眼点▶　防災に関する施設及び設備の整備及び点検に関する事項は、災害予防の項目である（災害対策基本法第46条第1項第4号）。

解説　指定行政機関の長など災害応急対策の実施の責任を有する者は、法令又は防災計画の定めるところにより、災害応急対策に従事する者の安全の確保に十分に配慮して、災害応急対策を実施しなければならない（同法第50条第2項）。災害応急対策の項目としては、選択肢1、3〜5のほか、次のようなものがある。
・消防、水防その他の応急措置に関する事項
・被災者の救難、救助その他保護に関する事項
・廃棄物の処理及び清掃、防疫その他の生活環境の保全及び公衆衛生に関する事項
・犯罪の予防、交通の規制その他災害地における社会秩序の維持に関する事項
・上記項目のほか、災害の発生の防御又は拡大の防止のための措置に関する事項

【正解2】

問題20　次は、災害対策基本法施行規則に定める被害の程度に関する報告のうち、人的被害項目を列挙したものであるが、この中から誤っているものを選べ。

1　軽傷者の数
2　中等傷者の数
3　重傷者の数
4　行方不明者の数
5　死者の数

着眼点▶　人的被害の中には中等傷者の数は定めていない。

解説　災害対策基本法施行規則第2条第2項に定める被害の程度に関する報告のうち、人的被害に関するものは、次のとおりである（同規則別表第1）。
　　1　死者の数
　　2　行方不明者の数
　　3　重傷者の数
　　4　軽傷者の数

【正解2】

問題21　災害対策基本法施行規則に定める都道府県及び市町村が報告する被害の程度に関する報告事項として、次のうち誤っているものはどれか。

1　人的被害に関する事項
2　住家の被害に関する事項
3　非住家の被害に関する事項
4　田畑、林野の被害に関する事項

210 防　災

5　その他の被害に関する事項

着眼点 ▶　被害の程度に関する報告事項には、林野は含まれない。

解説　都道府県及び市町村が行う被害の程度に関する報告事項としては、選択肢1～3の
　　　ほかに「田畑の被害に関する事項」「り災者に関する事項」「被害額に関する事項」が
　　　掲げられている。なお、選択肢5「その他の被害に関する事項」の内容としては「イ
　　　道路決壊箇所数　ロ　橋梁流失箇所数　ハ　堤防決壊箇所数　ニ　鉄道不通箇所数
　　　ホ　被害船舶数　ヘ　その他の被害」が掲げられている（災害対策基本法施行規則
　　　別表第1）。

【正解4】

問題22　災害救助法について述べた次の文のうち、誤っているものはどれか。

1　この法律は、都道府県等が指定行政機関、日本赤十字社その他の団体及び国民
　の協力の下に、応急的に必要な救助を行い、災害により被害を受け又は被害を受
　けるおそれのある者の保護と社会の秩序の保全を図ることを目的としている。

2　都道府県等は、災害救助基金を積み立てておく義務がある。

3　都道府県等は、他の都道府県等の都道府県知事等により行われた救助の応援の
　ため支弁した費用について、当該他の都道府県等に対して求償することができ
　る。

4　都道府県知事等は、救助又はその応援に関して日本赤十字社に委託することが
　できる。日本赤十字社は救助に協力しなければならない。

5　指定行政機関の長は、防災業務計画に基づき救助を行うため、公用令書を交付
　して、物資の生産等を業とする者にその取り扱う物資の保管を命じたり、必要な
　物資を収用することができる。

着眼点 ▶　災害救助法は、災害が発生し、又は発生するおそれがある場合において、国が地
　　　　方公共団体、日本赤十字社その他の団体及び国民の協力の下に、応急的に、必要な
　　　　救助を行い、災害により被害を受け又は被害を受けるおそれのある者の保護と社会
　　　　の秩序の保全を図ることを目的としている（同法第1条）。

解説　災害救助基金の積立義務は同法第22条、応援のため支弁した費用については同法第
　　　20条、日本赤十字社への救助又はその応援に関する委託については同法第16条、日本
　　　赤十字社の協力義務は同法第15条、指定行政機関の長及び指定地方行政機関の長の物
　　　資の保管命令、物資の収用については同法第5条にそれぞれ規定されている。

【正解1】

問題23　次は、災害対策基本法に定める被害状況等の報告体系を列挙したもので
　　　　あるが、この中から正しいものを選べ。

防　　災

1　市町村は、被害状況等を内閣総理大臣に報告する。

2　都道府県は、被害状況等を内閣総理大臣に報告する。

3　指定公共機関の代表者は、被害状況等を都道府県に報告する。

4　指定行政機関の長は、被害状況等を中央防災会議に報告する。

5　都道府県、指定公共機関の代表者又は指定行政機関の長は、被害状況等を非常
災害対策本部長に報告する。

着眼点 ▶ 　都道府県がする被害状況等の報告先は内閣総理大臣である。

解説　災害対策基本法第53条に定める被害状況等の報告体系は、次のとおりである。
1　市町村は都道府県に報告する（都道府県に報告できない場合は、内閣総理大臣に
報告する）。
2　都道府県は、内閣総理大臣に報告する。
3　指定公共機関の代表者は、内閣総理大臣に報告する。
4　指定行政機関の長は、内閣総理大臣に報告する。
5　内閣総理大臣は、市町村、都道府県、指定公共機関の代表者、指定行政機関の長
から報告を受けたときは、中央防災会議に通報する。

【正解 2】

問題24　災害対策基本法に定める災害が発生するおそれがある異常な現象を発見
した者の通報先として、次の中から正しいものを選べ。

1　市町村長、警察官、海上保安官

2　都道府県知事、市町村長、警察官

3　市町村長、消防官、警察官

4　消防官、警察官、海上保安官

5　都道府県知事、市町村長、消防官

着眼点 ▶ 　災害対策基本法上の発見者の通報先は、市町村長又は警察官若しくは海上保安官
である。

解説　災害対策基本法第54条第1項に、「災害が発生するおそれがある異常な現象を発見
した者は、遅滞なく、その旨を市町村長又は警察官若しくは海上保安官に通報しなけ
ればならない。」と定めている。

【正解 1】

問題25　災害救助法に規定する都道府県知事等の権限として、次のうち誤ってい
るものはどれか。

1　他の都道府県知事等に対して応援をするよう指示すること。

2　都道府県知事は、救助を迅速に行うため、救助の実施に関する事務の一部を災

害発生市町村等の長が行うこととすることができる。

3 医療、土木建築工事又は輸送関係者を救助業務に従事させること。

4 物資の生産等を業とする者に対し、その取り扱う物資を保管するよう命ずること。

5 都道府県知事等は、救助を要する者及び近隣の者を救助に関する業務に協力させることができる。

着眼点 ▶ 都道府県知事等が行う救助について、他の都道府県知事等に対し、その応援をするよう指示することができるのは、内閣総理大臣である（災害救助法第14条）。

解説 救助に関する事務の災害発生市町村等の長への一部委任は同法第13条第1項、医療、土木建築工事等の関係者を救助業務に従事させることに関しては同法第7条第1項、物資の保管命令は同法第9条、救助を要する者及び近隣の者を救助業務に協力させることについては同法第8条で、都道府県知事等の権限として規定されている。

【正解1】

問題26 災害対策基本法に規定する市町村長の権限として、次のうち誤っているのはどれか。

1 警戒区域設定権

2 通信設備の優先使用権

3 災害派遣の要請の要求

4 他の市町村長等に対する応援の要求

5 雨水出水に係る水位情報の通知及び周知

着眼点 ▶ 雨水出水に係る水位情報の通知及び周知は、水防法第13条の2に規定する都道府県知事又は市町村長の義務である。

解説 市町村長は、特に必要があると認めるときは、警戒区域を設定して、災害応急対策に従事する者以外の者に対して立入りを制限し、若しくは禁止し、又は退去を命ずることができる（災害対策基本法第63条）。

緊急かつ特別な必要があるときは、市町村長のほか都道府県知事、指定地方行政機関の長又は指定行政機関の長は、電気通信設備を優先的に使用することができる（同法第79条）。

なお、同法第79条は災害が発生した場合であるが、警報の伝達等の場合でも、都道府県知事及び市町村長は、通信設備の優先利用が認められている（同法第57条）。

同法第68条の2では、市町村長は、当該市町村の地域に係る災害が発生し、又はまさに発生しようとしている場合において、応急措置を実施する必要があると認めるときは、都道府県知事に対し、自衛隊法第83条第1項の規定による要請をするよう求めることができるとされている。

市町村長等は、その地域に発生し、又は発生するおそれがある災害の災害応急対策

防　　災　　　　　　　　213

を実施するため必要と認めるときは、他の市町村長等に対して応援を求めることができる（災害対策基本法第67条）。

【正解 5】

問題27　災害対策基本法では、災害が発生し又は発生しようとしている場合、特に必要と認めるときは警戒区域を設定し、区域内への立入り禁止又は退去を命ずることができるが、その命令権者として最も適当なものを選べ。

1　内閣総理大臣
2　都道府県知事
3　市町村長
4　警察署長
5　消防署長

着眼点▶　災害対策基本法第63条に定める立入り禁止又は退去命令権者は、市町村長である。

解説　同条第1項に、市町村長の立入りの制限若しくは禁止又は退去命令を定め、同条第2項に、市町村長又はその委任を受けた市町村の職員が現場にいないとき、又はこれらの者から要求があった場合は、警察官又は海上保安官が前記の職権を行うことができる。

【正解 3】

問題28　災害対策基本法において、市町村の地域に係る災害が発生し、又はまさに発生しようとしているとき又は場合に、当該市町村長の行う応急措置等についての記述のうち、誤っているものは次のうちどれか。

1　法令又は地域防災計画の定めるところにより、消防、水防、救助その他災害の発生を防禦し、又は災害の拡大を防止するために応急措置をすみやかに実施しなければならない。
2　応急措置を実施するため、又は応急措置が的確かつ円滑に行われるようにするため必要があると認めるときは、市町村長は指定行政機関の長若しくは指定地方行政機関の長又は当該都道府県の他の執行機関、指定公共機関若しくは指定地方公共機関に対し、応急措置の実施を要請し、又は求めることができる。この場合において、応急措置の実施を要請された指定行政機関の長又は指定地方行政機関の長は、正当な理由がない限り、応急措置の実施を拒んではならない。
3　人の生命又は身体に対する危険を防止するため特に必要があると認めるときは、市町村長は、警戒区域を設定し、災害応急対策に従事する者以外の者に対し

て当該区域への立入りを制限し、若しくは禁止し、又は当該区域からの退去を命ずることができる。

4　応急措置を実施するため緊急の必要があると認めるときは、当該市町村の区域内の住民又は当該応急措置を実施すべき現場にある者を当該応急措置の業務に従事させることができる。

5　応急措置を実施するため緊急の必要があると認めるときは、政令で定めるところにより、当該市町村の区域内の他人の土地、建物その他の工作物を一時使用し、又は土石、竹木その他の物件を使用し、若しくは収用することができる。

着眼点▶　選択肢2は災害対策基本法第70条第3項（都道府県の応急措置）に規定されている都道府県知事の権限であり、同法第62条（市町村の応急措置）にはこのような記述はない。

解説　選択肢1は同法第62条（市町村の応急措置）、選択肢3は同法第63条第1項（市町村長の警戒区域設定権等）、選択肢4は同法第65条第1項、選択肢5は同法第64条第1項（応急公用負担等）のとおり。

【正解2】

問題29　災害対策基本法に定める災害時の市町村長の権限に関し、次のうち誤っているものはどれか。

1　災害発生時の災害応急対策を実施するため、他の市町村長に対し、応援を求めること。

2　区域内の住民に応急措置の業務に従事させること。

3　災害が発生した地域の必要と認める居住者等に避難のための立退きを指示すること。

4　災害が発生するおそれのあるとき、警察官若しくは海上保安官に出動を命ずること。

5　災害に対し応急措置を実施するため、都道府県知事に応急措置の実施を要請すること。

着眼点▶　警察官、海上保安官に対しては出動を「求める」こととされており、命ずることはできない（災害対策基本法第58条）。出動の準備又は出動を命じなければならない対象は消防機関若しくは水防団である。

【正解4】

問題30　市町村の地域に係る災害が発生したとき、災害対策基本法に規定する当該市町村長がとることのできる措置として、次のうち適当でないものはどれか。

防　　災　　　　　　　　215

1　人命及び身体を災害から保護するため、必要と認める地域の必要と認める居住者等に対し、避難のための立ち退きを命ずること。

2　警戒区域を設定し、関係者以外の者の立ち入りを制限又は禁止すること。

3　当該市町村の区域内の他人の土地、建物等を一時使用し、又は収用すること。

4　当該市町村の区域内の住民等に応急措置の業務に従事させること。

5　他の市町村の市町村長等に対し、応援を求めること。

着眼点 ▶　災害対策基本法に関する問題である。同法第60条では、市町村長の避難の指示等について規定しており、「避難のための立退きを指示することができる」としている。

解説　法律的には「指示」とされているが、実際的には指揮又は命令に準ずるものと理解されている。
　　　警戒区域設定権等については同法第63条に、応急公用負担等については同法第64条に、人的公用負担については同法第65条に、また、他の市町村長等に対する応援の要求については同法第67条にそれぞれ規定されている。

【正解1】

問題31　災害対策基本法に規定する、市町村長が行うことができる「応急公用負担」について述べた次の文のうち、誤っているものはどれか。

1　災害について応急の措置を実施する必要があると認めたときは、他人の土地や建物等を一時的に使用することができる。

2　災害についての応急の措置を実施するために支障となる工作物等があるときは、それを除去することができる。

3　工作物等を除去し保管したときは、これを返還するため、所定の事項を公示しなければならない。

4　除去した工作物等を保管することが不可能又は適当でないと認められるときは、これを売却して、その代金を保管することができる。

5　工作物等の保管、売却、公示等に要した費用は、当該市町村の負担とする。

着眼点 ▶　災害対策基本法第64条の規定では、応急公用負担に基づいて除去した工作物等の保管、公示、又は破損、保管が不適当等の理由で売却に要した費用は、当該工作物等の返還を受けるべき占有者、所有者等の権原を有する者の負担とし、更に、その費用の徴収は行政代執行法を適用できるとしている。

【正解5】

問題32　次は、災害救助法に定める救助の種類を列挙したものであるが、この中から誤っているものを選べ。

216 防 災

1 避難所及び応急仮設住宅の供与
2 炊き出しその他による食品の給与及び飲料水の供給
3 医療及び介護
4 被災した住宅の応急修理
5 生業に必要な資金、器具又は資料の給与又は貸与

着眼点 ▶ 医療と併せて定められているのは助産である。

解説 災害救助法第4条第1項に定める救助の種類は、次のとおりである。
  1 避難所及び応急仮設住宅の供与
  2 炊き出しその他による食品の給与及び飲料水の供給
  3 被服、寝具その他生活必需品の給与又は貸与
  4 医療及び助産
  5 被災者の救出
  6 被災した住宅の応急修理
  7 生業に必要な資金、器具又は資料の給与又は貸与
  8 学用品の給与
  9 埋葬
  10 その他政令で定めるもの

【正解3】

問題33 災害対策基本法施行規則に定める市町村及び都道府県が行う被害状況等の報告の中で、住家被害に関する事項を列挙したものであるが、次の中から誤っているものを選べ。

1 全壊（全流失、全埋没、全焼失を含む）棟数、この居住者の人員及び世帯数
2 半壊（半流失、半埋没、半焼失を含む）棟数、この居住者の人員及び世帯数
3 部分破壊（一部流失、一部埋没、一部焼失を含む）棟数、この居住者の人員及び世帯数
4 床上浸水棟数、この居住者の人員及び世帯数
5 床下浸水棟数、この居住者の人員及び世帯数

着眼点 ▶ 住宅被害の項目では、部分破壊棟数ではなく、一部破損棟数を報告することになっている。

解説 災害対策基本法施行規則第2条第2項に定める市町村及び都道府県が報告する住家被害の項目は、次のとおり（同規則別表第1）である。
  1 全壊（全流失、全埋没、全焼失を含む）棟数、この居住者の人員及び世帯数
  2 半壊（半流失、半埋没、半焼失を含む）棟数、この居住者の人員及び世帯数
  3 一部破損棟数、この居住者の人員及び世帯数
  4 床上浸水棟数、この居住者の人員及び世帯数

防　　災　　　　　217

　　5　床下浸水棟数、この居住者の人員及び世帯数
　　　なお、非住家の被害項目は、全壊又は半壊（流失、埋没、焼失を含む）棟数であ
　　る。

【正解3】

問題34　次は、災害対策基本法に定める災害応急対策の事項を列挙したものであ
　　　　るが、誤っているものを選べ。
1　消防、水防その他の応急措置に関する事項
2　医療、助産又は埋葬に関する事項
3　被災者の救難、救助その他保護に関する事項
4　廃棄物の処理及び清掃、防疫その他の生活環境の保全及び公衆衛生に関する事
　　項
5　緊急輸送の確保に関する事項

着眼点▶　災害応急対策事項には、医療、助産又は埋葬に関する事項は規定されていない。

解説　災害対策基本法第50条第1項に定める災害応急対策は、次のとおりである。
　　1　警報の発令及び伝達並びに避難の勧告又は指示に関する事項
　　2　消防、水防その他の応急措置に関する事項
　　3　被災者の救難、救助その他保護に関する事項
　　4　災害を受けた児童及び生徒の応急の教育に関する事項
　　5　施設及び設備の応急の復旧に関する事項
　　6　廃棄物の処理及び清掃、防疫その他の生活環境の保全及び公衆衛生に関する事項
　　7　犯罪の予防、交通の規制その他災害地における社会秩序の維持に関する事項
　　8　緊急輸送の確保に関する事項
　　9　前各号に掲げるもののほか、災害の発生の防御又は拡大の防止のための措置に関
　　する事項

【正解2】

問題35　災害対策基本法に規定する財政金融措置について、次のうち適当でない
　　　　ものはどれか。
1　災害予防、災害応急対策に要する経費についての国と地方公共団体の負担等に
　　ついて定めている。
2　災害復旧事業等に対する国の経費等の負担及び補助について規定している。
3　激甚災害の応急措置及び災害復旧に関する経費の負担区分等について規定して
　　いる。
4　国、地方公共団体のその他の財政金融上の措置について規定している。

218 防　　災

5　激甚災害に際しての国の負担若しくは補助については、災害の都度特別立法を行うことについて定めている。

着眼点 ▶　激甚災害に際しての国の負担若しくは補助について、従来は災害の都度多くの特別立法がなされていた点を改め、恒久的な立法を行うこととし、その法律の中で掲げるべき事項を規定している。この規定に基づき指定されたのが、「激甚災害に対処するための特別の財政援助等に関する法律」である。

解説　災害対策基本法第8章で、財政金融措置について次のとおり規定している。災害予防等に要する費用の負担（第91条）、指定行政機関の長等又は他の地方公共団体の長等の応援を受けた場合の災害応急対策に要する費用の負担（第92条）、市町村が実施する応急措置に要する経費の都道府県の負担（第93条）、災害応急対策に要する費用に対する国の負担又は補助（第94条、第95条）、災害復旧事業等に対する国の負担及び補助（第96条）、激甚災害の応急措置及び災害復旧に関する経費の負担区分等（第97条～第99条）及び国、地方公共団体等のその他の財政金融上の措置（第100条～第104条）。

【正解5】

問題36　災害対策基本法に規定する事項について、次のうち誤っているものはどれか。

1　住民は、防災訓練その他の自発的な防災活動への参加、過去の災害から得られた教訓の伝承その他の取組により防災に寄与するように努めなければならない。

2　都道府県防災会議の委員として充てる者として、自主防災組織を構成する者又は学識経験のある者のうちから都道府県の知事が任命する者が掲げられている。

3　国及び地方公共団体は、ボランティアによる防災活動が災害時において果たす役割の重要性に鑑み、その自主性を尊重しつつ、ボランティアとの連携に努めなければならない。

4　地区居住者等は、共同して、市町村防災会議に対し、市町村地域防災計画に地区防災計画を定めることを提案することができる。

5　非常災害が発生し、かつ、当該災害が異常かつ激甚なものである場合において、特別の必要があってやむを得ないときに限り、内閣総理大臣は閣議にかけることなく、災害緊急事態の布告を発することができる。

着眼点 ▶　災害対策基本法第105条に「非常災害が発生し、かつ、当該災害が国の経済及び公共の福祉に重大な影響を及ぼすべき異常かつ激甚なものである場合において、当該災害に係る災害応急対策を推進し、国の経済の秩序を維持し、その他当該災害に係る重要な課題に対応するため特別の必要があると認めるときは、内閣総理大臣は、閣議にかけて、関係地域の全部又は一部について災害緊急事態の布告を発することができる。」とされている。この場合、同法第106条において国会の承認につい

防　　災　　　　　　　　219

ても規定されている。

> **解説**　東日本大震災を契機として同法が改正された部分である。
> 　　　　選択肢1は同法第7条第3項、選択肢2は同法第15条第5項第8号、選択肢3は同
> 　　法第5条の3、選択肢4は同法第42条の2第1項のとおりである。

【正解5】

問題37　災害対策関係法令とその説明について、次のうち適当でないものはどれ
か。

1　大規模地震対策特別措置法　地震防災対策強化地域の指定、地震観測体制の整
　備その他地震防災体制の整備に関する事項及び地震防災応急対策その他地震防災
　に関する事項について特別の措置を定めている。

2　原子力災害対策特別措置法　平成11年9月の茨城県東海村における核燃料加
　工施設における臨界事故を踏まえ、原子力災害の予防に関する原子力事業者の義
　務等、原子力緊急事態宣言の発出及び原子力災害対策本部の設置等並びに緊急事
　態応急対策の実施その他原子力災害に関する事項について特別の措置を定めてい
　る。

3　地震防災対策特別措置法　平成28年熊本地震の後に、地震防災緊急事業五箇
　年計画に基づく事業に係る国の財政上の特別措置等を定めている。

4　建築物の耐震改修の促進に関する法律　地震による建築物の倒壊等の被害から
　国民の生命、身体及び財産を保護するため、建築物の耐震改修の促進のための措
　置を講ずることにより建築物の地震に対する安全性の向上を図るもの。

5　津波防災地域づくりに関する法律　平成23年の東日本大震災後に、津波によ
　る災害を防止、軽減し、安心して暮らすことのできる安全な地域の整備等を目的
　としている。

> **着眼点▶**　地震防災対策特別措置法は、平成7年の阪神・淡路大震災後に、地震防災対策の
> 　　　実施に関する目標の設定並びに地震防災緊急事業五箇年計画の作成及びこれに基づ
> 　　　く事業に係る国の財政上の特別措置について定めるとともに、地震に関する調査研
> 　　　究の推進のための体制の整備等について定めたもの。

> **解説**　災害対策関係法令は災害の進展に伴い様々な法令が適用される。それぞれの法律の
> 　　　目的等の概要を理解しておく必要がある。法令は、防災白書の主な災害対策関係法律
> 　　　の類型別整理表を参照。

【正解3】

問題38　災害対策関係法令とその説明について、次のうち適当でないものはどれ

か。

1　水防法　洪水予報河川の拡充や浸水想定区域の指定及び浸水想定区域における円滑かつ迅速な避難を確保するための措置等を定めている。

2　災害救助法　避難所や応急仮設住宅の設置について定めている。

3　激甚災害に対処するための特別の財政援助等に関する法律　国民経済に著しい影響を及ぼし、かつ、当該災害による地方財政の負担を緩和し、又は被災者に対する特別の助成を行うことが特に必要と認められるような災害が発生した場合に本法律により補助率の嵩上げ措置などの特別の財政援助が講じられる。

4　消防組織法　自衛隊の災害派遣について定めている。

5　被災市街地復興特別措置法　阪神・淡路大震災後に制定され、被災市街地の計画的な整備改善及びその復興に必要な住宅の供給についての特別な措置を定めている。

着眼点▶　自衛隊の災害派遣は、自衛隊法第83条第1項に定められている。また、災害派遣の要請の要求等については、災害対策基本法に定められている。

解説　災害対策基本法第68条の2第1項・第2項に災害派遣の要請の要求等として次のとおり定められている。

1　市町村長は、当該市町村の地域に係る災害が発生し、又はまさに発生しようとしている場合において、応急措置を実施するため必要があると認めるときは、都道府県知事に対し、自衛隊法第83条第1項の規定による要請（次項において「要請」という。）をするよう求めることができる。この場合において、市町村長は、その旨及び当該市町村の地域に係る災害の状況を防衛大臣又はその指定する者に通知することができる。

2　市町村長は、前項の要求ができない場合には、その旨及び当該市町村の地域に係る災害の状況を防衛大臣又はその指定する者に通知することができる。この場合において、当該通知を受けた防衛大臣又はその指定する者は、その事態に照らし特に緊急を要し、要請を待ついとまがないと認められるときは、人命又は財産の保護のため、要請を待たないで、自衛隊法第8条に規定する部隊等を派遣することができる。

【正解4】

問題39　地球の構造についての記述のうち、誤っているものはどれか。

1　地球は、半径約6,370kmの球体に近い形である。

2　地球の内部は内核、外核、マントル、地殻からなる。

3　地殻は、地球の最も外側の部分で、大陸地域及び海洋底部分の厚さは約600kmである。

防　災　　　　221

4　マントルは、地殻の下の地表から約2,900kmまでの部分で、固体であるが可塑性を有する。

5　核は、地球の中心部を占める部分で、地球の中心から約3,500kmの半径内にあり、内核と外核に分かれている。

着眼点▶　地殻の厚さは約5kmから60kmである。

解説　地球は、中心から、核（内核、外核）、マントル（下部マントル、上部マントル）、地殻という層構造になっていると考えられている。このうち地殻と上部マントルの地殻に近いところは硬い板状の岩盤となっており、これをプレートと呼ぶ。

【正解3】

問題40　「プレートテクトニクス」についての記述のうち、誤っているものはどれか

1　地球の全表面は、十数枚ほどのプレートに覆われている。これらプレートは、対流するマントルの上に乗って少しずつ移動しており、移動するプレート同士がぶつかったり、すれ違ったり、片方のプレートがもう一方のプレートの下に沈み込んだりしている。

2　日本列島の太平洋側には、日本海溝、相模トラフ、駿河トラフ、南海トラフなどの深い溝状の海底地形が見られる。ここは、プレートの境界に当たる。

3　南海トラフは、フィリピン海プレートがユーラシアプレートの下に沈み込んでいる場所に位置している。

4　日本列島は、ユーラシアプレート及び太平洋プレート上に位置している。

5　相模トラフは、フィリピン海プレートと北米プレートの境に位置している。

着眼点▶　日本列島の大部分はユーラシアプレートと北米プレートの上に位置している。

解説　プレートは、地球内部で対流しているマントルの上に乗っている。そのため、プレートはごくわずかであるが、少しずつ動いている。この、プレート同士がぶつかっている付近では強い力が働き、この力により地震が発生すると考えられている。地球上で地震が多く発生している場所が別々のプレート同士が接しているところ（プレート境界）と考えられているところであるが、全ての地震がプレート境界で発生しているわけではなく、ハワイや中国内陸部で発生しているようにプレート内部で発生する地震もある。

【正解4】

問題41　次の用語と説明文との組合せで誤っているのはどれか。

1　N値──地盤の硬軟を表す数値

222 防　災

2　クイックサンド──水で飽和された砂地盤が、強い地震動で液体のような性質
　を持ち、地盤の陥没や亀裂を生じる現象
3　震央──地殻内の地震の発生した地点
4　沖積層──約1万年前以降現在までに形成された地層
5　P－S時間──縦波と横波との到達時刻の差

着眼点 ▶　地殻内での地震の発生した場所は「震源」という。「震央」は震源の真上の地表
　　　　面をいう。

解説　N値は、重さ63.5kgの重錘を75cmの高さから落下させて、あらかじめ15cm打ち込ん
　であるサンプラーと呼ばれる杭を30cm沈下させるのに必要な打撃回数で、土地の硬
　軟、締まり具合を表す目安となる。
　　沖積層は、地下にごく軟らかい粘土層を挟むことが多く、震音、不等沈下による災
　害あるいは地盤沈下等を起こしやすい軟弱地盤である。

【正解3】

問題42　次の文のうち正しいのはどれか。
1　津波は、浅い海で速く、深い海では遅く進む。
2　震度はマグニチュードに比例し、震源との距離は関係がない。
3　地震波の振幅は、震源距離に比例して小さくなる。
4　地殻のひずみの限界はおよそ1,000分の1で、これ以上ひずみが大きくなると
　岩石が破壊されて地震となる。
5　液状化現象とは、火山灰土が軽石などとともに水を含んで泥流となって滑るこ
　とをいう。

解説　津波の進む速度は、深い海で速く、浅い海では遅い。この関係を式で表すと次のよ
　うになる。
　　$V = \sqrt{gh}$
　　（ただし、Vは津波の速度、gは重力加速度、hは水深を表す。）
　　マグニチュードは地震そのもののエネルギーの大きさを表し、震度とは観測地点の
　揺れの強さをいう。したがって、地震の規模が大きくても、震源から遠距離の地点で
　は震度は小さくなる。逆に直下型地震のように震源に近い地域では、マグニチュード
　が小さくても震度は大きくなる。
　　地殻がひずみのエネルギーを貯えられる量には限界があって、それ以上ひずみが大
　きくなると岩石が破壊されてしまう。これが地震であるが、そのひずみの限界はおお
　よそ1万分の1とされている。つまり1万mの岩が1m押されるか引き伸ばされるか
　すると、耐え切れずに破壊することでそのエネルギーを放出しようとする。
　　水で飽和された砂地盤に強い地震動が加わると、不安定な状態となって液体のよう
　な性質を持ち、地下で移動するようになって地盤の陥没や亀裂が生じる。これを液状

化現象、クイックサンド現象、流砂現象などと呼ぶ。

【正解3】

問題43 次の文のうち、正しいのはどれか。
1 有感地震とは、地震計に記録される程度の大きさの地震をいう。
2 マグニチュードが1増すと地震のエネルギーは約32倍、2増すと約64倍になる。
3 地震波の横波の速度は、縦波の約1.7倍である。
4 地震動の周期とは、横波と縦波との到達時間のずれをいう。
5 我が国で一般に用いられる震度階は、日本独自のものである。

|着眼点▶| 現在我が国で使われている震度階は、1996年に気象庁が定めた「気象庁震度階級表」で10段階に分かれている。外国ではロッシ・フォレル震度階（10段階）や改正メルカリ震度階（12段階）が使われている。

解説 選択肢1は、有感地震とは人体に感ずることのできるものをいい、人体には感じないで地震計に記録される程度のものは、気象庁震度階級で震度0（無感）である。
　選択肢2は、マグニチュードが1増すと地震のエネルギーは約32倍、2増すと1000倍になる。地震のエネルギーEとマグニチュードMの関係は次式で与えられる。
　　$\log_{10} E = 4.8 + 1.5M$　　　　　$E = 10^{4.8} \times 10^{1.5M}$
　　$M = 1$のとき$10^{1.5}$倍、$M = 2$のとき10^3倍
　選択肢3は、地震波のうち早く到達するのは縦波（P波）で、横波（S波）の速度の約1.7倍である。
　選択肢4は、地震動の周期とは地表面がある位置から動き出して最大振幅を経て元の位置に戻り、更にその反対側の最大振幅を経て再び元の位置に戻るまでの時間をいい、次図のとおりである。

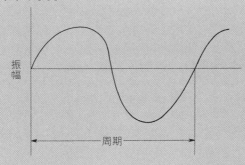

　横波と縦波との到達時間の差はP－S時間といい、一般的に震源から観測点までの距離が長いほどP－S時間も長い。

【正解5】

224　　　　　　　　　　　防　　　災

問題44　地震の大きさを表すために使用される単位として、適当でないものはどれか。

1　マグニチュード（M）
2　パスカル（Pa）
3　ガル（gal）
4　カイン（kine）
5　震度

着眼点▶　パスカルは圧力・応力の単位である。

解説　震度、ガル、カインは観測しているその地点での地震動の大きさを表し、マグニチュードは地震そのものの規模（震源における地震エネルギー）を表す。ガルは地震動の大きさを加速度で表したもの。また、カインは地震の強さを揺れの速度で表したもので、たとえば1カイン（cm/s）は1秒間に1㎝動いたことを意味する。

【正解2】

問題45　地震の発生を説明するうえで直接に関わりのないものは、次の用語のうちどれか。

1　ガル
2　プレート
3　海溝
4　トラフ
5　断層運動

着眼点▶　「ガル」は、物体の移動時の加速度を表す単位で、1秒間に1㎝ずつ速くなる場合を、1ガルと呼ぶ。

解説　太平洋側の日本海溝や南海トラフでは、海のプレートが陸のプレートの下に沈み込み、陸のプレートが内陸側に引きずり込まれている。これが限界を超えると断層運動が生じ、陸側のプレートが跳ね上がって地震が発生する。これをプレート間地震という。一方、海のプレート内部にひずみが蓄積し、海のプレートを構成する岩盤中で断層運動が生じて地震が発生する。これを沈み込むプレート内の地震という。このように海溝やトラフのプレート境界などで発生する地震を「海溝型地震」と呼ぶ。また、陸のプレート内部でもひずみが蓄積し、深さ20km程度までの地下で断層運動が生じて地震が発生する。これを「陸域の浅い地震」と呼ぶ。

【正解1】

問題46　住民に地震災害の特徴と危険性を正しく理解させる内容として、次のうち誤っているものはどれか。

防　　災　　　　　　　225

1　大地震の後で起こる火災は同時に多発し、断水、道路障害等が起こり、消防活
　動が阻害される。

2　地震によって建物が倒れたりする場合、地域（地盤）によって差異が生じ、更
　に同じ所に建っている建物でも構造によって異なる。

3　地下水位が低く、砂質が荒い場所では、液状化現象が起こりやすい。

4　海底地震が発生すると、津波が陸地を襲う場合がある。

5　デパート、地下街等はデマ情報によって集団としての秩序、統制が乱れ混乱が
　生じやすい。

着眼点 ▶　液状化現象が起こりやすい条件としては、地下水位が高く、砂質が細かいことが
　挙げられる。

解説　液状化が起こると、砂まじりの水が地表面に噴出したり、地盤にき裂が生じたり、
　沈下したりする。また、マンホールや下水管などが地表面に浮き上がったり、橋脚、
　ビルなどが沈下したり傾いたりする場合もある。1964年の新潟地震の際、信濃川流域
　を中心とする新潟市内でこれらの被害が発生し、注目されるようになった。

【正解3】

問題47　次は、低周波地震に関する記述であるが、括弧の中に入れる数値の組合
　せとして正しいものはどれか。

　「低周波地震は通常の地震よりゆっくり揺れる地震で、通常の地震が1秒間に
（　A　）回以上揺れるのに対して、低周波地震は1秒間に揺れる回数が（　B　）
回程度、少ないときは数秒に1回しか揺れない地震をいう」

	A	B
1	100	30
2	70	20
3	50	15
4	30	10
5	10	2

解説　低周波地震とは、通常の地震に比べてゆっくりと動く地震をいう。マグニチュード
　3以下の通常地震は10～20Hzで振動するのに対し、低周波地震は1～2Hzで振動
　する（1Hzは1秒間に1回振動することを表している）。低周波地震はかつて火山
　活動に関連するものと考えられていたが、現在ではプレートの沈み込み帯や活断層直
　下などでも検出されている。

【正解5】

226　　　　　　　　　　　　　　　防　　　災

問題48　気象庁の震度階級表に関連した次の文のうち、誤っているものはどれか。

1　震度は、原則として地表や低層建物の１階に設置した震度計によって観測される。

2　震度は、観測地点の周辺で実際にどのような現象や被害が発生したかを考慮して決定される。

3　地震動は、地盤や地形に大きく影響され、中高層建物の上層階では一般に地表より揺れが強くなる。

4　震度が同じであっても、地震動の振幅、周期、継続時間の違いや建物・構造物の状態、地盤の状況により被害は異なる。

5　震度階級表に示されている現象は、ある震度が観測された際に比較的多く見られるものを記述したもので、５年程度で定期的に内容が点検され、実状と合わなくなった場合には変更される。

着眼点▶　気象庁が発表する震度は、震度計による観測値であり、観測地点で実際に起こっている現象や被害を考慮して決定されるものではない。

> **解説**　気象庁の「震度階級関連解説表」は、主に近年発生した被害地震の事例から作成したもので、各震度が観測された際に発生する被害の中で、比較的多く見られる現象や被害である。実際にはこれより大きい場合、小さい場合がある。

【正解２】

問題49　次は、地震波の縦波についての記述であるが、誤っているものはどれか。

1　最初に到達する地震波

2　Ｐ波とも呼ばれる

3　進行速度は横波より遅い

4　振動方向と波の進行方向が同じ

5　一般的に柔らかい地盤では、速度は遅くなる

着眼点▶　横波の平均速度は毎秒4.4〜7.2km、縦波の平均速度は毎秒7.5〜13.7kmで、縦波の方が速い。

> **解説**　地震波には、縦波（Ｐ波）、横波（Ｓ波）、表面波（Ｌ波）の３種類がある。
>   1　横波の特徴
>   ・　２番目に到達する地震波
>   ・　Ｓ波、ねじれ波とも呼ばれる。
>   ・　振動方向と波の進行方向は直角
>   2　表面波の特徴
>   ・　地球の表面近くの部分だけが運動し、内部は静止している地震波
>   ・　Ｌ波とも呼ばれる。

防　災　　　　　　　　227

　　・　表面波には、レーリー波（地表面の動きが進行方向に対して前後・上下運動を
　　する波）、ラブ波（直角の面で振動する波）の2種類がある。

【正解3】

問題50　津波の特徴を市民に指導する際の記述のうち、誤っているものはどれか。
1　地震が沖合で発生した場合、陸上で地震動の被害がなくても、津波で大きな被
　　害を受けることがある。
2　津波は沿岸地域の広い範囲に被害を及ぼす。
3　大規模な地震による津波はなかなか衰えず、かなり遠方まで波及する。
4　地震動は、短時間で終わるが、津波は数時間にわたって繰り返し襲う。
5　湾の口が外洋に向いている場合は、津波の被害は少ない。

着眼点▶　津波は、水深が深いところではそれほど目立たないが、海岸近くの水深が浅いと
　　　　　ころでは急に大きな波となる。津波の高さは一般的にV字型やU字型の湾では非常
　　　　　に大きくなり、特に湾の口が外洋に向かって開いている場合は更に著しく高くなる
　　　　　ので、その被害も大きくなる。

解説　岬のような突き出ている地形では、津波が収斂（しゅうれん）して、通常よりも高い波高となるこ
　　　とがある。また、湾の口が外洋に面していても、湾を囲むような形で口が狭くなって
　　　いる場合は、湾内に津波が侵入するのを防ぐ効果がある。

【正解5】

問題51　次の津波に関して述べた文のうち、誤っているものはどれか。
1　津波警報・津波注意報は、大津波警報、津波警報、津波注意報の3種類に区分
　　されており、地震が発生してから約3分（一部の地震については最速2分以内）
　　を目標に発せられる。
2　津波注意報は、予想される津波の高さが高いところで0.2m以上、1m以下の
　　場合であって、津波による災害のおそれがある場合に発せられる。
3　津波警報は、予想される津波の高さが高いところで1mを超え、3m以下であ
　　る場合、大津波警報は、予想される津波の高さが高いところで3mを超える場合
　　に発せられる。
4　津波は必ず引き波で始まる。潮が引かないで、いきなり大きな波が海岸に押し
　　寄せることはない。
5　津波の高さは地形によって大きく変化する。岬の先端やV字型の湾の奥などの
　　特殊な地形の場所では波が集中するので、特に注意が必要である。

着眼点▶　津波は引き波で始まるとは限らない。潮が引かないで、いきなり大きな波が海岸

228　　　　　　　　　　　　　　防　　災

に押し寄せる場合がある。津波の危険性がある地域では、速やかに高台に避難することが大事である。

> 解説　海底で地震が発生し、断層運動によって海底が隆起又は沈降すると、大きな津波が発生し、四方八方に伝播する。津波は何回も押し寄せたり、複数の波が重なってより高い波となることがある。津波による家屋被害については、一般的な木造家屋では浸水１ｍ程度で部分破壊を起こし始め、２ｍで全面破壊に至るとされている。

【正解４】

問題52　地震に関する次の説明文のうち、適当でないものはどれか。

1　関東地震──10万人余の死者と火災による大被害
2　1968年十勝沖地震──地震津波の知識不足による多くの死者
3　新潟地震──流砂現象による浸水及び建物の倒壊
4　伊豆大島近海地震──火に対する警戒心が強く、出火がなかった
5　1978年宮城県沖地震──化学実験室からの出火及びブロック塀の倒壊

着眼点 ▶　1968年十勝沖地震は、石油ストーブ等の火気使用器具からの出火が多かったことが特徴づけられる。

> 解説　1968年十勝沖地震での出火率から、東京で関東地震級の地震が発生したときの出火件数が３万件に達するとして、話題になった。

【正解２】

問題53　日本国内で発生した過去の地震と被害の特徴についての記述のうち、妥当でないものはどれか。

1　大正12年に発生した「大正関東地震（関東大震災）」は、建物の倒壊と延焼火災が広範囲にわたって発生した地震であり、死者行方不明者は約10万５千名、焼失家屋は44万７千戸以上であった。
2　昭和39年に発生した「新潟地震」は、液状化現象による被害が発生した地震であった。
3　平成５年に発生した「北海道南西沖地震」は、建物の倒壊とライフライン被害が発生した地震であり、死者行方不明者28名、全壊家屋1,300戸以上であり、死者のうち18名は倒れてきたブロック塀などの下敷きになって死亡した人であった。
4　平成７年１月17日に発生した「兵庫県南部地震（阪神・淡路大震災）」では、建物の倒壊と同時多発火災による被害が発生した。出火原因が判明した火災については、地震直後では電気・ガス関連が多く、地震の数時間後及びその翌日以降

防　　災　　　　　　　　　　229

では電気関連が多かったとされ、電気火災が注目された。

5　「平成28年（2016年）熊本地震」では、大規模な前震と活発な余震活動に伴う被害が発生した。本震の2日前にM6.5、最大震度7の地震が発生し、これをのちに前震とみなした。

着眼点 ▶　選択肢3は、1978年宮城県沖地震（昭和53年6月12日）に関する記述である。

解説　北海道南西沖地震は、津波被害が発生した地震で、死者行方不明者は230名、住宅の全壊は601戸、被害の大きかった奥尻町青苗地区では市街地大火となった。

【正解3】

問題54　国の震災対策の概要についての記述のうち、誤っているものはどれか。

1　南海トラフ地震が発生した場合は、著しい被害が発生するおそれがあることから「南海トラフ地震に係る地震防災対策の推進に関する特別措置法」に基づいて「南海トラフ地震防災対策推進地域」が指定されている。

2　消防庁では、「南海トラフ地震における緊急消防援助隊アクションプラン」を策定し、南海トラフ地震が発生した場合の緊急消防援助隊に係る消防庁、都道府県、消防本部の対応や緊急消防援助隊の運用方針等を定めている。

3　首都圏は、大規模な地震が発生した場合には、著しい被害が発生し、その影響が広域に及ぶものとなるおそれがあること等から、「首都直下地震対策特別措置法」に基づいて「首都直下地震緊急対策区域」が指定されている。

4　「日本海溝・千島海溝周辺海溝型地震に係る地震防災対策の推進に関する特別措置法」に基づき、地震防災対策推進地域の指定、「日本海溝・千島海溝周辺海溝型地震防災対策推進基本計画」の作成が行われている。

5　「南海トラフ地震に係る地震防災対策の推進に関する特別措置法」に基づき、中部圏・近畿圏を含む西日本の内陸が「地震防災対策特別強化地域」に指定されている。

着眼点 ▶　「南海トラフ地震に係る地震防災対策の推進に関する特別措置法」において、中部圏・近畿圏を含む西日本の内陸の地震を対象とした「地震防災対策特別強化地域」というものは指定されていない。同法における「南海トラフ地震」とは、南海トラフ及びその周辺の地域における地殻の境界を震源とする大規模な地震をいう（同法第2条第2項）。

解説　同法に基づき指定されている地域は、「南海トラフ地震防災対策推進地域」（同法第3条第1項）及び「南海トラフ地震津波避難対策特別強化地域」（同法第10条第1項）である。

【正解5】

230　　　　　　　　　　　　防　　　　災

問題55　大規模地震対策特別措置法に定める措置と、その措置をとるべき機関との組合せのうち、正しいものはどれか。

1　地震防災対策強化地域の指定──中央防災会議

2　地震防災基本計画の作成──総務省

3　地震防災対策強化地域の公示──地震防災対策強化地域判定会

4　地震防災応急計画の作成──防災上重要な施設又は事業の管理者等

5　地震防災対策強化地域の解除──都道府県知事

着眼点▶　選択肢1　地震防災対策強化地域の指定は、内閣総理大臣が、あらかじめ中央防災会議に諮問したうえで行う（大規模地震対策特別措置法第3条第1項及び第2項）。

選択肢2　地震防災基本計画は、中央防災会議が強化地域について作成する（同法第5条）。

選択肢3　地震防災対策強化地域の指定については、内閣総理大臣がその旨を公示する（同法第3条第4項）。

選択肢4　地震防災応急計画は、強化地域内にある特定の施設又は事業を管理し又は運営する者が作成する（同法第7条）。

選択肢5　地震防災対策強化地域の解除は、内閣総理大臣が、あらかじめ中央防災会議に諮問した上で行う（同法第3条第5項）。

【正解4】

問題56　大規模地震対策特別措置法に関する記述として、誤っているものは次のうちどれか。

1　地震防災対策強化地域の指定は、内閣総理大臣が行う。

2　地震防災基本計画は、中央防災会議が作成する。

3　地震防災応急計画は、強化地域に指定された地方防災会議が作成する。

4　地震防災強化計画は、地震防災基本計画を基本とする。

5　地震防災計画とは、地震防災基本計画、地震防災強化計画及び地震防災応急計画をいう。

着眼点▶　大規模地震対策特別措置法第7条では、地震防災応急計画は、強化地域内にある次に掲げる施設又は事業のうち政令で定めるものの管理者又は運営する者が作成することになっている。

1　病院、劇場、百貨店、旅館その他不特定かつ多数の者が出入する施設

2　石油類、火薬類、高圧ガスその他政令で定めるものの製造、貯蔵、処理又は取扱いを行う施設

防　　災　　　　　　231

 3　鉄道事業等の旅客運送事業
 4　その他地震防災上の措置を講ずる必要があると認められる重要な施設又は事業

> **解説**　地方防災会議は、地震防災強化計画を作成する（大規模地震対策特別措置法第6条第2項）。同法第7条第1項の地震防災応急計画を作成しなければならない施設又は事業は、同法施行令第4条に規定がある。

【正解3】

問題57　大規模地震対策特別措置法に規定する地震防災応急対策として行うべき事項として適当でないものは、次のうちどれか。

1　地震予知の調査及び研究に関する事項

2　消防、水防その他の応急措置に関する事項

3　施設及び設備の整備及び点検に関する事項

4　犯罪の予防、交通の規制その他当該大規模な地震により地震災害を受けるおそれのある地域における社会秩序の維持に関する事項

5　緊急輸送の確保に関する事項

> **着眼点▶**　地震防災応急対策の地震予知に関する事項は、調査研究ではなく、「地震予知情報の伝達及び避難の勧告又は指示」である（大規模地震対策特別措置法第21条第1項第1号）。

【正解1】

問題58　南海トラフ地震に係る地震防災対策の推進に関する特別措置法第5条第1項第1号の「避難路」の幅員の規定として最も正しいものを1つ選べ。

1　幅員15m以上の道路又は幅員10m以上の緑道

2　幅員10m以上の道路又は幅員10m以上の緑道

3　幅員10m以上の道路又は幅員15m以上の緑道

4　幅員15m以上の道路又は幅員15m以上の緑道

5　幅員15m未満の道路又は幅員15m以上の緑道

> **着眼点▶**　避難路その他の避難経路については、南海トラフ地震に係る地震防災対策の推進に関する特別措置法施行令第1条第1号で「主務大臣が定める基準に適合するもの」とし、平成16年6月国土交通省告示第766号で、
> 「二　避難経路
> 1　広域避難場所又はこれに準ずる安全な場所へ通ずる道路又は緑道であって、次のいずれかに該当するものであること。
>   イ　幅員が15メートル以上の道路又は幅員が10メートル以上の緑道

232　　　　　　　　　　　　　　防　　　災

　　　ロ　沿道市街地における土地利用の状況その他の事情を勘案して、地震災害時
　　　　における避難上必要な機能を有すると認められる道路又は緑道（イに該当す
　　　　るものを除く。）
　　2　道路又は通路であって、一次避難場所若しくは津波避難施設又はこれらに準
　　　ずる一時的な避難の用に供する空地若しくは施設までの避難の用に供するもの
　　　であること。
　　3　海岸保全区域に設置される管理用通路又は堤防スロープその他の避難用通路
　　　であって、住民等の津波からの避難の用に供するものであること。」
と規定している。

【正解1】

問題59　大規模地震対策特別措置法に定める地震防災対策強化地域指定の要件と
　　　して、次の中から誤っているものを選べ。

1　強化地域を指定するのは、内閣総理大臣である。

2　強化地域は、閣議の審議を経る。

3　強化地域は、あらかじめ中央防災会議に諮問する。

4　強化地域は、あらかじめ関係都道府県知事の意見を聴かなければならない。

5　強化地域の指定は、内閣総理大臣が公示する。

着眼点 ▶　強化地域を指定するときは、閣議の審議を経る必要はない。

　解説　大規模地震対策特別措置法第3条により、中央防災会議に諮問すること、当該都道
　　　府県知事の意見を聴くこと、公示をすることが主要な要件である。

【正解2】

問題60　南海トラフ地震に係る地震防災対策の推進に関する特別措置法について
　　　の記述として、次のうち誤っているものはどれか。

1　「南海トラフ」とは、駿河湾から遠州灘、熊野灘、紀伊半島の南側の海域及び
　　土佐湾を経て日向灘沖までのフィリピン海プレート及びユーラシアプレートが接
　　する海底の溝状の地形を形成する区域をいう。

2　「南海トラフ地震」とは、南海トラフ及びその周辺の地域における地殻の境界
　　を震源とする大規模な地震をいう。

3　「地震災害」とは、地震動により直接に生ずる被害及びこれに伴い発生する津
　　波、火事、爆発その他の異常な現象により生ずる被害をいう。

4　「地震防災」とは、地震災害の発生の防止又は地震災害が発生した場合におけ
　　る被害の軽減をあらかじめ図ることをいう。

5　「南海トラフ地震防災対策推進地域」とは、南海トラフ地震が発生した場合に

防　　　災　　　　233

著しい地震災害が生ずるおそれがあるため、地震防災対策を推進する必要がある
地域として、都道府県知事が指定した地域をいう。

着眼点▶ 　南海トラフ地震に係る地震防災対策の推進に関する特別措置法第３条に、「内閣
総理大臣は、南海トラフ地震が発生した場合に著しい地震災害が生ずるおそれがあ
るため、地震防災対策を推進する必要がある地域を、南海トラフ地震防災対策推進
地域として指定するものとする。」とされている。

解説 　選択肢１から４は、同法第２条第１項から第４項のとおりである。

【正解５】

問題61　　大規模地震対策特別措置法に関する記述について、次のうち誤っている
ものはどれか。

1　地震災害とは、地震動により直接に生ずる被害及びこれに伴い発生する津波、
火事、爆発その他の異常な現象により生ずる被害をいう。

2　地震防災とは、地震災害の発生の防止又は地震災害が発生した場合における被
害の軽減をあらかじめ図ることをいう。

3　地震防災計画とは、地震防災基本計画、地震防災強化計画及び地震防災応急計
画をいう。

4　地震防災基本計画とは、中央防災会議が地震防災対策強化地域について地震防
災に関し作成する基本的な計画をいう。

5　強化地域とは、大規模な地震が発生した場合に著しい地震災害が生ずるおそれ
があるため、地震防災に関する対策を強化する必要がある地域として、都道府県
知事が指定した地域をいう。

着眼点▶ 　大規模地震対策特別措置法第３条に、「内閣総理大臣は、大規模な地震が発生す
るおそれが特に大きいと認められる地殻内において大規模な地震が発生した場合に
著しい地震災害が生ずるおそれがあるため、地震防災に関する対策を強化する必要
がある地域を地震防災対策強化地域（以下「強化地域」という。）として指定する
ものとする。」とされている。

解説 　選択肢１から４は、同法第２条第１号、第２号、第９号、第10号のとおりである。

【正解５】

問題62　　大規模地震対策特別措置法に規定する強化地域に関する記述について、
次のうち誤っているものはどれか。

1　内閣総理大臣は、強化地域の指定をしようとするときは、あらかじめ中央防災
会議に諮問しなければならない。

234　　　　　　　　　　　防　　　災

2　内閣総理大臣は、強化地域の指定をしようとするときは、あらかじめ関係都道
　府県知事の意見を聴かなければならない。
3　内閣総理大臣は、強化地域の指定をしたときは、その旨を公示しなければなら
　ない。
4　内閣総理大臣は、強化地域の指定を解除しようとするときは、あらかじめ関係
　都道府県知事の意見を聴かなければならない。
5　内閣総理大臣は、強化地域の指定をしたときは、当該強化地域に係る地震防災
　強化計画を作成しなければならない。

着眼点 ▶ 　大規模地震対策特別措置法第6条に、強化地域の指定があったときは、指定行政
　　　機関の長及び指定公共機関は災害対策基本法に規定する防災業務計画において地震
　　　防災応急対策に係る措置に関する事項等を定めなければならないとされている。地
　　　震防災強化計画とは、災害対策基本法に規定する防災業務計画のうち、大規模地震
　　　対策特別措置法第6条第1項各号に掲げる事項について定めた部分である。

解説　選択肢1から4は、同法第3条第2項、第3項、第4項、第5項のとおりである。

【正解5】

問題63　南海トラフ地震に係る地震防災対策の推進に関する特別措置法の目的に
　　　　挙げている項目として、次のうち誤っているものはどれか。
1　南海トラフ地震防災対策推進地域の指定
2　南海トラフ地震防災対策推進基本計画等の作成
3　南海トラフ地震防災対策強化地域の指定
4　南海トラフ地震津波避難対策特別強化地域の指定
5　津波避難対策緊急事業計画の作成及びこれに基づく事業に係る財政上の特別の
　措置

着眼点 ▶ 　地震防災対策強化地域の指定は、大規模地震対策特別措置法で定めている項目で
　　　ある。南海トラフ地震防災対策強化地域というものは存在しない。

解説　選択肢1、2、4、5及び地震観測施設等の整備等について定めることが南海トラ
　　　フ地震に係る地震防災対策の推進に関する特別措置法第1条（目的）に定められてい
　　　る。

【正解3】

問題64　南海トラフ地震に係る地震防災対策の推進に関する特別措置法について
　　　　の記述として、次のうち誤っているものはどれか。
1　内閣総理大臣は、南海トラフ地震が発生した場合に著しい地震災害が生ずるお

防　　災　　　　　　　235

それがあるため、地震防災対策を推進する必要がある地域を、南海トラフ地震防災対策推進地域として指定する。

2　中央防災会議は、南海トラフ地震防災対策推進地域の指定があったときは、南海トラフ地震防災対策推進基本計画を作成し、及びその実施を推進しなければならない。

3　地震防災対策推進地域内において、防火対象物のうち一定規模以上の施設を管理することとなる者は、あらかじめ、対策計画を作成しなければならない。

4　内閣総理大臣は、南海トラフ地震防災対策推進地域のうち、南海トラフ地震に伴い津波が発生した場合に、津波避難対策を特別に強化すべき地域を、南海トラフ地震津波避難対策特別強化地域として指定する。

5　内閣総理大臣は、南海トラフ地震津波避難対策特別強化地域を指定するに当たっては、南海トラフ地震として科学的に想定し得る最大規模のものを想定して行う。

> **着眼点 ▶** 　南海トラフ地震に係る地震防災対策の推進に関する特別措置法第7条に、「推進地域内において次に掲げる施設又は事業で政令で定めるものを管理し、又は運営することとなる者（第5条第1項に規定する者を除き、南海トラフ地震に伴い発生する津波に係る地震防災対策を講ずべき者として基本計画で定める者に限る。）は、あらかじめ、当該施設又は事業ごとに、対策計画を作成しなければならない。」とあり、詳細は同施行令第3条で定めている。

> **解説**　選択肢1は同法第3条、選択肢2は同法第4条、選択肢4は同法第10条第1項、選択肢5は同法第10条第2項のとおりである。

【正解3】

問題65　大規模地震対策特別措置法に規定する地震防災強化計画に関する記述について、次のうち誤っているものはどれか。

1　地震防災強化計画は、地震防災基本計画を基本とするものとする。

2　全ての指定行政機関の長及び指定公共機関は、あらかじめ災害対策基本法に規定する防災業務計画に定めておかなくてはならない。

3　定めるべき事項には、地震防災応急対策に係る措置に関する事項がある。

4　定めるべき事項には、避難地、避難路、消防用施設その他当該大規模な地震に関し地震防災上緊急に整備すべき施設等の整備に関する事項がある。

5　定めるべき事項には、当該大規模な地震に係る防災訓練に関する事項がある。

> **着眼点 ▶** 　大規模地震対策特別措置法第6条に、「第3条第1項の規定による強化地域の指

定があつたときは、〔中略〕災害対策基本法第2条第9号に規定する防災業務計画において、次に掲げる事項を定めなければならない。〔以下略〕」とされており、強化地域の指定があったときに定めるものである。

解説　選択肢1は同法第6条第3項、選択肢3から5は同法第6条第1項第1号から第3号のとおりである。

【正解2】

問題66　大規模地震対策特別措置法に規定する地震防災応急計画に関する記述について、次のうち誤っているものはどれか。

1　病院、劇場、百貨店、旅館その他不特定かつ多数の者が出入する施設で政令で定めるものを管理し、又は運営することとなる者は、地震防災応急計画を作成しなければならない。

2　鉄道事業その他一般旅客運送に関する事業で政令で定めるものを管理し、又は運営することとなる者は、地震防災応急計画を作成しなければならない。

3　強化地域の指定の際、当該強化地域内において地震防災応急計画を定めなくてはならない施設又は事業を現に管理し、又は運営している者は、当該指定があった日から6月以内に地震防災応急計画を作成しなければならない。

4　地震防災応急計画を定めなくてはならない施設又は事業を管理し、又は運営する者が地震防災応急計画を作成したときは、遅滞なく当該地震防災応急計画を市町村長に届け出るとともに、その写しを都道府県知事に送付しなければならない。

5　地震防災応急計画は、地震防災強化計画と矛盾し、又は抵触するものであってはならない。

着眼点▶　大規模地震対策特別措置法第7条第6項に、「第1項又は第2項に規定する者は、地震防災応急計画を作成したときは、政令で定めるところにより、遅滞なく当該地震防災応急計画を都道府県知事に届け出るとともに、その写しを市町村長に送付しなければならない。これを変更したときも、同様とする。」とされている。

解説　選択肢1は同法第7条第1項第1号、選択肢2は同項第3号、選択肢3は同条第2項、選択肢5は同条第5項のとおりである。

【正解4】

問題67　次の日本海溝・千島海溝周辺海溝型地震防災対策推進地域（以下「推進地域」という。）に関する記述のうち、誤っているものはどれか。

1　中央防災会議は、推進地域の指定があったときは、日本海溝・千島海溝周辺海

|防　　災|237|

溝型地震防災対策推進基本計画を作成し、その実施を推進しなければならない。

2　内閣総理大臣は、日本海溝・千島海溝周辺海溝型地震が発生した場合に著しい地震災害が生ずるおそれがあるため、地震防災対策を推進する必要がある地域を推進地域として指定する。

3　内閣総理大臣は、推進地域の指定をしようとするときは、あらかじめ関係都道県の意見を聴かなければならない。

4　関係都道県が推進地域の指定に関して内閣総理大臣に意見を述べようとするときは、あらかじめ中央防災会議に諮問しなければならない。

5　内閣総理大臣は、推進地域の指定をしたときは、その旨を公示しなければならない。

着眼点▶　関係都道県が「推進地域」の指定に関して意見を述べようとするときは、あらかじめ関係市町村の意見を聴かなければならない。

解説　日本海溝・千島海溝周辺海溝型地震とは「房総半島の東方沖から三陸海岸の東方沖を経て択捉島の東方沖までの日本海溝及び千島海溝並びにその周辺の地域における地殻の境界又はその内部を震源とする大規模な地震」をいう。同地震の防災対策等については、日本海溝・千島海溝周辺海溝型地震に係る地震防災対策の推進に関する特別措置法で規定されている。

【正解4】

問題68　消防水利の整備についての記述のうち、誤っているものはどれか。

1　阪神・淡路大震災では、消火栓は、断水により使用できず、防火水槽も不足気味で、消火活動に大きな支障を及ぼしたことから、耐震性貯水槽などを配置するなど、計画的に消防水利の充実を図っていく必要がある。

2　消防に必要な水利の基準は、消防庁がこれを勧告する。

3　消防に必要な水利施設は、当該市町村がこれを設置し、維持し及び管理するものとする。ただし、水道については、当該水道の管理者が、これを設置し、維持し及び管理するものとされている。

4　消防長又は消防署長は、池、泉水、井戸、水槽その他消防の用に供し得る水利についてはその所有者、管理者又は占有者の承諾を得ることなく、これを消防水利に指定して、常時使用可能の状態に置くことができる。

5　消防長又は消防署長は、消防法第21条に基づいて指定した水利には、総務省令で定めるところにより、標識を掲げなければならない。

着眼点▶　消防法第21条で「消防長又は消防署長は、池、泉水、井戸、水そうその他消防の用に供し得る水利についてその所有者、管理者又は占有者の承諾を得て、これを消

238　　　　　　　　　　　　　防　　　災

　　　防水利に指定して、常時使用可能の状態に置くことができる」としている。

> **解説**　同条に基づき、水利を消防水利に指定するためには、水利の所有者、管理者又は占
> 　　有者の承諾を要する。承諾の無い指定は無効である。また、承諾の形式は問われない
> 　　が、少なくとも文書によることが望ましいとされている。

【正解4】

問題69　消防水利の基準についての記述のうち、誤っているものはどれか。

1　消防水利とは、消防法第20条第2項に規定する消防に必要な水利施設及び同
　法第21条第1項の規定により消防水利として指定されたものをいう。

2　消防水利の例として、消火栓、私設消火栓、防火水そう、プール、河川、池、
　海、湖、井戸、下水道などがある。

3　消防水利は、常時貯水量が40㎥以上又は取水可能水量が毎分1㎥以上で、か
　つ、連続40分以上の給水能力を有するものでなければならない。

4　消火栓は、呼称65の口径を有するもので、直径150mm以上の管に取り付け
　られていなければならない。ただし、管網の一辺が180m以下となるように配管
　されている場合は、管網の管の直径を75mm以上とすることができる。

5　消防水利は、地盤面から取水面までの落差が10m以下であることが適合要件
　の一つとされている。

> **着眼点▶**　消防水利の適合条件の一つとして、地盤面からの落差が4.5m以下であることと
> 　　されている。取水面と消防ポンプとの落差が10mでは、事実上消防ポンプでの吸水
> 　　は不可能である。

> **解説**　消防水利の基準第6条〔消防水利の構造〕において、次のように規定している。
> 　1　地盤面からの落差が4.5m以下であること。
> 　2　取水部分の水深が0.5m以上であること。
> 　3　消防ポンプ自動車が容易に部署できること。
> 　4　吸管投入孔のある場合は、その一辺が0.6m以上又は直径が0.6m以上であること。

【正解5】

問題70　震災時の消防活動要領等についての記述のうち、適当でないものはどれ
　　か。

1　震災発生時の消防本部及び消防署の初動措置として、職員及び来庁者の安全確
　保、出火防止、庁舎、無線、消防車両等の被害の確認などを行う。

2　勤務時間外の消防職員は動員発令の連絡を受けたとき又は動員発令基準の地震
　が発生したときは、計画に基づき、直ちにあらかじめ指定された場所に参集す

防 災 239

る。

3 　総合的な状況判断と効率的な部隊運用に資するため、通行人、警察官等あらゆる手段を活用して、火災、その他の災害発生及び推移等必要な情報を収集する。

4 　震災時の災害特性として、同時多発であること、季節、時間によって被害の規模が大きく異なること、通行障害が発生し現着まで時間がかかること、水利が限定され水利までの距離が長くなること、通報又は覚知が遅れ現着時に延焼拡大するおそれがあること等がある。

5 　消防団員が現場活動中に津波襲来による危険を感じたときには、団員自らの判断によることなく、消防本部又は消防署の指示又は命令を待ち、秩序だって行動するよう指導する。

着眼点 ▶ 　津波襲来等により身に危険を感じたときの消防団の活動要領の基本は、指示又は命令を待つことなく自らの判断により危険回避の行動をとることである。

解説 　震災時、消防団の災害応急活動要領（基本）は、次のとおりとされている。
1 　消防署所等からの情報を積極的に収集し、災害状況等を把握し、消防団車両及び資器材を有効に活用する。
2 　消防署及び消防隊等と連携を密にして活動する。
3 　津波襲来等により身に危険を感じたときは、指示又は命令を待つことなく自らの判断により危険回避の行動をとる。

【正解5】

問題71 　震災時の消防活動の基本として、次のうち適当でないものはどれか。

1 　避難地、避難路確保優先――延焼火災が多発し拡大した場合は、人命の安全を優先とした避難地、避難路確保の消防活動を行う。

2 　重要地域優先――同時に複数の延焼火災を覚知した場合は、重要かつ危険度の高い地域を優先に消防活動を行う。

3 　消火可能地域優先――同時に複数の延焼火災が発生した場合は、あらかじめの調査に基づき消火可能と判断される地域を優先して消防活動を行う。

4 　市街地火災消防活動優先――大工場、大量危険物貯蔵施設等から出火し、多数の消防隊を必要とする場合は、市街地に面する部分及び市街地の延焼火災の消防活動を優先とし、それらを鎮圧した後に部隊を集中して消防活動に当たる。

5 　火災現場活動――火災規模と対比して消防力が劣勢と判断したときは、積極的に攻勢的現場活動により火災を鎮圧する。

着眼点 ▶ 　消防力が火災規模に比して劣勢と判断されるときは、攻勢的な消火活動方針をとることはできない。

240 防　　災

> **解説**　この場合は、住民の安全確保を最優先とし、道路、河川、耐火造建物、空地等を活用し、守勢的現場活動により延焼を阻止することを原則とする。

【正解5】

問題72　次は、熱帯低気圧、台風について述べたものであるが、間違っているものはどれか。

1　熱帯低気圧のうち北西太平洋や南シナ海に存在し、かつ、低気圧域内の最大風速（10分間平均）が約25m／s以上のものを台風と呼んでいる。

2　台風は、「大きさ」と「強さ」で表現している。大きさは強風域（風速15m／s以上）の半径、強さは最大風速で区分している。

3　「大型で、強い台風」という場合は、強風域の半径が500km以上〜800km未満で、中心付近の最大風速が33m／s〜43m／sであることを表している。

4　台風は上空の風に流されて動き、地球の自転の影響で北へ向かう性質を持っている。

5　台風は通常、東風が吹いている低緯度の地域では西へ流されながら北上し、上空に偏西風が吹いている中・高緯度の地域に来ると速い速度で北東へ進む。

> **着眼点▶**　台風は、北西太平洋に存在する熱帯低気圧のうち最大風速17m／s（34ノット、風力8）以上のものである。

> **解説**　熱帯低気圧とは熱帯又は亜熱帯地方に発生する低気圧の総称であるが、気象情報で「熱帯低気圧」を用いる場合は、台風に満たない、低気圧域内の最大風速がおよそ17m／s未満のものを指している。台風は大きさと強さで表現する。
>
> 　大きさは、風速15m／s以上の領域の半径を基準にして次の3段階になっている。
>
> | 大きさ | 風速15m／s以上の半径 |
> |---|---|
> | （表現しない） | 半径500km未満 |
> | 大型：（大きい） | 半径500km以上〜800km未満 |
> | 超大型：（非常に大きい） | 半径800km以上 |
>
> 　強さは、最大風速を基準にして、次の4段階になっている。
>
> | 強　さ | 最大風速 |
> |---|---|
> | （表現しない） | 33m／s（64ノット）未満 |
> | 強い | 33m／s（64ノット）以上〜44m／s（85ノット）未満 |
> | 非常に強い | 44m／s（85ノット）以上〜54m／s（105ノット）未満 |
> | 猛烈な | 54m／s（105ノット）以上 |

防　　災　　　　241

名　称	最大風速
Tropical Storm	17m／s（34ノット）以上～25m／s（48ノット）未満
Severe Tropical Storm	25m／s（48ノット）以上～33m／s（64ノット）未満
Typhoon	33m／s（64ノット）以上

台風を英文で表す場合は、最大風速によって次の3階級に分けている。

【正解1】

問題73　台風に関する記述のうち、妥当でないものは次のうちどれか。

1　気象庁から発表される台風情報で超大型の（非常に大きい）台風とは、強風域（風速15m／s以上）の半径が800km以上のものをいう。

2　気象庁から発表される台風情報で猛烈な台風とは、最大風速が54m／s（105ノット）以上のものをいう。

3　台風は巨大な空気の渦巻きになっており、北半球においては、地上付近では上から見て時計回りに強い風が吹き込んでいる。このため、進行方向に向かって左の半円では、風が強くなる。

4　台風の中心（気圧の最も低い所）付近は比較的風の弱い領域になっていて、この部分は「目」と呼ばれることがある。

5　台風に伴う気圧降下による海面の吸い上げ効果や、台風の風による海水の吹き寄せ効果のため、海面が異常に上昇する「高潮」が発生することがある。

着眼点▶　台風は巨大な空気の渦巻きになっており、北半球においては、地上付近では上から見て反時計回りに強い風が吹き込んでいる。このため、進行方向に向かって右の半円では、風が強くなる。

【正解3】

問題74　次は土砂災害についての記述であるが、間違っているものはどれか。

1　土石流とは、山腹が崩壊して生じた土石等又は渓流の土石等が水と一体となって流下する自然現象をいう。

2　地滑りとは、土地の一部が地下水等に起因して滑る自然現象又はこれに伴って移動する自然現象をいう。

3　急傾斜地の崩壊とは、傾斜度が20度以上である土地が崩壊する自然現象をいう。

4　河道閉塞による湛水とは、土石等が河道を閉塞したことによって水がたまる自然現象をいう。

242 防 災

5 土砂災害とは、急傾斜地の崩壊、土石流、地滑り、河道閉塞による湛水（通
称、天然ダム）を発生原因として生じた被害をいう。

着眼点 ▶ 急傾斜地とは傾斜度が30度以上である土地をいう。したがって、急傾斜地の崩壊
とは傾斜度が30度以上である土地が崩壊する自然現象である。

解説 「急傾斜地の崩壊」等の用語については、土砂災害警戒区域等における土砂災害防
止対策の推進に関する法律で定義されている。同法では、土砂災害から国民の生命及
び身体を保護するため、土砂災害が発生するおそれがある地域を明らかにし、警戒避
難体制の整備を図るとともに、著しい土砂災害が発生するおそれがある区域の開発行
為の制限、建築物の構造の規制などが規定されている。

【正解3】

問題75 次の緊急地震速報に関する記述のうち、間違っているものはどれか。

1 緊急地震速報とは、気象庁が地震の発生直後に観測データを解析して、素早く
知らせる地震動の予報及び警報のことである。

2 地震動の予報とは、地震の最初のわずかな揺れから各地の揺れ（地震動）を予
想し発表することであり、地震の発生の予想ではない。

3 気象庁以外の者が地震動の予報及び警報の業務を行おうとする場合は、気象庁
長官の許可を受ける必要がある。

4 地震動の予報は、最大震度3以上又はマグニチュード3.5以上等と予想された
ときに発表するものである。

5 気象庁は地震動の警報をした場合、直ちに日本放送協会に通知しなければなら
ない。通知された日本放送協会は直ちに警報を放送しなければならない。

着眼点 ▶ 地震動の警報については、政令に定める場合を除き、気象庁以外の者はしてはな
らない（気象業務法第23条）。

解説 同法第2条第4項第2号に、気象庁が行う気象業務として「気象、地象（地震にあ
つては、発生した断層運動による地震動（以下単に「地震動」という。）に限る。）及
び水象の予報及び警報」が掲げられている。
地震動の予報は、選択肢4のとおり。また、地震動の警報は、最大震度5弱以上の
揺れが予想されたときに、強い揺れが予想される地域に対し地震動により重大な災害
が起こるおそれのある旨を警告して発表されるものである。
なお、同様に、火山現象についての予報及び警報も義務付けられている。

【正解3】

問題76 特別警報の種類について、次のうち正しいものはどれか。

1 大雨、大雪、波浪、高潮

防　　災　　243

2　大雨、大雪、暴風、波浪、高潮

3　大雨、大雪、暴風、暴風雪、波浪、高潮

4　大雨、洪水、大雪、暴風、波浪、高潮

5　大雨、洪水、大雪、暴風、暴風雪、波浪、高潮、乾燥

着眼点 ▶　気象等に関する「特別警報」の種類は、大雨、大雪、暴風、暴風雪、波浪、高潮の6種類である。

> **解説**　気象庁は、気象等に関して警報の発表基準をはるかに超える豪雨等が予想され、重大な災害の危険性が著しく高まっている場合に「特別警報」を発表し、最大限の警戒を呼び掛けている。
> 　「特別警報」は、前記の6種類、「警報」は、洪水を加えた7種類、「注意報」は、大雨、洪水、強風、風雪、大雪、波浪、高潮、雷、融雪、濃霧、乾燥、なだれ、低温、霜、着氷、着雪の16種類である。
> 　なお、洪水を対象とした特別警報はなく、指定河川洪水予報の発表や水位情報の周知により警戒を呼び掛けている。

【正解3】

問題77　気象庁が発表する特別警報に関する記述のうち、誤っているものは次のうちどれか。

1　「大雨特別警報」は、台風や集中豪雨により数十年に一度の降雨量となる大雨が予想される場合に発表される。

2　「波浪特別警報」は、数十年に一度の強さの台風や同程度の温帯低気圧により高波になると予想される場合に発表される。

3　「大雪特別警報」は、数十年に一度の降雪量となる大雪が予想される場合に発表される。

4　「暴風雪特別警報」は、数十年に一度の大雪により重大な災害が発生するおそれがあるときに加え、雪を伴う暴風が吹くと予想される場合に発表される。

5　津波、火山、地震については、「大津波警報」、「噴火警報（居住地域）」、「緊急地震速報（震度6弱以上又は長周期地震動階級4を予想したもの）」を特別警報に位置付けて発表している。

着眼点 ▶　暴風雪特別警報は「大雪＋暴風」の意味ではなく、暴風警報で予想される暴風に雪が伴う場合に発表されるものである。数十年に一度の降雪量となる「大雪」が予想される場合は、大雪特別警報が発表される。
　　暴風雪特別警報は、「暴風による重大な災害」に加えて「雪を伴うことによる視程障害（見通しが利かなくなること）などによる重大な災害」のおそれが著しく大きいことについても警戒を呼び掛けている。

【正解4】

244 防　　災

問題78　次は、我が国の火山噴火と災害要因の組合せであるが、誤っているもの
はどれか。

1　雲仙岳（平成３年）──火砕流

2　御嶽山（平成26年）──噴　石

3　三宅島（平成12年）──溶岩流

4　阿蘇山（昭和33年）──噴　石

5　伊豆大島（昭和61年）──割れ目噴火

着眼点 ▶　平成12年の三宅島の噴火の災害要因は、火山ガスである。昭和58年の噴火は、割
れ目噴火し溶岩流が流れ出した噴火である。

解説　三宅島は、平成12年７月８日に山頂噴火し、その後多量の火山ガスの放出が継続し
たため、９月２日に全島避難がなされ、平成17年２月１日に解除された。
火山災害の要因には、噴石、火山灰、溶岩流、火砕流、泥流、岩屑流、山崩れ、洪
水、津波、空振、地震、火山ガス、地殻変動、地熱、温泉等がある。

【正解３】

問題79　水防法に関する記述として、次のうち誤っているものはどれか。

1　「雨水出水」とは、一時的に大量の降雨が生じた場合において下水道その他の
排水施設に当該雨水を排除できないこと又は下水道その他の排水施設から河川そ
の他の公共の水域若しくは海域に当該雨水を排除できないことによる出水をい
う。

2　「水防管理団体」とは、水防の責任を有する市町村（特別区を含む。）又は水
防事務組合若しくは水害予防組合をいう。

3　「水防管理者」とは、水防管理団体である市町村の長又は水防事務組合の管理
者若しくは長若しくは水害予防組合の管理者をいう。

4　「消防機関の長」とは、消防本部を置く市町村にあっては消防長を、消防本部
を置かない市町村にあっては当該市町村長をいう。

5　「水防警報」とは、洪水、津波又は高潮によって災害が発生するおそれがある
とき、水防を行う必要がある旨を警告して行う発表をいう。

着眼点 ▶　水防法第２条第５項に「この法律において「消防機関の長」とは、消防本部を置
く市町村にあつては消防長を、消防本部を置かない市町村にあつては消防団の長を
いう。」と規定している。

解説　選択肢１から３は同法第２条第１項から第３項、選択肢５は同条第８項のとおりで
ある。

防　　災　　　　　　　　　　245

　　「雨水出水」は、平成27年の水防法改正で用語が定義されたもので、これまで一般
に「内水」とされていた概念である。

【正解4】

問題80　水防法に規定する都道府県の水防事務について、次のうち誤っているも
　　　　のはどれか。

1　都道府県知事は、水防上公共の安全に重大な関係のある水防管理団体を指定す
　ることができる。

2　都道府県知事は、国土交通大臣が指定した河川、湖沼又は海岸以外の河川、湖
　沼又は海岸で洪水、津波又は高潮により相当な損害を生ずるおそれがあると認め
　て指定したものについて、水防警報をしなければならない。

3　都道府県知事は、水防に用いる信号を定めなければならない。

4　水防上緊急を要するときは、都道府県知事は、水防管理者、水防団長又は消防
　機関の長に対して指示をすることができる。

5　水防のため緊急の必要があるときは、都道府県知事は、水防の現場において、
　必要な土地を一時使用し、若しくは収用し、運搬用機器若しくは排水用機器を使
　用し、又は障害物を処分することができる。

着眼点▶　水防法第28条には公用負担として「水防のため緊急の必要があるときは、水防管
　理者、水防団長又は消防機関の長は、水防の現場において、必要な土地を一時使用
　し、土石、竹木その他の資材を使用し、若しくは収用し、車両その他の運搬用機器
　若しくは排水用機器を使用し、又は工作物その他の障害物を処分することができ
　る。」と規定している。

解説　選択肢1から4は、同法第4条（指定水防管理団体）、第16条（水防警報）、第20条
　（水防信号）、第30条（知事の指示）のとおりである。

【正解5】

問題81　次は、水防法に定める警戒区域の設定及びその区域への立入禁止等を命
　　　　じることができる者を列挙したものであるが、正しいものを選べ。

1　水防団長、水防団員、消防機関に属する者

2　水防団長、水防団員、警察官

3　市町村長、警察署長、消防署長

4　消防署長、消防団長、警察署長

5　都道府県知事、市町村長、警察官

着眼点▶　警戒区域の設定及びその区域への立入禁止等を命じるのは、水防団長、水防団員

246 防災

又は消防機関に属する者である。

> **解説** 水防法第21条第1項に「水防上緊急の必要がある場所においては、水防団長、水防団員又は消防機関に属する者は、警戒区域を設定し、水防関係者以外の者に対して、その区域への立入りを禁止し、若しくは制限し、又はその区域からの退去を命ずることができる。」と規定している。
> なお、同条第2項で、水防団長、水防団員若しくは消防機関に属する者がいないとき、又はこれらの者から要求があったときは、警察官は職権を行うことができるとしている。

【正解1】

問題82 次の文のうち、正しいのはどれか。

1 都道府県は水防管理団体である。

2 水防管理団体は水防団を置かなければならない。

3 水防信号は都道府県知事が定める。

4 国土交通大臣は、水防上緊急を要するときは水防団長又は消防機関の長に対して指示をすることができる。

5 特別区は水防管理団体ではない。

着眼点▶ 「水防管理団体」とは、市町村（特別区を含む）又は水防に関する事務を共同に処理する市町村の組合若しくは水害予防組合である（水防法第2条）。
水防管理団体が水防団を置かなければならないのは、その区域内にある消防機関が水防事務を十分に処理することができないと認める場合である（同法第5条第2項）。
都道府県知事は、水防に用いる信号を定めなければならない（同法第20条）。
水防上緊急を要する場合に水防団長、又は消防機関の長、都道府県知事、水防管理者に指示ができるのは国土交通大臣であるが、この場合は2以上の都府県に関係ある河川に限られる（同法第31条）。

【正解3】

問題83 水防法に規定する水防管理団体の行う水防活動として、次のうち適当でないものはどれか。

1 随時区域内の河川、海岸堤防、津波防護施設等を巡視し、水防上危険であると認められる箇所があるときは、自らの責任において、直ちに必要な措置を行わなければならない。

2 水防警報が発せられたときは、都道府県の水防計画で定めるところにより、水防団及び消防機関を出動させ、又はその準備をさせなければならない。

3 水防のためやむを得ないときは、その区域内の居住者等に、水防作業に従事さ

防　　災　　　　　　　　　　　247

せることができる。

4　水防活動現場の秩序維持あるいは保全維持のため、必要があるときは、警察署長に対し、警察官の出動を求めることができる。

5　緊急に必要があると認めるときは、他の水防管理者に応援を求めることができる。

着眼点▶　水防法第9条で、水防管理者、水防団長又は消防機関の長は、随時河川、海岸堤防、津波防護施設等を巡視し、危険が認められたときは、直ちにその旨を当該施設等の管理者に連絡して、必要な措置をとるよう求めなければならないと規定している。

解説　ただし、巡視時は必要な措置を含む水防活動を行わないというわけではなく、同法第1条の目的の趣旨及び他の条文に基づいて、警戒区域の設定（同法第21条）など緊急に必要とされる水防活動を行わなければならないことはいうまでもない。
　　　水防団及び消防機関の出動又は出動準備の命令は同法第17条、居住者等の水防従事義務については同法第24条、警察署長に対する警察官の援助に関する要求は同法第22条、他の水防管理者、市町村長又は消防長への応援の要請については同法第23条に、いずれも規定がある。

【正解1】

問題84　水防法に規定する消防機関の長の行う水防活動について、次のうち誤っているものはどれか。

1　随時区域内の河川、海岸堤防、津波防護施設等を巡視し、水防上危険であると認められる箇所があるときは、直ちに当該河川、海岸堤防、津波防護施設等の管理者に連絡して必要な措置を求めなければならない。

2　水防のためやむを得ない必要があるときは、当該水防管理団体の区域内に居住する者、又は水防の現場にある者をして水防に従事させることができる。

3　水防に際し、堤防その他の施設が決壊したときは、直ちにこれを関係者に通報しなければならない。

4　洪水、雨水出水、津波又は高潮によって氾濫による著しい危険が切迫していると認められるときは、必要と認める区域の居住者、滞在者その他の者に対し、避難のため立ち退くべきことを指示することができる。

5　水防のため緊急の必要があるときは、水防の現場において、必要な土地を一時使用し、土石、竹木その他の資材を使用し、若しくは収用し、車両その他の運搬用機器若しくは排水用機器を使用し、又は工作物その他の障害物を処分することができる。

248 防　　災

着眼点▶　水防法第29条（立退きの指示）で「洪水、雨水出水、津波又は高潮によつて氾濫
による著しい危険が切迫していると認められるときは、都道府県知事、その命を受
けた都道府県の職員又は水防管理者は、必要と認める区域の居住者、滞在者その他
の者に対し、避難のため立ち退くべきことを指示することができる。水防管理者が
指示をする場合においては、当該区域を管轄する警察署長にその旨を通知しなけれ
ばならない。」としている。

解説　選択肢1は同法第9条、選択肢2は同法第24条、選択肢3は同法第25条、選択肢5
は同法第28条のとおりである。

【正解4】

問題85　水防管理者が、水防のため行う行為として誤っているのは、次のうちど
れか。
1　警察署長に対して、警察官の出動を求めること
2　水防団及び消防機関を出動させること
3　水防警報を発すること
4　居住者等を水防に従事させること
5　他の水防管理者又は市町村長等に応援を求めること

着眼点▶　水防警報を発するのは、国土交通大臣又は都道府県知事である（水防法第16条）。

解説　国土交通大臣は国民経済上重大な損害を生ずるおそれがあると認めて指定した河
川、湖沼又は海岸について、都道府県知事はそれ以外の河川、湖沼又は海岸で相当な
損害を生ずるおそれがあると認めたものについて、水防警報を発する（同条）。

【正解3】

問題86　次の水防工法のうち、堤防の漏水に対して行うものはどれか。
1　積土のう工法
2　月の輪工法
3　表むしろ張り工法
4　くい打ち積土のう工法
5　五徳縫い工法

着眼点▶　堤防の漏水は、圧力を有する水が堤体を浸透して、居住地側に漏れ出す現象であ
り、工法の実施に当たっては、漏水口を早期に発見することが大切である。また、
吸込み口が確認できると作業は非常に有利になる。吸込み口は水面の渦、堤防斜面
の崩れの位置及び漏水口から推定する。漏水を防ぐには、堤防斜面を被覆して吸込
み口をふさぐ方法と、漏水口の周囲に築堤して水圧を弱め、漏水口の拡大を防止す
る方法とがあり、前者は川側の堤防斜面側に、後者は居住地側の堤防斜面にそれぞ
れ設定する。

防　　災　　　　　　　　　　　249

○川側の吸込みに実施する工法——詰め土のう工法・むしろ張り工法・たたみ張り
工法
○居住地側の堤防斜面に実施する工法——かまつき工法・月の輪工法
　なお、選択肢1の積土のう工法は越水に対する工法、選択肢3の表むしろ張り工
法は川側の深掘れに対する工法、選択肢4のくい打ち積土のう工法は堤防斜面の崩
れに対する工法、選択肢5の五徳縫い工法はき裂に対する工法である。

【正解2】

問題87　堤防の破壊の原因とその過程についての記述のうち、誤っているものは
どれか。

1　越水とは、天端より水位が高くなり、水が堤防を越え堤防内地に流入する現象
である。

2　洗掘とは、河川の流速などの影響によって堤防堤体の表面が次第に削り取られ
ていくもので、堤防がこのような作用を受けると最終的に破堤となるおそれがあ
る。

3　破堤に至る過程においては、洗掘・漏水など、二つ以上の原因が同時に作用す
ることはない。

4　漏水は、水位が上昇することによる水圧で堤防や地盤の中に水の通り道が生じ
たり、モグラの活動経路などにより堤体等に水の通り道としての穴を生じてしま
うことにより発生することがある。

5　長時間の高水位により、堤体が多量の水分を含み飽和状態になると土の摩擦
力、凝集力が減少し、亀裂あるいはのり崩れを生じ、のり面がすべり落ち、堤体
が水圧に耐えられなくなって破堤することがある。

着眼点▶　堤防の破壊の原因と過程については、堤防の構造等により一定していないが、洗
掘・漏水等二つ以上の原因が同時に作用することが多く、このような場合には複雑
な過程を経て破堤する。

解説　破堤の原因となるものは、越水、漏水、洗掘、亀裂、のり崩れによるもの、又はこ
れら二つ以上の原因が同時に作用して破堤するなどがある。

【正解3】

問題88　堤防の水防工法とその説明内容について、次のうち誤っているものはど
れか。

1　改良積土のう工法
　越水への対処のため、堤防天端に土のうを数段積み上げ、防水シートをあて、
土のうからの漏水を防止する。

250 防　　災

2　詰め土のう工法

　　裏小段、裏のり先平地に円形に土のうを積む工法である。

3　月の輪工法

　　裏で漏水（浸透）に対処するための工法で、裏小段、裏のり先にかかるように

　半円形の積み土のうにする。

4　折り返し工法

　　天端亀裂に対処するための工法で、天端の亀裂を挟んで、両肩付近に竹をさ

　し、折り曲げて連結する。

5　立てかご工法

　　表のり面に蛇かごを立てて被覆する。

着眼点 ▶　　「詰め土のう工法」とは、川表で漏水（浸透）に対処するための工法で、川表の
　　　　　り面の漏水口に土のうなどを詰める工法である。

解説　破堤の原因と適応した水防工法の例は次のとおりである。
　　越水：積土のう工法、改良積土のう工法、せき板工法、鋼板防護工法、蛇かご積工
　　　　　法、連結式水のう工法、護岸裏のり積土のう工法
　　漏水：釜段工法、鋼製釜段工法、月の輪工法、鋼製月の輪工法、詰め土のう工法、
　　　　　シート張り工法、畳張り工法
　　決壊：シート張り工法、畳張り工法、木流し工法、竹流し工法、立てかご工法、水防
　　　　　Ｔ型マット工法、鋼製マット張り工法、竹網流し工法、わく入れ工法、築き
　　　　　まわし工法、矢板締切工法
　　天端亀裂：折り返し工法、杭打ち継ぎ工法、継ぎ縫い工法

【正解2】

問題89　国民保護法に関する記述について、次のうち誤っているものはどれか。

1　国民保護法とは「武力攻撃事態等及び存立危機事態における我が国の平和と独
　立並びに国及び国民の安全の確保に関する法律」のことである。

2　対処基本方針は、武力攻撃事態等又は存立危機事態への対処に関する基本的な
　方針であり、武力攻撃事態等又は存立危機事態に至ったときに政府が定めるもの
　である。

3　武力攻撃事態とは、武力攻撃が発生した事態又は武力攻撃が発生する明白な危
　険が切迫していると認められるに至った事態をいう。

4　国は、対処基本方針及び基本指針に基づき、警報の発令、避難措置の指示その
　他の住民の避難に関する措置を実施しなければならない。

5　市町村長は、対処基本方針が定められたときは、退避の指示、警戒区域の設

防　　災　　　　　251

定、消防、廃棄物の処理、被災情報の収集その他の武力攻撃災害への対処に関する措置を実施しなければならない。

> **解説**　国民保護法とは正式には「武力攻撃事態等における国民の保護のための措置に関する法律」であり、武力攻撃事態等において、武力攻撃から国民の生命、身体及び財産を保護し、国民生活等に及ぼす影響を最小にするための、国・地方公共団体等の責務、避難・救援・武力攻撃災害への対処等の措置が規定されている。選択肢1の法律は「事態対処法」と略称されている。

【正解1】

問題90　事態対処法に関する記述について、誤っているものは次のうちどれか。
1　事態対処法とは、「武力攻撃事態等及び存立危機事態における我が国の平和と独立並びに国及び国民の安全の確保に関する法律」のことである。
2　武力攻撃事態等とは、武力攻撃事態及び武力攻撃予測事態をいう。
3　武力攻撃事態とは、武力攻撃が発生した事態又は武力攻撃が発生する明白な危険が切迫していると認められるに至った事態をいう。
4　存立危機事態とは、我が国に対する武力攻撃が発生し、これにより我が国の存立が脅かされ、国民の生命、自由及び幸福追求の権利が根底から覆される明白な危険がある事態をいう。
5　対処基本方針に定める、対処すべき事態に関する事項として、事態の経緯、事態が武力攻撃事態であること、武力攻撃予測事態であること又は存立危機事態であることの認定及び当該認定の前提となった事実がある。

> **着眼点▶**　事態対処法第2条第4号に、「存立危機事態　我が国と密接な関係にある他国に対する武力攻撃が発生し、これにより我が国の存立が脅かされ、国民の生命、自由及び幸福追求の権利が根底から覆される明白な危険がある事態をいう。」と定められている。

> **解説**　選択肢1から3は国民保護法第1条、事態対処法第1条、第2条第2号、選択肢5は同法第9条第2項第1号イのとおり。

【正解4】

問題91　武力攻撃事態等における国民の保護のための措置に関する法律（国民保護法）についての記述として、誤っているものは次のうちどれか。
1　消防は、その施設及び人員を活用して、国民の生命、身体及び財産を武力攻撃による火災から保護するとともに、武力攻撃災害を防除し、及び軽減しなければならない。
2　市町村長は、その避難実施要領で定めるところにより、当該市町村の職員並び

に消防長及び消防団長を指揮し、避難住民を誘導しなければならない。

3　避難住民を誘導する消防職員は、避難に伴う混雑等において危険な事態が発生するおそれがあると認めるときは、危険を生じさせ、又は危害を受けるおそれのある者その他関係者に対し、必要な警告又は指示をすることができる。

4　消防吏員又は自衛官は、避難住民の誘導に際し、特に必要があると認めるときは、警察官及び海上保安官がその場にいない場合に限り、危険な場所への立入りを禁止し、若しくはその場所から退去させ、又は当該危険を生ずるおそれのある道路上の車両その他の物件の除去その他必要な措置を講ずることができる。

5　消防長又は消防署長は、大規模な武力攻撃災害が発生した場合において、避難住民等に対する医療の提供を行うため必要があると認めるときは、医療関係者に対し、医療を行うよう要請することができる。

着眼点 ▶　医療の実施の要請等は、国民保護法第85条に基づき、都道府県知事が行う。

> 解説　選択肢1から4は同法に規定する消防に関する部分であり、選択肢1は同法第97条（武力攻撃災害への対処）第7項、選択肢2は同法第62条（市町村長による避難住民の誘導等）、選択肢3は同法第66条（避難住民を誘導する者による警告、指示等）第1項、選択肢4は同条第3項のとおりである。

【正解5】

問題92　消防組織法における広域応援体制の仕組みについての記述のうち、誤っているものはどれか。

1　市町村は、必要に応じ、消防に関し相互に応援するように努めなければならないとしている。

2　市町村の消防は、消防庁長官又は都道府県知事の運営管理又は行政管理に服することはないとしている。

3　消防庁長官は、地震、台風、水火災等の非常事態の場合において、災害発生市町村の消防の応援等に関し、当該災害発生市町村長から要請があり、かつ、必要があると認めるときは、当該市町村以外の市町村長に対し、当該災害発生市町村の消防の応援等のため必要な措置をとることを求めることができる。

4　消防庁長官は、同法第44条第1項に規定する場合において、当該災害の規模等に照らし緊急を要し、同項の要請を待ついとまがないと認められるときは、同項の要請を待たないで、緊急に消防の応援等を必要とすると認められる災害発生市町村のため、当該災害発生市町村の属する都道府県以外の都道府県の知事に対し、当該必要な措置をとることを求めることができる。

防　　災　　　　　　253

5　消防機関の職員がその属する市町村以外の市町村の消防の応援のため出動した
　場合においては、当該職員は、応援を受けた市町村の長の指揮の下に行動するも
　のとされている。

着眼点▶　消防庁長官が措置を求める相手方は都道府県知事であり、消防を管理する市町村
　　　　長ではない。

解説　消防組織法第44条第1項で、消防庁長官は、地震、台風、水火災等の非常事態の場
　合において、これらの災害が発生した市町村の消防の応援又は支援に関し、当該災害
　発生市町村の属する都道府県の知事から要請があり、かつ、必要があると認めるとき
　は、当該都道府県以外の都道府県の知事に対し、当該災害発生市町村の消防の応援等
　のため必要な措置をとることを求めることができるとしている。
　　消防庁長官が措置を求める相手方は都道府県知事であり、消防を管理する市町村長
　ではない。これは、都道府県内の消防力を組織的かつ大量に動員する必要があること
　から、管内の消防事情に詳しい都道府県知事に一括して応援支援を求める方が実情に
　適すると考えられたためといわれている。

【正解3】

問題93　緊急消防援助隊の都道府県大隊を編成する隊として、次のうち誤ってい
　　るものはどれか。

1　都道府県大隊指揮隊

2　統合機動中隊

3　後方支援中隊

4　通信支援中隊

5　特殊災害中隊

着眼点▶　緊急消防援助隊の編成及び施設の整備等に係る基本的な事項に関する計画（平成
　　　　31年3月8日変更）第2章第2節（都道府県大隊の編成）第1号で「都道府県大隊
　　　　は、当該都道府県又は当該都道府県内の市町村に設置された都道府県大隊指揮隊、
　　　　消火中隊、救助中隊、救急中隊、後方支援中隊、通信支援中隊、水上中隊、特殊災
　　　　害中隊及び特殊装備中隊のうち被災地において行う消防の応援等に必要な中隊を
　　　　もって編成する。」としている。

解説　緊急消防援助隊は、阪神・淡路大震災の教訓を踏まえ、国内で大規模災害が発生し
　た際、全国の消防機関相互による救助隊等の迅速な集中的出動体制を確立するため整
　備されたものであり、消防庁に登録された全国の消防本部の部隊から編成され、平成
　7年6月に発足した。

【正解2】

問題94　災害対策基本法に定める自主防災組織についての記述について、次のう
　　ち適当でないものはどれか。

254　　　　　　　　　　　　　防　　　災

1　自主防災組織とは、住民の隣保協同の精神に基づく自発的な防災組織をいう。

2　基本理念の一つとして、住民一人一人が自ら行う防災活動及び自主防災組織その他の地域における多様な主体が自発的に行う防災活動を促進することが定められている。

3　自主防災組織の例として、消防団、女性（婦人）防火クラブ、少年消防クラブ、幼年消防クラブ等が示されている。

4　国及び地方公共団体は、ボランティアによる防災活動が災害時において果たす役割の重要性に鑑み、その自主性を尊重しつつ、ボランティアとの連携に努めなければならない。

5　国及び地方公共団体は、災害の発生を予防し、又は災害の拡大を防止するため、自主防災組織の育成、ボランティアによる防災活動の環境の整備、過去の災害から得られた教訓を伝承する活動の支援その他国民の自発的な防災活動の促進に関する事項の実施に努めなくてはならない。

$\boxed{着眼点 ▶}$　消防団は自主防災組織ではない。なお、女性（婦人）防火クラブ、少年消防クラブ、幼年消防クラブについては通常自主防災組織等として分類される。

解説　消防団は消防組織法第9条に定める消防機関であり、消防団員は、消防本部などの職員と同じく、権限と責任を有する公務員である。
　　　選択肢1・2は災害対策基本法第2条の2第2号、選択肢4は同法第5条の3、選択肢5は同法第8条第2項第13号で規定している。

【正解3】

$\boxed{問題95}$　国及び地方公共団体は、ボランティアとの連携について努めなければならない旨を定めている法令は、次のうちどれか。

1　災害対策基本法

2　大規模地震対策特別措置法

3　消防組織法

4　消防法

5　地震防災対策特別措置法

$\boxed{着眼点 ▶}$　災害対策基本法第5条の3で、国及び地方公共団体とボランティアとの連携として、「国及び地方公共団体は、ボランティアによる防災活動が災害時において果たす役割の重要性に鑑み、その自主性を尊重しつつ、ボランティアとの連携に努めなければならない。」と規定している。

防　　　災　　　　　255

> **解説**　同条は、近年の災害時に多くのボランティアが重要な役割を果たしたこと、また、今後発生が懸念されている大規模広域災害に際してその役割がますます大きくなることが見込まれることから、平成25年に追加されたものである。同条を受けて、第8条第2項第13号で具体的な実施事項が定められている。

【正解1】

問題96　次は、非常勤消防団員等の公務災害に対し政令で定める基準に示されている、損害補償の種別とその概要について述べたものであるが、適当でないものはどれか。

1　療養補償──公務等により負傷し、又は疾病にかかった消防団員等に対し、療養に必要な費用が支給されるものである。

2　休業補償──療養のため仕事ができなくなり、収入を得られない期間に対し、休業を補償する金額が支給されるものである。

3　障害補償──負傷又は疾病が治癒してもなお、一定基準以上の障害が存するとき、障害の程度に応じて支給されるものである。

4　遺族補償──公務等により死亡した場合、その遺族に対して支給されるものである。

5　葬祭補償──公務等により死亡した場合、遺族に対し支給されるものである。

着眼点▶　必ずしも遺族でなく、葬祭を行う者に対して支給される（非常勤消防団員等に係る損害補償の基準を定める政令第11条）。

【正解5】

問題97　非常勤の消防団員に対する損害補償制度について述べた次の文のうち、誤っているものはどれか。

1　政令で定める基準に従って市町村の規則で定める。

2　損害補償の種類には、年金及び一時金がある。

3　種類によっては、補償が行われない場合がある。

4　特殊な状況下での公務災害に対しては、加算支給される制度がある。

5　この制度は、消防団員以外の者についても適用される場合がある。

着眼点▶　非常勤消防団員の公務災害補償は、政令で定める基準に従い、市町村の条例で定めるところによって行われる（消防組織法第24条）。

> **解説**　「非常勤消防団員等に係る損害補償の基準を定める政令」では、障害補償及び遺族補償にそれぞれ年金及び一時金を定めている（同令第1条）。
> 　傷病補償年金の受給者には、休業補償は行われない（同令第5条の2第3項）。

256 防　災

　　　非常勤の消防団員又は水防団員が高度の危険が予測される状況下での、火災の鎮圧、人命救助等に従事して、公務災害を受けた場合は、傷病補償年金、障害補償又は遺族補償について、それぞれ一定の加算支給が行われる（同令第11条の２）。
　　　この損害補償制度が適用されるのは、非常勤の消防団員及び水防団員のほか、火災現場付近にある者に対する消防作業への従事要求及び救急業務の協力要請に基づいて従事し又は協力した者（消防法第36条の３）の例がある。

【正解１】

問題98　消防組織法上、消防団員で非常勤のものが公務により負傷した場合、その消防団員又はその者の遺族がこれらの原因によって受ける損害は、次のうちどの法令の定めるところにより補償されるか。

1　消防法
2　地方公務員法
3　非常勤消防団員等に係る損害補償の基準を定める政令
4　水防法
5　市町村条例

着眼点▶　消防組織法第24条に、非常勤消防団員に対する公務災害補償として、「消防団員で非常勤のものが公務により死亡し、負傷し、若しくは疾病にかかり、又は公務による負傷若しくは疾病により死亡し、若しくは障害の状態となつた場合においては、市町村は、政令で定める基準に従い条例で定めるところにより、その消防団員又はその者の遺族がこれらの原因によつて受ける損害を補償しなければならない。」と規定されている。

解説　補償に当たっては、市町村は、非常勤消防団員等に係る損害補償の基準を定める政令による基準に従い、当該市町村の条例で定めるところにより、療養補償、休業補償、傷病補償年金、障害補償、介護補償、遺族補償及び葬祭補償を行わなくてはならない。

【正解５】

問題99　非常勤消防団員等に係る損害補償の基準を定める政令について、誤っているものは次のうちどれか。

1　療養補償──治癒するまで、必要な療養の費用を支給する。
2　養育補償──死亡した場合、遺族の子弟が義務教育を終了するまでの間、教育費の一部として年金を支給する。
3　傷病補償年金──療養開始後１年６か月を経過し、治癒していない場合及び傷病等級１級から３級までに該当するとき支給する。
4　休業補償──収入を得られない期間、１日につき補償基礎額の100分の60に

防　　災　　　　　　　　　　　257

相当する額を支給する。

5　障害補償──治癒し障害が残った場合、1級から7級までは年金、8級から14級までは一時金を支給する。

着眼点▶　遺族に対する補償として「遺族補償」があり、一時金又は年金が支給されるが、遺族のうち消防団員等の収入により生計を維持していた子、孫又は兄弟姉妹については、18歳に達する日以後の最初の3月31日までの間、年金の支給対象となるものである（非常勤消防団員等に係る損害補償の基準を定める政令第8条）。

解説　同政令では、①療養補償、②休業補償、③傷病補償年金、④障害補償として障害補償年金及び障害補償一時金、⑤介護補償、⑥遺族補償として遺族補償年金及び遺族補償一時金、⑦葬祭補償を定めている。

【正解2】

問題100　大地震時の行動として、住民指導を行う場合、優先度の高いものとして適当なものは、次のうちどれか。

1　落ち着いて身の安全を確保する。

2　家屋倒壊による人的被害を軽減するため、隣保協力の人命救助を呼び掛ける。

3　延焼火災が発生するので、避難場所を認識させる。

4　水道断水が予想されるので、飲料水を確保させる。

5　消防車の進行の交通障害の排除に協力させる。

着眼点▶　現在、消防庁や各消防本部では、「まず落ち着いて身の安全を確保する」「揺れを感じたり、緊急地震速報を見聞きした時は、身の安全を守ることを最優先に行動する」「突然大きな揺れに襲われた時は、まずは自分の身を安全に守るように心掛ける」等の内容で住民指導を行っている。

解説　地震時に慌てて出口を確保したり外に飛び出すと、転倒してけがをするおそれがある。揺れが激しい時にこんろの火などを消そうとすると、転倒して鍋のお湯をかぶるなどのけがをするおそれがある。けがをすると、地震直後の火の元確認や初期消火などの行動ができなくなるため、身の安全の確保を最優先とした指導となっている。

【正解1】

問題101　屋外にいたとき地震が発生した。とるべき行動として適当でないものは、次のうちどれか。

1　繁華街では、ガラスや看板などの落下物に注意し、衣類や持物で頭部を保護する。

2　木造密集地の場合、瓦などの落下物に注意する。

3　倒れかかっている電柱や、垂れ下がっている電線などを避けるため、塀にそっ

て行動する。

4　海岸では津波、低地では浸水に注意する。

5　都市ガスが漏れたり、道路のひび割れや陥没しているところから速やかに遠ざかる。

着眼点▶　電柱や切れた電線などを避けることは必要であるが、一方、塀、特にブロック塀などは倒壊するおそれがあるため近寄らないこと。

【正解3】

問題102　地震時に発生する被害の特徴について述べた次の文のうち、適当でないものはどれか。

1　地下鉄　一般に地下鉄や地下街など地下のトンネル部分は頑丈にできているから、地震のときにつぶれたり大破壊することはない。

2　電気　一時的に停電しても比較的地域が限定され、復旧もライフライン中で一番早く回復する。

3　都市ガス　ガス事業者は、地震動によってはガスの送出を強制的に停止することがある。復旧は、家庭などを一軒一軒点検し、安全を確認したうえでないと開通できないのでもっとも遅れることが予想される。

4　水道　配管の破壊、給水施設の被害、電力停止などが予想される。生活上もっとも必要であり、給水車による給水も計画されている。

5　電話　通信回線の切断、通信局の被災で、被災地への通話はほとんど不能となる。衛星携帯端末の無償貸与、ＭＣＡ無線機の無償貸与、特設公衆電話の設置などの応急措置が必要になる。また、被災地以外でも固定電話（公衆電話を含む）、携帯電話からの発信が急増するため通信規制がなされ、ほとんど期待できない。

解説　東日本大震災では、固定電話では最大80〜90％、携帯電話では最大70〜95％の通信規制が実施された。一方、携帯電話メールは比較的つながりやすい状況であった（通信規制を行った事業社でも30％程度の規制であった）。また、ＳＮＳ、公衆電話、無線ＬＡＮ、衛星端末等は有効な通信手段となった。中でも公衆電話は全数が災害時優先電話として扱われ、首都圏で生じた帰宅困難者の通信手段となるなど、再評価されている。

【正解5】

問題103　住民に対する地震時の初期消火についての指導として、適当でないものは次のうちどれか。

1　大きな揺れの時は、一度机の下などに身を伏せ、揺れが収まるのを待ってから

防　　災　　　　　259

火を消す。

2　火災になった場合は、周りの人に大きな声で助けを求めるとともに、手近にある消火器などで初期消火をする。

3　消火器に使われている粉末の消火薬剤は、水に比較して浸透力が強く、燃焼物の深部まで完全に消火することができるので、再燃のおそれが少ない。

4　もし初期消火ができず天井まで火が広がってしまったら、自分や他の住人の安全を確保するとともに、消防隊や消防団へ助けを求める。

5　消防隊が到着するまで、近所の人たちや自主防災組織の人などと協力して、近隣の住民（特に子供や高齢者などの要援護者）の避難を確認し、バケツリレーなど火災の延焼阻止を試みる。

着眼点 ▶　粉末の消火薬剤は、水のように浸透力がないので、燃焼物の深部まで完全に消火することはできないため、最後に水による消火を行うように指導する。

解説　選択肢1、2、4、5は、消防庁の防災マニュアル（震災対策啓発資料）で推奨されている項目である。

【正解3】

問題104　市民に、地震に対する日頃の備えとして次のように指導した。誤っているものはどれか。

1　家屋の耐震診断や地盤・塀などの点検を行うとともに、必要に応じて補強しておく。

2　家具などを固定し、転倒や落下による被害を防ぐとともに、身の安全を守る場所を設けておく。

3　避難のための脱出口を確保し、あらかじめ避難通路を点検しておく。

4　通勤・通学などの外出中に大地震に遭遇した場合に備えて、市役所や消防署などの情報の収集先をメモしておく。

5　食糧や飲用の水は最低3日分、できれば10日分くらいを常に用意しておく。

着眼点 ▶　大地震が発生したときは、市役所や消防、警察などの防災関係機関などに直接問い合わせることは、各機関の業務に支障を与えるばかりでなく、重要な情報の伝達や収集を著しく阻害することにもなるので、絶対に避けなければならない。

解説　地震災害が発生したときには、各報道機関は最大限の努力をして、正確な情報の伝達を心掛けて様々な計画を立てているので、それらの情報を正しく受けとめて、適切に行動するよう指導することが必要である。

【正解4】

防　　災

問題105　地震後の行動を市民に指導したい。次のうち適当でないものはどれか。

1　身の安全を図っている間、頭の中で、消せなかった火をチェックしておき、揺れが収まったらすぐ消火する。

2　万一火災が発生したら大声で近所に知らせ、消火器や水バケツを集めて、協力しあって消火に当たる。

3　負傷者が出たら応急救護を行い、重傷者は市町村や消防署などが開設する応急救護所などへ搬送する。

4　大地震時には心理的に混乱しているので、デマや流言で勝手な行動をとることを避け、不確実な情報や勝手な憶測に基づく情報をむやみに他人に伝えない。

5　大地震時には、大火災や危険物の爆発等のおそれがあるので、地震が発生したら、すぐに、あらかじめ定められている避難場所への避難を開始する。

着眼点▶　避難は、地震による大火災や津波、危険物施設の爆発等のおそれのある場合に行われるべきもので、地震が発生したからといって、何が何でも避難するというのでは、いたずらに混乱を起こす元になるだけである。ただし、津波の発生の危険がある場合には、地震を感じたらすぐ避難行動を開始することが大切である。

解説　避難するときは、次のことに注意しながら行動を開始する必要がある。
　1　警察官や自主防災組織のリーダーなどの指示に従って、集団で協力しあいながら避難する。ただし、大津波警報・津波警報が発令されたときは、直ちに一人で高所に逃げ、まずは自分の命を守る。
　2　高齢者、障害者、乳幼児等の要配慮者がいる場合は、協力して支援に当たる。
　3　避難は原則として徒歩で行い、持ち物は必要最小限にとどめる。

【正解5】

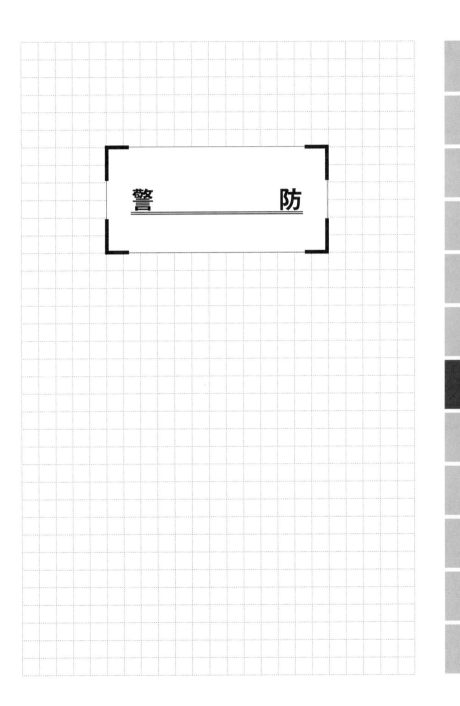

262　　　　　　　　　　　警　　　防

問題1　次は、災害活動現場における指揮者の心構えについて記述したものであるが、妥当でないものはどれか。

1　状況判断は、直感・先入観及び希望的観測を避け、できるだけ生の情報に基づいて冷静に行うこと。

2　活動方針は、一度決心したら多少の状況変化があっても変えないこと。

3　随時報告を求めて部下の位置、活動状況を確認し、その掌握に努めなければならない。

4　命令に際しては、強固な意思をもって自己の意図の実現を期すものであるから、部下に判断の余地を与えてはならない。

5　事故発生の場合は、現場が混乱しがちであるから、現場管理を徹底して実施すること。

着眼点▶　命令は、決心を部下に実施させるための重要な意思伝達である。下命に際しては、その意図を明らかにするとともに、受命者の任務を明確に示さなければならず、かつ、強固な意思をもって意図の実現を期さなければならない。そのためには、下記事項に留意することが大切である。

1　命令は部下の行動を細部まで拘束せず、部下に判断の余地を与えること。

2　下命に際しては、受命者の能力、性格等を配慮すること。

3　下命事項は、報告をとって状況及び結果を確認すること。

4　重要な命令は、携帯無線機でなく直接口頭で命じ、復唱を求めること。

5　任務を明示することは、以後の掌握を容易にし、かつ、責任関係を明らかにすること。

6　下命は、指揮系統に従うことを原則とするが、緊急の場合は直接関係する部隊に行うこと。

【正解4】

問題2　次は、指揮者の状況判断の一般的留意事項を記したものであるが、この中から誤っているものを選べ。

1　状況判断は、直感・先入観を避け、努めて生の情報に基づいて冷静に行うこと。

2　一局面や小事にとらわれず、総合的な状況把握に努めること。

3　状況判断の主要な情報は、災害実態、各隊の現況及び活動環境に関するものであること。

4　初期情報は、災害実態、人命危険、作業危険及び拡大危険を優先すること。

5　活動方針は、一度決心したのちでも多少の状況変化があったときは、機を失することなく方針を変更すること。

警　　防　　　　　　　　263

着眼点 ▶　活動方針は、一度決心したら多少の状況変化があっても重大な影響を及ぼさない
限り、安易に変更すべきではない。

解説　指揮者の決心に基づく活動方針の決定は、災害実態から各隊に行動命令を行うもの
であるので、状況の変化が活動に重大な影響を及ぼす場合に、遅滞なく変更を行うよ
うにし、多少の状況変化に対応する変更は各隊を混乱させる要因になる。
　　また、指揮者は、大局をどう察して、とるべき方策、決断の時機等を冷静周到に判
断することが大切である。

【正解5】

問題3　指揮本部を設置する場所等の条件として適切でないものはどれか、次の
中から一つ選べ。

1　報告、命令、連絡等に便利で、部隊指揮運用が容易である。

2　出場各隊の指揮者及びその他関係者が容易に確認できる。

3　風向風速、延焼状況にもよるが、指揮本部の位置は、延焼危険の大きい風下側
とする。

4　指揮本部の標識を標示するとともに、夜間はサーチライト等により位置を明示
する。

5　災害現場の規模に応じて、携帯無線の通信を統制する。

着眼点 ▶　災害現場の指揮本部は、火災の全般の状況が容易に把握できる場所でなければな
らない。よって風向風速、延焼状況にもよるが、風下側でなく風横か風上の方がよ
い。

解説　指揮本部の掌握事項
　　1　街区構成・消防対象物の構造・規模・用途・業態
　　2　火災状況・各隊の防ぎょ状況
　　3　人的危険の有無・死傷者の状況
　　4　応援（各種資器材を含む）要請の要否
　　5　警察・電気・ガス・水道、原子力施設等の関係者への連絡事項
　　6　消防警戒区域・警戒線・立入禁止区域等の設定とその範囲の概要
　　7　情報の収集と防ぎょ図等の作成
　　8　付近の状況・水利の状況
　　9　隊員の管理と危険予防
　　10　長時間に及ぶ場合は、交代要員の確保、食料・燃料の確保

【正解3】

問題4　次は、火災現場において最先着隊の指揮者として把握しなければならな
い事項について記述したものであるが、妥当でないものはどれか。

264 警　　防

1　火災に至った原因

2　周囲建物の配列状況、危険物等の有無

3　要救助者、負傷者等の有無

4　風向、風速、飛火、火煙の状況

5　出火建物（延焼建物を含む）の構造、用途、階層等

着眼点 ▶　最先着隊の指揮者は、まず火点に先行し、火点を一巡（一巡が不可能な場合は可能な範囲）して、火災の状況（延焼方向及び延焼危険の有無）及び人命危険の状況を把握しなければならない。

解説　最先着隊の指揮者の留意事項
1　状況を把握したら、活動方針を決定し、自己隊に活動方針を指示命令する。
2　順次到着する後着隊に、活動担当面を指示する。
3　火災の状況と消防力を比較し、消防力が火災の状況に劣ると判断したときは、直ちに応援要請をする。
4　火災の状況及び活動状況を消防本部へ無線等で報告する。
5　上級指揮者が現場に到着したら、現在までの火災の状況及び活動状況を報告し、以後自己隊の指揮に当たる。

【正解1】

問題5　指揮者として下記のような消防活動を行う場合、どのようなことに留意しなければならないか、妥当でないものを選べ。

1　延焼防止後、破壊作業を伴った残火処理を行う場合は、各隊員の疲労も高く、注意力も衰えてくることから、周囲の安全を確認しながら実施させる。

2　延焼中の共同住宅火災の場合は、火勢制圧を併用した人命検索に当たるとともに、全住戸の全居住者のチェックを忘れてはならない。

3　大量の可燃物がある火災は、大量の口数を必要とすることから、早期に応援要請をするとともに、関係者から資器材（フォークリフト等）の調達も考慮しておかなければならない。

4　防火造建物火災でモルタル壁が崩壊する危険がある場合には、ロープ等により立入禁止区域を設定するとともに、隊員に警戒させ、モルタル壁が自然崩壊するまで待たなければならない。

5　病院等の火災に出場したときは、多数の入院患者及び不特定多数の者がいることを考え、延焼中の場合には、早期に応援要請を行い、組織的な部隊活動を図る必要がある。

着眼点 ▶　壁体の崩壊危険がある建物に対しては、崩壊前兆現象を見逃すことなく対処する（拡声装置、携帯無線機等で全隊員に周知徹底するとともに立入禁止区域を設定す

警防　　　　　　265

る）とともに、必要に応じ隊を指定してモルタル壁を破壊活動によって強制落下させ、危険な状況を取り除く必要がある。

> **解説**　指揮者として破壊作業を行わせる場合の留意事項
> 1　破壊の目的、破壊の種別を隊員に明確に指示する（破壊場所、破壊方法、使用資器材等も指示する）。
> 2　破壊範囲は、必要最小限とする。
> 3　破壊箇所は、作業が容易で、二次災害の少ない部分とする。
> 4　破壊活動を行わせるときは、隊員の足場の安定など安全管理には十分留意する。
> 5　夜間等は必要に応じて、照明を用いて足場状態を確認させる。
> 6　バックドラフト現象等が予想される場合は、あらかじめ筒先を配備してから破壊させる。

【正解4】

問題6　次は、最先到着隊の指揮者として火災現場に到着後、早期に行う消防部隊の応援要請について記述したものであるが、妥当でないものはどれか。

1　大規模な木造建物などの場合
2　木造建物の密集している地域の場合
3　水利状況が通常と異なり著しく悪い地域の場合
4　急傾斜地、がけ地等で消防活動に著しい障害がある場合
5　要救助者、負傷者等がいる場合

着眼点▶　要救助者、負傷者等の有無を把握したら、直ちに活動方針を決定し、自己隊に指示命令をすることが大切である。
　　　なお、現場における風速が平均風速を大幅に超えている場合及び火災の通報が著しく遅れ、又は危険物、爆発物等の火災で当初から延焼拡大していた場合には、早期に消防部隊の応援要請をすることが必要である

> **解説**　最先到着隊の指揮者は、火点に先行し、火点を一巡（一巡が不可能な場合は可能な範囲）して、次の状況を把握する。
> 1　出火建物（延焼建物を含む）の構造、用途、階層
> 2　延焼方向及び延焼危険の有無
> 3　周囲の建物の配列状況、危険物等の有無
> 4　要救助者、負傷者等の有無
> 5　地形、水利状況
> 6　風向、風速、飛火、火煙の状況

【正解5】

問題7　次は、指揮者として火災現場において排煙を実施させる場合の留意事項について記述したものであるが、妥当でないものはどれか。

266　　　　　　　　　　　　　　警　　　防

1　排煙実施側開口部は原則として煙の噴出が多い側とする。

2　排煙側開口部には、延焼防止用の筒先を配備する。

3　排煙側開口部に進入している隊があるときは、排煙実施による火熱の危険を避けるため、後退させる。

4　実施側と排煙側との隊は、密接な連絡をとらせ状況を十分に把握する。

5　排煙開始時、排煙作業中の隊員の安全管理、延焼防止などには十分留意する。

着眼点▶　排煙実施側開口部は、原則として吸気側の煙の噴出の少ない側とする。
　　　　　1　排煙方法
　　　　　⑴　自然排煙
　　　　　⑵　機械排煙（排煙設備活用）
　　　　　⑶　噴霧注水による排煙
　　　　　⑷　高発泡による排煙
　　　　　2　排煙実施箇所
　　　　　⑴　実施開口部は、原則として吸気側の煙が少ない側とする。
　　　　　⑵　排煙側開口部は、煙の噴出が大きく延焼防止上支障のない側とする。

　解説　噴霧注水による排煙要領
　　1　排煙実施側開口部と排煙側開口部を決定する。
　　2　必要により排煙側開口部の開口面積を大きくするなど排煙効果を大きくする。
　　3　排煙側開口部に延焼防止用の筒先を配備する。
　　4　排煙実施側開口部から噴霧注水を行い排煙を行う（噴霧注水はノズル圧0.6MPa
　　　以上、ノズル開度は60〜70度とし、排煙開口部が完全に覆えるようにして行う）。
　　5　排煙側の隊と連絡を密にして行う。

【正解1】

問題8　情報指揮隊は、延焼中の火災、又は特異災害について警防本部からの特命により出場し、指揮本部長の指揮下で管轄指揮隊員と連携し、各種情報の収集、分析及び管理等、情報全般に係る業務を行うことになっているが、次の中で情報担当の主たる任務として妥当でないものはどれか。

1　関係者の確保

2　火災に至った経過

3　消防活動上の問題点

4　発見・通報・初期消火の状況

5　防火管理の状況

着眼点▶　消防活動上の問題点については、指揮担当の行う主たる任務となる。

　解説　情報指揮隊の各自の任務について

警　　防　　　　　267

　　1　隊長
　　(1)　指揮本部長の特命する情報に関する重点事項及び報道対応を最優先とする。
　　(2)　各種情報の収集、分析、整理及びまとめ等、情報に関する総括的な業務を行う
　　　とともに消防活動上必要な情報は速やかに指揮本部長に報告する。
　　2　指揮担当
　　(1)　対象物の実態
　　(2)　火点及び延焼範囲
　　(3)　人命危険
　　(4)　消防活動上の問題点
　　(5)　二次災害発生危険
　　(6)　災害の拡大危険
　　(7)　消防隊の活動状況
　　(8)　各種情報の収集、分析・整理及びまとめ等
　　3　情報担当
　　　設問以外に下記事項
　　(1)　り災建物の状況
　　(2)　消防設備の作動状況
　　(3)　自衛消防隊の活動状況
　　4　通信担当
　　(1)　災害経過の記録・整理
　　(2)　隊長の命による報道対応等の資料作成
　　(3)　通信連絡
　　5　伝令
　　(1)　隊長の命令伝達等を行う
　　　　命令伝達と特命事項

【正解3】

問題9　次は、前進指揮所を設ける位置についての一般的な要件を列挙したもの
　　　　であるが、この中から妥当でないものを選べ。

1　指揮本部との連絡が十分確保できる場所

2　分担指揮者との連絡が容易な場所

3　資器材を集結し、ボンベ交換等の作業に必要な空間を有する場所

4　熱や煙、騒音あるいは注水等の影響が少ない場所

5　関係者や報道関係者等との対応も考慮できる場所

着眼点▶　前進指揮所の位置は、一般人、関係者あるいは報道関係者等から影響を受けるこ
　　　　となく活動に専念できる場所とすべきである。

解説　前進指揮所の位置は、一般的には次の要件を充足する場所を選定すべきである。
　　1　指揮本部との連絡が十分確保できる場所

268　　　　　　　　　　　警　　　防

```
 2  分担指揮者との連絡が容易な場所
 3  資器材の集結やボンベ交換等の作業空間を有する場所
 4  熱、煙、騒音あるいは注水等の影響の少ない場所
 5  一般人、関係者、報道関係者等から影響を受けることが少ない場所
 6  努めて活動前線に近い場所
```

【正解5】

問題10　高層ビル及び地下街等の火災では、前進指揮所を設置することが原則となっている。次は、その機能について記述したものであるが、妥当でないものはどれか。

1　前進指揮所担当隊長は、担当面の状況変化に注意を払い、緊急事態の発生に備える。

2　活動中の消防隊への命令は、原則として前進指揮所を通じて行う。

3　前進指揮所担当隊長は、常に指揮本部長と連絡をとりながら局面指揮を行う。

4　前進指揮所には、活用が予想される資器材を迅速に集結しておく。

5　前進指揮所に資器材を搬送する隊員は、消防活動中の隊員に兼務させる。

着眼点▶　前進指揮所に資器材を搬送する隊員は、かなりの体力を消耗するので、消防活動中の隊員に兼務させることは適当ではなく、小隊又は専従員を指定して搬送資器材及び数量等を具体的に下命すること。

```
解説  前進指揮所の設置について
 1  4階以上及び地下等が延焼中の場合は、前進指揮所の設置に配意する。
 2  前進指揮所は、火災階の直下階か同階の安全な場所に設置する。
 3  前進指揮所の責任者としては、努めて幕僚級を充てる。
```

【正解5】

問題11　次のうち、多数傷病者発生時における現場救護所の設置に関する記述として、妥当でないものはどれか。

1　現場関係者と連携を図り、事故の発生した関係施設の有効活用にも配意する。

2　災害現場全体を見回し、二次災害の危険性のない場所に設置する。

3　膨張テントや現場救護用の大型車両が設置できる平坦なスペースがある場所を選定する。

4　救急車等の接近が可能で、主要な道路に接近している場所を選定する。

5　常に現場指揮本部の隣で、指揮本部長が直接見渡せる位置とする。

着眼点▶　常に現場指揮本部の隣で、指揮本部長が直接見渡せる位置である必要はない。

警　　　防　　　　　　　　　　　269

解説　先着隊長の任務及び処置
　　1　先着中隊長
　　　　指揮本部長が到着するまでの間、先着救急隊長と連携を密にして、指揮本部長の
　　　任務を代行する。以下の事項を実施する。
　　(1)　災害発生場所及び概要の把握
　　(2)　傷病者数及び傷病状態の把握
　　(3)　歩行可能傷病者に対する誘導
　　(4)　現場報告
　　(5)　必要部隊等の応援要請
　　2　先着救急隊長
　　　　指揮本部長が到着するまで、又は救急指揮所担当隊長が指定されるまでの間、原
　　　則として後着救急隊等に指示する等、傷病者の救急搬送でなく、救急活動全般の統
　　　括的な立場で活動する。以下の事項を実施する。
　　(1)　災害発生場所及び概要の把握
　　(2)　傷病者数及び傷病状態の把握
　　(3)　現場報告
　　(4)　必要部隊等の応援要請
　　(5)　現場救護所の設置準備
　　(6)　トリアージ方法の選択、決定（救急指揮所担当隊長が指定する前の場合）
　　(7)　後着救急隊等への指示

【正解5】

問題12　次は、火災現場における先着隊の消防活動について記述したものである
　　　　が、妥当でないものはどれか。

1　火災の燃焼状況を的確に把握し、飛火警戒や水損防止も視野に入れた活動可能
　な任務を積極的に遂行する。
2　先着隊として情報収集すべき項目は、建物内部の構造、延焼範囲、逃げ遅れ者
　の有無、危険物や倒壊危険の所在が挙げられる。
3　一般に先着隊とは、到着順位が1～3着となる部隊であり、火災防ぎょ初期に
　おける活動体制を作るのに必要な部隊である。
4　先着隊は、火災状況を速やかに把握し、緊急性の高い任務から処理しなくては
　ならない。
5　先着隊は、火災現場に最も近い署・所の部隊であり、地域の実情にも精通して
　いることから、火災防ぎょ活動初期において最も重要な局面を担当する。

着眼点▶　先着隊の活動を補完又は支援する飛火警戒や水損防止は、後着隊の活動である。

解説　先着隊の活動の原則としては、①人命救助活動の優先、②延焼拡大危険の高い方へ

の筒先配備、③後着隊への積極的な情報提供及び活動要請、④後着隊の進入を考慮した部署位置の決定、等である。

また、後着隊が現場到着する時点では、先着隊が初期の火災防ぎょ活動を開始している。したがって、後着隊は先着隊の活動を補完又は支援することとなり、次の点に配意すること。

1　先着隊と積極的に連携し、人命救助活動などの重要任務の遂行を支援する。
2　先着隊の進入していない延焼建物や延焼隣接建物等に進入し、先着隊の防ぎょ活動の間げきを補完する。
3　中継送水、飛火警戒、水損防止や長時間防ぎょ時の交替要員等の任務を遂行し、先着隊の活動を支援する。
4　燃焼状況及び火災防ぎょ状況を的確に把握して、過剰な破壊行動等の不必要な消防活動は行わない。

【正解1】

問題13　次は、先着隊の水利部署について記述したものであるが、妥当でないものはどれか。

1　水利の種別に関係なく、火点直近の使用可能な水利に部署する。
2　2隊以上使用できる水利に部署する場合は、吸管の長さを活用し、後着隊の部署を考慮する。
3　自隊のみが部署する場合でも、他隊又はホースカー等の通行時の障害とならないようにする。
4　先着隊は、原則として、う回、出越し等により包囲的に水量豊富な水利に部署する。
5　直近に水利部署した場合、放射熱や飛び火等により車両を損傷しないように配意する。

着眼点 ▶　水利部署の原則は、先着隊にあっては、水利の種別に関係なく火点直近の使用可能な水利に部署する。後着隊は、先着隊の水利を考慮し、う回、出越し等により水量豊富な水利に部署すること。

解説　水利部署時の安全管理要領
1　部署時は、吸水処置・ホース延長・はしご搬送等の行動が競合するので、隊員同士の衝突に注意する。
2　消火栓、防火水槽のふたは、吸管を延長してから開放し、スピンドルドライバーは吸管離脱まで抜かない。
3　吸管延長時は、吸管のはね返り、つまずきに注意し、消火栓等に結合したら開弁前に必ず緊着状態を確認する。
4　消火栓、防火水槽等の位置は、吸管れき断防止器・ロープ等で標示し転落を防止する。

警　　防　　　　　271

5　堀越しに水利がある場合は、はしご等を活用し、2名以上で吸管の延長を行う。

【正解4】

問題14　次は、火災出場時における水利や順路の選定及び途上時の留意事項について記述したものであるが、妥当でないものを一つ選べ。

1　出場順路は、火災現場へ安全で確実に、かつ、最短時間で到着できる順路であることを原則とし、道路工事、交通渋滞等の障害がないことも要件である。

2　消防水利の選定は、火災発生場所の状況、到着順位、火災規模、他の出場隊の部署等を総合的に判断して最も合理的なものを選定すべきである。

3　火災現場に近づいたならば、煙や炎、火の粉の流れ、周囲の人の動き等を車両の中から確認し、防ぎょ活動の準備態勢に入る必要がある。

4　消防車両が、緊急自動車として緊急走行時に受けている特例として、右側通行、赤信号交差点でも停止や徐行の義務が免除されている。

5　出場時の消防水利は、現場到着時の状況変化に対応できるように、最低2か所以上の選定が望ましい。

着眼点▶　消防自動車は、緊急自動車として法令上多くの特例が設けられている。しかしながら、法令で許されている行為であっても緊急自動車の高速走行等は非常に危険な行為であり、緊急走行時は、より高度な注意と危険回避の義務を負っていると考えるべきである。

解説　消防車両が緊急自動車として緊急走行時に受けている主な特例
1　最高速度は一般道で80km/h以下とされている。
2　右側通行をすることができる。
3　赤信号交差点でも停止義務が免除されている（ただし、徐行の義務はある）。
4　一般車両が規制されている条項が除外されている。
5　交通事故を起こした場合でも業務継続ができる。

【正解4】

問題15　次は、火災現場に到着時の水利部署について記述したものであるが、妥当でないものはどれか。

1　現場到着時に火煙が認知できない場合は、水利部署は隊長の状況判断により行い、放水できる態勢をとる。

2　道路上の水利に部署する場合は、水利の開口部に住民が転落したり、ホースにつまずいて負傷しないような措置を講じておく。

3　水利部署する車両は、できる限り水平に保ち車輪止めをして危険防止を図る。

4　先着隊の水利に余裕がある場合、後着隊は自己隊の水利部署にこだわらず、先着隊の水利・車両を効果的に活用する。

5　水利部署の方法としては、車両を水利位置に停車し、水利から吸管で給水でき

272　　　　　　　　　　　警　　　　防

る態勢をとる。

着眼点▶　ポンプを有する消防車両は、原則として現場到着と同時に水利部署して消火活動
　　　　　を開始する。
　　　　　　火煙が認知できなくとも、現場到着時には必ず水利部署して放水できる態勢をと
　　　　　る。

【正解1】

問題16　濃煙内に進入して消防活動を行う場合、どのような点に留意して行動し
　　　　なければならないか、次の中から妥当でないものを一つ選べ。

1　呼吸器の面体着装は、進入直前に行い、不必要な空気の消耗を避ける。

2　進入は姿勢を低くして壁体等に沿って進入する。

3　照明器具を携行して正面を照射しながら進入する。

4　自閉式の防火戸から進入する場合は、退路に必要な幅の開口を保持する。

5　空気ボンベの残量に注意し、警報ベルが鳴動したら直ちに脱出する。

着眼点▶　濃煙・熱気内で消防活動を行う場合は、照明器具を携行して足元を照射しながら
　　　　　進入する（投光器を使用する場合は、コードをライトにしばり、コネクターから
　　　　　コードが抜けないよう措置する）。

　解説　濃煙内進入時の留意事項
　　1　必ず2名以上で行動し、命綱を身体に結着して進入し、外部にロープの確保者及
　　び統制者をつけ進入者の安全を図る。
　　2　火点室等の扉を開放する場合は、フラッシュオーバー又はバックドラフトによる
　　危険を避けるため、扉の正面を避けた側面に位置し、注水態勢の完了を待って、
　　徐々に扉を開放して内部の様子を見ながら進入する。
　　3　2系統以上の階段があり、吸気階段・排煙階段に分かれているときは、煙の少な
　　い吸気側から進入する。
　　4　脱出又は交代の際は、後続の進入者の行動と安全管理に反映させるため、内部の
　　状況を必ず報告する。
　　5　炎の見える室内では、中性帯が形成されている場合が多いので、注水前に素早く
　　延焼範囲を確認する。

【正解3】

問題17　次は、はしご車による消防活動要領について記述したものであるが、妥
　　　　当でないものはどれか。

1　はしご車等を要請した場合は、接近道路、部署位置の確保及び送水準備等の活
　　動態勢を図る。

2　はしご車隊の初期の消防活動は、人命救助に重点をおく。

3　人命救助は、人命危険の切迫している階層を最優先に行う。

警防　　　　　　　　　　　　　　273

4　消火活動については、急ぐことなく攻撃態勢を決定してから放水する。

5　てい上放水の場合は、水平注水を基本に積極的に実施する。

着眼点 ▶　てい上放水の場合、水平注水は障害物等により効果が減じるので、仰角をつけて
　　　天井を目標にてい体を移動させて、必要により筒先を上下又は左右に移動注水を行
　　　い、放水塔車的に注水して効果を高める。

解説　はしご車の活動要領
　1　はしご車は、建物の構造、階層及び要救助者の状況を把握し、はしご車の性能を
　　最大限に発揮できる場所に部署する。
　2　現場到着時、窓際等に多数の逃げ遅れがいるときは、複数階同時救出架てい法及
　　びてい体掛け替え架てい法等により救出する。
　3　要救助者が混乱状態のときは、車載拡声器等を使用し、分かりやすいよう呼び掛
　　けて、飛び降り、パニックを防止する。
　4　危険が切迫していない屋上で救助を求めている者の救出は、一時的に屋上の安全
　　な場所へ避難誘導し、地上への救出は火災の状況により階段又ははしご車で救出す
　　る。
　5　排煙口、進入口設定のため開口部を破壊する場合は、独断でせず、必ず指揮本部
　　の命令で行う。

【正解5】

問題18　次は、ホース延長の基本原則について記述したものであるが、妥当でな
　　　いものはどれか。

1　ホースを結合する放口は、火点の見える側を使用する。

2　建物内を延長するときは、延焼危険のない場合で、他に方法がない場合のみと
　する。

3　火面長の長い場合（木造大規模建物）は、火面に平行に延長する。

4　交通量の多い道路の場合は、歩道、歩道橋などを延長する。

5　道路を横断して延長する場合は、努めて直角とし、必要によりホースブリッジ
　を使用する。

着眼点 ▶　木造大規模建物等の火災で、火面長の長い場合、又は倒壊危険などのある場合
　　　は、火面に平行させず直角に延長する。

解説　指揮者としての留意事項
　1　延長方法を指示する（ホースカー使用か、手びろめ延長するかを明確に指示す
　　る）。
　2　ホースが14本以上必要な場合は、同時にホースカー2台で延長するか、場合に
　　よっては、車両側で3〜4本手びろめでホースを延長し、その先からホースカーで
　　延長させる。
　3　ホース延長は、他の隊の延長を考慮して平面的、立体的に火点を包囲させるよう
　　にする。

274　　　　　　　　　　　　警　　防

4　ホースの焼損、ガラス片等による破損、切損等に十分留意する。
5　ホース結合金具を地面等に強打させないように注意する。
6　筒先において余裕ホースを十分にとらせる。
7　ホース延長時の一般人への危害防止には十分注意する。

【正解3】

問題19　次は、交通事故発生現場での消防活動要領について記述したものである
　　　が、妥当でないものはどれか。

1　まず指令内容により、事故の概要を知る。さらに現場到着したならば事故の状
　況を確認することが大切である。

2　要救助者の状況確認は、人員、負傷の程度、負傷の部位及びどのような状態に
　あるかを早急に観察し、最良の救助手段を決定する。

3　救助方法は、どの部分を切断するか、あるいはこじ開け、広げ、押し上げ、つ
　り上げ、引く等するのが効果的かを判断し、それに使用する資器材を準備する。

4　傷者が多い場合は、無言で倒れている人よりも大声で助けを求めている人を優
　先して救助する。

5　状況によっては、現場の警察官、道路公団の職員、交通事故の関係者の協力を
　求める。

着眼点▶　救助隊員等は、事故の内容を冷静に判断して、二次的災害を起こさぬように短時
　　　間で効率の良い救出行動ができるような配意をしなければならない。特に傷者が多
　　　い場合、大声で助けを求めている人よりも、無言で倒れている人の方が重症である
　　　場合が多いことを忘れてはならない。

解説　自動車内に閉じ込められ、挟まれた場合の救出要領
　　1　ドアの開放
　　(1)　わずかな変形なら、手で強く引くと開くことがある。
　　(2)　金てこ、バール等を使ってこじ開ける。
　　(3)　油圧式救助器具を使用して開く。
　　(4)　エンジンカッター、エアソーで蝶番部分を切断する。ただし、燃料への引火の
　　　　おそれがある場合にあっては、エンジンカッターの使用を避けること。
　　2　座席での挟まれ
　　(1)　座席の調整レバーにより座席を移動させる。
　　(2)　座席が外せるものは外す。障害物除去は、ナイフで部分的に切ることも効果が
　　　　ある。
　　(3)　座席と他の部分との間を、油圧式救助器具により開く。
　　(4)　切断作業をする場合は、要救助者に作用している部分から、少し離れた箇所で
　　　　切断しやすい部分を切断する。

【正解4】

警　　　防　　　　　　　　　　　275

問題20　次は、はしご車からの注水要領について記述したものであるが、妥当で
ないものはどれか。

1　てい体角度は75度として、建物から3～5m以上離して注水する。

2　注水の開始、停止、方向の変換は急激に行わない。

3　室内への注水は、上から下へ、開口部の広さに合わせスプレー注水を原則とす
る。

4　消火、排煙等の注水目的を明確にして行う。

5　注水方向の変換角度が規定されているので死角ができやすい。

着眼点▶　室内への注水は、反射注水を原則として、下から上向きに注水するとともに、左
右へ拡散する場合は、筒先が振り幅の中心となるようにする。

解説　はしご車によるてい上注水実施時の安全確保上の留意事項

　　1　てい上注水時の反動力に対する安全限界は、全伸てい起てい角度75度において反
　　動力約700Nを限度とする。

　　2　ストレート注水を行う場合は、反動力を避けるため努めて筒先をてい体と直角に
　　ならないよう上又は下に向ける注水姿勢をとる。

　　3　全伸てい状態での高圧注水は、可能な限り控え綱で確保する。他隊との連携及び
　　統括指揮者の指示の下に行うことが原則である。

　　4　はしご車に送水するポンプ車隊は、放口コックの急操作は、絶対に行わない。

【正解3】

問題21　消火活動における間接的消火方法の説明として、正しいものは次のうち
どれか。

1　間接的消火方法とは、筒先の最少口数で消火する方法である。

2　間接的消火方法とは、噴霧注水による水の吸熱作用による冷却と発生蒸気との
置換によって、室内高温気体及び煙の排出を有効に行う方法である。

3　間接的消火方法とは、噴霧注水による浸透力を効果的にする方法である。

4　間接的消火方法とは、噴霧注水による吸熱作用及び浸透作用を行う方法であ
る。

5　間接的消火方法とは、ストレート注水と噴霧注水の両面戦法である。

着眼点▶　間接的消火方法とは、噴霧注水による吸熱作用で、冷却と発生蒸気との置換によ
る室内高温気体及び排煙を有効に行う戦法である。

解説　耐火建物火災の障害は熱と煙である。水1gが、100℃に達する吸収熱量は356J
で、更に気化潜熱は2,254Jで、計2,610Jの熱を吸収する。また、気化した水蒸気は
体積が1,600～1,700倍になる。これらの吸熱及び体積膨張圧力を利用して、消火、排
煙、排熱を行うことをねらったものである。

【正解2】

276 警　　防

問題22　次は、反射注水を実施する場合の留意事項について記述したものである
　　が、妥当でないものはどれか。

1　圧力、注水角度で到達する距離、拡散の範囲が変わるので、状況に応じて移
　動、振り回し、圧力の変化をさせる。

2　しっかりとした足場を確保するとともに、スプレー注水又はフォグ注水によ
　り、壁体等に当て、反射拡散させて目標に注水する。

3　耐火建物内の蓄熱冷却に効果的であるが、水損防止について配意する必要があ
　る。

4　高圧の場合、破壊や落下物により危険が生じやすいので、他隊との連携に注意
　する必要がある。

5　加熱された小区間の部屋、天井に注水する場合、蒸気の吹き返しのあることに
　配意する。

着眼点▶　ストレート注水又はスプレー注水により行う。天井等に当て、反射拡散させて目
標に注水する。

解説　反射注水の特性
　1　直接燃焼実体に注水できないところ（死角）の消火に有効である。
　2　屋外から屋内の死角の消火に有効である。
　3　注水効果の確認が困難で、めくら注水になりやすい。
　参考　注水の種類
　⑴　ストレート注水（棒状注水）
　　ア　直流注水（スムースノズル）
　　　　放水流が棒状で空洞部分がないもの。
　　イ　直状注水（21型、定流量型ノズル）
　　　　放水流が棒状で空洞部分があるもの。
　⑵　スプレー注水
　　ア　高速噴霧（21型、定流量型ノズル）
　　　　粒子が大きく雨滴状で相当な気流の中を通過できるもので、開度が30度以下
　　　の円すい型スプレー注水を高速噴霧という。
　　イ　中速噴霧（ノズルはアと同じ）
　　　　開度が30度を超える円すい型スプレー注水を中速噴霧といい、高速噴霧に比
　　　較して、やや射程が短い。
　⑶　フォグ注水（噴霧注水）
　　　低速噴霧（フォグガン、アプリケーター）
　　　粒子の直径が0.2～0.5㎜程度で飛距離が短く、相当の粒子が気流に乗り浮遊す
　　るもので、微粒子噴霧ともいう。

【正解2】

警　　防　　　　　　　　　277

問題23　次は、火災現場における各種注水要領について記述したものであるが、妥当でないものはどれか。

1　注水の原則として、高温炉、アルミニウム粉、水と急激に反応する危険物第3類の禁水性物質に注水してはならない。

2　高速噴霧は、ストレート注水よりも広範囲に水が当たるが、射程や破壊力の面ではストレート注水ほどの効果はない。

3　ストレート注水は、反動力が大きいので強固な足場を確保し、筒先及びホース保持者は、注水方向とホース線が直線になるように位置する。

4　注水は、消火のために筒先から放出された水を目的物に到達させる手段で、消火する対象物によってストレート注水、噴霧注水、フォグ注水等が使われる。

5　噴霧注水は、間接攻撃法に最も適した注水方法で、火災による発熱を水の蒸気熱により吸収して燃焼の継続を止めるものである。

着眼点▶　間接攻撃法はフォグ注水であり、噴霧注水よりも更に微粒子化した水を注水するものである。

解説　注水の原則は、選択肢1に掲げるもののほかは次のとおりである。
1　火勢を迎え撃つ位置から行う。
2　燃焼実体に注水する（予備注水は除く）。
3　注水中は、筒先を絶対に離してはならない。
4　延焼状況により注水のシャットオフを繰り返し、無駄な水を出さない。
5　注水を続けても延焼状況に変化がない場合は、移動又は注水方法を変更する。

【正解5】

問題24　次は、放水銃の注水要領について記述したものであるが、妥当でないものはどれか。

1　コンクリート舗装及び建物内床面に設定する場合は、むしろ、シート等を敷き処置する。

2　凹凸のある所に設定するときは、適宜修正して安定させる。

3　反動力を考慮して各支柱、支持点が地盤面から多少浮いている状態で使用する。

4　設定の修正、くい止め等が不可能な場合は、地物を利用してロープ等で固定する。

5　設定場所としては、平坦で安全な場所を選定し、銃座を定着させる。

着眼点▶　放水銃は、大規模な木造建物火災のように大量注水を必要とする場合に使用し、各支柱、支持点が地盤面から浮いている状態では、絶対に使用しない。

278 警　　防

> **解説**　放水銃の注水要領は、上記に掲げるもののほかは次のとおりである。
>   1　ホースカー付き放水銃の設定は、接地させた状態で4本の安定脚を平均に接地させる。
>   2　ノックピン式の放水銃は、ピンが確実に入っていることを確認する。
>   3　原則として注水目標に正対し、旋回、拡散注水は最小限にする。
>   4　スプレー注水は、原則として風上又は屋内に搬送した場合に行う。
>   5　角度の変換は、原則として仰角7〜90度以内、左右角23度以内とする。
>   6　屋内の注水に当たり、射程を必要としない場合は、大量スプレー注水とする。
>   7　屋外から屋内に、又は大区画内にストレート注水する場合は、天井、壁等に当てて反射注水を行う。

【正解3】

問題25　次は、三連はしごを使用して内部進入する場合の留意事項について記述したものであるが、妥当でないものはどれか。

1　窓に架ていする場合は、はしごの先端を3段程度中に入れると、進入する上で安全である。

2　三連はしごの架ていは、窓から離れていると、屋内進入時に無理な姿勢となるので、窓に近い位置とするか、又は窓枠内にはしごが入るよう架ていする。

3　手すりのない屋上への進入は、乗り移り時には特に注意し、呼吸器を背負った場合などバランスを崩さないように慎重に行動する。

4　屋上に架ていする場合は、はしごの先端を5段程度上に出すと乗り移り上安全である。

5　三連はしごを2階の窓に架ていし、他隊員のてい上放水をはしご下階で補助した後、火勢が弱まった場合、筒先員の脇から窓の手すりに取りつき屋内進入する。

> **着眼点▶**　三連はしごに先に登っている者を追い越して進入することは、幅が狭く危険であるので、先の者が進入してから続いて進入すること。

> **解説**　はしご架てい要領
>   1　架てい角度は、75度を原則とすること。
>   2　はしごの先端を2〜3段窓に入れると、進入時に安全である。
>   3　はしごの先端を柱、窓枠等に寄せると、横ずれ転倒を防止できる。

【正解5】

問題26　次は、飛火火災の特性について記述したものであるが、妥当でないものはどれか。

警　　　防　　　　　　　　　279

1　火元建物の屋根が燃え抜けやすい構造であればあるほど、また、延焼が大きく
なるほど、熱気流により火粉が多量に飛散しやすい。

2　熱気流により、火粉が多量に飛散した場合は、風下側に円形に飛散し、飛火の
最大距離は、火粉の量により増加する。

3　着火力のある火粉は、大体、当該建物の出火又は延焼後10〜20分の間に多く
発生する。

4　火粉の飛散落下により着火しやすい箇所は、瓦屋根、軒裏、下見板の外壁、窓
等の開口部、パラペット裏側、屋根伏谷部分、物干場及び建物周囲の燃えやすい
物件等である。

5　夜間には、火粉の飛散方向・範囲は、容易に視認できることが多いが、昼間に
あっては、微細な火粉等は視認不可能であるので、十分注意する必要がある。

着眼点▶　熱気流により上昇した火粉は、風下側にたまご状又は扇形に飛散し、飛火の最大
距離は風速とともに増加する。風速10m／s以下の場合で、最も飛火の危険がある
区域は、火元建物から50〜200mの範囲とされているが、例外として700m以上飛
火、着火した事例もある。

【正解2】

問題27　次は、火災現場で窓、ドア、壁体等を破壊する場合の留意事項について
記述したものであるが、妥当でないものはどれか。

1　不用意な開口部の破壊は、急激な延焼拡大や火煙の流動が急変し、上階や開口
部の付近にいる隊員が危険に陥ることがあるので、破壊活動は指揮者の指示・命
令に従って実施する。

2　ガラス窓の破壊による進入口の設定は、下方に隊員がいないことを確認して、
ガラスの上部から徐々に破壊し、破片は努めて屋内に落とす配慮をする。

3　火災室のドア・窓等を破壊する場合は、火煙の吹き返しのおそれがあるので開
口部の正面でなく側面に位置し、注水態勢を整えてから実施する。

4　壁体の破壊時は、飛散物、落下物が顔面にあたるおそれがあるので、防火帽の
顔面保護板や防じん眼鏡を活用して実施する。

5　熱を帯びたダクトを破壊するときは、濃煙熱気の噴出危険があるので、隊員の
呼吸保護器具着装を確実にすれば十分である。

着眼点▶　熱を帯びたダクトは、破壊時に濃煙熱気の噴出危険があるので、隊員は呼吸保護
器具の着装、注水態勢の確保、さらに高所における破壊作業時の転落防止に配慮す
る。

280 警　　防

> **解説**　破壊活動時における留意事項
> 1　破壊器具は、落下防止に配意して確実に保持する。なお、手袋は、材質及び乾湿の状態が滑りに影響するので注意する。
> 2　高所での活動は、確保ロープ等を使用し、落下防止の措置を図る。
> 3　現場にある収容物や工作物等の上で破壊活動をする場合は、強度、安定度を確認して実施する。
> 4　火災建物は、焼きによって強度が低下し、破壊等による衝撃を受けると一挙に崩落する危険があるので、破壊の始めは徐々に力を加え、破壊箇所とつながっている他の箇所への力の伝わり方を確認する。
> 5　破壊する場合は、破壊箇所の崩壊や落下のおそれがあるので、破壊箇所の周囲、背面及び下方の隊員の有無を確認する。

【正解5】

問題28　次は、火災現場における安全管理について記述したものであるが、妥当でないものはどれか。

1　火炎の噴出している開口部には、真正面からはしごを架ていさせない。

2　開口部からの注水は、真正面から姿勢を低くして行わせる。

3　つる巻きビン、かめ等は危険物が多いことから、破壊又はけっとばしをさせない。

4　煙濃度が薄くても一酸化炭素の危険を考慮し、面体は絶対外させない。

5　準耐火構造では、床、屋根の座屈に注意させる。

着眼点▶　開口部からの注水は、真正面からではなく斜めに行い、安全を確認してから正面に向かうようにする。

> **解説**　火災現場における安全管理
> 1　上部を払ってから屋内進入させる。
> 2　注水補助者位置は効果的な場所を選ばせる。
> 3　対向注水に注意させる。
> 4　はしご及び屋根の上での放水は、反動力に注意させる。
> 5　はしごの固定位置を効果的に行わせる。
> 6　おが屑の集積庫など、粉体に対し正面から注水すると粉じん爆発のように噴かれることがあるので注意する。
> 7　窓ガラスを破壊するときは、地上の安全を確認してから実施する。
> 8　耐火、地下に進入したとき、最初の注水は、濃煙、熱気が吹き返すことがあるので注意する。
> 9　耐火、地下に隊員を進入させるときは、拠点で人員確認を必ず実施する。
> 10　焼けた2階を歩くときは、慎重に足場を固める。

【正解2】

警　　防　　　　　　　　　281

問題29　次は、検索等消防活動中の安全管理について記述したものであるが、妥当でないものはどれか。

1　検索救出活動は、火災の態様に応じ、援護筒先及び照明担当を含めた検索班を編成して行う必要がある。

2　濃煙が噴出している建物及び部屋等へ進入する場合は、投光器を活用してもフラッシュオーバー等の危険を把握できないので進入に当たっては、十分注意する必要がある。

3　濃煙内における消火活動は、検索活動と同様に２名１組以上で行い投光器を活用するほか、常に退路を確保すること。

4　皮手袋の使用に際しては、マジックテープを密着させ、消火活動中皮手袋の袖口がまくれ上がらないようにしておくこと。

5　熱傷及び劇物によって受傷した場合の応急処置は、速やかに大量の水道水で洗浄することが最良の処置であることに留意すること。

着眼点▶　濃煙が噴出している建物及び部屋等へ進入する場合は、投光器を活用して、煙の噴出量、色等を観察することによりフラッシュオーバー等の危険性を把握できることにも配意すること。
　　　　　なお、延焼建物内での消火作業中において、周囲の壁体、家具、防火衣上部の表面温度を常に観察し、身体に熱気を感じる時点（防火衣で覆われた身体部分）では、既に熱傷の危険にさらされていることに注意する必要がある。

【正解２】

問題30　次は、消防活動訓練を実施する場合の安全保持上の留意事項について記述したものであるが、妥当でないものはどれか。

1　転落危険の伴う訓練には、命綱の使用及び安全ネット、安全マット等を使用し、安全措置を図ること。

2　訓練時の要救助者は、原則として人形を活用する。ただし、これによらない場合は、十分な安全措置を行うこと。

3　濃煙熱気内の訓練を行う場合、各級指揮者は、事前に内部構造を確認し、訓練中は外部から全体を常に見ていること。

4　各級指揮者、安全主任者等は、安全点検基準により事前点検を行うこと。

5　救助用資器材は、救助ロープ等の安全基準により取り扱うこと。

着眼点▶　濃煙熱気内の訓練を行う場合は、安全主任者及び安全員のほか事前に緊急時に対応するために必要な要員を内部に配置するなど、安全措置を必ず講じておくこと。

282　　　　　　　　　　　　　　　　警　　　防

> 解説　訓練実施時の安全点検基準
>
> 1　訓練用資器材の取扱いは適正か。目的外使用はないか。
> 2　確認呼称を励行しているか。
> 3　冒険的な行動、安全を無視した無理な行動は見られないか。
> 4　作業内容に応じた広さが確保されているか。
> 5　高所作業等身体の不安定な場所においては、命綱を使用し、身体を確保しているか。
> 6　隊員個々の能力、体力に応じた訓練内容であるか。
> 7　制限事項、禁止事項が守られているか。
> 8　実施者の疲労度はどうか。
> 9　その他全般的な不安全状態はないか。

【正解3】

問題31　次は、建物内部進入時の安全管理について記述したものであるが、この中から妥当でないものを選べ。

1　コンクリート内壁は、火災の最盛期になると爆裂落下する危険があるので注意すること。

2　モルタル壁の亀裂、膨らみが生じた場合は、落下する危険があるので注意する。

3　柱、はりの組み込み部（ボルト締め部分等）が焼けているときは、倒壊の危険があるのではり等の真下には部署しない。

4　屋内進入時及び行動中は、まず上部を確認し、瓦等落ちやすい物があるときは、スプレー注水により対応する。

5　木造、防火造建物は、床抜け、天井落下の危険があるので、部屋の中央部は避け、隅、窓際等に部署する。

着眼点 ▶　屋内進入時及び行動中は、まず上部を確認し、瓦等落ちやすい物があるときは、とび口又はストレート注水で落とす。このときは声を掛けて周囲の隊員に知らせる。

> 解説　進入時の安全管理
>
> 1　軒先下の作業は、瓦等が落下するので素早く行うこと。
> 2　軒先下等での関係者からの聞き込みは避ける。
> 3　窓等から建物内に進入するときは、とび口で足場の強度を確認する。
> 4　階段は、足元を確認しながら進入し、特に廊下、階段等の角を回るときは、衝突に注意する。
> 5　夜間は照明具を積極的に活用し、足元等の安全を確保する。
> 6　下屋、軒、物干台等の工作物に乗るときは、その強度を必ず確認する。

【正解4】

警　　　防　　　　　　　　　283

問題32　次は、爆発の危険を防止するための安全な消防活動を記述したものであ
　　　るが、妥当でないものはどれか。
1　都市ガス、プロパンガス、メタンガス等が屋内に充満している場合は、直ちに
　　屋内の電源を遮断すること。
2　指揮者は、都市ガス等可燃ガスが屋外に漏えいしている場合は、風上、風横か
　　ら進入し、状況により火災警戒区域の設定又は火気使用の禁止措置を速やかに行
　　うこと。
3　指揮者は、都市ガスが下水溝等地下に滞留しているおそれがある場合は、マン
　　ホール上には絶対停車しないこと。やむを得ず付近で作業する場合は、二次災害
　　防止のため安全を確認して早急にマンホールのふたをとること。
4　アセチレン、エチレン等のボンベが加熱されている場合は、分解爆発が予想さ
　　れるので、所要の距離をとり、必要な隊員以外は接近させないこと。指揮者は、
　　放水銃（砲）を活用して冷却させること。
5　倉庫火災の場合は、収容物を確認するまで、内部進入をしないこと。爆発物等
　　である場合は、放水銃（砲）による遠隔注水をすること。

着眼点▶　都市ガス、プロパンガス、メタンガス等が屋内に漏えい充満している場合は、室
　　　　　外の電源遮断と窓等（都市ガス、メタンガスは上方開口部、プロパンガスは下方開
　　　　　口部）を破壊し、ガスの拡散を図ること。やむを得ず室内で電源を遮断する場合
　　　　　は、スイッチ部分に不燃性ガス消火器等でガス放射し、引火防止を図ること。

【正解1】

問題33　次は、火災現場における落下物に対する注意事項について記述したもの
　　　であるが、妥当でないものはどれか。
1　屋内進入時及び行動中、瓦等落ちやすい物があるときは、とび口又はロープで
　　落とすこと。
2　軒先下の作業は、瓦等が落下するので素早く行うこと。
3　延焼建物に隣接する化粧モルタル、タイル仕上げの壁体は、熱せられ、剝離落
　　下するので注意すること。
4　コンクリート内壁は、最盛期になると爆裂落下するので注意すること。
5　軒先下等、落下物危険の予想される場所での聞き込み等は避けること。

着眼点▶　屋内進入時及び行動中は、まず上部を確認し、瓦等落ちやすい物があるときは、
　　　　　とび口又はストレート注水で落下物危険を取り除くこと。このとき、周囲の隊員に
　　　　　注意を呼び掛けて実施することが大切である。

284 警　　防

解説　落下物危険に対する注意事項
1　防火造建物は、モルタル壁裏側の燃え込みにより、壁体、軒裏及びパラペットの
　モルタルが落下するので、モルタルに亀裂、膨らみを生じたら注意すること。
2　建物内部が燃焼しているときは、窓付ルームクーラー、看板等が落下するので、
　真下の通行及び部署は努めて避けること。
3　火点が壁に近いときは、初期の段階から壁体の落下、倒壊があるので注意するこ
　と。
4　劇場、映画スタジオ、体育館等の天井には、照明装置、幕類、装飾品等のつり物
　が多いので落下に注意すること。
5　事務所、共同住宅の窓際、ベランダには植木鉢等が置いてあるので注意するこ
　と。

【正解1】

問題34　次は、濃煙内に隊員を進入させて消防活動を行う場合の留意事項につい
て記述したものであるが、妥当でないものはどれか。

1　進入には、必ず呼吸保護器具を着装させ、面体を着装したら脱出するまで面体
に触れたり、離脱させない。

2　進入は、2名一組で行い、必ず命綱をつけさせ、隊員は安全バンドを活用して
相互に連絡を保持させる。離れた場合は、物をたたいて音を出し、相互の位置を
確認させる。

3　自閉式の防火戸から進入する場合は、扉の開放により、新鮮な空気が流入し、
急激な燃焼状況となることがあるので必ず検索ロープ等を内部に十分とった後閉
鎖させる。

4　進入後は、時間経過、脱出経路を絶えず念頭におき、命綱、ケミカルライト等
を使用し、退路を確保させる。

5　退出予定時間、又は呼吸器の警報ベルの鳴動があったときは、相互に確認し、
直ちに脱出させる。

着眼点▶　濃煙内進入に当たっては、内部で方向感覚を失うことがあり、また、急激な火煙
の変化が予想されるので、脱出手段を確保した上で行うこと。
　なお、自閉式の防火戸から進入する場合は、退路に必要な幅の開口をくさび等で
保持することが大切である。

解説　濃煙内に進入させる場合の指揮者としての留意事項
1　濃煙内で人命検索等を下命する場合、最高指揮者は進入統制者を進入箇所付近に
配して、進入隊員の状況、経過時間を隊員カード等により確実に把握させること。
2　進入統制者は、進入隊員を必要最小限の人員のみに限定すること。

警　　　防　　　　　　　　285

　　3　進入統制者は、進入隊員に対してあらかじめ、内部構造、進入目的、火煙等の状
　　　況、緊急事態発生時の連絡方法、脱出手段等について指示して進入させること。
　　4　進入隊員は、交替又は脱出の際は、内部状況等を進入統制者に報告し、後に進入
　　　する隊員の活動に活用すること。
　　5　進入統制者は、できるだけ上位の階級にある者を指定すること。

【正解3】

問題35　次は、屋内進入のための窓ガラス破壊の一般的留意事項を記述したもの
　　　　であるが、この中から妥当でないものはどれか。

1　破壊姿勢は、窓ガラス正面を避ける。

2　窓ガラスの破壊は、必ず落下区域に警戒区域を設定する。

3　警戒区域は、風速15m以上の場合は、破壊窓の高さを半径とし、風速15m未
　　満の場合は、破壊窓の高さの2分の1を半径とする。

4　破壊は、窓枠の下部角から横方向に順次破壊し、更に上部へと行う。

5　破壊に際しては、衝撃に対する反動又は破壊に伴う無負荷状態による安全確保
　　を図る。

着眼点▶　窓ガラスの破壊要領は、窓枠の上部角から横方向へ、そして下部へと破壊する。

解説　窓ガラス破壊時の一般的留意事項
　　1　破壊箇所は、指揮者の指示で行う。
　　2　警戒区域は、風速15m以上の場合は破壊窓の高さを、風速15m未満の場合は破壊
　　　窓の高さの2分の1を半径とする。
　　3　破壊時の衝撃の反動及び無負荷状態に注意する。
　　4　破壊は、窓枠の上部角から横へ、そして下方へと破壊する。
　　5　破壊によるバックドラフト又はフラッシュオーバーに注意する。
　　6　残存のガラスは、屋内に入れるようにする。

【正解4】

問題36　次は、火災現場におけるガラス窓の破壊要領について記述したものであ
　　　　るが、妥当でないものはどれか。

1　厚い板ガラスは、とび口程度の打撃では破壊できない。

2　ガラスの落下する範囲として、破壊場所の直下を中心として半径が高さの2分
　　の1程度の区域に警戒区域を設定する。

3　全面を破壊する場合は、できるだけ屋内側に破片を落とす。

4　ガラスを破壊する場合は、ガラス片の落下に伴う二次災害の防止に注意すると
　　ともに、破壊する部分が顔面と同じ位置になるようにする。

286 警　　防

5　網入りガラスは、網線を露出させてペンチで切るか、網線ごとガラスを打ち倒すようにする。

着眼点 ▶　破壊作業時は、防火帽のフード等を利用し飛散ガラスによる受傷を防止し、破壊する部分が顔面より下になるようにする。

解説　薄板ガラスの破壊要領
　　1　一般の住宅用建物に使われているガラスは、とび口、ハンマー、筒先を使っても破壊できる。
　　2　進入を目的としている場合は、施錠近くを手が入る程度に破壊し開放すると、ガラスの飛散等の活動障害を生じない。
　　3　全面を破壊する場合には、できるだけ屋内側に破片を落とす。
　　4　ガラスの上部から少しずつ割ると、破片も小さく外部への飛散も少ない。
　　5　窓等の全面を割った場合には、窓枠の破片を残さないように除去しておく。
　　6　窓枠に残ったガラス片に手をついて受傷する事故や、ホースの破損等が多く発生するので十分に注意する。

【正解4】

問題37　次は、救出要領について記述したものであるが、妥当でないものはどれか。

1　要救助者の位置が外部から視認でき、かつ、緊急を要する場合の救助を最優先する。

2　要救助者が多数の場合は、重傷者、子供、婦人、高齢者等危険度の高い者から先に救出する。

3　重傷者にあっては、直ちに避難場所（地上）に救出することを原則とする。

4　場所が火煙等により緊迫している場合は、援護注水、遮煙をするとともに、全力を挙げて迅速に救出する。

5　建物に設置されている救助器具を活用するときは、使用上の要領を簡単に説明し、要救助者を慌てさせない。

着眼点 ▶　救出場所は、避難場所（地上）に救出することを原則とするが、それが困難なときは、一時的に、要救助者の延命方策を講ずるための介護処置のとれる場所とする。特に重傷者にあっては、状況に応じ、その場で救護処置を施す。
　　　　　一時的に延命方策（介護処置）のとれる場所は次のとおり。
　　　　　バルコニー、屋上、階段、踊り場、ベランダ、火点直下階、隣室等で火炎や煙の直接影響のない場所

【正解3】

問題38　次は、人命検索における一般的な重点箇所を列挙したものであるが、この中から妥当でないものを選べ。

警　　防　　　　　　　287

1　行き止まり階段及び廊下

2　ベランダ、窓際及び広い部屋

3　エレベーターのロビー付近

4　避難器具の設置されている付近

5　便所、浴室等の煙や熱気を避ける場所

着眼点▶　避難者の異常心理によって、煙や熱気から逃れる行動をとるため、広い部屋は重
　　　　　点箇所としては妥当ではない。

解説　検索重点箇所の主な場所
　　1　階段口、出入口付近
　　2　行き止まり階段及び廊下等
　　3　エレベーター内外及びロビー付近
　　4　窓際、部屋の隅及びベランダ等
　　5　便所、浴室等
　　6　避難器具等の設置場所付近
　　7　倉庫、物置等
　　8　個室、ロッカー室等

【正解2】

問題39　次は、人命検索の一般的な注意事項を記述したものであるが、妥当でな
　　　　いものを選べ。

1　要救助者の位置が外部から視認でき、かつ、緊急を要するときは最優先して救
　助する。

2　濃煙や熱気があるときは、必ず援護注水のもとに行う。

3　検索は2名一組とし、検索範囲を明確にして行う。

4　聞き込みで要救助者があるときは、確認できるまで検索する。

5　検索は、危険度の少ない方から迅速的確に行う。

着眼点▶　検索は、危険度の高い方から実施すべきである。

解説　検索は、関係者等からの聞き込みを確実に行うことが大切である。また、建物全体
　　　からは、延焼階付近、濃煙熱気の充満する上層階、下層階の順に行うほか、平素の生
　　　活習慣と無意識な行動をとることもあるので、出入口、階段口、寝室、便所等も注意
　　　して検索することである。

【正解5】

問題40　次は、人命検索を行う場合の一般的な検索順位を記したものであるが、
　　　　この中から妥当なものを選べ。

288　　　　　　　　　　　　警　　　防

1　下層階──→濃煙のある上層階──→延焼階付近──→燃焼周囲

2　濃煙のある上層階──→延焼階付近──→燃焼周囲──→下層階

3　延焼階付近──→燃焼周囲──→下層階──→濃煙のある上層階

4　燃焼周囲──→延焼階付近──→濃煙のある上層階──→下層階

5　燃焼周囲──→下層階──→延焼階付近──→濃煙のある上層階

| 着眼点 ▶ | 検索は危険度の高い部面から行うべきであり、このため、燃焼周囲──→延焼階付近──→濃煙のある上層階──→下層階の順に行うべきである。
　　　また、細部については、要救助者が平素の生活慣習に基づく行動により、出入口、階段口、窓口、寝室、便所等に集まりやすいので注意する。

【正解４】

問題41　次は、濃煙熱気内への進入に対する一般的な原則を述べたものであるが、妥当でないものを選べ。

1　炎の見える空間内では、中性帯が形成されないので、注水前に速やかに延焼範囲を確認する。

2　床面にうずくまるような要領で進入すると、ある程度温度が高くても耐えられるものである。

3　防火衣等をぬらし、素肌を少なくするように注意すること。

4　人命検索は、援護注水のもとに照明器具を携行して行う。

5　炎の見えるときは、注水すると水蒸気を含んだ煙によって、一瞬にして視界が悪くなり、かつ、熱気に包まれることがあるので注意する。

| 着眼点 ▶ | 炎の見える空間内でも中性帯が形成されるものである。

解説　中性帯とは、建物の内外で温度差がある場合は、密度差に関係して、建物の内外で大気の圧力差の分布ができるが、その圧力差がゼロになる高さの面である。この状況は、空室内でも火災による温度差、圧力差によって中性帯は発生する。
　　中性帯より下方の気流は、燃焼物方向に流れる低温で酸素濃度の高い傾向にあり、中性帯の上方では、暖かい空気の中に煙が混入しているため視界が悪い。

【正解１】

問題42　次は、濃煙内で消防活動する場合の基本原則について記述したものであるが、妥当でないものはどれか。

1　建物内の進入時、濃煙が内部に急激に吸い込まれている状態であり、素面で容易に活動ができる場合は、素面でさらに内部進入してもよい。

2　内部進入後、障害物等により呼吸保護器具の面体がずれたときは、片方の手で

警防　　　　　　　　　　　289

面体を顔に押しつけ、他の一方の手で締めつけバンドを締め直す。

3　一酸化炭素ガス等の濃度は煙の濃度に関係ないので、煙の濃度が薄いからと判断して呼吸保護器具の面体を離脱することは危険である。

4　濃煙熱気内で呼吸保護器具のベルが鳴動したとき又は鳴動しなくても脱出予定時間となったときは、隊員相互間で連絡をとり安全な場所に脱出する。

5　濃煙内に進入するときは、必ず呼吸保護器具を着装し、姿勢はできるだけ低くして、手、足、とび口等で足元を確認しながら壁伝いに進入する。

着眼点 ▶　濃煙が内部に吸い込まれているということは、二方向（吸気側・排気側）に開口部があるということであり、排気側から注水されると吸気側にも吹き返しがあり、煙の状態が急変する。濃煙内に進入するときは、必ず呼吸保護器具を着装し、面体を離脱するときは屋外の安全な場所とする。

解説　濃煙内活動上の留意事項
　1　最高指揮者は進入統制者を必ず指定する。
　2　進入統制者は、あらかじめ内部構造、進入目的、退出時間、連絡方法等を進入者に指示し、確認させる。
　3　進入統制者は、隊員カード等により進入者を絶えず確認し、進入者を必要最小限に統制する。
　4　進入は、2名一組で行い、必ず命綱をつけ、隊員相互が離れたときは、物をたたいて音を出し、位置を知らせあう。
　5　屋内進入するときは、必ず照明を確保する。
　6　命綱を結着する場合は、支持物の強度を確認するとともにその周囲の状況（特に火熱等の影響の有無、落下物の有無）を確認する。

【正解1】

問題43　次は、濃煙熱気内における消防活動時の注意事項を記したものであるが、この中から妥当でないものを選べ。

1　濃煙の噴出している開口部は、急激な吹き返しの危険があるので、正面には部署しない。

2　濃煙熱気内に進入するときは、進入時刻、活動時間等を確認し、時間的余裕をもって退出させる。

3　進入隊員の命綱は、進入口付近の堅固なものを選んで確実に結着する。

4　煙の中での活動は、障害物等があるのでとび口等を活用し、煙が薄くなったときは、視界をよくするために面体を離脱して活動する。

5　進入隊員は、必ず呼吸器を着装し、照明器具を携行し、援護注水態勢をとる。

着眼点 ▶　濃煙中での活動では、煙が薄くなっても安全な場所へ脱出するまでは面体を離脱しない。

290　　　　　　　　　　　　　警　　　防

なお、一酸化炭素ガスは、煙の量や濃度で判断することができない。

> **解説**　濃煙熱気の中での活動は、身体の露出部を少なくすること、空気呼吸器の確実な着
> 装、２人一組の進入、援護注水態勢等が基本であり、決して無理をすることなく、か
> つ、急激な変化にも対応できる心構えが大切である。

【正解４】

問題44　次は、特殊対象物火災の避難誘導時の留意事項について記述したもので
あるが、妥当でないものはどれか。

1　キャバレー、ナイトクラブ等では、内装により、避難口及び開口部が覆われて
いるところがあるので、必ず、避難口を明示するとともに、内装材を破壊し、避
難を容易にする。

2　ホテル及び旅館等の宿泊所にあっては、放送設備を最大限に活用するととも
に、従業員に各室の避難を確認させる。

3　児童、生徒が集団で避難する場合は、安心感を与えるためにできるだけ学用品
を持たせ、静かに校庭等へ避難させる。

4　デパート、集会場等にあっては、出口、階段口に一挙に殺到し、二次災害が起
きる危険性があるので、人心の動揺を防ぐとともに、各出口等の避難を明示し、
従業員及び関係者をして誘導の先頭におき、統制ある誘導を行わせる。

5　病院等にあっては、自力歩行可能者同士を共助させ、自力歩行不能者は看護師
に避難誘導させる。

着眼点▶　児童、生徒が集団で避難する場合は、発声を禁止し、学用品等を持たせず静か
に、集団に切れ目のないように列で校庭に避難させる。また、先生に最終的な避難
者の確認の指示をする。

> **解説**　誘導時の留意事項
> 　1　危険感をあおらず、相手の心理を動揺させないよう、冷静、沈着な音声と語調で
> 確固たる信念のもとに、誘導員の指示に従って行動すれば絶対に安心である旨を納
> 得させる。
> 　2　誘導員は、自制心を保ち、群集に迎合してパニック状態に巻き込まれないように
> する。
> 　3　多数の避難者が１か所の避難口や出口に集中し、パニックが予想されるときは、
> まず、警笛等により注意を喚起し、群集が押し合わないで冷静に秩序正しく避難す
> るよう呼び掛ける。
> 　4　避難口が１か所の場合の誘導は、歩行速度の早い集団を先にし、続いて歩行速度
> の遅い順に分けて誘導する。

【正解３】

警　　　防　　　　　　　　　　　291

問題45　次は、警戒筒先の配備に関する記述であるが、この中から妥当でないものを選べ。

1　警戒筒先は、延長ホースに水をのせ、破壊器具、照明器具等を携行し、いつでも放水できる態勢とする。

2　警戒筒先の隊員は、鎮圧報のあるまでは絶対にその場を離れない。

3　警戒筒先は、急激な状況変化に対処できるように、周囲の状況を把握し、退路も定めて警戒する。

4　警戒筒先は、自己隊の筒先のみでなく、屋内消火栓等を積極的に活用する。

5　警戒筒先は、ダクト、窓等の延焼経路となる所を重点とする。

着眼点▶　鎮圧報以後も現場指揮本部長が全体を見通し、危険がなくなったと判断するまでは、警戒筒先を命ぜられた隊員は、その場所を離れず警戒を行うべきである。

> **解説**　警戒筒先の留意点
> 1　放水可能な状態で、破壊器具等を準備して、いつでも対応できるようにすること。
> 2　急激な状況変化に対処できるように周囲の状況に注意し、退路も考えておくこと。
> 3　警戒筒先は、屋内消火栓等を積極的に活用すること。
> 4　指揮本部長の下命があるまでは、警戒場所を離れない。
> 5　延焼経路となるダクト、窓、換気扇等は特に注意して警戒すること。

【正解2】

問題46　次は、筒先配備について記述したものであるが、妥当でないものはどれか。

1　ブロック角火災は、火災建物に面する両側を、ブロック面火災は、火災建物の両側面を優先して配備する。

2　傾斜地火災にあっては、火災建物より高い斜面に位置する側を重点とし、次いで両側面の順とする。

3　強風時（13m／秒以上）等において展開型ノズルでは有効射程が得られないとき、又は濃煙熱気等により風下側に進入困難な場合は、大量・高圧放水により風横側から挟撃するよう配備する。

4　Ｖ字型の低地から出火した場合は、両斜面の中腹側を優先とし、次いで両側面の順とする。

5　木造建物から出火し、火災建物に面する側に耐火建物の開口部（窓、排気口等）がある場合は、耐火建物に警戒筒先を配備し、警戒解除は最高指揮者の命令

292 　　　　　警　　　防

による。

着眼点 ▶ 　ブロック角火災は、火災建物に面する両側を優先とする。ブロック面火災は、火
　　　　災建物の背面及び両側面の順とする。

解説　注水消火活動要領
　　1　延焼防止に主眼をおき、燃焼実体に注水する。
　　2　局部破壊を併用して、有効注水範囲の拡大を図る。
　　3　火勢の変化に応じて注水種別を変え、効果的な注水方法をとる。
　　4　他隊の注水範囲との競合を避け、相互に注水できない部分を補うよう広範囲に注
　　　水する。
　　5　内部進入を行う場合は、ストレート注水で屋根材等上部の落下危険物を払い落と
　　　す。
　　6　木造建物の倒壊を防ぐため柱とはりの付き合わせ部分等を優先的に注水する。
　　7　注水により他隊員に危害を与えないよう相互に声を掛け合い部署位置を確認す
　　　る。
　　　なお、ヘルメットフードは必ず降ろして行動する。

【正解1】

問題47　次は、筒先配備について記述したものであるが、妥当でないものはどれ
　　　　か。

1　逃げ遅れなしの情報が消防機関により確認されるまでは要救助者の検索、救出
　　等の救助活動に必要な筒先を配備する。
2　「逃げ遅れなし」の情報が確実で、救助活動を必要としないときは、延焼阻止
　　等の消火活動重点の筒先を配備する。
3　街区中央部の火災は風下側を優先し、次いで風横側及び風上側の順に包囲する
　　が、道路に面する火災の場合も同じように筒先を配備するのが一般原則である。
4　最盛期の場合は延焼建築物の風下側を優先し、次いで風横側、風上側の順に包
　　囲する。ただし、風上、風横側であっても隣棟間隔が狭い場合は危険度に応じて
　　優先的に配備する。なお、傾斜地であれば高台側を優先する。
5　大規模木造建築物の火災の場合は、放水銃（砲）を建築物側面に配備し活用す
　　る。

着眼点 ▶ 　道路に面する火災の筒先配備は、道路の背面を優先し、次いで風下側、風横側及
　　　　び風上側の順に包囲する。

【正解3】

問題48　次は、筒先進入の原則を記したものであるが、この中から妥当でないも
　　　　のを選べ。

警 防　　　　　　　　　　　　　　293

1　道路角の防火造建物火災は、両側面に進入する。

2　道路に面した防火造建物火災は、火点建物の背面を最優先して進入する。

3　街区中央の防火造建物火災は、火点建物を包囲するように進入する。

4　道路角、街区中央の判定が困難な防火造建物火災は、火点建物を包囲するように進入する。

5　耐火造建物火災は、火点階、火点階の下階層、火点階の上階層の順に進入する。

着眼点▶　耐火造建物火災の筒先進入原則は、火点階、火点直上階、火点直下階の順である。

> **解説**　耐火造建物火災の防ぎょ原則
> 　1　筒先進入順位は、火点階、火点直上階、火点直下階の順とする。
> 　2　人命検索順位は、火点階、火点直上階、最上階、火点直下階の順とする。

【正解5】

問題49　次は、水損防止措置の要領について記述したものであるが、妥当でないものはどれか。

1　出場各隊から防水シートを調達して、火点下階へ搬送、収容物を覆い防水措置する。この場合、防水シートの展張は、努めてしわを作らないように張る。

2　スプリンクラーが作動し、消火の目的が達した後は、速やかに止水する。この場合の止水要領は止水金具による。

3　階段、エスカレーター等から地下室へ流れ込んだ消火水の排水方法は、地下最下階の雑廃水槽のマンホールのふたを開いて流入させ、建物に設備されている排水ポンプを作動させて排水する。

4　古毛布、新聞紙等を調達し、エレベーター、エスカレーターへの浸水防止をする。

5　ビル浸水防止用水のう等で、地下室への消火水の流入を止め、屋外へ排出する。

着眼点▶　スプリンクラーの止水要領は、スプリンクラー設備の制御弁の閉塞による方法か、木栓挿入又は止水金具による止水方法で行う。

> **解説**　防水シート展張による水損防止要領
> 　1　下層階の物品には防水シートで被覆を行う。物品があまり重くなければ水損の影響のない場所へ移す。
> 　2　火災が小規模で消火水が比較的少量で漏水が少ない場合、又は構造的に漏水が少ない場合は、漏水する場所のみ防水シートで水受けを作る。

3 漏水が激しく、広い範囲の場合は、新聞紙、残余防水シートや毛布等をまるめて堤を作り、防水シートを凹状に敷き、他に流出させないようにする。防水シートが満水になったらバケツ等で外部に排水する。

4 物品等へ浸水のおそれがある場合は、適当な台の上などに移してから防水シートを展張する。

5 壁際のタンスなどは、壁伝いの水から守るため壁から離してから防水シートを展張する。

【正解2】

問題50 次は、残火処理の一般原則について記述したものであるが、妥当なものはどれか

1 中心部から順次外周に移動し、低所を優先する。

2 筒先相互に連絡をとり、担当範囲を決めて残火処理する。

3 繊維、綿、布団類などの再出火するおそれのある物品は、屋内の安全な場所に移動する。

4 残火処理は、原則として下層から上層の順に行う。

5 鎮火判定のため破壊又は注水等を行う場合は、積極的に行う。

着眼点 ▶ 再出火防止のための残火処理要領

1 過剰な注水を避け、水損防止に留意する。

2 ぼや火災の建物等で、未燃部分の壁間等を破壊して確認する場合は、必要最小限度とする。

3 鎮火判定のため破壊又は注水等を行う場合は、事後のトラブルの発生を防止するため、関係者を立ち会わせる。

4 事後の原因調査等の支障とならないように慎重に行う。

5 筒先相互に連絡をとり、あらかじめ担当範囲を決めて処理する。

6 建物の残存部分や高い所を先にし、高所から低所へ、周囲から中央部へと順次移動して範囲を縮小する。

7 残火の潜在している場所は、局部破壊や筒先を差し込み又は掘り返し作業を併用して徹底的に行う。

8 濃煙が充満している場合は排煙し、注水は低圧注水又は噴霧注水として、水損防止を図る。

9 繊維、綿、布団類などは再燃するおそれがあるので、屋外の安全な場所に搬出する。

10 モルタルなどの壁間の潜伏火源は、壁体の温度を素手で確かめ、温度が高い箇所の上部を小破壊して確認する。

【正解2】

警　　　防　　　　　　　　　　　　　295

問題51　次は、残火処理時の留意事項を列挙したものであるが、この中から妥当なものを選べ。

1　階層を有するものは、下階層から上階層の順に行う。

2　階層のないものは、高所から低所の順に行う。

3　平面的なものは、火元を優先して逐次外周部へ行う。

4　とび口等を活用して、局部破壊を行い、現場保存のために切崩しを行わない。

5　再出火防止のため、努めて多量注水を行う。

着眼点 ▶　残火処理は、平面的な場合は高所から低所の順に行う。

解説　残火処理の留意事項
1　階層を有するものは、上階層から下階層の順に行う。
2　平面的なものは、外周から中央部の順に行う。
3　平面的で高低があるときは、高所から低所の順に行う。
4　とび口等を活用し、局部破壊と切崩しを行う。
5　水損防止に注意する。
6　残火に接近して注水し、注水効果を上げる。

【正解２】

問題52　残火処理活動要領の一般原則に関する記述として、次のうち妥当でないものはどれか。

1　未燃部分の壁間を破壊して確認する場合は、必要最小限度とする。

2　外周から順次中心部に移動し、低所を優先する。

3　必要によりホースを増加し、拡散又はスプレー注水を多用し、注水障害物の移動、落下危険のある物を除去しながら行う。

4　可燃物がたい積している場所は、筒先を差し込むか又は掘り起こして消火する。

5　開口部は全て開放し、排煙及び排熱させる。

着眼点 ▶　筒先圧力を低減させ、筒先コックを操作して外周から中心部へ、高所から低所へ順次移動して範囲を縮小する。

解説　残火処理の留意事項
1　繊維、綿、布団類等、水切れとともに再出火するおそれがある物品は、屋外の安全な場所に搬出する。
2　過剰な注水を避け、水損防止に配意する。
3　モルタル等の壁間の潜伏火源は、壁体の温度を素手の感触で確かめ、温度の高い箇所の上部を破壊して確認する。
4　夜間又は暗い場所等では、投光器による照明を確保する。

296　　　　　　　　　　　　　警　　　防

　　5　屋根瓦等の落下、モルタル壁、柱、はり等の倒壊、床の焼け抜けに注意し、危険
　　　箇所は必要に応じロープ等で標示する。
　　6　鎮火判定のため破壊又は注水を行う場合は、事後のトラブル発生を防止するた
　　　め、努めて関係者を立ち会わせる。

【正解2】

問題53　次は、残火処理要領について記述したものであるが、妥当でないものは
　　　　どれか。

1　木造建物の残火処理は、屋根裏、床下、タンス、戸棚等の裏側は、特に残火が
　　生じやすいので局部破壊とスプレー注水を併用して、消火する。

2　防火造建物の残火処理は、再燃火災の事故例が最も多いから、燃焼物件の構
　　造、延焼経路、業態等から残火の潜在箇所を点検し注水する。特に外壁に注水し
　　てすぐ乾くときは火が入っている危険性がある。

3　耐火造建物の残火処理は、濃煙と熱気のため障害が多く、注水目標を失いやす
　　いからこれらの排出に努める。特に過剰注水による損害を与えないよう注意し、
　　下層階への流入防止を図る。

4　油類、薬類等の危険物火災の残火処理に当たり、とび口の打込み、注水による
　　爆発あるいは引火等があるので、高圧大量注水を行う。

5　放射性物質火災の残火処理には、汚染源の拡散流動等を考えてスプレー注水あ
　　るいは少量のストレート注水を行うとか、大量の水で希釈するとか、汚染物の処
　　理、汚染の防止に細心の注意が必要である。

着眼点▶　注水による爆発あるいは引火等があるので、高圧大量注水を行うのではなく必要
　　　　により、土砂、化学消火剤等を使用する。

解説　残火処理要領
　　　燃焼実体により処理要領が異なる。注水はストレート、スプレーを状況により使い
　　分け、最小の量で最大の効果を得るように努め、局部破壊、掘返し等を積極的に行
　　い、注水死角を生じないよう行う。
　　1　あらかじめ担当区域を定め、外周から中心部へ、上層階から下層階へ、高所から
　　　低所への順で実施する。
　　2　燃焼物へ接近し水圧を下げ、トタン板、畳等の落積物を除去しながら、筒先の差
　　　込み、ストレート注水による払落とし等その状況に応じた注水を行う。
　　3　注水は1か所に固定することなく、努めて大小の移動を行い、とび口、斧、ス
　　　コップ等で局部破壊や切崩し、掘返し等を行って注水効果を上げる。

【正解4】

警　　　防　　　　　　　297

問題54　次は、火災現場における現場保存について記述したものであるが、妥当でないものはどれか。

1　火元、類焼した建物の関係者が不在の場合は、現場保存に当たる警察官、町会役員及びその他の住民に対し監視、警戒の協力を求めるとともに、消防団員に対し応急措置を示しておく。

2　統括する指揮者や各小中隊長は、警戒の必要がないと認めた場合は、その旨を最高指揮者に報告した後に現場から引き揚げる。

3　複数の隊で警戒中に、新たに出火報等を受信した場合は、1隊を残し他の隊は原則として出場するものとする。

4　火災調査のため消防警戒区域を設定して現場保全を行うときは、消防隊員、消防団員又は警察官が監視警戒に当たるものとする。

5　火災原因調査のために消防警戒区域を設定しない場合は、事実行為として現場保全区域を設け、関係者に現場保全及び緊急時における必要な措置を取るよう説示し、協力を求める。

着眼点▶　消防法第7章に定める火災の調査は、消防専管の所掌事務である。
　　　　　よって火災調査のため消防警戒区域を設定して現場保全を行うときは、消防隊員又は消防団員が監視警戒に当たるものとする。

【正解4】

問題55　次は、火災の焼損程度について記述したものであるが、妥当でないものはどれか。

1　全焼とは、建物の焼き損害額が火災前の建物の評価額の70％以上のもの、又はこれ未満であっても残存部分に補修を加えても再使用できないものをいう。

2　ぼやとは、収容物のみ焼損したものをいう。

3　部分焼とは、建物の焼き損害額が火災前の建物の評価額の20％未満のもので、ぼやに該当しないものをいう。

4　半焼とは、建物の焼き損害額が火災前の建物の評価額の50％以上のもので、全焼に該当しないものをいう。

5　ぼやとは、建物の焼き損害額が火災前の建物の評価額の10％未満であり、焼損床面積又は焼損表面積が1㎡未満のものをいう。

着眼点▶　半焼とは、建物の焼き損害額が火災前の建物の評価額の20％以上のもので、全焼に該当しないものをいう。

解説　ぼやの定義に収容物のみ焼損したものもあり、割合算出は、建物の評価額に対する焼き損害額の割合で行う。建物が必ずしも焼損面積のみで算出できる状態で焼損するとは限らないため、損害額を基準として焼損程度を決めることにした。

298　　　　　　　　　　　　　　　警　　　　防

> 　注意すべき点は、建物の総評価額に対する焼き損害額の割合であって、消火損害額
> や爆発損害額を含む火災損害額ではない。

【正解4】

問題56　次は、木造・防火造建物火災における消防活動要領の一般原則について
　　　　記述したものであるが、妥当でないものはどれか。

1　先着隊は、逃げ遅れ情報の有無にかかわらず火点建物及び周囲建物の人命検索
を必ず実施する。

2　火災防ぎょは、最先着隊は出火建物に、2・3着隊は延焼危険の最も大きい面
を担当する。周囲建物への延焼阻止を主眼におく。

3　先着隊は、直近の水利に部署し、後着隊の活動障害とならない位置に停車す
る。

4　筒先配備は、風に関係なく、建物背面及び1階、2階の順とし、屋内進入を原
則とする。

5　火煙認知の有無にかかわらず水利部署する。

着眼点▶　筒先配備は、風向、周囲建物配置を考慮に入れて優先順位を決定するが、一般的
には、建物背面、側面及び2階、1階の順とし、屋内進入を原則とする。

【正解4】

問題57　次は、木造・防火造建物火災における筒先配備について記述したもので
　　　　あるが、妥当でないものはどれか。

1　指揮者は、火点を一巡して延焼危険方向を判断し筒先を配備する。

2　延焼危険が高いのは、煙の濃い風下や背面等視認しにくい活動環境の悪いとこ
ろである。

3　木造老朽建物は予備注水が有効である。屋内進入前に予備注水し屋内に入る。

4　2棟延焼中の場合には、建物と建物の間に筒先を配備し、両建物に注水する。

5　隣接建物の屋根上からのふかん注水は効果が薄い。落下危険もあり、屋根の上
には部署しない。

着眼点▶　延焼中の建物と建物の間に筒先を配備しても、どちらの建物も延焼阻止はできな
い。いわゆる「火の中に割って入る筒先」は、目前の炎のみに注水し火を追う筒先
となり効果はない。また、安全管理上も後方を突破され延焼拡大し、退路を断たれ
危険である。

【正解4】

警　　防　　　　　　　　　　299

問題58　次は、木造・防火造建物火災の筒先配備について記述したものである
　　　　が、妥当でないものはどれか。

1　延焼建物を包囲するように筒先配備する。

2　火面長の長い面に優先的に配備する。

3　隣接建物の低い側から優先的に配備する。

4　傾斜地での場合は、高台側から優先的に配備する。

5　道路に面した建物の場合は、建物の背面側から優先的に配備する。

着眼点▶　隣接建物の階（高さ）の大きいもの、又は距離の近いものの側から優先的に配備
　　　　する。なお、隣接建物の距離が同等の場合は、建面積の大きいものの側から優先的
　　　　に配備する。

【正解3】

問題59　次は、木造・防火造建物火災における筒先配備等について述べたもので
　　　　あるが、この中から妥当でないものを選べ。

1　消防力が優勢である場合は、積極的に屋内進入を図る。

2　木造老朽建物は、予備注水が有効である。

3　風下、背面、両側面及び上階、下階の順に優先する。

4　地形が傾斜しているときは、高地側を重点とする。

5　地形が平面で、火災が中期以後は、風下、風横を重点とする。

着眼点▶　筒先配備は、背面、側面及び2階、1階の順とし、屋内進入を原則とする。な
　　　　お、風向、周囲の建物配置を考慮する。

解説　木造・防火造建物火災は、比較的延焼速度が早いため、初期、中期のときは、延焼
　　　阻止に全力を注ぎ、燃焼実体と周囲の可燃物に早く注水することが必要である。

【正解3】

問題60　次は、木造密集地火災の消防活動要領について記述したものであるが、
　　　　妥当でないものはどれか。

1　中隊長は、火点に先行し火点を一巡しながら、火勢の状況及び要救助者の有無
　について情報を収集する。

2　濃煙内検索は、検索班ごとに命綱等で安全を確保しながら行動し、検索を終了
　した場所については、検索完了を標示する。

3　多数の要救助者がある場合の救出順位は、危険切迫の者を優先とし、ベラン
　ダ、隣棟屋根上等一時的に安全な場所へピストン救出し、地上への救出は他隊の
　応援を求める。

300　　　　　　　　　　　　　警　　　防

4　先着隊は、燃焼し烈で放射熱（濃煙・熱気）が強く、接近困難な場合は、放水
　銃を活用する。
5　大規模木造建築火災にあっては、優先順位に従って、燃焼範囲を包囲するよう
　に筒先を配備して屋内進入を行う。

着眼点▶　先着隊は、燃焼し烈で放射熱（濃煙・熱気）が強く、また、建築物の倒壊危険等
　　　　　により接近困難な場合は、大口径スムースノズルで周囲建築物への延焼阻止を担当
　　　　　し、後着隊は放水銃を活用する。

解説　注水消火活動要領
　1　延焼防止に主眼をおき、燃焼実体に注水する。
　2　局部破壊を併用して、有効注水範囲の拡大を図る。
　3　火勢の変化に応じて注水種別を変え、効果的な注水方法をとる。
　4　他隊の注水範囲との競合を避け、相互に注水できない部分を補うよう広範囲に注
　　水する。
　5　内部進入を行う場合は、ストレート注水で屋根材、天井材等上部の落下危険物を
　　払い落とす。
　6　木造建築物の倒壊を防ぐため柱とはりの付き合わせ部分等を優先的に注水する。
　7　建築物間に進入可能な空地がない場合は、延焼危険の大きい建築物に進入する。

【正解4】

問題61　次は、木造・防火造建物火災における注水原則について記述したもので
　　　　あるが、妥当でないものはどれか。

1　延焼防止に主眼をおき、燃焼実体に注水する。
2　局部破壊を併用して、有効注水範囲の拡大を図る。
3　火勢の変化に対応してストレート注水を中心に広範に注水する。
4　内部進入を行う場合は、ストレート注水で屋根材等上部の落下危険物を払い落
　とす。
5　木造建築物の倒壊を防ぐため、柱とはりの付き合わせ部分等を優先的に注水す
　る。

着眼点▶　火勢の変化に応じて注水種別（ストレート注水、スプレー注水、フォグ注水）を
　　　　　変え効果的な注水方法をとる。

解説　消火活動要領
　1　他隊の注水範囲との競合を避け、相互に注水できない部分を補うよう広範囲に注
　　水する。
　2　注水により他隊員に危害を与えないよう相互に声を掛け合い部署位置を確認す
　　る。なお、ヘルメットフードは必ず降ろして行動する。
　3　注水は外周から順次中心部に及ぶように移行する。

警　　防　　　　　　301

　　4　障害物等で直撃注水ができない場合は、反射注水を応用する。
　　5　大規模木造建築物火災で燃焼がし烈なため接近困難な場合は、放水銃を活用して
　　射程の長い大量・高圧放水を行う。
　　6　アーケードのある商店街火災では、地上からの注水は死角が多く有効でないた
　　め、アーケード上部に活動拠点を設け火勢を制圧する。

【正解3】

問題62　次は、木造・防火造建物火災の消防活動要領について記述したものであ
　　るが、妥当でないものはどれか。

1　延焼中の木造建物は、軒高と等距離までは着火の危険があるので注水範囲を大
　きくとることが大切である。

2　注水開始前に、室内の状況を冷静に観察すること。注水を始めると水蒸気によ
　り何も見えなくなる。

3　モルタル壁は、内壁が燃えると剝離落下する。モルタル壁に亀裂や膨らみが生
　じたら危険なので立入禁止区域を設定する。

4　2階の床、階段は下からの焼けが速く、不用意に乗ると落下する。強度を確認
　してから体重を乗せるようにする。

5　1階が売場の広い建物は、2階の荷重を支える構造材が焼きすれば落下倒壊す
　る。

着眼点▶　一局面にとらわれて注水していると、周囲の建物の延焼危険を見逃し、拡大させ
　　るおそれがある。木造建物の火盛り時は、9～14m（延焼建物の軒高の2～3倍）
　　先の木造建物に接炎、飛び火がなくとも輻射熱で類焼する危険がある。木造の燃焼
　　危険温度は、260℃である。

【正解1】

問題63　次は、防火造建物火災における消防活動要領について記述したものであ
　　るが、妥当でないものはどれか。

1　モルタル建物火災は、建物の壁体等の状況を見落としてはならない。

2　モルタル壁の膨らみ、亀裂、内部の焼き状況を注視し、危険を発見したら警戒
　員をその場にとどめ、危険箇所付近の通過を禁止させる。

3　モルタルパラペットは、裏側から支えている構造材が焼きすれば倒壊する。

4　モルタルパラペットは、その高さの2分の1程度の距離まで飛散するので注意
　する。

5　モルタル、化粧タイル仕上げの建物は、剝離落下、倒壊危険箇所を排除してか

302　　　　　　　　　　　　　　警　　　防

ら部署する。

着眼点 ▶　パラペットは、パラペットの高さと同じ距離だけ飛散するので建物から離れて活
　　　動しなければならない。モルタルパラペットは、荷重が偏在している。2階から出
　　　火してモルタルパラペットを裏側から支えている構造材が焼きすれば倒壊落下し、
　　　部分的な落下はせず、全部が一度に落下する。

【正解4】

問題64　次は、耐火造建物火災における水損防止要領について記述したものであ
　　　るが、妥当でないものはどれか。

1　現場指揮本部長は、早期に必要口数を決定して筒先統制を行う。

2　一挙に延焼拡大危険がないマンション火災等では、迅速に筒先統制を行う。

3　水損防止作業は、隊及び担当範囲を具体的に指示して着手する。

4　水損防止作業は、下階全般を確認して行い、漏水は屋外に排出する手段を講じ
　　る。

5　水損によって著しい被害を生ずる変電室やOA機器等の施設があるときは、筒
　　先配備（注水）と並行して水損防止に着手する。

着眼点 ▶　火点室及び直下階等に、水損によって著しい被害を生ずる施設等（変電室、コン
　　　ピューター）がある場合は、水損防止措置を講じた後、必要最小限度の注水で消火
　　　するよう配意すること。なお、関係者自ら措置できるものは積極的に対応させる一
　　　方、ハロゲン化物及び二酸化炭素等の特殊消火設備が設置されている部分は、これ
　　　らの設備の活用を優先する。

解説　マンション等の火災での水損防止について
　　1　迅速に筒先統制を行う。
　　　　指揮者は、中・高層共同住宅等、一挙に延焼拡大危険のないビル火災では迅速に
　　　必要口数を判断し、筒先統制を行う。
　　　　なお、到着時の状況（外周部の窓ガラスの破損がなく、かつ、室内に要救助者が
　　　いない場合等）によっては、粉末消火器を使用した消火又は火勢の抑制にも配意す
　　　る。
　　2　筒先配備と並行して水損防止に着手する。
　　　　団地、マンション等の火災は一挙に延焼拡大危険がない反面、スラブ及び壁等の
　　　亀裂部分、更には配管の貫通部から漏水することがあるので、指揮者は筒先配備と
　　　並行して水損防止作業に着手する。

【正解5】

問題65　次は、耐火造建物火災における水損防止について記述したものである
　　　が、妥当でないものはどれか。

1　指揮者は、火災の状況に応じて必要かつ適正な口数を決定し、余剰な筒先は警

警　　　防　　　　　　　　　　303

戒に当たらせる等、早期に筒先統制及び注水規制を行う。

2　指揮者は、中・高層共同住宅等、一挙に延焼拡大危険のないビル火災では迅速に必要口数を判断し、筒先統制を行う。

3　指揮者は、筒先統制等によって放水活動を要しない隊又は特殊車隊を水損防止隊に指定し、具体的に階及び場所を指定して水損防止に当たらせる。

4　水損防止措置は、火災室の直下階の居室等の家具類等を重点に防水シートで覆うようにする。

5　火点室及び直下階等に、水損によって著しい被害が生ずる施設等（コンピューター等）がある場合は、水損防止措置を講じた後、必要最小限度の注水で消火するよう配意する。

着眼点▶　水損防止措置は、直下階のみでなく、下階全般を確認して行うとともに、地下室及び隣室も含めて行い、防水シートの活用に当たっては、家具類等を覆うだけでなく、屋外に排水する等床面への漏水防止にも十分配意する。

【正解4】

問題66　次は、耐火造建物火災における濃煙内進入時の安全管理を列挙したものであるが、妥当でないものはどれか。

1　指揮者は、進入目的、内部構造、火煙の状況、退出時間及び連絡方法等を隊員に指示する。

2　進入する隊員は、必ず呼吸器を着装し、しかも面体着装は進入直前に行う。

3　必ず複数隊員とし、命綱等で身体を結着して進入し、絶対に単独行動をとらない。

4　2系統以上の階段があって、吸気及び排気階段に分かれているときは、吸気側階段から進入する。

5　濃煙、熱気内への進入は、姿勢を高くして視界を十分とるとともに壁体等に沿って行う。

着眼点▶　濃煙、熱気内への進入は、姿勢を低くし、足元を確認しながら壁体等に沿って行う。

解説　濃煙内進入の安全管理
　1　指揮者は、進入目的、内部構造、火煙の状況、退出時間、連絡方法等を指示する。
　2　隊員は必ず呼吸器を着装する。また、面体着装は進入直前に行う。
　3　進入中は、絶対面体を外さない。
　4　必ず複数とし、命綱を使用し単独行動をとらない。
　5　常に脱出経路を念頭におき、命綱、照明器具等を使用して退路を確保する。

304 警　　防

6　警報ベルが鳴ったら、直ちに脱出する。
7　必ず照明器具を携行し、できれば二重の照明を確保する。
8　姿勢を低くし、壁体等に沿って足元を確認しながら進入する。
9　出入口が2系統以上あり、吸気と排気に分かれているときは、吸気側から進入する。
10　広い場所では、隊員間の所在を明らかにする。
11　燃焼により壁体等が高温になっていることがあるので注意する。

【正解5】

問題67　次は、耐火造建物火災の救助要領について記述したものであるが、妥当でないものはどれか。

1　避難誘導は、屋外階段、非常用タラップ、救助袋、避難橋等の施設を積極的に活用する。
2　検索場所は、窓際、行き止まり通路、エレベーター、階段室、出入口、便所、室の隅等を重点とする。
3　要救助者が多数いる場合は、はしご車のリフターを積極的に活用する。
4　人命に関する情報は、不確定であっても重視し、必ず確認する。
5　検索行動を行う隊は、検索範囲を分担し、重複検索を避けて、検索の死角をなくす。

着眼点 ▶　耐火造建物火災の場合は、要救助者のいる確率が高いので、避難誘導、人命の検索、救助行動を最優先する。特に要救助者が多数いる場合では、自力避難不能者を優先的に救助し、自力避難可能者には、避難方向、経路、場所等必要事項を指示して避難させる。また、はしご車による救助はリフターの使用を避け、大量救出に努める。

【正解3】

問題68　次は、耐火造建物火災の消火活動について記述したものであるが、妥当でないものはどれか。

1　多角的に情報を収集して迅速に災害の実態を把握する。
2　進入は、屋内及び屋外の両面から行う。
3　延焼経路となる場所を早急に確認して必要により筒先を配備して警戒する。
4　建物の消防用設備等の活用は、水損を考慮し必要最小限とする。
5　水損に配意しながら効果的な注水を行う。

着眼点 ▶　建物の消防用設備等は、積極的に活用する。特に連結送水管を使用する場合は、送水隊、放口使用隊を明確にする。

警　　防　　　　　　　　　　　　　　　305

解説　災害の実態把握要領と効果的な注水要領
　　1　災害の実態把握要領
　　　(1)　対象物の状況（内部構造、用途、収容物、防火区画、階段、ダクト、エレベー
　　　　　ター、エスカレーター等竪穴の位置）を把握する。
　　　(2)　火災の状況（火点、延焼範囲、煙の流動状況、シャッター、防火戸、防火ダン
　　　　　パー等の開閉状況、空調機の作動状況、スプリンクラー設備の作動状況等）を把
　　　　　握する。
　　　(3)　人命危険（避難者の状況、逃げ遅れ者の状況）を把握する。
　　　(4)　作業危険（危険物、爆発物の有無、不燃性ガス消火設備の作動状況及び変電設
　　　　　備の有無）を把握する。
　　　(5)　建物関係者、避難者及び図面等を確保し、特定の隊に指示して、建物内部の状
　　　　　況、煙の流動状況、避難時の情報を検索させる。
　　2　効果的注水要領
　　　(1)　ホース延長は、ガラスの落下による切損防止のため火点建物から離す。
　　　(2)　濃煙が充満している場合は、排煙口を確保した上で、噴霧、ストレート注水の
　　　　　2筒先を1組とし噴霧注水による排煙、排熱の支援のもとにストレート注水によ
　　　　　る消火を行う。
　　　(3)　てい上放水の場合は、水平注水は、障害物により効果が減ずるので仰角をつけ
　　　　　て天井を目標に注水して効果を高める。
　　　(4)　屋内進入隊員は、火炎にできるだけ接近して注水する。
　　　(5)　火点に進入困難な場合には、上階の床に穴を開けて注水し、火勢を制圧するこ
　　　　　とも考える。

【正解4】

問題69　次は、耐火造建物火災時における主な危険性を列挙したものであるが、
　　　　妥当でないものはどれか。

1　思わぬ階等への延焼による濃煙充満のため、煙にまかれる危険がある。

2　ガラス等の破壊物の落下による受傷危険がある。

3　進入時にバックドラフト現象による受傷危険がある。

4　濃煙がない場合には、呼吸器を着装しないで進入しても、一酸化炭素中毒等を
　受ける危険性はない。

5　救助活動は、援護注水態勢を確保しないと思わぬ危険が生じることがある。

着眼点▶　燃焼物によっては、濃煙がなくても一酸化炭素などの有毒ガスが滞留しているこ
　　　　とがある。

解説　耐火造建物火災の主な危険性
　　1　思わぬ階等への延焼による濃煙熱気のため、煙にまかれる危険がある。
　　2　ガラス等の破壊物による受傷危険がある。

306　　警　　防

> 3　進入時に、フラッシュオーバーやバックドラフト現象による受傷危険がある。
> 4　濃煙や燃焼物の内容によっては、有毒ガスが発生しているので、呼吸器の未使用による中毒危険がある。
> 5　人命検索、救助活動は、援護注水と退路を確保しないと、思わぬ危険に遭遇する。
> 6　火災室に危険物等がある場合は、急激な燃焼の危険がある。

【正解4】

問題70　次は、耐火造建物（ビル）火災における筒先配備について記述したものであるが、妥当でないものはどれか。

1　状況の急変に即応して積極的に転戦を図る。

2　無窓型構造等のビル火災では、筒先配備を整えてから活動を開始する。

3　多窓型構造のビル火災では、噴煙状況を見て筒先配備する。

4　濃煙内の火災室への進入は、筒先配備を整えてから行う。

5　要救助者がいる場合は、援護筒先を配備する。

着眼点▶　耐火造建物（ビル）火災の筒先配備は、一度進入して防ぎょを開始した筒先を移動させることは、困難を伴い、また、極めて効率が悪いことから転戦は最小限にとどめ、必要消防力は後着隊を投入するように配意する。

【正解1】

問題71　次は、耐火造建物火災の基本的な消防戦術について記述したものであるが、妥当でないものはどれか。

1　消防用設備及び消防活動上必要な施設等の機能を積極的かつ有効に活用した消防活動を展開することが、効率的な消防活動を行うための基本である。

2　ビル火災においては、立体的及び濃煙の充満、高熱の蓄積等により、消防活動が極めて困難な状況であることから、最高指揮者は早期に二方向の開口部を設定し、排気側から筒先進入を図ることを原則とする。

3　ビル火災は、工事ミス等により竪穴部分及びダクトの貫通部等の横穴部分から延焼する場合が多いので、最高指揮者は、延焼危険のある上階及び竪穴部分等に早期に警戒筒先を配備した消防活動を展開することが鉄則である。

4　消防活動を行う場合、消火作業によって多かれ少なかれ水損による被害を回避できないが、過剰注水又は水損防止作業の遅れ等によって水損が大きくなってしまうことが多いので、迅速に筒先統制及び注水規制を行うとともに、並行して水損防止活動に着手する必要がある。

警　　防　　　　307

5　ビル火災では濃煙、熱気のため、火点及び延焼範囲の確認が困難であるとともに、以後の消防活動が大きく阻害される要因となるので、早期に最高指揮者の統制のもとに給気・排気側を設定した排煙活動に着手する必要がある。

着眼点 ▶　ビル火災では、内部進入箇所が限定され、また、濃煙、熱気の充満等により迅速な内部進入が困難であることから、まず排煙及び進入のための開口部の設定に着手した消防活動を行う必要がある。したがって、最高指揮者は、早期に二方向（給気、排気）に開口部を設定し、給気側から攻撃、排気側には警戒筒先を配備した消防活動を展開することが重要である。

　一方、扉の開放又は窓を破壊して開口部を設定する場合は、外気の流入によって火災の状況が急変し、火勢拡大危険が生ずるばかりでなく、内部進入隊員及び要救助者が危険に陥ることがある。

　したがって、開口部を設定する場合には、現場最高指揮者の統制の下に吹き返し等による安全を確認し、全隊員に周知徹底してから行うこと。

　なお、窓ガラスを破壊する場合は、落下物による危害防止のため、地上高さの2分の1を半径とする立入禁止区域を設定すること。

【正解2】

問題72　次は、耐火造建物火災における検索・救助活動要領について記述したものであるが、妥当でないものはどれか。

1　現場到着時、窓際等に多数の逃げ遅れがいるときは、複数階同時救出架てい法、てい体掛け替え架てい法又は積載はしごブリッジ救出法等により救出する。

2　火災階に要救助者があるときは、階段出入口部分でスプレー注水を行い、階段室に煙が流入しないよう措置するとともに、検索班は援護注水及び照明を併用して積極的に救出活動を行う。

3　火災階に要救助者が多数ある場合は、屋上、特別避難階段付室、ベランダ等への一時的なピストン救出を最優先として活動する。

4　濃煙内で要救助者を発見した場合は、直ちに所要の隊員、資器材等の応援要請をする。

5　はしご車を利用して屋外から救出する場合は、急激な延焼拡大等によって退路を断たれる危険を伴うので、あらかじめ救出する場所及びこれに対する援護注水等を打ち合わせ、効率的に実施する。

着眼点 ▶　濃煙内で要救助者を発見した場合は、直ちに救出するとともに、所要の隊員、資器材等の応援を要請する。

解説　検索活動の一般原則

　1　関係者から避難の完了が明確に報告されるまでは、要救助者があるものとして行動すること。

308　　　　　　　　　警　　　防

> 2　中性帯が認められる場合で、火勢の状況が確認できないときは、注水を行う前に中性帯を利用して内部の状況を確認する。
> 3　各班は、検索範囲の分担を明確にし、相互の連携を密にして、検索漏れ、又は重複がないよう効果的な人命検索活動をする。
> 4　濃煙内検索は、検索班ごとに命綱等で安全を確保しながら行動し、検索を終了した場所については、検索完了を標示する。
> 5　検索は、階段口、窓際、行き止まり、便所、風呂場等を重点に行う。

【正解4】

問題73　次は、耐火造建物火災における消火活動要領について記述したものであるが、妥当でないものはどれか。

1　先着となるポンプ小隊は、連結送水管、連結散水設備及びスプリンクラー設備が設置されているときは、当該設備の送水口に送水する。

2　他隊と連携を密にして活動拠点に消火筒先を配備し、局部破壊を併用しながら効果的な消火を行う。

3　筒先進入に当たっては、連結送水管を最大限に活用する。

4　燃焼し烈な室内に注水するときは、広範囲に散水するように天井又は壁体を利用した反射注水による間接的消火方法を積極的に活用する。

5　地階、無窓階火災に際して、高発泡消火が有効と判断した場合は、積極的に高発泡放射を行って火勢制圧活動を行う。

着眼点▶　燃焼し烈な室内に注水するときは、室内の高温域にスプレー又はフォグ注水を行い、水蒸気化による間接的消火方法を活用する。

【正解4】

問題74　次は、防火造建物火災の特性について記述したものであるが、妥当でないものはどれか。

1　隣接火災からの延焼阻止には有効であるが、その建物内から出火した場合は、内部に可燃物が存在しているので、あまり防火的威力がない。

2　第一成長期においては、おおむね木造建物火災と同様の経過をたどるが、第二成長期においては、建物の外壁、軒裏等の隙間が少ないため、煙が外部に出にくく、空気の流入も少ないので、煙、熱気が充満しやすい。

3　開口部、屋根等建物の弱い部分を火炎が破って火炎を噴出するまでは、建物内はくん焼状態となり、木造建物火災に比べて燃焼が緩慢である。

4　建物内に、煙、熱気が充満しやすく火点の確認が困難なため、無効注水となり

警　　防　　　　　　　　　　　　　309

やすい。また火煙が壁体内を伝走し、予期しないうちに建物全般に広がることがある。

5　建物の規模、形態、用途や火災時の温度、実効湿度、風速等の気象条件によって、燃焼の速度、様相が著しく異なる。

着眼点▶　防火造建物は、一般に柱、はり、壁体等の骨組みに木材を用い、これを鉄鋼モルタル、しっくい等で覆うなど防火的に処理した建物である。選択肢５については、木造建物火災の特性である。

解説　防火造建物火災の一般的特性
　1　開口部、天井、屋根等が燃え抜けると新鮮な空気の流入が盛んとなり、火勢が強まり最盛期の様相を呈する。
　2　天井及び屋根が燃え抜けると、開口部等からの火煙の噴出は少なくなる。
　3　火災の最盛期以降では、モルタル壁の剥離落下、外壁の倒壊、崩壊が起こりやすい。
　4　建物の一部が防火構造となっている場合は、早期に道路面等へ倒壊が起こりやすい。
　5　モルタルに注水した水が浸透しにくく、外壁、軒、屋根裏等に残火が生じやすい。

【正解５】

問題75　次は、耐火造建物火災の火勢制圧要領について記述したものであるが、妥当でないものはどれか。

1　マンション等、区画された部屋の火災にあっては、吸気側からフォグガンを活用した注水で、早期火勢制圧と水損防止を図る。

2　廊下や進入口等に濃煙熱気が充満している場合は、排煙口を設定し、フォグ（噴霧）・ストレートの２筒先を１組とし、フォグ注水による排煙・排熱の支援のもとにストレート注水により火勢を制圧する。

3　燃焼し烈な室内に注水するときは、射程の長い大口径ノズルを配備して、ストレート注水で火勢を制圧する。

4　火災室に進入困難な場合は、上階の床に穴を開け注水して火勢を制圧する。

5　火面が拡大して屋内進入困難な場合は、はしご車・空中作業車等により、屋外から高圧大量注水を行い、火勢を制圧する。

着眼点▶　大空間の室内火災で火勢し烈な場合は、入口部分で噴霧注水を行い、濃煙・熱気の噴出を抑制しながら射程の長い大口径ノズルを配備して、ストレート注水で火勢を制圧する。燃焼し烈な室内に注水するときは、室内の高温域に噴霧注水又はフォグ注水を行い、水蒸気化による間接的消火方法を活用する。

310 警　　防

> **解説**　火勢制圧の留意事項
> 1　筒先配備に際しては、消防隊専用放口を活用する。
> 2　筒先は、火炎にできるだけ接近して燃焼実体に注水する。
> 3　注水開始時は、火煙の吹き出し、吹き返しがあり、排気側は、注水による火煙の吹き出しがあるため、姿勢を低くするとともに、遮へい物等により身体保護をする。
> 4　注水に当たっては、広範囲に散水するように天井又は壁体を利用した反射注水を多用する。
> 5　てい上放水の場合、水平注水は障害物等により効果が減じるので、角度をつけて天井を目標に注水する。

【正解3】

問題76　次は、耐火造建物火災の火勢制圧要領について記述したものであるが、妥当でないものはどれか。

1　連結送水管・連結散水設備及びスプリンクラー設備があるときは、当該設備への送水隊を明確にする。

2　マンション等一定区画内での火災に対しては、外部より大量・高圧放水による。

3　注水に当たっては、広範囲に散水するように天井又は壁体を利用した反射注水を多用する。

4　地下室火災等で、高発泡による消火が効果的と判断される場合は、化学車を活用する。

5　火点室への進入が困難で火勢制圧ができない場合は、高所放水器具の活用を考慮する。

着眼点▶　マンション等一定区画内での火災に対しては、フォグガン又はガンタイプノズルの流量切替ダイヤル（最小）の活用を図り水損防止に留意する。

【正解2】

問題77　次は、耐火造建物火災の消防活動の特性について記述したものであるが、妥当でないものはどれか。

1　避難者が多数いる場合は、消防活動が制約されるおそれがある。

2　無線障害が生じやすく、かつ、消防活動が立体的になるため、消防力が分断されやすい。

3　濃煙熱気が充満した中での消防活動を強いられ、隊員の体力消耗が激しい。

4　水平方向への延焼危険が高く、煙に幻惑され、火点及び状況確認が困難とな

警　　　防　　　　　　　　311

る。
5　消防用設備等の活用・管理の状況によって消防活動の成否が左右される。

着眼点 ▶　耐火造建物火災は、上階への延焼危険が高く、さらに水平方向・下階へも延焼す
る危険がある。

解説　耐火造建物火災の消防活動特性
　　1　要救助者がいる確率が高い。
　　2　煙に幻惑され、火点及び状況確認が困難である。
　　3　各隊独自の判断で行動しても効果は期待できない。
　　4　火点室への進入口が限定され、活動スペースが狭くなる。
　　5　内部区画等のため、無効注水となりやすい。

【正解4】

問題78　次は、高層建物火災の特性について記述したものであるが、妥当でない
　　　　ものはどれか。

1　一般に耐火造建物の火災は、建物の主要構造部が不燃材料で造られ、気密性に
優れ、木造建物に比して燃焼が早い。
2　濃煙、熱気が建物内に充満し、一部階段、エレベーター、パイプスペース等を
経て上層階に上り、大火災に発展することがある。
3　第一成長期には、木造建物火災と同様に、内部の可燃物に着火し、二酸化炭
素、一酸化炭素、水蒸気等の火災により生成されたガスを含んだ白煙をあげる。
4　第二成長期には、火災が成長し、天井等に着火する段階になると、狭い室内で
は室温が上昇し、フラッシュオーバーを起こすか、酸素量が不足し、煙が黒煙に
変わり濃煙、熱気が充満する。
5　最盛期、火災の室内又は区画内は、フラッシュオーバーを経て、火炎に包ま
れ、建物の弱い部分を破って延焼拡大したり、階段、エレベーター、パイプス
ペース等を火煙が伝走し、立体的火災に進展する。

着眼点 ▶　消防活動上高層建物とは、4階以上の階層を有する耐火造建物をいう。一般に耐
火造建物は、建物の主要構造部が不燃材料で造られ、気密性に優れている。火災の
様相は、建物構造、用途、内装材、内容物等の条件によって一様ではないが、一般
に木造建物に比べて燃焼が緩やかである。

【正解1】

問題79　次は、連結送水管を活用して消防活動を実施する場合の留意事項につい
　　　　て記述したものであるが、妥当でないものはどれか。

1　乾式の連結送水管への送水は、急激に高圧送水をするとウォーターハンマー等

312 警 防

の反動力を生ずるので、徐々に圧力を上げること。
2 有効圧力が得られないときは、送水口付近にある止水弁が、さびつき等のため
機能低下している場合があるので、確認すること。
3 上下階で同時放水するときは、下階側の放水口バルブを絞らないと上階で有効
圧力を得られない場合があるので、十分配意すること。
4 ポンプ車からの送水は、1系統につき2～3口放水できるよう高圧送水されて
いることから、圧力調整は放水口バルブで行うこと。
5 屋内消火栓と主管が共用しているものは、屋内消火栓に高圧がかかるため、自
衛消防隊が使用中の場合は、使用を中止させる等の措置を講ずる。

着眼点 ▶ 有効圧力が得られないときは、屋上の水槽部分を確認する。屋上水槽側の逆止弁
がさびつき等のため機能が低下して有効圧力が得られないときは、屋上水槽側の止
水弁を閉じれば活用できるので配意すること。なお、送水口側の止水弁が閉じてい
ると送水不能となるので、関係者に指示して弁を早期に開放させる。

解説 連結送水管活用要領
1 送水は水量豊富な水利に部署し、送水口に送水する。
2 送水口への送水は単隊2口を原則とする。送水口が複数の場合は、全ての送水口
に送水することが基本であるが、系統が別々となっている場合もあるので、送水系
統を確認してから送水する。
3 送水圧力は原則として5階以下は1.0MPa、6階以上は1.5MPa以上とする。
4 放水圧力は、放水口バルブの開度で調整する。
5 ポンプ圧力1.5MPaで2口送水したとき、1系統につきストレート放水では3
口、噴霧放水では2口を標準とする。
6 多口放水をしているときは、筒先を閉にすると他の筒先圧力が上昇するから注意
する。
7 一つの送水口に2隊で送水するときは、各隊の連絡を密にし、送水口部分の送水
圧力が同等となるように送水する。
8 乾式配管の場合、ドレンコックや放水口バルブが開放していると、これらの漏水
分は損失となるので、コックやバルブを閉鎖する。
9 ブースターポンプが設置されている場合、送水はブースターポンプの一次側の入
力圧力が0.1～0.2MPaとなるよう送水する。
10 ブースターポンプが起動している場合、ブースターポンプ設置階より上階の低層
階では高圧となるため、圧力調整に配意する。

【正解2】

問題80 次は、スプリンクラー設備を活用して消防活動を行う場合の留意事項に
ついて記述したものであるが、妥当でないものはどれか。
1 現場に到着したらスプリンクラー設備の作動状況を防災センターで確認する

警　　防 313

か、又は関係者から聞き、送水準備をする。
2　消火困難な指定可燃物の集積場所又は物品販売取扱所の商品が集積されている
　部分は、表面的な燃焼は押さえられても、内部に残っている炎や火源は消火困難
　であるから、ホース延長を配意する。
3　天井裏やダクトスペース内又はたれ壁、吊り物等散水障害となるものがある場
　所は、消火効果が少ないので連結送水管の活用を配意する。
4　スプリンクラーヘッドの消火効果を判断する目安は出火階の一番近い部分にあ
　るヘッドの散水状況（拡散範囲が10㎡程度以上が最良）を確認する。
5　送水圧は0.1MPaを目安として運用する。この場合ポンプ圧力が上昇しないと
　きは、ヘッド開放数が基準個数以下となっているので注意する。

着眼点 ▶　スプリンクラー設備は、火災が発生した場合に天井面等に取り付けてあるスプリ
　　　　ンクラーヘッドの感熱部分が溶解又は破壊し、水栓が離脱して開口すると、配管内
　　　　の加圧水が噴出する。設問の場合、送水圧力は1.5MPaを目安として運用する。こ
　　　　の場合ポンプ圧力が上昇しないときは、ヘッド開放数が基準個数以上となってお
　　　　り、有効散水していないことが予想されるので、他の消火手段を併用する。

解説　その他留意事項
　　1　送水不能の場合は止水弁の閉鎖が考えられるので、送水口直近の止水弁を開放す
　　　る。
　　2　防災センターが設けられている対象物の送水に当たっては、送水口直近に設けて
　　　ある連絡用非常電話を活用する。電話がない場合は、防災センターから選択放送設
　　　備の活用を図る。
　　3　警戒区域ごとの制御弁はおおむね各階パイプシャフト内等に設けてあり、防災セ
　　　ンターで散水中のヘッドの制御弁系統を確認し、消火後は直ちに弁を閉鎖し水損防
　　　止を図る。

【正解5】

問題81　次は、非常用進入口の活用について記述したものであるが、妥当でない
　　　ものはどれか。
1　3階以上のビル火災では、外部からの進入拠点として非常用進入口を積極的に
　活用する。
2　非常用進入口は、公道又は公道に通じる幅員4m以上の通路や区内に面する3
　階以上31m以下の各階に設置されている。
3　非常用進入口は、消防隊の人命検索、救助、消火等の消防活動を容易にするこ
　とが設置目的であり、非常用エレベーターとともに建築物には設置義務である。
4　進入口には、奥行き1m以上、長さ4m以上のバルコニーに加えて、赤色灯が

314 　　　　　　　　　　　　　警　　防

設けられており、赤色三角形の表示がされている。

5　進入口の開放や破壊を行う場合は、急激に延焼状況が変化するおそれがあるの
で、現場最高指揮者の統制の下に実施する。

着眼点▶　非常用進入口は、公道又は公道に通じる幅員４m以上の通路や区内に面する３階
　　　　以上31m以下の各階に設置されている。これは、消防隊の人命検索、救助、消火等
　　　　の消防活動を容易にすることを目的として、一定以下の間隔で消防隊進入用の開口
　　　　部を設けている。
　　　　　ただし、非常用エレベーターが設置されている建築物には設置義務はない。

【正解３】

問題82　次は、非常用エレベーターの活用について記述したものであるが、妥当
でないものはどれか。

1　火災発生時に消防隊が非常運転に切り替えて操作すると、各階からの「呼び」
に加え、エレベーターかご内での操作により運行可能となる。

2　「二次消防運転」は、ドアが開放状態となって運転することとなるので、「一
次消防運転」中にドアが閉まらない場合やスタートしない場合を除き、使用を避
ける。

3　非常用エレベーターは、高さが31mを超える建築物に設置されており、かご
内と防災センターとを連絡する電話装置が設けられている。

4　非常用エレベーターの運行統制は、防災センター内に設置された指揮本部又は
前進指揮所で行い、専従操作員は連絡態勢を確保しておく。

5　非常用エレベーターは、火点直下階までの範囲にとどめることを原則とし、最
先着隊の進入、資器材、要救助者の搬送を優先する。

着眼点▶　火災発生時に消防隊が非常運転に切り替えて操作すると、各階からの「呼び」に
　　　　関係なく、エレベーターかご内で自由に操作が可能である。

【正解１】

問題83　次は、防災センターを活用した消防活動上の留意事項について記述した
ものであるが、妥当でないものはどれか。

1　消防隊に対する指示や命令は、指揮本部員と防災センター責任者が行うととも
に、機器の操作も防災センター係員と消防隊が共に協力して行う。

2　放送設備による拡声中は、聞き取り障害となるおそれがあるので、緊急以外の
無線交信は行わない。

3　自衛消防隊長や防災センター係員と連絡を取りながら活用するとともに、防災

警　　防　　　　　　　　　　　315

センターには、必要な関係図面等があるので提出させる。

4　防災センター係員は、心理的に動揺しているので、消防隊がリードして各種操作盤を操作させ、機能の有効活用を図る。

5　防災センター内に指揮本部を設置した場合は、活動障害や指示・命令等の混乱を防ぐために指揮本部員の配置を限定する等、防災センター内の人員を制限する。

着眼点▶　消防隊に対する指示や命令は、指揮本部員が行い、防災センター係員には主として機器の操作を行わせる。

解説　防災センター内に設置する指揮本部
　　1　防災センター内は、指揮機能の確保が容易である。
　　　雑居ビルや特異な建物の火災では、指揮本部の周囲が混乱して指揮機能が十分に発揮できないことがあるので、進入者の制限がしやすく各種消防用設備等を活用した指揮が確保できる防災センター内に指揮本部を設置する。
　　2　防災センター係員を有効に活用する。
　　　防災センター係員は、建物の概要、防災センター内の機器の操作、作動概要を把握していることから、積極的に活用する。
　　3　中央管理室との連絡体制を確保する。
　　　防災センターと中央管理室が分かれて設置されている場合は、中央管理室の機能（空調設備、機械換気設備、排煙設備等の制御と作動状態の監視）を有効に活用するため相互の連絡体制を確保する。

【正解1】

問題84　次は、地下街の火災における消防活動要領について記述したものであるが、妥当でないものはどれか。

1　各隊の行動は、必ず現場指揮本部長の下命の下に組織的に行動する。

2　消防活動は、人命救助及び避難誘導を最優先に実施しなければならない。

3　現場指揮本部、前進指揮所及び各隊との交信は、無線通信補助設備及び携帯無線機等の活用により確保し、通信手段が途絶した場合は、伝令員を派遣し、連絡手段を確保する。

4　地下街と地下鉄が接続している場合は、駅の責任者に連絡をとり、地下鉄の運行を停止させる等必要な措置をとらせる。

5　先着隊の場合、隊長は、直ちに連結送水管等消防用設備等に直行し、送水指示をする。

着眼点▶　先着隊の隊長が直ちに行う活動は、現場到着と同時に防災センターに直行し、関係者及び消防用設備等の作動状況から可能な範囲で情報収集をすることである。

316　　　　　　　　　　　　　警　　　防

> **解説**　先着隊の行動要領
> 　1　現場指揮本部長到着までの間、関係者に対して、空調機の停止、防火区画の防火
> 　　戸、防火ダンパー、排煙設備等で未作動設備の作動準備又は作動操作、非常放送設
> 　　備の機能確保及び操作等の措置をとるように指示する。
> 　2　進入は、避難階段での避難者との競合を避け、車路又は避難者の少ない階段を進
> 　　入路として選定する。
> 　3　人命検索又は火点検索に当たっては、コンコース及び隣接区画への煙汚染につい
> 　　て配意し、避難完了まで出火区画以外の避難階段へ煙を入れないよう措置する。
> 　4　連結散水設備及び連結送水管へ送水し、本格的な消防活動を前提とした消火準備
> 　　をする。
> 　5　消防本部並びに現場到着した指揮本部長に収集した情報及び各隊の活動概要等を
> 　　報告する。

【正解5】

問題85　次は、地下街火災の消防活動における現場到着時の煙視認による状況判
　　　　断について記述したものであるが、妥当でないものはどれか。

1　噴煙が弱い場合は、燃焼が局部的であるため、積極的に内部進入する。

2　噴煙に勢いがあり、一部出入口等開口部から噴出している場合は、排気側の開
　　口部を早期に発見し、周囲への延焼防止のための筒先を配備する。

3　各出入口等開口部から濃煙と熱気が強烈に噴出している場合は、相当の範囲が
　　延焼中で、内部進入が困難である。このような場合は、必要資器材及び部隊を集
　　結し、態勢を十分整え重点的に消防活動を行う。

4　地下鉄と連絡している場合は、地下ずい道から空気が供給されるため、耐火建
　　物の地上火災に近い様相を呈する場合がある。

5　上層部に建物が接続している場合は、地上階に煙が流入するため、地上が出火
　　階と誤りやすい場合がある。

> **着眼点▶**　噴煙に勢いがあり、一部出入口等開口部から噴出している場合は、給気側の出入
> 口等開口部を見つけ、排煙、援護注水等支援態勢を整え、早期検索と人命救助優先
> で行動を開始する。要救助者は、給気側の出入口より排気側出入口にいる場合が多
> いので付近の情勢並びに状況を察知するよう努める。

【正解2】

問題86　次は、地下室火災の消防活動要領について記述したものであるが、妥当
　　　　でないものはどれか。

1　地下室には、機械室・変電室・不燃性ガス消火設備等がある場合が多いので、
　　内部の区画・通路・用途・収容物等を詳細に把握してから行動を開始する必要が

警　　防　　　　　　　　317

ある。

2　開口部が２か所以上ある場合は、噴煙の多い口を排煙口とし、他の一方を進入
　口とするとともに、延焼拡大中で進入不能な場合は、給気階段等から化学車を活
　用して、高発泡を放射し、消火・排煙を行う。

3　各開口部に濃煙が充満している場合は、活動に便利な階段室を進入口とし、ス
　プレー注水又は排煙車を活用して、階段室を加圧し、進入路を設定する。

4　傷者及び要救助者が多数いると予測される場合は、早期に救急救護体制を強化
　するとともに、必ず地上階への救出を図る必要がある。

5　指揮本部・前進指揮所及び活動各隊との交信は、無線通信補助設備の活用又は
　無線中継隊の指定等により確保し、通信手段が途絶した場合は、伝令員を派遣
　し、連絡手段を確保する。

着眼点▶　要救助者の地上への救出が困難な場合は、必ずしも地上階への救出搬送でなくて
　　　　　もよく、火煙等に汚染されていない地下２階又は地下３階への救出にも配意する必
　　　　　要がある。

解説　地下室火災の活動重点
　　1　給気階段が明らかでなく進入困難な場合は、火点上階の床を破壊して開口部を作
　　　り、直接消火を行うこと。
　　2　隊員の内部進入に際しては、確認者を指定し、隊員カード等により出入者を確実
　　　に確認すること。
　　3　地下室進入は、２人一組とし、単独行動を厳禁し、指揮者の統制のもとに組織的
　　　に行動すること。
　　4　進入隊員は、呼吸器及び携帯警報器の完全着装を進入隊員相互・指揮者が確認し
　　　てから進入すること。
　　5　地下２階又は地下３階が駐車場となっている場合は、そこを前進指揮所又は一次
　　　救出場所として活用すること。

【正解４】

問題87　次は、地下街に火災が発生した場合の消防活動特性について記述したも
　　　　のであるが、妥当でないものはどれか。

1　外部視認の事象が局限され、また、内部構造による地下街特有の風の流れ等に
　より、火点から離れた思わぬ出入口から噴煙する等、地上からの災害予測、状況
　判断が困難である。

2　地下では、空気の供給が限定されるため、不完全燃焼が進み、酸欠状態を呈す
　ることがある。また、多量に発生する煙により広範囲に煙汚染のおそれがある。

3　地下街は、鉄道駅舎やビルと複雑に通じている場合が多く、これら駅舎やビル

318 警 防

へ濃煙熱気の流入と延焼危険がある。

4 煙に幻惑され、火点及び状況確認が困難である。また、上階への延焼危険が高く、さらに水平方向、下階へも延焼する危険がある。

5 消防活動が立体的であり、かつ、閉鎖区画内となり、消防力が分断されると同時に無線障害が生じやすい。

着眼点 ▶ 選択肢4については、耐火造建物火災の消防活動特性を記述したものである。

解説 地下街火災の活動特性
1 進入には、階段を使用することとなるため、進入方向が偏重しやすい。
2 進入路が限定されるため、活動態勢の確立までに時間を要する。
3 大気中への熱放射が少ないため、濃煙・熱気が充満する中での消防活動を強いられ、隊員の体力の消耗が激しい。
4 立体的及び平面的に複雑な構造となっており、独特の気流がある。したがって、延焼状況や放水及び排煙の状況等によって、上階から下階への煙の誘引、閉鎖シャッターの開放による煙の逆流等のおそれがある。
5 内部区画等のため、無効注水になりやすく、また、水損が大きくなりやすい。
6 消防用設備等の活用・管理の状況によって消防活動の成否が左右される。
7 各隊独自の判断で行動しても効果は期待できない。

【正解4】

問題88 次のうち、地下鉄火災発生時の進入要領に関する記述として、誤っているものはどれか。

1 地下への進入は、原則として直近駅を進入経路とすること。

2 直近駅が排気側となっている場合は、隣接駅を進入経路とする。

3 進入は、車両運行の停止と電源の遮断を確認した後に行う。

4 煙が滞留している場合は、3口以上の棒状注水又は排煙高発泡車からの送水による排煙態勢のもとに進入を行う。

5 トンネル構造、勾配、火災状況、人命危険や活動危険の情報を全隊員に周知徹底する。

着眼点 ▶ 地下鉄火災の進入に際しては、棒状注水でなく、噴霧注水とする。

解説 最先到着隊及び指揮本部指揮隊の現場到着時の措置
1 煙の噴出状況や乗客等の動向を速やかに把握し、警防本部へ報告し、出場各隊も周知する。
2 早期に駅務員又は乗務員等を確保し、火災発生の事実及び延焼状況を確認するとともに、次に掲げる事項を逐次収集し、警防本部へ報告する。
(1) 火災発生場所の状況
ア 火災車両の停車位置（駅間トンネル内、駅舎及び上下線の別）

警　　防　　　　　　　　　　　319

　　イ　出火階（駅舎、列車の有無、駅事務室等）、延焼方向
　⑵　火災車両の列車の編成数及びその火災車両の編成位置
　⑶　火災車両の火災発生箇所
　⑷　単線又は複線トンネルの種別
　⑸　煙の流動方向
　⑹　避難状況（要救助者の有無）
　⑺　負傷者の有無、人数
　⑻　関係者の初動措置内容（自衛消防隊等の活動状況）
　⑼　火災路線の車両運行の停止状況
　⑽　火災路線の電源遮断状況

【正解4】

問題89　次は、マンホール内へ進入して消防活動を実施する場合の留意事項について記述したものであるが、妥当でないものはどれか。

1　マンホール内への進入に当たっては、酸欠空気危険性ガス測定器により、マンホールの上部を測定するとともに、その際マンホール内を確認する。

2　進入する前に努めて送風機等を活用して、マンホール内の換気を行う。また、狭所に対しては空気ボンベの開放による空気供給も有効である。

3　引火性のガスが漏えいしているときは、爆発等の防止のため、火花を発するおそれのある資器材を使用しないようにする。

4　暗く、足場が悪いなどの悪条件の下で活動しなければならないことが多く、タラップの昇降の際の転落危険性があるので、命綱等の安全措置を確実に行う。

5　活動後、漏えい現場から脱出するときは、安全な場所に至るまで呼吸器の離脱は行わない。

着眼点▶　マンホール内への進入に当たっては、酸欠空気危険性ガス測定器により、少なくともマンホールの上部、中央部、底部3か所を測定する。また、マンホールからガス等が噴き出している場合もあるので、空気呼吸器を着装しないままでの不用意な立入りやマンホール内ののぞき込みは厳禁である。

【正解1】

問題90　次は、マンホール内に意識不明の作業員が倒れている場合の消防活動要領について記述したものであるが、妥当でないものはどれか。

1　マンホール内への進入に当たっては、酸欠空気危険性ガス測定器により少なくともマンホール内の上部、中央部、底部の3か所を確実に測定すること。

2　マンホール内に進入する前に空気ボンベの開放によりマンホール内の空気を換

320 警　　防

気すること。

3　呼吸器等の着装は、警戒区域外の安全な場所で行う。また、活動後、漏えい現場から脱出するときも、安全な場所に至るまで呼吸器の離脱は行わないこと。

4　引火性のガスが漏えいしているときは、爆発等の防止のため、火花を発するおそれのある資器材は使用しないこと。

5　暗く、足場が悪いなどの悪条件の下で活動しなければならないことが多く、タラップの昇降の際に転落の危険性があるので、命綱等の安全措置を確実に行う。

着眼点 ▶　進入する前に努めて送風機等を活用して、マンホール内の空気の換気を行う。また、狭所に対しては空気ボンベの開放による空気供給も有効である。ただし、硫化水素など空気より重いガスに対する効果はあまり期待できない。

解説　指揮者としての留意事項
1　進入隊員は、2人一組を原則として、必要最小限度の人員とする。また、活動中は、ガス測定を継続する。
2　常に隊員の身体の変調、疲労度について十分把握するとともに隊員の安全管理及び汚染拡大防止は、次によること。
(1)　救急隊と連携し、隊員が有毒ガスにより中毒したときに備えておく。
(2)　活動後、身体の異常の有無にかかわらず、眼、手、顔等の皮膚の露出部を十分洗浄させるとともにうがいを励行させること。
(3)　防護衣等の使用資器材は、使用後指定の場所にまとめ、十分洗浄させること。
(4)　爆発や中毒などの二次災害に備え、活動環境を十分把握すること。

【正解2】

問題91　次は、圧気工事現場の火災時における消防活動について記述したものであるが、妥当でないものはどれか。

1　高気圧下では、物の燃焼が緩慢となる。

2　消防隊の進入口が限定される。

3　濃煙、熱気等のため、現有の装備では活動範囲が限定される。

4　活動資器材を坑内へ搬入することが困難である。

5　進入・脱出の際、ロック内で加圧、減圧するため緊急脱出が困難である。

着眼点 ▶　圧気工事とは、トンネル、下水道、ケーブルを敷設するための地下洞道の掘削時に湧水をおさえ、切羽の安全を図るため、高圧の空気を送って作業を行うものである。
　　　　燃焼現象は、酸素の量に左右されるのと同様、その圧力にも左右される。
　　　　圧力が上昇するということは、燃焼物体に対する酸素量が増加するからである。高気圧下における燃焼は、酸素濃度は21％でも酸素分圧が高くなり物の燃焼が激しくなる。

警　　防　　　　　　　　321

> **解説**　圧気坑内火災における進入可能な条件及び活動の限界は次のとおり。
> 1　圧気坑内圧力がおおむねゲージ圧0.1MPa以下であるか、又は0.1MPa以下に減圧することが可能な場及び圧気を開放する（坑内を大気圧力下にする）ことが可能であり、かつ、二次災害発生のおそれがないこと。
> 2　活動範囲は、空気呼吸器の使用可能時間とする（圧気坑内で東消300型の使用可能時間（大気の圧力下30分）は、坑内圧気がゲージ圧0.1MPaで1／2（15分）となり、脱出時にマンロックで減圧する時間をとると約10分程度が活動限界となる。）。

【正解1】

問題92　次のうち、洞道火災現場における現場到着時の情報収集項目として、妥当でないものはどれか。

1　災害発生位置
2　マンホール等の火煙の噴出状況
3　要救助者の有無と場所
4　管理者又は関係者の有無
5　積載燃料の種別と残量

着眼点▶　積載燃料の種別、残量の情報収集は洞道火災現場でなく、航空機火災や危険物タンク火災、タンクローリー火災の現着時に必要なものである。

> **解説**　指揮本部は、管理者、監視センター及び工事人等の現場の関係者を指揮本部に確保し、次の情報の収集及び確認に努める。
> 1　指定洞道等の名称及び用途
> 2　要救助者の有無及び場所
> 3　マンホール等からの火煙の噴出状況
> 4　出火場所、燃焼物及び延焼範囲
> 5　マンホール、給排気口及び防火区画の位置並びに洞道内の区画等の構造
> 6　指定洞道等の勾配及び接続する建物の状況
> 7　ガス漏れ及び感電等の二次災害の発生危険
> 8　消防用設備等及び給排気設備等の設置状況並びに作動状況

【正解5】

問題93　次は、危険物火災において、現場到着時に関係者から情報聴取すべき事項を列挙したものであるが、この中から最も妥当でないものを選べ。

1　爆発又は誘爆危険の有無
2　延焼危険方向
3　要救助者の有無

322　　　　　　　　　　　　警　　　防

4　危険物の性状及び量

5　消防用設備等の状況

着眼点 ▶ 　延焼危険方向は、消防隊の指揮者（中・小隊長等）が、火災の状況や風位風向等
から、現場の状況をみて災害対応のプロとして判断すべき事項である。

【正解2】

問題94　次は、危険物（油脂）火災の消火活動要領について記述したものである
　　　　が、妥当でないものはどれか。

1　必要な消火薬剤が確保されるまでは、隣接建築物等への延焼防止を主眼とする
　とともに、河川及び下水側溝等への油の流入防止を図る。

2　大規模な油脂火災にあっては、耐熱服を着用し、スプレー注水の援護の下に接
　近する。

3　化学車及び泡放射筒先は、風上側から接近し、燃焼火面の手前から集中的に泡
　放射して、進入路を確保する。

4　屋外タンク貯蔵所火災の場合、高所放水塔車を活用して高所からタンク内に泡
　を放射するときには、直接油面に放射すると効果が大である。

5　大量の油脂の火災に際しては、化学車を主体として活動し、大量の泡消火剤を
　放射して火勢を制圧しながら救出路又は消火進入路を確保する。

着眼点 ▶ 　タンク内への直撃を避けて、側板を利用して注入するか、筒先の仰角を上げて、
上方から降り注ぐように放射する。

解説　屋外タンク貯蔵所火災の消火活動要領
　　1　原則として風上から放射する。
　　2　泡放射砲（銃）を活用して防油堤内に放射する。
　　3　高所放水塔車等を活用して高所からタンク内に泡を放射する。
　　4　タンク内への直撃を避けて、側板を利用して注入する。
　　5　はしご車又は放水銃を活用して隣接タンクに冷却注水する。
　　6　泡放射は中断すると消火効果がなくなるので、消火まで継続放射する。
　　7　ボイルオーバー又はスロップオーバーに注意して活動する。

【正解4】

問題95　次は、危険物第4類（引火性液体）の貯蔵されているタンク火災の消防
　　　　活動要領について記述したものであるが、妥当でないものはどれか。

1　貯蔵危険物及び火災の状況に応じた泡消火薬剤を選定する。

2　燃焼面積に応じた泡放射（注入）態勢を確保する。

3　付近に輻射熱を受けているタンクがある場合は流動性が良い合成界面活性剤泡

警防 323

を選定する。

4 スロップオーバー現象及びボイルオーバー現象に注意する。

5 タンクに設置されている消火設備等を有効に活用する。

着眼点 ▶ 付近に輻射熱を受けているタンク、建築物、工作物等がある場合は、これらへの
延焼防止のためタンク側面に対する冷却放水をすること。

解説 泡消火薬剤の種別
  1 合成界面活性剤泡
  (1) 低発泡から高発泡まで可能であり流動性が良い。
  (2) 危険物火災から一般火災まで広範囲に使用可能。
  2 たん白泡
  (1) 耐火耐油性が高く付着性が良い。
  (2) タンク火災に適している。
  3 耐アルコール泡
  (1) 水溶性液体に対し消火性能が高く、低発泡から高発泡まで可能であり、流動性
   が良い。
  (2) 水溶性可燃物液体火災に適している。
 タンク火災時に生じる現象
  ○ スロップオーバー現象
   タンク内の高温となった燃焼油面に、泡放射又は冷却放水の水分が入ると水の沸騰
  により油が泡状となってあふれ出て、広範囲に火面が拡大する現象。
  ○ ボイルオーバー現象
   時間の経過とともに、タンク内の油の高温層が降下すると、タンク底部にたまった
  水分が水蒸気爆発を起こし、タンク内の油が一気に噴出して、強烈な輻射熱を発する
  とともに広範囲に火面が拡大する現象。

【正解3】

問題96 化学災害現場における消防活動の原則に関する記述として、誤っている
ものは次のうちどれか。

1 指揮本部長は、速やかに適応する資器材と必要数の消防部隊を集結して、一挙
鎮滅を図る。

2 消防活動は、人命検索・救助を最優先とし、災害の拡大防止を主眼とする。

3 指揮本部長は、初期情報に基づき早期に活動方針を決定し、各級指揮者を通じ
全隊員に周知徹底する。

4 指揮本部長は、部隊と行動統制や危険物の公共下水道及び地下鉄道等への流入
防止を行い、二次災害の発生防止を図る。

5 消防活動は、早期に施設総務責任者を確保し、災害に係る危険物の類別、品

324 　　　　　　　　　　警　　　　防

名、数量、危険性、緊急措置方法等の情報を収集する。

着眼点 ▶ 　早期に災害に係る危険物の類別、品名、数量、危険性、緊急措置方法等の情報を
聴取できる危険物取扱者や毒劇物取扱者を確保する。

【正解 5】

問題97 　引火や爆発性物質の危険性の測定要領に関する記述として、誤っている
　　　　ものは次のうちどれか。

1 　測定に際しては、施設関係者及び施設にある測定器も有効に活用する。

2 　複数の測定器を使用して測定する。

3 　各測定器の測定値が大小様々の場合は、その平均値をとって活用する。

4 　酸欠空気危険性ガス測定器やドレーゲル式検知器を使用して測定する。

5 　風上又は風横の安全な区域から順次、危険側に測定する。

着眼点 ▶ 　各測定器の測定値のうち、最も危険側にある数値を活用する。

【正解 3】

問題98 　化学物質が起因する火災現場における消火方法として、乾燥砂やパーラ
　　　　イトでの窒息消火が適さないものは、次のうちどれか。

1 　鉄粉

2 　メチルエーテル

3 　マグネシウム

4 　カリウム

5 　過酸化ナトリウム

着眼点 ▶ 　エーテル類は第4類引火性液体に属し、消火方法は泡放射を原則とする。

【正解 2】

問題99 　次のうち、毒・劇物災害時における消防活動の原則に関する記述とし
　　　　て、誤っているものはどれか。

1 　毒・劇物の漏えい、流出範囲の把握に努める。

2 　ガス、電気事業関係者の出場を要請する。

3 　施設関係者や毒・劇物取扱主任者等を早期に確保する。

4 　部署位置は、風下、風横等の安全な場所とする。

5 　化学機動中隊等の専門部隊を早期に応援要請する。

着眼点 ▶ 　部署位置は、風上、風横等の安全な場所とする。

　解説 　現場到着時、「臭気、刺激臭、着色ガス」がある場合は、毒性又は可燃性ガスが滞
　　留していると判断する。

【正解 4】

警　　防　　　　　　　　　　325

問題100　次は、毒・劇物の中和要領について記述したものであるが、妥当でない
　　　　ものはどれか。

1　アンモニアガスなど水溶性の高いガスは、水噴霧又は容器の水没等により水に
　溶解させ、水溶液（アンモニア水等）にしてから中和するなどの措置を講ずるこ
　と。

2　中和反応は一般に発熱を伴う激しい化学反応であることから、必要とする中和
　剤の数量を確保してから一挙に散布すること。

3　中和剤の散布は、ガス等の影響を受けない風上、風横、高台等の安全な場所か
　ら始め、順次拡大して全体に散布すること。

4　ソーダ灰又は重曹を使用した場合の中和の確認は、泡（炭酸ガス）の発生がな
　くなったときである。

5　消防活動中は、監視員を配置して、常に隊員の安全確保を図ること。また、行
　動は慎重に行い、転倒、防護衣の破損等による毒・劇物の浸入・付着を防止する
　こと。

着眼点▶　中和反応は、一般に発熱を伴う激しい反応であるので、中和剤の散布は、最初は
　少量を散布して安全を確認し、漸次量を増やす方法で散布すること。

> **解説**　毒・劇物危険区域内における中和等の消防活動要領
> 　1　防護衣の漏えい、毒・劇物への対応性の有無を使用説明書により確認してから使
> 　用すること。
> 　2　毒・劇物危険区域内の消防活動は、防護衣・呼吸器を着装した身体防護措置を講
> 　じた者のみが実施すること。
> 　3　消防活動中は、液体の漏えい物に直接触れないこと。

【正解2】

問題101　次は、毒・劇物を取り扱っている工場から出火したときの消防活動要領
　　　　について記述したものであるが、妥当でないものはどれか。

1　部署は、風上、風横又は高台とし、火災警戒区域が設定されている場合は、原
　則として爆発危険区域外とする。

2　消防活動は、毒・劇物を漏えい・流出停止させる応急措置を第一とし、停止が
　困難な場合は、漏えい・流出拡大防止及び延焼防止を重点とする。

3　人命検索は、情報収集に基づいて、できるだけ検索区域を特定して隊又は隊員
　を指定して行わせる。

4　救助活動は、要救助者の位置及び活動障害を迅速に判断し、要救助者を短時間
　で救出できる救助手段で行う。

326 警　　防

5　消火活動は、屋外の敷地から高圧噴霧注水による大量放水を行い、毒・劇物を
　　十分希釈させる。

着眼点▶　消火活動は、毒・劇物の漏えい・流出停止の応急措置又は消火後、速やかに漏え
　　　　　い・流出停止が可能な場合に、注水、可燃物の除去、熱源の冷却又は除去、空気の
　　　　　供給停止・制限、燃焼の抑制など火災実態及び毒・劇物に適応した消火方法を選定
　　　　　して行う。この場合、消火手段は努めて施設の消火設備等を活用して行う。

解説　毒・劇物危険区域内の活動統制
　1　人体危険に対応した身体防護措置を講じた者以外の者の進入を禁止する。
　2　消火活動は、最小限の隊又は隊員を指定して行わせる。
　3　活動拠点ごとに指揮分担又は前進指揮所の設置等指揮分担を行い、次の現場管理
　を行う。
　⑴　進入隊員の体調、呼吸保護器、防護衣、防火服等の着装状況及び進路等の事前
　　　確認
　⑵　部隊及び隊員の進入管理
　⑶　消防活動の監視、不測の事態に対応できる隊員の待機及び活動部隊との連絡手
　　　段の確保等活動中の管理
　⑷　退出隊員の体調、毒・劇物の付着状況の確認及び身体防護措置を解く場所の指
　　　定・方法等の退出時の管理
　4　火災時は、防護衣の上に防火服を着装させた身体防護措置を行わせる。

【正解5】

問題102　次は、毒・劇物を取り扱っている工場から出火した場合の消防活動要領
　　について記述したものであるが、妥当でないものはどれか。

1　毒・劇物等を貯蔵し、使用する化学工場の火災で消防活動を安全に実施するた
　　めには、的確な情報収集により毒・劇物等の品名、使用実態を把握すること。
2　出火建物内への進入は、屋外から多量の放水を行った後に、排水溝を土のうで
　　措置してから行うこと。
3　出火場所付近で消防活動を行う者には、呼吸器を着装させ、フードの活用など
　　で皮膚の露出を少なくするよう措置すること。
4　筒先担当者等には、一定時間ごとに水道水で手、顔の洗浄及びうがいによる除
　　害措置を講じること。
5　出火建物内に多量の毒・劇物がある場合は、消防警戒区域を設定し内部進入を
　　統制すること。

着眼点▶　出火建物内への進入は、室内の毒・劇物の危険性を関係者と連携し、十分希釈さ
　　　　　れていることを確認してから行うこと。

警　　防　　　　　　　　　　　　327

解説　指揮者としての留意事項
　　1　毒・劇物があるとの付加指令された場合、最高指揮者は、出場途上次のような命
　　　令を行うこと。
　　　(1)　必ず呼吸器を着用して消防活動を行うこと。
　　　(2)　消火は大量注水で行うこと。
　　　(3)　建物内部への進入は、人命検索以外はしないこと。
　　　(4)　水利部署は、風上、風横とすること。
　　2　出火建物内に多量の毒・劇物がある場合は、消防警戒区域を設定し内部進入を統
　　　制すること。
　　3　排水溝を通じて下水溝に流出したことが確認された場合は、汚染範囲を調査する
　　　とともに、消防本部を通じて関係機関に調査を依頼すること。

【正解2】

問題103　次は、タンク火災の消火要領を列挙したものであるが、この中から妥当
　　　　　でないものを選べ。

1　泡放射は、原則として風上又は風横から行う。

2　泡放射は、筒先をそろえて同時に大量放射を行う。

3　火勢の制圧は、たん白系泡剤を使用する。

4　泡放射は、大口径及び小口径を同時に使用して上方から降り注ぐように火勢の
　　制圧を行う。

5　泡放射は、タンク内壁等を緩衝板として利用する。

着眼点▶　火点の火勢制圧は、大口径泡放射砲によるものとし、小口径の泡放射銃等は、火
　　　　点の周辺又は泡放射砲の死角となる部分の消火活動を行うべきである。
　　　　　なお、火点の火勢制圧はたん白泡剤を使用し、周辺地域の消火は界面活性系泡剤
　　　　を使用すべきである。

【正解4】

問題104　次は、石油コンビナート火災の消火活動における進入上の一般的留意事
　　　　　項を列挙したものであるが、この中から妥当でないものを選べ。

1　風横又は風下から進入する。

2　進入路は、事態の急変に応じて行動ができるように選定する。

3　呼吸保護器具、耐熱被服等を完全に着装する。

4　放射熱が高いときは、噴霧注水による援護又は防護物等を利用する。

5　単独で進入することなく、他隊との連絡を密にする。

着眼点▶　石油コンビナート火災は、風上又は風横から進入することが原則である。

328 警　　防

> 解説　進入に当たっては、燃焼実態の種別、数量及び周囲の状況を把握し、その消火方法
> と隊員の安全を出場各隊に徹底して進入することが大切である。
> 　1　風上又は風横から進入する。
> 　2　進入路は、事態の急変に対応できるように選定する。
> 　3　呼吸保護器具、耐熱服等を完全に着装する。
> 　4　放射熱があるときは、噴霧注水の援護又は防護物等を利用する。
> 　5　他隊との連携を密にする。
> 　6　爆発の危険があるときは、有効な防護物を利用する。

【正解1】

問題105　次は、炎上タンクの冷却要領を列挙したものであるが、この中から妥当
　　　　　でないものを選べ。

1　冷却注水は、射程の長い噴霧注水とする。

2　冷却の注水量は、タンク壁面1㎡当たり1L/min以上とする。

3　注水目標は、燃えている液面より高い位置とする。

4　努めて放水銃等を活用して無人化の注水とする。

5　水源を考慮して過剰注水とならないようにする。

着眼点▶　冷却注水量は、タンク壁面1㎡当たり2L/min以上とすること。

> 解説　炎上タンクは時間の経過とともに、タンク側板等が受熱によりタンク内側へわん
> 曲、座屈し、燃焼油が流出拡大するおそれがあるので、この部分の冷却を行うことが
> 肝要である。
> 　1　冷却は射程の長い噴霧注水とする。
> 　2　燃えている液面より高い位置に注水する。
> 　3　注水がタンク内に入らないようにする。
> 　4　放水銃等を活用し、注水の無人化を図る。
> 　5　注水量は、壁面1㎡当たり2L/min以上とする。
> 　6　過剰な注水とならないようにする。
> 　7　冷却用の固定散水設備を活用する。

【正解2】

問題106　炎上タンクの冷却活動として、次の中から妥当でないものを選べ。

1　時間の経過とともに、タンク側板等が受熱により、タンク内側へわん曲、座屈
　し、燃焼油が流出拡大することがあるので、この部分の冷却を行う。

2　接近可能な範囲から、有効な射程距離のある放水銃を活用し、包囲部署して冷
　却する。

3　冷却水は、タンク壁面1㎡当たり2L/min以上を目標として冷却範囲を決定

警防　　　329

する。

4　冷却注水は、タンク側板に当たった水の反射流がタンク内に流入すると、消火
　泡の破壊やスロップオーバーの原因となる。

5　冷却注水の開始は、タンク上部から徐々に下部へ注水し、反射流を利用する。

着眼点▶　冷却注水の開始は、タンク下部から注水し、反射流を確認し、徐々に上部の受熱
　　　　部へ注水する。

解説　炎上タンクの冷却の要点
　　1　冷却注水は、射程の長い噴霧注水とする。
　　2　注水目標は、燃えている液面より高い位置とする。
　　3　冷却注水は、タンク内に入らないようにする。
　　4　努めて放水銃を活用し、筒先の無人化を図る。
　　5　過剰注水にならないようにする。
　　6　タンク壁面1㎡当たり2L/min以上とする。
　　7　冷却注水の開始は、タンク下部に注水して確認し、徐々に上部の目標にもってい
　　　く。

【正解5】

問題107　都市ガス漏えい時に、消防隊がガス遮断を行う場合の留意事項として、
　　　　次の中から妥当でないものを選べ。

1　消防隊で、ガス遮断が可能な場合とする。

2　ガス遮断バルブの閉止は、指揮本部長の総合的な判断による。

3　ガス遮断バルブの閉止操作は、原則として隊員を指定して実施させる。

4　消防隊は、遮断したバルブの復旧操作は安全を確認して行うこと。

5　ガス関係者が現場到着時には、ガス遮断に伴う必要な措置を要請する。

着眼点▶　消防隊は、遮断したバルブの復旧操作を行わない。必ずガス関係者が確認の上、
　　　　実施する。

解説　遮断時に使用中だった器具等から生ガスを放出することになり、二次災害が発生す
　　　る危険があることから、指揮本部長は、遮断バルブ等を絶対に開けないように、隊員
　　　に周知徹底を図ることが大切である。
　　　　なお、閉止バルブには、「閉」の表示をするように配慮する。

【正解4】

問題108　次は、ガス（都市ガス、ＬＰガス）漏えい事故に対する消防活動の基本
　　　　的消防戦術について記述したものであるが、妥当でないものはどれか。

1　部署は、風上又は風横とし、原則として火災警戒区域外とする。

2　火災警戒区域内の活動は、指揮者の統制下で消防活動の目的達成に必要な範囲

に限定し、2名以上でかつ必要最小限の人員での行動を原則とする。

3 爆発危険区域内の消防活動は、人命救助を主体とし、噴霧注水による援護注水又はガス拡散注水を行う。ただし、ガス及び電路の遮断後とすることを原則とする。

4 消防隊員によるガスの遮断は、住戸内にある各ガス器具のコック等を閉鎖して行い、電路の遮断は、主開閉器の開放により行う。

5 ガス滞留地域に進入する場合は、原則として空気呼吸器及び耐熱服等を着用する。

着眼点 ▶ 消防隊員によるガスの遮断は、住戸外にあるガスメーターコック等を閉鎖して行い、電路の遮断は、主開閉器の開放、引込線の切断及び電力量計の二次側電路を外す等の方法のうちから選択して行う。

解説 ガス漏えい事故時の安全管理
1 指揮者は、隊員の行動を強く統制し、掌握すること。
2 消防活動は、二次災害の発生に留意するとともに、爆発による影響を考慮した活動を基本とする。
3 指揮者から隊員に至るまで全員が、わずかな火花を発しても爆発等二次災害の発生につながるおそれがあることを再確認して、火花の発生のおそれのある機器及び設備等の操作又は火花発生につながる行動等をしないよう、全ての活動部隊に徹底する。

【正解4】

問題109 次は、ガス（都市ガス、LPガス）漏えい事故に対する消防活動要領について記述したものであるが、妥当でないものはどれか。

1 指揮者は、出場指令内容から事故状況を推定し、ガス対策資器材及び爆発等二次災害防止の対応を再確認する。

2 指揮者は、消防車両を風上又は風横側の火災警戒区域外に原則として部署させる。

3 指揮者は、関係機関を有効に活用し、効率的な現場活動を行う。

4 指揮者は、ガス滞留地域及びその周辺について速やかに火災警戒区域を設定する。

5 指揮者は、災害規模に応じ、早期に必要な消防部隊のみ要請を行う。

着眼点 ▶ ガス漏えい時には、各消防本部において、ガス及び電気事業関係者への緊急出場の要請を行っていると思われるが、現場の状況により必要がある場合は、警察・道路管理者及び下水道管理者等、関係機関の要請を災害規模に応じ消防部隊の応援要請と同時に出場要請をすることを忘れてはならない。

警 防　　　　　　　　　　　　　331

> **解説**　関係機関との連携要領
> 1　ガス漏えい事故現場は、関係機関と一体となった組織活動なくして、迅速かつ的確な事故対処は望めない。したがって、指揮者は、関係機関の現場責任者と密接な連携の下に指揮を行うものとする。
> 　(1)　情報収集の方法及び範囲等
> 　(2)　火災警戒区域の設定及び設定に伴う付近の交通規制等
> 　(3)　現場広報
> 　(4)　退去命令及び誘導
> 　(5)　漏えいガスの拡散・排除
> 2　指揮者は、関係機関の現場責任者に対し、それぞれの専門的見地からの助言を求めるとともに、専門的技術を必要とする措置について協力を要請する。

【正解 5】

問題110　次は、ガス漏えいに対する消防活動の一般的な留意事項を列挙したものであるが、この中から妥当でないものを選べ。

1　引火爆発又は中毒等の二次災害防止に努める。
2　空気呼吸器を使用し、ガス測定器でガスの種類及び危険範囲等を調査する。
3　ガス臭気内に進入するときは、隊員のチェックを行い、有事を考え、予備隊員を原則として2倍以上確保する。
4　防火衣等は、静電防止のため水で濡らして進入する。
5　危険区域は、ガス測定器を用いて必要最小限の範囲とする。

> **着眼点▶**　ガス漏えい時の危険区域は、安全を考えて努めて広い範囲に設定すべきである。

> **解説**　ガス漏えい時の一般的留意事項
> 1　引火爆発又は中毒等の二次災害防止を図る。
> 2　危険区域及び警戒区域は、努めて広くとる。
> 3　警戒区域内には立入りをさせない。
> 4　ガスの種類及び範囲を測定する。
> 5　ガス臭気内への進入は、必要最小限とし、有事の救出要員として、2倍以上の予備隊員を確保する。
> 6　建物内のガス漏えいは、窓等を開放し、ガス濃度を下げる。
> 7　火花を発生する無線機等は使用しない。
> 8　防火衣等は、静電防止のため水で濡らす。
> 9　進入は、素肌の露出防止を図る。

【正解 5】

問題111　次は、ＲＩ火災の主な危険性を列挙したものであるが、この中から妥当なものを選べ。

332   警　　　防

1　放射線のβ、γ、X線による内部被ばくの危険がある。
2　放射線が直接に皮膚、着衣に付着し、これから内部被ばくや外部被ばくを受ける危険がある。
3　放射線が呼吸器、消化器、皮膚等を通じて外部被ばくを受ける危険がある。
4　放射線を受けると苦痛を伴い、後になって種々の放射線障害を生じる。
5　注水による汚染範囲を広げる危険は少ない。

着眼点 ▶　放射線が直接皮膚、着衣に付着すると、内部被ばくや外部被ばくの危険がある。

解説　放射線の主な危険性
　　1　放射線のβ、γ、X線による外部被ばくの危険がある。
　　2　放射線が呼吸器、消化器、皮膚等を通じて、内部被ばくの危険がある。
　　3　放射線が、直接的に皮膚、着衣に付着し、これから内部被ばくや外部被ばくの危険がある。
　　4　人体は、放射線を受けても苦痛等の感覚はないが、後になって放射線障害を生ずることがある。
　　5　注水による汚染範囲を広げる危険がある。
　　6　放射線が非密封になると、飛まつ、粉じん、煙等に付着して、これから内部被ばくや外部被ばくを受ける危険がある。

【正解2】

問題112　次は、RI火災時における放射線危険区域の設定基準を列挙したものであるが、この中から妥当なものを選べ。
1　放射線が毎時1.5ミリシーベルト以上の区域
2　放射線が毎時1ミリシーベルト以上の区域
3　放射線が毎時0.1ミリシーベルト以上の区域
4　現場指揮者が進入危険と判断した区域
5　放射性取扱主任者等が危険と勧告する区域

着眼点 ▶　RI火災時における危険区域は、放射線が毎時0.1ミリシーベルト以上検出された区域である。なお、消防隊員の被ばく線量当量の最高限度は、次のとおりである。
　　1　消防活動＝1回当たり10ミリシーベルト以下
　　2　繰り返し消防活動を行う場合＝年間50ミリシーベルト以下
　　3　人命救助、緊急措置の場合＝1回100ミリシーベルト以下

【正解3】

問題113　次は、倉庫火災の消火活動における一般的な安全管理を記したものであるが、この中から妥当でないものを選べ。

警　　防　　　　　　　　　　　　　333

1　倉庫内は、収容物の崩壊や荷崩れの危険があるので、進入は退路が確保できる
　範囲とする。
2　倉庫火災は、収容物等が判明するまでは、原則として進入させない。
3　内部進入は、必ず呼吸保護器具を着装して、複数の筒先で行う。
4　冷凍倉庫火災は、煙の充満がなく、白煙が漂う程度であれば、酸欠状態になる
　おそれはない。
5　進入口等の開口部を設定するときは、吹き返しに備えて警戒筒先を配備する。

着眼点 ▶　冷凍倉庫火災は、密閉性が高いので、煙が充満していなくても、冷媒ガスの漏え
　　　　　　い等により酸欠状態になる場合があるので、必ず呼吸保護器具を着装して進入する
　　　　　　ことが大切である。

解説　倉庫火災時の主な留意事項
　　1　荷崩れ等の危険があるので、進入は退路確保の範囲とする。
　　2　収容物等が判明するまで進入しない。
　　3　単独の開口部設定又は進入をしない。
　　4　冷凍倉庫、定温倉庫は断熱材の種別を確認する。
　　5　開口部の設定は、警戒筒先を配備する。また、外部注水は、開口部の正面を避け
　　　る。
　　6　内部進入は、必ず複数の筒先で行う。
　　7　冷凍倉庫は、密閉性が高いため、酸欠になりやすい。

【正解4】

問題114　次は、倉庫火災の主な特性について記述したものであるが、妥当でない
　　　　ものはどれか。

1　開口部面積が少ないため濃煙、熱気が充満しやすい。
2　収容物及びパレット（リフト用のすの子）の燃焼又は注水等により荷崩れの危
　険がある。
3　収容物が高く積荷されているので、無効注水になりやすい。
4　定温倉庫は、断熱材としてウレタンフォーム等を使用しているため、完全燃焼
　により有毒ガスを発生することがある。
5　冷凍倉庫で冷媒としてアンモニアガスを使用している場合は、漏洩により内部
　に有毒ガスが充満しているおそれがある。

着眼点 ▶　倉庫は、用途により一般倉庫、定温倉庫、冷凍倉庫等に分けられ、建物構造、
　　　　　　形態等も様々である。そして、一般に開口部が少なく、内部区画が大きいか、全く
　　　　　　ないものが多い。また、大量の可燃物を有しているものが多いため、倉庫火災の消
　　　　　　防活動は、極めて困難で、長時間を要する。冷凍倉庫及び定温倉庫は、断熱材とし

334 警　　防

てウレタンフォーム、スチレンフォーム等を使用しているため、次のような危険性
がある。
1　不完全燃焼により一酸化炭素等の有毒ガスが多量に発生する。
2　可燃性の燃焼生成ガスが内部に充満し、これが爆発的燃焼を起こし、開口部か
ら急激に火煙が噴出する。

【正解4】

問題115　次は、倉庫火災の消防活動要領について記述したものであるが、妥当で
ないものはどれか。
1　倉庫内の状況は、関係者から収容物について聴取し、進入目的・行動範囲等を
具体的に隊員に指示することが必要である。
2　収容物に危険物・爆発物がある場合は、迅速に進入統制を徹底する等、活動方
針を決定し、各隊を完全に掌握して行動する必要がある。
3　荷崩れの危険が予想される場合は、携帯無線等により活動全隊に連絡し、危険
範囲の隊員を退避させ、警戒区域を設定、進入統制を図る必要がある。
4　冷凍倉庫の場合は、屈折放水塔車、放水銃等を積極的に活用した高圧、大量放
水を中心とする消防活動を行う必要がある。
5　消火活動は、内部区画が複雑で収容物等により注水死角となるため、注水効果
を確認しながら注水を行う必要がある。

着眼点▶　冷凍倉庫の場合は、冷媒漏えいの有無を確認するとともに、高圧・大量放水によ
る消防活動に頼ることなく、ドライアイス又は炭酸ガスによる窒息消火を考慮す
る。また、内壁に断熱材・遮熱保温材を用いており、ウレタン等の石油製品の燃焼
により、爆燃を生ずるので、火災状況の変化に留意する。

【正解4】

問題116　次は、倉庫火災の消防活動要領について記述したものであるが、妥当で
ないものはどれか。
1　間口が広く、正面に活動スペースがある場合は、開口部正面に車両部署して消
防活動を行うこと。
2　開口部が少ない場合は、密閉性が高いため、濃煙熱気が充満し、排煙、排熱が
難しく、進入が困難になるので注意すること。
3　天井が高く、収容物が山積みされている場合は、パレットの焼き等による荷崩
れや高熱によるラックの座屈危険があるので、むやみに進入しないこと。
4　内部区画が大きい場合は、区画の全域に濃煙が充満し、延焼範囲の確認が困難
となる。

警　　　防　　　　　　　　　　335

5　内部通路が狭い場合は、進入隊員及び資器材の活用が制限される。

着眼点▶　間口が広く、正面に活動スペースがある場合、開口部正面に停車すると、火炎の
　　　　吹き返し、爆燃による受傷及び機器損傷の危険があるので注意すること。

【正解1】

問題117　次は、自動ラック式倉庫火災に出場した場合の指揮者としての留意事項
　　　　について記述したものであるが、妥当でないものはどれか。

1　自動ラック式といえども操作する従業員等が多数作業していることから、人命
　危険が極めて高い。

2　通路が狭く、無人の荷役機械が行き来していることから、事故の危険がある。

3　他の倉庫と比較して、極めて軒高の高い構造で、上部注水に困難がある。

4　無窓階で開口部は少なく、排煙に時間を要するとともに、進入が限定される。

5　大規模な倉庫には、スプリンクラー等の消火設備が設置されているので活用で
　きる。

着眼点▶　自動ラック式倉庫は、ピッカー又はスタッカーと呼ばれる荷扱機を使用して、自
　　　　動車、電気製品、食料品等主に定形の物品の保管搬出を行い、その作業を自動化
　　　　し、コンピュータで制御している倉庫であり、通常、庫内は無人の場合が多い。

【正解1】

問題118　次のうち、航空機火災での消防活動に関する記述として、誤っているも
　　　　のはどれか。

1　航空機の種別、気象条件、時間帯、災害現場によって消防活動に著しい相違と
　制約がある。

2　的確で迅速かつ統制ある指揮活動が要求されるため、初期段階から単独指揮隊
　による総合的な指揮判断が重要となる。

3　多数の要救助者と大規模な火災が複合した場合は、先着消防隊は情報収集活動
　をはじめ多くの活動が要求され、現場判断は極めて困難である。

4　他機関からの出場も多く、無線運用が輻輳し、消防隊の指揮、命令、報告及び
　情報収集活動上の影響を受けるおそれがある。

5　火勢が熾烈で範囲も広く、延焼実態、災害規模を速やかに判断することは、広
　範囲な現場実態から極めて困難である。

着眼点▶　航空機火災の特性からして単独指揮隊のみでは限界がある。

解説　消防活動の原則
　　1　消防活動は、人命検索・救助を最優先とし、火勢の制圧及び延焼拡大阻止を主眼

として活動する。

2 早期に指揮体制を確立する必要があり、時機を失することなく上位の指揮体制に移行するとともに必要な指揮隊を要請する。

3 航空機の事故は、多数の死傷者の発生を伴うため、救出・救助活動上必要な情報、救急情報及び搭乗者の確認等、長時間にわたり広範、かつ、膨大な情報収集活動が要求される。

4 各関係機関と一体性のある消火救助活動を推進していく必要があるので、現場活動を積極的に調整し、協議するために調整本部を設ける必要がある。

【正解2】

問題119 次のうち、電子計算機システム関係施設での火災現場における消防活動の原則に関する記述として、誤っているものはどれか。

1 消防活動方針は各級指揮者を通じて全隊員に周知徹底し、隊員の行動を強く統制する。

2 火災被害の拡大防止と機能確保を重点とするとともに、水損にも十分配慮する。

3 システム関係者を早期に確保し、情報収集と機器保護に必要な措置を積極的に行う。

4 消火は、原則として消防隊による噴霧注水とスポット注水によるものとする。

5 システムダウンにつながる空調設備の停止や電源設備の遮断は、指揮本部長の判断による。

着眼点▶ 原則として不活性ガス消火設備、ハロゲン化物消火設備によるものとする。

解説 電子計算機システム関係施設の火災での最先到着隊及び指揮本部が情報収集すべき項目

1 火災の発生場所

2 システム関係者の在、不在状況

3 自動火災報知設備及び固定消火設備の作動状況

4 重要室の設置階・位置

5 重要室の火災被害の程度

6 電子計算機システム及び電気通信ネットワークのバックアップ対策の状況（代替施設、電子計算機システム構成機器及び電源・空気調和設備の予備器等の設置）

7 重要室の区画及び構造等

8 重要室の防水施工及び漏水検知器の設置状況

9 重要室の出入管理方式（施錠方式等）

（重要室進入等防止のため、表示、標識等の掲出が無く進入口が限定され、かつ、施錠管理されている）

【正解4】

警　　　防　　　　　　　　　　　　337

問題120　次は、林野火災における消防活動上の特性について記述したものであるが、妥当でないものはどれか。

1　林野火災は、発見や通報が早く容易であるが、火点等の確認に時間を要し、対応が遅れることが多い。

2　水利の確保が困難で、注水以外の消火手段が主たる消防活動となることが多い。

3　地上機動力による活動が困難で、航空機（ヘリコプター）による活動以外は専ら人力となり、隊員の疲労が多い。

4　広範にわたることが多く、大部隊及び大量の資器材の集結が必要である。

5　斜面の延焼速度は極めて早く、火先（火頭）での活動は危険である。

着眼点▶　林野火災は、発見や通報の遅れ等から覚知までに時間を要し、初期対応が遅れ、延焼拡大していることが多い。

解説　林野火災の消防活動の特性
　1　火点の確認、進入路の決定及び出場準備に時間がかかるため、出場までに比較的時間を要する。
　2　ポンプ車等が接近できる道路が極めて少ないため、現場までは歩行に頼らざるを得ないことから進入に時間を要するとともに、相当の体力が消耗される。
　3　延焼速度が建物火災に比較して極めて速く、初期には部隊配備がついていけない場合が多いため、常に守勢防ぎょに立たされることが多い。
　4　長時間あるいは数日にわたる消防活動になることがあり、隊員の交替要員、食糧及び休息施設の確保が必要となる。
　5　部隊が広範囲に分散し、通信連絡、連携活動が困難になる。無線通信等の連絡手段の確保が特に必要である。
　6　ヘリコプターによる上空活動が非常に効果的である。
　7　夜間の活動は危険が多く、極めて困難である。

【正解1】

問題121　次は、風水害時、がけ崩れが発生した場合の救助活動要領について記述したものであるが、妥当でないものはどれか。

1　雨がやんだ後でも、がけ崩れは発生し、また、崩れた上の部分の崩壊もあるので、救助活動に当たっては隊員の危害防止に注意すること。

2　要救助者の救出が主任務である。家屋の中に生き埋めになっている場合は、事故発生時どの部分で何をしていたかを関係者から聴取し、土砂の排除、障害物の移動等を並行して実施する。

3　土砂、材木、障害物の搬出に先立って、その搬出路、搬出場所を設定し、流出

338　　　　　　　　　　　　　　警　　　防

のある場合は作業の支障となるので、その排水路も作る。

4　どろどろになった土砂の搬出は容易でないので、必ず消防隊の放水により、効果的に土砂を排除することが必要である。

5　作業が長時間になる場合は、隊員の交替も必要である。

着眼点 ▶　どろどろになった土砂の搬出は容易でないので、効果的にできるよう一輪車、リヤカー等を使用する。また、現場が傾斜地で、排水路ができているような場所では、消防隊の放水により土砂を下方へ流出することも有効な方法である。

解説　浸水の場合の救助活動要領
　　1　孤立又は深く浸水した地域には、救助を求めている人がいると考え、その発見に努める。
　　2　車両は被災地近くの安全地帯へ駐車し、救命胴衣を着装し、救助ボート、ロープ、浮環を活用する。
　　3　静かな滞水の場合は、それほどの危険はないが、増水中又は水に流れがあるような場合には、救命索発射銃を使用して、孤立箇所と安全箇所との間にロープを展張し、これを手繰って救助用のボートを操作する方法もある。
　　4　接岸した場合、要救助者は我先に乗艇しようとするので、これを鎮め、負傷者、高齢者、子供を優先する。多数の要救助者がいても、1回の乗艇は、定員を超えないようにし、ピストン搬送する。
　　5　隊員が、水中に入って作業する場合は、排水路、ふたのないマンホール、その他低所へ転落しないよう注意する。

【正解4】

問題122　次は、電気火災の消防活動要領について記述したものであるが、妥当でないものはどれか。

1　電気配線、器具等が燃え他に延焼していない初期の段階では、二酸化炭素消火器、粉末消火器等を使用して消火する。

2　変電設備、配電設備等の火災で、他に延焼していないときは、設備に設置してある消火器、消火設備を用いて消火する。

3　電気設備等から他へ延焼し、又は延焼のおそれがあるときは、注水し、これが電気設備等にかかったり、流入しないようにして延焼防止する。

4　電気火災では、地上等を流れる注水の水に電気を感ずることがあるので、ゴム長靴、ゴム手袋等を着装して消防活動を行う。

5　高圧電線に対する注水実験によれば、同一の電圧、距離、圧力及び水質に対して、ノズルの径が大きくなると漏えい電流が急速に減少する傾向がある。

着眼点 ▶　高圧電線に対する注水実験結果は、次のとおりである。
　　1　同一ノズル、電圧に対しては、ノズル圧力が増せば漏えい電流が増加する。

警　　　防　　　　　　　　　　　　339

2　同一ノズル、電圧に対しては、注水距離が近くなれば漏えい電流は増加する。
3　同一ノズル、電圧、距離では、水の電気抵抗が低ければ、漏えい電流は増加する。
4　同一の電圧、距離、圧力及び水質に対しては、ノズルの径が大きくなると漏えい電流は増加する。

【正解5】

問題123　次は、ダクト火災について記述したものであるが、妥当でないものはどれか。

1　関係者等から関係図面を提出させ、状況説明を求めるとともに、自動火災報知設備の受信盤を確認して発報位置、煙の拡散状況も併せて確認すること。
2　配管からの噴煙状況、熱、他への延焼危険を確認するとともに、小破壊等と並行して延焼箇所、延焼経路の確認を急ぐこと。
3　延焼状況を考慮した注水器具の選定（高圧噴霧注水の活用）及び注水方法を決定し、水損防止に配意すること。
4　活動初期に爆燃現象等のアクシデントが発生した場合は、各隊長の判断により、早期に部隊を安全な場所まで撤退させること。
5　早期に開口部の設定を行い、排煙、排熱に配意し活動環境の確保に努めること。

着眼点 ▶　活動初期に爆燃現象等のアクシデントが発生した場合は、早期に指揮統制を行い、隊員の行動を規制する。
　　　活動初動時にアクシデントがあったり、延焼範囲が不明の場合は、各隊が勝手に行動し、指揮統制は混乱しがちである。このような場合は、改めて各隊に対し明確に任務指定を行い、必要があれば関係する指揮者を指揮本部に集合させて、活動方針を示し、任務の指定を行う等の措置を講ずる。

解説　ダクト火災注水時の留意事項
1　ダクト内の注水は、必要最小限度とする。
2　関係者からダクト関係の図面を早期に入手し、用途及びダクト系統を早期に把握する。
3　ダクト内火災の場合は、早期に運転を停止させる。
4　注水箇所及び排水口となる付近に、変圧器、ボイラー、溶解炉等注水危険箇所がある場合は、注水を避け粉末消火器等で消火する。
5　ダクトは、業態や経年によって非常に燃焼力が強いものもあり、差が大きい。

【正解4】

問題124　次は、災害現場における報道機関に対する広報要領について記述したも

340 警　　防

のであるが、妥当でないものはどれか。

1　取材記者には、必要な情報の提供や取材に協力する。

2　火災原因については、発表した原因が後日の調査結果と異なる場合があるので発表はしない。

3　発表は、現場の最高責任者が当たることを原則とし、場合によっては最高責任者が指定したものに専門的に当たらせる。

4　広報板や図面などを活用し、また、現場が騒然としているような場合にはマイクを活用したり、発表する場所を一時指定して、取材しやすい工夫をする。

5　既報、中間、まとめ等取材する記者の立場を十分理解して発表する。また、発表時間は必ず厳守すること。

着眼点▶　火災の原因については、速報として可能な限り推定される原因を発表する。この場合、発表した原因が後日の調査結果と異なったとしても、「速報」という条件で発表しているので支障ないものである。

解説　1　災害現場における広報目的
　　　　・付近住民に対して、特に家人等に対する情報提供等の協力を求める。
　　　　・避難の指示や現場の危険性を知らせる。
　　　　・消防活動に対する理解を求める。
　　　　・火災現場をとらえ、火災予防を訴える。
　　　　・マスコミを通じて、広く火災の実態を知らせる。
　　　　・災害状況の推移を安心情報として提供する。
　　　2　報道機関に発表する内容
　　　　災害現場におけるマスコミ広報では、ニュースの要素となる「いつ」「どこで」「だれが」「なにを」「なぜ」「どのように」の六何は情報の内容として欠くことのできないものである。
　　　　六何の要素となる火災の具体的な例
　　　　・覚知及び鎮火時間
　　　　・火元建物（類焼）の場所、業態、名称
　　　　・職業、氏名、年齢
　　　　・建物構造、焼損面積、棟数
　　　　・り災世帯、り災人員
　　　　・出火場所、火災の原因
　　　　　　（出火原因については発表できるものについては詳細に行うこと。また、原因が推定できるものについては、電気ストーブの不始末らしいといった表現にし、原因が分からないものについてもなぜ不明なのかその原因を伝えるとよい）
　　　　・死傷者
　　　　・その他（消防隊の出場台数等）

【正解2】

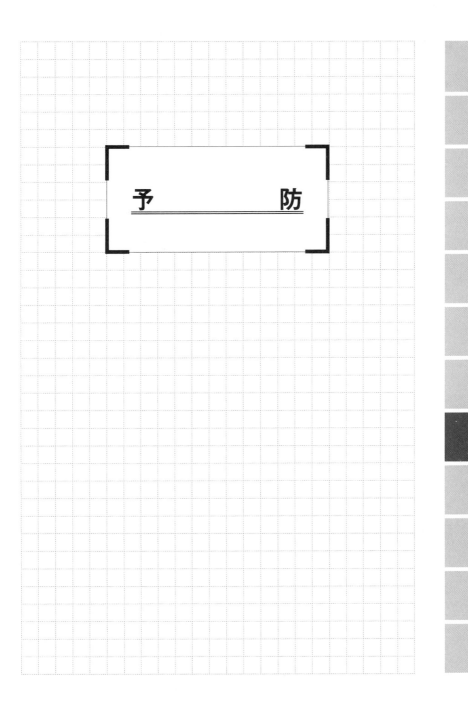

342　　　　　　　　　　　　　　　予　　　防

問題1　次は、消防法第17条第2項に規定されている附加条例に関する事項について述べたものであるが、正しいものはどれか。

1　附加条例では、政令で定める防火対象物以外の防火対象物に対しても消防用設備等を設置し、維持することを義務付けることができる。

2　附加条例では、政令で定める技術上の基準と異なる規定を設けることができるが、これは都道府県条例という立法形式をとらなければならない。

3　附加条例では、地域性を有することから政令で定める消防用設備等に関する基準を緩和する特例を設けることができる。

4　附加条例では、政令で定める防火対象物に対して、消防法施行令第7条に定められている消防用設備等以外の設備の設置を義務付けることができる。

5　附加条例では、政令で定める消防用設備等に関する設置及び維持の技術上の基準よりも強化する基準を定めることができる。

着眼点▶　消防法第17条第2項の規定では、市町村はその地方の気候又は風土の特殊性により、政令で定める消防用設備等の設置及び維持に関する技術上の基準と異なる規定（市町村条例）を設けることができることになっているが、附加条例中に規定することができるのは、消防用設備等の設置及び維持の技術上の基準である。

　　選択肢1では、政令別表以外の防火対象物に何らかの消防用設備等の設置を義務付けることはできない。

　　選択肢2では、附加条例は市町村条例によらなければならない（東京都の特別区の区域については、東京都条例となる（消防法第37条、消防組織法第28条による））。

　　選択肢3では、地域の特殊性により、附加条例により政令で定める基準を補完するものであるから緩和する規定を設けることはできない。

　　選択肢4では、消防法施行令第7条に規定する消防用設備等以外の設備の設置を義務付けることはできない。

【正解5】

問題2　消防法施行令第1条の2第2項後段の「従属的な部分を構成すると認められるもの」に該当する用途は、次のうちどれか。

1　(2)項ニに該当するカラオケボックス

2　(6)項ニに該当する特別支援学校

3　(6)項ロ(1)に該当する養護老人ホーム

4　(5)項イに該当するホテル

5　(6)項イ(3)に該当する診療所

着眼点▶　「従属的な部分を構成すると認められるもの」の解釈・運用については、「令別表第1に掲げる防火対象物の取り扱いについて」（昭和50年4月15日消防予第41号・

予　　　防　　　　　　343

消防安第41号）が平成27年消防予第81号により改正されたことに伴い、「令別表第
1(2)項ニ、(5)項イ若しくは(6)項イ(1)から(3)まで若しくはロに掲げる防火対象物又は
同表(6)項ハに掲げる防火対象物（利用者を入居させ、又は宿泊させるものに限
る。）の用途に供される部分を除く。」とされている。

> **解説**　消防法施行令第1条の2第2項後段のいわゆる「みなし従属」の用途については、
> 上記通知により運用されてきたが、平成19年に改正された(6)項ロ、平成20年に追加さ
> れた(2)項ニと併せて、平成27年に(5)項イ、(6)項イ(1)から(3)まで、(6)項ハ（利用者を入
> 居させ、又は宿泊させるものに限る。）が適用廃止されている。
> 　これと併せて従来の取扱いとの整合性を図るため、「小規模特定用途複合防火対象
> 物」関係条文の新設など同規則の改正が行われている。

【正解2】

問題3　次は、消防法施行令別表第1に定める防火対象物について述べたもので
ある。正しいものはどれか。

1　小学校又は中学校等に設置されることのある特別支援学級は、(6)項ロに該当す
る。

2　営業用の駐輪場は、(13)項イに該当する。

3　ラジオスタジオは、(12)項ロに該当する。

4　変電所又は発電所は、(15)項に該当する。

5　認知症対応型老人共同生活援助施設は、(6)項ハに該当する。

> **着眼点▶**　事業場〔(15)項〕は、事業活動が行われる一定の対象物をいい、消防法施行令別表
> 第1の(1)項から(14)項までに該当しないものをいう（同令第6条、別表第1）。

> **解説**　消防法では、防火対象物のうち個人の住居を除き、一定の規模以上の対象物には、
> 消防用設備等を設置しなければならない。
> 　そのために、防火対象物の用途、種別、内容等に応じて、(1)項から(20)項に分類され
> ている。
> 　例えば、(5)項イは、旅館、ホテル又は宿泊所等のように宿泊料を受けて人を宿泊さ
> せる対象物をいい、これらに類似するものを含み、不特定多数の者が出入するほか、
> 短期間宿泊するのが一般的である。

【正解4】

問題4　次は、消防法施行令別表第1に掲げる防火対象物の用途について列挙し
たものであるが、この中から誤っているものを選べ。

1　老人福祉法に規定する認知症対応型老人共同生活援助事業を行う施設は、(6)項
ロである。

2　個室において、インターネットを利用させ、又は漫画を閲覧させる役務を提供

344　　　　　　　　　　　　予　　　防

する業務を営む店舗は、(15)項である。

3　カラオケボックスは、(2)項ニである。

4　ホストクラブは、(2)項イである。

5　小規模な選手控室のみを有する体育館は、(1)項イに含まれない。

【着眼点▶】　選択肢2は、平成20年の消防法施行令の一部改正により追加された「カラオケボックスその他遊興のための設備又は物品を個室（これに類する施設を含む。）において客に利用させる役務を提供する業務を営む店舗で総務省令で定めるもの」で、同令別表第1の(2)項ニに該当する。

解説　平成20年の同令の一部改正で、(2)項ニの総務省令で定めるものは、同規則第5条第2項で規定している。

1　個室（これに類する施設を含む。）において、インターネットを利用させ、又は漫画を閲覧させる役務を提供する業務を営む店舗

2　風俗営業等の規制及び業務の適正化等に関する法律（昭和23年法律第122号）第2条第9項に規定する店舗型電話異性紹介営業を営む店舗

3　風俗営業等の規制及び業務の適正化等に関する法律施行令（昭和59年政令第319号）第2条第1号に規定する興行場（客の性的好奇心をそそるため衣服を脱いだ人の映像を見せる興行の用に供するものに限る。）

【正解2】

問題5　次は、消防法施行令別表第1に掲げる防火対象物の用途について列挙したものであるが、この中から誤っているものを選べ。

1　店頭で物品の受け渡しを行わなくても、(4)項物品販売店舗に含まれる。

2　ユースホステルは、(5)項イである。

3　あん摩マッサージ指圧施術所、はり施術所、きゅう施術所、柔道整復施術所は、(6)項イに含まれない。

4　妊産婦を入所させて、助産を受けさせることを目的とする助産施設は、(6)項ハである。

5　学校の敷地内にある教育の一環として使用される図書館は、(7)項学校である。

【着眼点▶】　店頭で物品の受け渡しを行わない場合は、(4)項物品販売店舗に含まれない。

【正解1】

問題6　次は、消防法施行令別表第1に掲げる防火対象物の用途について列挙したものであるが、この中から誤っているものを選べ。

1　郷土館は、(8)項である。

2　旅客の乗降又は待合の用に供するバスターミナルは、(10)項である。

予　　防　　　　345

3　宅配専門のピザ屋は、⑿項イである。

4　⒀項イに該当する自動車車庫は、営業用のものだけが該当する。

5　特定企業の商品を展示陳列するＰＲセンターは、⒂項である。

着眼点 ▶　⒀項イに該当する自動車車庫は、営業用又は自家用は問わない。

【正解４】

問題7　消防法施行令別表第１⑵項ニに掲げる防火対象物の用途について列挙したものであるが、この中から該当しないものを選べ。

1　個室において漫画を閲覧させる漫画喫茶

2　カラオケルーム（１室のみ）を設置している飲食店

3　テレフォンクラブ

4　個室ビデオ

5　複合カフェ（個室を設け、インターネット利用等のサービスを提供する店舗）

着眼点 ▶　選択肢１、３から５は消防法施行令別表第１⑵項ニに該当する。選択肢２については、一つの防火対象物に当該個室が１か所しかないものは含まれない。

【正解２】

問題8　消防法施行令別表第１⑹項に関する次の記述のうち、誤っているものはどれか。

1　４人の患者を入院させるための施設がある産婦人科の診療所は、⑹項イ⑶である。

2　幼稚園又は特別支援学校は、⑹項ニである。

3　特別養護老人ホーム又は認知症対応型老人共同生活援助事業を行う施設は、⑹項ロ⑴である。

4　老人デイサービスセンター又は老人介護支援センターは、⑹項ハ⑴である。

5　病床が125床の内科を有する病院で、総務省令で定める火災発生時の延焼を抑制するための消火活動を適切に実施することができる体制を有するものは、⑹項イ⑴である。

着眼点 ▶　特定診療科名（内科、整形外科、リハビリテーション科その他の総務省令で定める診療科名をいう。）を有し、療養病床又は一般病床を有していても、総務省令で定める火災発生時の延焼を抑制するための消火活動を適切に実施することができる体制を有していれば消防法施行令別表第１⑹項イ⑶に該当する。

解説　⑹項ロ及びハは平成25年政令第88号、⑹項イは平成26年政令第333号においてそれぞれ改正され、詳細区分が定められた。

346 予　　防

　　選択肢5の総務省令で定める「火災発生時の延焼を抑制するための消火活動を適切
に実施することができる体制を有するもの」とは、
①　勤務させる医師、看護師、事務職員その他の職員の数が、病床数が26床以下のと
　きは2、26床を超えるときは2に13床までを増すごとに1を加えた数を常時下回ら
　ない体制
②　勤務させる医師、看護師、事務職員その他の職員（宿直勤務を行わせる者を除
　く。）の数が、病床数が60床以下のときは2、60床を超えるときは2に60床までを
　増すごとに2を加えた数を常時下回らない体制
のことをいう（消防法施行規則第5条第3項）。選択肢5の場合、①が10人以上、②
が6人以上と算定される。

【正解5】

問題9　消防法施行令別表第1(6)項の消防用設備等の設置基準に関する次の記述
　　　　のうち、誤っているものはどれか。

1　(6)項イ(4)の診療所には、延べ面積150㎡以上で消火器具の設置が必要となる。

2　(6)項イ(1)及び(2)の病院・診療所には、面積にかかわらずスプリンクラー設備の
　設置が必要となる。

3　(6)項ロ(4)の障害児入所施設には、面積にかかわらず自動火災報知設備の設置が
　必要となる。

4　(6)項イ(2)の診療所には、消防機関からの歩行距離が500m以下であれば、消防
　機関へ通報する火災報知設備の設置は必要ない。

5　(6)項イ(1)〜(3)の病院・診療所には、面積にかかわらず自動火災報知設備の設置
　が必要となる。

着眼点▶　(6)項イ(2)の診療所には、消防機関が存する建築物内でなければ、消防機関からの
　　　　歩行距離が500m以下であっても消防機関へ通報する火災報知設備の設置が必要と
　　　　なる（消防法施行令第23条第1項第1号、同規則第25条第1項第1号）。

解説　選択肢1は、同令第10条第1項第2号（なお、(6)項イ(1)〜(3)は面積にかかわらず全
　て設置が必要（同項第1号））。選択肢2は、同令第12条第1項第1号イ。選択肢3・
　5は、同令第21条第1項第1号イ。

【正解4】

問題10　防火対象物の収容人員について記したものであるが、この中から正しい
　　　　ものを選べ。

1　劇場の立見席は、収容人員の算定はしない。

2　デパートの客の飲食又は休憩する部分の収容人員の算定は、その部分の床面積

予　　　　防　　　　　　　　　　　347

を4㎡で除した数である。
3　ホテルの和室宿泊室の収容人員の算定は、その床面積を5㎡で除した数である。
4　工場は、従業員の数が収容人員である。
5　共同住宅は、各住戸の部屋数の合計が収容人員である。

着眼点▶　収容人員の算定は、消防法施行規則第1条の3で定めている。

【正解4】

問題11　消防法施行規則第4条の2の2に定める避難上有効な開口部について記したものであるが、この中から誤っているものを選べ。
1　直径1m以上の円が内接することができる開口部
2　幅が75cm以上で高さが1.2m以上の開口部
3　床面から開口部の下端までの高さは、30cm以内であること。
4　開口部は、格子その他の容易に避難することを妨げる構造を有しないものであること。
5　開口部は、開口のため常時良好な状態に維持されているものであること。

着眼点▶　避難上有効な開口部については、消防法施行規則第4条の2の2第1項及び第2項で規定している。床面から開口部の下端までの高さは、15cm以内でなければならない。

【正解3】

問題12　消防法上の無窓階について記したものであるが、この中から誤っているものを選べ。
1　10階以下の階は、直径1m以上の円が内接できる開口部又はその幅及び高さがそれぞれ75cm以上及び1.2m以上の開口部を2以上有する普通階以外の階とする。
2　10階以下の階の開口部は、道又は道に通ずる幅員3m以上の通路その他の空地に面していなければならない。
3　床面から開口部の下端までの高さは、1.2m以内であること。
4　11階以上の階は、直径50cm以上の円が内接できる開口部の面積の合計がその階の床面積の30分の1を超える階以外の階とする。
5　開口部は容易に避難でき、かつ、外部から開放し、又は破壊することができなければならない。

着眼点▶　消防法施行規則第5条の5で規定されている。

348 　　　　　　　　　　　　予　　　　防

　　　　10階以下の階の開口部にあっては、道又は道に通ずる幅員１m以上の通路その他
　　の空地に面していなければ有効な開口部とはならない。

> **解説**　次に掲げる空地は、同規則第５条の５第２項第２号の空地として取り扱うことがで
> 　きる。
> 　１　国又は地方公共団体等の管理する公園で、将来にわたって空地の状態が確保され
> 　　るもの
> 　２　道又は道に通ずる幅員１m以上の通路に通ずることができる広場（建築物の屋
> 　　上、階段状の部分等）で避難及び消火活動が有効にできるもの
> 　３　１m以内の空地又は通路にある樹木、塀及びその他の工作物で避難及び消火活動
> 　　に支障がないもの
> 　４　傾斜地又は河川敷で避難及び消火活動が有効にできるもの
> 　５　周囲が建物で囲まれている中庭等でその中庭等から通じる通路等があり、次の全
> 　　てに該当する場合
> 　⑴　中庭から道に通じる出入口の幅員は、１m以上であること。
> 　⑵　中庭から通じる部分は、廊下又は通路であること。
> 　⑶　中庭から通じる部分の歩行距離は、20m以下であり、かつ、直接見通しができ
> 　　るものであること。
> 　⑷　道に面する外壁に２以上の大型開口部があること。
> 　⑸　道に面する外壁の開口部で必要面積の２分の１以上を確保できること。

【正解２】

問題13　次は、消防法第７条の消防同意に関する増改築等の説明を列挙したもの
　　　　であるが、この中から誤っているものを選べ。

１　新築とは、新たに建築物を造ることをいう。

２　改築とは、建築物の全部又は一部を除却し、同一敷地内に位置、用途、規模及
　び構造の著しく異ならない建築物を造ることをいう。

３　移転とは、同一敷地内に建築物の位置を移すことをいう。

４　修繕とは、建築物の全部又は一部の除却又は滅失を伴わない段階における主要
　構造部の原状回復工事をいうが、例外には床面積の増減もある。

５　増築とは、既存の建築物の床面積を増加させることをいう。

着眼点▶　修繕は、主要構造部の原状回復工事であるが、床面積の増減はない。

> **解説**　消防同意は、建築物の新築、増築、改築、移転、修繕、模様替、用途の変更又は使
> 　用について、消防長又は消防署長が、防火の専門家の立場から建築行政に対して、計
> 　画の段階でチェックするものである。

【正解４】

予　防　　　　　　　　　　　　　349

問題14　次は、消防法第７条に規定する消防長又は消防署長の同意について述べたものであるが、正しいものはどれか。

1　消防長又は消防署長は、同意を求められた場合、同意を求められた日から２週間以内に同意を与えてその旨を当該行政庁又はその委任を受けた者に通知しなければならない。

2　建築主事若しくは建築副主事は、建築物が火災予防上支障がないと認められる場合には消防長又は消防署長の同意を得ることなく建築確認をすることができる。

3　消防同意は、建築物の新築等に係る許可、認可又は確認に対してなされるものであるから、建築基準法上の規定による許可又は確認を対象とするものに限定される。

4　消防本部を置かない市町村にあっては、建築主事若しくは建築副主事の確認は、当該許可又は確認に係る建築物の工事地又は所在地を管轄する当該市町村の長の同意を得た後に行われる。

5　消防同意の対象となるものは、消防的見地から実施するものであるから、工作物まで広くとらえられる。

着眼点▶　消防同意を行う者は、消防長又は消防署長であり、消防本部を置かない市町村においては市町村長である。

解説　建築基準法第６条の規定により、建築物（一定の条件を満たす戸建住宅等を除く）の工事に着手しようとする者は、その計画がその建築物の敷地、構造、建築設備等に関する法令の規定に適合することについて、確認申請をして特定行政庁の確認を受けなければならない。

　この場合、特定行政庁、建築主事若しくは建築副主事（以下「建築主事等」という。）又は指定確認検査機関が建築物に関する許可、確認をする場合には、当該許可又は確認に係る建築物の工事施工地又は所在地を管轄する消防長等の同意が必要である（消防法第７条）。

　これは、消防機関が防火に関して専門家であり、消火活動から予防行政面まで担当していることから、建築物の新築等の計画の段階から防火上の観点から関与し、予防行政の完璧を図るものである。

　以下、問題については、次のとおりである。

　選択肢１の消防同意の期間は、一般建築物の場合は３日以内、その他のものにあっては７日以内である。

　選択肢２の建築確認について、建築主事等は消防長等の同意がなければ確認をすることができないことになっている。

　なお、建築物の確認の手続は、建築主→建築主事等→消防長等→建築主事等→建築主のようになる。

350 予 防

選択肢3の消防同意の要件は、建築物の計画が法律又はこれに基づく命令若しくは条例の規定で、建築物の防火に関するものに違反しないことが必要であるが、これらには、消防法令等はもちろんのこと、建築基準法、建築基準法施行令、高圧ガス保安法、火災予防条例、建築安全条例等が該当する。

選択肢5の消防同意の対象については、建築物であり、防火対象物ではないため、工作物は含まれない。

【正解4】

問題15 消防の用に供する検定対象機械器具等について記したものであるが、この中から誤っているものを選べ。

1 泡消火薬剤

2 自動火災報知設備の感知器又は発信機

3 救助袋

4 住宅用防災警報器

5 閉鎖型スプリンクラーヘッド

着眼点 ▶ 検定対象機械器具等の範囲は、消防法施行令第37条で規定されている。

救助袋は、同規則第31条の4の規定による登録認定機関である（一財）日本消防設備安全センターが、消防用設備等又はこれらの部分である機械器具が国の定める設備等技術基準の全部又は一部に適合していることの「認定」を行い、適合している個々の製品には「認定証票」を交付する。

認定証票の表示が付された消防用設備等は、同規則第31条の3の規定により設備等技術基準に適合したものと見なされ、消防機関が個別に性能確認試験を行う必要がなくなる。

解説 検定対象機械器具等のうち消防用ホース・結合金具・漏電火災警報器は、自主表示対象機械器具等に移行した（平成25年3月27日政令第88号・平成26年4月1日施行）。

【正解3】

問題16 次は、乙種消防設備士が行うことができる整備の種類を列挙したものであるが、この中から誤っているものを選べ。

1 第1類の屋内消火栓設備、スプリンクラー設備、屋外消火栓設備

2 第2類の泡消火設備、不活性ガス消火設備

3 第3類のハロゲン化物消火設備、粉末消火設備

4 第5類の救助袋、緩降機、金属製避難はしご

5 第7類の漏電火災警報器

着眼点 ▶ 第2類は泡消火設備のみである。

予　　防

解説　消防法施行規則第33条の3に規定されている。
　　1　甲種消防設備士が行うことができる工事又は整備の種類

指定区分	消防用設備等又は特殊消防用設備等の種類
特　　類	特殊消防用設備等
第 1 類	屋内消火栓設備、スプリンクラー設備、水噴霧消火設備又は屋外消火栓設備
第 2 類	泡消火設備
第 3 類	不活性ガス消火設備、ハロゲン化物消火設備又は粉末消火設備
第 4 類	自動火災報知設備、ガス漏れ火災警報設備又は消防機関へ通報する火災報知設備
第 5 類	金属製避難はしご、救助袋又は緩降機

　　2　乙種消防設備士が行うことができる整備の種類

指定区分	消　防　用　設　備　等　の　種　類
第 1 類	屋内消火栓設備、スプリンクラー設備、水噴霧消火設備又は屋外消火栓設備
第 2 類	泡消火設備
第 3 類	不活性ガス消火設備、ハロゲン化物消火設備又は粉末消火設備
第 4 類	自動火災報知設備、ガス漏れ火災警報設備又は消防機関へ通報する火災報知設備
第 5 類	金属製避難はしご、救助袋又は緩降機
第 6 類	消火器
第 7 類	漏電火災警報器

【正解2】

問題17　次は、消防設備士に関するものについて述べたものであるが、誤っているものはどれか。

1　消防設備士免状の記載事項に変更があった場合には、居住地又は勤務地を管轄する消防長又は消防署長に書換えを申請しなければならない。

2　甲種消防設備士は、消防設備士でなければ行ってはならない消防用設備等又は特殊消防用設備等の工事をしようとするときは、工事着工予定日の10日前までに消防長又は消防署長にその旨を届け出なければならない。

3　消防設備士免状の交付を受けている者は、消防法又は消防法に基づく命令の規

定に違反したときは、消防設備士免状の返納を命ぜられることがある。

4　ハロゲン化物消火設備、ガス漏れ火災警報設備の電源部分については、消防設備士の業務範囲から除外されている。

5　消防設備士はその業務に従事するときは、消防設備士免状を携帯していなければならない。

着眼点 ▶　消防設備士免状の交付は、都道府県知事が行うが、当該免状の再交付や書き換えなどについては、次のように定められている。

　1　免状の書換え（消防法施行令第36条の5）

　　免状の交付を受けている者は、免状の記載事項に変更を生じたときは、遅滞なく、当該免状に同規則第33条の6で定める書類を添えて、交付した都道府県知事又は居住地若しくは勤務地を管轄する都道府県知事にその書き換えを申請しなければならない。

　2　免状の再交付（同令第36条の6）

　　免状の交付を受けている者は、免状を亡失し、滅失し、汚損し、又は破損した場合には、同規則第33条の7で定めるところにより、交付又は書換えをした都道府県知事にその再交付を申請することができる（同令第36条の6第1項）。

　　また、免状を亡失してその再交付を受けた者が亡失した免状を発見した場合には、当該免状を10日以内に再交付をした都道府県知事に提出しなければならないことになっている（同条第2項）。

【正解1】

問題18　次は、消防設備士に関する事項について述べたものであるが、正しいものはどれか。

1　甲種消防設備士並びに乙種消防設備士は、消防用設備等又は特殊消防用設備等の工事をしようとするときは、工事着工予定日の1週間前までに都道府県知事にその旨を届け出なければならないことになっている。

2　消防設備士免状の記載事項に変更があった場合には、居住地又は勤務地を管轄する消防長又は消防署長（消防本部を置かない市町村においては、市町村長）に書換えを申請しなければならないことになっている。

3　消防設備士免状は、外国人に対して交付することはできないことになっている。

4　消防設備士免状の交付を受けている者は、その業務に従事するときは、消防設備士免状を携帯し、消防長又は消防署長が行う消防用設備等の工事又は整備に関する講習を受けなければならないことになっている。

5　甲種消防設備士並びに乙種消防設備士の免状の交付を受けている者は、消防用設備等の点検基準に基づいて点検をすることができることになっている。

予　　　防　　　　　　　　353

着眼点▶　消防法第17条の３の３に基づく消防用設備等又は特殊消防用設備等の点検ができ
る者は、消防設備士免状（甲種又は乙種の種別を問わない）の交付を受けている者
又は総務省令で定める資格（消防設備点検資格者）を有する者である。

解説　選択肢１の消防用設備等の着工届について、甲種消防設備士は、消防用設備等又は
特殊消防用設備等の工事をしようとするときは、工事着工予定日の10日前までに消防
長（消防本部を置かない市町村においては、市町村長）又は消防署長にその旨を届け
出ることになっている（同法第17条の14）。
　　選択肢２の消防設備士免状記載事項について、免状の交付を受けている者で、その
記載事項に変更を生じたときは、遅滞なく、当該免状に書換えの理由を証明する書類
を添付して、当該免状を交付した都道府県知事又は居住地若しくは勤務地を管轄する
都道府県知事にその書換えを申請しなければならない（同令第36条の５）。
　　選択肢３については、外国籍の人にあっては、住民基本台帳法第７条の住民票が必
要となる。
　　選択肢４について、消防設備士の義務として講習の受講義務（同法第17条の10）、
責務（同法第17条の12）、免状の携帯義務（同法第17条の13）、消防用設備等又は特殊
消防用設備等の着工届出義務（同法第17条の14）等があるが、講習を行う者は都道府
県知事である。

【正解５】

問題19　次は、消防設備士が行う工事、整備等について述べたものであるが、
誤っているものはどれか。

1　不活性ガス消火設備において、設備の補修及び機能調整や各種部品の交換、消
火剤の詰め替え等は整備である。

2　屋内消火栓設備の表示灯の交換、ホース又はノズル、ヒューズ類、ねじ類等の
交換、消火栓箱、ホース格納箱等の補修等は、設備の本質的な機能に影響を及ぼ
さないことから、消防設備士でなければ行ってはならない整備には該当しない。

3　第１類の甲種消防設備士若しくは第２類の乙種消防設備士は、連結送水管及び
連結散水設備等の点検を行うことができる。

4　スプリンクラー設備の圧力計の取付工事や水噴霧消火設備の排水設備の設置工
事等は、整備に該当する。

5　粉末消火設備の噴射ヘッド又はホース接続口の設置工事や音響警報装置の設置
工事は、工事に該当する。

着眼点▶　消防設備士のうち甲種消防設備士は、指定区分の消防用設備等又は特殊消防用設
備等の工事と整備及び点検を行うことができ、乙種消防設備士は同様に整備と点検
を行うことができる（消防法施行規則第31条の６、第33条の３）。
　　ここで工事とは、消防用設備等又は特殊消防用設備等の新設、増設、移設等が該
当し、改修でも新たな設計を要するものは工事となる。

354 予 防

　　選択肢4の圧力計の取付工事や水噴霧消火設備の排水設備の設置工事等は、工事
の内容である。
　　なお、整備の内容としては、設備の補修や部品の交換等がある。

【正解4】

問題20　消防法第17条の3の2では、防火対象物の関係者は、消防法令に基づい
　　　て消防用設備等又は特殊消防用設備等を設置した場合、その旨を消防長又
　　　は消防署長に届け出て、検査を受けなければならないことになっている
　　　が、次のうち誤っているものはどれか。

1　消防機関の検査を受けなければならない消防用設備等には、消火設備、警報設
　備及び避難設備が該当し消防的見地から広範囲にわたっている。
2　防火対象物の関係者は、消防用設備等又は特殊消防用設備等を設置した場合、
　工事が完了した日から4日以内に消防長又は消防署長へ届け出て検査を受けなけ
　ればならない。
3　消防署長又は消防署長は、消防用設備等（特殊消防用設備等）設置届出書が提出
　され、検査の結果、当該消防用設備等又は特殊消防用設備等が法令等に適合して
　いる場合は、防火対象物の関係者に対して、検査済証を交付するものとする。
4　任意に設置された消防用設備等又は危険物製造所等に消防用設備等を設置した
　場合には適用を受けないことになる。
5　消防用設備等又は特殊消防用設備等の設置に係る工事には、新たに消防用設備
　等又は特殊消防用設備等を設置する場合、増設、改設、移設等に係る工事及び変
　更に係る工事等が含まれる。

着眼点▶　消防機関の検査を受けなければならない消防用設備等には、消防用水、消火活動
　　　上必要な施設及び必要とされる防火安全性能を有する消防の用に供する設備等も含
　　　まれる（消防法第17条第1項、同令第7条第7項）。なお、次に掲げる設備につい
　　　ては、消防機関の検査を受けなくてよい（同令第35条第2項）。
　　　1　簡易消火用具
　　　2　非常警報器具
　　　　これらの消防用設備等は、消防機関が設置時に検査をしなければならないほど複
　　　雑なものではなく、たとえ設置された場合にミスがあっても容易に是正ができるか
　　　らである。

解説　一定規模以上の防火対象物の関係者は、消防用設備等又は特殊消防用設備等の設置
　　が義務付けられているが、それらが基準に従って設置されているかどうかを確認する
　　ために、設置の際その旨を消防長又は消防署長に届け出をして、検査を受けるよう規
　　定している。

【正解1】

予　　　防　　　　　355

問題21　消防法施行令第８条第１号を適用するため、耐火構造の壁等の両端又は上端を防火対象物の外壁又は屋根から突き出す場合、必要とされる長さとして、正しいものは次のうちどれか。

1　10cm 以上
2　30cm 以上
3　50cm 以上
4　70cm 以上
5　100cm 以上

着眼点▶　消防法施行規則第５条の２第３号で、「耐火構造の壁等の両端又は上端は、防火対象物の外壁又は屋根から50㎝以上突き出していること。」とされている。

解説　令８区画の構造については、「令８区画及び共住区画の構造並びに当該区画を貫通する配管等の取扱いについて」（平成７年３月31日消防予第53号・令６．３.29消防予155により廃止）等により運用されていたが、「脱炭素社会の実現に資するための建築物のエネルギー消費性能の向上に関する法律等の一部を改正する法律」（令和４年法律第69号）により建築基準法の一部が改正されたことを踏まえ、消防法施行令第８条に第２号が追加され、同規則に新しく第５条の２（開口部のない耐火構造の壁等）が規定された。また、「防火上有効な措置が講じられた壁等の基準」（令和６年消防庁告示第７号）が公布された。

【正解３】

問題22　次は、消防法施行規則第５条の３第２項第２号に定める渡り廊下等の壁等に類するものとして消防庁長官が定める壁等について述べたものであるが、誤っているものはどれか。

1　渡り廊下の有効幅員は、当該渡り廊下が設けられている防火対象物の建築基準法第２条第５号に規定する主要構造部の全部又は一部に木材、プラスチックその他の可燃材料を用いた場合にあっては３ｍ未満とし、その他の場合にあっては６ｍ未満とすること。

2　渡り廊下で隔てられた防火対象物の部分相互間の距離は、１階にあっては３ｍを超えるものとし、２階以上の階にあっては５ｍを超えるものとすること。

3　渡り廊下は、通行又は運搬の用途にのみ供され、可燃物の存置その他通行の支障がない状態を維持すること。

4　地下連絡路は、耐火構造とし、その壁及び天井の室内に面する部分並びに床の仕上げを不燃材料でし、かつ、それらの下地を不燃材料で造ったものとすること。

356 予 防

5 洞道は、耐火構造又は防火構造とし、その内側の仕上げを不燃材料でし、か
つ、それらの下地を不燃材料で造ったものとすること。

着眼点 ▶ 防火上有効な措置が講じられた壁等の基準（令和6年消防庁告示第7号）第3第
2号で、渡り廊下で隔てられた防火対象物の部分相互間の距離は、1階にあっては
6mを超えるものとし、2階以上の階にあっては10mを超えるものとすると規定し
ている。

【正解2】

問題23 次は、消防用設備等を設置しなければならない防火対象物の延べ面積等
について述べたものであるが、誤っているものはどれか。

1 飛行機又は回転翼航空機の格納庫及び重要文化財等には、延べ面積に関係なく
自動火災報知設備を設置しなければならない。

2 延長50m以上のアーケードには、延べ面積及び大きさに関係なく連結送水管
を設置しなければならない。

3 公会堂、集会場には、延べ面積に関係なく消火器を設置しなければならない。

4 地階を除く階数が11階以上の防火対象物には、スプリンクラー設備を設置し
なければならない。

5 待合、料理店の類等の防火対象物には、避難口誘導灯及び通路誘導灯を設置し
なければならない。

着眼点 ▶ 消防法施行令別表第1(1)項ロの公会堂、集会場の防火対象物にあっては、延べ面
積が150㎡以上の場合には消火器具を設置しなければならない（同令第10条第1項
第2号）。

解説 消防用設備等を設置しなければならない防火対象物の面積についての問題である。
選択肢1の自動火災報知設備については、同令第21条第1項第1号。選択肢2の連結
送水管については、同令第29条第1項第4号。選択肢4のスプリンクラー設備につい
ては、同令第12条第1項第12号。選択肢5の避難口誘導灯及び通路誘導灯について
は、同令第26条第1項第1号及び第2号。

【正解3】

問題24 次は、防火対象物と設置しなければならない消防用設備等の組合せであ
るが、誤っているものはどれか。

1 消防法施行令（以下「政令」という。）別表第1の（16の2）項（地下街）に
掲げる防火対象物で延べ面積が1,000㎡以上のもの──スプリンクラー設備

2 政令別表第1の(13)項ロ（飛行機又は回転翼航空機の格納庫）に掲げる防火対象
物であるもの──泡消火設備

予　　防　　　　　357

3　政令別表第1の(18)項（延長50m以上のアーケード）に掲げる防火対象物であるもの——連結送水管

4　政令別表第1に掲げる建築物で、地階を除く階数が11以上のもの——非常コンセント設備

5　政令別表第1の（16の2）項（地下街）に掲げる防火対象物で、地階の延べ面積が500㎡以上のもの——連結散水設備

着眼点▶　連結散水設備は、消防法施行令別表第1(1)項から(15)項まで、（16の2）項及び(17)項に掲げる防火対象物で、地階の床面積の合計（同表（16の2）項に掲げる防火対象物にあっては、延べ面積）が700㎡以上のものに設置するものとする（同令第28条の2第1項）。

【正解5】

問題25　次は、消防用設備等に関する事項について述べたものである。誤っているものはどれか。

1　ホテル、キャバレー、病院等の特定防火対象物にあっては、延べ面積が1,000㎡未満であっても消防長又は消防署長が火災予防上必要があると認めて指定をしたものであれば、消防設備士又は消防設備点検資格者に点検をさせなければならない。

2　飛行機又は回転翼航空機の格納庫は、延べ面積に関係なく自動火災報知設備を設置しなければならない。

3　市町村の条例では、市町村の気候、風土などから政令で定める技術上の基準だけでは火災予防の目的を達成しがたい場合があると認めるときには、政令とは異なる規定を定めることができる。

4　消防用設備等の点検の結果については、特定防火対象物にあっては1年に1回、その他の防火対象物にあっては3年に1回消防長又は消防署長に報告しなければならない。

5　消防の用に供する設備のうち避難設備には、避難器具（すべり台、避難はしご、救助袋、緩降機、避難橋など）、誘導灯及び誘導標識が該当する。

着眼点▶　特定防火対象物で、消防設備士又は消防設備点検資格者に点検をさせなければならない対象物は、延べ面積が1,000㎡以上のものである（消防法施行令第36条第2項）。

解説　消防用設備等は、同法第17条第1項に基づいて政令で定める技術上の基準に従って、設置し維持しなければならないことになっている。

ただし、選択肢3のように「その地方の気候又は風土の特殊性により、前項（同

法第17条第1項）の消防用設備等の技術上の基準に関する政令又はこれに基づく命令の規定のみによっては防火の目的を充分に達し難いと認めるときは、条例で、同項の消防用設備等の技術上の基準に関して、当該政令又はこれに基づく命令の規定と異なる規定を設けることができる。」と同法第17条第2項で規定されている。

【正解1】

問題26　次は、エアゾール式簡易消火具の構造について述べたものであるが、誤っているものはどれか。

1　エアゾール式簡易消火具に充塡された気体（以下「充塡ガス」という。）又は消火剤の圧力により消火剤を放射するものであること。

2　充塡ガス及び消火剤を再充塡できるものであること。

3　充塡ガス及び消火剤を充塡する容器は、内容積1L以下であること。

4　粉末又は液体の消火剤（液化二酸化炭素を除く。）の容量は、容器の内容積の90％以下であること。

5　容器の材質は、鋼又は軽金属であること。

着眼点▶　エアゾール式簡易消火具の技術上の規格を定める省令（平成25年総務省令第26号）第3条に「充塡ガス及び消火剤を再充塡できないものであること。」と定められている。

【正解2】

問題27　次は、住宅用消火器について述べたものであるが、誤っているものはどれか。

1　一般的な消火器と同様に住宅用消火器は、使用後に薬剤を詰め替えて使用する。

2　蓄圧式の消火器であること。

3　普通火災、天ぷら油火災、ストーブ火災の消火性能を有するものであり、かつ、電気火災に適応するものであること。

4　消火剤は、ハロゲン化物消火薬剤又は液化二酸化炭素であってはならない。

5　廃棄時の連絡先及び安全な取扱いに関する事項が表示してある。

着眼点▶　住宅用消火器は、一般家庭内における天ぷら油火災等比較的小規模な火災に対応することができるように初期消火専用の消火器として開発されたもので、消火器の技術上の規格を定める省令（昭和39年自治省令第27号）で規定されている構造、性能等は次のとおりである。

　　1　蓄圧式の消火器であって、かつ、消火剤を再充てんできない構造（消火器の技術上の規格を定める省令第39条）

予　　防　　359

2　普通火災、天ぷら油火災、ストーブ火災の消火性能を有するものであり、か
つ、電気火災に適応するもの（同省令第40条）
3　保持装置から取りはずす動作、安全栓をはずす操作及びホースをはずす動作を
除き、一動作（据置式の住宅用消火器にあっては二動作以内）で容易に、かつ、
確実に放射することができるもの（同省令第41条）
4　消火器は、ハロゲン化物消火薬剤又は液化二酸化炭素であってはならない（同
省令第42条）
5　水消火器、強化液消火器、泡消火器又は粉末消火器の区別の表示（同省令第44
条第1号）
6　その他の性能については、消火器の技術上の規格を定める省令によるものであ
ること
なお、消火器の技術上の規格を定める省令の一部改正（平成22年12月22日総務省
令第111号）により、住宅用消火器の表示すべき主な事項に、次の事項が追加され
た（同省令第44条）。
①　住宅用消火器である旨
②　使用時の安全な取扱いに関する事項
③　維持管理上の適切な設置場所に関する事項
④　点検に関する事項
⑤　廃棄時の連絡先及び安全な取扱いに関する事項

【正解1】

問題28　住宅用以外の消火器の表示すべき事項について、次の記述のうち誤って
いるものを選べ。

1　加圧式・蓄圧式消火器の区分
2　適応火災の文字表示
3　使用期間又は使用期限に関する事項
4　維持管理上の適切な設置場所に関する事項
5　廃棄時の連絡先及び安全な取扱いに関する事項

着眼点▶　平成22年12月22日に消火器の技術上の規格を定める省令の一部が改正され、平成
23年1月1日に施行された。
住宅用以外の消火器の表示すべき事項に次の事項が追加された（同省令第38条第
1項）。
1　住宅用消火器でない旨
2　加圧式の消火器又は蓄圧式の消火器の区別
3　標準的な使用条件の下で使用した場合に安全上支障がなく使用することができ
る標準的な期間又は期限として設計上設定される期間又は期限
4　使用時の安全な取扱いに関する事項
5　維持管理上の適切な設置場所に関する事項
6　点検に関する事項

360 予　　　防

　　7　廃棄時の連絡先及び安全な取扱いに関する事項
　　8　消火器が適応する火災の絵表示（国際規格に準じたもの）等を図示

　解説　多発した加圧式消火器の破裂事故に鑑み、消火器の標準的な使用期限や廃棄時の連
　　絡先等の安全上の注意事項等についての表示が義務付けられた。

【正解2】

問題29　次は、消火器具と標識を組み合わせたものであるが、この中から誤って
　　　　いるものを選べ。

1　消火器───→消火器

2　水槽───→消火用水

3　水バケツ───→消火バケツ

4　乾燥砂───→消火砂

5　膨張真珠岩───→消火ひる石

着眼点▶　水槽の標識は、消火水槽である。

　解説　消防法施行規則第9条第4号に、消火器具と標識との関係を次のように定めてい
　　る。
　　　1　消火器───→消火器
　　　2　膨張ひる石───→消火ひる石
　　　3　膨張真珠岩───→消火ひる石
　　　4　水バケツ───→消火バケツ
　　　5　水槽───→消火水槽
　　　6　乾燥砂───→消火砂

【正解2】

問題30　次は、大型消火器に充てんされる消火薬剤の量を列挙したものである
　　　　が、この中から正しいものを選べ。

1　水消火器＝80L以上

2　機械泡消火器＝30L以上

3　強化液消火器＝50L以上

4　粉末消火器＝30kg以上

5　ハロゲン化物消火器＝50kg以上

着眼点▶　水消火器又は化学泡消火器の消火薬剤の量は80L以上である。

　解説　消火器の技術上の規格を定める省令第9条によると、次のとおりである。
　　　○水消火器又は化学泡消火器は80L以上
　　　○機械泡消火器は20L以上

予　　　防　　　　　　　　　　361

　　　○強化液消火器は60L以上
　　　○ハロゲン化物消火器は30kg以上
　　　○二酸化炭素消火器は50kg以上
　　　○粉末消火器は20kg以上

【正解1】

問題31　次は、水を使用する消防用設備等の水源水量の算出方法について述べた
　　　　ものであるが、誤っているものはどれか。
1　閉鎖型スプリンクラーヘッドを使用するものにあっては、算出した個数に1.6
　㎡を乗じて得た量以上とする。
2　倉庫（⒁項）に設置する屋内消火栓設備にあっては、設置個数が最も多い階に
　おける設置個数（設置個数が2を超えるときは、2とする。）に2.6㎡を乗じて
　得た量以上とする。
3　ドレンチャー設備にあっては、ドレンチャーヘッドの設置個数（設置個数が5
　を超えるときは、5とする。）に0.4㎡を乗じて得た量以上とする。
4　屋外消火栓設備にあっては、屋外消火栓の設置個数（設置個数が5を超えると
　きは、5とする。）に5.2㎡を乗じて得た量以上とする。
5　開放型スプリンクラーヘッドを使用するものにあっては、算出した個数に1.6
　㎡を乗じて得た量以上とする。

着眼点▶　屋外消火栓設備の水源は、その水量が屋外消火栓の設置個数（当該設置個数が2
　　　を超えるときは2とする）に7㎡を乗じて得た量以上の量となるように設けなけれ
　　　ばならない（消防法施行令第19条第3項第3号）。

解説　水系の消防用設備等の水源には、地下水槽、地上水槽、高架水槽、圧力水槽等の人
　　工水源のほかに、池、泉水、井戸等の自然水源があるが、いずれも規定の有効水量が
　　得られるものでなければならない。
　　　また、加圧送水装置若しくは配管に接続する部分には、ストレーナ等のろ過装置を
　　設け、常時使用できるように維持管理をしなければならない。

【正解4】

問題32　次は、消防法施行令第11条第3項第2号ロに定める屋内消火栓設備に関
　　　　する記述であるが、誤っているものはどれか。
1　屋内消火栓設備の消防用ホースの構造は、一人で操作することができるものと
　して総務省令で定める基準に適合するものとすること。
2　屋内消火栓は、防火対象物の階ごとに、その階の各部分から一のホース接続口
　までの水平距離が25m以下となるように設けること。

362 予　　防

3　屋内消火栓設備は、いずれの階においても、当該階の全ての屋内消火栓を同時に使用した場合に、各ノズルの放水圧力が0.25MPa以上で、かつ、放水量が60L／分以上の性能のものとすること。

4　水源は、その水量が屋内消火栓の設備個数が最も多い階における当該設置個数（個数が２を超えるときは２）に1.6㎥を乗じて得た量以上の量となるように設けること。

5　屋内消火栓設備の消防用ホースの長さは、当該屋内消火栓設備のホース接続口からの水平距離が25mの範囲内の当該階の各部分に有効に放水することができる長さとすること。

着眼点 ▶ 　選択肢３は従来から規定されている基準で、消防法施行令第11条第３項第２号イに掲げる基準である。同号ロに掲げる基準は「いずれの階においても、当該階の全ての屋内消火栓を同時に使用した場合に、それぞれのノズル先端において、放水圧力が0.17MPa以上で、かつ、放水量が80L／分以上の性能のものとすること。」である。

解説　平成25年３月27日政令第88号により、同号ロに新たな屋内消火栓設備が規定された。これにより工場等以外の防火対象物について、１人で操作ができ（毎分80L／分以上放水）、かつ、設置間隔を25m以内とすることができる屋内消火栓設備が設置できることとなった。

【正解３】

問題33　次は、屋内消火栓設備等の加圧送水装置に関する事項について述べたものであるが、誤っているものはどれか。

1　加圧送水装置や配管などの個々の振動や地震に耐えるように設置する耐震措置の一つとして使用するフレキシブルジョイント等には、ベローズチューブ、ボールジョイント、ビクトリックジョイントなどがある。

2　立上り管の頂部位置が加圧送水装置より低い場合におけるポンプ吐出側圧力計は連成計へ変更することができる。

3　ポンプを起動させるには、減圧方式、流水方式、遠隔起動スイッチ方式などが用いられている。

4　ポンプ吸込側管内の流速は、水槽からポンプに向かって１〜２m／sを超えないようにして、ポンプ部分を低くしストレーナ側が高いように勾配をつける。

5　ポンプを運転している時に水が全く流れない状態が長時間続くと、ポンプ内部の水は羽根車の回転によるエネルギーによって温度が上昇し、その上昇温度によってグランド部が焼付き、ポンプが停止する。これを防止するために逃し配管

予　　防　　　　　　363

を設置する。

着眼点 ▶ ポンプ吸込側の配管で一番問題となるのは、空気溜りを作らないようにすること
である。
　　これには、ポンプ側を最高位となるようにして、ストレーナ側を低くすればよい
ことになる。あとは、漏水のないように施工することが必要である。

【正解4】

問題34　消防法施行規則第12条第1項第3号の2に規定する呼水装置に関する記
　　　述について、次のうち誤っているものはどれか。

1　水源の水位がポンプより低い位置にある加圧送水装置に設置すればよい。

2　容量は、加圧送水装置を有効に作動できるものとすること。

3　減水警報装置を設置しなければならない。

4　呼水装置に設ける呼水槽は、他の消火設備のものと兼用することができる。

5　呼水槽に水を自動的に補給するための装置を設置しなければならない。

着眼点 ▶ 呼水装置には専用の呼水槽を設けること（消防法施行規則第12条第1項第3号の
2）。

解説　水源の水位がポンプより低い位置にある加圧送水装置には、呼水装置を設けなけれ
ばならない（同号イからハ）。

【正解4】

問題35　次は、工場（⑿項イ）に設置する屋内消火栓設備に関する記述である
　　　が、この中から正しいものを選べ。

1　階ごとに、その階の各部分から一のホース接続口までの水平距離が30m以下
となるように設けること。

2　水源は、屋内消火栓設備の設置個数が最も多い階の設置個数（2を超えるとき
は2とする）に2.6㎥を乗じた量以上とすること。

3　屋内消火栓設備は、いずれの階でも、放水圧力が0.17MPa以上で、かつ、放
水量が150L／min以上であること。

4　加圧送水装置は、火災等の被害を受けるおそれがない場所ならどこでもよい。

5　屋内消火栓設備には、非常電源を必ず附置するとは限らないときもある。

着眼点 ▶ 消防法施行令第11条第3項第1号（1号消火栓）の屋内消火栓設備の設置及び維
持に関する基準は、次のとおりである。
　　1　その階の各部分から一のホース接続口までの水平距離は25m以下
　　2　水源水量は、最も多い階における設置個数（2を超えるときは2とする）に
2.6㎥を乗じて得た量以上の量とする。

364 予 防

3 いずれの階においても、同時に使用した場合に、放水圧力が0.17MPa以上で、かつ、放水量が130L／min以上であること。
4 加圧送水装置は、点検に便利で、かつ、火災等の災害による被害を受けるおそれが少ない箇所に設けること。
5 屋内消火栓設備には、非常電源を附置すること。

解説 同項第2号に規定する2号消火栓は、工場、作業所、倉庫、指定可燃物を危険物の規制に関する政令で定める数量の750倍以上を貯蔵し又は取り扱う防火対象物には設置することができない。

【正解2】

問題36 次は、消火設備について述べたものであるが、誤っているものはどれか。
1 延べ面積が800㎡のホテルに設置されている消防法施行令第11条第3項第1号に基づく屋内消火栓設備は、いずれの階においても、当該階の全ての屋内消火栓（設置個数が2を超えるときは2個とする。）を同時に使用した場合、各ノズルの先端において放水圧が0.17MPa以上で、放水量が130L／分以上の能力を有すること。
2 非常電源の蓄電池設備は、屋内消火栓を有効に30分間以上作動させることのできる容量以上のものとすること。
3 スプリンクラー設備の末端試験弁は、流水検知装置又は圧力検知装置の作動を試験するために配管の末端に設ける弁である。
4 屋外消火栓は、建物の各部分から一つのホース接続口までの歩行距離が30m以下となるように設けること。
5 駐車場に水噴霧消火設備を設置する場合の排水設備のこう配については、車両が駐車する床面は排水溝に向かって100分の2以上のこう配をつけること。

着眼点▶ 屋外消火栓は、建築物の各部分から一のホース接続口までの水平距離が40m以下となるように設けること（消防法施行令第19条）。

【正解4】

問題37 次は、スプリンクラーヘッドを設けないことができる部分を列挙したものであるが、この中から誤っているものを選べ。
1 浴室、便所
2 ボイラー室、燃料タンク室
3 通信機器室、電子計算機器室
4 発電機の設置されている場所

予　　防　　　　　365

5　変圧器の設置されている場所

着眼点 ▶ 　燃料タンク室は、スプリンクラーヘッドを設けなければならない。なお、スプリンクラーヘッドを設けないことができる部分は、消防法施行規則第13条第3項に規定されている。

【正解2】

問題38　スプリンクラー設備に設置する補助散水栓に関する記述として、次の中から誤っているものを選べ。

1　補助散水栓は、防火対象物の階ごとに、その階の各部分から一のホース接続口までの水平距離が15m以下となるように設ける。

2　補助散水栓の開閉弁は、床面からの高さが1.8m以下に設けること。

3　補助散水栓箱には、その表面に「消火用散水栓」と表示する。

4　補助散水栓の上部には、取付け面と15度以上の角度となる方向に沿って10m離れたところから容易に識別できる赤色の灯火を設ける。

5　ノズルには容易に開閉できる装置を設ける。

着眼点 ▶ 　補助散水栓は、消防法施行規則第13条の6第4項に規定されている。

解説　選択肢1、3、4、5は正しい。選択肢2については「補助散水栓の開閉弁は、床面からの高さが1.5m以下の位置又は天井に設けること。ただし、天井に設ける場合の開閉弁は自動式のものとすること。」と定められている。

【正解2】

問題39　次は、閉鎖型スプリンクラーヘッドの取付け場所の正常時における最高周囲温度と標示温度を列挙したものであるが、この中から正しいものを選べ。

1　最高周囲温度39度未満＝標示温度70度未満

2　最高周囲温度39度以上64度未満＝標示温度79度以上121度未満

3　最高周囲温度64度以上106度未満＝標示温度121度以上165度未満

4　最高周囲温度106度以上150度未満＝標示温度165度以上170度未満

5　最高周囲温度150度以上＝標示温度170度以上

解説　消防法施行規則第14条第1項第7号に規定されており、その閉鎖型スプリンクラーヘッドの最高周囲温度と標示温度の関係は表のとおりである。

取り付ける場所の最高周囲温度	標　示　温　度
39度未満	79度未満

39度以上64度未満	79度以上121度未満
64度以上106度未満	121度以上162度未満
106度以上	162度以上

【正解2】

問題40 次は、閉鎖型スプリンクラーヘッドに表示する標示温度と色別を組み合わせたものであるが、この中から正しくないものを選べ。

1 黒は60℃未満

2 黄は60℃以上75℃未満

3 白は75℃以上121℃未満

4 青は121℃以上162℃未満

5 緑は200℃以上260℃未満

着眼点▶ 黄色は260℃以上である。

解説 閉鎖型スプリンクラーヘッドには、見やすい箇所に製造者名や製造年、標示温度及び標示温度の区分による色別等を表示しなければならない（閉鎖型スプリンクラーヘッドの技術上の規格を定める省令（昭和40年自治省令第2号）第15条）。
色別と標示温度の関係は、次のとおりである。

色　別	標示温度の区分
黒	60℃未満
無	60℃以上75℃未満
白	75℃以上　121℃未満
青	121℃以上　162℃未満
赤	162℃以上　200℃未満
緑	200℃以上　260℃未満
黄	260℃以上

【正解2】

問題41 全域放出方式又は局所放出方式の不活性ガス消火設備の設置及び維持に関する技術上の基準について、次のうち誤っているものはどれか。

1 局所放出方式の不活性ガス消火設備に使用する消火剤は、二酸化炭素又は窒素とすること。

2 選択弁には、選択弁である旨及びいずれの防護区画又は防護対象物の選択弁で

予　　防　　　　　　367

あるかを表示する。
3　常時人がいない場所以外の部分には、全域放出方式又は局所放出方式の不活性
ガス消火設備を設けてはならない。
4　駐車の用に供される部分及び通信機器室であって常時人がいない部分には、全
域放出方式の不活性ガス消火設備を設けること。
5　選択弁は、防護区画以外の場所に設けること。

着眼点▶　局所放出方式の不活性ガス消火設備に使用する消火剤は、二酸化炭素としなけれ
ばならない（消防法施行規則第19条第5項第2号の3）。

解説　選択肢2、3、4、5は正しい（同項第11号ハ、第1号の2、第1号及び第11号
ロ）。

【正解1】

問題42　次は、不活性ガス消火設備について記述したものであるが、誤っている
ものはどれか。
1　全域放出方式で窒素、IG－55又はIG－541を放射するものにあっては、
消火剤の既定量の90％以上の量を1分以内に放射しなければならない。
2　二酸化炭素を放射するものには、高圧式と低圧式がある。
3　局所放出方式に使用する消火剤は、二酸化炭素に限られている。
4　窒素、IG－55又はIG－541を放射する全域放出方式の自動式の起動装置
は、2以上の火災信号により起動するものでなければならない。
5　移動式の不活性ガス消火設備は、火災のとき煙が著しく充満するおそれのある
場所以外の場所に設置しなければならない。

着眼点▶　二酸化炭素を放射する全域放出方式の不活性ガス消火設備に係る死亡事故が相次
いで発生したことから、消防法施行令等の一部改正が令和5年4月1日に施行さ
れ、二酸化炭素を放射する全域放出方式の不活性ガス消火設備には起動用ガス容器
を設けること（消防法施行規則第19条第5項第13号イ）、自動式の起動装置につい
ては2以上の火災信号により起動するものであること（同項第16号イ）、閉止弁を
設けること（同項第19号イ(ハ)）などが義務付けられた。

解説　選択肢1、2、3、5は、同規則第19条第2項第3号ロ、第2号イ、第5項第2号
の3、第6項第5号に規定されている。

【正解4】

問題43　防護区画の面積が1,500㎡の駐車の用に供される部分に、消防法施行規
則第20条により設置することができる全域放出方式のハロゲン化物消火設
備について、次の中から正しいものを選べ。

368 予 防

1 ハロン1211
2 ハロン1301
3 HFC−23
4 HFC−227ea
5 FK−5−1−12

着眼点 ▶ 消防法施行規則第20条第4項第2号の2により、防護区画の面積が1,000㎡以上
若しくは体積が3,000㎡以上の駐車の用に供される部分には、ハロン1301以外
は設置することができない。ただし、HFC−23、HFC−227ea、FK−
5−1−12については、消防法施行令第32条を適用して設置することがある。

【正解2】

問題44 次は、消防法施行令第7条に定める警報設備を列挙したものであるが、
この中から誤っているものを選べ。

1 自動火災報知設備
2 無線通信補助設備
3 放送設備
4 ガス漏れ火災警報設備
5 漏電火災警報器

着眼点 ▶ 無線通信補助設備は、消火活動上必要な施設である。

解説 消防法施行令第7条第3項に定める警報設備は、次のとおりである。
1 自動火災報知設備
2 ガス漏れ火災警報設備
3 漏電火災警報器
4 消防機関へ通報する火災報知設備
5 警鐘、携帯用拡声器、手動式サイレンその他の非常警報器具及び次の非常警報設
備
(1) 非常ベル
(2) 自動式サイレン
(3) 放送設備

【正解2】

問題45 自動火災報知設備の設置基準について記したものであるが、次の中から
正しいものを選べ。

1 全ての防火対象物の10階以上の階
2 床面積が200㎡以上の地階、無窓階又は3階以上の階

予　　　防　　　　　　　　369

3　指定数量の倍数が300以上の指定可燃物を貯蔵する倉庫

4　地階又は無窓階の物品販売店舗

5　特定用途が避難階以外の階に存する防火対象物で、避難階又は地上に直通する
階段が屋内で1系統のもの

着眼点 ▶　消防法施行令第21条第1項第7号により、特定用途に供される部分が避難階以外
の階に存する防火対象物で、当該避難階以外の階から避難階又は地上に直通する階
段が2（当該階段が屋外に設けられ、又は総務省令で定める避難上有効な構造を有
する場合にあっては1）以上設けられていないものは、設置しなければならない。

【正解5】

問題46　次は、自動火災報知設備の設置が義務付けられている防火対象物につい
て記したものであるが、次の中から誤っているものを選べ。

1　延べ面積が1,000㎡の⑾項の神社

2　延べ面積が300㎡の⑸項ロの共同住宅

3　延べ面積が500㎡の⑶項ロの飲食店

4　⒀項ロのヘリコプターの格納庫

5　延べ面積が700㎡の⑿項イの工場

着眼点 ▶　⑸項ロの共同住宅については500㎡以上で設置が義務となる（消防法施行令第21
条第1項）。

【正解2】

問題47　自動火災報知設備の設置及び維持について記したものであるが、この中
から正しいものを選べ。

1　感知器の信号回路の末端には、必ず終端器を設けなければならない。

2　受信機の操作スイッチは、床面からの高さが0.5m以上1.5m以下に設けなけ
ればならない。

3　P型2級受信機は、一の防火対象物に1台しか設けることができない。

4　非常電源の蓄電池設備の容量は、有効に20分間作動できるものでなければな
らない。

5　アナログ式中継器及びアナログ式受信機の付近には、表示温度等設定一覧図を
備えておかなければならない。

着眼点 ▶　消防法施行規則第24条及び第24条の2で規定されている。

370　　　　　　　　　　　　予　　防

> 解説　選択肢1については感知器回路の末端には、発信機、押しボタン又は終端器を設けなければならない。選択肢2は受信機の操作スイッチは0.8m以上1.5m以下である。選択肢3は、一の防火対象物には3台以上設けられない。選択肢4は蓄電池設備の容量は10分間有効に作動できるものであることとされている。

【正解5】

問題48　自動火災報知設備の設置基準について、次の中から誤っているものを選べ。

1　サウナ浴場は延べ面積が200㎡以上のもの。
2　映画館は延べ面積が300㎡以上のもの。
3　工場・作業所は延べ面積が500㎡以上のもの。
4　事務所は延べ面積が1,000㎡以上のもの。
5　文化財として指定された建造物で延べ面積が500㎡以上のもの。

着眼点▶　文化財として指定された建造物については、面積に関係なく全て設置を要する（消防法施行令第21条第1項）。

【正解5】

問題49　下図に示した防火対象物の中で、自動火災報知設備の設置義務がないものはどれか。

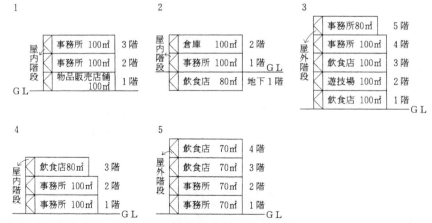

着眼点▶　消防法施行令第21条第1項で規定している。

> 解説　選択肢1と3は、同項第3号の「(16)項イに掲げる防火対象物で、延べ面積が300㎡以上」に該当し、設置義務がある。
> 　選択肢2及び4は、同項第7号の特定用途に供される部分で、避難階以外の階で直

予　　防　　　　　　　　371

通階段（屋内階段）が1系統しかないので、自動火災報知設備が設置対象となる。

【正解5】

問題50　下図の防火対象物に対する自動火災報知設備の設置範囲として、次の中から正しいものを選べ。

共同住宅　150㎡	
〃　　200㎡	
〃　　200㎡	
事　務　所　200㎡	
事　務　所　150㎡	物品販売店舗 50㎡

（条件）
1　全体(16)項ロ
（店舗はみなし従属）
2　延べ面積950㎡

1　建物全体に設置が必要である。

2　共同住宅部分に設置が必要である。

3　2階以上に設置が必要である。

4　事務所と共同住宅部分に設置が必要である。

5　5階部分に設置が必要である。

着眼点▶　消防法施行令第9条及び第21条第1項第4号により、共同住宅部分が500㎡以上となり、その部分のみが設置対象となる。

解説　消防用設備等は、原則として、独立した一つの防火対象物（棟）を単位として設置するものであるが、これによると複合用途対象の場合は規制が緩くなることもある。
　　そこで、複合用途防火対象物は、消防用設備等の設置については、それぞれの用途を別の防火対象物とみなして基準を適用することとしている。

【正解2】

問題51　次は、自動火災報知設備の感知器と設置場所の組合せについて述べたものであるが、誤っているものはどれか。

1　煙以外の微粒子が浮遊している場所（地下街通路等）には、炎感知器が適している。

2　大空間で、かつ、天井が高いこと等により熱及び煙が拡散する場所（体育館、航空機の格納庫、高天井の倉庫・工場、観覧席上部で感知器取付け高さが8m以上の場所）には、光電式分離型の煙感知器が適している。

3　風の影響を受けやすい場所（ロビー、礼拝堂、観覧場、塔屋にある機械室等）には、イオン化式スポット型の煙感知器が適している。

372 予 防

4 燻焼火災となるおそれのある場所（電話機械室、通信機室、電子計算機室、機械制御室等）には、光電式スポット型の煙感知器が適している。

5 喫煙による煙が滞留するような換気の悪い場所（会議室、応接室、休憩室、控室、楽屋、娯楽室、喫茶室、飲食室、待合室、キャバレー等の客室、集会場、宴会場等）には、補償式の感知器が適している。

着眼点 ▶ 風の影響を受けやすい場所に設置する感知器として適しているものは、差動式の感知器（差動式分布型が望ましい）、光電式スポット型（蓄積型）の煙感知器、光電式分離型（非蓄積型、蓄積型）の煙感知器、炎感知器等が該当する。

なお、差動式スポット型、差動式分布型、補償式スポット型及び煙式非蓄積型の1種は感度が良いため、非火災報の発生については2種に比べて不利な条件にあることに留意すること（自動火災報知設備の感知器の設置に関する選択基準について（平成3年12月6日付け消防予第240号通知））。

【正解3】

問題52 次のものは、自動火災報知設備の感知器の種別と取付け面の高さとの組合せについて述べたものであるが、正しいものはどれか。

感知器の種別	取付け面の高さ
1 差動式スポット型	——19mの箇所
2 イオン化式スポット型1種	——18mの箇所
3 定温式（特種、1種を除く）	—— 5mの箇所
4 差動式分布型	——15mの箇所
5 補償式スポット型	——10mの箇所

着眼点 ▶ 取付け面の高さが18mの箇所にあるときは、イオン化式スポット型1種又は光電式スポット型1種でなければならない（消防法施行規則第23条第4項第2号）。

解説 自動火災報知設備の感知器は、その性能、構造によって、取付け面の高さの制限や感知面積、取付け間隔等が定められている。したがって、感知器を設置する場所や周囲の条件を十分に検討し、感知器の機能を発揮できるように設置しなければならない。

【正解2】

問題53 自動火災報知設備の煙感知器及び熱煙複合式スポット型感知器は、「次に掲げる場所以外で、点検その他の維持管理ができる場所に設けること」とされており、除外しているが、誤っているものを選べ。

1 感知器の取付け面の高さが20m以上の場所

2 天井裏で天井と上階の床との間の距離が0.5m未満の場所

予　　防　　　　　　　373

3　上屋その他外部の気流が流通し有効に感知できない場所

4　煙が多量に流入するおそれのある場所

5　著しく低温となる場所

着眼点▶　除外しているのは、著しく低温ではなく、著しく高温となる場所である。

解説　選択肢1〜4のほか、次の場所が挙げられる（消防法施行規則第23条第4項）。
　　1　じんあい、微粉又は水蒸気が多量に滞留する場所
　　2　腐食性ガスが発生するおそれのある場所
　　3　厨房その他正常時において煙が滞留する場所
　　4　著しく高温となる場所
　　5　排気ガスが多量に滞留する場所
　　6　結露が発生する場所
　　7　感知器の機能に支障を及ぼすおそれのある場所

【正解5】

問題54　ガス漏れ火災警報設備の設置を要するものを記したものであるが、次の
　　　　中から正しいものを選べ。

1　複合用途対象物で、延べ面積5,000㎡で、地階の床面積の合計が1,000㎡で、
　かつ、飲食店の床面積が500㎡のもの

2　百貨店で地階の床面積の合計が700㎡のもの

3　映画館で地階の床面積の合計が500㎡のもの

4　準地下街でマーケットの床面積が400㎡のもの

5　地下街で延べ面積700㎡のもの

着眼点▶　複合用途対象物の地階のうち、床面積の合計が1,000㎡以上で、かつ、特定用途
　　　　に供される部分の床面積の合計が500㎡以上のものは、ガス漏れ火災警報設備が必
　　　　要である。

解説　消防法施行令第21条の2第1項によるガス漏れ火災警報設備の設置を要するもの
　　　は、次のとおりである。
　　1　（16の2）項に掲げる防火対象物で、延べ面積が1,000㎡以上のもの。
　　2　（16の3）項に掲げる防火対象物のうち、延べ面積が1,000㎡以上で、かつ、特
　　　定用途に供される部分の床面積の合計が500㎡以上のもの。
　　3　1、2に掲げる防火対象物以外の同令別表第1に掲げる建築物その他の工作物
　　　（収容人員が同規則第24条の2の2第2項で定める数に満たないものを除く。）
　　　で、その内部に、温泉の採取のための設備で同規則第24条の2の2第3項で定める
　　　もの（温泉法（昭和23年法律第125号）第14条の5第1項の確認を受けた者が当該
　　　確認に係る温泉の採取の場所において温泉を採取するための設備を除く。）が設置
　　　されているもの。
　　4　特定用途の防火対象物の地階で、床面積の合計が1,000㎡以上のもの。

374　　　　　　　　　　　　　　予　　　防

　　5　複合用途防火対象物の地階のうち、床面積の合計が1,000㎡以上で、かつ、特定
　用途に供される部分の床面積の合計が500㎡以上のもの。

【正解1】

問題55　非常警報設備の設置及び維持に関する技術上の基準の細目に関する次の
　　　　記述のうち、正しいものを選べ。

1　放送設備のスピーカーは、階段又は傾斜路に設置する場合、垂直距離15mに
　つきL級のものを1個以上設けること。

2　非常警報設備の起動装置は、床面からの高さが0.8m以上1.8m以下の箇所に
　設けること。

3　非常警報設備の起動装置は、各階ごとに、その階の各部分から一の起動装置ま
　での歩行距離が25m以下となるように設けること。

4　非常ベル又は自動式サイレンの音響装置は、各階ごとに、その階の各部分から
　一の音響装置までの水平距離が50m以下となるように設けること。

5　非常ベル又は自動式サイレンの音響装置の音圧は、取り付けられた音響装置の
　中心から1m離れた位置で75デシベル以上であること。

着眼点▶　選択肢1は消防法施行規則第25条の2第2項第3号ロ（ハ）で規定している。

解説　選択肢2は同項第2号の2ロにより、起動装置は0.8mから1.5m以下の箇所に、選
　　択肢3は同項第2号の2イにより、一の起動装置までの歩行距離が50m以下、選択肢
　　4は同項第1号ハにより、一の音響装置までの水平距離が25m以下、選択肢5は同項
　　第1号イ（イ）により、1m離れた位置で90デシベル以上になるように設置しなけれ
　　ばならない。

【正解1】

問題56　次は、消防法第17条に基づく病院の6階部分に設置する避難器具を列挙
　　　　したものであるが、適応する避難器具として、正しいものはどれか。

1　避難はしご

2　緩降機

3　避難用タラップ

4　滑り台

5　避難ロープ

着眼点▶　病院施設に適応する避難器具としては、次のようなものがある（消防法施行令第
　　25条第2項）。
　　　1　地階

予　　　防　　　　　　　　　　　375

　　　避難はしご、避難用タラップ
　2　2階
　　　滑り台、避難はしご、救助袋、緩降機、避難橋、避難用タラップ
　3　3階
　　　滑り台、救助袋、緩降機、避難橋
　4　4階又は5階
　　　滑り台、救助袋、緩降機、避難橋
　5　6階以上の階
　　　滑り台、救助袋、避難橋

【正解4】

問題57　避難設備に関する記述のうち、次の中から誤っているものを選べ。
1　避難器具の設置個数は、防火対象物全体の収容人員で算定する。
2　誘導灯には、避難口誘導灯、通路誘導灯及び客席誘導灯がある。
3　避難階及び11階以上の階には、避難器具の設置を要しない。
4　屋外避難階段が設置されている場合には、必要とされる避難器具の数から屋外避難階段の数を引いて設置することができる。
5　避難口誘導灯又は通路誘導灯の有効範囲内の部分については、誘導標識を設置しないことができる。

着眼点▶　避難器具の設置個数の算定基準は、全体の収容人員ではない（消防法施行令第25条第2項）。

解説　選択肢2、5は同令第26条第1項及び第3項、選択肢3は同令第25条第1項、選択肢4は同規則第26条第2項により正しい。

【正解1】

問題58　誘導灯の設置について記したものであるが、60分間作動できる容量の非常電源が必要な防火対象物で、次のうち誤っているものはどれか。
1　消防法施行令別表第1(1)項から(16)項の防火対象物で延べ面積が50,000㎡以上のもの
2　消防法施行令別表第1(1)項から(16)項の防火対象物で地階を除く階数が15階以上であり、かつ、延べ面積30,000㎡以上のもの
3　延べ面積が10,000㎡の特定用途のもの
4　消防長又は消防署長が避難上必要であると認めて指定した地下駅舎
5　延べ面積1,000㎡以上の地下街

着眼点▶　平成21年9月30日に消防法施行規則の一部が改正され、平成22年9月1日に施行

された。60分間作動できる容量の非常電源が必要な誘導灯を設置しなければならないのは、次の防火対象物である（誘導灯及び誘導標識の基準（平成11年消防庁告示第2号）第4）。

1　消防法施行令別表第1(1)項から(16)項の防火対象物で延べ面積が50,000㎡以上のもの

2　同表第1(1)項から(16)項の防火対象物で地階を除く階数が15階以上であり、かつ、延べ面積30,000㎡以上のもの

3　消防長又は消防署長が避難上必要であると認めて指定した同表第1(10)項に掲げる防火対象物及び同表(16)項に掲げる防火対象物の同表(10)項に掲げる防火対象物の用途に供される部分で、乗降場が地階にあるもの

4　延べ面積1,000㎡以上の地下街

解説　大規模・高層の防火対象物、地下街及び地下駅舎については、地上とのアクセスが構造上制限されること、建物内の移動距離が長くなること、強い揺れに伴い避難障害や要救助者を生ずるおそれがあることから、避難に相当の時間を要することが予想され、館内の長時間避難に対応した誘導表示が必要である。このことから、停電時の誘導灯が60分間作動できる容量の非常電源が義務付けられた。

【正解3】

問題59　次は、誘導灯に関する基準について述べたものであるが、誤っているものはどれか。

1　非常電源の容量を60分間とするものとしては、消防法施行令別表第1に掲げる防火対象物（(1)項から(16)項まで）で延べ面積が50,000㎡以上、地階を除く階数が15以上のもので、かつ、延べ面積が30,000㎡以上のもの等が該当する。

2　通路誘導灯（廊下）の電源は、非常電源とし、表示面の面積100㎠当たりの明るさ（ルーメン）は40以上とする。

3　消防法施行令第26条第1項ただし書きの総務省令で定めるもので、通路誘導灯については、同令別表第1(1)項から（16の3）項までに掲げる防火対象物の階段又は傾斜路のうち、非常用の照明装置が設けられているものが該当する。

4　消防法施行規則第28条の3第3項に規定する消防庁長官が定める居室は、室内の各部分から当該居室の出入口を容易に見とおし、かつ、識別することができるもので、床面積が100㎡（主として防火対象物の関係者及び関係者に雇用されている者の使用に供するものにあっては、400㎡）以下であるものとする。

5　避難口誘導灯は、避難口である旨を表示した緑色の灯火とし、防火対象物又はその部分の避難口に、避難上有効なものとなるように設けるものとする。

着眼点▶　通路誘導灯の表示面の平均輝度（cd／㎡）は、常用電源の場合、A級は400以上1,000未満、B級は350以上1,000未満、C級は300以上1,000未満、非常電源の場合は

予　　防　　　　　　　　　　　　　　377

150以上400未満である（誘導灯及び誘導標識の基準（平成11年消防庁告示第2号）第5第2号(2)）。

　通路誘導灯は、避難の方向を明示した緑色の灯火とし、防火対象物又はその部分の廊下、階段、通路その他避難上の設備がある場所に、避難上有効なものとなるように設けること。ただし、階段に設けるものにあっては、避難の方向を明示したものとすることを要しない（消防法施行令第26条第2項第2号）。

【正解2】

問題60　誘導灯及び誘導標識の設置について記したものであるが、次の中から正しいものを選べ。

1　誘導標識は、消防法施行令別表第1(1)項から(16)項までの防火対象物には全て設置しなければならない。

2　消防法施行令別表第1(1)項から(4)項まで、(5)項イ、(6)項、(9)項、(16)項イ、（16の2）項及び（16の3）項の防火対象物で延べ面積が300㎡以上のものには、全て誘導灯を設置しなければならない。

3　消防法施行令別表第1(5)項ロ、(7)項、(8)項、(10)項から(15)項までの防火対象物で、延べ面積が500㎡以上のものには、全て誘導灯を設置しなければならない。

4　建築基準法に基づく非常照明が設置されていれば非常電源は設置しなくてもよい。

5　避難口誘導灯は、用途に関係なく設置しなければならない。

着眼点▶　誘導標識は、消防法施行令別表第1(1)項から(16)項までの防火対象物に設置が必要である。

解説　誘導灯及び誘導標識に関する基準は、同令第26条に規定されている。誘導灯は面積に関係なく、同令別表第1(1)項から(4)項まで、(5)項イ、(6)項、(9)項、(16)項イ、（16の2）項及び（16の3）項の防火対象物並びに同表第1(5)項ロ、(7)項、(8)項、(10)項から(15)項まで及び(16)項ロの防火対象物の地階、無窓階及び11階以上の部分に設置しなければならない。

　誘導灯の非常電源は、必ず設置しなければならない。

【正解1】

問題61　通路誘導灯を補完するものとして設置する蓄光式誘導標識の設置及び維持に関する技術上の基準の細目について記したものであるが、この中から誤っているものを選べ。

1　蓄光式誘導標識は、高輝度蓄光式誘導標識とすること。

2　蓄光式誘導標識は、性能を保持するために必要な照度が採光又は照明により確

保されている箇所に設けること。

3　蓄光式誘導標識は、床面又はその直近の箇所に設けること。

4　廊下及び通路の各部分から一の蓄光式誘導標識までの歩行距離が5m以下となる箇所及び曲り角に設けること。

5　蓄光式誘導標識の周囲には、蓄光式誘導標識と紛らわしい又は蓄光式誘導標識を遮る広告物、掲示物等を設けないこと。

着眼点▶ 誘導灯及び誘導標識の基準第3の2に定められている。

解説 選択肢1、2、3、5は正しい。選択肢4は、「歩行距離7.5m以下となる箇所及び曲り角に設けること」と定めている。

【正解4】

問題62　次は、消防法令に規定する消火活動上必要な施設を列挙したものであるが、誤っているものはどれか。

1　排煙設備

2　非常コンセント設備

3　無線通信補助設備

4　非常用エレベーター

5　連結散水設備

着眼点▶ 非常用エレベーター（非常用の昇降機）は、高さが31mを超える建物等に設置しなければならない（建築基準法第34条第2項、同令第129条の13の3）。

解説 消火活動上必要な施設は、次のようなものがある（消防法施行令第7条）。

1　排煙設備

2　連結散水設備

3　連結送水管

4　非常コンセント設備

5　無線通信補助設備

これらは、いずれも高層建築物の高層部分や地下街等で火災が発生した場合、消火や人命救出等が困難になることから、消防隊の活動を容易にするために設置するものである。

なお、設問の設備の概要として、排煙設備は、火災発生の際、建築物内部に充満する煙を屋外に排出するために設置し、非常コンセント設備は、消防隊の移動用照明器具や破壊器具を接続し、消防活動を円滑にするための電源設備である。

無線通信補助設備は、地下街等の火災において無線交信が困難となり、場合によっては通信不能となるため、火災時等においては信頼性の高い通信網を確保する必要があることから、火災等の災害による被害を受けるおそれの少ないように無線通信補助設備を設置し、消防隊相互の無線連絡（地上と地下の間）を容易にするものである。

予　　　　防　　　　　　　　　379

　　　連結散水設備は、地下街や建築物の地下等で火災が発生した場合、煙が著しく充満
　し消防活動が非常に困難になることから、事前にこの設備を施設しておき、火災の
　際、送水口から消防自動車により送水し、防火対象物内に設置された散水ヘッドから
　放水し、消火するものである。

【正解4】

問題63　　次は、連結散水設備に関する基準について記述したものであるが、誤っ
　　　　　ているものはどれか。
1　　一の送水区域に接続する散水ヘッドの数は、開放型散水ヘッド及び閉鎖型散水
　ヘッドの場合には10個以下、閉鎖型スプリンクラーヘッドの場合には20個以下
　とする。
2　　送水口のホース接続口は、地上に設けるものは地盤面からの高さが0.5m以上
　1m以下、地下に設けるものは地盤面からの深さが0.3m以内の箇所に設ける。
3　　選択弁を設ける場合は、送水口付近に設けなければならない。
4　　送水口のホース接続口は、一の送水区域に取り付ける散水ヘッドの数が10以
　下のものについては単口形とすることができる。
5　　送水口には、その直近の見やすい箇所に標識と送水区域、選択弁及び送水口を
　明示した系統図を設けなければならない。

着眼点▶　原則は双口形とされているが、一の送水区域に取り付ける散水ヘッドの数が4以
　　　　下のものについては単口形とすることができる（消防法施行規則第30条の3第4号
　　　　イ）。

【正解4】

問題64　　次は、消防法に規定する非常コンセント設備に関する事項について述べ
　　　　　たものであるが、誤っているものはどれか。
1　　非常コンセントの保護箱の上部には、赤色の灯火を設けなければならない。
2　　非常コンセント設備は、三相交流200Vで30A以上の電気を供給することが
　できるものでなければならない。
3　　非常コンセントは、日本産業規格C8303の接地形二極コンセントのうち定格
　が15A125Vのものに適合しなければならない。
4　　非常コンセント設備は、消防法施行令別表第1に掲げる建築物で、地階を除く
　階数が11以上のものに設置しなければならない。
5　　非常コンセントは、床面又は階段の踏面からの高さが1m以上1.5m以下の位
　置に設けなければならない。

380 予　　防

着眼点 ▶　非常コンセント設備は、単相交流100Ｖで15Ａ以上の電気を供給できるものとすること（消防法施行令第29条の２第２項第２号）。

【正解２】

問題65　次は、無線通信補助設備に関する基準について記述したものであるが、誤っているものはどれか。

1　無線機を接続する端子は、地上で消防隊が有効に活動できる場所及び防災センター等に設けなければならない。

2　無線機を接続する端子は、保護箱に収容しなければならない。

3　保護箱の表面は、赤色に塗色し、「無線機接続端子」と表示しなければならない。

4　警察の無線通信その他の用途と共用してはならない。

5　漏洩同軸ケーブル又は同軸ケーブルの公称インピーダンスは、50Ωとし、これらに接続する空中線、分配器その他の装置は、当該インピーダンスに整合しなければならない。

着眼点 ▶　警察の無線通信その他の用途と共用する場合は、消防隊相互の無線連絡に支障のないような措置を講じることとされている（消防法施行規則第31条の２の２第10号）。

【正解４】

問題66　消防用設備等の総合操作盤を防災センター等に設けなければならないものについて記しているが、この中から正しいものを選べ。

1　延べ面積が30,000㎡以上の工場（⒀項イ）

2　地階を除く階数が15以上で、かつ、延べ面積が10,000㎡以上の病院（⑹項イ）

3　延べ面積900㎡以上の地下街（（16の２）項）

4　地階を除く階数が５以上で、かつ、延べ面積が20,000㎡以上の特定防火対象物で消防長又は消防署長が指定したもの

5　地階の床面積の合計が3,000㎡以上の防火対象物で消防長又は消防署長が指定したもの

着眼点 ▶　消防法施行規則第12条第１項第８号で消防用設備等の監視、操作等を行うことができる総合操作盤を防災センター等に設置しなければならない防火対象物を定めている。

【正解４】

予　　　防　　　381

問題67　次は、消防法施行令第29条の４に規定する必要とされる防火安全性能を有する消防の用に供する設備等を列挙したものであるが、誤っているものはどれか。

1　特定小規模施設用自動火災報知設備

2　共同住宅用自動火災報知設備

3　住戸用自動火災報知設備

4　特定施設水道連結型スプリンクラー設備

5　加圧防排煙設備

着眼点▶　選択肢４は、消防法施行令第12条第２項第３号の２に規定されている。

解説　選択肢１は、特定小規模施設における必要とされる防火安全性能を有する消防の用に供する設備等に関する省令（平成20年総務省令第156号）、選択肢２、３は、特定共同住宅等における必要とされる防火安全性能を有する消防の用に供する設備等に関する省令（平成17年総務省令第40号）、選択肢５は、排煙設備に代えて用いることができる必要とされる防火安全性能を有する消防の用に供する設備等に関する省令（平成21年総務省令第88号）に規定されている。

【正解４】

問題68　特定共同住宅等における必要とされる防火安全性能を有する消防の用に供する設備等に関する省令の用語の意義について、次のうち正しいものはどれか。

1　共用部分とは、特定共同住宅等において、居住者が集会、談話等の用に供する部分をいう。

2　共用室とは、特定共同住宅等の廊下、階段、エレベーターホール、エントランスホール、駐車場その他これらに類する特定共同住宅等の室であって、住戸等以外の室をいう。

3　開放型廊下とは、天井高の１／３以上が直接外気に開放された廊下をいう。

4　開放型階段とは、各階において階段周長の１／２以上が直接外気に開放された階段をいう。

5　共同住宅用連結送水管とは、特定共同住宅等における消防隊による活動を支援するための設備であって、放水口、配管、送水口等で構成されるものをいう。

解説　特定共同住宅等における必要とされる防火安全性能を有する消防の用に供する設備等に関する省令（平成17年総務省令第40号）第２条に用語の意義が定められている。

　　共用部分とは、特定共同住宅等の廊下、階段、エレベーターホール、エントランスホール、駐車場その他これらに類する特定共同住宅等の部分であって、住戸等以外の部分をいう。

予　　　防

　共用室とは、特定共同住宅等において、居住者が集会、談話等の用に供する室をいう。
　開放型廊下とは、直接外気に開放され、かつ、特定共同住宅等における火災時に生ずる煙を有効に排出することができる廊下をいう。
　開放型階段とは、直接外気に開放され、かつ、特定共同住宅等における火災時に生ずる煙を有効に排出することができる階段をいう。
　なお、開放型廊下、開放型階段の開放性については、特定共同住宅等の構造類型を定める件（平成17年消防庁告示第3号）に詳細が示されている。

【正解5】

問題69　次は、共同住宅用スプリンクラー設備に関する基準について記述したものであるが、誤っているものはどれか。

1　スプリンクラーヘッドは、住戸、共用室及び管理人室の居室及び室の面積が4㎡以上の収納室の天井の室内に面する部分に設ける。

2　スプリンクラーヘッドの開放によりベル、ブザー又は音声警報を発する。

3　スプリンクラーヘッドは、小区画型ヘッドのうち、感度種別が1種であるものに限る。

4　制御弁は、住戸、共用室又は管理人室ごとに、床面からの高さが0.8m以上1.5m以下の箇所に設ける。

5　水源の水量は、4㎡以上となるように設ける。

着眼点▶　スプリンクラーヘッドの開放により音声警報を発するものとされている（共同住宅用スプリンクラー設備の設置及び維持に関する技術上の基準（平成18年消防庁告示第17号）第2第3号(1)）。

解説　選択肢1、5は、特定共同住宅等における必要とされる防火安全性能を有する消防の用に供する設備等に関する省令（平成17年総務省令第40号）第3条第3項第2号ロ、ニ、選択肢3、4は、共同住宅用スプリンクラー設備の設置及び維持に関する技術上の基準第2第1号(1)、第2号(1)に規定されている。

【正解2】

問題70　次は、パッケージ型自動消火設備に関する記述であるが、誤っているものはどれか。

1　パッケージ型自動消火設備は、屋内消火栓設備に代えて用いることができる。

2　非常電源の容量は、監視状態を60分間継続した後、作動装置等の電気を使用する装置を作動し、かつ、音等を10分間以上継続して発生させることができる。

3　壁、床、天井、戸等で区画されている居室等の面積が13㎡を超えている場合

予　　防　　　　　383

には、同時放射区域を２以上に分割して設定することができる。

4　同時放射区域を２以上のパッケージ型自動消火設備により防護する場合にあっ
ては、同時に放射できるように作動装置等を連動させる。

5　感知部は、検出方式の異なる２以上のセンサーにより構成する。

着眼点 ▶　パッケージ型自動消火設備は、スプリンクラー設備に代えて用いることができる
（必要とされる防火安全性能を有する消防の用に供する設備等に関する省令（平成
16年総務省令第92号）第２条）。

解説　選択肢２、３、４、５は、パッケージ型自動消火設備の設置及び維持に関する技術
上の基準を定める件（平成16年消防庁告示第13号）第13第４号、第４第２号、第５
号、第７第３号に規定されている。

【正解１】

問題71　次は、「建築主事（建築副主事を除く。）」について述べたものであるが、
誤っているものはどれか。

1　建築主事は、建築基準法の施行を確保するための職務権限を有しているが、こ
の権限は都道府県知事又は市町村長から委任されたものである。

2　建築主事は、建築物や工作物の計画の確認に関する事務をつかさどらせるため
に、都道府県及び特定の市町村に置かれる独立の行政機関である。

3　東京都の特別区（23区）にも、職務や権限は限定されているが建築主事が置
かれている。

4　建築主事の処分に対する不服又は建築主事の処分（作為又は不作為）に対する
不服がある者は、建築審査会に審査請求をすることができる。

5　建築主事は、国土交通大臣の行う建築基準適合判定資格者検定に合格した吏員
のうちから、都道府県知事又は市町村長によって任命される。

着眼点 ▶　建築主事は、建築基準法の施行を確保するために職務権限を有しているが、これ
らの職務権限は法律によって与えられたものである（建築基準法第４条）。
　なお、職務権限には、次のようなものがある。
　1　建築物、建築設備又は指定工作物の計画の確認に関する事務
　2　完了検査、検査済証の交付及び仮使用の承認を行う事務
　3　建築物の所有者、管理者又は占有者、建築主、工事監理者等から必要な報告を
　　求める事務
　4　確認又は完了検査をするため必要な場合に建築物、建築物の敷地、工事現場等
　　に立ち入り、建築物、建築設備、建築材料、設計図書等の物件を検査し、又は試
　　験をする事務
　5　建築主又は建築物の除却の工事を施行する者の提出する建築工事届又は建築物
　　除却届を受け取り、これを都道府県知事に送付する事務

384 予 防

　　6　国、都道府県、建築主事を置く市町村等の建築物、建築設備又は指定工作物の
　　計画の通知を受け、その審査を行う事務

【正解1】

問題72　次は、共同住宅等で各階を貫通するダクト（共用給排気ダクト）に関す
　　る事項について述べたものであるが、誤っているものはどれか。
1　一般的にダクト内に防火ダンパーを取り付けた場合には、防火ダンパー作動に
　よる不完全燃焼、立消えの原因となるから、ダクト内には、防火ダンパーを取り
　付けてはならない。
2　Uダクトは、一般的に排気ダクト、給気ダクトともに横引きとなる構造である
　が、これは給気量が一定となり、適正な燃焼が確保されるためである。
3　Uダクトの排気ダクト及びSEダクトの垂直ダクトは、保温性が悪い場合には
　排気温度が低下して、ドラフトが落ち給気量不足となるから、保温性を有するこ
　とが必要である。
4　SEダクトの垂直ダクトの断面形状は、ガス機器の燃焼排ガスの均一拡散と摩
　擦抵抗を考慮して1：1.4以下を目安とすることになっている。
5　ダクト底部には、ドレン受け及びドレン抜きを設けるとともに掃除口を設ける
　ことになっている。

着眼点▶　Uダクトの給（排）気ダクト及びSEダクトの垂直ダクトは、真っすぐに設置す
　　　　　ることを条件に給気量を計算するが、これに横引きが入っていると抵抗が増して必
　　　　　要な給気量が確保できなくなり、不完全燃焼（燃焼不良）の原因となる。

【正解2】

問題73　建築基準法に掲げる用語の意義に関する記述であるが、この中から正し
　　いものを選べ。
1　「建築物」には、建築設備が含まれない。
2　「主要構造部」には、間仕切壁、間柱も含まれる。
3　「建築」には、大規模な修繕、大規模な模様替えは含まれない。
4　共同住宅は、「特殊建築物」に含まれない。
5　消火の設備は、「建築設備」に含まれない。

着眼点▶　建築基準法第2条の用語の意義に定められている。

【正解3】

問題74　建築関係法令に関する次の記述のうち、誤っているものを選べ。

予　　防　　　　　　　　　　385

1　「準防火性能」とは、建築物の周囲において発生する通常の火災による延焼の
抑制に一定の効果を発揮するために外壁に必要とされる性能をいう。

2　「防火性能」とは、建築物の周囲において発生する通常の火災による延焼を抑
制するために当該外壁又は軒裏に必要とされる性能をいう。

3　「遮炎性能」とは、通常の火災時における火炎を有効に遮るために建築設備に
必要とされる性能をいう。

4　「耐火性能」とは、通常の火災が終了するまでの間、当該火災による建築物の
倒壊又は延焼を防止するために当該建築物の部分に必要とされる性能をいう。

5　「準耐火性能」とは、通常の火災による延焼を抑制するために当該建築物の部
分に必要とされる性能をいう。

解説　選択肢1は建築基準法第23条で、選択肢2、4、5については同法第2条で定めら
れており正しい。選択肢3は「建築設備」ではなく「防火設備」である。

【正解3】

問題75　建築物の地階とは、床が地盤面下にある階で、床面から地盤面までの高
さが、天井の高さの何分の何以上をいうか、次の中から正しいものを選べ。

1　5分の1以上

2　4分の1以上

3　3分の1以上

4　2分の1以上

5　1分の1以上

着眼点▶　建築基準法施行令第1条第2号で、地階とは、「床が地盤面下にある階で、床面
から地盤面までの高さがその階の天井の高さの3分の1以上のものをいう。」と定
めている。

【正解3】

問題76　次は、建築基準法上の事項について述べたものであるが、誤っているも
のはどれか。

1　非常用の進入口は、外部から開放し又は破壊して、室内に進入することができ
る構造であることが必要である。

2　防火地域に建築する自動車車庫で、延べ面積が150㎡を超えるものについて
は、耐火建築物としなければならないことになっている。

3　2階建ての建築物で延べ面積に関係なく、2以上の直通階段を設けなくてはな
らないものには、共同住宅で2階に居室があるものなどである。

386 予 防

4 建築基準法は、建築物の敷地、構造、設備及び用途に関する最低の基準等について規定したものである。

5 内装制限を受ける火気使用室は、壁及び天井の室内に面する部分に難燃材料を使用してはならないことになっている。

着眼点 ▶ 2階建ての建築物で延べ面積に関係なく2以上の直通階段を設けなければならないものは、劇場、映画館、演芸場、観覧場、公会堂又は集会場の用途に供する建築物で、2階に客席、集会室等のあるものである（建築基準法施行令第121条第1項第1号）。

【正解3】

問題77 次は、建築基準法上の事項について述べたものであるが、誤っているものはどれか。

1 非常用進入口は、一定の広さのバルコニーを設け、赤色灯の標識を提示しなければならない。

2 2階建ての木造共同住宅においては、2階の居室の床面積の合計が100㎡以上であれば、2以上の階段を設けなければならない。

3 特殊建築物の内装は、用途地域によって制限内容は異なる。

4 準防火地域内で、延べ面積が500㎡超え1,500㎡以下の自動車修理工場は、耐火建築物又は準耐火建築物としなければならない。

5 高さが20mを超える建築物には、原則として避雷針を設置しなければならない。

着眼点 ▶ 特殊建築物の内装は、用途地域に係わりなく、建築物の用途、規模等によって制限される（建築基準法第35条の2）。

【正解3】

問題78 建築基準法施行令第123条第1項の屋内避難階段に関する記述で、次のうち誤っているものはどれか。

1 階段室の天井（天井のない場合にあっては、屋根）及び壁の室内に面する部分は、下地・仕上げともに不燃材料で造らなければならない。

2 階段に通ずる出入口には、特定防火設備を設けなければならない。

3 階段室には、窓その他の採光上有効な開口部又は予備電源を有する照明設備を設けなければならない。

4 階段は、耐火構造とし、避難階まで直通しなければならない。

5 階段に通ずる出入口は、直接手で開くことができ、かつ、自動的に閉鎖する戸又は戸の部分は、避難の方向に開くことができるものとすること。

予　　防　　　387

着眼点 ▶ 屋内避難階段に通ずる出入口には、建築基準法第2条第9号の2ロに規定する防火設備で同令第112条第19項第2号に規定する構造であるものを設けることとしており、必ずしも特定防火設備ではない（同令第123条第1項第6号）。

解説　選択肢1、3から5については、同令第123条第1項第2号、第3号、第6号及び第7号により正しい。

【正解2】

問題79　次は、建築基準法に定める非常用進入口の大きさ等に関するものであるが、この中から正しいものを選べ。

1　幅が70cm以上、高さが1.0m以上、下端の床面からの高さが70cm以下
2　幅が70cm以上、高さが1.2m以上、下端の床面からの高さが80cm以下
3　幅が75cm以上、高さが1.2m以上、下端の床面からの高さが80cm以下
4　幅が75cm以上、高さが1.5m以上、下端の床面からの高さが80cm以下
5　幅が80cm以上、高さが1.5m以上、下端の床面からの高さが75cm以下

着眼点 ▶ 進入口の大きさ等は、幅×高さ×下端の床面からの高さが、それぞれ75cm以上×1.2m以上×80cm以下である。

解説　建築基準法施行令第126条の7による進入口は、次のとおりである。
　1　進入口は、道又は道に通ずる幅員4m以上の通路その他の空地に面する各階の外壁面に設ける。
　2　進入口の間隔は、40m以下。
　3　進入口の幅、高さ及び下端の床面からの高さが、それぞれ75cm以上、1.2m以上、80cm以下。
　4　進入口は、外部から開放し、又は破壊して室内に進入できる構造とする。
　5　進入口には、奥行き1m以上、長さ4m以上のバルコニーを設ける。
　6　進入口又はその近くに、外部から見やすい方法で赤色灯の標識を掲示し、及び非常用の進入口である旨を赤色で表示する。
　7　1から6のほか、国土交通大臣が非常用の進入口としての機能を確保するために必要があると認めて定める基準に適合する構造とすること。

【正解3】

問題80　次は、建築基準法施行令第126条の3の排煙設備の構造に関する記述であるが、誤っているものはどれか。

1　建築物をその床面積500㎡以内ごとに防煙壁で区画しなければならない。
2　排煙口、風道その他煙に接する部分は、不燃材料で造らなければならない。
3　排煙口には、煙感知器と連動する自動開放装置を設けなければならない。
4　排煙口が防煙区画部分の床面積の50分の1以上の開口面積を有し、かつ、直

接外気に接する場合を除き、排煙機を設けなければならない。

5　電源を必要とする排煙設備には、予備電源を設けなければならない。

着眼点▶　建築基準法施行令第126条の３第１項第４号に「排煙口には、手動開放装置を設けること。」と定められている。

【正解３】

問題81　次は、建築基準法施行令に定める「非常用の照明装置」を設置しなければならないものを記したものであるが、この中から正しいものを選べ。

1　ボーリング場

2　病院の病室

3　寄宿舎の寝室

4　集会場

5　水泳場

着眼点▶　非常用の照明装置の設置を要するのは、集会場である。

解説　非常用の照明装置は、地震や火災等の事故発生に際して、常用電源が遮断されると、避難に支障をきたすため、最低限の行動に必要な照度を確保するものである。この設置対象物は、建築基準法施行令第126条の４に、同法別表第１(い)欄(1)項から(4)項までに掲げる特殊建築物、階数が３以上で延べ面積500㎡を超える建築物、採光上有効な開口部の面積が当該居室の床面積の20分の１未満のもの、延べ面積が1,000㎡を超える建築物の居室等と規定している。

【正解４】

問題82　建築基準法の各種検証法に関する次の記述のうち、誤っているものを選べ。

1　建築基準法施行令第108条の４第２項の「耐火性能検証法」とは、建築物の特定主要構造部の耐火に関する性能を検証する方法をいう。

2　建築基準法施行令第129条第３項の「階避難安全検証法」により階避難安全性能を有することが確かめられた場合にあっては、建築基準法施行令第120条に基づく直通階段設置の規定は当該階避難安全検証法により適用除外される。

3　建築基準法施行令第129条の２第４項の「全館避難安全検証法」とは、火災時において当該建築物からの避難が安全に行われることを、避難に要する時間又は火災により生じた煙若しくはガスの高さに基づき検証する方法をいう。

4　建築基準法施行令第129条第３項の「階避難安全検証法」とは、火災時において建築物の階から避難が安全に行われることを、避難に要する時間又は火災によ

予　　防　　　　　　389

り生じた煙若しくはガスの高さに基づき検証する方法をいう。

5　建築基準法施行令第108条の４第５項の「防火区画検証法」とは、開口部に設けられる防火設備の火災時における遮煙に関する性能を検証する方法をいう。

> **解説**　選択肢１、３、４については、正しい。選択肢２は建築基準法施行令第129条第１項により適用が除外されているので正しい。
> 　　選択肢５は「遮煙に関する性能」ではなく「遮炎に関する性能」である。

【正解５】

問題83　立入検査は、火災予防の観点から実施するものであるが、この火災予防の内容や根拠として、次の中から妥当でないものを選べ。

1　消防対象物の位置、構造、設備、管理の状況の検査

2　消防法に基づく命令

3　火災予防条例

4　建築基準法等の防火に関する法令

5　電気、ガス、公害に関する法令

> **着眼点▶**　立入検査の内容に、電気、ガス、公害に関する法令は含まれていない。

> **解説**　立入検査は、消防対象物の位置、構造、設備及び管理の状況について、かつ、火災予防の観点から行うもので、公害、採光等の検査を行うものではない。
> 　　また、検査の内容は、火災予防上の観点から、消防法、これに基づく命令若しくは火災予防条例又は建築基準法等防火に関する法令の規定を基準として行うべきである。

【正解５】

問題84　次は、消防設備士の義務違反に対して罰金又は拘留に処せられるものについて列挙したものであるが、次のうち違反した場合罰金又は拘留になるものはどれか。

1　消防設備士は、その業務に従事するときは、消防設備士免状を携帯していなければならない。

2　消防設備士でなければ行ってはならない消防用設備等又は特殊消防用設備等の工事に着手しようとするとき、甲種消防設備士は、その工事の着手予定日の10日前までに必要な事項を消防長又は消防署長に届け出なければならない。

3　消防設備士は、その業務を誠実に行い、消防用設備等の質の向上に努めなければならない。

4　消防設備士免状の交付を受けている者は、免状の記載事項に変更を生じたとき

は、遅滞なく当該免状に変更事項を証明できる書類を添えて、当該免状を交付した都道府県知事又は居住地若しくは勤務地を管轄する都道府県知事にその書換えを申請しなければならない。

5　消防設備士は、総務省令で定めるところにより、都道府県知事が行う工事整備対象設備等の工事又は整備に関する講習を受けなければならない。

着眼点 ▶　甲種消防設備士の工事着手の届出義務は、消防用設備等又は特殊消防用設備等の工事の着手前に消防機関へ届け出ることを義務付けることにより、消防機関が事前に消防用設備等又は特殊消防用設備等の設置について十分に把握を行うとともに消防設備士の業務の状況を把握するためである。違反した者は、30万円以下の罰金又は拘留に処せられる（消防法第17条の14、第44条）ほか、消防設備士免状返納命令の対象となる（消防法第17条の7で準用する消防法第13条の2）。

　なお、選択肢1、3、5の違反については、消防設備士免状返納命令の対象となる（消防法第17条の7で準用する消防法第13条の2）。

【正解2】

問題85　消防法第4条に基づく立入検査を行う場合、関係者がこれを拒否する理由として認められるものはどれか。

1　共同住宅の居住部分への立ち入りについて、関係者が理由を示さず一方的に拒否した。

2　請求はしなかったが、立ち入る前に市町村長の定める証票を示さなかったので拒否した。

3　修道院の関係者が男子禁制という宗教上の理由で、男子消防職員の立ち入りを拒否した。

4　外国人の関係者が、外国人には日本国の行政権は及ばないとして立ち入りを拒否した。

5　映画館の休館日に立ち入りを行う場合で、事前通告がなかったとして立ち入りを拒否した。

着眼点 ▶　共同住宅でも個人の住居は、関係者の承諾を得た場合又は火災発生のおそれが著しく大であるため、特に緊急の必要がある場合以外は、立ち入ることはできない。

解説　選択肢2については、消防職員は市町村長の定める証票を携帯し、関係のある者の請求があるときは、これを示さなければならない。立ち入る場合、事前に関係者に示す必要はない。

　選択肢3の単なる宗教上の理由は立入検査権の行使を排除する根拠とはなり得ない。

　選択肢4について、日本国に居住する外国人は、属地主義の原則により日本の法令が適用され行政権の客体となる。

予　　　防　　　391

選択肢5は、立ち入りの時間的制限はなく、事前通告をする必要はない。

【正解1】

問題86　消防用設備等の点検種別について列挙したものであるが、この中から正しいものを選べ。

1　外観点検、機能点検、作動点検、定期点検の4種

2　機器点検、総合点検の2種

3　外観点検、機器点検、総合点検の3種

4　機能点検、総合点検の2種

5　外観点検、機能点検、総合点検の3種

着眼点 ▶　点検の種別は、外観上の項目、機能上の項目、作動上の項目として機器点検及び総合点検の2種である。

【正解2】

問題87　次は、消防用設備等の点検について記したものであるが、この中から誤っているものを選べ。

1　機器点検は6か月に1回、総合点検は1年に1回である。

2　消火器具、消防機関へ通報する火災報知設備、誘導灯及び誘導標識、消防用水、非常コンセント設備、連結散水設備、無線通信補助設備及び共同住宅用非常コンセント設備については機器点検のみ行う。

3　点検は、防火対象物の規模や用途によっては消防設備士等の有資格者が行わなくてもよい。

4　各設備の非常電源からの配線は、総合点検のみ行う。

5　点検結果報告書の届出は、点検を実施した消防設備士等が行う。

着眼点 ▶　点検結果報告書の届出を行う者は、防火対象物の関係者（占有者、管理者、所有者）である（消防法第17条の3の3）。

解説　点検基準に外観上の項目、機能上の項目、作動上の項目として機器点検が定められている。機器点検は6か月に1回、総合点検は1年に1回行う（消防法施行規則の規定に基づき、消防用設備等又は特殊消防用設備等の種類及び点検内容に応じて行う点検の期間、点検の方法並びに点検の結果についての報告書の様式を定める件（平成16年消防庁告示第9号））。

【正解5】

問題88　消防法第8条の2の2に基づく防火対象物の点検及び報告と点検基準に

392 　　　　　　　　　　予　　　防

　　　ついて記述したものであるが、次の中から誤っているものを選べ。
1　防火管理者選任又は解任の届出及び消防計画作成又は変更の届出がされている。
2　避難経路、避難口及び防火戸等の管理について、避難の支障となる物件が放置され、又はみだりに存置されていない。
3　防炎対象物品の使用を要するものに、防炎性能を有する旨が表示されている。
4　点検は年2回実施して、その結果を年1回消防長又は消防署長に報告する。
5　消防用設備等を設置した場合に、必要な届出をして消防長又は消防署長の検査を受けている。

着眼点▶　防火対象物の点検及び報告については、消防法施行規則第4条の2の4に規定されており、点検は年1回とし、その結果を消防長又は消防署長に報告することとしている。また、点検基準は、同規則第4条の2の6で規定している。

【正解4】

問題89　消防法第17条の3の3に関する記述について、次のうち誤っているものはどれか。
1　二酸化炭素を放射する全域放出方式の不活性ガス消火設備が設置されている場合は、当該防火対象物の関係者が自ら点検することはできない。
2　特殊消防用設備等の点検は、種類及び点検内容に応じて、1年以内で消防庁長官が定める期間ごとに行わなければならない。
3　消防法施行令別表第1（20）項に掲げる防火対象物は、点検を要しない。
4　点検とは、消防用設備等が消防法第17条の技術上の基準に適合しているかどうかを確認することで、点検の種類は、「機器点検」及び「総合点検」に区分されている。
5　消防法施行令別表第1⑹項に掲げる防火対象物の用途に供される部分が避難階以外の階に存する防火対象物で、当該避難階以外の階から避難階又は地上に直通する階段が2（当該階段が屋外に設けられ、又は総務省令で定める避難上有効な構造を有する場合にあっては、1）以上設けられていないものは、面積にかかわらず消防設備士又は消防設備点検資格者に点検を行わせなければならない。

着眼点▶　特殊消防用設備等の点検は、消防法第17条第3項の「設備等設置維持計画」に基づき行わなければならない（同規則第31条の6第2項）。

解説　選択肢1は、消防設備士等による点検が特に必要である防火対象物として、令和5年4月1日に改正が施行されたことから正しい（同令第36条第2項第4号）。
　　選択肢3は、同令第36条第1項により正しい。

予　　　防　　　　　　　　　393

　　選択肢4は、同規則第31条の6第1項に基づき、平成16年消防庁告示第9号で定められており正しい。
　　選択肢5は、同令第36条第2項第3号により正しい。

【正解2】

問題90　次は、防火管理者について記したものであるが、この中から誤っているものを選べ。

1　共同住宅等で、一定の条件のもとで防火管理上必要な業務を適切に遂行するために必要な権限及び知識を有するものとして総務省令で定める要件を満たすものであれば、防火管理者として選任することができる。

2　防火管理者は、防火管理上必要な業務を適切に遂行できる管理的又は監督的な地位にあるものでなければならない。

3　特定防火対象物の防火管理者は、甲種防火管理者再講習を受けなければならない。

4　防火管理者は、防火管理上必要な業務を行うときは、必要に応じて管理権原者の指示を求め、誠実にその職務を遂行しなければならない。

5　防火管理者は、消防計画を作成し、これに基づいて消火、通報及び避難の訓練を定期的に実施しなければならない。

着眼点▶　甲種防火管理講習について一定の防火対象物の防火管理者に対し甲種防火管理者再講習が義務付けられている。再講習を受けなければならないのは、収容人員が300人以上の特定防火対象物（（16の3）項を除く。）の甲種防火管理者である（消防法施行規則第2条の3第1項）。

【正解3】

問題91　次は、防火管理を行わなければならない新築工事中の建築物等について記したものであるが、この中から正しいものを選べ。

1　地階を除く階数が10以上で、かつ、延べ面積が10,000㎡以上で収容人員が100人以上の新築工事中の建築物

2　収容人員が30人以上で、かつ、延べ面積が50,000㎡以上の新築工事中の建築物

3　収容人員が30人以上で、かつ、地階の床面積の合計が5,000㎡以上の新築工事中の建築物

4　収容人員が300人以上の新築工事中の建築物

5　建造中の旅客船で、収容人員が50人以上で、かつ、甲板数が11以上のもの

394 予 防

着眼点 ▶ 新築工事中の建築物等は、消防法施行令第1条の2第3項第2号、第3号で規定
されている。

① 外壁及び床又は屋根を有し、電気工事等である次の新築工事中の建築物で、収
容人員が50人以上のもの

ア 地階を除く階数が11以上で、かつ、延べ面積が10,000㎡以上

イ 延べ面積が50,000㎡以上

ウ 地階の床面積の合計が5,000㎡以上

② 建造中（進水後、ぎ装中）の旅客船で、収容人員が50人以上で、かつ、甲板数
が11以上のもの

【正解5】

問題92 次は、同一敷地内に防火対象物が2以上ある場合における防火管理者の
選任に関するものであるが、この中から正しいものを選べ。

1 防火対象物が2以上ある場合は、全て一つの防火対象物とみなす。

2 管理権原者が同一である防火対象物が2以上ある場合は、棟ごとに一つの防火
対象物とみなす。

3 管理権原者が同一である防火対象物が2以上ある場合は、延べ面積の大きい防
火対象物を一つの防火対象物とみなす。

4 管理権原者が同一である防火対象物が2以上ある場合は、防火対象物の延べ面
積が1,000㎡未満に限り、一つの防火対象物とみなす。

5 管理権原者が同一である防火対象物が2以上ある場合は、一つの防火対象物と
みなす。

着眼点 ▶ 消防法施行令第2条に、「同一敷地内に管理について権原を有する者が同一の者
である別表第1に掲げる防火対象物が2以上あるときは、それらの防火対象物は、
消防法第8条第1項の規定の適用については、一の防火対象物とみなす。」と定め
ている。

解説 防火管理者は、棟を単位として一人置かれるのが原則であるが、管理権原者が同一
である2以上の防火対象物が同一敷地内にある場合に限り、一つの防火対象物とみな
すものである。

なお、収容人員については、一つの防火対象物が30人（同令別表第1(6)項ロ、(16)項
イ及び(16の2)項((6)項ロの用途が存するものに限る。）の防火対象物については
10人）又は50人未満であっても、同一敷地内を合計して30人((6)項ロの用途が存する
ものは、10人）又は50人以上となれば、防火管理者を置かなければならないことにな
る。

【正解5】

予　　防　　　　　　　　　　　　　　　395

問題93　次の防火対象物のうち、防火管理者を選任する必要のないものはどれか。

1　収容人員50人の劇場

2　収容人員40人の旅館

3　収容人員70人の各種学校

4　収容人員20人の幼稚園

5　収容人員30人の蒸気浴場

着眼点▶　消防法施行令第1条の2第3項の規定により、幼稚園（(6)項ニ）は収容人員30人以上の場合に防火管理者を選任しなければならない。

解説　防火管理義務防火対象物は、次のとおりである。
　　同令別表第1
　　○特定防火対象物（（16の3）項を除く。）：
　　　① (6)項ロ、(16)項イ及び（16の2）項（(6)項ロの用途が存するもの）で、収容人員が10人以上の場合
　　　② (1)項から(4)項まで、(5)項イ、(6)項イ、ハ及びニ、(9)項イ、(16)項イ及び（16の2）項（(6)項ロの用途が存するものを除く）で、収容人員が30人以上の場合
　　○非特定防火対象物（(18)項～(20)項を除く。）：上記特定防火対象物以外の防火対象物で、収容人員が50人以上の場合

【正解4】

問題94　管理権原者が、防火管理者の選任又は解任を届け出る根拠として、次の中から正しいものを選べ。

1　危険物の規制に関する政令

2　消防法施行規則

3　消防法施行令

4　消防法

5　建築基準法

着眼点▶　消防法第8条第2項で、「前項の権原を有する者は、同項の規定により防火管理者を定めたときは、遅滞なくその旨を所轄消防長又は消防署長に届け出なければならない。これを解任したときも、同様とする。」と定めている。

【正解4】

問題95　防火管理講習に関する記述のうち、誤っているものは次のうちどれか。

1　講習区分には、甲種新規防火管理講習、甲種防火管理再講習及び乙種防火管理講習がある。

2　防火管理者を選任すべき防火対象物のうち、延べ面積が300㎡以上の特定用途

396 予 防

の防火対象物にあっては、甲種防火管理講習の課程を修了した者の中から防火管理者を選任しなければならない。

3 防火管理者を選任すべき防火対象物のうち、延べ面積が500㎡以上の非特定用途の防火対象物については、乙種防火管理講習の課程を修了した者の中から防火管理者を選任することができる。

4 講習すべき事項については、甲種及び乙種防火管理講習も同じ項目でなければならない。

5 講習時間については、甲種防火管理講習はおおむね10時間、乙種防火管理講習はおおむね5時間とされている。

着眼点 ▶ 消防法施行令第3条第1項により、防火管理者を選任すべき防火対象物のうち、非特定用途に供される防火対象物で500㎡以上のものについては、甲種防火管理講習の課程を修了した者等の中から防火管理者を選任しなければならないとされている。

【正解3】

問題96 防火管理に関する講習について記したものであるが、この中から誤っているものを選べ。

1 甲種防火管理講習には、新規講習と再講習がある。

2 甲種防火管理再講習時間は、おおむね5時間である。

3 甲種防火管理新規講習時間は、おおむね10時間である。

4 防火管理講習は、甲種防火管理講習と乙種防火管理講習の2種類である。

5 乙種防火管理講習時間は、おおむね5時間である。

着眼点 ▶ 甲種防火管理再講習は、①おおむね過去5年間における防火管理に関する法令の改正の概要、②火災事例等の研究、に係る知識及び技能の習得を目的とし、講習時間はおおむね2時間である（消防法施行規則第2条の3第3項）。

解説 受講者の負担軽減の観点から講習内容の効率化を図ることとし、講習科目及び講習時間の基準の見直しや講習科目の一部免除拡大等が実施された（平成22年12月14日消防法施行規則の一部を改正する省令（平成23年4月1日施行））。

【正解2】

問題97 消防法施行令第3条第2項で、消防長又は消防署長が認める防火管理上必要な業務を適切に遂行することができない場合における防火管理者の資格について記したものであるが、この中から妥当でないものを選べ。

1 防火対象物の非特定用途のテナントで、収容人員が50人未満の場合

予　　防　　397

2　防火対象物の特定用途のテナントで、収容人員が50人未満の場合
3　特定資産に該当する防火対象物又は不動産特定共同事業契約に係る不動産に該
当する場合
4　共同住宅
5　同一の管理権原者が複数の防火対象物を管理している場合

着眼点▶　消防法施行令第3条第2項及び同規則第2条の2に規定されている。選択肢2は
収容人員が30人未満の場合に該当する。
　なお、同令別表第1に掲げる(6)項ロの用途に供される部分が存するものにあって
は、収容人員が10人未満の場合に該当する。

【正解2】

問題98　次は、防火管理者の職務内容を列挙したものであるが、この中から適当
でないものを選べ。
1　予防規程の制定
2　消防計画の作成
3　消火、通報及び避難訓練の実施
4　火気使用及び取扱いの指導監督
5　消防用設備等の点検、整備

着眼点▶　予防規程は、消防法第14条の2により危険物製造所等の所有者、管理者又は占有
者が定めるものである。

解説　防火管理者の責務は、同令第3条の2に定められている。
　　1　防火管理に係る消防計画の作成
　　2　消火、通報及び避難の訓練の実施
　　3　消防の用に供する設備、消防用水又は消火活動上必要な施設の点検及び整備
　　4　火気の使用又は取扱いに関する監督
　　5　避難又は防火上必要な構造及び施設の維持管理

【正解1】

問題99　次は、防火管理者として必要な学識経験を有する者を列挙したものであ
るが、次の中から誤っているものを選べ。
1　労働安全衛生法に定める安全管理者として選任された者
2　鉱山保安法に定める保安管理者として選任された者
3　市町村の消防団員で、2年以上管理的又は監督的な職にあった者
4　建築主事、建築副主事（一級建築士試験に合格した者に限る。）又は一級建築
士の資格を有する者で、1年以上防火管理の実務経験を有するもの

398　　　　　　　　　　　　　　予　　　防

5　製造所等の危険物保安監督者として選任された者で、甲種危険物取扱者免状を
有するもの

着眼点▶　市町村の消防団員で、3年以上管理的又は監督的な職にあった者である。

> **解説**　消防法施行規則第2条に定める学識経験を有する者と認める者は、次のとおりである。
> 1　労働安全衛生法に定める安全管理者として選任された者
> 2　防火対象物点検資格者講習の課程を修了し、免状の交付を受けている者
> 3　消防法に定める危険物保安監督者として選任された者で、甲種危険物取扱者免状の交付を受けているもの
> 4　鉱山保安法に定める保安管理者として選任された者（又は保安統括者として選任された者）
> 5　国若しくは都道府県の消防の事務に従事する職員で、1年以上管理的又は監督的な職にあった者
> 6　警察官又はこれに準ずる警察職員で、3年以上管理的又は監督的な職にあった者
> 7　建築主事、建築副主事（一級建築士試験に合格した者に限る。）又は一級建築士の資格を有する者で、1年以上防火管理の実務経験を有する者
> 8　市町村の消防団員で、3年以上管理的又は監督的な職にあった者
> 9　1～8に準ずるものとして消防庁長官が定める者

【正解3】

問題100　次の防火対象物で、防火管理者の選任が必要でないものはどれか。

1　収容人員が35人のカラオケルーム　((2)項ニ)

2　収容人員が15人の特別養護老人ホーム　((6)項ロ)

3　収容人員が40人の老人福祉センター　((6)項ハ)

4　収容人員が25人の個室ビデオ　((2)項ニ)

5　収容人員が50人の幼稚園　((6)項ニ)

着眼点▶　消防法施行令の一部を改正する政令（平成19年政令第179号）により、小規模社会福祉施設に係る改正がなされた。従来の(6)項ロの防火対象物について、新(6)項ロと新(6)項ハに細分化し、新(6)項ロの消防用設備等及び防火管理関係について強化された。

　　なお、防火管理者を定めなければならない防火対象物に同令別表第1(6)項ロ、(16)項イ及び（16の2）項に掲げる防火対象物（(16)項イ及び（16の2）項に掲げる防火対象物にあっては、(6)項ロに掲げる防火対象物の用途に供される部分が存するものに限る。）で、収容人員が10人以上のものが追加された（同令第1条の2第3項第1号）。

【正解4】

予　　　防　　　　　　　　　　　　399

問題101　消防法施行令第１条の２第３項に規定する新築の工事中の建築物（仮使
　　　　用の承認を受けたもの又はその部分を除く。）において、防火管理者が作成
　　　　する消防計画に定める事項のうち、次の中から誤っているものを選べ。
1　消火器等の点検及び整備に関すること。
2　工事中に使用する危険物等の管理に関すること。
3　防火管理講習の受講に関すること。
4　避難経路の維持管理及びその案内に関すること。
5　火気の使用又は取扱いの監督に関すること。

着眼点 ▶　選択肢１、２、４、５については、消防法施行規則第３条第１項第２号に定めら
　　　　れており正しい。

【正解３】

問題102　防火管理上必要な業務の一部が委託されている防火対象物の防火管理者
　　　　が作成する消防計画に定めなければならないもののうち、次の中から誤っ
　　　　ているものを選べ。
1　受託者の氏名又は法人の名称
2　受託者の住所又は法人の主たる事務所の所在地
3　受託者の行う防火管理上必要な業務の方法
4　受託者の行う防火管理上必要な業務の範囲
5　受託者との契約期間

着眼点 ▶　防火管理上必要な業務の一部が委託されている防火対象物の防火管理者が作成す
　　　　る消防計画に定めなければならない事項については、消防法施行規則第３条第２項
　　　　に定められている。

【正解５】

問題103　次は、統括防火管理制度に関する記述であるが、誤っているものはどれ
　　　　か。
1　統括防火管理者の選任又は解任の届出は、統括防火管理者の資格を証する書面
　　を添えなければならない。
2　統括防火管理者は、防火対象物の全体についての防火管理に係る消防計画を作
　　成し、所轄消防長又は消防署長に届け出なければならない。
3　統括防火管理者は、防火対象物の全体についての防火管理上必要な業務を行う
　　場合において必要があると認めるときは、防火管理者に対し、業務の実施のため
　　に必要な措置を講ずることを指示することができる。

400 予 防

4 防火管理者が作成する消防計画は、統括防火管理者が作成する防火対象物の全体についての消防計画に適合するものでなければならない。

5 統括防火管理者は、必要に応じて防火対象物の関係者の指示を求め、誠実にその職務を遂行しなければならない。

着眼点 ▶ 消防法施行令第4条の2第3項で「統括防火管理者は、防火対象物の全体についての防火管理上必要な業務を行うときは、必要に応じて当該防火対象物の管理について権原を有する者の指示を求め、誠実にその職務を遂行しなければならない。」と定めている。

【正解5】

問題104 消防法第8条の2に基づき統括防火管理者を定めなければならない防火対象物から除かれるものは、次のうちどれか。

1 高層建築物（31m超）で管理権原が分かれている防火対象物

2 準地下街で管理権原が分かれている防火対象物

3 特定用途部分を含まない複合用途防火対象物で管理権原が分かれているもののうち、地階を除く階数が5以上で、かつ、収容人員が50人以上のもの

4 特定用途に供される防火対象物で管理権原が分かれているもののうち、地階を除く階数が3以上で、かつ、収容人員が30人以上のもの

5 特定用途部分を含む複合用途防火対象物で管理権原が分かれているもののうち、地階を除く階数が3以上で、かつ、収容人員が30人未満のもの

着眼点 ▶ 消防法施行令第3条の3第2号に、別表(16)項イに掲げる防火対象物（(6)項ロの用途が存するものを除く。）のうち、地階を除く階数が3以上で、かつ、収容人員が30人以上のものは統括防火管理者を定めなければならないとされている。

解説 統括防火管理者の選任を要する防火対象物の範囲は、次のとおりである（消防法第8条の2第1項、同令第3条の3）。
1 高層建築物（31m超）で管理権原が分かれているもの
2 地下街で管理権原が分かれているもののうち消防長若しくは消防署長が指定するもの
3 準地下街で管理権原が分かれているもの
4 別表第1(6)項ロ、(16)項イ（(6)項ロの用途が存するものに限る。）の防火対象物（地階を除く階数が3以上で、かつ、収容人員が10人以上）
5 特定用途部分を含む複合用途防火対象物（(6)項ロの用途が存するものを除く。）で管理権原が分かれているもの（地階を除く階数が3以上で、かつ、収容人員が30人以上）
6 特定用途に供される防火対象物で管理権原が分かれているもの（地階を除く階数が3以上で、かつ、収容人員が30人以上）

予　　防　　　　　401

> 7　特定用途部分を含まない複合用途防火対象物で管理権原が分かれているもの（地階を除く階数が5以上で、かつ、収容人員が50人以上）

【正解5】

問題105　次は、統括防火管理者を選任しなければならない防火対象物を列挙したものであるが、誤っているものはどれか。
1　管理について権原が単一で、高さ31mを超える高層建築物
2　管理について権原が分かれている事務所と倉庫で、地階を除く階数が5以上、かつ、収容人員が50名以上のもの
3　管理について権原が分かれている特定用途の防火対象物で、地階を除く階数が3以上、かつ、収容人員が30名以上のもの
4　管理について権原が分かれている消防長が指定した地下街
5　管理について権原が分かれている自力避難が困難な者が入所する社会福祉施設で、地階を除く階数が3以上、かつ、収容人員が10名以上のもの

> 着眼点▶　統括防火管理者を選任しなければならない防火対象物は、管理権原が分かれているもので、一定規模以上のものである（消防法第8条の2第1項、同令第3条の3）。

【正解1】

問題106　次は、統括防火管理者が作成する防火対象物の全体についての防火管理に係る消防計画に定める事項を列挙したものであるが、法令上定められていないものはどれか。
1　防火対象物の管理について権原を有する者の当該権原の範囲に関すること。
2　防火対象物全体についての火災予防上の自主検査に関すること。
3　防火対象物の全体についての消防計画に基づく消火、通報及び避難の訓練その他防火対象物の全体についての防火管理上必要な訓練の定期的な実施に関すること。
4　廊下、階段、避難口、安全区画、防煙区画その他の避難施設の維持管理及びその案内に関すること。
5　火災の際の消防隊に対する当該防火対象物の構造その他必要な情報の提供及び消防隊の誘導に関すること。

> 着眼点▶　統括防火管理者が作成する防火対象物全体についての消防計画は、当該防火対象物の管理権原者に指示を求めて、各防火管理者とも調整の上で作成するものである。定める事項については、消防法施行規則第4条に規定されている。

【正解2】

402 予 防

問題107 次は、特定用途の防火対象物における自衛消防訓練等に関する事項について述べたものであるが、適当でないものはどれか。

1 消火訓練は年1回以上実施し、避難訓練は年2回以上実施するようその旨を消防計画に明記させることが必要である。

2 消火訓練は、特定用途の防火対象物に設置されている消火設備器具を活用し、その設置位置、使用方法等について習熟させることが必要である。

3 消火訓練においては、努めて放水訓練を実施することが必要である。

4 消火訓練は、特定用途の防火対象物の自衛消防の組織に属する者のうち、消火班等に属するもの全員が参加するよう指導することが必要である。

5 消火訓練を実施する場合には、その旨を消防機関へ通報することが必要である。

着眼点▶ 消防法施行規則第3条第10項に、消火訓練は避難訓練とともに年2回以上実施することが義務付けられており、消防計画中にその旨を明記しなければならない。
なお、消火訓練は、おおむね6か月以内ごとに1回以上実施するよう指導することが必要である（平成2年消防予第104号）。

【正解1】

問題108 消防法第8条の2の3に定める防火対象物点検の特例認定要件について、次のうち誤っているものはどれか。

1 消防法第17条の3の3の規定を遵守していること。

2 消防用設備等又は特殊消防用設備等が設備等技術基準又は消防法第17条第3項に規定する設備等設置維持計画に従って設置され、又は維持されていること。

3 消防法第14条の3の2に規定する定期点検を実施し、その点検記録を作成し、これを保存していること。

4 消防法又は消防法に基づく命令に規定する事項に関し市町村長が定める基準に適合していること。

5 消防法施行規則第4条の2の6に規定する防火対象物の点検基準に適合していること。

着眼点▶ 危険物の製造所等の定期点検については、規定されていない。

解説 消防長又は消防署長が、防火対象物の管理権原者からの申請により、一定の条件のもとに、防火対象物の点検及び報告の特例を認定できることを規定している（消防法施行規則第4条の2の8）。

【正解3】

予　　　防　　　　　　403

問題109　防火対象物の点検結果とともに防火管理維持台帳に記録及び保存するものとして、次の中から誤っているものを選べ。

1　防火管理者選任（解任）届出書の写し
2　消防計画作成（変更）届出書の写し
3　消防用設備等点検報告書の写し
4　消防用設備等の設置届の写し
5　消防用設備等の検査済証の写し

着眼点▶　消防法施行規則第4条の2の4第2項で、防火対象物の点検結果を防火管理維持台帳に記録及び保存することについて規定している。消防用設備等の検査済証については、写しでない。

【正解5】

問題110　防火対象物点検資格者の資格失効要件について記したものであるが、次の中から誤っているものを選べ。

1　免状の有効期限の日までに再講習を受講し、免状の交付を受けなかったとき
2　消防法令、建築法令等の法令に違反して罰金の刑に処せられたとき
3　資格、実務の経験等を偽ったことが判明したとき
4　禁錮以上の刑に処せられたとき
5　防火対象物の火災予防上必要な事項等の点検を適正に行っていないことが判明したとき

着眼点▶　消防法施行規則第4条の2の4第5項第3号で、法（消防法）に違反し、罰金の刑に処せられたときとされており、消防法に違反ということが前提条件である。

【正解2】

問題111　次は、自衛消防組織の設置を要する防火対象物であるが、誤っているものはどれか。

1　防火管理者の選任を必要とする防火対象物である地上15階建てのホテルで、延べ面積が20,000㎡のもの
2　防火管理者の選任を必要とする防火対象物である地上8階建ての事務所で、延べ面積が70,000㎡のもの
3　防火管理者の選任を必要とする防火対象物である地上5階建ての病院で、延べ面積が30,000㎡のもの
4　防火管理者の選任を必要とする防火対象物である地上2階建ての物品販売店舗で、延べ面積が90,000㎡のもの

404 予　　防

5　防火管理者の選任を必要とする防火対象物である延べ面積が500㎡の地下街

着眼点▶　消防法施行令第4条の2の4に「別表第1（16の2）項に掲げる防火対象物で、延べ面積が1,000㎡以上のもの」と定められている。

【正解5】

問題112　防災管理の対象となる火災以外の災害について、誤っているものはどれか。

1　水災
2　地震
3　毒性物質又はこれと同等の毒性を有する物質の発散
4　生物剤又は毒素の発散
5　放射性物質若しくは放射線の異常な水準の放出又はこれらの発散若しくは放出のおそれがある事故

着眼点▶　消防法施行令第45条及び同規則第51条の3に定められている。

【正解1】

問題113　行政指導に関する記述であるが、この中から誤っているものを選べ。

1　行政指導は、当該行政機関の任務又は所掌事務の範囲を逸脱してはならない。
2　行政指導は、あくまでも相手方の任意の協力によってのみ実現されるものである。
3　相手方が行政指導に従わなかったことを理由として、不利益な取扱いをしてはならない。
4　相手方に対して当該行政指導の趣旨、内容及び責任者を明確に示さなければならない。
5　行政指導を口頭で行った場合において、相手方からその趣旨、内容及び責任者を記載した書面の交付を求められても、交付する必要はない。

着眼点▶　選択肢5は「行政指導を口頭で行った場合において、相手方からその趣旨、内容及び責任者を記載した書面の交付を求められたときは、当該行政指導に携わる者は、行政上特別な支障がない限り、これを交付しなければならない。」と定められている（行政手続法第35条第3項）。

解説　選択肢1、2、3、4については、同法第32条及び第35条により正しい。

【正解5】

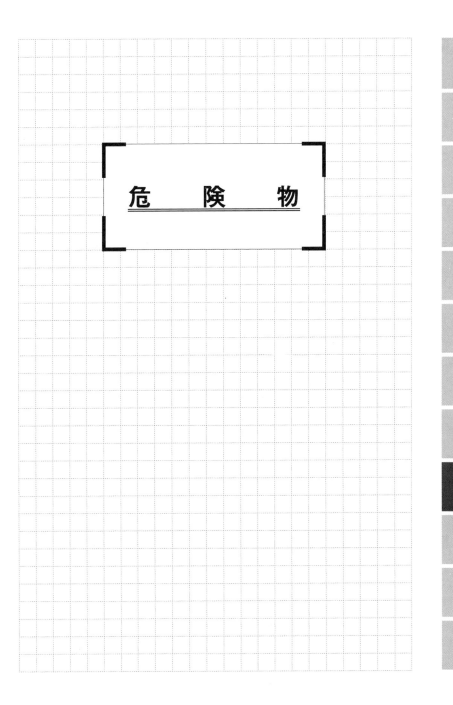
危険物

406   危　険　物

問題1　危険物の確認試験方法を述べたものであるが、次のうち正しいものはど
　　　　れか。

1　小ガス炎着火試験とは、試験物品に火炎を接触させてから、燃焼現象が停止す
　るまでの時間を測定する試験をいう。

2　自然発火性試験とは、液体及び固体を磁器の中で発火するか否かを観察する試
　験をいう。

3　タグ密閉式発火点試験とは、密閉容器内に液体を入れ発火点を測定する試験を
　いう。

4　熱分析試験とは、発火開始温度及び発熱量の比較をするため、発火開始温度及
　び発熱量を示す示差分析装置により測定する試験をいう。

5　酸化性液体の酸化力の潜在的危険性を判断するための試験は、燃焼時間の比較
　をするために行う燃焼時間を測定する試験をいう。

着眼点▶　危険物の試験及び性状は、危険物の規制に関する政令第1条の3から第1条の8
　　で規定している。

> **解説**　選択肢1　火炎を接触させてから、着火するまでの時間を測定する（同政令第1条
> 　　　　　　　の4）。
> 　　　　　選択肢2　磁器の中で発火するかの試験は、液体の試験物品が対象となる（同政令
> 　　　　　　　第1条の5）。
> 　　　　　選択肢3　タグ密閉式発火点試験は存在せず、タグ密閉式引火点測定器により引火
> 　　　　　　　点測定を行う（同政令第1条の6）。
> 　　　　　選択肢4　発熱開始温度及び発熱量の比較をするため、発熱開始温度及び発熱量を
> 　　　　　　　示差走査熱量測定装置又は示差熱分析装置により測定する（同政令第1条
> 　　　　　　　の7）。
> 　　　　　選択肢5　酸化力の潜在的危険性を判断するため、燃焼時間を測定し比較する（同
> 　　　　　　　政令第1条の8）。

【正解5】

問題2　危険物の類と危険物の試験の組合せについて、次のうち誤っているもの
　　　　はどれか。

1　第1類の危険物－燃焼試験

2　第2類の危険物－小ガス炎着火試験

3　第3類の危険物－自然発火性試験

4　第4類の危険物－引火点を測定する試験

5　第6類の危険物－落球式打撃感度試験

着眼点▶　危険物の形状や判断する危険性によって、同じ類でも複数の試験がある。

危　険　物　　　　　　　　　　407

> **解説**　選択肢1は危険物の規制に関する政令第1条の3、選択肢2は同政令第1条の4、選択肢3は同政令第1条の5、選択肢4は同政令第1条の6で規定している。選択肢5の落球式打撃感度試験は第6類の試験ではなく、第1類の試験である（同政令第1条の3、第1条の8）。

【正解5】

問題3　次は危険物の確認試験方法について述べたものであるが、誤っているものはどれか。

1　自然発火性試験は、固体にあってはろ紙の上で、液体にあっては磁器の中で発火するか否かを観察する。

2　燃焼試験は、標準物質と木粉との混合物30gと試験物品と木粉との混合物30gの燃焼時間を比較する。

3　熱分析試験は、標準物質と試験物品の発火点及び発熱量を比較するため、示差走査熱量測定装置又は示差熱分析装置を使用する。

4　小ガス炎着火試験は、試験物品に火炎を接触させてから着火するまでの時間を測定し、燃焼状況を観察する。

5　引火の危険性を判断する試験には、タグ密閉式引火点測定器が使用される。

着眼点▶　熱分析試験は、発熱開始温度及び発熱量の比較をするために行われる。
　　　　示差走査熱量測定装置又は示差熱分析装置により、標準物質の発熱開始温度及び発熱量（単位質量当たりの発熱量）と試験物品の発熱開始温度及び発熱量を測定する（危険物の規制に関する政令第1条の7）。

【正解3】

問題4　危険物の屋外貯蔵所では、指定数量の倍数が10を超え20以下の数量を貯蔵する場合は保有空地を6m以上としなければならない。次のうちこの倍数に該当するものはどれか。

	灯　　油	軽　　油	重　　油	ギヤー油
1	5,000 L	4,000 L	2,000 L	3,000 L
2	4,000 L	4,000 L	2,000 L	4,000 L
3	3,000 L	5,000 L	2,500 L	4,000 L
4	8,000 L	7,000 L	8,000 L	7,200 L
5	3,000 L	3,000 L	4,000 L	12,000 L

着眼点▶　消防法第10条第2項により、危険物の品名ごとの数量をそれぞれの指定数量で除

408　　　　　　　　　　　危　険　物

し、その商の和が10を超え20以下に該当しているものとなる。

> **解説**　計算式は、次のとおりである。
>
> $$10 < \frac{灯油}{1,000} + \frac{軽油}{1,000} + \frac{重油}{2,000} + \frac{ギヤー油}{6,000} \leqq 20$$
>
> ちなみに、指定数量の倍数は、選択肢1は10.5、選択肢2は9.67、選択肢3は9.92、選択肢4は20.2、選択肢5は10.0である。

【正解1】

問題5　次は、消防法別表第1の第4類の危険物の品名と指定数量を組み合せたものであるが、この中から正しいものを選べ。

1　第1石油類（非水溶性液体）――――　100 L

2　アルコール類――――――――――　400 L

3　第2石油類（非水溶性液体）――――　500 L

4　第3石油類（水溶性液体）――――― 2,000 L

5　第4石油類―――――――――――― 4,000 L

> **解説**　第4類の品名と指定数量は、次のとおりである。
>
> 　第1石油類　非水溶性液体――――　200 L
> 　　　　　　　水溶性液体――――――　400 L
> 　アルコール類――――――――――　400 L
> 　第2石油類　非水溶性液体――――1,000 L
> 　　　　　　　水溶性液体――――――2,000 L
> 　第3石油類　非水溶性液体――――2,000 L
> 　　　　　　　水溶性液体――――――4,000 L
> 　第4石油類　――――――――――6,000 L

【正解2】

問題6　次は、指定数量以上の危険物を10日以内の期間、仮に貯蔵し、又は取り扱う場合の手続きを記したものであるが、この中から正しいものを選べ。

1　所轄消防長又は消防署長の許可を受ける。

2　所轄市町村長の許可を受ける。

3　所轄消防署長に届け出る。

4　所轄都道府県知事の承認を受ける。

5　所轄消防長又は消防署長の承認を受ける。

着眼点▶　危険物の貯蔵・取扱いの制限等については、消防法第10条に定められている。

> **解説**　仮貯蔵・仮取扱いは、消防法第10条第1項ただし書の規定により、所轄消防長又は

危　険　物　　　　　409

消防署長の承認事項である。承認の条件は、次のとおりである。
1　期間　10日以内
2　数量　制限はない
3　場所　製造所等以外の安全な場所
4　承認権者
　⑴　消防本部と消防署を置く市町村──消防長又は消防署長
　⑵　消防本部を置く市町村──消防長
　⑶　消防本部と消防署を置かない市町村──市町村長

【正解5】

問題7　製造所等の設置許可申請書の記載事項に関する記述であるが、誤っているものを選べ。

1　氏名又は名称及び住所並びに法人にあっては、その代表者の氏名及び住所
2　危険物取扱者及び危険物保安監督者の氏名及び住所
3　製造所等の別及び貯蔵所又は取扱所にあっては、その区分
4　貯蔵し、又は取り扱う危険物の類、品名、最大数量及び指定数量の倍数
5　製造所等の位置、構造及び設備並びに危険物の貯蔵又は取扱いの方法

着眼点▶　設置の許可の申請については、危険物の規制に関する政令第6条で規定している。

解説　製造所等の設置許可を受けようとするものは、次の事項を記載した申請書を、市町村長等に提出しなければならない。
　1　氏名又は名称及び住所並びに法人にあっては、その代表者の氏名及び住所
　2　製造所等の別及び貯蔵所又は取扱所にあっては、その区分
　3　製造所等の設置の場所（移動タンク貯蔵所にあっては、その常置する場所）
　4　貯蔵し、又は取り扱う危険物の類、品名及び最大数量
　5　指定数量の倍数
　6　製造所等の位置、構造及び設備
　7　危険物の貯蔵又は取扱いの方法
　8　製造所等の着工及び完成の予定期日
　設置許可の申請書に、危険物取扱者及び危険物保安監督者を記載する必要はない。

【正解2】

問題8　製造所等に関する各種手続きの記述のうち誤っているものは、次のうちどれか。

1　製造所等以外の場所で指定数量以上の危険物を10日以内の期間、仮に貯蔵し又は取り扱う場合──消防長又は消防署長の承認

410 危　険　物

2　製造所等を変更する場合において、当該変更の工事に係る部分以外の部分を使用したい場合──消防長又は消防署長の承認

3　製造所等の位置、構造、設備を変更しないで、危険物の品名又は数量を変更しようとする場合──10日前までに市町村長等に届け出る。

4　製造所等の用途を廃止した場合──遅滞なく市町村長等に届け出る。

5　製造所等で危険物の保安の監督をする者を定めたとき──遅滞なく市町村長等に届け出る。

着眼点▶　製造所等の設置、変更等については、消防法第11条で定められている。

解説　選択肢2の仮に使用する場合は、市町村長等の承認を受けたときと消防法第11条第5項ただし書で規定している。選択肢1は同法第10条第1項、選択肢3は同法第11条の4第1項、選択肢4は同法第12条の6、選択肢5は同法第13条第2項で規定している。

【正解2】

問題9　製造所等の位置、構造及び設備に係る記述について、次のうち正しいものはどれか。

1　製造所の周囲に保有する空地は、防火上有効な隔壁を設けた場合、保有しないことができる。

2　消防法第17条の消火設備を設置している防火対象物が製造所等になる場合には、消防法第10条に定める消火設備の技術上の基準に適合させることを要しない。

3　危険物の規制に関する政令第19条第2項に定められた部分規制の一般取扱所と同等の構造である製造所は、部分規制することができる。

4　引火点を有する液体の危険物を貯蔵・取り扱う屋外タンク貯蔵所は、不燃材料で造った防火上有効な塀を設け、市町村長等が安全であると認めた場合は、敷地内距離を市町村長等が定めた距離とすることができる。

5　屋内において、専ら放電加工のために鉱油系放電加工液（引火点が60度以上の危険物第4類）を取り扱う指定数量40倍以下の一般取扱所については、位置、構造及び設備に関する技術上の基準の特例を適用することができる。

着眼点▶　消防法第10条第4項により、製造所、貯蔵所及び取扱所の位置、構造及び設備の技術上の基準は、政令で定めるとされている。

解説　選択肢1　製造所の作業工程が連続しているため周囲に空地の幅をとることにより

危　険　物　　　　　　　　411

当該作業に著しく支障を生ずるおそれがある場合で、小屋裏に達する防火
上有効な隔壁を設けたときは、定める幅の空地を保有しないことができる
（危険物の規制に関する政令第9条第1項第2号、同規則第13条）。
選択肢2　製造所等の消火設備は、同法第10条第4項に基づく技術上の基準によら
なければならない（同法第10条第4項、危険物の規制に関する政令第20
条）。
選択肢3　製造所は、部分規制の基準が定められていない（同政令第9条）。
選択肢4　敷地内距離は、同政令第11条第1項第1号の2で規定している。
選択肢5　専ら焼入れ又は放電加工のために危険物（引火点が70度以上の第4類の
危険物に限る。）を取り扱う一般取扱所で指定数量の倍数が30未満のもの
（危険物を取り扱う設備を建築物に設けるものに限る。）について、位
置、構造及び設備の技術上の基準の特例が規定されている（同政令第19条
第2項第2号、同規則第28条の54第2号）。

【正解4】

問題10　製造所等の技術上の基準に関する記述のうち誤っているものは、次のう
ちどれか。
1　給油取扱所には、自動車等に直接給油し、及び給油を受ける自動車等が出入す
るための間口10m以上、奥行6m以上の空地を保有しなければならない。
2　移動貯蔵タンクは、容量を30,000ℓ以下とし、かつその内部に4,000ℓ以下
ごとに完全な間仕切を設けなければならない。
3　液体の危険物の屋内貯蔵タンクには、危険物の量を自動的に表示することがで
きる装置を設けなければならない。
4　液体の危険物を貯蔵する屋外貯蔵タンクの周囲には、高さ0.5m以上1.5m以
下の防油堤を設けなければならない。
5　地下貯蔵タンクとタンク室の内側との間は、0.1m以上の間隔を保つものと
し、かつ、タンクの周囲に乾燥砂をつめなければならない。

着眼点▶　危険物の規制に関する規則第22条第2項第2号の規定により、屋外貯蔵タンクの
防油堤の高さは0.5m以上とされ、上限はない。

【正解4】

問題11　学校から30m以上の距離を保たなければならない製造所等は、次のうち
どれか。
1　地下タンク貯蔵所
2　屋内タンク貯蔵所
3　給油取扱所

412　　　　　　　　危　険　物

4　屋外タンク貯蔵所

5　販売取扱所

着眼点▶　屋内貯蔵所、屋外タンク貯蔵所及び屋外貯蔵所については危険物の規制に関する
　　　　　政令第9条第1項第1号の例によるものとし、一般取扱所については同政令第9条
　　　　　第1項の規定が準用される。

解説　保安距離を必要とするものは、次のとおりである。
　1　製造所
　2　屋内貯蔵所（特定屋内貯蔵所を除く）
　3　屋外タンク貯蔵所
　4　屋外貯蔵所
　5　一般取扱所
　その他、移送取扱所についてはポンプ等の保安距離等（危険物の規制に関する技術
上の基準の細目を定める告示第60条）がある（同規則第28条の47第3号）。

【正解4】

問題12　製造所等の区分の説明で誤っているものは、次のうちどれか。

1　屋内タンク貯蔵所とは、屋内にあるタンク（地盤面下に埋設されているタンク
と簡易タンクは除く。）において危険物を貯蔵し、又は取り扱う貯蔵所をいう。

2　給油取扱所とは、専ら給油設備によって自動車等の燃料タンクに直接給油する
ため危険物を取り扱う取扱所及びその取扱いのほか、給油設備からガソリンを容
器に詰め替え、又は軽油を車両に固定されたタンクに注入する作業、固定注油設
備から灯油若しくは軽油を容器に詰め替え、又は車両に固定されたタンクに注入
する作業を行う取扱所をいう。

3　第二種販売取扱所とは、指定数量の倍数が15を超え40以下の危険物を店舗に
おいて容器入りのままで販売するため危険物を取り扱う取扱所である。

4　屋外貯蔵所とは、屋外の場所において、第2類の危険物のうち硫黄、硫黄のみ
を含有するもの若しくは引火性固体（引火点が0度以上のものに限る）又は第4
類の危険物のうち第2石油類、第3石油類、第4石油類若しくは動植物油類を貯
蔵し、又は取り扱う貯蔵所をいう。

5　移送取扱所とは、配管及びポンプ並びにこれに附属する設備によって危険物の
移送の取扱いを第三者の敷地にまたがって行う取扱所をいう。

着眼点▶　貯蔵所の区分については、危険物の規制に関する政令第2条に定められている。
　　　　　屋外貯蔵所で貯蔵し、又は取り扱うことのできる危険物は、次のとおりである。
　　　　1　第2類——硫黄、硫黄のみを含有するもの、引火性固体（引火点が0度以上の
　　　　　ものに限る）

危　険　物　　　　　　　　413

2　第4類——第1石油類（引火点が0度以上のものに限る）、アルコール類、第
　2石油類、第3石油類、第4石油類、動植物油類

【正解4】

問題13　製造所の位置、構造及び設備に係る記述について、次のうち誤っている
　　　ものはどれか。

1　製造所において危険物を取り扱う建築物の窓又は出入口にガラスを用いる場合
　は、網入ガラスとすること。
2　製造所において、危険物を取り扱う建築物に避難階となる地階を設けること。
3　危険物を取り扱う建築物は、壁、柱、床、はり及び階段を不燃材料で造るとと
　もに、延焼のおそれのある外壁を出入口以外の開口部のない耐火構造とするこ
　と。
4　危険物を取り扱う建築物には、危険物を取り扱うために必要な採光、照明及び
　換気の設備を設けること。
5　保安距離の対象とされる一部の建築物等について、不燃材料で造った防火上有
　効な塀を設けること等により、市町村長等が安全であると認めた場合は、当該市
　町村長等が定めた距離を当該距離とすることができること。

着眼点 ▶　製造所の基準については、危険物の規制に関する政令第9条に定められている。

解説　選択肢2　避難階にかかわらず、建築基準法施行令第1条第2号に規定する地階を
　　　有することはできない（危険物の規制に関する政令第9条第1項第4号）。
　　　選択肢1は同政令第9条第1項第8号、選択肢3は同項第5号、選択肢4は同項第
　　10号、選択肢5は同項第1号ただし書きで規定している。

【正解2】

問題14　危険物を取り扱う建築物（製造所）の空地の幅として、次の中から正し
　　　いものを選べ。

1　危険物の指定数量の倍数が10以下が1m以上、10を超えるものが3m以上
2　危険物の指定数量の倍数が10以下が2m以上、10を超えるものが4m以上
3　危険物の指定数量の倍数が10以下が3m以上、10を超えるものが5m以上
4　危険物の指定数量の倍数が5以下が4m以上、5を超えるものが6m以上
5　危険物の指定数量の倍数が5以下が3m以上、5を超えるものが5m以上

着眼点 ▶　製造所の基準については、危険物の規制に関する政令第9条に定められている。

解説　選択肢3　同政令第9条第1項第2号で、「危険物を取り扱う建築物その他の工作
　　　物（危険物を移送するための配管その他これに準ずる工作物を除く。）の

414 　　　　　　　　　　危　険　物

周囲に、次の表に掲げる区分に応じそれぞれ同表に定める幅の空地を保有すること。ただし、総務省令で定めるところにより、防火上有効な隔壁を設けたときは、この限りでない。」と規定している。

区　　　　　分	空地の幅
指定数量の倍数が10以下の製造所	3 m以上
指定数量の倍数が10を超える製造所	5 m以上

【正解3】

問題15 次は、危険物の屋外貯蔵タンクの貯蔵最大数量と空地の幅を列挙したものであるが、この中から誤っているものを選べ。

1　指定数量の倍数が500以下は、空地の幅は3 m以上である。

2　指定数量の倍数が500を超え1,000以下は、空地の幅は5 m以上である。

3　指定数量の倍数が1,000を超え2,000以下は、空地の幅は7 m以上である。

4　指定数量の倍数が2,000を超え3,000以下は、空地の幅は12m以上である。

5　指定数量の倍数が3,000を超え4,000以下は、空地の幅は15m以上である。

解説　危険物の規制に関する政令第11条の規定は、次のとおりである。

区　　　　　　　　　　分	空　地　の　幅
指定数量の倍数が500以下の屋外タンク貯蔵所	3 m以上
指定数量の倍数が500を超え1,000以下の屋外タンク貯蔵所	5 m以上
指定数量の倍数が1,000を超え2,000以下の屋外タンク貯蔵所	9 m以上
指定数量の倍数が2,000を超え3,000以下の屋外タンク貯蔵所	12m以上
指定数量の倍数が3,000を超え4,000以下の屋外タンク貯蔵所	15m以上
指定数量の倍数が4,000を超える屋外タンク貯蔵所	当該タンクの水平断面の最大直径（横型のものは横の長さ）又は高さの数値のうち大きいものに等しい距離以上。ただし、15 m未満であってはならない。

【正解3】

問題16 次は、浮き蓋付特定屋外タンク貯蔵所に関する記述であるが、誤っているものはどれか。

1　浮き蓋付きの特定屋外貯蔵タンク（不活性ガスを充塡して危険物を貯蔵し、又

危　険　物　　　　　　　　　　　　415

は取り扱うものを除く。）には、可燃性の蒸気を屋外に有効に排出するための設
備を設けなければならない。

2　浮き蓋付きの特定屋外貯蔵タンク（不活性ガスを充塡して危険物を貯蔵し、又
は取り扱うものを除く。）には、浮き蓋の状態を点検するための設備を設けなけ
ればならない。

3　浮き蓋付きの特定屋外貯蔵タンクには、防水性の不燃材料で造った被覆設備を
設けなければならない。

4　浮き蓋は、地震等による振動及び衝撃に耐えることができる構造にしなければ
ならない。

5　簡易フロート型の浮き蓋を備えた特定屋外貯蔵タンクの配管には、当該配管内
に滞留した気体がタンク内に流入することにより浮き蓋に損傷を与えることを防
止するための総務省令で定める設備を設けなければならない。

着眼点▶　浮き蓋付きの特定屋外タンク貯蔵所の位置、構造及び設備の技術上の基準は、危
険物の規制に関する政令第11条第2項に定められている。

解説　選択肢3　防水性の不燃材料で造った被覆設備を設けるのは、固体の禁水性物品の
屋外タンクの基準（同政令第11条第1項第16号）であって、浮き蓋タンク
には準用しない。

【正解3】

問題17　次は、危険物の規制に関する規則第20条に規定する給油取扱所における
ガソリン専用タンクの無弁通気管の基準に関する記述であるが、誤ってい
るものはどれか。

1　先端は、建築物の窓、出入口等の開口部から1m以上離さなければならない。

2　引火点が40度未満の危険物のタンクに設ける通気管の先端は、敷地境界線か
ら0.5m以上離さなければならない。

3　直径は、30mm以上でなければならない。

4　先端は、水平より下に45度以上曲げ、雨水の浸入を防ぐ構造でなければなら
ない。

5　先端は、屋外にあって地上4m以上の高さでなければならない。

着眼点▶　危険物の規制に関する規則第20条第2項第1号により、引火点が40度未満の危険
物のタンクに設ける通気管にあっては敷地境界線から1.5m以上離さなければなら
ない。

解説　給油取扱所におけるガソリン専用タンクの無弁通気管の基準は、次のとおりであ
る。

○先端の位置
 1 建築物の窓、出入口等の開口部——1m以上離す。
 2 屋外に設ける——地上4m以上の高さ。
 3 敷地境界線——1.5m以上離す。
 4 水平より下に45度以上曲げる。
 5 雨水の浸入を防ぐ構造とする。
○通気管
 1 滞油するおそれがある屈曲をさける。
 2 直径は30mm以上とする。

【正解2】

問題18 次は、給油取扱所における技術上の基準に関する記述であるが、誤っているものはどれか。

1 給油空地及び注油空地は、漏れた危険物が浸透しないための総務省令で定める舗装をすること。

2 固定注油設備に接続するタンクの容量は、5万L以下の容量のものでなければならない。

3 容量1万L以下の廃油タンクを設けることができる。

4 容量1万L以下のボイラー等に直接接続するタンクを設けることができる。

5 専用タンクは、地盤面下に埋没して設けなければならないが、地域によっては、地盤面上に簡易タンクを設けることができる場合がある。

解説 タンクの種類と容量は、次のとおりである（危険物の規制に関する政令第17条第1項第7号）。

専用タンク｛固定給油設備に接続するタンク｝容量制限なし
　　　　　｛固定注油設備に接続するタンク｝

専用タンク以外に｛廃油タンク　　　　　　　　｝容量1万L以下
設けてよいタンク｛ボイラー等に直接接続するタンク｝

【正解2】

問題19 給油取扱所における基準に関する記述のうち誤っているものは、次のうちどれか。

1 顧客に自ら給油等をさせる屋外給油取扱所において、顧客用固定給油設備及び顧客用固定注油設備の給油ホース等の直近その他の見やすい箇所に危険物の品目を表示すること。危険物の品目を彩色する場合、軽油は緑、灯油は青とすること。

2 顧客に自ら給油等をさせる屋外給油取扱所内で、監視設備により視認できる位

置に制御卓を設けることにより、全ての顧客用固定給油設備及び顧客用固定注油設備における使用状況を常時視認できる場合は、従業員が直接視認できない場所に制御卓を設置することができる。また、顧客の給油作業等を制御するための可搬式の制御機器によって制御卓以外の場所で給油許可等を行うことができる。

3 給油取扱所において、ガソリンを容器に詰め替えて販売するときは、顧客の本人確認、使用目的を確認しなければ販売することはできない。また、当該販売に関する記録の作成をしなければならない。

4 給油取扱所において、自動車の一部であれば給油空地からはみ出したままで、給油することができる。

5 火災の予防上安全であると認められる場合、給油取扱所の上屋（キャノピー）の空地に対する面積の割合が3分の2までのものは、屋内給油取扱所から除かれる。

> **着眼点 ▶** 危険物の規制に関する政令第27条第6項第1号の危険物の取扱いの技術上の基準で、給油取扱所において自動車等の一部又は全部が給油空地からはみ出たままで給油しないこととしている。

> **解説** 選択肢1は同政令第17条第5項・同規則第28条の2の5第5号ロ、選択肢2は同政令第17条第5項・同規則第28条の2の5第6号・第7号、選択肢3は同政令第27条第3項第1号・同規則第39条の3の2、選択肢4は同政令第27条第6項第1号、選択肢5は同政令第17条第2項・同規則第25条の6で規定している。

【正解4】

問題20 次は、エタノールを取り扱う給油取扱所に関する記述であるが、誤っているものはどれか。

1 エタノールを取り扱う屋外給油取扱所に係る危険物の規制に関する政令第17条第1項の基準を超える特例は、原則として、メタノールを取り扱う屋外給油取扱所の規定の例によることとされている。

2 第4類の危険物のうちエタノールを含有するものを取り扱う専用タンクの注入口の周囲には、原則として、排水溝、切替弁及び漏れた危険物を収容する容量4立方メートル以上の設備を設けなければならない。

3 エタノールを自動車等に給油し、又は車両に固定されたタンク及び容器から専用タンク若しくは簡易タンクに注入するときは、排水溝を切替弁により漏れた危険物を収容する設備に接続しなければならない。

4 エタノールを取り扱う専用タンク及び簡易タンクの注入口の弁は、当該注入口に車両に固定されたタンクの注入ホース又は容器から注入するためのホースが緊

418 　　　　　　　　　危　険　物

結されているとき以外は、開放しておかなければならない。

5　第4類の危険物のうちエタノールを取り扱う屋内給油取扱所に係る危険物の規
制に関する政令第17条第2項の基準を超える特例は、原則としてメタノールを
取り扱う屋内給油取扱所の規定の例によることとされている。

【着眼点▶】　エタノールを取り扱う専用タンク及び簡易タンクの弁は、当該注入口に車両に固
定されたタンクの注入ホース又は容器から注入するためのホースが緊結されている
とき以外は、閉鎖しておくこととされている（危険物の規制に関する規則第40条の
14第2号）。

【解説】　選択肢1は同規則第28条の2第2項、選択肢2は同規則第28条の2第3項第1号、
選択肢3は同規則第40条の14第1号、選択肢4は同規則第40条の14第2号、選択肢5
は同規則第28条の2の2第2項。

【正解4】

【問題21】　第一種販売取扱所に関する記述であるが、誤っているものを選べ。

1　建築物の1階に設置しなければならない。

2　見やすい箇所にその旨を表示した標識及び防火に関し必要な事項を掲示した掲
示板を設けること。

3　建築物の第一種販売取扱所の用に供する部分は、その他の部分との隔壁も含
め、全て耐火構造の壁で造ること。

4　建築物の第一種販売取扱所の用に供する部分の窓又は出入口にガラスを用いる
場合は、網入りガラスとすること。

5　建築物の第一種販売取扱所の用に供する部分は、上階がある場合にあっては上
階の床を耐火構造とし、上階のない場合にあっては屋根を耐火構造とし、又は不
燃材料で造ること。

【着眼点▶】　危険物の規制に関する政令第18条第1項に第一種販売取扱所（指定数量の倍数が
15以下のもの）の位置、構造及び設備の技術上の基準が定められている。

【解説】　選択肢3　建築物の第一種販売取扱所の用に供する部分は、壁を準耐火構造とする
こと。ただし、他の部分との隔壁は、耐火構造としなければならない。ま
た、窓及び出入口には、防火設備を設けること（同政令第18条第1項第3
号・第6号）。

【正解3】

【問題22】　第二種販売取扱所に関する記述であるが、妥当でないものを選べ。

1　建築物の1階に設置し、建築物の第二種販売取扱所の用に供する部分は、上階
がある場合は上階の床を耐火構造とするとともに、上階への延焼を防止するため

危　険　物　　　　　　　　　　419

の措置を講じ、上階のない場合は屋根を不燃材料で造ること。

2　建築物の第二種販売取扱所の用に供する部分は、壁、柱、床及びはりを耐火構造とするとともに、天井を設ける場合は不燃材料で造らなければならない。

3　見やすい箇所にその旨を表示した標識及び防火に関し必要な事項を掲示した掲示板を設けること。

4　建築物の第二種販売取扱所の用に供する部分の窓又は出入口にガラスを用いる場合は、網入りガラスとすること。

5　建築物の第二種販売取扱所の用に供する部分の出入口には防火設備を設けること。ただし、延焼のおそれのある壁に出入口を設置する場合は、随時開けることができる自動閉鎖の特定防火設備を設けなければならない。

着眼点▶　危険物の規制に関する政令第18条第2項に第二種販売取扱所（指定数量の倍数が15を超え40以下のもの）の位置、構造及び設備の技術上の基準が定められている。

解説　選択肢1　第二種販売取扱所の用に供する部分で、上階のない場合は、不燃材料は不可である（同政令第18条第2項第2号）。

【正解1】

問題23　危険物の一般取扱所の基準に関する記述のうち誤っているものは、次のうちどれか。

1　危険物を取り扱う建築物は、壁、柱、床、はり及び階段を不燃材料で造るとともに、延焼のおそれのある外壁を出入口以外の開口部を有しない耐火構造の壁とすること。

2　危険物を取り扱う建築物の窓又は出入口にガラスを用いる場合は、網入ガラスとしなければならない。

3　指定数量の倍数が10以上の一般取扱所には、避雷設備を設けること。ただし、周囲の状況によって安全上支障がない場合においては、この限りでない。

4　危険物を用いた蓄電池設備以外では危険物を取り扱わない一般取扱所で、指定数量の倍数が50倍未満のものについては、位置、構造及び設備の技術上の基準の特例を定めることができる。

5　高引火点危険物のみを取り扱う一般取扱所で、当該危険物を100度未満の温度で取り扱う場合、位置、構造及び設備の技術上の基準の特例を定めることができる。

着眼点▶　危険物を用いた蓄電池設備以外では危険物を取り扱わない一般取扱所は、位置、構造及び設備の技術上の基準の特例を定めることができる（危険物の規制に関する政令第19条第2項第9号）。

420 危　険　物

> **解説**　選択肢1は同政令第19条第1項・第9条第1項第5号、選択肢2は同政令第19条第
> 1項・第9条第1項第8号）、選択肢3は同政令第19条第1項・第9条第1項第19
> 号、選択肢4は同政令第19条第2項第9号・同規則第28条の54第9号・第28条の60の
> 4、選択肢5は同政令第19条第3項・同規則第28条の61、第28条の62で規定してい
> る。

【正解4】

問題24　危険物の移動タンク貯蔵所に関する次の記述の中から、誤っているもの
　　　を選べ。

1　移送の際は危険物取扱者免状を携帯しなければならない。

2　完成検査済証を備え付けておかなければならない。

3　地が緑色の板に白色の反射塗料を有する材料で「危」と表示した標識を車両の
　前後に掲げなければならない。

4　引火点が40度未満の危険物を注入するときは、給油ホースを緊結しなければ
　ならない。

5　自動車用消火器のうち、薬剤に応じた各充てん量が一定量以上の消火器を2個
　以上設けなければならない。

着眼点▶　移動タンク貯蔵所の表示は、地が黒色の板に黄色の反射塗料で「危」と表示した
　　　標識を掲げることに定められている（危険物の規制に関する政令第15条第1項第17
　　　号・同規則第17条第2項）。

> **解説**　移動タンク貯蔵所の主な基準は、次のとおりである。
> 　1　危険物取扱者の乗車。
> 　2　完成検査済証の備え付け。
> 　3　移送時は、危険物取扱者免状の携帯。
> 　4　移送開始前の底弁、消火器等の点検。
> 　5　休憩、故障等の一時停車は安全な場所とする。
> 　6　引火点が40度未満の注入は、注入ホースの緊結。
> 　7　自動車用消火器のうち、各薬剤の充てん量が薬剤に応じた一定量以上の消火器2
> 　　個以上を設ける。
> 　8　0.3㎡以上0.4㎡以下の地が黒色の板に黄色の反射塗料その他反射性を有する材料
> 　　で「危」と表示した標識を車両の前後の見やすい箇所に掲げる。
> 　9　貯蔵、取り扱う危険物の類、品名、最大数量の表示。

【正解3】

問題25　危険物の貯蔵・取扱いの基準に係る記述について、次のうち妥当なもの
　　　はどれか。

危　険　物　　　　　421

1　危険物のくず、かす等は、随時当該危険物の性質に応じて安全な場所で廃棄その他適当な処置をすること。

2　製造所等において火気を使用する場合には、たとえ、許可された火気の取扱いであっても「みだりな火気の使用」の基準に抵触する。

3　製造所等において見学者等が当該施設を見学することは、たとえ、管理者から許可を得たとしても「係員以外の者のみだりな出入」の基準に抵触する。

4　製造所等において空箱等を置いておくことは、たとえ、当該施設で、将来使用するとしても、その時期が未定であれば「不要な物件を置かないこと」の基準に抵触する。

5　製造所等において許可又は届出による品名以外の危険物を貯蔵していた場合には、無許可貯蔵に該当する。

着眼点 ▶　危険物の貯蔵及び取扱いに関する基準は、危険物の規制に関する政令第24条に定められている。

解説　選択肢1　くず、かす等は、随時ではなく一日に一回以上廃棄・処置を行う（同政令第24条第5号）。
　　　選択肢2　「みだりな火気の使用」とは、製造所等において不必要な火気、危険物の規制に関する政令第3章に定められていない設備等の火気の使用である（同政令第24条第2号）。
　　　選択肢3　製造所等の管理者等が、十分に管理権を行使できる状態にあるときは、「係員以外の者のみだりな出入」に該当しない（同政令第24条第3号）。
　　　選択肢4　整理清掃と不必要な物件の放置の制限は、同政令第24条第4号で規定している。
　　　選択肢5　許可又は届出による危険物と異なる品名の危険物は、消防法第11条第1項違反ではなく、消防法第10条第3項違反となる（危険物の規制に関する政令第24条第1号）。

【正解4】

問題26　危険物の規制に関する政令第24条、第27条（第17条第3項第1号から第3号までに掲げるもの及び顧客に自ら給油等をさせる給油取扱所を除く。）に規定する給油取扱所における危険物取扱い基準に関する記述のうち、誤っているものはどれか。

1　自動車等に給油するときは、固定給油設備を使用して直接給油すること。

2　自動車等に給油するときは、自動車等の原動機を停止させること。

3　移動貯蔵タンクから専用タンクに危険物を注入するときは、移動タンク貯蔵所を給油空地に停車させること。

422 　　　　　　　　　　危　険　物

4　油分離装置にたまった油は、あふれないように随時くみ上げること。

5　自動車等の洗浄を行う場合は、引火点を有する液体の洗剤を使用しないこと。

着眼点▶　危険物の規制に関する政令第27条第6項第1号への規定により、移動貯蔵タンクから専用タンクに危険物を注入するときは、移動タンク貯蔵所を専用タンクの注入口の付近に停車させなければならない。

【正解3】

問題27　移動タンク貯蔵所の立入検査の際に確認すべき事項として、次のうち適当でないものはどれか。

1　危険物の漏れ、あふれ等の有無

2　移送する危険物を取り扱うことができる危険物取扱者の乗車の有無

3　完成検査済証の備え付けの有無

4　タンク検査済証の備え付けの有無

5　危険物取扱者免状の携帯の有無

着眼点▶　タンク検査済証の備え付けは、法令上義務がない（危険物の規制に関する政令第26条第1項第9号、同規則第40条の2の3）。

解説　選択肢1は同政令第24条第8号、選択肢2は消防法第16条の2第1項、選択肢3は危険物の規制に関する政令第26条第1項第9号、選択肢5は同法第16条の2第3項で規定している。選択肢4は同政令第26条第1項第9号、同規則第40条の2の3に規定されていない。

【正解4】

問題28　危険物の運搬容器の積載方法又は運搬方法として、次のうち正しいものはどれか。

1　運搬容器は収納口を上方又は側方に向けて積載する必要がある。

2　運搬容器は、構造基準により堅固な構造であることから、運搬容器が落下し、転倒し、若しくは破損しないように積載する必要はない。

3　危険物は、高圧ガス又は災害を発生させるおそれのある物品であっても、消火設備の増強等、保安対策を十分講ずることにより混載することができる。

4　指定数量以上の危険物を車両で運搬する場合には、当該車両の前後の見やすい箇所に地が黄色、文字が黒色で「危」と表示した標識を掲げなければならない。

5　危険物の運搬中危険物が著しくもれる等災害が発生するおそれのある場合は、災害を防止するため応急の措置を講ずるとともに、もよりの消防機関その他の関係機関に通報すること。

危　険　物　　　　　423

着眼点▶　危険物の運搬については、危険物の規制に関する政令第28条、第29条、第30条で
　　　　規定している。

解説	選択肢1	収納口は上方に向けて積載する（同政令第29条第4号）。
	選択肢2	運搬容器が落下し、転倒し、若しくは破損しないように積載する必要が
		ある（同政令第29条第3号）。
	選択肢3	高圧ガス（危険物の規制に関する技術上の基準の細目を定める告示第68
		条の7に定めるものを除く。）又は混載を禁止されている危険物と混載し
		ないこと（同政令第29条第6号、同規則第46条第1項）。
	選択肢4	車両の前後の見やすい箇所に、地が黒色、文字が黄色の反射塗料で
		「危」と表示した標識を掲げる（同規則第47条）。
	選択肢5	同政令第30条第1項第5号で規定している。

【正解5】

問題29　危険物の運搬及び移送の基準に関し、次のうち正しいものはどれか。

1　危険物の規制に関する政令に規定する移送の基準は、少量危険物の移動タンク
　には適用されない。
2　危険物を車両で運搬する場合には、指定数量にかかわらず当該危険物に適応す
　る消火設備を必ず備え付けなければならない。
3　金属製ドラムで危険物を運搬する場合には、容器の収納口を横方向に向けて積
　載しても差し支えない。
4　危険物を一の製造所等から当該製造所等の存する敷地と同一の敷地内に存する
　他の製造所等へ移動タンク貯蔵所で移送する場合、移送開始前の点検は必要な
　い。
5　危険物の運搬は、必ず容器に収納して積載しなければならない。

解説	選択肢1	移送の基準は、移動タンク貯蔵所による危険物の移送に関し定めたもの
		である（消防法第16条の2、危険物の規制に関する政令第30条の2）。
	選択肢2	消火設備を備え付けなければならないのは、指定数量以上の運搬である
		（同政令第30条）。
	選択肢3	運搬容器は、収納口を上方に向けて積載しなければならない（同政令第
		29条）。
	選択肢4	移送開始前には点検を行わなければならない（同政令第30条の2）。
	選択肢5	塊状の硫黄等を運搬する場合は、容器に収納しないことができる（同政
		令第29条）。

【正解1】

問題30　危険物の積載や運搬方法に関する事項のうち誤っているものは、次のう

424　　　　　　　　　　危　険　物

ちどれか。

1　指定数量以上の危険物を車両で運搬する場合には、車両に標識を掲げなければ
　ならない。

2　運搬容器外部には、危険物の品名、危険等級、化学名、数量及び収納する危険
　物に応じた注意事項を表示し積載しなければならない。

3　危険物の運搬中危険物が著しくもれる等災害が発生するおそれのある場合は、
　災害を防止するための応急措置を講ずるとともに、最寄りの消防機関等に通報し
　なければならない。

4　指定数量以上の危険物を車両で運搬する場合でも、適応する消火器を備える必
　要はない。

5　危険物は、類を異にするその他の危険物又は災害の発生するおそれのある物品
　との混載が認められていない。

着眼点▶　危険物の規制に関する政令第30条第1項第4号・第20条第1項・同規則第35条第
　　　　3号の規定に基づき、指定数量以上の危険物を車両で運搬する場合は、当該危険物
　　　　に適応する第5種の消火設備を設置しなければならない。
　　　　　　第5種消火設備：小型消火器、水バケツ又は水槽、乾燥砂、膨張ひる石又は膨張
　　　　真珠岩

【正解4】

問題31　次は、危険物の混載ができるものの組合せであるが、この中から誤って
　　　　いるものを選べ。

1　第2類と第3類
2　第3類と第4類
3　第4類と第5類
4　第5類と第2類
5　第6類と第1類

解説　危険物の規制に関する規則第46条に定める混載の可否は、次のとおりである（同規
　　　則別表第4）。

	第1類	第2類	第3類	第4類	第5類	第6類
第1類		×	×	×	×	○
第2類	×		×	○	○	×
第3類	×	×		○	×	×
第4類	×	○	○		○	×

危　険　物　　　　　　　　　　425

第5類	×	○	×	○		×
第6類	○	×	×	×	×	

備考
1　×印は、混載することを禁止する印である。
2　○印は、混載にさしつかえない印である。
3　この表は、指定数量の10分の1以下の危険物については、適用しない。

【正解1】

問題32　運搬容器と収納する危険物の組合せで、収納や運搬が認められないもの
は、次のうちどれか。
1　機械により荷役する構造を有する容器である硬質プラスチック製の1,000L容
器……………………………………………………………………… 第四類・第一石油類
2　機械により荷役する構造を有する容器である金属製の5,000L容器
………………………………………………………………………… 第四類・動植物油類
3　鋼製コンテナに収納されている3,000Lの合成樹脂製容器
…………………………………… 第四類・第三石油類（引火点が130℃以上のもの）
4　5Lの耐油性容器……………………………………………………… 第四類・第四石油類
5　20Lのプラスチック内容器付ファイバ板箱 ……………… 第四類・動植物油類

解説　機械により荷役する構造を有する容器（危険物の規制に関する規則第43条）は、
3,000Lまで（同規則別表第3の4）である。
　　鋼製のコンテナに収納されているもの（「フレキシブルコンテナ」という。）につい
ては、その容量は規定されていない（危険物の規制に関する技術上の基準の細目を定
める告示第68条の2の3第4号）。

【正解2】

問題33　危険物取扱者に関する説明のうち、誤っているものはどれか。
1　危険物取扱者免状の有効期間は、法令上に規定がないので終身的である。
2　危険物取扱者免状の書換えは、免状の記載事項に変更を生じたときに行わなけ
ればならない。
3　危険物取扱者試験は、居住地又は勤務地以外の都道府県でも受験することがで
きる。
4　危険物取扱者試験に合格しても、免状の交付を受けられない場合もある。
5　危険物取扱者免状の返納命令は、当該免状を交付した都道府県知事でなくとも
行うことができる。

426 　　　　　　　　危　険　物

着眼点▶ 　危険物取扱者免状の返納命令を行うことができるのは、当該免状を交付した都道
府県知事である（消防法第13条の2第5項）。

解説
1 　危険物取扱者免状は、免状返納命令を受けた時点で資格を失う以外は生涯にわ
たって有効である。
2 　危険物取扱者免状は、危険物取扱者試験に合格した者に対し、都道府県知事が交
付するが、次に該当する場合は交付を行わないことができる（同法第13条の2第4
項）。
　ア　危険物取扱者免状の返納を命ぜられ、その日から起算して1年を経過しない者
　イ　消防法又は命令の規定に違反して罰金以上の刑に処せられた者で、その執行を
終わり、又は執行を受けることがなくなった日から起算して2年を経過しない者
3 　危険物取扱者が消防法又は命令の規定に違反しているときは、危険物取扱者免状
を交付した都道府県知事は、当該危険物取扱者免状の返納を命ずることができる
（同法第13条の2第5項）。
4 　免状の記載事項に変更を生じたときは、遅滞なく、当該免状を交付した都道府県
知事又は居住地若しくは勤務地を管轄する都道府県知事にその書換えを申請しなけ
ればならない（危険物の規制に関する政令第33条、第34条及び同規則第51条第2
項）。
　【免状の記載事項】
　ア　免状の交付年月日及び交付番号
　イ　氏名及び生年月日
　ウ　本籍地の属する都道府県（同一都道府県の変更については、書換えを要しな
い）
　エ　免状の種類並びに取り扱うことができる危険物及び甲種危険物取扱者又は乙
種危険物取扱者がその取扱作業に関して立ち会うことができる危険物の種類
　オ　過去10年以内に撮影した写真

【正解5】

問題34 　危険物取扱者免状に関する説明として、次のうち誤っているものはどれ
か。
1 　危険物取扱者免状の種類は、甲種危険物取扱者免状、乙種危険物取扱者免状及
び丙種危険物取扱者免状の3種類である。
2 　危険物取扱者免状は、危険物取扱者試験に合格した者に対し、都道府県知事が
交付することになっている。
3 　A県知事は、危険物取扱者試験合格者に対し、6か月前にB県知事から消防法
違反により罰金以上の刑に処せられたことを理由に、危険物取扱者免状の交付を
行わなかった。
4 　C県知事は、危険物取扱者試験合格者に対し、1年半前に消防法に違反し危険

危　険　物　　　　　　　　　　427

物取扱者免状を返納させられていることを理由に危険物取扱者免状の交付を行わ
なかった。

5　危険物取扱者免状の再交付をすることができる都道府県知事は、当該危険物取
扱者免状の交付又は書き換えをした都道府県知事だけである。

着眼点 ▶ 　消防法第13条の2第4項第1号の規定により、危険物取扱者免状の返納を命ぜら
れ、その日から起算して1年を経過しない者に対して都道府県知事は、免状の交付
を行わないことができるとなっているが、既に1年を経過しているので免状の交付
を行わなければならない。

解説　危険物取扱者免状の規定は、次表のとおりである。

免 状 の 種 類	甲種、乙種、丙種
免 状 の 交 付	合格した者に対し、都道府県知事が交付
免状交付を行わないことができる場合	1　免状の返納を命ぜられ、その日から1年を経過しない者 2　消防法又は命令の規定に違反して罰金以上の刑に処せられた者で、その執行を終わり、又は執行を受けることがなくなった日から起算して2年を経過しないもの
再 　 交 　 付	免状の交付又は書換えをした都道府県知事が行うことができる。

【正解4】

問題35　危険物取扱者試験に合格した者に対し危険物取扱者免状を交付すること
ができる者として、次の中から正しいものを選べ。

1　消防長又は消防署長
2　市町村長
3　都道府県知事
4　消防庁長官
5　総務大臣

着眼点 ▶ 　危険物取扱者免状の交付は、消防法第13条の2第3項で規定している。

解説　危険物取扱者試験は、自治事務として知事が行うものとされており、その合格した
危険物試験の種類に応じ、都道府県知事が免状を交付するものである。
　　危険物取扱者試験は、国家試験に準ずる性格を持つもので、合格した者は、全国に
通用する資格になっている。

【正解3】

問題36　甲種危険物取扱者試験の受験資格として誤りは、次のうちどれか。

1　乙種危険物取扱者免状の交付を受けた後、2年以上危険物取扱いの実務経験を

428 　　　　　　　　　危　険　物

有する者

2　学校教育法による高等専門学校において化学に関する課程を修めて卒業した者

3　乙種危険物取扱者免状の交付を受けている者で、その免状の種類が第一類、第三類、第四類と第六類を取得している者

4　乙種危険物取扱者免状の交付を受けている者で、その免状の種類が第三類、第四類、第五類と第六類を取得している者

5　乙種危険物取扱者免状の交付を受けている者で、その免状の種類が第一類、第二類、第三類と第五類を取得している者

> **解説**　選択肢1、2は、甲種危険物取扱者免状の受験資格（消防法第13条の3第4項）である。次の(1)～(4)は、実務経験の必要がない4種類以上の乙種危険物取扱者免状で、選択肢3は、(4)の第五類を持っていないことから、実務経験が必要となる（危険物の規制に関する規則第53条の3）。
> (1)　第一類又は第六類
> (2)　第二類又は第四類
> (3)　第三類
> (4)　第五類

【正解3】

問題37　次の危険物取扱者の保安講習に関する記述のうち、誤っているものはどれか。

1　危険物取扱作業に従事している全ての者は、法令に基づく保安講習を3年に1回は受ける必要がある。

2　新たに免状の交付を受けて従事することになった場合、交付日以降最初の4月1日から3年以内に最初の保安講習を受ければよい。

3　継続して危険物取扱作業に従事している者は、前回受講を受けた日以降、最初の4月1日から3年以内に保安講習を受ければよい。

4　新たに従事する者又は再び従事することとなった者は、従事することになった日から1年以内に保安講習を受ければよい。ただし、以前に保安講習を受けたことがある場合は、受講日以降最初の4月1日から間隔が3年を超えないように受ければよい。

5　新たに従事する者で、過去2年以内に免状交付又は講習を受けている者は、免状交付日又は前回講習受講日以降、最初の4月1日から3年以内に保安講習を受ければよい。

着眼点▶　危険物取扱作業に従事する危険物取扱者は、当該取扱作業に従事することとなっ

危　険　物　　　　　　　　　　　　　429

た日から１年以内に講習を受けなければならない。ただし、当該取扱作業に従事することとなった日前２年以内に危険物取扱者免状の交付を受けている場合又は講習を受けている場合は、それぞれ当該免状の交付を受けた日又は当該講習を受けた日以後における最初の４月１日から３年以内に講習を受ければよい。その後は、講習を受けた日以後における最初の４月１日から３年以内に講習を受けなければならない（危険物の規制に関する規則第58条の14）。

【正解１】

問題38　危険物保安監督者を定めなければならない製造所等は、次のうちどれか。

1　引火点が40度以上の危険物を貯蔵し、又は取り扱う屋内タンク貯蔵所

2　指定数量の倍数が30以下の危険物を貯蔵し、又は取り扱う屋外貯蔵所

3　引火点が40度以上の第４類の危険物を取り扱う第二種販売取扱所

4　引火点が40度未満の危険物を貯蔵し、又は取り扱う移動タンク貯蔵所

5　引火点が40度未満の危険物を貯蔵し、又は取り扱う屋内貯蔵所

着眼点▶　危険物の規制に関する政令第31条の２の規定に基づき、屋内貯蔵所では、引火点40度未満の危険物を貯蔵し、又は取り扱う場合は、保安監督者を定め、選任しなければならない。

解説　保安監督者を選任する製造所等

危険物の種類	第４類の危険物				第４類以外の危険物	
貯蔵・取扱危険物の数量	指定数量の倍数が30以下		指定数量の倍数が30を超えるもの		指定数量の倍数が30以下	指定数量の倍数が30を超えるもの
製造所等の区分 ＼ 貯蔵・取扱危険物の引火点	40度以上	40度未満	40度以上	40度未満		
製　造　所	○	○	○	○	○	○
屋　内　貯　蔵　所		○	○	○	○	○
屋外タンク貯蔵所	○	○	○	○	○	○
屋内タンク貯蔵所		○	○	○	○	○
地下タンク貯蔵所		○	○	○	○	○
簡易タンク貯蔵所		○	○	○	○	○
移動タンク貯蔵所						
屋　外　貯　蔵　所			○	○	○	○
給　油　取　扱　所	○	○	○	○	○	○

430　　　　　　　　　　危　険　物

第一種販売取扱所		○			○	
第二種販売取扱所		○		○	○	○
移　送　取　扱　所	○	○	○	○	○	○
一　般　取　扱　所	○	○	○	○	○	○
容器詰替用 消　費　用		○	○	○		

（注）　○印は危険物保安監督者を選任しなければならない対象施設

【正解 5 】

問題39　予防規程を制定しなくてもよい危険物施設は、次のうちどれか。

1　指定数量の倍数が15の危険物を取り扱う製造所

2　指定数量の倍数が200の危険物を取り扱う営業用給油取扱所

3　指定数量の倍数が150の危険物を貯蔵する屋外貯蔵所

4　指定数量の倍数が10の危険物を取り扱うローリー詰場の一般取扱所

5　指定数量の倍数が20の灯油を容器に詰め替える一般取扱所

着眼点 ▶　危険物の規制に関する政令第37条により、指定数量の倍数が30以下で引火点が40度以上の危険物を容器に詰め替える一般取扱所は予防規程を定める法的義務はない。

解説　予防規程を制定しなければならない危険物施設
　　　製　造　所　指定数量の倍数　　10以上
　　　屋内貯蔵所　　　〃　　　　　150以上
　　　屋外タンク　　　〃　　　　　200以上
　　　屋外貯蔵所　　　〃　　　　　100以上
　　　移送取扱所　全て定める
　　　一般取扱所　指定数量の倍数が10以上（指定数量の倍数が30以下、引火点40度以上の危険物を容器に詰め替える一般取扱所を除く。）
　　　給油取扱所（屋外の自家給を除く。）
　　　（鉱山保安法（昭和24年法律第70号）第19条第 1 項の規定による保安規程を定めている製造所等及び火薬類取締法（昭和25年法律第149号）第28条第 1 項の規定による危害予防規程を定めている製造所等を除く。）

【正解 5 】

問題40　危険物施設の予防規程に関する記述のうち誤っているものは、次のうちどれか。

1　市町村長等は、予防規程が、消防法第10条第 3 項に規定する危険物の貯蔵又

危 険 物　　　　　　　431

は取扱の技術上の基準に適合していないと認めるときは、認可をしてはならない。

2　鉱山保安法による保安規程、火薬類取締法による危害予防規程を定めている製造所等は、予防規程の制定義務がある施設から除かれている。

3　製造所等においては、予防規程の内容を所有者、管理者又は占有者のほか、顧客も守らなければならない。

4　危険物の保安に関する業務を管理する者の職務及び組織に関することは、予防規程に定めなければならない。

5　市町村長等は、火災予防上、予防規程の変更を命じた場合、標識を設置するとともにその旨を公示しなければならない。

着眼点 ▶　消防法第14条の2第4項により、製造所等の所有者、管理者又は占有者及びその従業者は、予防規程を守ることとされており、顧客は該当しない。

解説　選択肢1は同法第14条の2第2項、選択肢2は同法第14条の2第1項・危険物の規制に関する政令第37条・同規則第9条の2、第61条、選択肢3は同法第14条の2第4項、選択肢4は同法第14条の2第1項・危険物の規制に関する規則第60条の2第1項第1号、選択肢5は同法第14条の2第3項・第5項・第11条の5第4項で規定している。

【正解3】

問題41　危険物施設の定期点検に係る記述について、次のうち正しいものはどれか。

1　定期点検をしなければならない製造所等とは、許可等の通報を必要とする製造所等と同一である。

2　定期点検は、消防法第10条第3項及び第4項の技術上の基準に適合しているか否かを確認するものである。

3　定期点検は、点検の方法に関する知識及び技能を有する危険物取扱者又は危険物施設保安員の立会いを受けた者が行う。

4　点検記録には、点検をした製造所等の名称、点検の方法及び結果、点検年月日、点検実施者等を記載する。

5　点検記録は、全ての製造所等において3年間保存しなければならない。

着眼点 ▶　定期点検は消防法第14条の3の2で規定されている。

解説　選択肢1　定期点検の必要な製造所等は、許可等の通報が必要な危険物の規制に関する政令第7条の3に規定する施設とは異なる（同政令第8条の5）。
選択肢2　定期点検は、消防法第10条第4項の技術上の基準に適合しているかどう

432 危 険 物

かを行うものである（危険物の規制に関する規則第62条の4）。
選択肢3　定期点検の立会者は、危険物取扱者のみである（同規則第62条の6第2
項）。
選択肢4　点検記録の記載事項は同規則第62条の7で規定している。
選択肢5　屋外貯蔵タンクの内部点検に係る点検記録は、原則として26年、移動貯
蔵タンクの漏れに係る点検記録は、10年である（同規則第62条の8）。

【正解4】

問題42　製造所等の定期点検に関する記述のうち誤っているものは、次のうちど
れか。

1　定期点検義務者は、政令で定める製造所等の所有者等である。

2　定期点検は、原則として1年に1回以上行わなければならない。

3　定期点検は、危険物取扱者、危険物施設保安員又は危険物取扱者の立会いを受
けた危険物取扱者以外の者で点検の方法に関する知識及び技能を有する者が行わ
なければならない。

4　政令で定める製造所等の所有者等は、定期点検結果を記録し、実施ごとに消防
署長に届け出なければならない。

5　定期点検の実施内容は、消防法第10条第4項の技術上の基準に適合している
かどうかについて行う。

着眼点▶　消防法第14条の3の2の規定により、政令で定める製造所等の所有者等は、定期
点検を実施し、その点検記録を作成し、これを3年間保存しなければならないとさ
れ、あえて消防署長に届け出る義務はない。査察時消防機関の提示要求に対しいつ
でも提示できるように保存しておく必要はある。

解説　定期点検の要点は、次のとおりである。

点　検　内　容	消防法第10条第4項の位置、構造、設備の技術上の基準の適否
点　検　時　期	原則として1年に1回以上
記録保存期間	原則として3年間
点検義務者	製造所等の所有者、管理者、占有者
点検実施者	危険物取扱者、危険物施設保安員、危険物取扱者の立ち会う場合は取扱者以外の者

【正解4】

問題43　消防法第14条の3の2に定める製造所等の定期点検に関する説明のう

危　険　物　　433

ち、誤っているものはどれか。

1　定期点検の実施内容は、消防法第10条第４項の技術上の基準に適合しているかどうかについて行う。

2　当該製造所等の所有者等は、定期点検記録を原則的に１年間保存しなければならない。

3　定期点検記録には、点検を実施した製造所等の名称、点検の方法及び結果、点検年月日等を記載しなければならない。

4　定期点検は、原則的に１年に１回以上実施しなければならない。

5　定期点検は、危険物取扱者、危険物施設保安員又は危険物取扱者の立会いを受けた危険物取扱者以外の者で点検の方法に関する知識及び技能を有する者が実施しなければならない。

着眼点▶　消防法第14条の３の２の規定により、定期点検を実施したときは、点検記録を作成し、これを原則的に３年間保存しなければならない（危険物の規制に関する規則第62条の８）。

【正解２】

問題44　消防法第14条の３の２に基づく製造所等の定期点検の義務者は、次のうちどれか。

1　危険物取扱者
2　危険物施設保安員
3　危険物保安監督者
4　所有者
5　消防吏員

解説　消防法第14条の３の２の規定により、製造所等の所有者、管理者又は占有者が定期に点検し、点検記録を作成し、これを保存しなければならない義務者である。
　　また、点検作業を行う資格のある者は、危険物取扱者、危険物施設保安員、危険物取扱者に立会いを受けた者である（危険物の規制に関する規則第62条の６）。

【正解４】

問題45　次のうち、屋外タンク貯蔵所の保安に関する検査を受けなければならない時期の特例事由に関して、妥当でないものはどれか。

1　災害その他非常事態が生じたことは、特例事由に該当する。

2　屋外タンク貯蔵所の譲渡又は引渡しがあったことは、特例事由に該当する。

3　危険物の貯蔵及び取扱いが休止されたことは、特例事由に該当するが、危険物

434 　　　　　　　　　　危　険　物

の貯蔵又は取扱いからは、「消火設備又は保安のための設備の動力源の燃料タンクにおける危険物の貯蔵又は取扱い」は除かれる。

4　危険物の貯蔵及び取扱いが休止されたことは、特例事由に該当するが、危険物の貯蔵又は取扱いからは、「ポンプその他の潤滑油又は作動油を用いる機器における潤滑油又は作動油の取扱い（一の機器において取り扱う潤滑油又は作動油の数量が指定数量の五分の一未満である場合に限る。）」は除かれる。

5　危険物の貯蔵及び取扱いが休止されたことは、特例事由に該当するが、危険物の貯蔵又は取扱いからは、「屋外タンク貯蔵所の配管の他の製造所等との共用部分における危険物の取扱い（当該他の製造所等における危険物の貯蔵又は取扱いに伴うものに限る。）」は除かれる。

着眼点 ▶　譲渡又は引渡しがあった場合は、特例事由には該当しない（危険物の規制に関する規則第62条の２）。

【正解２】

問題46　消防法第16条の３の２に規定する危険物流出等の事故原因調査に関する規定として、正しいものは次のうちどれか。

1　消防長又は消防署長は、製造所、貯蔵所又は取扱所において発生した危険物の流出その他の事故であって火災が発生するおそれのあったものについて、当該事故の原因を調査することができる。

2　消防庁長官は、流出原因調査を行う消防長又は消防署長から求めがあった場合には、当該事故の調査をすることができる。

3　消防長又は消防署長は、危険物の流出が発生した製造所、貯蔵所又は取扱所その他当該事故の発生と密接な関係を有すると認められる場所の所有者、管理者若しくは占有者に対して必要な資料の提出を命じることができる。

4　市町村長等は、危険物の流出その他の事故の原因調査のため、当該消防事務に従事する職員に、危険物の流出が発生した製造所、貯蔵所又は取扱所その他当該事故の発生と密接な関係を有すると認められる場所に立ち入り、関係のある者に質問させることができる。

5　消防職員は、危険物の流出が発生した製造所、貯蔵所又は取扱所その他当該事故の発生と密接な関係を有すると認められる場所に立ち入る場合においては、市町村長等の定める証票を携帯し、危険物の流出その他の事故の原因の調査に着手する前に、これを示さなければならない。

着眼点 ▶　危険物流出等の事故原因調査の実施主体は、市町村長等である。

危　険　物　　　　　　　　　　　　　　　435

> **解説**　選択肢1から3は、市町村長等でないため誤り。選択肢4は、消防法第16条の3の2第2項で規定している。選択肢5は、証票を提示するのは請求があった場合のため誤り。

【正解4】

問題47　製造所等に対する市町村長等の使用停止命令に該当しない消防法の違反は次のうちどれか。

1　危険物の貯蔵又は取扱いが、消防法第10条第3項の規定に違反した場合
2　製造所等の位置、構造又は設備の無許可変更
3　完成検査を受けないで製造所等を使用した場合
4　危険物保安監督者を選任しない場合
5　政令で定める製造所等の定期点検をしない場合

> **着眼点** ▶　消防法第10条第3項の規定に違反した場合は使用停止命令ではなく、基準遵守命令となる（消防法第11条の5）。

> **解説**　市町村長等が使用停止を命令できるのは、次のとおりである（同法第12条の2）。
> 1　製造所等の位置、構造又は設備の無許可変更
> 2　完成検査を受けないで製造所等を使用した場合、及び仮使用承認を受けない製造所等の部分使用をした場合
> 3　危険物の貯蔵又は取扱いの基準遵守命令に違反した場合
> 4　製造所等の位置、構造又は設備の基準適合命令に違反した場合
> 5　危険物保安監督者を選任しない場合又はこれを選任した場合においても危険物の取扱作業に関し保安の監督をさせない場合
> 6　危険物保安統括管理者を選任しない場合
> 7　移送取扱所又は特定屋外タンク貯蔵所の保安検査を受けない場合
> 8　政令で定める製造所等の定期点検をしない場合
> 9　危険物保安統括管理者又は危険物保安監督者の解任命令に従わない場合

【正解1】

問題48　次は、危険物の移動タンク貯蔵所にかかる市町村長の権限を記述したものであるが、誤っているものはどれか。

1　Ａ市長の許可した移動タンク貯蔵所が、Ｂ市において危険物を流出させた場合で、運転者等が応急の措置を講じていないときは、Ｂ市長はこれらの者に対して危険物の流出防止等の応急措置命令ができる。
2　Ａ市長が許可した移動タンク貯蔵所を当該Ａ市長の管轄する区域において、Ａ市長は消防事務に従事する職員による立入検査を行わせることができる。

436 危 険 物

3　A市長が許可した移動タンク貯蔵所が、B市において危険物の貯蔵又は取扱いの基準違反が発見された場合、B市長は消防法第11条の5第2項の基準遵守の命令ができない。

4　A市長が許可した移動タンク貯蔵所が、B市において当該貯蔵所の位置、構造及び設備の基準違反が発見されても、B市長は消防法第12条第2項の基準適合命令はできない。

5　A市長が許可した移動タンク貯蔵所が、当該A市長の管轄する区域において衝突によりタンクに亀裂が生じた場合、A市長は緊急使用停止を命令できる。

着眼点 ▶　市町村長（消防本部及び署がない市町村にあっては、都道府県知事）は、消防法第11条第1項の規定により他の市町村長が許可した移動タンク貯蔵所についても、その管轄区域にあるものについては、同法第11条の5第2項により基準遵守命令ができる。

【正解3】

問題49　危険物取扱者が消防法又はこの法律に基づく命令の規定に違反しているとき、危険物取扱者免状の返納を命じることができる者は、次のうちどれか。

1　消防長

2　市町村長

3　消防庁長官

4　総務大臣

5　都道府県知事

着眼点 ▶　消防法第13条の2第5項の規定により、免状を交付した都道府県知事が返納を命ずることができる。

解説　危険物取扱者免状の返納を命ぜられる者は、法令違反を行った「危険物取扱者免状の交付を受けている者」であり、返納を命ずる者は、当該免状を交付した都道府県知事である。

【正解5】

問題50　消防長又は消防署長に届け出なければならない圧縮アセチレンガス、液化石油ガスの数量として、次の中から正しいものを選べ。

1　圧縮アセチレンガス40kg以上、液化石油ガス100kg以上

2　圧縮アセチレンガス40kg以上、液化石油ガス500kg以上

3　圧縮アセチレンガス50kg以上、液化石油ガス300kg以上

危　険　物　　　　　　　　437

4　圧縮アセチレンガス50kg以上、液化石油ガス50kg以上

5　圧縮アセチレンガス40kg以上、液化石油ガス300kg以上

着眼点▶　危険物の規制に関する政令第1条の10で、圧縮アセチレンガスは40kg以上、液化
石油ガスは300kg以上と定めている。

【正解5】

問題51　次の物品の組合せの中で、指定可燃物だけのものはどれか。

1　アセトン、油かす

2　乾燥わら、石炭

3　金属カリウム、生石灰

4　キシレン、ナフタリン

5　合成樹脂くず、金属マグネシウム

着眼点▶　消防法第9条の4の指定可燃物は、危険物の規制に関する政令第1条の12によ
り、別表第4で規定している。

解説
　1　指定可燃物に該当するもの　乾燥わら、石炭、ナフタリン、合成樹脂くず
　2　危険物に該当するもの　アセトン、金属カリウム、キシレン、金属マグネシウム
　3　届出を要する物質に該当するもの　生石灰
　4　消防法令上、特に該当しないもの　油かす

【正解2】

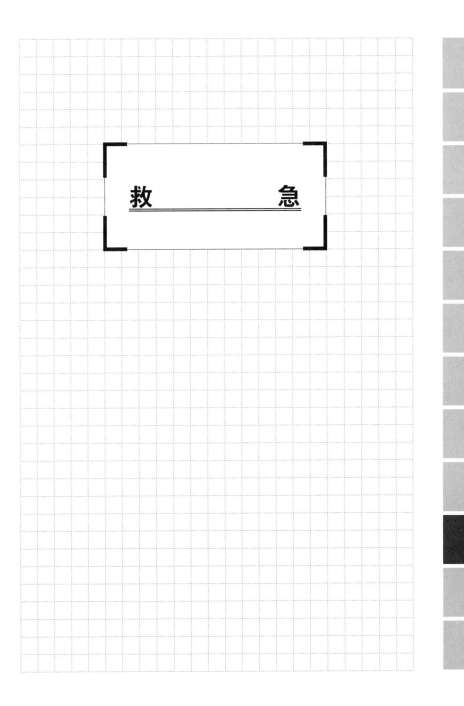
救 急

440 救　　　急

問題1　消防法第２条第９項の救急業務の規定について、誤っているものはどれか。

1　搬送対象には、災害により生じた事故による傷病者も含まれる。

2　搬送対象には、公衆の出入りする場所において生じた事故による傷病者も含まれる。

3　搬送対象には、生命に危険を及ぼす疾病で医療機関に迅速に搬送する適当な手段がない傷病者も含まれる。

4　救急業務には、傷病者を医療機関へ緊急に搬送することも含まれる。

5　救急業務には、救急救命士が行う救急救命処置も含まれる。

> **解説**　消防法第２条第９項には、搬送対象、搬送行為、応急の手当の実施について規定されている。応急の手当については、「救急隊員及び准救急隊員の行う応急処置等の基準」（昭和53年７月消防庁告示第２号）に観察の区分、傷病者の症状に応じた応急処置の方法・内容が定められている。
>
> 　救急救命士が行う救急救命処置については、①乳酸リンゲル液を用いた静脈路確保のための輸液、②食道閉鎖式エアウェイ又はラリンゲアルマスク及び気管内チューブによる気道確保、③エピネフリン又はブドウ糖溶液の投与のほか、除細動、血圧測定等の救急隊の行う応急処置が含まれる。

【正解5】

問題2　「感染症の予防及び感染症の患者に対する医療に関する法律」における感染症の分類で、誤っているものはどれか。

1　一類感染症――ペスト

2　二類感染症――結核

3　三類感染症――腸管出血性大腸菌感染症（Ｏ－157）

4　四類感染症――特定鳥インフルエンザ

5　五類感染症――新型コロナウイルス感染症（ベータコロナウイルス属）

> **解説**　「感染症」とは、一類～五類感染症、新型インフルエンザ等感染症、指定感染症、新感染症をいう。特定鳥インフルエンザ（Ｈ５Ｎ１、Ｈ７Ｎ９）は二類感染症、鳥インフルエンザ（特定鳥インフルエンザを除く。）は四類感染症、令和５年５月８日をもって新型コロナウイルス感染症（ベータコロナウイルス属）は五類感染症に分類されている（次表参照）。
>
> 　なお、三類感染症に分類されている腸管出血性大腸菌感染症の代表的な血清型にはＯ－157、Ｏ－26、Ｏ－111などがある。

| 一類感染症 | エボラ出血熱、クリミア・コンゴ出血熱、痘そう、南米出血熱、ペスト、マールブルグ病、ラッサ熱 |

二類感染症	急性灰白髄炎、結核、ジフテリア、重症急性呼吸器症候群（病原体がベータコロナウイルス属ＳＡＲＳコロナウイルスであるものに限る。）、特定鳥インフルエンザ、中東呼吸器症候群（病原体がベータコロナウイルス属ＭＥＲＳコロナウイルスであるものに限る。）
三類感染症	コレラ、細菌性赤痢、腸管出血性大腸菌感染症、腸チフス、パラチフス
四類感染症	Ｅ型肝炎、Ａ型肝炎、黄熱、Ｑ熱、狂犬病、炭疽、鳥インフルエンザ（特定鳥インフルエンザを除く。）、ボツリヌス症、マラリア、野兎病（以下、政令で定めたもの） ウエストナイル熱、エキノコックス症、エムポックス、オウム病、オムスク出血熱、回帰熱、キャサヌル森林病、コクシジオイデス症、ジカウイルス感染症、重症熱性血小板減少症候群、腎症候性出血熱、西部ウマ脳炎、ダニ媒介脳炎、チクングニア熱、つつが虫病、デング熱、東部ウマ脳炎、ニパウイルス感染症、日本紅斑熱、日本脳炎、ハンタウイルス肺症候群、Ｂウイルス病、鼻疽、ブルセラ症、ベネズエラウマ脳炎、ヘンドラウイルス感染症、発しんチフス、ライム病、リッサウイルス感染症、リフトバレー熱、類鼻疽、レジオネラ症、レプトスピラ症、ロッキー山紅斑熱
五類感染症	インフルエンザ（鳥インフルエンザ及び新型インフルエンザ等感染症を除く。）、ウイルス性肝炎（Ｅ型肝炎及びＡ型肝炎を除く。）、クリプトスポリジウム症、後天性免疫不全症候群、性器クラミジア感染症、梅毒、麻しん、メチシリン耐性黄色ブドウ球菌感染症 （以下、省令で定めたもの） アメーバ赤痢、ＲＳウイルス感染症、咽頭結膜熱、Ａ群溶血性レンサ球菌咽頭炎、カルバペネム耐性腸内細菌目細菌感染症、感染性胃腸炎、急性出血性結膜炎、急性脳炎（ウエストナイル脳炎、西部ウマ脳炎、ダニ媒介脳炎、東部ウマ脳炎、日本脳炎、ベネズエラウマ脳炎及びリフトバレー熱を除く。）、クラミジア肺炎（オウム病を除く。）、クロイツフェルト・ヤコブ病、劇症型溶血性レンサ球菌感染症、細菌性髄膜炎（侵襲性インフルエンザ菌感染症、侵襲性髄膜炎菌感染症、侵襲性肺炎球菌感染症を除く。）、ジアルジア症、新型コロナウイルス感染症（病原体がベータコロナウイルス属のコロナウイルス（令和２年１月に、中華人民共和国から世界保健機関に対して、人に伝染する能力を有することが新たに報告されたものに限る。）であるものに限る。）、侵襲性インフルエンザ菌感染症、侵襲性髄膜菌感染症、侵襲性肺炎球菌感染症、水痘、性器ヘルペスウイルス感染症、尖圭コンジローマ、先天性風しん症候群、手足口病、伝染性紅斑、突発性発しん、破傷風、バンコマイシン耐性黄色ブドウ球菌感染症、バンコマイシン耐性腸球菌感染症、百日咳、風しん、ペニシリン耐性肺炎球菌感染症、ヘルパンギーナ、マイコプラズマ肺炎、無菌性髄膜炎、薬剤耐性アシネトバクター感染症、薬剤耐性緑膿菌感染症、流行性角結膜炎、流行性耳下腺炎、淋菌感染症

	新型インフルエンザ等感染症	新型インフルエンザ（新たに人から人に伝染する能力を有することとなったウイルスを病原体とするインフルエンザであって、一般に国民が当該感染症に対する免疫を獲得していないことから、当該感染症の全国的かつ急速なまん延により国民の生命及び健康に重大な影響を与えるおそれがあると認められるもの）、再興型インフルエンザ（かつて世界的規模で流行したインフルエンザで、その後流行することなく長期間が経過しているものとして厚生労働大臣が定めるものが再興したものであって、一般に現在の国民の大部分が当該感染症に対する免疫を獲得していないことから、当該感染症の全国的かつ急速なまん延により国民の生命及び健康に重大な影響を与えるおそれがあると認められるもの）、新型コロナウイルス感染症（新たに人から人に伝染する能力を有することとなったコロナウイルスを病原体とする感染症であって、一般に国民が当該感染症に対する免疫を獲得していないことから、当該感染症の全国的かつ急速なまん延により国民の生命及び健康に重大な影響を与えるおそれがあると認められるもの）、再興型コロナウイルス感染症（かつて世界的規模で流行したコロナウイルスを病原体とする感染症であってその後流行することなく長期間が経過しているものとして厚生労働大臣が定めるものが再興したものであって、一般に現在の国民の大部分が当該感染症に対する免疫を獲得していないことから、当該感染症の全国的かつ急速なまん延により国民の生命及び健康に重大な影響を与えるおそれがあると認められるもの）
	指定感染症	既に知られている感染症の疾病（一類感染症、二類感染症、三類感染症及び新型インフルエンザ等感染症を除く。）であって、感染症の予防及び感染症の患者に対する医療に関する法律第3章から第7章までの規定の全部又は一部を準用しなければ、当該疾病のまん延により国民の生命及び健康に重大な影響を与えるおそれがあるものとして政令で定めるもの
	新感染症	人から人に伝染すると認められる疾病であって、既に知られている感染性の疾病とその病状又は治療の結果が明らかに異なるもので、当該疾病にかかった場合の病状の程度が重篤であり、かつ、当該疾病のまん延により国民の生命及び健康に重大な影響を与えるおそれがあると認められるもの

【正解4】

問題3 医療法の規定で、誤っているものはどれか。

1 病院は、患者20人以上の収容施設を有するものをいう。

2 診療所のうち、特に患者の収容施設を有しないものを医院という。

3 介護老人保健施設は、要介護者に対し医学的管理の下に介護、日常生活上の世

救　　　急

話を行うことを目的とする。

4　助産所には、妊婦等10人以上を収容してはならない。

5　地域医療支援病院は、紹介患者への医療提供や施設・設備の共同利用等を行う。

> **解説**　「医療法」に医院の定義はなく、診療所と同義語であり、診療所の設備要件としては、患者の収容施設を有しないもの又は患者19名以下の収容施設を有するものとされている。

【正解2】

問題4　消防法等に関する規定で、誤っているものはどれか。

1　消防長は、救急救命士の資格を有する隊員をもって救急隊を編成するよう努めるものとする。

2　救急隊員は、緊急の必要があるときは、現場に在る者に対し、救急業務に協力することを求めることができる。

3　都道府県知事は、救急業務を行っていない市町村で交通事故により救急業務が必要な場合は、救急業務を行うことができる。

4　救急隊は、救急の現場に到着するために緊急の必要があるときには、一般の交通の用に供しない通路を通行することができる。

5　航空機による救急隊の編成は、救急自動車における編成と同様、機体1機及び救急隊員3名以上でなければならない。

> **解説**　消防法施行令第44条（救急隊の編成及び装備の基準）では、救急隊は、救急自動車1台及び救急隊員3人以上をもって、又は航空機1機及び救急隊員2人以上をもって編成しなければならないとされている。ただし、救急業務の実施に支障がないものとして総務省令で定める場合には、救急自動車1台及び救急隊員2人をもって編成することができる。

【正解5】

問題5　救急業務を定義する法律はどれか。

1　消防法

2　医療法

3　地方自治法

4　地域保健法

5　救急救命士法

444 救 急

> 解説 救急業務は、消防法第2条第9項に定義されており、災害による事故等による傷病者で、医療機関等に緊急に搬送する必要があるものを、救急隊によって医療機関等に搬送するとされている。その他、救急隊員の要件は消防法施行令、救急隊の編成基準は救急業務実施基準で定めている。

【正解1】

問題6 心臓機能停止及び呼吸機能停止のときのみ行うことができる救急救命処置はどれか。

1 乳酸リンゲル液を用いた静脈路確保のための輸液
2 アドレナリンの投与
3 気管内チューブによる気道確保
4 ラリンゲアルマスクによる気道確保
5 自動体外式除細動器による除細動

> 解説 心臓及び呼吸機能停止のときのみ行うことができるのは気管内チューブによる気道確保であり、それ以外は、それぞれの条件に基づき実施することができる。救急活動においては、実施する救急救命士だけが把握していればよいのではなく、救急活動を統括する救急隊長も適応や禁忌事項については、最低限は把握する必要がある。

【正解3】

問題7 医師の具体的指示を必要とする救急救命処置において、心肺機能停止前の傷病者が対象となるものはどれか。二つ選べ。

1 乳酸リンゲル液を用いた静脈路確保のための輸液
2 ブドウ糖溶液の投与
3 乳酸リンゲル液を用いた静脈路確保及び輸液
4 食道閉鎖式エアウェイ・ラリンゲアルマスクによる気道確保
5 気管内チューブによる気道確保

> 解説 平成26年1月31日に厚生労働省令第7号「救急救命士法施行規則の一部を改正する省令」が公布され、新たに加える救急救命処置として、心肺機能停止前の重度傷病者に対する静脈路確保及び輸液、血糖測定並びに低血糖発作症例へのブドウ糖溶液の投与が示された。
> 　追加された静脈路確保及び輸液の対象は、心肺機能停止状態でない重度傷病者であって、ショックが疑われる又はクラッシュ症候群が疑われる若しくはクラッシュ症候群に至る可能性があるものである。また、ブドウ糖溶液の投与の対象は、心肺機能停止状態でない重度傷病者であって、血糖測定により低血糖状態が確認されたものである。なお、血糖測定は医師の包括指示があれば行うことが可能である。

救　　　急

　　医師の具体的指示を必要とする救急救命処置（特定行為）の対象の状態を以下に示す。

項　　目	心臓機能停止及び呼吸機能停止の状態	心臓機能停止又は呼吸機能停止の状態	心肺機能停止前
(1) 乳酸リンゲル液を用いた静脈路確保のための輸液	○	○	
(2) 食道閉鎖式エアウェイ、ラリンゲアルマスクによる気道確保	○	○	
気管内チューブによる気道確保	○		
(3) エピネフリンの投与（別紙1の⑽※の場合を除く）	○	心臓機能停止の場合のみ○	
(4) 乳酸リンゲル液を用いた静脈路確保及び輸液			○
(5) ブドウ糖溶液の投与			○

※⑽　自己注射が可能なエピネフリン製剤によるエピネフリンの投与
（「救急救命処置の範囲等について」（平成4年3月13日指第17号））

【正解2、3】

問題8　救急救命士法について、誤っているものはどれか。二つ選べ。

1　救急救命処置録を保存しなかった場合は罰則に該当する。

2　消防に属する救急救命士は消防法の適用も受ける。

3　救急救命士の実施する全ての行為で医師の具体的指示を要する。

4　救急救命士は救急現場以外の場所において救急救命処置を行ってはならない。

5　罰金以上の刑に処せられた者は救急救命士の欠格事由に該当する。

解説　救急救命士法第44条第1項において、「救急救命士は、医師の具体的な指示を受けなければ、厚生労働省令で定める救急救命処置を行ってはならない。」とある。救急救命処置の中でも①乳酸リンゲル液を用いた静脈路確保のための輸液、②食道閉鎖式エアウェイ、ラリンゲアルマスク、気管内チューブを使用した気道確保、③エピネフリンの投与、④心肺機能停止前の静脈路確保と輸液、⑤低血糖発作症例へのブドウ糖溶液の投与は、特定行為として医師の具体的指示を要し、①から⑤以外の救急救命処置は包括的指示として医師の具体的指示は要しない。

　また、同条第2項において、「救急救命士は、救急用自動車その他の重度傷病者を搬送するためのものであって厚生労働省令で定めるもの（以下「救急用自動車等」という。）以外の場所においてその業務を行ってはならない。ただし、病院若しくは診療所への搬送のため重度傷病者を救急用自動車等に乗せるまでの間又は重度傷病者が

446　　　　　　　　　　　救　　　急

　　病院若しくは診療所に到着し当該病院若しくは診療所に入院するまでの間において救
　急救命処置を行うことが必要と認められる場合は、この限りではない。」とあり、救
　急現場に加えて病院、診療所でも救急救命処置の実施は可能である。

【正解3、4】

問題9　消防法第1条に規定する法律の目的として、誤っているものはどれか。
1　火災の予防
2　火災の警戒及び鎮圧
3　全ての災害から国民の生命、身体、財産を保護
4　地震等による被害の軽減
5　災害等による傷病者の搬送

　解説　消防法第1条では、「火災を予防し、警戒し及び鎮圧し、国民の生命、身体及び財
　　産を火災から保護するとともに、火災又は地震等の災害による被害を軽減するほか、
　　災害等による傷病者の搬送を適切に行い、もつて安寧秩序を保持し、社会公共の福祉
　　の増進に資することを目的とする。」とあり、国民の生命、身体、財産を火災から保
　　護することが目的であり、全ての災害からの保護は含まれない。

【正解3】

問題10　救急病院等の要件で、誤っているものはどれか。
1　救急医療について相当の知識経験を有する医師が常時診療に従事していること
2　救急医療を要する傷病者のために専用病床を有すること
3　救急隊による傷病者搬入に容易な場所にあり、それに適した構造設備を有する
　こと
4　エックス線装置、心電計等の設備を有すること
5　診療医師の数に応じ、一定数の看護師を配置すること

　解説　「救急病院等を定める省令」では、医師、看護師等を含めた医療従事者の数は規定
　　されていない。

【正解5】

問題11　救急病院等を定める省令の規定で、正しいものはどれか。
1　市町村長が認定して告示する。
2　5年ごとの更新である。
3　要件に合致すれば診療所も対象である。
4　二次医療圏で1か所以上設ける。

救　　　急　　　447

5　内科、外科の標榜は必須である。

> **解説**　「救急病院等を定める省令」は、従事する医師、診療設備、構造設備、専用病床の
> 人的要件及び設備要件が定められ、その要件に合致した場合に都道府県知事が、医療
> 計画等を勘案して救急病院又は救急診療所として認定するものであり、認定の期間は
> 3年となっている。また、医療機関の性格としては、特定の診療科目ではなく、救急
> 患者一般を対象としたものである。
> 　なお、保健医療計画では初期、二次、三次を含めた救急医療機関による救急医療体
> 制が、二次医療圏単位で整備されることとしている。

【正解3】

問題12　救急救命士が行う救急救命処置で、医師の具体的な指示が必要な処置は
　　　どれか。
1　気管内チューブを通じた気管吸引
2　ラリンゲアルマスクを用いた気道確保
3　自動体外式除細動器による除細動
4　特定在宅療法継続中の傷病者の処置の維持
5　鉗子・吸引器を用いた咽頭・声門上部の異物除去

> **解説**　救急救命士の資格を有する者は、「救急救命処置」と一般の救急隊員が行う「応急
> 処置」が行える。救急救命処置とは、救急救命士法で規定され、その症状が著しく悪
> 化するおそれがあり、若しくはその生命が危険な状態にある傷病者に対して行えるも
> ので、具体的な内容は厚生（労働）省令で明記されている。選択肢はいずれも「救急
> 救命処置」に該当するが、この中で、選択肢2については医師の具体的な指示を必要
> としている。
> 　医師の具体的指示を必要とする救急救命処置
> ・乳酸リンゲル液を用いた静脈路確保のための輸液
> ・食道閉鎖式エアウェイ、ラリンゲアルマスク又は気管内チューブによる気道確保
> ・エピネフリンの投与（エピペンを除く）
> ・乳酸リンゲル液を用いた静脈路確保及び輸液
> ・ブドウ糖溶液の投与

【正解2】

問題13　救急業務実施基準について、誤っているものはどれか。
1　傷病者が明らかに死亡している場合又は医師が死亡していると診断した場合
　は、これを搬送しないものとする。
2　救急業務の実施に際し、傷病者の関係者又は警察官が同乗を求めたときは、努
　めてこれに応ずるものとする。
3　市町村の消防機関が行う救急業務は、災害救助法が適用される場合において

448　　　　　　　　　　　救　　　急

も、同法の規定に基づくことなく実施するものとする。

4　消防長は、生活保護法に定める被保護者又は要保護者と認められる傷病者を搬
　送した場合においては、福祉事務所に通知するものとする。

5　隊員は、傷病者の傷病の状況により必要があると認めるときはその者の家族等
　に対し、傷病の程度又は状況等を連絡するよう努めるものとする。

> 解説　市町村の消防機関が行う救急業務は、災害救助法（昭和22年法律第118号）が適用
> される場合においては、同法の規定に基づく救助に協力する関係において実施するも
> のとする（救急業務実施基準第21条）。

【正解3】

問題14　救急自動車の要件で、誤っているものはどれか。

1　警光灯は、前方300mの距離から点灯を確認できる赤色のもの

2　救急隊員3名以上及び傷病者2名以上を収容し、かつ、応急処置及び通信等に
　必要な資器材を積載できるもの

3　室内の高さは、2m以上であること

4　傷病者を収容する部分の大きさは、長さ1.9m、幅0.5m以上のベッドである
　こと

5　サイレンの音の大きさは、前方20mの位置において90dB以上120dB以下であ
　ること

> 解説　救急自動車の要件は、「道路運送車両の保安基準」に定める緊急自動車の基準への
> 適合要件として、警光灯の点灯確認の距離及び色、サイレンの音の大きさの規定があ
> る。そのほか、「救急業務実施基準」には乗車人員、傷病者の収容部分の大きさとし
> て長さ、幅、ベッドの収容が決められているが、室内の高さについては、救急隊員が
> 業務を行うに支障のないものであることとの規定のみである。

【正解3】

問題15　救急活動記録票に求められる要素で、誤っているものはどれか。

1　守秘性

2　客観性

3　保存性

4　正確性

5　推測性

> 解説　救急活動記録票は、救急隊の実施した活動内容、結果を立証する唯一の証拠であ
> り、「救急業務実施基準」に活動概要等、所要の事項を記録する旨の規定がある。

救　　　急　　　　　　　　　　　449

傷病者個人に関わる情報の記録、公文書としての要素を満たしていなければならないが、一定の様式、用紙スペースでは５Ｗ１Ｈの原則に則り、要領よくまとめなければならず、冗長的に記録することは、第三者が客観的に事実を把握する場合にはかえって困難性を伴うことになりかねない。また、客観的事実のみを記載し、憶測で記載してはならない。

【正解５】

問題16 救急隊員の行う応急処置等として、誤っているものはどれか。
1　血圧計を使用した血圧測定
2　聴診器を使用した心音の聴取
3　血中酸素飽和度測定器を使用した血中酸素飽和度
4　心電計を使用した心臓病の有無の判断
5　喉頭鏡、マギール鉗子を使用した異物除去

解説　救急活動時における心電計の目的は、あくまでも観察用資器材としての導入であり、心拍動の観察を基に致死性あるいは異常な心電波形を判断し医療機関の選定等に役立てようとするものである。

【正解４】

問題17 我が国の主な死因別にみた死亡率の順位で、正しいものはどれか。（令和4年現在）
1　悪性新生物──心疾患──脳血管疾患──肺炎──老衰
2　心疾患──脳血管疾患──悪性新生物──不慮の事故──肺炎
3　脳血管疾患──悪性新生物──不慮の事故──心疾患──肺炎
4　悪性新生物──心疾患──老衰──脳血管疾患──肺炎
5　肺炎──脳血管疾患──不慮の事故──悪性新生物──心疾患

解説　令和4年（2022）人口動態統計（厚生労働省）による死因順位は、第１位　悪性新生物（腫瘍）、第２位　心疾患、第３位　老衰、第４位　脳血管疾患、第５位　肺炎、第６位　誤嚥性肺炎、第７位　不慮の事故（以下略）となっている。

【正解４】

問題18 麻疹の感染経路として、正しいものはどれか。
1　空気感染
2　垂直感染
3　媒介感染

450 救 急

4 接触感染

5 飛沫感染

> **解説** 感染経路には接触感染、飛沫感染、空気感染、経口感染、昆虫媒介感染などがある。空気感染となるのは、結核、麻疹、水痘であり、インフルエンザや風疹、ムンプスは飛沫感染するものである。救急現場における傷病者の多くは感染症の有無が不明なため救急隊員等は、標準感染予防策を講じることが必要である。

【正解1】

問題19 血液の働きで、誤っているものはどれか。

1 老廃物の運搬

2 熱の運搬

3 ホルモンの運搬

4 防御作用

5 赤血球の生産

> **解説** 赤血球の生産は骨髄で行われる。骨髄には赤色骨髄と黄色骨髄がある。小児の場合は骨髄は全て赤色骨髄であるが、成人の場合は長骨の骨端部分にだけ残っている。血液の働きは、次のとおりである。
> ・物質代謝に必要な物質（酸素、二酸化炭素、栄養素、老廃物）を体全体に運ぶ運搬作用
> ・骨格筋などで生じた熱を体全体に運んで熱の運搬、体温を一定に保つ体熱の分布作用
> ・ホルモンの運搬による体内調整作用
> ・血液のpHを常に一定にする緩衝作用
> ・白血球や抗体の働きによって、細菌などから生体を守る防御作用
> ・体液の恒常性を維持する作用
> ・血管の破損による失血を防ぎ、破損部修復後の血行再開

【正解5】

問題20 成人の血液正常値で、誤っているものはどれか。

1 赤血球数（男性、血液1㎣中）―150万個

2 白血球（血液1㎣中）―5,000～1万個

3 血小板（血液1㎣中）―15～50万個

4 ヘモグロビン量（血液100mL中）―15g

5 赤血球の寿命―80～120日

> **解説** 血液1㎣中での赤血球数は、男性500万個、女性450万個である。

【正解1】

救　　急　　　　　451

問題21　骨とその部位との組合せで、誤っているものはどれか。

1　トルコ鞍——頭蓋

2　腸骨——骨盤

3　距骨——足

4　剣状突起——胸椎

5　仙骨——脊柱

> **解説**　剣状突起は、胸骨の一部をなす。

【正解4】

問題22　横紋筋に分類される筋で構成されている組織はどれか。

1　血管

2　胃

3　膀胱

4　子宮

5　心臓

> **解説**　心筋は骨格筋とよく似た横紋筋繊維からなり、意思とは関係なく収縮している不随
> 意筋である。

【正解5】

問題23　脳の働きで、誤っているものはどれか。

1　大脳には、瞳孔や眼球運動の中枢がある。

2　視床下部には食欲、性欲などの中枢がある。

3　中脳には意識、睡眠、姿勢などの中枢がある。

4　延髄には心臓、血管、呼吸などの中枢がある。

5　小脳には身体の平衡、筋肉の緊張を保持する機能がある。

> **解説**　大脳は運動、感覚、知覚、記憶、学習などの神経機能をつかさどる。瞳孔や眼球運
> 動の中枢は中脳にある。

【正解1】

問題24　血液の循環で、誤っているものはどれか。

1　肺静脈には、動脈血が流れる。

2　肝動脈には、動脈血が流れる。

3　右心室には、静脈血が流れる。

452 　　　　　　　　　救　　　急

4　門脈には、動脈血が流れる。

5　胎児循環の臍静脈には、動脈血が流れる。

> 解説　門脈は、腸から肝臓に流れ込む血管である。腹腔動脈によって腹部内臓に配られた血液は門脈に集められ、肝臓に入る。門脈の末梢部では体循環の静脈と連絡するので炭酸ガス、老廃物に富む血液が流れる。

【正解4】

問題25　体液について、正しいものはどれか。

1　成人では体重の約50％は水（体液）である。

2　新生児では体重に対する体液の比率は、成人に比べて低い。

3　脂肪には筋肉より多くの体液が含まれる。

4　体液の3分の2は細胞内に、3分の1は細胞外にある。

5　細胞内液の組成で最も多いのはナトリウムイオンである。

> 解説　成人の場合、体重の約60％は水であり、新生児では約80％、反対に高齢者では体液量が減少し、約55％となる。体液は筋肉に多く含まれるが、脂肪には含まれない。体重の約60％を占める体液の3分の2は細胞内液で、3分の1は細胞外液である。細胞内外の物質の移動に際しては体液組成のバランスが重要な役目を果たすが、細胞内液にはカリウムイオン、細胞外液にはナトリウムイオンを多く含む。

【正解4】

問題26　血圧を左右する因子で、誤っているものはどれか。

1　心臓の拍出量が増すと血圧は上がる。

2　血管壁の弾性が大きくなると血圧は上がる。

3　末梢血管の抵抗が増すと血圧は上がる。

4　血液の粘性が増すと血圧は上がる。

5　循環血液量が増すと血圧は上がる。

> 解説　血圧は心臓から押し出された血液の流れによって、血管内に生じる圧である。心臓、血管、血液の三つの状況を反映するが、例えば一定量・圧の血液は、弾性の小さい硬い管内より伸縮性のある柔らかい管内のほうが流れやすい。動脈硬化や血管弾性の小さくなる高齢者では血圧が高くなる。

【正解2】

問題27　体表から脈拍を触知できない動脈はどれか。

1　浅側頭動脈

救　　急　　　　　453

2　上行大動脈
3　股動脈
4　足背動脈
5　橈骨動脈

> **解説**　上行大動脈は、左心室から出る太い動脈である。設問のほかの動脈は、いずれも表在性のものである。脈拍を手で触れるのは、普通、橈骨動脈であるが、橈骨動脈を触れることができない場合は、耳介の上の浅側頭動脈、又は頸部の頸動脈、鼠径部の股動脈、又は足背動脈が代用される。

【正解 2】

問題28　酵素の働きについて、誤っているものはどれか。

1　ペプシンは、タンパク質を分解する。
2　リパーゼは、中性脂肪を分解する。
3　プチアリンは、でんぷんを分解する。
4　トリプシンは、中性脂肪を分解する。
5　アミラーゼは、でんぷんを分解する。

> **解説**　トリプシンは、膵液に含まれタンパク分解酵素で、タンパク質を小分子のポリペプチドに分解する。

【正解 4】

問題29　消化液と酵素の組合せで、誤っているものはどれか。

1　唾液──プチアリン
2　胃液──マルターゼ
3　膵液──トリプシン
4　腸液──アミノペクチターゼ
5　胆汁──胆汁酸

> **解説**　胃液には塩酸、ペプシン（タンパク質分解酵素）、ガストリクシン（タンパク質分解酵素）、リパーゼ（脂肪分解酵素）、レニン（乳汁凝固酵素）が含まれ、糖質分解酵素であるマルターゼは膵液、腸液に含まれる。

【正解 2】

問題30　肝臓の働きについて、誤っているものはどれか。

1　糖質をグリコーゲンに変換して貯蔵する。
2　赤血球を産生し分解する。

454 救　　急

3　脂肪の合成や分解をする。

4　毒物を分解して無毒の物質に変える。

5　胆汁を生成し分泌する。

> **解説**　肝臓の働きは、栄養に関係のある物質の合成と貯蔵、解毒、胆汁の生成と分泌である。肝臓に送られた糖質をグリコーゲンに変換して蓄え、また、状況に応じてグリコーゲンをグルコースに変えて血液中に出す。
>
> 　また、吸収したアミノ酸を用いて特に血漿中に含まれるアルブミンなどのタンパク質を合成する。脂肪、コレステロールなどの合成や、脂肪を分解したエネルギー産出も行われる。

【正解2】

問題31　呼吸について、正しいものはどれか。

1　成人の安静呼吸における1回換気量は、約800mL である。

2　1回換気量のうち、約300mL はガス交換に関与しない。

3　空気の組成で酸素は、約17％である。

4　成人男性の肺活量は、約2L である。

5　成人の1分間の呼吸数は、16〜20回である。

> **解説**　成人の安静呼吸における1回換気量は400〜500mL で、呼吸数は毎分16〜20回、肺活量は3.5〜4.5L である。
>
> 　1回換気量の全部は肺胞に達するわけではなく、約150mL の空気は肺胞に行かないで気道を満たすだけでガス交換には役立たない。これを死腔という。
>
> 　なお、空気の主な組成は N_2 が78.09％、O_2 が20.95％、CO_2 が0.03％である。

【正解5】

問題32　バイタルサインに含まれないものはどれか。

1　血圧

2　体温

3　呼吸

4　脈拍

5　動脈血酸素飽和度

> **解説**　バイタルサインは生命徴候とも呼ばれ、通常は呼吸（数）、脈拍（数）、血圧、体温をさすが、意識（レベル）を加えることもある。これらは、呼吸や循環など生命の維持に必要な人体の生理的機能が、どの程度障害されているかを端的に表す指標として必要不可欠である。

【正解5】

救　　急　　455

問題33　熱傷について、誤っているものはどれか。
1　Ⅰ度熱傷では皮膚の発赤、疼痛がある。
2　Ⅱ度熱傷では水疱を形成する。
3　Ⅲ度熱傷では強い疼痛がある。
4　Ⅱ度熱傷では真皮層が障害される。
5　Ⅲ度熱傷では真皮全層が障害される。

解説　Ⅲ度熱傷は皮膚全層の熱傷であり、時には脂肪層に及ぶことがある。知覚神経末梢部の損傷があるために、ほとんど疼痛がなく、また、表面は白色調ないし羊皮紙様を特徴とする。

【正解3】

問題34　熱傷の観察と応急処置で、誤っているものはどれか。
1　燃焼した着衣が身体全体に密着している場合は、衣類を除去して観察する。
2　成人が前胸・腹部全体を受傷した場合、熱傷面積は約18％となる。
3　熱傷面積が同じでも、青壮年に比べて高齢者の場合は重症度が高くなる。
4　創傷の保護、汚染防止を図るため滅菌アルミシートで被覆処置をする。
5　成人で10％以上のⅢ度熱傷は、重症と判断する。

解説　広範囲、重度の受傷が予想されるので、冷却等の処置を継続しながら医療機関へ迅速に搬送することに心掛ける。密着した衣類を除去することは、皮膚面を更に損傷する可能性があるので、避けるべきである。

【正解1】

問題35　熱傷の観察と応急処置について、誤っているものはどれか。
1　気道熱傷は顔面、頸部に火炎や高温蒸気などを受けた場合に起こる。
2　電撃傷では心電図モニターの装着を必須とする。
3　乾燥石灰を浴びた場合には、速やかに大量の水で洗い流す。
4　電流斑は、滅菌したガーゼで被覆する。
5　眼の化学損傷では大量の水で洗眼する。

解説　乾燥石灰によるアルカリ性熱傷では、石灰と水が反応し腐食性物質を産生するため、皮膚と衣類に付着している場合は、大量の水で急いで洗い流すのではなく、隊員自らが受傷することのないように手袋、予防服等を着衣した上でブラシ等を用いて払い落とす。

【正解3】

456   救   急

問題36 中毒の症状について、誤っているものはどれか。
1 急性一酸化炭素──蒼色
2 有機リン──流涎
3 アトロピン──散瞳
4 ＬＳＤ──幻覚
5 ジギタリス──徐脈

> **解説** 急性一酸化炭素中毒の臨床症状は、軽症例では頭重感、頭痛、皮膚血管の拡張があり、中等症例では、顔面紅潮、発汗、点状～斑状の皮膚発赤などが、さらに重症例では、昏睡、痙攣、呼吸停止、心停止に至る。

【正解1】

問題37 身体各部位と局所所見との組合せで、誤っているものはどれか。
1 頭部──バトル徴候
2 頸部──皮下気腫
3 胸部──奇異呼吸
4 腹部──反跳痛
5 四肢──筋性防御

> **解説** バトル徴候とは、中頭蓋底骨折がある場合、耳介後部の乳様突起上の皮膚に皮下出血斑を形成する。
>   皮下気腫とは、気胸が生じた場合、あるいは肺や気管支の破裂の場合、主に頸部や前胸部の皮下や筋層に空気が混入した状態で、臨床的には皮膚の膨隆と触診の握雪感がある。
>   奇異呼吸とは、胸部外傷の際に、数本の肋骨又は胸骨に損傷を受けた場合、肋骨がフレイル・セグメント（動揺片）を形成し、呼吸運動の際に他の胸郭と逆の動きをする。
>   反跳痛とは、腹膜炎などで腹痛が発症した時に腹壁をゆっくりと圧迫した後に、急に圧迫した手を離した時に痛みが誘発されるものである。また、同様に腹壁にゆっくりと圧迫を加えたときに、腹壁の筋の反射的な緊張が起こる場合を、筋性防御という。

【正解5】

問題38 不整脈のなかで、最も緊急処置を要するものはどれか。
1 心室細動
2 心房細動
3 心室性期外収縮

救　　急

4　房室ブロック

5　２段脈

> **解説**　不整脈の中には、短時間のうちに緊急治療をしなければ死に至る危険なもの（致死性不整脈）がある。致死性不整脈には、心室細動、心室頻拍、高度房室ブロックなどがある。特に、心室細動と無脈性心室頻拍の場合は、CPRや除細動の緊急処置が必要となる。

【正解1】

問題39　気道の狭窄及び閉塞時に見られない症状はどれか。

1　喘鳴呼吸

2　努力性呼吸

3　チアノーゼ

4　皮下気腫

5　苦悶様顔貌

> **解説**　窒息に至らない程度の気道の閉塞が起こった場合には、呼吸困難を呈し、非常に苦しがり、また、連続した咳による喘息様の呼吸が見られる。初期には紅潮していた顔面も、時間の経過とともに、チアノーゼを呈するようになる。

【正解4】

問題40　出血時の症状について、誤っているものはどれか。

1　頭蓋内出血時には四肢の運動・知覚麻痺が見られる。

2　下部消化管出血時には黒色のタール便が見られる。

3　気道内出血時には泡沫状の鮮紅色の血液を喀出する。

4　胸腔内出血時には胸部打診で濁音が認められることがある。

5　腹腔内出血時には腹部膨隆が認められることがある。

> **解説**　閉鎖容積内での頭蓋内出血は、出血量に応じて頭蓋内圧が高くなり、意識障害、四肢の運動麻痺・知覚麻痺、瞳孔異常が見られる。一般に黒色のタール便は上部消化管からの出血を、反対に赤色便は下部消化管からの出血を疑う。

【正解2】

問題41　骨折の部位と推定出血量について、誤っているものはどれか。

1　骨盤骨折──500mL

2　大腿骨骨折──1,000mL

3　下腿骨骨折──500mL

458 救　　　急

4　上腕骨骨折——300mL

5　肋骨（1本）——100mL

> **解説**　重度の骨盤骨折時には、後腹膜腔内に1,000〜4,000mLの大量出血をきたす。

【正解1】

問題42　創傷の分類で、誤っているものはどれか。

1　裂創は、鈍的外力によって皮膚が極端に伸展されて生じ、創縁は不規則である。

2　刺創は、鉄筋などが生体に突き刺さって生ずる。

3　割創は、斧などにより強く襲撃された場合に生ずる。

4　射創は、拳銃などによって引き起こされる。

5　剥皮創は、輪転中のローラーや車輪などに巻き込まれて生じる。

> **解説**　刺創は、アイスピック、包丁などの先端の鋭利なものが体表から刺入してできる創傷で、深部の組織や内臓損傷を伴うこともある。杭や鉄筋などの先の鈍的な棒状のものは、通常は生体に刺さらないが、外力が大きくなって生体に突き刺さった外傷を杙創(よくそう)といい、建築現場などで墜落して受傷することが多い。

【正解2】

問題43　胸部外傷の種類で、誤っているものはどれか。

1　緊張性気胸は気胸により胸腔内圧が高まるもので、肋骨骨折の骨折片等により肺実質の損傷が必ず起こる。

2　奇異呼吸は連続する3本以上の肋骨がおのおの2か所以上で骨折をした場合で呼吸障害をきたす。

3　心筋挫傷は心臓が胸骨と胸椎の間に強く挟まれて起こる。

4　気管・気管支損傷では鈍的外傷により気管・気管支が断裂して、空気が漏れ縦隔気腫や皮下気腫を生じる。

5　大動脈損傷は、腹部大動脈の固定部と遊離部にずれの力が働き亀裂、損傷が起こる。

> **解説**　胸壁と肺実質との空間を胸腔というが、胸腔内に空気が漏れて胸腔内圧が上昇すると、肺や心臓を圧迫し、呼吸・循環障害を起こす。
> 　この発生機序として、肺実質の損傷はもちろんのこと、胸壁の開放創あるいは気管・気管支の断裂部を通して外界からの大気圧によって空気が貯留すると気胸になる。

【正解1】

救　　急　　　　　459

問題44　胸部外傷時の所見と傷病名との組合せで、誤っているものはどれか。
1　眼球結膜の点状出血──胸部圧迫
2　外頸静脈怒張──心タンポナーデ
3　側胸部の皮下気腫──多発肋骨骨折
4　血痰──肺挫傷
5　奇異呼吸──緊張性気胸

解説　奇異呼吸は、肋骨の多発骨折で見られる。

【正解5】

問題45　胸部外傷時の応急処置で、誤っているものはどれか。
1　多発肋骨骨折では、損傷肺側を下にした側臥位にする。
2　フレイルチェストでは、胸壁を固定する。
3　開放性気胸の場合は、三辺テーピングを必要とする。
4　ハンドル外傷時には心電図モニターを必須とする。
5　肺損傷がある場合の補助呼吸は、バッグマスクでできるだけ空気量を多くして
　　送気する。

解説　肺に損傷がある場合、マスクで補助呼吸を始めると陽圧喚気となるために肺からの
　　空気の漏れが増大し、緊張性気胸となる。過度の空気圧、量は肺損傷を増大させる要
　　因となる。

【正解5】

問題46　腹部の鈍的外傷について、受傷部位と損傷臓器の組合せで、一般的でな
　　いものはどれか。
1　右側胸腹部──肝損傷
2　左側胸腹部──脾損傷
3　下腹部──腎損傷
4　上腹部──大腸損傷
5　前腹壁──小腸損傷

解説　腎臓は、第1・2腰椎の両側にある実質臓器で後腹膜腔にある。そのため背面や両
　　側面からの外力で損傷を受けやすい。

【正解3】

問題47　腹部外傷の症状で、誤っているものはどれか。

460 救　　急

1　嘔吐
2　筋肉防御
3　ブルンベルグ徴候
4　シーソー呼吸
5　蠕動音消失

> **解説**　シーソー呼吸は、主に異物による上気道狭窄で、吸気時には胸部が下がり腹部が膨らむ。反対に呼気時には胸が上がり腹部が下がるシーソー様の運動をいう。

【正解 4】

問題48　四肢骨折の合併症でないものはどれか。
1　血管損傷
2　神経損傷
3　脂肪塞栓症候群
4　コンパートメント症候群
5　クラッシュ症候群

> **解説**　血管損傷は、切創のほか骨折に合併している場合が多いので、例えば、大腿骨骨折があれば、足背動脈の脈拍が触知可能かどうかを確認する。動脈損傷の場合、末梢循環障害の症状として、脈拍欠如、蒼白、知覚障害、疼痛、機能障害、冷感の確認が重要である。
> 　神経損傷は、知覚と運動機能の観察が重要である。知覚検査はしびれ、感覚の鈍さ、触った時の感じの有無をチェックする。また、運動機能は例えば上腕骨骨折時に手関節の背屈が困難な場合には橈骨神経障害をきたしているとの判断が可能である。
> 　脂肪塞栓症は、骨盤、下腿骨骨折後に骨髄から遊離された脂肪滴が破れた静脈から血行中に入り肺に塞栓を作るものである。これは、受傷してから数日後に発症するが、皮膚の点状出血、呼吸困難が主症状として見られる。
> 　コンパートメント症候群は、四肢の骨折、打撲、長期の圧迫などにより、筋膜下の筋肉に浮腫が起こり、筋膜の弾性以上に増強し、組織の変性、壊死や神経麻痺を引き起こす。好発部位は下腿であり、症状は非常な疼痛、知覚障害、運動麻痺等である。
> 　クラッシュ症候群は、家屋倒壊、荷崩れなどで重量物に四肢、臀部が圧迫され骨格筋の損傷がある場合で、救出時の圧迫解除により骨格筋の融解が生じ、ショックや腎不全などの症状を呈するものである。

【正解 5】

問題49　硬膜外血腫について、一般的でないものはどれか。
1　反衝損傷が見られる。
2　頭蓋骨骨折を併発していることが多い。

救　　　急　　　　　　　　461

3　脳挫傷の合併が少ない。

4　意識清明期が見られる。

5　高齢者にはほとんど見られない。

> **解説**　硬膜外血腫とは、頭蓋骨の骨折により硬膜上にある硬膜動脈を損傷し、頭蓋骨と硬膜の間に血腫が生じたものである。なお、反衝損傷とは、頭部受傷で衝撃が直接加わった部位とは逆の部位に陰圧が生じることにより脳実質に挫傷が発生するものである。
>
> 　受傷直後の脳震盪で意識消失をきたした後に、一旦意識が清明になり、再度、血腫が形成され脳ヘルニアにより急速に意識障害に陥る。高齢者では、頭蓋骨と硬膜の癒着が強く、硬膜上の血管損傷はほとんど見られないが、脳挫傷や頭蓋内血腫を生じやすい。

【正解 1】

問題50　頭部外傷の症状でないものはどれか。

1　ブラックアイ

2　バトル徴候

3　髄液鼻漏

4　耳出血

5　ベックの3徴

> **解説**　ベックの3徴とは、胸部外傷により心嚢内に血液が貯留し、心臓の拡張障害をきたす心タンポナーデに見られる静脈圧上昇、血圧低下、心音減弱などの症状をいう。
>
> 　頭蓋底骨折では、骨折部からの出血により眼瞼周囲に出血斑を形成するものをブラックアイ又はパンダの眼徴候といい、また、耳介後部の乳様突起上に形成された場合をバトル徴候という。

【正解 5】

問題51　下位頸部損傷時に見られる特異的症状はどれか。

1　手掌、足底部の触感

2　腕、下肢の挙上

3　手指、足指の運動

4　横隔膜の上下運動

5　痛覚刺激に対する反応

> **解説**　頸部・脊椎損傷の特徴的な症状として、運動麻痺、知覚障害がある。頸髄損傷では呼吸麻痺を伴い、呼吸停止をきたすことがあるが、頸髄損傷部位が下位の場合には、横隔膜の動きだけによる腹式呼吸がみられる。

【正解 4】

462   救   急

問題52 脳疾患について、誤っているものはどれか。
1 脳内出血は、一般に意識障害、片麻痺の形で急激に発症する。
2 くも膜下出血は、脳動脈瘤が破裂して起こることが多い。
3 脳血栓は心房細動の疾患者に多い。
4 髄膜炎は、細菌やウイルスの感染によって子供に起こることが多い。
5 脳塞栓は、症状の発現が突発的で意識障害、片麻痺などが見られる。

> **解説**　脳血栓は、動脈硬化、糖尿病、高脂血症の基礎疾患を持つ人で、脳血管の内膜の肥
> 厚、粥状硬化により血管内腔の狭窄、閉塞をきたし、脳虚血となる。安静時又は睡眠
> 中あるいは起床時に発症することが多く、次第に症状が段階的に進行することがあ
> り、数日で症状が完成される。この点、症状が急激に完成される脳塞栓症とは異な
> る。
> 　　　脳塞栓症とは、もともと心臓にあった血栓が血流に乗って脳の動脈に詰まって症状
> を呈するようになったものである。

【正解3】

問題53　くも膜下出血について、誤っているものはどれか。
1 主な症状として意識障害、頭痛、嘔吐がある。
2 既往症として脳動脈瘤が存在することが多い。
3 時間の経過とともに項部硬直が見られる。
4 片麻痺は見られないことが多い。
5 症状の発現が、比較的ゆっくりである。

> **解説**　くも膜下出血は突然に激しい頭痛、項部痛で発症し、次いで悪心、嘔吐を訴え、引
> き続いて意識障害を起こすことが多い。項部硬直、ケルニッヒ徴候などの髄膜刺激症
> 状を呈するのが典型的な経過で、多くの場合、片麻痺などの神経症状を伴わないこと
> が多い。頭痛は必発となる。

【正解5】

問題54　心筋梗塞について、誤っているものはどれか。
1 冠動脈の閉塞により心筋の一部が壊死に陥る。
2 激しい前胸部痛、胸内苦悶が突然起こる。
3 左肩や左腕、背部に痛みが起こることもある。
4 ショック症状や意識障害をきたすこともある。
5 心電図では洞調律を示すことが多い。

> **解説**　心筋梗塞の急性期には、症例の多くに心室性期外収縮、心室細動などの不整脈の出

現を認める。発作直後に見られて死亡率がもっとも高いのは、心室細動、徐脈、心停止などである。
　また、ポンプ不全により血圧が極端に低下し、皮膚冷感、蒼白、チアノーゼ、意識障害などのショック症状が見られる。

【正解5】

問題55　縮瞳が見られる病態はどれか。

1　昏睡末期
2　有機リン中毒
3　アルコール中毒
4　一酸化炭素中毒
5　頭部打撲

> **解説**　脳病変、アルコール中毒、一酸化炭素中毒、ショック、昏睡末期では瞳孔が散大し、モルヒネ中毒、有機リン中毒、バルビツール使用者では瞳孔が2㎜以下の縮瞳となる。

【正解2】

問題56　呼吸様式について、誤っているものはどれか。

1　努力呼吸とは、呼吸補助筋を使用した呼吸で、吸気時には鎖骨上窩の陥没が著明である。
2　起坐呼吸とは、横隔膜や呼吸補助筋の運動を容易にするために、傷病者が好んで取る体位である。
3　奇異呼吸とは、吸気時に胸郭の一部が呼気をするように動き、呼気時には逆の動きをする。
4　チェーン・ストークス呼吸とは、無呼吸期から深い呼吸になり、その後、無呼吸期に移行する周期的な呼吸である。
5　シーソー呼吸とは、吸気時に胸部が陥没し腹部が膨らみ、呼気時には逆の動きをする。

> **解説**　起坐呼吸の病態は、心不全患者では、肺動脈圧や肺毛細管圧が上昇し、肺うっ血を生じ患者は苦しくて床に真っすぐ平らに寝ることができず、起坐位をとる。
> 　この姿勢では、肺の多くが心臓より上に位置するために肺への静脈還流が減り、重力により肺上部のうっ血が軽減するので、呼吸面積が増加するために呼吸困難が改善する。

【正解2】

464 救　　急

問題57　呼吸の性状と病態との組合せで、誤っているものはどれか。

1　努力呼吸——上気道閉塞

2　起坐呼吸——うっ血性心不全

3　奇異呼吸——尿毒症

4　チェーン・ストークス呼吸——大脳病変

5　クスマウル呼吸——糖尿病

> **解説**　奇異呼吸とは、多発肋骨骨折で連続した複数の肋骨の両端が骨折して連続性を失うと、呼吸運動時に胸郭が動揺し、フレイルチェストと呼ばれる特異な損傷が生じる。本来、吸気時に膨らむはずの胸郭がかえってくぼみ、呼気の時に膨らむ現象をいう。

【正解３】

問題58　神経症状と疾患との組合せで、誤っているものはどれか。

1　瞳孔不同——頭部外傷

2　縮瞳——有機リン中毒

3　四肢硬直——脳ヘルニア末期

4　項部硬直——アルコール中毒

5　四肢麻痺——頸髄損傷

> **解説**　一般に項部硬直は、くも膜下出血や髄膜炎に見られる。

【正解４】

問題59　意識障害の随伴症状と疾患との組合せで、誤っているものはどれか。

1　アセトン臭——糖尿病性昏睡

2　浮腫——腎不全

3　頸静脈怒張——心不全

4　喘鳴——心臓喘息

5　チアノーゼ——一酸化炭素中毒

> **解説**　一酸化炭素中毒では、血管拡張及び顔面紅潮となる。

【正解５】

問題60　出血による重症ショックに関して、誤っているものはどれか。

1　冷汗が見られる。

2　意識混濁が見られる。

3　収縮期血圧が60mm Hg 以下に低下する。

救　　　急　　　　　　　　465

4　極度の四肢末端の冷感がある。

5　徐脈となり脈拍が触知しにくい。

解説　重症ショック時には、意識混濁、極度の蒼白、四肢冷感及び冷汗、チアノーゼ、血
　　　圧低下、脈拍触知不能、無尿などの症状がある。特に循環器系では、血圧が測定困難
　　　なほどに低下し、減少をきたした循環血液量を代償するために脈拍数を増加して心拍
　　　出量を保つようになる。頻脈の程度が強いほど、ショックは重症である。

【正解5】

問題61　気胸の症状で、誤っているものはどれか。

1　チアノーゼ

2　呼吸困難

3　呼吸運動の減弱

4　打診時の濁音

5　皮下気腫

解説　気胸では、胸腔内が陰圧のために大気圧で胸腔内に空気が入り、肺が収縮するもの
　　　で換気障害が生じ、呼吸不全の症状を呈するようになる。気胸のみでは打診時には鼓
　　　音を発する。

【正解4】

問題62　ＰＴＳＤの診断基準として示されている障害の持続期間は、次のうちど
　　　　れか。

1　1時間以上

2　1週間以上

3　1か月以上

4　半年以上

5　1年以上

解説　災害、事故、犯罪など生死にかかわる衝撃的な出来事を体験、目撃したトラウマ
　　　（心的外傷）によって生じる精神疾患である。主症状としては、再体験、回避・反応
　　　麻痺、過覚醒などがあり、診断は、これらの症状が1か月以上続いていることが必要
　　　となる。

【正解3】

問題63　現場到着時に把握すべき内容として、優先度が高くないものはどれか。

1　二次災害の発生危険

466 救　　急

2　傷病者の症状、主訴

3　損傷の部位、受傷内容

4　現場にいる群衆の動静

5　直近の適応する医療機関

> **解説**　救急隊は、原則として単隊で活動をしており、初期の段階での活動にはおのずと限界があるので、事故形態、傷病者数等によっては、速やかに応援要請を行い、組織としての総合力を発揮した活動へとシフトする必要がある。
>
> 　また、傷病者の救護を最優先するが、その前提として救急隊員が安全かつ迅速な行動を行うために周囲環境の統制を自隊で行わなければならないのが一般的である。

【正解 5】

問題64　傷病者に接触してからの観察について、正しいものはどれか。

1　五感より聴診器や心電図等の観察用資器材を優先して用いる。

2　外傷の場合、損傷部位を最優先に行う。

3　十分に観察するためには、腹臥位にしてから行う。

4　観察は、原則として傷病者のいる場所で実施し、移動、応急処置の前に行う。

5　心肺機能停止状態の場合でも、全身観察は必ず行う。

> **解説**　救急現場での観察の基本は、特別な器具を使用せずに、迅速かつ簡潔に行い、その判断結果を応急処置に結び付けなければならない。まず、五感を生かして迅速にバイタルサインの異常の有無を判断し、さらに必要に応じて器具により、その性状を捉えることである。また、特に外傷の場合には、外見上の凄惨性に惑わされずに、まずバイタルサインの異常の有無をしっかりと見極める。
>
> 　心肺機能停止状態の場合は、救命、並びに医療機関への迅速搬送が重要であるので、全身観察に時間を費やすようなことがあってはならない。

【正解 4】

問題65　搬送辞退・拒否の対応として、妥当でないものはどれか。

1　救急活動記録票に傷病者又は家族等関係者から署名を得る。

2　緊急に医療の必要があると判断される場合は、その旨をよく説得する。

3　速やかに不搬送を判断し、迅速に現場を引き上げる。

4　搬送拒否の意思が見られても、説得して観察を行う。

5　救急活動記録票に対応状況を記載する。

> **解説**　観察及び状況聴取等から搬送する必要がある場合には、搬送を受け入れるよう説得する。再三の説得にもかかわらず受け入れない場合は、基本的には本人の意思を尊重

救　　急　　467

することになる。加えて、容態が悪化した場合には、再度救急車を要請するなどの説示が必要である。

　また、搬送の必要性があると判断したにもかかわらず、説得に応じなかった場合は、現場に医師を要請する、あるいは医師の診断を受けるよう勧めるなど、最善の策を講じることが望ましい。これらの不搬送事案の場合、救急活動記録票に対応状況を記載しておく必要がある。

【正解3】

問題66　妨害行為に対する行動要領として、誤っているものはどれか。
1　妨害行為が予測される場合は救急隊員を増強する。
2　暴力を受けるおそれがある場合は毅然としてこれを阻止する。
3　妨害行為を受けた場合は捜査機関に訴追を求める。
4　被害の軽重にかかわらず警察官を要請する。
5　目撃者を確保し状況等の供述を得る。

解説　救急活動は、救急隊を要請する者の生命を守る非常に重要な業務であるので、それに対する妨害行為は許されるべきでなく、救急隊が適正に任務を遂行するに当たっては法的に保護されなければならない。

　危害行為を抑止しなければ傷病者の救護ができない場合には、その術を持ち合わせていない救急隊が傷病者の救護の着手に遅れをきたすことはやむを得ず、警察官の到着を待って救護活動を行うことが最善の措置であろう。

　なお、119番を受信した時、あるいは出場指令内容を傍受した時に、妨害行為の存在が予測される場合には、救急隊員や他の消防隊員の増強によって活動を円滑にする方策を事前に講じるべきである。

【正解2】

問題67　トリアージについて、誤っているものはどれか。
1　トリアージは、正確を期するためにできるだけ時間をかけ、全身を詳細に観察して判定する。
2　トリアージの結果は、誰が見ても容易に理解できるよう表示する。
3　トリアージタッグは、原則として負傷者の右手首につける。
4　トリアージの結果については、他の救急隊員は私見を挟まないようにする。
5　トリアージは、何度も繰り返し行う。

解説　トリアージは、災害発生時に傷病者の数と提供できる医療機関数、配置等とのバランスを勘案し、救命の可能性のある傷病者を優先して医療機関へ搬送するために、重症度・緊急度に基づいて順番をつけることである。

468　　　　　　　　　　　救　　　急

　　その判定に当たっては正確性が求められるが、傷病者の状態は刻々と変化するの
で、バイタルサインや受傷部位等から速やかに判断して後方に移すことが重要であ
る。
　　また、災害現場には多くの医療従事者や消防隊員が協働作業を行っているので、各
場面においてトリアージの結果は誰もが容易に理解できるよう表示されている必要が
ある。

【正解1】

問題68　多数傷病者事故発生時の最先着救急隊の任務として、妥当でないものは
　　　　どれか。

1　災害現場の把握

2　現場報告

3　応援要請

4　現場救護所の設置準備

5　収容可能医療機関の把握

解説　多数傷病者発生時の最先着救急隊は、現場の把握及び統括が主な任務である。具体
　　的には、救急現場の統制、二次災害の防止、傷病者の把握、応援隊の要請、現場救護
　　所の設置準備であり、消防本部との連携とともに、救護体制を確立しなければならな
　　い。収容医療機関の把握については、搬送体制の確立に合わせて、消防本部、あるい
　　は現場の指揮本部の任になるのが一般的である。

【正解5】

問題69　口頭指導について、適切でないものはどれか。

1　手順よく、かつ、効率的に指導できるようプロトコールを策定する。

2　出場中の救急隊からも携帯電話等を活用した口頭指導を行う。

3　口頭指導に基づき応急手当を実施した者が、死亡、負傷、疾病にかかった場合
　　には、災害補償の対象になる。

4　応急手当実施者が、極度に焦燥し、冷静さを失って対応できないおそれのある
　　場合は、励ましながら指導する。

5　口頭指導をする者と救急隊の出場指令を出す者を事前に分担して定めておく。

解説　応急手当実施者が冷静な対応ができない状況にある場合は、無理に応急手当を実施
　　させない。

【正解4】

救　　　急　　　　　　　　　　469

問題70　厚生労働省による「心肺機能停止前の重度傷病者に対する血糖測定及び低血糖発作症例へのブドウ糖溶液の投与」標準プロトコールで血糖測定の対象となる意識レベルはどれか。

1　ＪＣＳ1以上
2　ＪＣＳ3以上
3　ＪＣＳ10以上
4　ＪＣＳ30以上
5　ＪＣＳ100以上

> **解説**　厚生労働省は、平成26年厚生労働省令第7号で救急救命士法施行規則を改正し、同時に「救急救命処置の範囲等について」も平成26年医政指発0131第1号により改正を行った。
> 　いわゆる、処置範囲の拡大であり、心肺機能停止状態でない重度傷病者に対する静脈路確保及び輸液とブドウ糖溶液の投与、また、血糖測定を包括指示での救急救命処置などが加えられた。
> 　なお、血糖測定となる対象となる意識レベルはＪＣＳ10以上が目安である。

【正解3】

問題71　救急活動の基本について、正しいものはどれか。

1　傷病者が明らかに死亡している場合は搬送しない。
2　報道記者の求めがあれば傷病者情報を説明する。
3　犯罪現場では救急活動よりも警察官の捜査を優先させる。
4　在宅療養中の傷病者の搬送には担当医の承認が必要である。
5　傷病者の発生した場所から最も近くにある医療機関に搬送する。

> **解説**　救急業務実施基準第19条に「傷病者が明らかに死亡している場合又は医師が死亡していると診断した場合は、これを搬送しないものとする。」とあり、この場合は、家族等関係者にその旨を説明し、警察機関等へ引き継ぐ。また、犯罪現場等で警察官の行う業務と競合する場合は、傷病者の救命を第一に救急活動に支障をきたさない範囲で現場保存などに協力する。搬送先医療機関は、その症状に最も適した医療機関へ搬送することを原則とする。

【正解1】

問題72　救急業務において傷病者が明らかに死亡している場合の一般的な判断基準で、誤っているものはどれか。

1　意識レベル300
2　呼吸が全く感じられない

470 救 急

3　橈骨動脈で脈拍が全く触知できない

4　瞳孔散大、対光反射が全くない

5　死後硬直又は死斑が認められること

> **解説**　救急業務実施基準第19条で「隊員及び准隊員は、傷病者が明らかに死亡している場合又は医師が死亡していると診断した場合は、これを搬送しないものとする。」と規定している。
> 　「明らかに死亡している場合」とは、体幹や頸部の轢断のほか観察結果から判断できる場合もあり、その場合の要素として次の項目が考えられる。
> 　①意識レベル300、②呼吸が全く感じられない、③総頸動脈で脈拍が全く触知できない、④瞳孔散大が認められ、対光反射が全くない、⑤体温が感じられず、冷感が認められる、⑥死後硬直又は死斑が認められることがあり、6項目全てが該当した場合にみなすことができる。

【正解3】

問題73　アナフィラキシー傷病者に対する自己注射用アドレナリン（エピペン®）の投与について、誤っているものはどれか。二つ選べ。

1　自分自身で使用することが困難な場合に救急救命士が使用する。

2　体重30kg以上の傷病者には「エピペン®注射液0.3mg」が用いられる。

3　衣服の上からでも注射は可能である。

4　注意すべき副作用として血圧低下、徐脈などが示されている。

5　投与後、症状が改善した場合は家族若しくは教員に説明し引き上げる。

> **解説**　注意すべき副作用として、著しい血圧上昇、頻脈、不整脈、心筋虚血などが示されている。また、エピペン®使用後は、症状の改善の有無にかかわらず医療機関に搬送し、エピペン®を使用した事実と、症状の変化を医師に報告する。

【正解4、5】

問題74　溺水における救急隊員の処置について、誤っているものはどれか。

1　プール飛び込み後に発生した溺水では、頸椎保護の処置をする。

2　毛布による保温をする。

3　血中酸素飽和度を測定する。

4　体温を測定する。

5　淡水溺水では、肺胞虚脱をきたすので、人工呼吸の送気は大量かつ高圧で行う。

> **解説**　淡水溺水では、肺胞の表面活性物質が不活性化され、肺胞の虚脱を生じ無気肺とな

救　　　急　　　　　　　　　　　471

る。気管内挿管施行中は、持続陽圧呼吸で人工呼吸を管理するが、救急現場における送気圧、送気時間は、病態に関係なく胃への誤送気をきたさないよう適正に行う。

【正解5】

問題75　気道異物の応急処置について、正しいものはどれか。

1　極度の肥満者には、腹部突き上げ法を行う。

2　部分閉塞で気道がある程度開通している場合は、積極的に異物除去を試みる。

3　意識のある場合は、喉頭鏡とマギール鉗子を用いて除去する。

4　吸気時に胸骨上窩の陥凹が見られる場合は、背部叩打法等を行う。

5　口一杯に食べ物を頬ばっている場合は、真っ先に腹部突き上げ法を行う。

解説　乳児、極度の肥満、妊産婦の場合には腹部突き上げ法は禁忌である。部分閉塞で気道開通の状態が維持できる場合には、そのままの状態で搬送し、また、意識のある傷病者に対しての喉頭鏡を使用した場合は、喉頭部の刺激を増強することになる。また、食物が視認できる場合は、まず口腔内を確認して手指による除去を優先する。

【正解4】

問題76　小児の病態における対応について、誤っているものはどれか。

1　被虐待児症候群が疑われるときには、保護者の説明内容を安易に容認しない。

2　急激に頻呼吸等が出現した場合には、軽度であっても医療機関へ搬送する。

3　口腔内に異物が認められる場合には、素早く指でかき出す。

4　下痢発症時に口腔粘膜の乾燥などの脱水状態が認められる場合は、重症と判断する。

5　防虫剤を誤飲した場合は、できるだけ大量の牛乳を飲ませる。

解説　防虫剤の成分は脂溶性なので誤飲後に牛乳を飲ませると、かえって吸収しやすくなる。

【正解5】

問題77　高齢者のショックについて、誤っているものはどれか。

1　体重当たりの水分量が少ない。

2　心機能の低下が起こる。

3　血漿タンパク質の濃度が高い。

4　腎、肺などの臓器不全を起こしやすい。

5　循環血流量の減少に対する調節機能が低下している。

472 救　　急

> **解説**　血漿アルブミンの濃度も低下し、高齢者にとってショックをきたしやすい一因でもある。

【正解3】

問題78　産婦人科の症状について、正しいものはどれか。
1　分娩予定日は、最終月経の初日から約280日目である。
2　不正性器出血は、妊娠に関係してのみ起こる。
3　流産と腹痛症状の出現はあまり関係がない。
4　膣内からの出血は、大量に生じることはない。
5　子宮以外の部位で受精卵が着床することはない。

> **解説**　不正性器出血は流産や子宮外妊娠などの妊娠に関係する場合や、子宮体部の炎症や腫瘍などのように妊娠に関係ない場合によって起こる。
> 　また、妊娠や分娩に関連して急激に下腹部痛が起こることがあり、設問の疾患は緊急処置の適応となる。子宮腟内以外の卵管、卵巣、腹膜、頸管で受精卵が着床する場合を子宮外妊娠という。

【正解1】

問題79　分娩第2期（児頭が出始めてから児が娩出し終わるまでの間）の介助について、誤っているものはどれか。
1　ストレッチャー上の清潔なシーツに産婦の膝を立てて仰臥位にする。
2　陣痛時には、腹圧をかけるよう促す。
3　胎児の後頭結節に当て妊婦の恥骨結合を通過するまで押し下げる。
4　臍帯巻絡が強い時には切断する。
5　体表面の水分を拭いた後に滅菌アルミホイルやタオルで保温する。

> **解説**　産婦を最も楽な姿勢にさせ、陣痛発作時には肩の力を抜いて両腕を組ませ、口を大きく開き軽い短促呼吸をさせ、できるだけ腹圧をかけないようにさせる。

【正解2】

問題80　妊娠末期の母体搬送時の一般的な留意事項で、誤っているものはどれか。
1　左側臥位で搬送する。
2　車内で分娩がある場合には、車内を冷房にする。
3　分娩中にはあえぐような呼吸をするよう促す。
4　分娩前から酸素を投与する。
5　陣痛がおさまっている間でも歩行させない。

救　　　急　　　473

> **解説**　母体搬送上の一般的な留意事項としては、次のものがある。
> 　車内温度は、25度以上に設定する。羊水でぬれた胎児は、体温の低下をきたしやすいので、車内温度を高くするとともに、タオル、アルミホイル等で保温に努めることが大切である。また、搬送体位は左側臥位とする。これは、妊娠末期の妊婦を仰臥位にすると、妊娠子宮の荷重で腹部の大血管が圧迫され、静脈還流の減少をきたすことによる妊婦の血圧低下を防ぐための体位管理である。
> 　破水が疑われる場合には、臍帯脱出を起こす危険性があり、歩行により更にその危険性を助長させることになる。
> 　陣痛発作時には、下降する胎児の重みで肛門が圧迫されるのでいきむ傾向になるが、このような時には、あえぐような呼吸をさせて、いきみをこらえさせるようにする。陣痛時には、子宮収縮により胎盤血流が減少するために胎児への酸素供給量も減ることになる。

【正解2】

問題81　新生児について、誤っているものはどれか。

1　出生時の平均体重は、約3,000 g である。

2　1,500 g 未満を極低出生体重児という。

3　出生直後に見られる呼吸・循環不全状態を新生児仮死という。

4　新生児仮死の場合には、足底に叩打刺激を加える。

5　アプガースコアは、心拍数、呼吸、筋緊張、反射、意識状態の5要素で構成される。

> **解説**　アプガースコアは、心拍数、呼吸、筋緊張、足底刺激に対する反応（反射）、皮膚の色調の5要素によって新生児の仮死の程度を数値化する。

【正解5】

問題82　精神障害者の対応で、誤っているものはどれか。

1　傷病者の説得には、時間をかけてリラックスした状態で行う。

2　救急隊員は、自分の感情を抑えて接する。

3　抑制後におとなしくなった場合には、抑制を解除する。

4　常に誠実に対応する。

5　自殺企図者には、自殺念慮があるのかを尋ねる。

> **解説**　身体的抑制は、緊急時の避難行為であり、暴れる背景には搬送されるのを嫌がってのこともあり、救急車内で暴れる頻度が高く、興奮状態にある傷病者は十分に説得れたかにみえても納得しないことが多い。

474 救 急

　　また、自殺念慮のある傷病者は、言語化していないことを語ることができる人物を
みつけると苦痛が軽減することがあり、素直に尋ねても相手は気分を害さない。

【正解3】

問題83　救急活動で、誤っているものはどれか。

1　切断指は滅菌ガーゼに包んだ後、ビニール袋に密閉し氷水に保存する。

2　鼻出血は、鼻孔に綿を詰めて両側鼻翼を軽く圧迫して止血する。

3　眼の表在性異物は、水で洗い流すか、ガーゼで拭い取る。

4　潜函病では血液中に小気泡が生じるので、酸素投与は厳禁である。

5　放射線被曝した傷病者は、衣類を脱がせた後、身体を毛布等で包む。

解説　高気圧の環境条件では、大量に血液中に溶け込んでいる窒素量は、減圧が急激に行
　　われると、気泡を形成する。そのため血管内では血流が障害される、あるいは組織の
　　変形、筋肉痛、関節部の疼痛などの特有な症状が見られるようになる。救急処置とし
　　ては、バイタルサインをチェックした後、必要ならば気道を確保し酸素吸入を開始す
　　る。

【正解4】

問題84　聴診器による呼吸音の聴取で正しいものはどれか。

1　聴診器のベル面を使用する。

2　羞恥心が大きい場合は、衣類の上から聴診する。

3　五感による呼吸観察より優先的に行う。

4　咳、痰がある場合には、聴診器で詳細に聴取する。

5　呼吸音の消失や減弱について、肺野の左右差を聴取する。

解説　ダブルヘッド型の聴診器では、ベル面とダイヤフラム面の2種類を切り替えて使用
　　するようになっている。ダイヤフラム面は呼吸音などの高音の聴取に適しており、ベ
　　ル面は心音などの低音の聴取に適している。
　　　また、衣類の上からでは、聴診器と衣類との摩擦音で正確に聴診できない場合があ
　　るので、若い女性のように羞恥心が大きい場合には、はだけた部位をタオル等で覆っ
　　て聴診するなどの配慮が必要である。
　　　観察の基本としては、まず五感で呼吸音、異常音等の全体の状況を確認した後に、
　　さらにその性状をより正確にとらえるために聴診器を用いる。

【正解5】

問題85　観察について、誤っているものはどれか。

1　観察の着手は五感より、心電図モニターや聴診器等の器具を優先する。

救　　急　　　　　　　　475

2　系統的にできるだけ迅速に観察する。

3　できるだけ傷病者に関する多くの情報を得るようにする。

4　場面に応じて、経時的に情報を収集する。

5　まず初めに全身状態を把握した後に、局所状態を見る。

> **解説**　救急処置は、迅速に、かつ、簡便に行うことを原則とする。傷病者に接したら初め
> に異常の有無を五感によって素早く捉えて、判断し、その後の処置に結びつけること
> が重要で、呼吸、脈拍の有無、回数、強弱、リズム、パターン等をチェックする。状
> 況に応じてモニター等の器具により性状を把握する。

【正解 1】

問題86　傷病者観察で原則、初めに行うのはどれか。

1　意識の有無

2　呼吸の有無

3　脈拍の有無

4　痛みの部位

5　現病歴の聴取

> **解説**　基本的には、意識、呼吸、脈拍、本人からの状況聴取の順で観察を行う。明らかに
> 意識がある場合や呼吸異常をきたしていない傷病の場合には、その項目についての観
> 察を省略できるのは、当然である。

【正解 1】

問題87　AED の使用について、誤っているものはどれか。

1　1 歳未満の乳児であっても、AED の使用は可能である。

2　小児に使用する除細動器は、小児に適したエネルギー量を与えることができる
　　ものが望ましい。

3　小児に小学生から大人用パッドを用いる場合は、必要に応じて胸部前面と背面
　　に貼付する。

4　未就学児童用パッドの使用年齢はおおよそ 8 歳まで、それ以上の小児には小学
　　生から大人用パッドを使用する。

5　未就学児童用パッドがない場合は、1 歳未満の乳児に対しても小学生から大人
　　用パッドを用いても差し支えない。

476 救　　　急

> **解説**　G2020では、未就学児童用パッド（従来の小児用パッド）の使用年齢の上限を未就学児（おおよそ6歳）までとした。なお、未就学児童用パッドがない場合は、1歳未満の乳児にも小学生から大人用パッド（従来の成人用パッド）を用いてよいことについては、G2020においても変更はない。

【正解4】

問題88　救急隊員が行う心肺蘇生で誤っているものはどれか。

1　呼吸の確認は10秒以内で行う。

2　反応の確認は大声で呼び掛けたり肩を叩いてその応答を見る。

3　成人の人工呼吸の1回換気量は約500mLとする。

4　成人に対する人工呼吸時の換気は5～6秒に1回の割で行う。

5　人工呼吸時の脈拍確認は2分ごとに触知できることを確認する。

> **解説**　呼吸があるか、脈を確実に触知できるかを、気道確保を含めて10秒位以内で実施する。また、人工呼吸の実施要領として、成人、小児、乳児のいずれに対しても呼気量を目安にするのではなく、胸の上がりがみえる程度の換気量を1回1秒かけて送気する。

【正解3】

問題89　心停止時の徴候で、一般的でないものはどれか。

1　意識消失

2　無呼吸

3　顔貌蒼白

4　脈拍不触知

5　瞳孔縮小

> **解説**　心停止、呼吸停止の徴候としては、意識がない、動脈（頸動脈、大腿動脈）の拍動を触れない（心停止）、胸郭の動きがない（呼吸停止）ことが重視される。特に心停止の場合の徴候としては、以下のものがある。
> (1)　突然の意識消失、脱力
> (2)　突然の呼吸停止
> (3)　チアノーゼ又は顔面蒼白
> (4)　頸動脈、大腿動脈での脈拍触知不能
> (5)　瞳孔散大、対光反射消失
> (6)　心音聴取不能
> (7)　心電図上の心室細動、心静止又は著しい除脈（無脈性電気活動）

【正解5】

救　　急　　477

問題90　救急隊員が行う人工呼吸で、誤っているものはどれか。

1　死戦期呼吸が認められる場合には、呼吸停止と判断する。

2　心停止状態で人工呼吸が速やかにできない場合は、胸骨圧迫の開始を優先する。

3　人工呼吸で胸が上がらないときには、再気道確保を行う。

4　心肺蘇生中のパルスオキシメータは、循環状態を反映し有意である。

5　異物が除去できない場合には、通常の心肺蘇生を実施する。

> **解説**　人工呼吸で胸が上がらないときには、気道確保をやり直した後に再度換気を試みる。それでも換気時の抵抗が強い場合には、異物による気道閉塞等が考えられるので、喉頭鏡を使用して異物の有無を確認する。
> 　パルスオキシメータが心肺蘇生実施中に何らかの数値を示したとしても、それは動脈血の酸素飽和度を示しているとはいえない。

【正解４】

問題91　蘇生が成功した場合に見られる症状で、誤っているものはどれか。

1　瞳孔が散大する。

2　チアノーゼが改善する。

3　頸動脈の拍動が触れる。

4　自発呼吸が再開する。

5　対光反射が出現する。

> **解説**　心停止が発生し、時間の経過とともに瞳孔が散大するが、一次救命処置の効果があれば、縮瞳が見られ、確実な指標となる。

【正解１】

問題92　止血法について正しいものはどれか。

1　圧迫している創傷の部分を心臓より低くする。

2　圧迫包帯をした場合は、一定時間ごとに包帯を解き、止血の状況を確認する。

3　下腿の動脈性出血時の止血点は、腓骨動脈である。

4　間接圧迫時には並走している静脈も同時に圧迫する。

5　圧迫部位の末梢側の皮膚色、冷感等をチェックする。

> **解説**　重篤な出血の場合には、血のにじんだガーゼを取り替えたり、止血の確認のために当てたガーゼを取り去ったりしてはいけない。せっかく形成されはじめた凝血塊が剥がれ、再出血する危険がある。

478 救　　　急

下腿部受傷のときの指圧止血点は、大腿動脈若しくは膝窩動脈が適応となる。この際、勢いよく噴出する動脈性の出血を止めるものであるから、拍動のある血管を確実に確認して圧迫する。

【正解5】

問題93 止血帯法で、誤っているものはどれか。
1　止血帯を巻いた時間を記入しておく。
2　血圧測定用マンシェットでも代用できる。
3　30分を目安に緊縛を解除し血流の再開を図る。
4　止血帯部はできるだけ毛布等で覆っておく。
5　緊縛を解除している間は、出血部位を直接圧迫して出血量を最小限に抑える。

解説　緊縛は主として四肢に用いるが、十分に行わなければ静脈血流のみを遮断する結果となり、結局はうっ血を招来し、場合によっては止血の効果はなく、むしろ出血を助長することにもなりかねない。
　このように処置結果を継続して観察し、その効果を常にチェックしておく必要があるので、損傷部位は観察できるような状態にしておく。

【正解4】

問題94 ショックパンツの適応とならない病態はどれか。
1　肝臓損傷
2　子宮外妊娠破裂
3　骨盤骨折
4　腹部大動脈破裂
5　胸部外傷

解説　ショックパンツは、骨盤や下肢の骨折、腹腔内出血時に有効であるが、頭部外傷、胸部外傷時にはその部位の内圧が上昇し、出血をかえって促進するので禁忌とされる。

【正解5】

問題95 副子固定処置について、正しいものはどれか。
1　大出血の止血処置より先に行う。
2　搬送を開始する前に行う。
3　変形した四肢を矯正してから行う。
4　末梢部に冷感を認めた場合は挙上する。

救　　急　479

5　固定後に創部を被覆する。

> **解説**　救命処置を必要とする場合、あるいは外出血がある場合は、固定処置よりこれらの処置を優先して行う。また、骨折で変形、短縮した四肢を無理に矯正すると出血を助長したり、神経損傷を増悪させることになる。固定後は受傷部位の末梢循環障害に留意し、チアノーゼや冷感を認めた場合には、縛着の包帯を緩める。

【正解2】

問題96　体位の種類とその適応について、誤っているものはどれか。
1　膝屈曲位──腹部外傷
2　腹臥位──腹部損傷
3　側臥位──薬物服用
4　半坐位──腹部外傷
5　ショック体位──出血性ショック

> **解説**　腹臥位は、背部に創傷がある場合に適応となる。腹部損傷や急性腹症などで腹痛を訴えている場合は、膝屈曲位とする。

【正解2】

問題97　在宅療法実施中の傷病者搬送時の処置で、誤っているものはどれか。
1　パルスオキシメータで酸素飽和度を管理する。
2　気管切開傷病者では、気管切開カニューレの内腔が閉塞しないよう必要に応じて吸引を行う。
3　経鼻胃管施行傷病者では、薬剤や栄養が逆流しないようにチューブをクランプする。
4　膀胱内留置カテーテル挿入傷病者では、バッグを膀胱の高さより上にして搬送する。
5　中心静脈栄養施行傷病者では、ボトルが空になった場合は、カテーテルをクランプする。

> **解説**　膀胱内留置カテーテルは、留置部とバッグの自然落差を利用して排尿を行うものである。バッグを高くするとバッグ内の貯留尿が膀胱に逆流し、感染の可能性が生じるので搬送中には高さに常に留意する。

【正解4】

問題98　頭部後屈あご先挙上法について、誤っているものはどれか。
1　頸椎・頸髄損傷が疑われる場合は用いない。

480 救　　急

2　頤部を直上に挙上する。

3　前額部に当てた手で、頭部を後方に反らす。

4　乳幼児、小児には適応しない。

5　指で頤部の軟部組織を圧迫しない。

> **解説**　最も一般的な気道確保要領であり、後屈が禁忌となる頸椎損傷時以外は年齢に関係なく適応となる。ただし、乳児は下顎部の組織が柔らかいので、下顎挙上法がより効果的であるとされている。

【正解4】

問題99　器具を用いた気道確保について、誤っているものはどれか。

1　経口エアウェイは、先端を舌と反対の硬口蓋に向けて挿入した後、180°回転させて先端を舌根部に向けて挿入する。

2　器具の挿入後に呼吸が不十分であった場合は、他の気道確保法を行う。

3　経鼻エアウェイは、鼻出血をきたしている傷病者には用いない。

4　挿入時に嘔吐、咳嗽反射がある場合は中止する。

5　経鼻エアウェイは、左側の鼻孔を第一選択とする。

> **解説**　経鼻エアウェイは、外鼻孔から舌根部を越えて挿入し、気道を確保するチューブである。エアウェイ先端は斜めにカットされており、鼻中隔との抵抗を減らすために右側の鼻孔を第一選択とする。右側鼻孔の挿入時に抵抗がある場合は、左側の鼻孔からの挿入を試みる。救急隊員の使用するエアウェイは、用手法に代わり気道を確保する際に使用するもので、構造上、舌根の沈下を防ぐために使用するようできている。その使用に際しては、最も適切な大きさのものを使用し、適切な部位に挿入することが必要である。

【正解5】

問題100　気道内異物除去で、誤っているものはどれか。

1　チョークサインがある場合は、直ちに背部叩打法を行う。

2　腹部突き上げ法の実施者の手は、剣状突起と臍部の中間に位置する。

3　腹部突き上げ法は臓器損傷の危険性を伴うので、連続して行わない。

4　妊婦に対しては、胸部突き上げ法を行う。

5　乳児の場合には、背部叩打法を適用する。

> **解説**　腹部突き上げ法は、「こぶしの位置を臍部やや上方で、剣状突起より十分下方の腹部正中に当てる。もう一方の手で包み込むようにつかみ、素早く手前上方に向かって圧迫するよう突き上げ、この手技を連続して実施」する手法である。

救　　急　　　　481

　　なお、妊婦や極度の肥満者には胸部突き上げ法を行う。乳児では腹部臓器損傷の危険性が高いため、腹部突き上げ法を行ってはならない。

【正解3】

問題101　ショックについて、誤っているものはどれか。
1　発症の経緯や呼吸・脈拍数、皮膚の蒼白・冷汗の有無などにより判断する。
2　傷病者の好む体位を優先し、病態に応じた体位にする場合は、傷病者の変化に注意する。
3　ショックの種類にかかわらず迅速な搬送が必要である。
4　全てのショックに対して、気道確保や酸素投与は最優先の処置である。
5　血圧が正常な場合は、ショックを疑う必要はない。

解説　ショックでは、血圧低下と頻脈は、ほぼ全てのショックで出現するが、ショックの初期段階では血圧を維持しようとする生体の代償機能が働く。そのため、血圧が正常だからといってショックを否定することはできない。

【正解5】

問題102　ショックの一般的な症状で、誤っているものはどれか。
1　頻脈
2　冷たい皮膚
3　失禁
4　蒼白な顔面
5　呼吸困難

解説　一般的なショック症状は、意識障害、冷たい皮膚、湿った皮膚、頻脈、蒼白な顔色、浅い頻呼吸、呼吸困難、血圧低下（≦90mm Hg）で判断できる。例外的に感染性ショック、アナフィラキシーショック、神経原性ショックでは、血管拡張をきたし、皮膚が温かいので現場での鑑別の際には、留意しなければならない。

【正解3】

問題103　ショック時の応急処置で正しいものはどれか。
1　体位は原則として側臥位とする。
2　低濃度の酸素から投与する。
3　毛布等で保温する。
4　現場では、scoop and run（迅速な搬送）より stay and stabilize（現場での安定化）の方針が望ましい。

482 救 急

5　大量の水分を補給する。

> **解説**　重度ショックでは、静脈還流の増加を図るための両下肢を挙上した体位管理を行う。ショックでは循環血液量が減少することにより低酸素血症となることから、高濃度の酸素を投与する。低体温を招来することは、ショック状態をさらに悪化させることになるので、保温に努める。
> 　医療機関では、大量輸液、薬物療法、あるいは大出血の原因に対する外科的治療等、重篤のショックから傷病者を離脱させるための緊急処置を必要とするので、現場では迅速な搬送を主眼とする。

【正解3】

問題104　呼吸障害の傷病者に対する応急処置で、正しいものはどれか。

1　パルスオキシメータを装着し、酸素飽和度の状態を常に観察する。

2　可能な限りラリンゲアルマスク等の器具により気道を確保する。

3　痰の喀出が困難な場合には、気管内吸引する。

4　原則として仰臥位にする。

5　傷病者の緊張、不安感を解消するため、できるだけ質問して説明を求めるようにする。

> **解説**　傷病者にとって最も楽な姿勢を聴取した上で、取るべき体位を決める。なお、気管支喘息や心不全で、呼吸困難を強く訴える傷病者では起坐位が一般的である。
> 　傷病者への質問として、受傷機転や発症時に状況を聴取することは、原因推定に重要であるが、頻回の質問により回答を求めることは、大きな負担となるので、「はい」、「いいえ」の簡単な回答を求めるような質問形式とし、手際良く行ったほうがよい。
> 　また、応急処置として気管内の吸引を救急隊員は行うべきでない。聴診器の使用についても適宜の使用にとどめる。

【正解1】

問題105　大出血時の応急処置で、必須とならないものはどれか。

1　高濃度の酸素を投与する。

2　毛布等による保温をする。

3　下肢挙上のショック体位をとる。

4　外出血をガーゼ等で直接圧迫する。

5　口咽頭エアウェイを用いて気道を確保する。

> **解説**　意識レベルが低下した場合は気道確保を要するが、必ずしも口咽頭エアウェイの使用は必須でない。

【正解5】

救　　　急　　　　　　　　　　483

問題106　心不全の傷病者に対する応急処置で、誤っているものはどれか。
1　不整脈等の出現をチェックする。
2　湿性ラ音等の呼吸音をチェックする。
3　酸素を投与する。
4　体位は仰臥位にする。
5　容態急変に備えて資器材を手元に置く。

> **解説**　心不全の傷病者への対応はスムーズに短時間で医療機関へ搬送し、搬送中は、脈拍、血圧、呼吸状態などのバイタルサインを観察し、容態の急変に常に備えておく。特に傷病者の移動時には容態の急激な変化を起こすことが多いので、傷病者自身に力を入れさせないよう、リラックスさせる。心身の安静は心臓への負荷を軽減させるのに役立ち、心不全の応急処置の基本となる。
> 　　なお、体位は上半身を30～40度挙上した起坐位とする。これにより静脈還流が減少し、肺上部のうっ血が減少して、呼吸運動がより十分にできるようになる。

【正解4】

問題107　創傷の圧迫で包帯を使用する際の一般的な留意点で、誤っているものはどれか。
1　包帯に血液が染み出たときには、さらに上からガーゼを当てて包帯を巻く。
2　包帯は、若干緩めのほうがよい。
3　四肢の包帯は、できる限り末梢部位が見えるようにする。
4　包帯部の末梢側に疼痛、しびれ、蒼白等の症状が見られた場合は、巻きを緩める。
5　三角巾の結び目は、創の上にならないように注意する。

> **解説**　包帯の目的には、創傷部位の被覆、圧迫固定や骨折等の固定処置がある。止血等を目的とした場合には、当然に包帯は、末梢部位にしびれ等の症状をきたさない程度にきつめに巻き、使用目的の効果を図らなければならない。

【正解2】

問題108　腹部外傷時の応急処置について、正しいものはどれか。
1　刃物等の原因器物は、警察捜査に影響を及ぼさないよう現場に保存しておく。
2　仰臥位にして安静を保つ。
3　腹腔内損傷では、ショックは起きにくい。
4　腸管が脱出している場合は静かに腹腔内へ戻してやる。
5　腹部開放創から出血が続いている場合は、滅菌ガーゼやタオル等を軽く巻いて

484 救　急

圧迫する。

> **解説**　鋭的外傷時には、その原因となる器物は、傷の生成、損傷部位を把握するうえで非常に重要となるので持参して医師に提示する。また、体位は一般に膝屈曲位として、腹壁の緊張を和らげ、腸管の脱出を抑制する。なお、ショック状態ではショック体位とする。
> 　腹腔内は容積がかなりの大きさであり、実質臓器からの大量の出血をきたす。
> 　腸管が脱出している場合は、押し込まないでアルミホイル被覆で乾燥を防止し、また、動揺防止、脱出防止の目的で外周部をタオル包帯等で厚みのある土手を作る。

【正解5】

問題109　頭部外傷の応急処置で、誤っているものはどれか。

1　下顎挙上法
2　100％酸素投与
3　水平体位
4　耳出血の圧迫止血
5　吸引処置

> **解説**　頭部外傷時には、頸部損傷の可能性が大きいことから、気道確保は頭部後屈を避けた用法を取り、酸素を投与する。体位は頭蓋内圧の上昇を防ぐために、頭部を水平位か幾分挙上する。
> 　耳出血や鼻出血の場合には、頭蓋底骨折により髄液が流出している可能性が大きいことから創傷処置は脳圧亢進を防ぐためにガーゼを当てるだけにしておく。
> 　頭部外傷の際には嘔吐の起きる可能性は極めて大きく、吸引チップで咽頭粘膜を刺激し、咳反射や嘔吐を誘発しないように細心の注意を払う。

【正解4】

問題110　頸部・脊椎損傷時の応急処置として、一般的でないものはどれか。

1　下顎挙上法
2　背板への全身固定処置
3　酸素投与
4　ネックカラーによる頸部固定
5　頭部低位＋足部高位の体位

> **解説**　スクープストレッチャーや全身背板、陰圧式全身副子固定で全身を一本の棒状にして完全に固定する。

【正解5】

救　　急　　485

問題111　救急資器材に関する説明で、誤っているものはどれか。

1　聴診器の膜型は血圧測定の際に使用する。

2　マギール鉗子は舌の挟み、引き出しに適している。

3　血圧計のマンシェットの幅は腕円周の40パーセントがよい。

4　舌圧子はエアウェイ挿入時に使用する。

5　喉頭鏡は嘔吐物や異物の吸引、除去時に使用する。

> **解説**　マギール鉗子は、原則として異物除去時に使用するものである。口腔内確認等で舌
> を引き出す場合は、ガーゼ等を当てて、手で引き出す。

【正解2】

問題112　酸素投与時の留意点で、誤っているものはどれか。

1　動脈血酸素飽和度の値が90％を酸素投与の目安にする。

2　鼻カニューレで投与している場合には、酸素流量を毎分３L程度とする。

3　酸素血酸素飽和度の値が高くても、呼吸困難の訴えがある、あるいはチアノー
　　ゼなどを認めたときには、酸素を投与する。

4　ショックや低体温の場合には、パルスオキシメータが正確な値を示さないこと
　　がある。

5　95％以上の高濃度の酸素を吸入させる場合には、リザーバー付きバッグマス
　　クを用いる

> **解説**　通常の動脈血酸素飽和度は97〜99％であり、酸素投与でもって97％以上の値を維持
> するよう投与量を調整する。鼻カニューレを用いている場合、酸素流量を多くすると
> 速い流速により不快感を与えることになる。
> 　　パルスオキシメータのセンサーは、ショックなどの末梢循環不全や低体温、心肺蘇
> 生実施時の場合や走行中の救急車の振動、あるいは傷病者の体動などで正確な測定値
> を示さないことがあるので、モニター値に頼りすぎるのではなく、傷病者の顔色、呼
> 吸状態、脈拍、意識状態などを絶えずチェックする。

【正解1】

問題113　呼吸障害の傷病者の応急処置で、必須とされる器具はどれか。

1　心電図モニター

2　血圧計

3　鼻咽頭エアウェイ

4　吸引器

5　パルスオキシメータ

486　　　　　　　　　　救　　　急

> **解説**　いずれも呼吸困難な傷病者の観察、応急処置には必要な器材ではあるが、呼吸困難
> に伴う処置として優先すべきは酸素投与であり、体内の低酸素化状態を把握するに
> は、パルスオキシメータを必須とする。

【正解5】

問題114　N95マスク使用が原則となる病原体はどれか。

1　結核菌

2　緑膿菌

3　MRSA

4　肺炎球菌

5　B型肝炎ウイルス

> **解説**　救急活動において通常装着するマスクは、サージカルマスクであるが、空気感染を
> 引き起こす結核、麻疹、水痘の疑いのある傷病者や新型インフルエンザ、SARSな
> ど感染のリスクが強い場合にはN95マスクを着用する。N95マスクは、$0.3\mu m$の粒
> 子を95％以上遮断できる微粒子用マスクであり、これは米国国立労働安全衛生研究所
> （NIOSH）が定めた規格である。

【正解1】

問題115　肺結核の傷病者を搬送した後に行う救急車内の消毒に使う消毒薬とし
　　　　て、最も適切なものは次のうちどれか。

1　クロルヘキシジン

2　塩化ベンザルコニウム

3　次亜塩素酸ナトリウム

4　ベンゼトニウム塩化物

5　消毒用エタノール

> **解説**　結核菌に対する消毒薬として有効性があるのは次亜塩素酸ナトリウム、消毒用エタ
> ノールであるが、次亜塩素酸ナトリウムは金属腐食性があり、金属部の消毒には適さ
> ない。救急車内には多くの資器材が積載されており、例えばメーンストレッチャー等
> の金属部がある製品には次亜塩素は適さない。

【正解5】

問題116　応急手当の普及啓発活動の推進に関する実施要綱について、誤っている
　　　　ものはどれか。

1　修了証は、消防長が交付する。

救　　　急　　　　487

2　普通救命講習の普及項目には、大出血時の止血法も含む。

3　上級救命講習の指導は、救急救命士の資格を有するものが当たる。

4　応急手当普及員の資格の有効期限は、３年である。

5　応急手当指導員は、普通救命講習の指導に従事する。

解説　消防機関の行う普通救命講習又は上級救命講習は、応急手当指導員の資格を有する
　　　ものが当たるとされている。救急救命士又は救急隊員の資格を有する者が応急手当指
　　　導員として認定されるためには、過去の応急手当の普及啓発活動の従事時間数が一定
　　　基準を満たしている場合であり、満たしていない場合は一定の講習を修了しているこ
　　　とが要件となる。

【正解3】

問題117　針刺し事故に関する予防と対応について、正しいものはどれか。

1　使用後の針にはキャップをする。

2　軽症であれば上司への報告は必要ない。

3　C型肝炎はワクチン予防が可能である。

4　使用後の針は一般廃棄物容器に捨てる。

5　発生した場合は傷病者搬送先の医師に報告する。

解説　救急活動中に針刺し事故が発生した場合は、創部の血液を十分搾り出しながら流水
　　　で洗浄しアルコールなどで消毒を行う。ＨＢＶ、ＨＣＶ、ＨＩＶなどのウイルス感染
　　　のリスクがある場合は、搬送先の医師や指導医等に報告し、必要な助言を受けて迅速
　　　に対応することが必要である。

【正解5】

問題118　救急隊が到着するまでの間に行う通信指令員の口頭指導による応急手当
　　　　　に含まれないのはどれか。

1　止血法

2　熱傷手当

3　心肺蘇生法

4　指趾切断手当

5　異物誤飲の除去手当

解説　119番受信時の口頭指導は、全国の各消防本部によって地域の実情に応じた口頭指
　　　導の実施要綱などが作成されている。異物に対する口頭指導は、気道確保と異物除去
　　　法（背部叩打法や腹部突き上げ法）であり、誤飲に対する除去の指導はない。

【正解5】

488   救　　　急

問題119　インフォームドコンセントについて、正しいものはどれか。

1　医学用語を用いて説明することが望ましい。

2　明らかな死亡の場合は説明しなくてもよい。

3　説明と同意が十分に実施できない条件下では救命処置はできない。

4　生前意思表示を行っている傷病者に関しては慎重な対応が必要である。

5　人命救助が最優先のため傷病者や家族には非情な態度で説明してもよい。

> **解説**　傷病者や家族に対して分かりやすい言葉で誠意と熱意を持って説明し、相手が納得できる話し方に努める。また、傷病者が明らかに死亡している場合でも、家族は医療機関への搬送を期待している場合があり、救急隊が搬送できない旨を丁寧に説明する必要がある。生前の意思表示（例えば蘇生処置を行わない）などが救急現場で示された場合は、救急隊指導医やかかりつけ医師、指令センター等との連携を図りながら慎重に対応する必要がある。

【正解4】

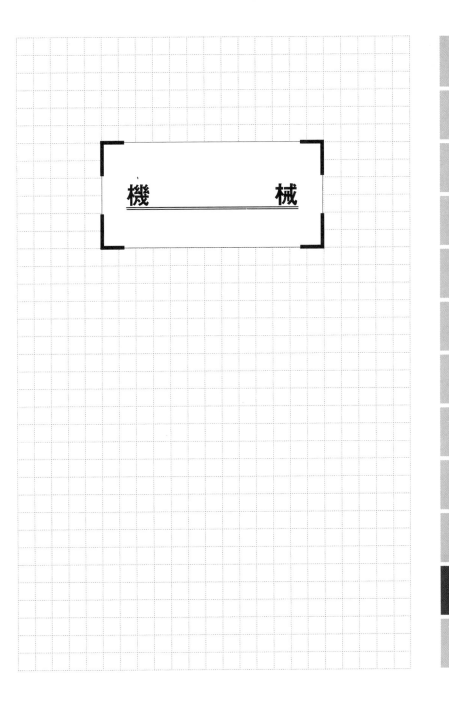

490 機　械

問題1　次は、機関の熱効率の大きい順に列挙したものであるが、この中から正
　　　しいものを選べ。

1　ディーゼル機関、ガソリン機関、ガス機関、蒸気機関
2　ガソリン機関、ディーゼル機関、蒸気機関、ガス機関
3　ガス機関、蒸気機関、ディーゼル機関、ガソリン機関
4　ガス機関、ガソリン機関、蒸気機関、ディーゼル機関
5　ディーゼル機関、ガス機関、ガソリン機関、蒸気機関

着眼点▶　機関の熱効率の点からみると、次のとおりである。
　　　　1　ディーゼル機関——45〜47％
　　　　2　ガス機関——34〜40％
　　　　3　ガソリン機関——29〜33％
　　　　4　蒸気機関——4〜15％

【正解5】

問題2　次は、2サイクルエンジンと4サイクルエンジンを比較したものである
　　　が、この中から誤っているものを選べ。

1　2サイクルエンジンは、常に新しいエンジンオイルを供給している。
2　2サイクルエンジンは、構造が簡単である。
3　4サイクルエンジンは、エンジンブレーキの効きがよい。
4　4サイクルエンジンは、2サイクルエンジンより不完全燃焼ガスの発生が多
　い。
5　2サイクルエンジンは、4サイクルエンジンより不完全燃焼ガスの発生が多
　い。

着眼点▶　2サイクルエンジンの排気は、排気孔が開いている状態で行われるため、生ガス
　　　の一部が排気孔から吹き抜け、また、オイルがガソリンとともに燃焼するため、不
　　　完全燃焼ガスの発生は4サイクルエンジンよりかなり多い。

【正解4】

問題3　4サイクル、6シリンダのガソリン・エンジンが、カム・シャフトが
　　　100回転する間の爆発回数として、次の中から正しいものを選べ。

1　600回
2　700回
3　800回
4　1,000回
5　1,200回

| 機　　　械 | 491 |

着眼点 ▶　爆発回数は、次式で求められる。
　　　　　爆発回数＝カム・シャフト回転数×シリンダ数
　　　　　　　　　＝100×6
　　　　　　　　　＝600回
　　なお、カム・シャフトの回転数は、クランク・シャフト2回転に対し1回の比率
である。したがって、カム・シャフトが1回転する間に、吸入、圧縮、爆発、排気
の全行程が終了する。

【正解1】

問題4　シリンダ内径90mm、ピストン行程105mmの4サイクル、6シリンダのエ
　　　ンジンがある。この総排気量として次の中から正しいものを選べ。

1　総排気量2,000cc

2　総排気量3,000cc

3　総排気量4,000cc

4　総排気量5,000cc

5　総排気量6,000cc

着眼点 ▶　総排気量は、次式で求められる。

$$総排気量 = \frac{\pi D^2 Ln}{4}$$

$$= \frac{3.14 \times 9^2 \times 10.5 \times 6}{4}$$

$$\fallingdotseq 4,000cc$$

π：円周率
D：シリンダ内径（cm）
L：行程（cm）
n：シリンダ数

【正解3】

問題5　シリンダ内径90mm、ピストン行程105mm、燃焼室容積97ccの4サイク
　　　ル・エンジンの圧縮比として、次の中から妥当なものを選べ。

1　圧縮比＝5

2　圧縮比＝6

3　圧縮比＝7

4　圧縮比＝8

5　圧縮比＝9

着眼点 ▶　圧縮比は、次式で求められる。

$$圧縮比 = \frac{燃焼室容積 + 排気量}{燃焼室容積} = \frac{97 + 668}{97} \fallingdotseq 8$$

【正解4】

492   機   械

問題6　次は、エンジンのエアクリーナーの使用目的を列挙したものであるが、
　　　　　この中から妥当なものを選べ。

1　空気の温度調節をする役目である。

2　エンジン始動を容易にする役目である。

3　圧縮圧力を高くする役目である。

4　空気量を調節する役目である。

5　シリンダーの摩耗を防止する役目である。

着眼点▶　エアクリーナーは、エンジンに吸入される空気をろ過するもので、これがないと
不純物の混入した空気がシリンダー内に入り、摩耗を早めることになる。

【正解5】

問題7　次は、ピストンリングについて記したものであるが、この中から誤って
　　　　　いるものを選べ。

1　オイルリングは、シリンダ壁のオイルをかきおろすものである。

2　ピストンリングは、上部のリングほど摩耗が多いものである。

3　ピストンリングが摩耗すると、排気ガスは白くなる。

4　ピストンリングは、下部のリングほど摩耗が少ないものである。

5　コンプレッションリングは、燃焼室のガスの吹き抜けのみを防止するものであ
　る。

着眼点▶　コンプレッションリングの主要な役目は、燃焼室の気密保持とピストンの熱をシ
リンダ側に伝えて放熱させる作用である。

解説　ピストンリングは、耐摩耗性、強じん性、耐熱性等が要求され、リングには、気密
を保持し、圧縮漏れ、燃焼ガス漏れを防止するコンプレッションリングとオイルをか
きおろす作用をするオイルリングがある。

【正解5】

問題8　エンジンブレーキの使用目的として、次の中から最も妥当なものを選べ。

1　降雨時の走行でスリップしたときに使用する。

2　速度を減速するときに使用する。

3　降雪時の走行でスリップしたときに使用する。

4　急な下り道路を走行するとき、速度を他のブレーキによらずに制動させるとき
　に使用する。

5　他のブレーキが故障したときに、車両を停止させるときに使用する。

着眼点▶　急な下り道路を走行するときに使用するものである。これは、動力伝達機構の逆

機　　　械　　　　493

作用、つまり車輪の回転でエンジンを回転させ、エンジンに一種の空気圧縮機の作
用をさせるもので、この作用は変速ギヤ位置が第一速のときが最も大きな制動力と
なる。

【正解4】

問題9　次の組合せの中から正しいものを選べ。

1　サーモ・スタット＝冷却装置

2　フィルド・コイル＝点火装置

3　バキューム・スパーク・コントロール＝変速装置

4　シンクロ・メッシュ＝制動装置

5　マスター・シリンダ＝配電装置

着眼点▶　各名称と装置との関係は、次のとおりである。
　　　　　サーモ・スタット＝冷却装置
　　　　　フィルド・コイル＝発電装置
　　　　　バキューム・スパーク・コントロール＝点火装置
　　　　　シンクロ・メッシュ＝変速装置
　　　　　マスター・シリンダ＝制動装置

【正解1】

問題10　ギヤー油の具備する要件として、次の中から誤っているものを選べ。

1　適切な粘度特性を有すること

2　極圧性に優れていないこと

3　酸化安定性のよいこと

4　防錆力の強いこと

5　起泡性が少ないこと

着眼点▶　極圧性に優れていることが大切な特性である。非常な高圧下で歯面を保護する強
い油膜保持力や耐荷重膜を作ることが目的である。

解説　ギヤー油に要求される要件は、次のとおりである。
　　1　適切な粘度特性を有すること
　　2　極圧性に優れていること
　　3　低温流動性がよいこと
　　4　酸化安定性がよいこと
　　5　腐食や錆等を発生させないこと
　　6　泡立ちをしないこと

【正解2】

494 　　　　　　　　　機　　　械

問題11　自動車用バッテリの温度と比重の関係を記したものであるが、次の中から正しいものを選べ。

1　液温30℃を標準とし、液温１℃変わるごとに0.07増減する。

2　液温20℃を標準とし、液温１℃変わるごとに0.0007増減する。

3　液温10℃を標準とし、液温１℃変わるごとに0.007増減する。

4　液温４℃を標準とし、液温１℃変わるごとに0.0007増減する。

5　液温０℃を標準とし、液温１℃変わるごとに0.007増減する。

着眼点▶　バッテリの液の比重は、標準温度（液温20℃）での比重に換算しなければならない。

$$S_{20} = St + 0.0007 (t - 20)$$

S_{20}：20℃における電解液の比重

St　：t℃における電解液の比重

t　　：℃で表した電解液の温度

【正解２】

問題12　自動車の前照灯、直流12Ｖ、50Ｗを２個（並列）装備した回路に使用するヒューズとして、次の中から妥当なものを選べ。

1　５アンペア

2　７アンペア

3　10アンペア

4　15アンペア

5　20アンペア

着眼点▶　電流は、次式で求められる。

$$W = E I$$

$$\therefore I = \frac{W}{E}$$

W：電力（W）

E：電圧（V）

I：電流（A）

$$= \frac{50 \times 2}{12}$$

$$\fallingdotseq 8.3 A$$

【正解３】

[問題13] 図は、バッテリー（蓄電池）から負荷（無線機等）に供給される電流を測定するための回路図を示したものであるが、電流計の接続方法として正しいものは、次のうちどれか。

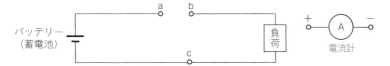

1 電流計の＋端子をb、－端子をaに接続して測定する。
2 電流計の＋端子、－端子は、a、bどちらに接続して測定してもよい。
3 a、bを接続し、電流計の＋端子をb、－端子をcに接続して測定する。
4 電流計の＋端子をa、－端子をbに接続して測定する。
5 a、bを接続し、電流計の＋端子をc、－端子をbへ接続して測定する。

|着眼点▶| 電流計は、回路に直列に接続して測定する。接続は、電流計の＋端子から－端子へ電流が流れるように行えばよい。

【正解4】

[問題14] ポンプ車に、エンジン・ガバナが取り付けられている理由を列挙したものであるが、次の中から正しいものを選べ。
1 高負荷運転時におけるエンジンの高速回転を調節するものである。
2 エンジンの安定した回転を確保し、運転中にエンジン回転が自動的に変化するのを防ぐものである。
3 エンジン調整等の無負荷時のエンジン回転の急上昇を防ぐものである。
4 ポンプ運転中に、急激に負荷が減少したとき、エンジン回転の急上昇を防止し、エンジン損傷を防ぐものである。
5 ポンプ運転中における高負荷を防止するものである。

|着眼点▶| ポンプ運転中に、吸水側に水がなくなる等の異常があると、ポンプ負荷が急に減少し、エンジン回転が急上昇して、エンジンの損傷危険が生じるので、この高速回転を防止するものである。したがって、過回転防止の目的で取り付けられている。

【正解4】

[問題15] 吸水落差3mの水利に、吸管1本（12m）を使用して、21型ノズルでノズル圧力0.3MPaにてストレート放水中に、真空示度が0.04MPaを示した。この判断として次の中から正しいものを選べ。

1　もう少しでキャビテーションを発生する。

2　ノズル圧力が非常に高い。

3　ノズル圧力が適正である。

4　ノズル圧力が非常に低い。

5　これ以上放水圧力を増すことはできない。

着眼点 ▶　21型ノズルの放水量は、ノズル圧力0.3MPaのストレート放水では、毎分約500L
である。

一方、吸水側の吸水落差３ｍの真空示度は約0.03MPa、吸管12mの吸水損失は、
吸水量が500L／minで約0.01MPaである。

したがって、0.03＋0.01＝0.04MPaとなる。

【正解３】

問題16　放水反動力に関する次の記述から正しいものを選べ。

1　ノズル圧力が一定のときは、放水量の２乗に比例する。

2　放水量が一定のときは、ノズル圧力の1/2乗に比例する。

3　ノズル圧力が一定のときは、ノズル口径に比例する。

4　ノズル口径が同じときは、ノズル圧力の２乗に比例する。

5　ノズル圧力が一定のときは、ノズル口径の1/2乗に比例する。

着眼点 ▶　d：ノズル口径（cm）　P：ノズル圧力（MPa）
反動力 $F＝150d^2P$、放水量 $Q＝0.208d^2\sqrt{P}$
以上の二つの式から理解される。

【正解２】

問題17　吸管に関する次の記述から誤っているものを選べ。

1　理論上の最大吸水損失圧力は0.1MPaである。

2　ストレーナの小孔の総面積は、吸管口径の３～４倍である。

3　吸管１本使用の吸水量と吸管２本（並列）使用の吸水量を比較すると、同一吸
水損失では、１本より２本の方が約1.8倍の吸水量である。

4　吸管内の吸水量を２倍にすると、吸水側損失は２倍となる。

5　摩擦損失は、吸管とホースともに、通水量の２乗に比例する。

着眼点 ▶　摩擦損失は、通水路の長さと通水量の２乗に比例するものである。
したがって、吸水量を２倍にすると損失は４倍になる。

【正解４】

機　　械　　497

問題18　ホースの摩擦損失、放水量等に関する次の記述の中から妥当なものを選べ。

1　同じノズル口径ならば、ノズル圧力が4倍になると、放水量は2倍、ホース1本の損失は4倍になる。

2　同じ圧力ならば、ノズル口径が2倍になると、放水量は4倍、ホース1本の損失は8倍になる。

3　同じノズル口径ならば、ノズル圧力が2倍になると、放水量は4倍、ホース1本の損失は8倍になる。

4　同じ圧力ならば、ノズル口径が2倍になると、放水量は2倍、ホース1本の損失は4倍になる。

5　同じノズル口径ならば、ノズル圧力が2倍になると、放水量は2倍、ホース1本の損失は2倍になる。

着眼点▶　65mmホース（摩擦損失係数0.137）を例にとって考えると、次式のようになる。

$Q = 0.208 \, d^2 \sqrt{P}$　　　Q：放水量（㎥／min）　　　FL：摩擦損失（MPa）
$FL = 0.137 \, L \, Q^2$　　　d：ノズル口径（cm）　　　L：ホース本数（本）
　　　　　　　　　　　P：ノズル圧力（MPa）

　したがって、ノズル圧力Pが4倍になると、放水量Qは2倍になり、ホース1本の損失FLは4倍になる。

【正解1】

問題19　次は、ポンプの計器に現れる現象と原因を述べたものであるが、この中から、誤っているものを選べ。

1　ノズルのシャット＝圧力計示度の急激な上昇

2　吸口の閉鎖又は吸管の閉そく＝圧力計示度の低下

3　ホースの破断＝圧力計示度の急激な低下

4　吸水側の空気侵入＝エンジン回転の上昇

5　ストレーナにごみ付着＝真空計示度の低下

着眼点▶　ストレーナにごみが付着すると、吸水量が少なくなり、真空計示度が僅かに高くなる。

解説 計器に現れる現象と原因は次のとおりである。

現象・原因等 ＼ 計器指針の動き	圧 力 計	連 成 計・真 空 計（（ ）内は真空度）	流 量 計	エンジン回転
放水側の閉そく 放水停止 ホースの轢圧等 （注）	急激な 上昇	急激な 上昇 （降下）−0.1	急激な 降下	わずか に上昇
吸水側からの 空気の混入 吸管の緩み等	降下	上昇 （降下）−0.1	降下	わずか に上昇
吸水側の閉そく 吸管、ストレー ナーの詰まり等	降下	急激な 降下 （上昇）−0.1	降下	わずか に上昇
キャビテーショ ンの発生	緩慢な 降下	急激な 降下 （上昇）−0.1	緩慢な 降下	上昇
放水量の増加 ホースの破断 放水再開等	降下	降下 （上昇） −0.1	急激な 上昇	わずか に降下
落水	降下	上昇 （降下） −0.1	降下	上昇

※ 計器の図は指針の動く方向を示している。
　（注）轢圧（れきあつ）等…車両等に踏まれたことにより放水が停止した状態等

【正解5】

問題20 次は、ゴム内張りホースの摩擦損失に関する記述であるが、この中から誤っているものを選べ。

1 摩擦損失は、ノズル口径の2乗に比例する。

2 摩擦損失は、ホースの長さに比例する。

3 摩擦損失は、流速の2乗に比例する。

4 摩擦損失は、放水量の2乗に比例する。

5 摩擦損失は、ホースの断面積の2乗に比例する。

着眼点 ▶ 65mmホース（摩擦損失係数0.137）の場合を例に考えると、摩擦損失に係る式は、次のとおりである。

$$Q = AV \quad \therefore V^2 = \frac{Q^2}{A^2}$$

$$FL = 0.137 LQ^2$$

$$Q = 0.208 d^2 \sqrt{P}$$

Q：流量（㎥／min）　　L：ホース本数（本）

A：断面積（㎡）　　　d：ノズル口径（cm）

V：流速（m／s）　　　P：ノズル圧力（MPa）

FL：摩擦損失（MPa）

機　　　械　　　　　499

　　以上の三つの式から、摩擦損失は、ノズル口径の2乗ではなく、4乗に比例する。

【正解1】

問題21　次は、消防ポンプの案内羽根の主な作用を列挙したものであるが、この中から妥当なものを選べ。

1　水流を同一方向に変える。
2　速度水頭を圧力水頭に変える。
3　大量放水が得られる。
4　圧力水頭を水流に変える。
5　キャビテーションの防止作用をする。

着眼点 ▶　案内羽根の作用は、速度水頭を圧力水頭に変えるものである。

　解説　渦巻室内の羽根車の外周に案内羽根を設けて、入口から出口に向かって拡大し、速度を次第に遅くして圧力に変えていくものである。ポンプの外径をそれほど大きくしないで、水の速度エネルギーを圧力エネルギーに変換することができる。

【正解2】

問題22　筒先を2人で保持する限界は放水反動力300Nとされているが、ノズル口径25.4mmを使ったときの最大ノズル圧力として、次の中から正しいものを選べ。

1　約0.25MPa
2　約0.28MPa
3　約0.31MPa
4　約0.36MPa
5　約0.40MPa

着眼点 ▶　放水反動力の式は、次のとおりである。

$$F = 150d^2P$$
　　　　　F：反動力（N）

$$\therefore P = \frac{F}{150d^2}$$
　　　　　d：ノズル口径（cm）

$$= \frac{300}{150 \times (2.54)^2}$$
　　　　　P：ノズル圧力（MPa）

$$\fallingdotseq 0.31MPa$$

【正解3】

問題23　キャビテーションの発生を防止する方法として、誤っているものを次の中から選べ。

500 機 械

1 吸管を並列にする。
2 ポンプ運転を高速にしない。
3 吸水落差を大きくしない。
4 ノズル口径を大きくする。
5 吸管の直列使用を避ける。

着眼点 ▶ ノズル口径を大きくすると、放水量と吸水量が増加することから、キャビテーションが発生しやすくなる。

【正解4】

問題24 交替時点検で、真空ポンプの試験を行ったところ0.08MPaであった。この場合吸水できる理論上の落差として、次の中から正しいものを選べ。

1 6.0m
2 7.0m
3 7.5m
4 8.0m
5 9.0m

着眼点 ▶ 吸水高さは、次式で求められる。

吸水高さ（m）＝真空示度（MPa）×100 （理論上 $\dfrac{10\text{m}}{0.1\text{MPa}}=100$）

$$=0.08 \times 100$$
$$=8.0\text{m}$$

【正解4】

問題25 ノズル口径23mm、ノズル圧力0.4MPaで放水しているときの流速として、次の中から正しいものを選べ。

1 約20m／s
2 約22m／s
3 約24m／s
4 約26m／s
5 約28m／s

着眼点 ▶ ノズルからの流速は、次式で求められる。

$Q = Q_m / 60 = 0.208\, d^2\sqrt{P} / 60$（㎥／s）　　Q：放水量（㎥／s）

d：ノズル口径（cm）

$V = c\sqrt{2gh}$　　　　　　　　　　　V：流速（m／s）
$\quad = 0.99\sqrt{2 \times 10^6 gP / \rho g}$　　　P：ノズル圧力（MPa）
$\quad = 44.2\sqrt{P}$　　　　　　　　　ρ：水の密度1,000（kg／㎥）
$\quad = 44.2\sqrt{0.4}$

≒28m／s

【正解5】

問題26 放水しているノズル圧力を変えないで、ノズル口径を2倍にすると、放水量Q、反動力F、ノズルからの流速Vの変化として、次の中から正しいものを選べ。

1　Q＝1倍　　F＝2倍　　V＝2倍
2　Q＝2倍　　F＝4倍　　V＝4倍
3　Q＝3倍　　F＝6倍　　V＝2倍
4　Q＝4倍　　F＝4倍　　V＝1倍
5　Q＝5倍　　F＝2倍　　V＝4倍

着眼点▶　$Q=0.208d^2\sqrt{P}$、$F=150d^2P$、$V=44.2\sqrt{P}$、d＝ノズル口径（cm）、P＝ノズル圧力（MPa）
　この三つの式から、ノズル圧力を変えないで、ノズル口径を2倍にすると、QとFは4倍、Vは変わらない。

【正解4】

問題27　図の隊形で2口放水中に、第1線が破断したので、直ちに第1線をシャットし、第2線のノズル圧力を0.3MPaに保つための方法として、次の中から妥当なものを選べ。

1　ポンプ圧力を上げる。
2　エンジン回転を上げる。
3　ポンプ圧力を下げるため、エンジン回転を上げる。
4　ポンプ圧力を下げるため、エンジン回転を下げる。
5　ポンプ圧力をそのままにして、若干スロットル・レバーを下げる。

着眼点▶　第1線の放口をシャットすることによって、ポンプの吐水量が半分になるため、同じポンプ圧力にするためには、エンジン回転を下げることが必要である。

【正解4】

問題28　次は、吸水できない原因を列挙したものであるが、この中から誤っているものを選べ。

1　ドレーン・コックの開放
2　逆止弁の不良

502　　　　　　　　　　　　　機　　　械

3　グランド・パッキンの緩み

4　自動放口閉塞弁の不良

5　エゼクターコックの開放

着眼点 ▶　逆止弁は、ポンプ圧力が下がった場合、真空ポンプからポンプ側へ空気が逆流して、落水するのを防ぐものであるから、これが故障しても真空ができるので吸水は可能である。

> 解説　吸水ができない主な要因は、次のとおりである。
> 1　吸管の締付不良
> 2　反対側吸管コックの不良
> 3　自動放口閉塞弁の不良
> 4　ドレーン・コックの不良
> 5　グランド・パッキンの緩み
> 6　エゼクター・コックの開放
> 7　各所コック、ユニオン、計器等の不良

【正解2】

問題29　筒先を1人で保持できる反動力は約200Nといわれているが、ノズル口径25.4㎜を使用した場合のノズル圧力として、次の中から妥当なものを選べ。

1　約0.30MPa

2　約0.25MPa

3　約0.23MPa

4　約0.21MPa

5　約0.18MPa

着眼点 ▶　反動力は、次式で求められる。

$$F = 150d^2P$$

$$\therefore P = \frac{F}{150d^2}$$

F：反動力（N）
d：ノズル口径（cm）
P：ノズル圧力（MPa）

設問の反動力200N、ノズル口径25.4㎜を代入すると、

$$P = \frac{200}{150 \times (2.54)^2}$$

$$\fallingdotseq 0.21MPa$$

【正解4】

問題30　次は、真空示度に表れる一般的な要素を列挙したものであるが、この中から最も正しいものを選べ。

機　　　械　　　　503

1　真空示度は、吸管の吸水損失、吸水配管の吸水損失を表す。

2　真空示度は、吸管の吸水損失、吸水配管の吸水損失、ストレーナの吸水損失を
　表す。

3　真空示度は、吸管の吸水損失、吸水配管の吸水損失、吸水落差損失を表す。

4　真空示度は、吸管の吸水損失、吸水配管の吸水損失、吸水落差損失、放水量に
　応じた流水損失を表す。

5　真空示度は、吸管の吸水損失、吸水配管の吸水損失、ストレーナ等の吸水損
　失、吸水落差損失を表す。

着眼点▶　真空示度は、吸管の吸水損失、吸水配管の吸水損失、ストレーナ等の吸水損失、
　　　　　吸水落差損失を表す。
　　　　　　　なお、吸水が完了し、放水しない状態では、吸水落差に応じた真空示度を示すも
　　　　　のである。

【正解5】

問題31　次はポンプの運動形式上の分類をしたものであるが、この中から正しい
　　　　ものを選べ。

1　往復ポンプ＝ピストンポンプ、軸流ポンプ

2　往復ポンプ＝バケットポンプ、水撃ポンプ

3　特殊ポンプ＝ジェットポンプ、プランジャポンプ

4　回転式ポンプ＝渦巻ポンプ、軸流ポンプ

5　回転式ポンプ＝回転ポンプ、バケットポンプ

着眼点▶　回転式ポンプとは、渦巻ポンプ、軸流ポンプ、回転ポンプをいう。

解説　ポンプを運動形式から分類すると次のとおりである。
　1　往復ポンプ＝ピストンポンプ、プランジャポンプ、バケットポンプ
　2　回転式ポンプ＝渦巻ポンプ、軸流ポンプ、回転ポンプ
　　　なお、渦巻ポンプの中にタービンポンプがある。
　3　特殊ポンプ＝ジェットポンプ、水撃ポンプ

【正解4】

問題32　ノズル口径23㎜、ノズル圧力0.3MPaで放水する場合、ポンプ圧力
　　　　1.7MPaのホース延長限界として、次の中から正しいものを選べ。ただ
　　　　し、ホースの摩擦損失係数は、50㎜ホースで0.365、65㎜ホースで0.137
　　　　とする。

1 ┌─┐ 50mm φ → の隊形のホース延長限界は約10本である。

2 ┌─┐ 65mm φ → の隊形のホース延長限界は約30本である。

3 ┌─┐ 50mm φ ─< 50mm φ×2 → の隊形で、ポンプから分岐金具までのホース延長限界は約4本である。

4 ┌─┐ 65mm φ ─< 50mm φ×2 → の隊形で、ポンプから分岐金具までのホース延長限界は約10本である。

5 ┌─┐ 65mm φ → の隊形のホース延長限界は約30本である。

|着眼点▶| 50mmホース1線の延長限界は10本である。

ノズル口径23mm、ノズル圧力0.3MPa、ポンプ圧力1.7MPaとした場合の50mm

Q：流量（m³／min）

Q＝0.208×（ノズル口径(2.3cm)）²×√ノズル圧力(0.3MPa)

Q≒0.6

$0.365 \times (0.6)^2 = 0.1314$

$$\text{ホース延長限界} = \frac{\text{ポンプ圧力} - \text{ノズル圧力}}{\text{ホース1本の損失}} = \frac{1.7 - 0.3}{0.1314} ≒ 10\text{本}$$

なお、隊形別のホース延長限界は次のとおりである。

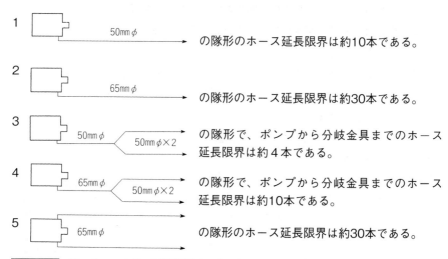

機　　械　　　　505

【正解1】

問題33　はしご車のてい上放水は、一般的には放水反動力が700Nが限界とされているが、この場合、ノズル口径25.4mmを使用したときのノズル圧力として、次の中から妥当なものを選べ。

1　約0.52MPa
2　約0.62MPa
3　約0.72MPa
4　約0.82MPa
5　約0.92MPa

着眼点▶　放水反動力は、次式で求められる。

$$F = 150d^2 P \qquad F:反動力（N）$$
$$\therefore P = \frac{F}{150 \times d^2} \qquad d:ノズル口径（cm）$$
$$\qquad\qquad\qquad\quad P:ノズル圧力（MPa）$$
$$= \frac{700}{150 \times (2.54)^2}$$
$$\fallingdotseq 0.72 \text{MPa}$$

【正解3】

問題34　次は、計器に現れる現象とその原因を組み合わせたものであるが、この中から誤っているものを選べ。

1　真空計示度の下降――吸水側から空気侵入
2　圧力計示度の緩慢な低下――キャビテーション
3　連成計示度の負圧――元ポンプの水量不足
4　エンジン回転計の上昇――ホースの破断
5　圧力計示度の低下――吸水側から空気侵入

着眼点▶　吐出側のホースが破断すると吐水量が大きくなり、その分だけエンジンに負荷がかかるため、エンジン回転は低下する。

解説　エンジン回転が上昇する要因は、吸水側からの空気侵入、ストレーナの詰まり、吸管内のゴム剥離、キャビテーション及び吐水側の閉鎖等がある。

【正解4】

506 機　　械

問題35　次は、二又分岐隊形と二線延長隊形の違いを記したものであるが、この中から誤っているものを選べ。

1　ホース延長限界は、二線延長隊形が有利である。

2　ホース延長の労力は、二又分岐隊形が有利である。

3　エンジン負荷は、二線延長隊形が有利である。

4　ホースの摩擦損失は、二又分岐隊形が不利である。

5　2口放水中に1口シャットすると、二又分岐隊形も二線延長隊形も全く同じように放水中のノズル圧力は上昇する。

着眼点▶　2口放水中に1口シャットした場合、放水を続けているノズル圧力の上昇度合は全く同じではない。

解説　2口放水中に1口シャットすると、二又分岐隊形も二線延長隊形も、放水を続けているノズル圧力が上昇する点は類似しているが、その上昇度合は、二又分岐隊形は、65mmφホースの長さに比例して高くなるが、二線延長隊形では、ホースの長さに逆比例して低くなる傾向にある。

【正解5】

問題36　ノズル圧力0.3MPa で一線放水中、二線延長してノズル圧力を0.3MPaに保った。このとき計器に現れる変化として正しいものを選べ。
　　　　ただし、ホースの種別、延長数及びノズル口径は同じとする。

1　ポンプ圧力の上昇、エンジン回転が下がる。

2　ポンプ圧力とエンジン回転は変わらない。

3　ポンプ圧力の上昇、真空計示度が下がる。

4　ポンプ圧力は変化しないが、エンジン回転が上がる。

5　ポンプ圧力、エンジン回転及び真空計示度ともに上がる。

着眼点▶　放水量が2倍になるので、吸水量も2倍となり、ポンプ負荷が大きくなるため、エンジン回転は上がる。また、ポンプ圧力は、ノズル口径、ホースの延長条件が同一であるため変わらない。

【正解4】

問題37　自然水利を使用して揚水したところ、真空ポンプクラッチが切れて揚水できたが、真空ポンプの排気口から流水した。その原因として、次の中から正しいものを選べ。

1　自動放口閉そく弁の故障

2　止水弁の故障

機　　　械　　　507

3　逆止弁の故障

4　真空ポンプの故障

5　ポンプの異常

着眼点 ▶　止水弁が故障すると、真空ポンプへポンプの水が圧送されるため、真空ポンプの排気口から流水する。

　　　　また、真空作成時も空気が侵入して真空作成が困難になる原因にもなる。

【正解2】

問題38　自然水利からポンプで吸水する場合、次の水温の中でもっとも有利なものを選べ。

1　水温1℃

2　水温4℃

3　水温20℃

4　水温30℃

5　水温40℃

着眼点 ▶　水の比重は、水温4℃のときが最も大きく、理論的には比重の軽い方が吸水条件がよい。しかし、水温が上昇すると、水面から蒸発する蒸気圧によって吸水高さは減少する。すなわち、水の比重と飽和水蒸気圧とを比較すると、後者が大きいことから、水温が低いほど有利である。

　　　　なお、運用上は、水温10℃以下では、水銀柱1cm以下なのでほとんど影響を受けない。

【正解1】

問題39　次は、放水反動力に関する記述であるが、この中から正しいものを選べ。

1　ノズル口径が同じならば、ノズル圧力が2倍になると反動力が2倍になる。

2　ノズル圧力が同じならば、ノズル口径が2倍になると反動力が2倍になる。

3　ノズル口径が同じならば、ノズル圧力が2倍になると反動力が4倍になる。

4　ノズル圧力が同じならば、ノズル口径が2倍になると反動力が3倍になる。

5　ノズル口径が同じならば、ノズル圧力が2倍になっても反動力は変わらない。

着眼点 ▶　放水反動力は、次式で表される。

$$F = 150d^2P$$

　　　　　　　　　F：反動力（N）

　　　　　　　　　d：ノズル口径（cm）

　　　　　　　　　P：ノズル圧力（MPa）

　　　　したがって、反動力は、ノズル口径の2乗とノズル圧力に比例する。

【正解1】

508　　　　　　　　　　　　　機　　　械

問題40　ノズル口径23mm、ノズル圧力0.3MPa で２口放水する場合、40㎥貯水槽の放水時間として、次の中から正しいものを選べ。

　　　　ただし、貯水槽の水は、全て放水できるものとする。

1　約25分

2　約30分

3　約33分

4　約40分

5　約43分

着眼点 ▶　ノズルからの放水量Qは

$$Q = 0.208d^2\sqrt{P}$$
$$= 0.208 \times 2.3^2 \times \sqrt{0.3}$$
$$≒ 0.6㎥／min$$

　　　Q：放水量（㎥／min）
　　　d：ノズル口径（cm）
　　　P：ノズル圧力（MPa）

したがって、２口では1.2㎥／min となる。

$$使用可能時分 = \frac{水量}{放水量}$$
$$= \frac{40}{1.2}$$
$$≒ 33分$$

【正解３】

問題41　次は、ポンプ運用上の注意事項を記したものであるが、この中から誤っているものを選べ。

1　吸水完了時期は、圧力計によって判断できる。

2　予備送水開始時期は、ホース延長が約８割終わった時点に行う。

3　送水開始圧力は、通常ポンプ圧力が、0.1〜0.2MPa 程度がよい。

4　吸水完了時期は、自然水利の場合は真空計によっても判断できる。

5　真空ポンプは、毎分800〜1,200回転にする。

着眼点 ▶　真空計は吸水を完了した時点では、そのときの吸水落差に相当した真空度を示すが、吸水された時点を判定することは困難である。

【正解４】

問題42　次は、ポンプ運用に関し、小・中隊長の命令を列挙したものであるが、この中から誤っているものを選べ。

1　使用水利が有圧水利のため、吸管を必要な分だけほどいて使用させた。

2　自然水利に部署し、１口吸水中、真空計示度が0.08MPa を示していたので、

機　　械　　　　　　　　　　　509

2口吸水するように下命した。

3　噴霧放水を行うために、ノズル圧力を0.7MPaくらいにするように下命した。

4　2線延長し、異なるノズル圧力を必要とするため、放口の開度で調整するように下命した。

5　自然水利を使用し、吸水落差が約4mなので、吸管1本にするように下命した。

着眼点▶　吸水落差が4mを真空示度に換算すると、約0.04MPaとなり、ポンプの真空作成示度の約2分の1を消費することから、原則的には吸管2本（2口吸水）を使用すべきである。

【正解5】

問題43　無圧水利を使用する場合、吸管のストレーナ部を水中に投入する要領として、次の中から最も正しいものを選べ。

1　水面から約70cm以上、底面より約25cm程度

2　水面から約60cm以上、底面より約30cm程度

3　水面から約50cm以上、底面より約25cm程度

4　水面から約40cm以上、底面より約20cm程度

5　水面から約30cm以上、底面より約15cm程度

着眼点▶　吸管のストレーナ部の水中投入は、無圧水利の場合は、できる限り水中に深く投入することが吸水損失を少なくするが、底面に近づくほど汚水や土砂を吸うことになる。
　　　したがって、最も合理的な投入は、水面から約30cm以上、底面より約15cm程度の所に投入することが妥当である。

【正解5】

問題44　ポンプ車から二線延長して2口放水中、片方のノズルをシャットした。このとき各計器に現れる現象として、次の中から妥当なものを選べ。

1　エンジン回転、ポンプ圧力、真空示度ともに上がる。

2　エンジン回転、ポンプ圧力が上がり、真空示度は下がる。

3　ポンプ圧力、真空示度が下がり、エンジン回転が上がる。

4　ポンプ圧力が上がり、真空示度、エンジン回転が下がる。

5　ポンプ圧力、真空示度、エンジン回転ともに下がる。

着眼点▶　2線延長の2口放水中に片方をシャットすると全体的には、放水量が少なくなるため、ポンプ負荷が軽くなる。このため、エンジン回転が上昇し、この分だけポンプ圧力が上昇する。また、真空示度は、吸水落差と吸水量に相当した真空示度を示

510 機　　械

すもので、吸水量が少なくなった分だけ、真空示度は下がる。

【正解2】

問題45　次は、ノズルの有効射程について述べたものであるが、この中から正しいものを選べ。

1　水平射程、直上射程ともに、ノズル圧力を高くすれば短くなる。

2　水平射程、直上射程ともに、ノズル圧力に比例し、ノズル口径に反比例する。

3　水平射程、直上射程ともに、ノズル口径に関係なく、ノズル圧力に比例する。

4　水平射程、直上射程ともに、同一ノズル圧力では、ノズル口径の大きいほど長くなる。

5　水平射程、直上射程ともに、ノズル圧力の2乗に比例して長くなる。

着眼点▶　ノズルからの有効射程は、ノズル圧力、ノズル口径に比例して長くなる。

解説　放水射程は、理論上と実験上とは異なるが、水平射程は、理論的には仰角45度が最大であるが、実際は32度くらいが最大である。また、直上射程は、仰角90度が最大であるが、実際は75度くらいで使用するのが限度である。

【正解4】

問題46　次は、タービンポンプの利点を列挙したものであるが、この中から妥当でないものを選べ。

1　泥砂等を混入した水でも、ポンプ自体には支障ない。

2　比較的均一な流れで放水することができる。

3　ポンプ回転と吐水量は正比例の関係にある。

4　水量、揚程の広い範囲に使用できる。

5　ポンプは高速回転に耐えるから電動機やエンジンのように高速回転する原動機に直結して運転できる。

着眼点▶　ポンプ回転と吐水量は、ギヤーポンプの場合は正比例の関係にあるが、タービンポンプは正比例しない。

解説　タービンポンプの利点は、次のとおりである。
　　1　泥砂等の混入した水でもポンプには支障ない。
　　2　比較的均一な放水ができる。
　　3　ポンプ運転中、放水路を閉じても支障ない。
　　4　ポンプは高速回転に耐えるから、電動機やエンジンに直結して運転できる。
　　5　水量、揚程の広い範囲に使用できる。
　　6　大きさが小型で運転中の振動が比較的少ない。
　　7　ポンプ効率がよい。

【正解3】

機　　　械 511

問題47　次は、ポンプ能力の限界を示す要素を列挙したものであるが、この中から妥当なものを選べ。

1　エンジン馬力とホース延長数とホース耐圧力
2　エンジン馬力とホース延長数とキャビテーション
3　エンジン馬力と吸水落差とホース耐圧力
4　エンジン回転数と放水口数と吸水落差
5　エンジン回転数と吸水落差とキャビテーション

着眼点 ▶　ポンプ能力の限界を決定するためには、吸水側と吐水側とポンプの三つに考えればよい。
　　　吸水側はキャビテーション
　　　ポンプはエンジン馬力
　　　吐水側はホース延長数
　　したがって、ポンプ能力を決定する三要素は、エンジン馬力とホース延長数とキャビテーションである。

【正解2】

問題48　次は、ストレート放水の反動力と衝撃力の関係を記したものであるが、この中から誤っているものを選べ。

1　ノズル圧力が同じであれば、ノズル口径の大きい方が、反動力と衝撃力は大きい。
2　ノズル口径が大きくても、ノズルの整流が悪いと、反動力に比べ衝撃力は、整流のよいものより小さい。
3　衝撃力は、放水量に関係あるが、速度や水の密度には関係しない。
4　放水の有効射程内であっても、衝撃力は距離が増すにしたがって小さくなる。
5　放水の反動力及び衝撃力は、一般的には作用及び反作用の関係にあるため相等しいものである。

着眼点 ▶　ノズルからの放水による反動力（反作用）と衝撃力（作用）は相等しいといわれている。

$$F = 105\,d^2P$$
$$F = R = \rho Q V$$

F：衝撃力（N）
R：反動力（N）
ρ：水の密度（kg／s^2）
Q：放水量（㎥／s）
V：水流の速度（m／s）
d：ノズル口径（cm）
P：ノズル圧力（MPa）

したがって、衝撃力は、放水量のみではなく、水の密度、流速にも関係がある。

なお、衝撃力と反動力が相等しい範囲は、フリーマンのいう有効射程以内である。

【正解3】

問題49 送水中におけるポンプにかかる負荷として、次の中から正しいものを選べ。

1 ポンプ負荷は、同一放水量のときは、高落差でも低落差でも同じである。
2 ポンプ負荷は、ホースが破断したときよりノズルをシャットしたときの方が小さい。
3 ポンプ負荷は、同一放水量のときは、有圧水利の方が無圧水利より大きい。
4 ポンプ負荷は、有圧水利を利用した中継隊形のときは、ホース延長数が同一ならば、元ポンプが大きい。
5 ポンプ負荷は、二口放水のときは、二又分岐隊形より二線延長隊形が大きい。

着眼点▶ 水馬力は、次式で表される。

$$W \text{ kW} = \frac{\gamma H Q}{102}$$

γ：水の単位体積当たりの質量（kg/㎥）
Q：流量（㎥/s）
H：揚程（m）
W：水馬力（kW）

したがって、ポンプ負荷は、流量と揚程に比例するため、ホース破断のように流量が増大したことによって大きくなる。

【正解2】

問題50 図のような状況で、ポンプが吸水完了したときの真空示度が0.053MPaであった。この場合の落差として次の中から正しいものを選べ。

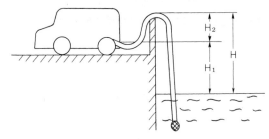

1 Hが7.4m
2 H₁が5.3m
3 H₁が7.4m
4 Hが5.3m

5　H₂が2.0m

着眼点▶　吸水完了した時点の真空示度の意味は、H₁に相当する真空度である。
　　　　　吸水高さ（m）＝真空度（MPa）×100
　　　　　　　　　　　　＝0.053×100
　　　　　　　　　　　　＝5.3m

【正解2】

問題51　次は、ポンプ圧力を決定するための要素を列挙したものであるが、この中からもっとも妥当なものを選べ。
1　必要放水量、ノズル圧力、ノズル口径、ホース延長数
2　必要放水量、ノズル圧力、ホース延長数、放水落差
3　必要放水量、ホース延長数、ホースの種類、放水落差
4　ノズル圧、ホース延長数、ホースの種類、放水落差
5　ホース延長数、ホースの種類、放水落差、ノズル口径

着眼点▶　ポンプ圧力は、必要放水量（ノズル口径とノズル圧力及び放水口数）を決定し、ホース延長数、ホースの種類によって損失を知り、更にポンプ中心からノズルまでの垂直高さ（放水落差）を知ることによって決定できる。

【正解3】

問題52　図の隊形における各ポンプの圧力として、次の中から正しいものを選べ。
　　　　ただし、先ポンプの連成計示度は0.08MPa、ノズル圧力0.5MPa、ノズル口径23㎜、ホースは65㎜（長さ20m）で、摩擦損失係数は0.137とする。

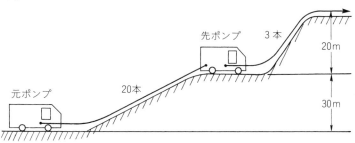

1　先ポンプ圧力0.84MPa、元ポンプ圧力1.3MPa
2　先ポンプ圧力0.96MPa、元ポンプ圧力2.2MPa
3　先ポンプ圧力1.0MPa、元ポンプ圧力1.52MPa
4　先ポンプ圧力1.22MPa、元ポンプ圧力1.6MPa

5　先ポンプ圧力1.32MPa、元ポンプ圧力1.72MPa

着眼点 ▶　各ポンプ圧力は、次式で求められる。

＜先ポンプ＞

$Q = 0.208d^2\sqrt{P}$ 　　　　　　　Q：放水量（m³／min）
$= 0.208 \times (2.3)^2 \times \sqrt{0.5}$ 　　d：ノズル口径（cm）
$\fallingdotseq 0.8$ m³／min 　　　　　　P：ノズル圧力（MPa）
$FL = 0.137 L Q^2$ 　　　　　　FL：摩擦損失（MPa）
$= 0.137 \times 3 \times (0.8)^2$ 　　L：ホース本数（本）
$\fallingdotseq 0.26$ MPa

ポンプ圧力＝ノズル圧力＋背圧＋損失
　　　　＝0.5＋0.2＋0.26
　　　　≒0.96MPa

＜元ポンプ＞

$FL = 0.137 L Q^2$
$= 0.137 \times 20 \times (0.8)^2$
$\fallingdotseq 1.8$ MPa

ポンプ圧力＝送水圧力＋背圧＋損失
　　　　＝0.08＋0.3＋1.8
　　　　≒2.2MPa

【正解2】

問題53　図の隊形で、Ａポンプ車が放水中、10分後にＢポンプ車が放水を開始した。40m³貯水槽が空になるまでのＢポンプの使用時間として次の中から正しいものを選べ。ただし、全ての水量が放水されるものとする。

1　約10分
2　約12分
3　約14分
4　約17分
5　約20分

着眼点 ▶　使用可能時間＝$\dfrac{貯水槽量－Ａポンプ10分間の放水量}{3口の全放水量}$

機　　　械　　　　　　　　　　515

$$= \frac{40-11}{1.73}$$

$$\fallingdotseq 16分46秒$$

【正解4】

問題54　消火栓に部署し、連成計圧力0.15MPa で、65mmホース10本を延長、地
　　　上高20mの7階に進入して防ぎょした。このときの実質的なポンプ圧力と
　　　して次の中から妥当なものを選べ。
　　　　ただし、ノズル圧力は0.3MPa、ホース1本当たりの損失は0.025MPa
　　　とする。
1　0.4MPa
2　0.5MPa
3　0.6MPa
4　0.75MPa
5　0.9MPa

着眼点▶　ポンプ圧力＝ノズル圧力＋ホース摩擦損失＋背圧
　　　　　　　　　　＝0.3＋（0.025×10）＋0.2
　　　　　　　　　　＝0.75MPa
　　　したがって、
　　　　実質的圧力＝ポンプ圧力－初期水圧：（連成計圧力）
　　　　　　　　　＝0.75－0.15
　　　　　　　　　＝0.6MPa

【正解3】

問題55　ポンプ車を自然水利に部署して放水中、空気が侵入して放水圧力が得ら
　　　れなくなった。この原因として次の中から妥当でないものを選べ。
1　吸管結合部の締付け不良
2　グランド・パッキンの不良
3　ポンプ・ドレーンコックの不良
4　水深が浅いため、ストレーナから空気を吸い込んでいる。
5　止水弁の不良

着眼点▶　止水弁は、揚水されたとき圧力を持った水によってダイヤフラムが閉じて、真空
　　　ポンプへの流水を防ぐものである。したがって、揚水している限り止水弁からの漏
　　　気はあり得ない。

【正解5】

問題56　図の隊形で同時に3口放水を開始した。10分後に充水隊が到着し、毎分

800Lを充水した。この場合、貯水槽が空になるまで使用できるとして、あと何分使用できるかを次の中から選べ。

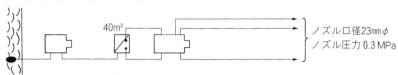

1　約22分
2　約30分
3　約36分
4　約42分
5　約56分

着眼点▶　3口の毎分の放水量は、

$Q = 0.208d^2\sqrt{P} \times 3$口　　　　Q：放水量（m³／min）
　　$= 0.208 \times (2.3)^2 \times \sqrt{0.3} \times 3$　　d：ノズル口径（cm）
　　$\fallingdotseq 1.8$m³／min　　　　　　P：ノズル圧力（MPa）

∴ 3口の10分間の放水量は、18m³となる。

したがって、

貯水槽の残水量 = 40 − 18 = 22m³
貯水槽の1分間の減少水量 = 1.8 − 0.8 = 1 m³

使用可能時間 = 残水量 / 毎分減水量

　　　　　　$= \dfrac{22}{1}$

　　　　　　= 22分

【正解1】

問題57　図のように、ＡＢＣの3台のポンプ性能曲線を有するものを、理想的な3台中継隊形とする方法として、次の中から妥当なものを選べ。

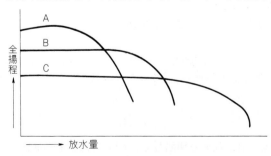

機　　械　　　　　　　517

1　元、中、先ポンプの中継をA、B、Cとする。
2　元、中、先ポンプの中継をB、C、Aとする。
3　元、中、先ポンプの中継をC、A、Bとする。
4　元、中、先ポンプの中継をA、C、Bとする。
5　元、中、先ポンプの中継をC、B、Aとする。

着眼点▶　中継隊形は、元ポンプに送水量の大きいポンプを、先ポンプに全揚程の高いポンプを配置すべきであり、その意味から、元、中、先のポンプは、C、B、Aの中継が理想的である。

解説　中継隊形は、遠距離送水を目的とするもので、3台中継の場合は、元ポンプは、吸水及び送水の負荷を要し、先ポンプは、ノズル圧力の負荷を要する。
　　　したがって、送水能力の大きいポンプを元に、ポンプ圧力、すなわち、全揚程の大きいポンプを先に配列することが必要である。

【正解5】

問題58　図の隊形でポンプ運用する場合のポンプ圧力として、次の中から正しいものを選べ。ただし、65mmホースの摩擦損失係数は0.137とする。

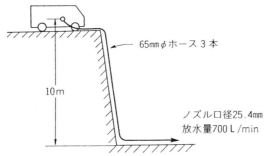

1　約0.20MPa
2　約0.27MPa
3　約0.37MPa
4　約0.4MPa
5　約0.45MPa

着眼点▶　ノズル圧力と摩擦損失を求めてポンプ圧力を決定する。

$$\text{ノズル圧力} = \left(\frac{Q}{0.208d^2}\right)^2 \quad Q：放水量（\text{m}^3/\text{min}）$$
$$d：ノズル口径（\text{cm}）$$
$$= \left(\frac{0.7}{0.208 \times 2.54^2}\right)^2$$

$$≒ 0.27\text{MPa}$$

ホースの損失 $= 0.137\,\text{L}\,\text{Q}^2$ Q：放水量（㎥／min）

$$= 0.137 × 3 × 0.7^2$$ L：ホース本数（本）

$$≒ 0.2\text{MPa}$$

したがって、ポンプ圧力は、

　　ＰＰ＝ノズル圧力＋摩擦損失－背圧

$$= 0.27 + 0.2 - 0.1$$

$$≒ 0.37\text{MPa}$$

【正解3】

問題59　二又分岐媒介金具を使って１口放水中、さらに１口を放水したときに現れる計器の変動として、次の中から正しいものを選べ。

1　エンジン回転とポンプ圧力が下がり、真空示度は高くなる。

2　ポンプ圧力と真空示度が上がり、エンジン回転は変わらない。

3　真空示度とエンジン回転が上がり、ポンプ圧力は下がる。

4　エンジン回転、ポンプ圧力、真空示度ともに下がる。

5　エンジン回転、ポンプ圧力、真空示度ともに上がる。

[着眼点 ▶]　放水口数を増やすことは、全体の放水量が増加することになる。したがって、ポンプの負荷が増加することによって、エンジン回転とポンプ圧力が下がり、真空示度が高くなる。

【正解1】

問題60　次は、真空を作らないため揚水ができない原因を列挙したものであるが、この中から妥当でないものを選べ。

1　真空ポンプオイルの不足

2　ポンプのグランドパッキンの不良

3　ドレンコックの不良

4　自動放口閉そく弁の不良

5　吸管ストレーナの詰まり

[着眼点 ▶]　吸管ストレーナの詰まりは、真空を作るが揚水できないものである。

解説　真空を作成しないため揚水できない主な原因は、次のとおりである。

　　1　真空ポンプクラッチのすべり

　　2　真空ポンプの不良

　　3　真空ポンプオイルの不足

　　4　ポンプのドレンコックの不良

　　5　ポンプのグランドパッキンの不良

機　　　械　　　　　　　519

> 6　吸管の緩み
> 7　逆止弁の不良（閉鎖）
> 8　自動放口閉そく弁の不良（ただし、放口が気密性を保持している場合は揚水できる）
> 9　配管系統結合部の緩み

【正解5】

問題61　ポンプ車が自然水利に部署し、吸管1本を使用して放水中、放水量を変えないで、吸管2本を並列使用した。この場合の吸管の損失として、次の中から正しいものを選べ。

1　吸管1本のときより2倍になる。
2　吸管1本のときより4倍になる。
3　吸管1本のときより1／2倍になる。
4　吸管1本のときより1／4倍になる。
5　吸管1本のときと変わらない。

着眼点▶　流水の摩擦損失は、流水量の2乗に比例することは、放水側も吸水側も同じである。
　　　したがって、吸管を1本から2本（並列）にしたことによって、吸水量は1／2となったため、吸管の損失は1／4となる。

【正解4】

問題62　ノズル口径25.4mm、ノズル圧力0.6MPa で放水しているときの放水反動力、ノズルからの流水速度として、次の中から妥当なものを選べ。

1　反動力＝約580N、ノズルの流水速度＝約34m／s
2　反動力＝約550N、ノズルの流水速度＝約40m／s
3　反動力＝約500N、ノズルの流水速度＝約44m／s
4　反動力＝約450N、ノズルの流水速度＝約50m／s
5　反動力＝約400N、ノズルの流水速度＝約54m／s

着眼点▶　放水反動力とノズルからの流水速度は、次式で求められる。

1　放水反動力

$$F = 150d^2P$$
$$= 150 \times (2.54)^2 \times 0.6$$
$$\fallingdotseq 580N$$

　　F：反動力（N）
　　d：ノズル口径（cm）
　　P：ノズル圧力（MPa）

2　ノズルからの流水速度

$$V = 44.2\sqrt{P}$$
$$= 44.2\sqrt{0.6}$$

　　V＝速度（m／s）
　　P：ノズル圧力（MPa）

≒34m／s

【正解1】

問題63 ノズル圧力0.4MPaのノズルを使用して図のように放水を行う。65mmホース2線でポンプ車から送水し、ノズルの直前で集水する。65mmホースは1線あたり10本延長する。この場合のポンプ圧力として、次の中から正しいものを選べ。

ただし、二又集水金具の損失を0.1MPa、二又集水金具から筒先までのホース1本当たりの損失を0.04MPaとする。

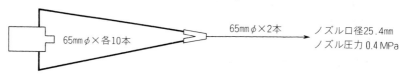

1　0.5MPa
2　0.56MPa
3　0.6MPa
4　0.68MPa
5　0.72MPa

着眼点▶ ポンプ圧力＝ノズル圧力＋集水金具から先ホースの損失＋集水金具損失＋集水金具とポンプ間のホース損失

$$= 0.4 + (0.04 \times 2) + 0.1 + (0.04 \times \frac{1}{4}) \times 10$$
$$= 0.68 \text{MPa}$$

なお、集水金具とポンプ間の損失は、1線側で考えればよい。また、放水量は1／2であるから、ホース1本当たりの損失は1／4となる。

【正解4】

問題64 建物10階（高さ30m）から出火したことから、65mmホース3本を延長し、ノズル圧力を0.3MPa、放水量を毎分500Lとして放水するためには、ポンプ圧力をいくつに設定すればよいか。なお、65mmホースの摩擦損失係数は0.137とする。

1　0.666（MPa）
2　0.703（MPa）
3　0.774（MPa）
4　0.873（MPa）

機　　　械　　　　　　　　　　　521

5　1.776（MPa）

着眼点▶　ポンプ圧力＝ホース摩擦損失＋背圧（高さ）＋ノズル圧力
　　　　　ホース摩擦損失：ＦＬ＝0.137NQ²　〔65mm ホースの場合〕
　　　　　　　　　　　　　＝0.137×3×0.5²≒0.103MPa
　　　　　　　　　　　　　N：ホースの本数
　　　　　　　　　　　　　Q：放水量（㎥／min）

　　　　　背圧：ＢＰ＝$\dfrac{0.1×h}{10}$　〔高さ10mごとに0.1MPa が必要〕

　　　　　　　　　　＝$\dfrac{0.1×30}{10}$＝0.3MPa　　h：高さ（m）

　　　　　ノズル圧力：ＮＰ＝0.3MPa
　　　　　したがって、ポンプ圧力は、
　　　　　ＰＰ＝0.102＋0.3＋0.3＝0.703MPa

【正解2】

問題65　次は、ポンプ運用時の留意点を列挙したものであるが、この中から誤っ
　　　　ているものを選べ。

1　真空ポンプは、エンジン回転800～1,200r.p.m で運転する。

2　有圧水利を使用する場合は、真空計を使用しない。

3　吸管投入は、籠かごが水面下30㎝以上、水底から15㎝以上の範囲になるよう
　にする。

4　水利部署は、ポンプ車をできるだけ水平にする。

5　流水中の水利は、流れに逆らわないように籠かごを投入する。

着眼点▶　流水に水利部署する場合は、籠かごを流れに逆らうように投入する。

> **解説**　吸水側の損失を努めて少なくするためには、流水使用は、流れに逆らうように籠か
> ごを投入する必要がある。これは、流水の速度水頭を利用することによって、吸水損
> 失を少なくできるためである。

【正解5】

問題66　ポンプ車が正常に放水していたが、吸水側のストレーナが泥等により閉
　　　　鎖された。この場合のポンプ計器の変化として、次の中から誤っているも
　　　　のを選べ。

1　エンジン回転計及び圧力計ともに上昇する。

2　エンジン回転計及び連成計真空示度ともに上昇する。

3　圧力計及び流量計ともに下降する。

4　圧力計が下降し、連成計真空示度が上昇する。

522　　　　　　　　　　　　　機　　　械

5　連成計真空示度が上昇し、流量計が下降する。

着眼点 ▶　吸管のストレーナが泥等によって閉鎖されると、吸水量が少なくなり、ポンプ負
荷も少なくなる。したがって、各計器に次のような変動を生ずる。
　1　エンジン回転が僅かに上昇する。
　2　圧力計は下降する。
　3　連成計真空示度は上昇する。
　4　流量計は下降する。

【正解 1】

問題67　吸水性能が真水で9mのポンプ車がある。比重1.03の海水を使用した場
　　　　合の吸水可能な最大落差として、次の中から正しいものを選べ。

1　約7.7m

2　約8.0m

3　約8.5m

4　約8.7m

5　約9.0m

着眼点 ▶　比重の異なる液体の吸水高さは、次式で求められる。

$$液体の吸水高さ(m) = \frac{真水の吸水高さ(m)}{液体の比重}$$

$$= \frac{9}{1.03}$$

$$\fallingdotseq 8.7m$$

【正解 4】

問題68　次は計器に現れる現象とその原因を記したものであるが、この中から
　　　　誤っているものを選べ。

1　圧力計示度の急激な上昇及び真空計示度の低下は、ホースの閉鎖である。

2　回転計の上昇、圧力計示度の下降及び真空計示度の振れは、吸水側からの空気
　の流入である。

3　回転計の上昇、真空計示度の上昇及び圧力計示度の振れは、キャビテーション
　発生である。

4　圧力計示度の低下及び真空計示度の上昇は、ノズルの閉鎖である。

5　圧力計示度の急激な低下は、ホースの破断である。

着眼点 ▶　圧力計示度の低下及び真空計示度の上昇は、ストレーナの閉鎖又は吸管の閉鎖で
ある。

機　　　械　　　523

解説　計器に現れる現象と主な原因は、問題19解説（p.498）のとおりである。

【正解4】

問題69　自然水利に部署し、ポンプ車から1線延長して放水していたところ、筒先を約15m高い位置に移動して放水した。この場合における計器の変化として次の中から正しいものを選べ。

1　圧力計示度が低下する。

2　真空計示度が低下する。

3　圧力計示度が僅かに低下し、真空計示度も僅かに低下する。

4　圧力計示度が僅かに上昇し、真空計示度は僅かに低下する。

5　圧力計示度、真空計示度ともに変化しない。

着眼点▶　放水中の筒先を高所に移動すると、ポンプには筒先の高さの分だけ背圧がかかることになる。
　　　したがって、送水量は僅かに減少するため、真空計示度が低下するとともに圧力計示度が僅かに上昇することになる。

【正解4】

問題70　ポンプ車が1口放水中、急に圧力計示度が上昇し、真空計示度が低下した。この現象として次の中から妥当なものを選べ。

1　吸管の結合部から漏気がある。

2　筒先を上階へ移動した。

3　ホースが破断した。

4　放水中のノズルをシャットした。

5　吸管のストレーナが泥土に塞がれた。

着眼点▶　放水中に、急に圧力計示度が上昇し、真空計示度が低下するのは、ノズルのシャットである。

解説　真空計示度は、吸水落差や吸管、ストレーナ等の損失を示しているが、ノズル側で閉鎖されると、真空計示度は吸水落差に相当する真空度を示すことになる。また、ノズルをシャットしたことでエンジンの負荷がなくなり、圧力計示度が上昇するとともにエンジン回転も上昇するものである。

【正解4】

問題71　図の隊形で放水中、吸管75mmφを流れる流速として、次の中から正しいものを選べ。

1 約3.0m／s
2 約3.5m／s
3 約3.8m／s
4 約4.0m／s
5 約4.5m／s

着眼点▶ 吸管内の流速は、次式で求められる。

$$V = \frac{Q}{A}$$

V：流速（m／s）
A：管の断面積（㎡）
Q：流量（㎥／s）

$$= \frac{\frac{0.5 \times 2}{60}}{\pi r^2}$$

$$= \frac{\frac{1}{60}}{\pi \left(\frac{0.075}{2}\right)^2}$$

$$= \frac{1}{\pi (0.0375)^2 \times 60}$$

$$≒ 3.77 \text{m／s}$$

【正解3】

問題72 放水中にエンジン回転を上げたところ、ポンプ付近から異音を発し、真空示度が上がり、圧力計示度が振れ出した。この現象として次の中から妥当なものを選べ。

1 エンジンの過熱の前兆である。
2 ポンプ軸の油切れを起こしている。
3 真空ポンプのクラッチが切れていない。
4 ポンプ内のインペラとガイドベンが接触を起こしている。
5 ポンプ内に空洞現象を起こしている。

着眼点▶ ポンプ内にキャビテーション（空洞現象）を起こしている。

解説 ポンプ内にキャビテーションが発生すると、水の流れが不連続となり、吐出圧力が不安定となる。これはポンプ内に空洞が発生するためで、圧力計示度が振れ出し、ポンプ能力の限界を意味している。
　この原因は、次のとおりである。

機　　械　　525

 1　落差が大きい。
 2　吸管の長さが大きい。
 3　ストレーナ等が目詰まりをしている。
 4　放水量が大きい。
 5　ポンプの運転が高速である。

【正解5】

[問題73]　次は、全揚程についての記述であるが、この中から正しいものを選べ。
　　　　ただし、吸込み側と吐出側の口径は同じとする。
 1　全揚程＝真空計の読み＋圧力計の読み
 2　全揚程＝真空計の読み－吸込速度水頭＋（圧力計の読み＋吐出速度水頭）
 3　全揚程＝吸込実揚程＋吐出実揚程
 4　全揚程＝（吸込実揚程＋吸込速度水頭）＋（吐出実揚程＋吐出速度水頭）
 5　全揚程＝（吸込実揚程－吸込速度水頭）＋（吐出実揚程－吐出速度水頭）

着眼点▶　全揚程＝真空計の読み－吸込速度水頭＋（圧力計の読み＋吐出速度水頭）である。
　　　　この全揚程を図示すると次のとおりである。

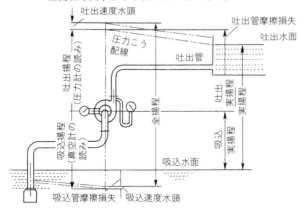

【正解2】

[問題74]　次は、キャビテーションの発生を防止する方法を列挙したものであるが、この中から誤っているものを選べ。
 1　ノズル口径を大きくする。
 2　吸管の直列使用を避ける。
 3　放水口数を少なくする。
 4　ストレーナ等の詰まりを防止する。

526 　　　　　　　　　　機　　　械

5　吸水落差を小さくするように部署位置を選ぶ。

着眼点▶　ノズル口径を大きくすると、放水量が増加するため、キャビテーションが発生し
　　　　やすくなる。

解説　キャビテーションの発生を防止する主なポイントは、次のとおりである。
　1　吸水落差を小さくする。
　2　ストレーナ等の目詰まりを防止する。
　3　放水量を小さくする。
　4　放水口数を多くしない。
　5　ノズル口径を大きくしない。
　6　吸管を並列使用にする。
　7　ポンプの運転を高速にしない。

【正解1】

問題75　ポンプ車が、吸水落差4.5mの水利に部署し、吸管75㎜φ、長さ12mを
　　　　並列使用したときの最大吸水量として、次の中から妥当なものを選べ。

1　最大吸水量約0.5㎥／min

2　最大吸水量約1.0㎥／min

3　最大吸水量約1.5㎥／min

4　最大吸水量約2.0㎥／min

5　最大吸水量約2.5㎥／min

着眼点▶　ポンプ車による75㎜φ吸管の最大吸水量は、次のとおりである。

吸管の使用状態	落　差（m）	最大吸水量（㎥／min）
1　　　本	1	1.40～1.45
	4.5	1.10～1.15
2　本　並　列	1	約2.4
	4.5	1.95～2.05
2　本　直　列	1	1.15～1.20
	4.5	0.90～0.95

【正解4】

問題76　次は、ポンプ車の圧力計が示すゲージ圧力について列挙したものである
　　　　が、この中から正しいものを選べ。

1　ゲージ圧力＝大気圧

2　ゲージ圧力＝絶対圧力

機　　械　　527

3　ゲージ圧力＝絶対圧力＋大気圧
4　ゲージ圧力＝絶対圧力－大気圧
5　ゲージ圧力＝絶対圧力×大気圧

着眼点▶　ゲージ圧力とは、絶対圧力から大気圧を引いたものである。

解説　圧力の表し方には、絶対圧力とゲージ圧力とがあり、絶対圧力とは、完全な真空状態を基準点０としたもので、ゲージ圧力とは、大気圧を基準の０としたものである。

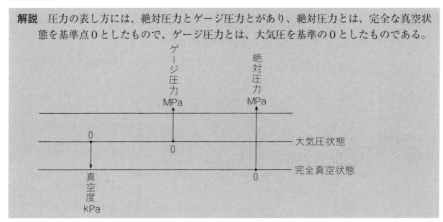

【正解４】

問題77　図の隊形でポンプ圧力を算出するための項目として、次の中から妥当なものを選べ。
　　ただし、ホースはゴム内張り20m、分岐金具の損失は考えないものとする。

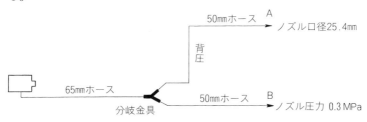

1　Ａの放水量、Ｂのノズル口径又は放水量と50mmホース本数、65mmホース本数
2　Ｂの放水量とホース本数、分岐金具入口圧力、Ａの背圧
3　Ａのノズル圧力とホース本数、Ａの背圧、Ｂのノズル口径か放水量
4　Ａのノズル圧力かＢのノズル口径、Ａ、Ｂの放水量、65mmホース本数

着眼点▶　ポンプ圧力を算出するためには、ノズル圧力とノズル口径又は放水量、ホース本数、背圧が分からなければならない。
　　分岐金具の出口圧力はＡとＢは同じになる。したがって、Ａは放水量（ノズル圧

力）が分かればよい。Bはノズル口径（放水量）、50mmホース本数により分岐金具出口圧力を求め、総放水量から65mmホース本数を知ることでポンプ圧力を求められる。

【正解1】

[問題78] ノズル圧力0.7MPa、放水量800L／min で放水しているときのノズル口径として、次の中から正しいものを選べ。

1　約17mm

2　約20mm

3　約21mm

4　約25mm

5　約27mm

[着眼点▶] ノズル口径は、次式で求められる。

$$Q = 0.208d^2 \sqrt{P}$$

$$\therefore d = \sqrt{\frac{Q}{0.208 \times \sqrt{P}}}$$

$$= \sqrt{\frac{0.8}{0.208 \times \sqrt{0.7}}}$$

$$\fallingdotseq 2.14cm$$

$$\fallingdotseq 21mm$$

Q：放水量（m³／min）
d：ノズル口径（cm）
P：ノズル圧力（MPa）

【正解3】

[問題79] 次は、逆止弁の作用に関する記述であるが、この中から正しいものを選べ。

1　揚水後にポンプから水が真空ポンプに入るのを防ぐものである。

2　放口側から空気の入るのを防ぐものである。

3　真空計に異状な水圧がかかるのを防ぐものである。

4　揚水後に大気圧の力によって逆止弁が作動する。

5　真空ポンプ側からポンプに空気の入るのを防ぐものである。

[着眼点▶] ポンプ内に真空ポンプ側から空気の入るのを防止するものである。

解説　逆止弁は、ポンプ圧力が下がったときに、真空ポンプ側からポンプへ空気が逆流して落水するのを防ぐもので、通常、弁の自重で通路を閉じており、真空作成時に圧力差で弁が開く構造となっている。
　　また、逆止弁がないと、真空ポンプの作動を停止すると同時に真空度が落ちるので、真空試験ができなくなる。

【正解5】

問題80 次は、タービンポンプの案内羽根について記したものであるが、この中から誤っているものを選べ。

1 案内羽根は、羽根車が水に速度水頭を与えたものを圧力水頭に変え、次の場所へ合理的に導く役目をする。
2 案内羽根と羽根車の羽根数は、同数である。
3 多段タービンポンプの案内羽根は、各段ごとにある。
4 案内羽根の入口と羽根車外周とのすき間は、2～3mm程度である。
5 羽根の通路は、速度エネルギーを圧力エネルギーに変える役目をする。

着眼点 ▶ 案内羽根と羽根車の羽根数を同数にすると、羽根が向かい合う瞬間、全部が同時に案内羽根方向に流入するため水に衝撃を生ずる。したがって、羽根数に差をつけ、一般的に案内羽根はインペラ羽根数より1枚少ないものが多い。

【正解2】

問題81 次の図は、タービン・ポンプの流量Qと全揚程H、効率η、軸動力kWの関係を示すものである。このA、B、Cの曲線の意味として、次の中から正しいものを選べ。ただし、回転数は一定とする。

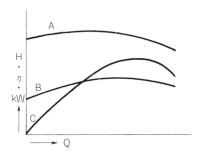

1　A—kW　B—η　C—H
2　A—H　B—η　C—kW
3　A—η　B—kW　C—H
4　A—H　B—kW　C—η
5　A—kW　B—H　C—η

着眼点 ▶ 回転数一定の場合のポンプの性能曲線は、次のとおりである。

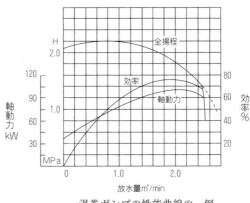

渦巻ポンプの性能曲線の一例

【正解4】

問題82 図のような状態で吸水完了時、A点にかかる荷重として、次の中から正しいものを選べ。

ただし、吸管は、長さ12m、内径75mm、質量45kgとし、水中の部分と吸口の受ける力は考えないものとする。

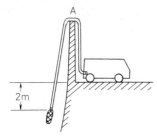

1　約81kg
2　約86kg
3　約90kg
4　約96kg
5　約100kg

着眼点 ▶　A点にかかる荷重Wkgは、
　　　　W＝吸管10mの質量＋吸管10m内の水の質量
　　　　　$= \left(\dfrac{45}{12} \times 10\right) + \dfrac{\pi \times 3.75^2 \times 1,000}{1,000}$
　　　　　≒81.6kg

【正解1】

問題83 図のように部署して放水したところ、吸水完了時の真空示度は約0.01MPaであったが、放水終了後の真空示度は約0.04MPaとなった。この場合の使用した水深として次の中から正しいものを選べ。

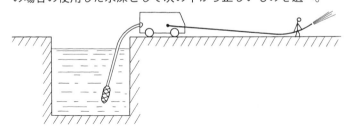

1　使用水深2 m
2　使用水深2.5m
3　使用水深3 m
4　使用水深3.5m
5　使用水深4.0m

着眼点▶　吸水落差は、次式で求められる。
　　　　吸水落差（m）＝真空示度（MPa）×100
　　　　吸水完了時の真空示度は0.01MPaであるため、上式から約1 mが水面とポンプの高さである。
　　　　また、放水終了後の真空示度は0.04MPaであるため、上式から約4 mが水面とポンプの高さである。
　　　　すなわち、
　　　　実際の使用水深（m）＝放水終了後の落差－吸水完了時の落差
　　　　　　　　　　　　　　＝4－1
　　　　　　　　　　　　　　＝3 m

【正解3】

問題84　次は、エジェクターに係る記述であるが、この中から誤っているものを選べ。
1　エジェクターは、送水を停止することなく、他方の吸管から吸水を行うものである。
2　エジェクターは、吸口コックのバイパス配管である。
3　エジェクターを使用すると、ポンプ内に空気が混入するため、ポンプ圧力が一時的に低下する。
4　エジェクターは、片方の吸管のみでは吸水量が不足する場合に使用する。
5　エジェクターのバルブ開度は、落差、吸水量等に関係がない。

着眼点 ▶ エジェクターのバルブ開度は、落差等によって調整を行うべきである。
　　　すなわち、落差が大きいほど、又は吸水量が少ないほど揚水に時間を要するものであり、したがって、高落差のときに、エジェクター開度を大きくすると落水することもある。

【正解5】

問題85　図は真空ポンプの性能を表したものである。今、吸水落差7mに部署した場合の吸水時間として、次の中から正しいものを選べ。

1　約10秒
2　約15秒
3　約20秒
4　約25秒
5　約30秒

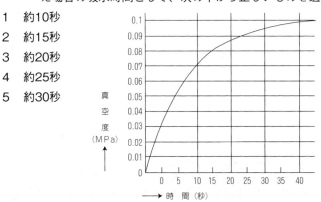

着眼点 ▶ 吸水落差と真空度の関係は、次のとおりである。

$$真空示度 = \frac{吸水高さ}{100}$$

$$= \frac{7}{100}$$

$$= 0.07 \text{MPa}$$

したがって、0.07MPaを作成する時間は、図からみると約10秒である。

【正解1】

問題86　泡原液3％のものを使用し、原液20L、水量1,000Lを消費したときの吸入率（％）として、次の中から正しいものを選べ。

1　約1.5％
2　約2.0％
3　約2.2％
4　約2.5％
5　約3.0％

着眼点 ▶ 　吸入率（％）＝ $\frac{原液吸入量}{混合液量}$

機　　　械　　　　　　　　533

$$= \frac{20}{20 + 1,000} \times 100$$
$$\doteqdot 1.96$$

【正解２】

問題87　100㎡燃焼の油火災に対し、消火に必要な泡原液量として、次の中から正しいものを選べ。

ただし、発泡倍率７倍、混合率３％、消火に必要な泡の厚さは30㎝、泡の消滅はないものとする。

1　　約70 L
2　　約90 L
3　約110 L
4　約118 L
5　約128 L

着眼点▶　必要泡原液量 $= \dfrac{消火面積 \times 泡の厚さ}{\dfrac{倍率}{吸入率}}$

$$= \frac{100 \times 0.3}{\dfrac{7}{\dfrac{3}{100}}} = \frac{30}{\dfrac{100}{3} \times 7}$$

$$\doteqdot 128 \, L$$

【正解５】

問題88　消火泡原液３缶（20 L 入り）の消火面積として次の中から正しいものを選べ。ただし、混合率６％、発泡倍率８倍、泡の被覆厚さ40㎝とし、泡の飛散、消滅等はないものとする。

1　15㎡
2　20㎡
3　25㎡
4　30㎡
5　35㎡

着眼点▶　原液３缶の発泡量（㎥）＝１缶当たりの混合液量×缶数×発泡倍率

$$= 0.02 \times \frac{100}{6} \times 3 \times 8$$

$$= 8 \, ㎥$$

したがって、

534　　　　　　　　　　　　　機　　　械

$$消火面積（㎡）= \frac{発泡量（㎥）}{泡の厚さ（m）}$$
$$= \frac{8}{0.4}$$
$$= 20㎡$$

【正解２】

問題89　化学車で、６％泡原液を使用して泡放射を行ったところ、原液60Ｌ、水1,780Ｌを消費したときの吸入率として、次の中から正しいものを選べ。

1　吸入率約3.3%
2　吸入率約4.5%
3　吸入率約5.3%
4　吸入率約6.0%
5　吸入率約7.3%

| 着眼点 ▶ |　泡原液の吸入率は、次式で求められる。

$$吸入率 = \frac{泡原液使用量}{泡原液使用量＋水使用量} \times 100$$
$$= \frac{60}{60＋1,780} \times 100$$
$$≒ 3.3\%$$

【正解１】

問題90　高膨張泡（高発泡）の消火の特徴を列挙したものであるが、次の中から妥当でないものを選べ。

1　排煙の効果がある。
2　熱気や濃煙により人が進入困難な場所でも消火の効果がある。
3　消火剤に浸透性がある。
4　泡の中には人が進入できない。
5　泡は対流により火に向かう性質がある。

| 着眼点 ▶ |　泡の中でも人が進入可能である。

解説　高発泡の主な特徴は、次のとおりである。
　1　熱気や濃煙により人が進入困難な場所でも送泡により消火できる。
　2　消火による水損が少ない。
　3　排煙の効果がある。
　4　泡の中でも人が進入可能である（布等を顔面に当てて呼吸する）。
　5　消火剤に浸透性がある。
　6　泡は対流により火に向かう性質がある。

【正解４】

機　　械　　　　　　　　535

問題91　ラインプロポーショナーの泡剤吸引の原理として、次の中から正しいものを選べ。
1　ベンチュリーの定理
2　毛細管現象の応用
3　ベルヌーイの定理
4　空洞現象の応用
5　ボイルの法則

|着眼点▶|　泡吸引の原理は、ベルヌーイの定理によるものである。混合の原理は、管路の途中に断面積の小さい部分（ベンチュリー）を設けると、流体の連続の法則（Q＝A・V＝一定）により、流速がこの部分で大きくなり、それと同時にベルヌーイの定理により圧力が減少する。この圧力差を使って泡剤を吸引させるものである。

【正解3】

問題92　次は、ラインプロポーショナーの運用上の注意点を列挙したものであるが、この中から誤っているものを選べ。
1　ラインプロポーショナーの入口圧力は、0.98MPaである。
2　泡放射しているときのラインプロポーショナーの出口圧力は約0.45MPaである。
3　背圧は約10mが限度である。
4　ラインプロポーショナーの吸入部は上向きにする。
5　ラインプロポーショナーから先のホースは3本が限度である。

|着眼点▶|　ラインプロポーショナーから先のホースは、1～2本である。

解説　ラインプロポーショナーの運用上の注意事項は、図のとおりである。

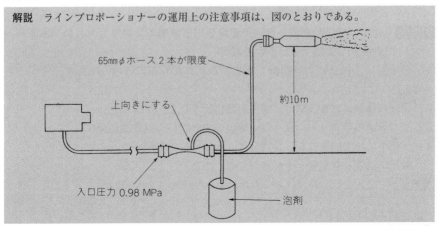

【正解5】

問題93 次は、化学車の空気泡剤混合方式とその説明を記したものであるが、この中から誤っているものを選べ。

1 デリベリプロポーショナ方式は、ポンプと放口の間にベンチュリーを設け、この部分に生ずる負圧を利用したものである。
2 ポンププレシャ方式は、空気泡剤専用ポンプを設け、このポンプで空気泡剤をポンプの吸水側に圧送するものである。
3 ポンププロポーショナ方式は、ポンプの送水管からバイパス管で吸水管につなぎ、このバイパス管路中にベンチュリーを設けたものである。
4 サクションプロポーショナ方式は、吸水中吸水管側に生ずる負圧を利用して、空気泡剤を吸い込ませるものである。

着眼点▶ ポンププレシャ方式は、空気泡剤専用ポンプで、空気泡剤をポンプの吐水側に圧送するものである。

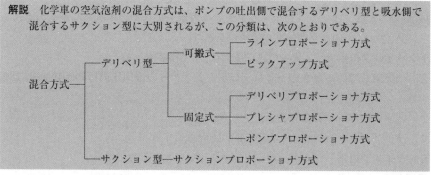

解説 化学車の空気泡剤の混合方式は、ポンプの吐出側で混合するデリベリ型と吸水側で混合するサクション型に大別されるが、この分類は、次のとおりである。

【正解2】

問題94 次は、空気呼吸器を使用する場合の留意事項を列挙したものであるが、この中から妥当でないものを選べ。

1 呼吸器は、独立式の呼吸器であるため、有毒ガスの種類に関係なく使用できる。
2 面体の着装はできる限り、使用直前に行うこと。
3 浅く早い呼吸よりも、深く遅い呼吸の方が空気の消費量が少ない。
4 使用中に呼吸困難になった場合は、手動補給弁を使うこと。
5 脱出に必要な空気量を十分残しておくこと。

着眼点▶ 空気呼吸器は、あらゆる有毒ガスに使用できるものではない。すなわち、100%の有毒ガス中でも使用できるが、皮膚に炎症を起こす水素、高濃度アンモニア等の中では使用できない。

【正解1】

機　　械　　　　　　537

問題95　光源の光度が10,000カンデラの投光器を使って、50m先を照射した場合の照度として、次の中から正しいものを選べ。

1　2 lx

2　4 lx

3　6 lx

4　8 lx

5　10 lx

着眼点 ▶　照度を求める式は、次のとおりである。

$$照度（lx）= \frac{cd}{r^2} \qquad cd：光度（カンデラ）$$
$$r：距離（m）$$
$$= \frac{10,000}{50 \times 50}$$
$$= 4\ lx$$

【正解2】

問題96　次は、投光器の選定条件を列挙したものであるが、この中から妥当でないものを選べ。

1　防錆、防水処理が十分であること

2　指向方向の指示が表示されていること

3　ビーム角度が小さく、一点に集光すること

4　光源の取替えが容易であること

5　耐候性がよいこと

着眼点 ▶　災害活動現場の照明は、一定の範囲を照明するもので、一定のビーム角度が必要である。

解説　投光器の具備する条件は、次のとおりである。

1　防錆、防水処理が十分であること

2　耐候性がよいこと

3　防爆性があること

4　指向方向の指示が表示されていること

5　光源の取替えが容易であること

6　清掃が容易で、かつ指向を動かさない構造であること

7　光源の利用率が高いこと

【正解3】

問題97　ライフゼム M30型空気呼吸器の漏気点検の結果、使用範囲の漏気として、次の中から正しいものを選べ。

538　　　　　　　　　　　機　　　械

1　10分間に1.0MPa以下の圧力降下は使用できる。

2　5分間に1.0MPa以下の圧力降下は使用できる。

3　1分間に1.0MPa以下の圧力降下は使用できる。

4　1分間に0.1MPa以下の圧力降下は使用できる。

5　10分間に0.5MPa以下の圧力降下は使用できる。

|着眼点 ▶|　空気呼吸器の漏気点検は、そく止弁を徐々に開き、圧力計示度が最も上昇した時点でそく止弁を閉じ、約1分間放置したときの圧力降下が1.0MPa以内であれば使用上支障がないことになっている。

【正解3】

|問題98|　ライフゼム M30型空気呼吸器で自動陽圧機能及びプレッシャーデマンド機能の点検要領のうち、誤っているものを選べ。

1　バイパス弁を閉じ、インジケータが赤くなっていることを確認する。

2　インジケータが赤くなっている場合は、ロックノブを回し赤色を消す。

3　そく止弁のハンドルをゆっくり全開にし、圧力指示計の指針が26MPa以上であることを確認する。

4　面体を顔に当て深く呼吸し、最初の吸気でプレッシャーデマンド弁から空気が供給されれば、自動陽圧機能は良好である。

5　面体から顔を僅かに離し、面体と顔との隙間から空気が噴出すれば、プレッシャーデマンド機能は良好である。

|着眼点 ▶|　インジケータは、プレッシャーデマンド機能がONかOFFかを示すものである。赤色であればOFF、赤色が見えなければONを示す。
　　インジケータが赤くなっていない場合は、ロックノブを回しインジケータを赤色にする。

【正解2】

|問題99|　次は、油圧式救助器具の故障と原因を列挙したものであるが、この中から妥当でないものを選べ。

1　プランジャが出ない＝バルブが緩んでいる。

2　圧力がかからない＝リリーフバルブが上がり傾斜している。

3　プランジャが出たまま戻らない＝プランジャが曲がっている。

4　カップラの油漏れ＝カップラパッキンが摩耗している。

5　プランジャのスタートが遅い＝カップラの締め方が強すぎる。

|着眼点 ▶|　プランジャのスタートが遅い原因は、ラム内にエアが入ったためである。

機　　　械　　　　　　　　　　539

解説　油圧式救助器具の主な故障と原因は、次のとおりである。
油圧式救助器具の故障と対策

故障状況	原因	対策
(1) プランジャが出ない (2) 圧力がかからない	リリーフバルブが上がり傾斜している	水平な状態で使用する
	バルブが緩んでいる	締める
	オイルの不足	補給する
	オイルの入れすぎ	規定量にする
	ラム内にエアが入った	エア抜きをする
プランジャのスタートが遅い	ラム内にエアが入った	エア抜きをする
プランジャが出たまま戻らない	カップラの締め方が強すぎる	少し緩める
	プランジャの曲がり	交換
	長時間圧力をかけていたため、パッキンが広がっている	しばらくすると元に戻る
	プランジャが完全に戻らないうちにカップラを外したとき	カップラを再接続する
プランジャとシリンダの間からの油漏れ	プランジャを揚程限界以上に開けすぎ	パッキン交換
	パッキンの摩耗	交換
	プランジャの曲がり	交換
カップラからの油漏れ	カップラ・パッキンの摩耗	交換

【正解5】

問題100　図のような動滑車に関する次の記述の中から、正しいものを選べ。

P：引き上げる力
W：重量
ℓ：綱を引く長さ
h：重量物の上昇高さ

1　PはWと同じであるが、ℓはhの2倍となる。
2　PはWの1/2となるが、ℓはhと同じである。
3　PはWの1/4となるが、ℓはhと同じである。

4　PはWの1/2となるが、ℓはhの2倍となる。
5　PはWと同じであるが、ℓはhの4倍となる。

|着眼点▶|　動滑車は、引き上げる力を1/2にするので、$P = \dfrac{W}{2}$となり、綱を引く長さℓは、滑車が二重になるので、h＝2ℓとなる。

【正解4】

|問題101|　ボルトの締付けトルク100N・mのものを、下図のように締め付ける場合、規定のトルクにするためには、Fに加える力として、次の中から正しいものを選べ。

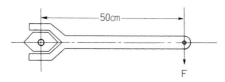

1　100N
2　150N
3　200N
4　250N
5　300N

|着眼点▶|　トルクTは、次式で求められる。

$$T = L \times F$$
$$\therefore F = \dfrac{T}{L}$$
$$= \dfrac{100}{0.5}$$
$$= 200\,\mathrm{N}$$

T：トルク（N・m）
L：アームの長さ（m）
F：荷重（N）

【正解3】

|問題102|　次は、ベルヌーイの定理が成立するための条件を列挙したものであるが、この中から誤っているものを選べ。

1　圧縮性及び粘性のない完全流体であること
2　流れが定常流であること
3　重力のみが作用すること
4　エネルギーの出入りがないこと
5　常温の流体であること

|着眼点▶|　ベルヌーイの定理の成立条件の中には、温度の条件はない。

　　　　　　　　機　　　械　　　　　　　　　　　541

> **解説**　ベルヌーイの定理の成立条件は、次のとおりである。
> 　1　圧縮性、粘性のない完全流体である。
> 　2　一定量が流れる定常流である。
> 　3　重力のみの作用。
> 　4　エネルギーの出入りがない。
> 　　以上の条件においては、高さのエネルギー、圧力のエネルギー、速度のエネルギー
> の総和は常に一定であることをスイス人のベルヌーイが考えたものである。

【正解5】

問題103　次は、電気火災における注水時の漏えい電流に関する記述であるが、この中から妥当なものを選べ。

1　同一のノズル、電圧に対しては、ノズル圧力が増せば漏えい電流は増加する。

2　同一のノズル、電圧に対しては、注水距離が近くなれば漏えい電流は低下する。

3　同一のノズル、圧力、距離では、使用する水の電気抵抗が低ければ、漏えい電流は低下する。

4　同一の電圧、距離、圧力及び水質に対しては、ノズル口径に反比例して漏えい電流は増加する。

5　同一のノズルでは、ストレート、噴霧注水ともに漏えい電流は同じである。

着眼点▶　同一のノズル、電圧に対しては、ノズル圧力を増すことによって棒状の水流となるため、漏えい電流は増加する。

> **解説**　注水による漏えい電流は、次のとおりである。
> 　1　同一のノズル、電圧に対しては、ノズル圧力が増せば漏えい電流は増加する。
> 　2　同一のノズル、電圧に対しては、注水距離が近いほど漏えい電流は増加する。
> 　3　同一のノズル、圧力、距離では、使用水の電気抵抗が低いほど漏えい電流は増加する。
> 　4　同一の電圧、距離、圧力及び水質に対しては、ノズル口径が大きいほど漏えい電流は増加する。

【正解1】

問題104　消防ポンプ自動車に、警鐘を設ける法律として、次の中から正しいものを選べ。

1　道路交通法

2　道路運送車両法

3　道路運送車両の保安基準

542　　　　　　　　　　　機　　　　械

4　消防組織法

5　消防法

着眼点 ▶　消防法第26条第4項で、「消防車は、消防署等に引き返す途中その他の場合には、鐘又は警笛を用い、一般交通規則に従わなければならない。」と定めている。

【正解5】

問題105　次は、高圧ガス容器のガスの種別と塗色について列挙したものであるが、この中から正しいものを選べ。

1　酸素ガス＝赤色

2　水素ガス＝黒色

3　空気＝青色

4　アセチレンガス＝黄色

5　液化炭酸ガス＝緑色

着眼点 ▶　容器保安規則第10条第1項第1号に定める主な高圧ガス種類と塗色の区分は、次のとおりである。

高圧ガスの種類	塗色の区分
酸　素　ガ　ス	黒　　色
水　素　ガ　ス	赤　　色
液 化 炭 酸 ガ ス	緑　　色
液化アンモニア	白　　色
液　化　塩　素	黄　　色
アセチレンガス	かっ色
そ の 他 の 種 類 の 高 圧 ガ ス	ねずみ色

【正解5】

問題106　次は、有効射程に関するフリーマンの定義を記したものであるが、この中から正しいものを選べ。

1　水が雨滴状になっても水流が連続して飛ぶ距離

2　肉眼で判断して、放水している水束の5分の3以上が直径25.4cmの円形の中を通過する距離

3　肉眼で判断して、放水している水束の10分の9以上が直径38.1cmの円形の中を通過する距離

機　　　械　543

4　風の弱い状態で集中状態がよい距離

5　無風時に開いた窓から室内に放水した場合、直接天井に当たる距離

着眼点 ▶　フリーマンの定義は、次のとおりである。

1　水が雨滴状にならないで水流が連続して飛ぶ距離

2　肉眼で判断して、放水している水束4分の3以上が直径25.4cmの円形の中を通過する距離又は水束の10分の9以上が直径38.1cmの円形の中を通過する距離

3　相当強い風が吹いても集中状態がよい距離

4　無風時に開いた窓から室内に放水した場合、直接天井に当たって、大きな衝撃力を及ぼし、勢いよく跳ね返る距離

【正解3】

問題107　ある地上タンク水の採水口からの流速が毎秒14mであった。この場合の速度水頭（高さ）として、次の中から正しいものを選べ。

1　5 m

2　7 m

3　10 m

4　12 m

5　15 m

着眼点 ▶　ベルヌーイの定理から次式で求められる。

$$H = \frac{v^2}{2g}$$

$$= \frac{14^2}{2 \times 9.8}$$

$$= 10 \text{m}$$

H：位置水頭（m）

g：重力加速度（9.8m／s²）

v：平均流速（m／s）

【正解3】

その他

546　　　　　　　　　　　　その他

問題1　次は、広報に関する記述であるが、この中から妥当でないものを選べ。

1　視覚媒体としては、ホームページ、ソーシャルメディア（ＳＮＳやブログ等）、新聞、広報紙、ポスター等の印刷物その他展覧会等がある。

2　消防広報は、担当員を指定して専従させ、他の人はこれに補助をする。

3　聴覚媒体としては、ラジオ、広報車、有線放送、街頭放送等がある。

4　視聴覚媒体としては、テレビ、インターネット、プロモーションビデオ、映画、紙芝居、人形劇等がある。

5　広報は、行政機関が公衆とのコミュニケーションにより理解と信頼を得て良好な関係づくりを目的とするものである。

着眼点▶　消防広報は、一人ひとりの職員が広報マンとして日常の住民接遇や諸活動の場で広報活動に努め、良好な公衆関係の維持増進を図るものである。
　　　　なお、広報担当者を置くことにより、フレキシブルで効果的な広報活動が期待できる。

解説　広報担当者に求められる資質
　　1　消防行政全般に精通していること
　　2　創造力や企画力が旺盛であること
　　3　誠実で説得力があること
　　4　ニュースセンスがあること
　　5　好奇心が旺盛なこと

【正解2】

問題2　次は、危機管理におけるマスコミ対応に関する記述であるが、この中から妥当でないものを選べ。

1　組織体トップの方針を常に確認する。

2　うそをつかないこと。

3　マスコミ関係者から要望があった場合には、記者会見を開くことを検討する。

4　会見は、組織の論ではなく社会常識と社会責任に立って発言することが大切である。

5　発生した事実を早期に確認すること。

着眼点▶　マスコミ関係者から要望があった場合ではなく、取材が殺到する場合や殺到すると予想される場合は、記者会見を開くことを検討する。
　　　　組織の責任ある幹部からの「コメント」を必ず求められるため、早期に準備し、発表することが事案に対する組織の姿勢を強くアピールすることになる。

【正解3】

その　他　　　　　547

問題3　次は、監督員としての同僚関係について記述したものであるが、この中から妥当でないものを選べ。

1　組織活動のため、組織の一員としての自覚を持たなければならない。

2　業務は複雑かつ多様化しているので、相互に仕事の協力、協調に努める。

3　自己主張だけでなく、同僚の業務をよく知り、同僚の立場を理解する。

4　同僚との良好な人間関係の保持こそ、その根本であるとの心構えを意識して持たなければならない。

5　同僚より上司や部下との関係を優先させるべきであり、同僚関係の良否は、直接仕事に影響しない。

着眼点 ▶　監督員は、上司との関係、同僚との関係、部下との関係があり、これらはどれを特に優先させるという性質のものではなく、全てが大切である。

解説　監督員は、自己の担当職務と横のつながりとの関係を、常に注意する必要がある。担当職務を完遂するためには、他の係との連絡、協調が不可欠である。
　また、組織が大きくなると、縦の線は一貫した報告・連絡・相談が円滑に行われても、横のつながりはおろそかになりやすいので、自ら進んで協力する姿勢を持つことが必要である。

【正解5】

問題4　監督員の心構えについて記述したものであるが、妥当でないものを選べ。

1　監督員相互の協力と融和を図るとともに、秩序と能率の向上に努め、消防一体をまとめていかなければならない。

2　誠意と温情をもって部下に接し、非違に対してはその原因を検討し、速やかに事後の補足指導に努めなければならない。

3　部下職員を公平に扱い、かりそめにも私情をもって、その措置を変更したり誤ってはならない。

4　知識、技能を錬磨して、監督者たる資質の向上に努めるとともに、部下職員の指導育成に全力で当たらなければならない。

5　部下には愛情をもって接する必要があるので、ささやかな非違や善行は、部下の将来を考慮して自らの心にとどめおくことが大切である。

着眼点 ▶　ささやかな非違でも放置せず、その都度注意して是正を行い、善行に対しては賞揚等の検討を行うべきである。

解説　監督員は、部下に接する場合、愛情をもって接する必要があるが、過度に甘やかすことがあってはならない。部下の行動をよく見て、わずかな非違でもその都度注意し、また、わずかな善行でも賞揚してやる等のけじめをつけることが大切である。

【正解5】

548 　　　　　　　　　　　その　他

問題5　　次は、中間監督者に係る記述であるが、この中から妥当でないものを選
　　　べ。

1　方針が確立したら、たとえ自分の意に反することでも、上司の意を体して実現
　させるように努力する。

2　仕事の目的をよく部下に理解させ、誤りのないように仕事を推進させる。

3　上司から自分の部下が、仕事の欠点を指摘されたときは、積極的に部下の弁護
　に努める。

4　仕事の進行管理を行い、その状況を報告し、障害が起きたら直ちに上司の指示
　を受ける。

5　自分の担当業務は、部下が行う仕事の内容まで、上司の質問に答えられるよう
　に研究しておく必要がある。

着眼点 ▶　　上司から自分の部下の仕事の欠点を指摘されたときは、監督者も甘んじて注意を
　　　　受け入れ、反省する心が必要である。

> **解説**　中間監督者は、上級幹部と部下との間に立って仕事を進める立場にある。具体的に
> は、上司の命を実現するために、自らも仕事の研究を行い、具体的な対処内容を示し
> 部下にこれを行わせるもので、その権限の範囲においては責任を負う立場となる。し
> たがって、部下の失敗は自分の失敗とし、反省と検討を加え、よい結果を出す責任が
> ある。

【正解3】

問題6　　次は、事故防止における監督者の基本姿勢を列挙したものであるが、こ
　　　の中から妥当でないものを選べ。

1　職員の日常業務への取組みを見極め、あらゆる兆候を的確に捉え、個別的、具
　体的に指導する。

2　服務規律は、本人の自覚が基本であるので、一度教育すれば、直ちに実行され
　るものである。

3　事故防止は、平素の絶え間ない対策の推進によって保たれることを忘れてはな
　らない。

4　小さな事故であっても事実を的確に究明し、その素地となっている原因を早急
　に排除することが大事である。

5　不祥事の大半は、私生活の乱れから生じることが多く、組織の人間としてやり
　甲斐を見つけられるように指導する。

着眼点 ▶　　服務規律は、一度教育すれば直ちに実行され改善するものではないので繰り返し
　　　　教育することが大切である。

　　　　　　　　　その　他　　　　　　　　　　　　　549

> **解説**　あらゆる事故や公私を問わず一人の職員の不正不道徳による失墜から、永年にわたる努力によって築いてきた信頼と威信を回復するには、かなりの長い年月を要することとなる。
> 　　したがって、監督者は、事故事例を厳粛に受け止め、その教訓を基に組織管理の適正化と不祥事の再発防止に努めることが大切である。

【正解2】

問題7　次は、上司の命令に従う義務について述べたものであるが、この中から妥当でないものを選べ。

1　違法性が明確でない場合には、一応その職務命令に従う必要がある。

2　職務上の上司からの命令は、いかなる場合でも従わなければならない。

3　職務権限を超えた命令あるいは物理的に不可能な場合は、従う必要はない。

4　職務命令は、客観的に明らかに違法又は公序良俗に反する場合を除いては、それに従う義務がある。

5　職務命令は、職務上の上司から部下に対して発せられるものである。

着眼点▶　職務命令は、いかなる場合でも従うものではない。

> **解説**　職員は、職務を遂行するに当たっては、法令などに従い、かつ、上司の職務命令に忠実に従わなければならないと定められている（地方公務員法第32条）。この職務命令の要件は、その命令が職務上の上司から部下に対して発せられること、その部下の職務に関する内容であること、法令に違反しないことが必要である。

【正解2】

問題8　リーダーシップの類型のうち、放任型が最も効果を発揮すると思われるものは、次のうちどれか。

1　決定や行動が緊急を要する場合

2　職員が連帯感に富み、かつ、社会的教育訓練を受けている場合

3　個人の創意工夫が強く求められる場合

4　多くの職員が同一行動を行う必要がある場合

5　職員の仕事が相互に関連している場合

着眼点▶　組織の目標を達成するためには、管理監督的立場にある者がいかなるリーダーシップを発揮するかによって、大きくその成果が異なってくることから、管理監督者の役割は大きい。
　　リーダーシップの類型は、一般的には専制型、民主型、放任型の3種類に区分されているが、どの類型を用いるかは、仕事の内容、部下の能力、性格、リーダーの特性、社会的・経済的環境等によって選択しなければならない。消防業務において

550 その他

も、災害現場や指令管制業務では専制型のリーダーシップを用いるが、災害現場を離れた各人の係事務等においては、それぞれの要素を考慮して適切な類型のリーダーシップを用いることになる。

一般的なケースを考えると次のようになる。

1　専制型リーダーシップが効果的と思われる場合
- 団体行動のような多くの職員が同一行動を行う必要がある場合
- 決定や行動が急を要する場合
- 職員が社会的教育訓練に欠けたり、知識・技術が欠如している場合

2　民主型リーダーシップが効果的と思われる場合
- 各人の仕事が相互に関連している場合
- 仕事が長期間にわたる場合
- 職員が連帯感に富み、社会的教育訓練がなされている場合

3　放任型リーダーシップが効果的と思われる場合
- 個人の創意工夫が強く求められる場合
- 仕事が独立して行われる場合
- 職員に自立心、責任感があり、高度の知識、技術を有している場合

【正解3】

問題9　次は、リーダーであるための条件を列挙したものであるが、この中から妥当でないものを選べ。

1　リーダーは、そのグループの一員でなければならない。
2　リーダーは、そのグループの人から仲間と認められている。
3　リーダーは、そのグループの人と比べ、何か優れたものを持っている。
4　リーダーは、そのグループ内で高い自己顕示欲が必要である。
5　リーダーは、そのグループの力を目的達成のために方向づける手腕を持っている。

着眼点▶　リーダーは、そのグループから信頼されることが大切である。

すなわち、リーダーの条件は、そのグループの人より何か卓越した能力を持ち、グループの信頼の下に業務執行を行う者である。このためにも、リーダーは資質だけでなく、マネジメント能力、コミュニケーション能力、業務遂行能力などのスキルが豊かでなければならない。

【正解4】

問題10　次は、職務命令に関する記述であるが、この中から誤っているものを選べ。

1　訓令は、職務命令としての性格を持つものである。
2　職務命令は、その職員の職務遂行についての命令のほか、職務遂行に関連して

その　他　　　　　　551

必要な身分上の命令も含むものである。

3　職務命令は、絶対的なものであり、違法性が重大で明白な場合でも、受命者は
これに従わなければならない。

4　職員は、職務命令に対し、形式的審査権を有するが、実質的審査権を有しな
い。

5　詐欺、強迫による職務命令でも、当然には無効とはならない。

着眼点 ▶ 職務命令は、服従すべきもので拒めないが、犯罪となる行為の命令には拒否でき
る。

> **解説**　職務命令は、訓令、通達のほか、口頭による命令があり、職員はその職務を遂行す
> るに当たって、上司の職務上の命令に忠実に従わなければならない。この命令の要件
> は次のとおりである。
> 1　権限ある上司から発したものであること。
> 2　部下の職員の職務に関するものであること。
> 3　法的に違反しないこと。
> 　したがって、命令に明白にして重大な瑕疵があり、客観的に無効な場合は、受命者
> は拒否できる。しかし、重大、明白な瑕疵がなければ権限ある者が取り消すまでは有
> 効の推定を受けて職員を拘束する。

【正解3】

問題11　部下の身上監督を行う場合の留意点を記したものであるが、次の中から
妥当でないものを選べ。

1　私生活にまで不当な干渉をして、部下に圧迫感を与えないこと。

2　部下の心情を考え、感情を挟まないで公正な立場で行うこと。

3　監督は、基本的人権を尊重しながら厳しく行い、予防的に行うという考えは捨
てて行うこと。

4　部下の人格を無視したり、自由を束縛するような方法は絶対に避けること。

5　職務に影響を及ぼす問題を認知した場合は、上司に報告し、指示を受けて行う
こと。

着眼点 ▶ 部下の監督は、あくまで予防的であるべきである。

> **解説**　部下の身上監督は、予防を第一義的に行い、その結果、事故が発生したときは、最
> も適した処置をすることが大切である。予防について最大の努力をした結果で、その
> 事故が本人の無策に起因するものであれば、けじめをつける意味でも厳しく律するこ
> とも必要である。

【正解3】

552 その　他

問題12　次は、勤務状況の悪い職員に対する上手な注意（叱る）の仕方を列挙したものであるが、この中から妥当でないものを選べ。

1　問題になる行動を客観的によく見る。

2　叱る理由を考え、よくまとめる。

3　叱るタイミングと場所を考える。

4　手本となる同僚と比べて具体的に叱る。

5　自己の感情を抑えて、叱る理由や改善点をはっきり言う。

着眼点▶　他人と比べて叱るのではなく、部下個人を見て改善点を指摘することが大切である。

解説　勤務状況の悪い職員に対する上手な注意（叱る）の仕方は、一般的には次のとおりである。
　　1　問題になる行動をよく見る。
　　2　叱る理由を考え、よくまとめる。
　　3　タイミングと場所を考える。
　　4　相手の性格を考慮する。
　　5　感情を抑えて、はっきり言う。
　　6　率直に叱る。弁解も聞く。
　　7　締めくくりをする。
　　8　改めるには、どうすればよいかを教える。

【正解4】

問題13　次は、部下指導上の留意事項を述べたものであるが、この中から妥当でないものを選べ。

1　部下職員一人ひとりの個性を十分に伸張するように努めることが大切である。

2　常に部下職員の意中を把握し、努めて満足を与えるように心掛けることが大切である。

3　本人の能力、熱意に応じて仕事を公平に割当て、十分活用することが大切である。

4　部下職員の職務に直接関係ない私生活については関与すべきでないが、職務に関係あるものは十分指導するべきである。

5　部下職員が、常に仕事がやりやすいような職場環境を作ることが大切である。

着眼点▶　私生活は公生活と密接な関連があるので、監督者は仕事上の関わりだけでなく、私生活面も温かい心の指導を行うべきである。

解説　消防職員は、市民の信頼に応え、その職責を全うするためには、威信を失墜することのないように努めることが大切である。

その他　　　　　　　　　　　　　　　553

　　　すなわち、職員は私生活面は本来自由であるが、公生活と私生活は極めて密接な関連性があり、監督者は一定の限度の下に私生活の適正を図るためのよき相談相手、助言者として遠慮することなく指導すべきである。特に若手職員に対しては、仕事だけでなく私生活面に着目した指導が大切である。

【正解4】

問題14　次は、分かりやすい文章とするための注意事項を列挙したものであるが、この中から妥当でないものを選べ。

1　日常、一般的に使われている言葉を使うこと。

2　長文にしないで、短文を積み重ねるようにする。

3　専門用語やカタカナ語の使い方を見直す。

4　文体は、「……ある」体にする。

5　伝える相手によって表現を工夫する。

着眼点▶　文章は原則として「です・ます」体を使う。

解説　役所は、一般的に難しい、文章が固い等で理解しにくいといわれている。そこで、理解しやすい文章とするには、次の点を注意することが大切である。
　　1　正確であり、簡潔、明瞭な易しい言葉を使うようにする。
　　2　日常、一般的に使われている言葉を使う。
　　3　長文にしないで、短文を積み重ねる。
　　4　文体は「です・ます」体にする。
　　5　カタカナ語は安易に使わず、効果的に用いる。
　　6　伝える相手によって表現を工夫する。
　　7　造語、略語に注意する。
　　8　字は読みやすい大きさにする。

【正解4】

問題15　文書の特性について述べたものであるが、妥当でないのは、次のうちどれか。

1　文書は、広範囲に、しかも長い時間にわたって、その表示内容を伝達できる。

2　文書は、伝達する人の感情や態度あるいは受け取る人の主観に左右されることが少なく、客観性を有する。

3　文書は、その表示内容を長く将来にわたって保存できる。

4　文書は、他の表現手段に比べて内容に確実性があり、事実に関しての証拠力を有する。

5　文書は、作成に当たって時間、労力の負担が比較的軽い。

554 その 他

着眼点 ▶ 　文書は、作成に当たって時間、労力及び物資を要するなどの欠点がある。また、口頭による表現が感情を加えた音声や態度によって実感を加えるのに対し、文書にはそれが欠ける。

解説　文書は、選択肢１～４のとおり、伝達性、客観性、保存性及び確実性等の特性を有する。

【正解５】

問題16　分かりやすい文章を書くための表現上のポイントとして妥当でないものを選べ。

1　指示代名詞をむやみに使わない。

2　受身形をできるだけ使わない。

3　抽象的な表現を避ける。

4　肯定形より否定形で書く。

5　具体的に書く。

着眼点 ▶ 　文章は、否定形より肯定形で書くべきである。

解説　分かりやすい文章のポイントは、「一文は短く、簡潔に」「表現は明確に」「言葉は正しい形で」等を心掛けることが大切である。
　また、表現の明確性は、次のとおりである。
　1　指示代名詞をむやみに使わない。
　2　受身形をなるべく使わない。
　3　否定形より肯定形で書く。
　4　具体的に書く（抽象的な表現を避ける）。
　5　句読点を分かりやすい位置につける。
　6　接続詞を少なくする。
　7　漢字は多すぎず、カタカナ語は効果的に使う。
　8　くどい文末にしない。

【正解４】

問題17　官公庁で採用されているりん議制度の長所を記したものであるが、次の中から妥当でないものを選べ。

1　起案から決裁までの間に、審査、確認、記録等が総合的に処理できる。

2　起案から決定まで比較的迅速に行われる。

3　起案者は意思決定に参画できる。

4　上司が事前の監督指導が行いやすい。

5　関係者の意見も取り入れられる。

その　他　　　　　　　　　555

着眼点▶　起案から決定まで比較的時間を要するものである。決裁者の不在が続くと、申請
が滞る場合もでてくる。

解説　りん議制度の最大の特徴は、起案と押印にあり、主管者が決定案を作成し、上司及
び関係者に回付しながら決定案の承認を得て、最終的に決定権者の決裁を受けて意思
決定が行われるものである。
　　この短所は、決定まで比較的時間を必要とすること、複数の人が承認に関わり、問
題が発生した際の責任の所在が不明確となりやすいこと等がある。

【正解2】

問題18　次は、目標管理について記述したものであるが、この中から妥当でない
ものを選べ。

1　目標管理は、仕事の推進者が自分で具体的目標を設定し、その取組みと実施結
果によって、仕事や評価を管理していくものである。

2　監督的立場の者ほど、仕事の領域が多いため、目標管理の必要性が高く有益で
ある。

3　目標管理は、単にノルマ達成にとどまらず、課題や作業改善など、非能率的目
標も含まれるものである。

4　目標管理の目的は、部下に仕事への自主性を持たせることにあるので、部下の
目標設定については上司の指導等は極力避けるべきである。

5　目標設定に際しては、仕事の遂行上の問題点等については、コミュニケーショ
ンを通じた部下のよき相談相手となるべきである。

着眼点▶　目標管理は、上司は部下がいかに目標設定すべきかを指導し、部下と協力して具
体的な目標設定をさせることが大切である。

解説　目標管理は、実際に仕事を担当する者が、組織体の目標を達成するために、担当業
務の具体的目標を設定し、目標と実際との遂行状況を比較検討し、自己統制していく
管理方法である。

【正解4】

問題19　次は、職場のモラルの高低を示す要素を列挙したものであるが、この中
から妥当でないものを選べ。

1　組織や職務に対する誇りや愛着の度合い

2　仕事への関心や創意工夫の度合い

3　同僚間の協調の度合い

4　組織やリーダーに対する信頼や忠誠心の度合い

556 その他

5 指示命令の徹底の度合い

着眼点 ▶ 職場のモラルとは、目的達成に対する職員の勤務意欲（やる気）のことを指す。高低を決定付けるのには、指示が早く正確に部下に徹底されれば仕事がスムーズに進みモラルも高くなると考えられる。指示命令の徹底の度合はあまり関係はない。

解説 職場のモラルは、組織、仕事、状況によって異なるが、一般的には次のとおりである。
1 組織や仕事に対する誇りや愛着の度合い。
2 組織やリーダーに対する信頼や忠誠心の度合い。
3 仕事に対する関心や創意工夫の度合い。
4 同僚間の協調の度合い。
5 地域のボランティア活動への参加の度合い。

【正解5】

問題20 消防職員委員会制度では、職員の意見を聴取しているが、その内容で誤っているものは、次のうちどれか。

1 勤務時間、給与等に関すること。

2 被服及び装備品に関すること。

3 福利厚生に関すること。

4 政治的要求に関すること。

5 消防の用に供する設備に関すること。

着眼点 ▶ 消防職員委員会は、消防組織法第17条に基づき、消防本部に設置され、消防職員から提出された意見を審議し、その結果に基づいて消防長に意見を述べる制度である。
　これにより、消防職員間の意思疎通を図るとともに、消防事務に職員の意見を反映しやすくすることにより、職員の士気を高め、消防事務の円滑な運営に資することを目的としている。

【正解4】

問題21 「参加者を６～７人の組に分け、各組ごとにリーダー、記録係を決め、与えられた問題を時間の許す限り討議させて結論を出させる」方法の討議方法として正しいものは、次のうちどれか。

1 バズ・セッション

2 パネル・ディスカッション

3 ブレーンストーミング

4 ロール・プレイング

5 センシティビティ・トレーニング

その　他

557

解説　バズ・セッションとは、蜂がブンブンうなるように会議参加者全員が討議に熱を入れるさまから造られた言葉で、会議参加者が6～7人の組に分かれて、それぞれの組ごとにリーダーと記録係を決めて、問題に対して時間の許す限り討議させ結論を出させる方式をいう。

　パネル・ディスカッションとは、主題に関して豊富な知識や代表的な見解を持つ数人の人々が、司会の下で討議を行い、このあと、聴衆もこの討議に加わって討議を行う方式をいう。

　ブレーンストーミングとは、同一の関心をもった者10名前後で一人の世話人を選出して形式や理論にとらわれずに自由で独創的な意見やアイディアを引き出そうとする方式をいう。

　ロール・プレイングとは、役割演技法と訳され、与えられた環境の中で与えられた役割に応じ、自主的、独創的にその役割を演技することで、行動や態度の啓発を図る技法で討議方法ではない。

　センシティビティ・トレーニングとは、感受性訓練といい、リーダーシップ訓練の一種である。他人の考え、感ずるところを的確に感知する能力と、適切で柔軟な態度や行動をとる能力を身に付けさせるものである。

【正解1】

MEMO

MEMO

MEMO

MEMO

MEMO

最新消防模擬問題全書

平成 6 年 2 月10日　初　版　発　行
令和 6 年11月15日　12 訂 版 発 行（令和 6 年 4 月 1 日現在）

編　著　消 防 実 務 研 究 会

発行者　星　　沢　　卓　　也

発行所　東京法令出版株式会社

112-0002	東京都文京区小石川 5 丁目17番 3 号	03(5803)3304
534-0024	大阪市都島区東野田町 1 丁目17番12号	06(6355)5226
062-0902	札幌市豊平区豊平 2 条 5 丁目 1 番27号	011(822)8811
980-0012	仙台市青葉区錦町 1 丁目 1 番10号	022(216)5871
460-0003	名古屋市中区錦 1 丁目 6 番34号	052(218)5552
730-0005	広島市中区西白島町11番 9 号	082(212)0888
810-0011	福岡市中央区高砂 2 丁目13番22号	092(533)1588
380-8688	長 野 市 南 千 歳 町 1005 番 地	

〔営業〕TEL 026(224)5411　FAX 026(224)5419
〔編集〕TEL 026(224)5412　FAX 026(224)5439
https://www.tokyo-horei.co.jp/

Ⓒ　Printed in Japan, 1994
　本書の全部又は一部の複写、複製及び磁気又は光記録媒体への入力等は、
著作権法上での例外を除き禁じられています。これらの許諾については、当
社までご照会ください。
　落丁本・乱丁本はお取替えいたします。
ISBN978-4-8090-2561-7